Viktor Cathrein

Der Sozialismus
Eine Untersuchung seiner Grundlagen
und seiner Durchführbarkeit

I0085291

SE**V**ERUS

Cathrein, Viktor: Der Sozialismus. Eine Untersuchung seiner Grundlagen und seiner Durchführbarkeit
Hamburg, SEVERUS Verlag 2013
Nachdruck der Originalausgabe von 1910

ISBN: 978-3-86347-389-1
Druck: SEVERUS Verlag, Hamburg, 2013

Der SEVERUS Verlag ist ein Imprint der Diplomica Verlag GmbH.

Bibliografische Information der Deutschen Nationalbibliothek:
Die Deutsche Nationalbibliothek verzeichnet diese Publikation in der Deutschen Nationalbibliografie; detaillierte bibliografische Daten sind im Internet über http://dnb.d-nb.de abrufbar.

Der Sozialismus.

Eine Untersuchung seiner Grundlagen
und seiner Durchführbarkeit.

Von

Viktor Cathrein S. J.

SEVERUS

Aus der Vorrede zur ersten Auflage.

Am 1. Oktober wurde das Sozialistengesetz begraben. Es war nur eine neue Form des alten Irrtums, mit äußeren polizeilichen Mitteln Ideen bekämpfen zu wollen. Der Fall des Sozialistengesetzes hat selbstverständlich nicht die Bedeutung eines Friedensschlusses mit der Umsturzpartei — ein solcher ist unmöglich —, sondern er ist bloß ein Zurückführen des Kampfes auf den Boden des gemeinen Rechtes. Nicht mit Polizeigewalt, sondern mit den Waffen des Geistes soll der Kampf ausgefochten werden. . . . Diesem Zweck soll auch die vorliegende Schrift dienen.

In doppelter Weise kann und muß der moderne Sozialismus bekämpft werden: theoretisch und praktisch. Der Schwerpunkt liegt ohne Zweifel in der praktischen Bekämpfung der Sozialdemokratie, und hier gilt es vor allem, dem weiteren Umsichgreifen der Umsturzbewegung einen kräftigen Damm entgegenzusetzen und durch eine gründliche Sozialreform ihr den Boden zu entziehen, auf dem sie so üppig gedeiht. Auch wir leugnen ja nicht, daß in unsern gesellschaftlichen Zuständen manches der Besserung bedarf; auch wir wollen die nötige Sozialreform.

Doch das ist es nicht, was die Sozialdemokraten erstreben. Sie wollen die ganze heutige, christliche Gesellschaftsordnung umstoßen und eine neue Gesellschaft auf andern Grundlagen aufbauen. Daß dieses Streben unmöglich und verderblich ist, das werden wir in den folgenden Blättern beweisen. Auch diese theoretische Bekämpfung der Sozialdemokratie ist heute mehr wie je wichtig, ja einfachhin notwendig. Unsere Aufgabe ist, wie aus dem Gesagten erhellt, eine rein kritische, negative. Wenn wir von positiven Reformvorschlägen nicht reden, so geschieht es nicht, als ob wir dieselben ablehnten oder für überflüssig hielten, sondern weil sie nicht zu unserem Gegenstande gehören.

In Bezug auf die Art und Weise der Behandlung unseres Gegenstandes wird es vielleicht manchem scheinen, wir hätten uns zu sehr in alle Einzelheiten des sozialistischen Systems eingelassen. Allein wir waren der Ansicht, daß es mit einer Widerlegung in Bausch und Bogen nicht getan ist. Es ist ja leicht, sich in allgemeinen Ausrufen über sozialistische Utopien zu ergehen, die Vorschläge derselben mit vornehmer Verachtung zu behandeln oder ins Lächerliche zu ziehen. Damit ist aber wenig geholfen. . . . Man muß sich vielmehr an der Hand der sozialistischen Schriften nach Möglichkeit in das ganze System hineindenken, die Grundlagen, auf denen es ruht, untersuchen, die Hauptforderungen, die es stellt, einzeln und im Zusammenhang mit den übrigen prüfen. Das ist aber keine leichte Arbeit, um so mehr, da die Sozialisten nicht in allen Forderungen miteinander übereinstimmen und sich innerhalb des Systems oft verschiedene Möglichkeiten ausdenken lassen, die im einzelnen untersucht sein wollen.

. . . Uns war es um eine wissenschaftliche, wenn auch möglichst kurze, klare und gemeinverständliche Auseinandersetzung und Widerlegung des Sozialismus zu tun.

Exaeten bei Roermond, Oktober 1890.

Aus der Vorrede zur siebten Auflage.

Für die vorliegende siebte Auflage haben wir namentlich die Schriften von K. Marx und Fr. Engels, der eigentlichen geistigen Führer des „wissenschaftlichen" Sozialismus, wieder eingehend berücksichtigt. Nur aus den Schriften von Marx und Engels wird das offizielle sozialdemokratische Programm von Erfurt vollkommen verständlich. Schon in Bezug auf die früheren Auflagen haben die Sozialisten selbst es anerkannt, daß unsere Darlegung der Marxschen Ansichten genauer sei als die der meisten andern Gegner des Sozialismus [1]. In der vorliegenden Auflage hat namentlich „die materialistische Geschichtsauffassung", die Hauptgrundlage des Marxismus, eine gänzliche Umarbeitung und bedeutende Erweiterung erfahren. Der Reihe nach werden die verschiedenen Theorien,

---

[1] „Des Verfassers Verständnis der sozialistischen Theoretiker, so ungenügend es ist, unterscheidet ihn doch vorteilhaft von den Fortschrittlern, die sich in diesem Punkte merkwürdig verbohrt zeigen. Die Marxsche Theorie ist von Cathrein besser wiedergegeben als von einem der fortschrittlichen ‚Sozialistentöter'. Der Verfasser hat die Bücher, über die er schreibt, wenigstens gelesen." So K. Kautsky in der sozialistischen Zeitschrift „Die Neue Zeit", Jahrg. 1890 bis 1891, II 637. Daß es daneben an Ausfällen auf die „Pfaffen" nicht fehlt, brauchen wir dem Leser wohl kaum zu bemerken. Nur niedriger Egoismus soll die Triebfeder der kirchlichen Tätigkeit sein!

aus denen sich diese materialistische Geschichtsauffassung zu-
sammensetzt, geprüft.

Ein Rezensent hat uns vorgeworfen, wir hätten mehr
die äußersten Konsequenzen und die Phantastereien eines
Bebel als die Hauptforderungen des Sozialismus berücksichtigt.
Mit aller Entschiedenheit müssen wir das bestreiten. Wir
haben nur die ganz notwendigen Folgerungen aus
den Hauptforderungen der Sozialisten gezogen, um dadurch deren Unhaltbarkeit nachzuweisen, wie wir das eingehend im Verlauf der Ausführungen dargetan haben. Es
ist durchaus unerläßlich, im einzelnen die Folgerungen zu
prüfen, zu denen die sozialistischen Forderungen notwendig
führen.

Gerade dadurch locken die sozialistischen Wanderredner so
viele in ihre Falle, daß sie sich bloß in allgemeinen Redensarten bewegen. Der Arbeiter findet es sehr annehmbar,
wenn man ihm bloß sagt: „Du, hör mal, es ist doch unbillig, daß die Kapitalisten allein alles besitzen und sich
mit unserem Schweiße bereichern; es ist ungerecht, daß die
Reichen, die nichts tun, prassen, während wir, die wir hart
arbeiten müssen, mit leeren Händen ausgehen. Wir wollen
deshalb verlangen, daß die Arbeitsmittel allen gehören, und
der Fabrikherr, anstatt zu schlemmen, mit uns arbeite. Dann
brauchen wir weniger zu arbeiten und können besser essen
und trinken."

Welcher ungebildete Arbeiter, ja welcher Halbgebildete
— und deren Zahl ist heute Legion — vermag die Unmöglichkeit oder Ungerechtigkeit solch allgemeiner Vorspiegelungen klar
zu durchschauen? Will man den Sozialismus gründlich widerlegen, so muß man die einzelnen konkreten Konsequenzen
darlegen, zu denen seine Hauptforderungen notwendig
führen. Das ist es, was wir getan haben, und gerade
diesem Umstande schreiben wir hauptsächlich die günstige

Aufnahme zu, welche unsere Schrift in weiten Kreisen ge=
funden hat[1].

---

[1] Dieselbe ist schon ins Spanische, Französische, Englische, Ita=
lienische, Polnische, Flämische, Holländische, Böhmische, Ungarische
und Russische übersetzt. Der hochwürdigste Bischof von Münster,
Dr Hermann Dingelstad, hat die Schrift in einem Erlasse (Kirchl.
Amtsblatt der Diözese Münster 1890, Nr 11) seinem Klerus an=
gelegentlich zu eifrigem Studium empfohlen. Auch der „Deutsche
Reichs= und Staatsanzeiger" hat dieselbe sehr anerkennend besprochen,
ihre Darstellung des Sozialismus „gründlich", ihre Widerlegung
desselben „schlagend" genannt. In mehreren Besprechungen wurde
dieselbe geradezu als die beste in deutscher Sprache existierende Wider=
legung des Sozialismus bezeichnet. In Nr 691 (1894) schrieb der
protestantische „Reichsherold": „Cathrein ist u. a. der Verfasser der
besten uns bekannten Widerlegung der Sozialdemokratie." In der
„Kreuzzeitung" nannte ein mit —r unterzeichneter Rezensent die
vorliegende Darstellung und Kritik der sozialistischen Theorien eine
„ungewöhnlich gründliche". — Wir erwähnen diese allgemeine An=
erkennung nicht aus eitler Ruhmredigkeit, sondern weil der Leser
darin die Bürgschaft finden kann, daß wir im großen ganzen sowohl
in der Darstellung als in der Widerlegung des Sozialismus das
Richtige getroffen haben.

Vorrede zur zehnten Auflage.

In dieser neuen Auflage wurde die vorliegende Schrift wieder ganz durchgearbeitet und auch bedeutend erweitert. Trotzdem blieb es, wie in den früheren Auflagen, so auch in dieser das Bestreben des Verfassers, alle zur Kenntnis und Beurteilung des Sozialismus wesentlichen Gesichtspunkte in tunlichster Kürze zusammenzustellen.

Nicht alle haben Lust oder Zeit und Gelegenheit, sich durch die fast unübersehbare sozialistische Literatur durchzuarbeiten. Und doch ist es heute für jeden, der sich irgendwie am öffentlichen Leben beteiligen muß, eine unerläßliche Pflicht, sich über die Ideen und Bestrebungen der Sozialisten genau zu unterrichten. Das gilt besonders von Deutschland, wo die Sozialdemokraten an Zahl und Einfluß beständig zunehmen. Bei den Reichstagswahlen erhielten sie Stimmen im Jahre 1890: 1 427 300, im Jahre 1898: 2 107 100 und im Jahre 1907: 3 259 000. Da im letztgenannten Jahre bei den ersten ordentlichen Wahlen im ganzen 11 262 800 Stimmen abgegeben wurden, erhielten also die Sozialdemokraten mehr als 29 % aller abgegebenen Stimmen. Wenn auch nicht in demselben Maße wie im Deutschen Reich gewinnt doch die Sozialdemokratie in allen Ländern beständig an Boden. Angesichts dieses unheimlichen Anwachsens der Umsturzpartei sollte sich gewiß jeder Gebildete über ihre Ziele und Bestrebungen ein selbständiges Urteil bilden. Der Zweck der vorliegenden Schrift ist nun, es einem jeden zu ermöglichen, in kurzer Zeit zu einem solchen Urteil zu gelangen, ohne daß er es nötig hätte, den ganzen fast unermeßlichen Wust sozialistischer Schriften zu bewältigen. Eine solche gedrängte, alles Wesentliche umfassende Darstellung ist heute ebenso schwierig, wenn nicht noch schwieriger und jedenfalls ebenso notwendig als die Abfassung eines umfangreichen Werkes über den Sozialismus.

Die wichtigsten Änderungen in dieser zehnten Auflage betreffen die Darlegung der neuesten Entwicklungsphasen des Sozialismus in den verschiedenen Kulturländern. Ferner wurde der Abschnitt über das sozialistische Grunddogma: die sog. materialistische Geschichtsauffassung, neu durchgearbeitet und erweitert. Ebenso wurde der Revisionismus eingehender berücksichtigt. Auch sonst waren infolge der neuesten sozialistischen Literaturerscheinungen und der jüngsten statistischen Erhebungen mancherlei größere und kleinere Zusätze oder Änderungen notwendig geworden, so daß die Auflage im ganzen um 82 Seiten stärker geworden ist.

Obwohl der „Sozialismus" ursprünglich nur ein Sonderabdruck aus unserer „Moralphilosophie" war, so ist er doch in den folgenden Auflagen immer mehr erweitert worden, so daß er jetzt ein selbständiges Buch bildet, welches sich mit den entsprechenden Darlegungen in der „Moralphilosophie" bei weitem nicht mehr deckt.

Wie schon den früheren Auflagen, so wollen wir auch der gegenwärtigen die Bemerkung vorausschicken: Wenn wir von positiven Reformvorschlägen nicht eingehend handeln, so darf man daraus nicht schließen, daß wir dieselben für überflüssig halten. Wir reden davon nicht, weil sie nicht zu unserem Gegenstand gehören. Jede Schrift will nach ihrem Zweck beurteilt werden. Wer unsere Ansichten in Bezug auf positive

Reformen kennen lernen will, findet dieselben im zweiten Bande unserer „Moralphilosophie" (4. Aufl., 591 ff). Übrigens haben wir heute an Werken, die sich mit diesen positiven Reformen befassen, keinen Mangel mehr. Wir verweisen beispielshalber — um nur katholische Schriften zu erwähnen — auf Bieder= lack, Die soziale Frage (7. Aufl., 1907); Retzbach, Leit= faden für soziale Praxis (5.—7. Tausend, 1907); Engel, Grundriß der Sozialreform (1907) und auch das groß= angelegte, gründliche Werk von H. Pesch, Lehrbuch der Nationalökonomie, von dem die beiden ersten Bände schon veröffentlicht sind und der dritte hoffentlich in Bälde er= scheinen wird.

Valkenburg, Holland, Ostern 1910.

Der Verfasser.

Inhalt.

Erster Abschnitt.
Begriff und Geschichte des Sozialismus.

Erstes Kapitel.
Begriff des Sozialismus. Sein Verhältnis zum Kommunismus und Anarchismus

Zweites Kapitel.
Geschichte des Sozialismus bis zur Gründung der heutigen sozialistischen Parteien.

Drittes Kapitel.

Geschichte der sozialdemokratischen Partei Deutschlands.

Viertes Kapitel.

Geschichte der sozialistischen Parteien außerhalb
Deutschlands.

Zweiter Abschnitt.

Prüfung der wissenschaftlichen Grundlagen
des Sozialismus.

Erstes Kapitel.

Die materialistische Geschichtsauffassung und die Marxsche
Mehrwerttheorie.

Dritter Abschnitt.

Unmöglichkeit des Sozialismus.

Erster Abschnitt.
Begriff und Geschichte des Sozialismus.

Erstes Kapitel.
Begriff des Sozialismus. Sein Verhältnis zum Kommunismus und Anarchismus.

Vor allem müssen wir uns darüber klar werden, was man unter Sozialismus zu verstehen hat. Oft werden Sozialismus und Kommunismus als gleichbedeutende Ausdrücke gebraucht; sie sind es aber keineswegs. Kommunismus hat eine weitere Bedeutung als Sozialismus. Unter Kommunismus im weitesten Sinne versteht man jedes System, durch welches irgendwie Gütergemeinschaft (communio bonorum) oder auch Gemeinwirtschaft eingeführt werden soll. Plato schlägt in seinen Schriften eine Staatseinrichtung vor, in der alle Besitzgüter allen gemeinsam sein sollen. Man nennt sie deshalb kommunistisch.

Dieser Kommunismus läßt mannigfaltige Formen zu. Die wichtigsten sind folgende.

1. Der negative Kommunismus begnügt sich mit der Leugnung des Privateigentums. Alle Güter sollen gleichmäßig zu jedermanns Verfügung stehen. Dieser Kommunismus hatte in den vierziger Jahren des vorigen Jahrhunderts einen eifrigen Apostel an Moses Heß. Unbeschränktes Genußrecht

eines jeden, keinerlei Verpflichtung zur Arbeit, aber eifrige
Produktion aller aus Interesse für die Gesamtheit, das waren
die Hauptsätze seines Evangeliums [1]. Heute wird dieser törichte
Kommunismus unseres Wissens von niemand mehr befürwortet,
weil es gar zu offenbar ist, daß bei einem solchen System, wo
niemand andere von dem Gebrauche seiner Sachen auszuschließen
das Recht hat, jeder Antrieb zur Arbeit fehlen, folglich bald
Mangel an allem Nötigen und die größte Unordnung eintreten müßte. Wer würde z. B. einen Acker bebauen wollen,
wenn alle andern nach Belieben ihm die Ernte wegnehmen
könnten?

2. Der positive Kommunismus will die materiellen
Güter ganz oder teilweise an irgend ein Gemeinwesen übertragen, so daß dieses der eigentliche Eigentümer derselben wird
und deren Verwaltung und Verteilung übernimmt. Derselbe
kann wieder zweifacher Art sein:

a) Der extreme positive Kommunismus will alle
Güter ohne Ausnahme an irgend ein Gemeinwesen übertragen
und gemeinsame Produktion und Benutzung der Güter einführen (gemeinsame Mahlzeiten, Schlafstätten, Krankensäle usw.).
Dieses System war das Ideal der älteren Kommunisten
(mehrerer religiöser Sekten).

b) Der gemäßigte positive Kommunismus will
nur das Privateigentum an Produktivgütern oder Produktionsmitteln abschaffen und dieses Eigentum an ein
Gemeinwesen übertragen.

Unter Produktionsmitteln sind hier alle Güter zu verstehen,
die zur Hervorbringung neuer Güter dienen. Dazu gehören
Grund und Boden, alle Arten von Rohstoffen, Fabriken,
Maschinen, Werkzeugen und Verkehrsmitteln, kurz alle Güter,

---

[1] Das er besonders in den Schriften „Philosophie der Tat" und
„Sozialismus" (1843) entwickelt. Über Heß vgl. Handwörterbuch
der Staatswissenschaften [3], Artikel: Anarchismus.

die nicht unmittelbar zum Genusse bestimmt sind. Nur dieser gemäßigte positive Kommunismus hat heute noch Anhänger. Er zerfällt in drei, wesentlich verschiedene Gruppen: den Anarchismus, den Gemeinde= oder Munizipalkommunismus und den eigentlichen Sozialismus (Kollektivismus).

I. Anarchismus.

Der Anarchismus (anarchistische Kommunismus) will das Eigentum an den Produktionsmitteln an autonome Arbeitergruppen übertragen; in diesen Gruppen, die bloß durch ein Bündnis (föderativ) miteinander verbunden wären, soll jeder seinen vollen Arbeitsertrag erhalten. Außerdem sollen alle staatlichen Funktionen aufhören. Die Anarchisten wollen die Freiheit und Gleichheit aller voll und ganz zur Wirklichkeit bringen. Trotzdem bedeutet Anarchismus nicht Anarchie oder Unordnung. Fragt man, wie denn die Ordnung zustande kommen solle ohne staatliche Funktionen, ohne Gesetzgebung, Gericht, Polizei, Verwaltung u. dgl., so weisen die Anarchisten vor allem auf die in der Natur wirksamen sozialen Gesetze hin, welche von selbst die Harmonie aller Interessen und das gemeinsame Glück hervorbringen werden, wenn man die Naturkräfte frei schalten läßt und ihnen keine künstlichen Hemmnisse entgegenstellt. Alles Übel kommt vom Staat oder der positiven durch ihn sanktionierten Ordnung. Wird diese künstliche Ordnung beseitigt und die Gesellschaft auf ihre natürliche Grundlage gestellt, so wird das Reich der Harmonie von selbst erstehen. Sodann vertrauen die Anarchisten auf die moderne Entwicklungstheorie, welche die von den künstlichen Schranken befreite Menschheit von Vollkommenheit zu Vollkommenheit führen werde. Namentlich hoffen sie auf das lebhafte Gefühl der Solidarität und des Gemeinsinns, das nach Abschaffung der Klassen und aller Herrschaftsverhältnisse die Menschheit beherrschen werde. Alle

1*

werden eifersüchtig darüber wachen, daß sich jeder frei nach seinem Belieben bewegen könne, solange er dadurch niemand ungerecht schädigt. Das einzige soziale Band sind also nach anarchistischer Lehre die freien Verträge — mit Ausschluß der staatlichen Zwangsgewalt [1].

Die Anarchisten verschmähen außerdem im Gegensatz zu den Sozialisten die sog. politischen Mittel, um zu ihrem Ziele zu gelangen, z. B. Beteiligung an den Wahlen, an parlamentarischen Verhandlungen u. dgl. Sie setzen ihr Hauptvertrauen auf die Propaganda ihrer Ideen durch die Presse, durch öffentliche Versammlungen, von Mann zu Mann. Dieser Propaganda sollen auch die Attentate dienen, welche Schrecken verbreiten und die öffentliche Aufmerksamkeit auf die anarchistischen Ideen lenken. Von dieser Propaganda der Tat erhoffen sie auch ein rascheres Ende der heutigen Gesellschaft. Schon Proudhon († 1865) hat die anarchistischen Prinzipien größtenteils ausgesprochen [2] und nach ihm Max Stirner (Pseudonym für Karl Schmidt, † 1857 [3]); aber als eigentlicher Gründer der anarchistischen Partei ist wohl der Russe Bakunin († 1876) anzusehen. Im einzelnen ist übrigens die Theorie des Anarchismus wenig ausgebildet, und die Ansichten der Anarchisten weichen sehr voneinander ab. Bekannte Anarchisten sind noch der russische Fürst Krapotkin, der Geograph Elisée Reclus, der frühere Sozialist J. Most und John Mackay [4].

---

[1] S. Jahrbücher für Nationalökonomie, 3. Folge, XII (1896) 137. Es gibt auch Anarchisten, welche den Staat abschaffen und doch das Privateigentum bestehen lassen wollen.

[2] Über Proudhon vgl. Menger, Das Recht auf den vollen Arbeitsertrag (1891) 73 ff.

[3] Der Einzige und sein Eigentum (1844); neu herausgegeben von Reclam.

[4] Die Anarchisten, Zürich 1891.

Anfang Mai 1901 richteten die deutschen Anarchisten als Ergebnis ihres Kongresses in Bietigheim bei Stuttgart ein Manifest an die revolutionären Arbeiter Deutschlands, in dem sie zum erstenmal ein Programm für ihre Partei aufstellten.

„Die heutige Gesellschaftsordnung", so heißt es darin, „ist auf dem System der Beherrschung und Ausbeutung aufgebaut und wird der arbeitenden Klasse keinerlei Konzessionen machen; die sozial= politischen Gesetze werden nur erlassen, um die Arbeiter in der Zu= friedenheit zu erhalten und irrezuführen, sie wirken meist schädlich. Deshalb verwerfen die Anarchisten die Teilnahme an den Parla= menten und gesetzgebenden Körperschaften des Staates. Die revolu= tionären Arbeiter erstreben die Überführung des Grund und Bodens, der Produktionsmittel und aller kulturellen Errungenschaften in Gemeineigentum. Ihr Ziel ist die freie sozialistische Gesellschaft, in der jeder Mensch nach seiner natürlichen Veranlagung leben und sich betätigen kann. Trotz der großen Verfolgungen seitens der Staats=, Geld= und Parteimenschen kämpfen die revolutionären Ar= beiter unentwegt für ihr Ziel. Die ‚Föderation der Revolutionären' erstrebt dies durch Aufklärung, Bildung, revolutionäres Denken und Fühlen, durch Unterstützung der anarchistischen Presse und Literatur, durch Errichtung von Diskutierklubs u. dgl. Die Arbeiter sollen zum wirtschaftlichen Kampf erzogen werden, Organisationen schaffen, Konsumvereine und Produktivgenossenschaften gründen, um so die Produktion und Konsumtion in die Hand zu bekommen und die Sozialisierung zu beschleunigen. ‚Das sind unsere Anschauungen, unser Ziel und unser Weg. Wir kämpfen dafür mit der Über= zeugung zu siegen. Dieser Sieg bedeutet Freiheit und Wohlstand dem ganzen Volke.'" [1]

Neben den theoretischen gibt es auch praktische Anarchisten, denen es um theoretische Erörterungen herzlich wenig zu tun ist. Sie wollen alle staatliche Organisation und jede Auto= rität von Grund aus zerstören (Ni Dieu ni maître); was

---

[1] Vgl. Germania 1901, 101, Beilage.

dann zu geschehen habe, werde sich von selbst finden. Eine
solche Ansicht paßt nur für hirnverbrannte Köpfe.

Von den Anarchisten zu unterscheiden sind die französischen
Kommunisten, welche die politische Unabhängigkeit der Gemeinden (Kommunen) erstreben, ohne deshalb allgemein das
Privateigentum abschaffen zu wollen. Unter Kommunar-
den versteht man in Frankreich die Anhänger der Kommune
von 1871 [1].

Eine spezifisch russische Erscheinung ist der Nihilismus, der zwar auch viele Anarchisten zu seinen Anhängern
zählt, aber an sich bloß eine politische praktisch-revolutio-
näre Partei zum Zwecke der Beseitigung der absoluten Regierung des Zaren ist.

II. Gemeindekommunismus.

Der Gemeindekommunismus (auch Munizipalsozialis-
mus genannt), wie ihn z. B. Anton Menger befürwortet [2],
will im Unterschied zum Anarchismus den Staat mit seinen
politischen Funktionen erhalten wissen, aber die einzelnen Gemeinden zu selbständigen Trägern des Produktiveigentums und
der Wirtschaft machen. Die Gemeinden würden sich als selbständige Individualitäten einander gegenüberstehen und unter
Oberaufsicht des Staates Waren und Dienstleistungen untereinander austauschen. Das Geld und die Herrschaft von Angebot und Nachfrage bliebe unter den Gemeinden bestehen.

---

[1] Über den Anarchismus vgl. G. Adler, Anarchismus (Hand-
wörterbuch der Staatswissenschaften [2]); Stammler, Die Theorie des
Anarchismus (1894); Bernstein, Die soziale Doktrin des Anarchis-
mus (Die neue Zeit 10. Jahrg., II); Zenker, Der Anarchismus,
Kritik und Geschichte der Theorie des Anarchismus (1895); Dunin-
Borkowski, Die Weltanschauung der Anarchisten (Stimmen aus
Maria-Laach LVI 172 ff 365 ff 499 ff).

[2] Neue Staatslehre [2] (1904) 100 192 ff.

Nur jene wirtschaftlichen Tätigkeiten und Vermögensgegen=
stände, die sich notwendig auf viele Gemeinden beziehen, wie
Post, Telegraph, Eisenbahnen u. dgl. würden dem Staate
zugewiesen.

Innerhalb der Gemeinde hat jedes Glied das Recht auf
Existenz und die damit verbundene Arbeitspflicht[1]. Erst nach=
dem das Recht auf Existenz jedes einzelnen vollständig ver=
wirklicht ist, könnten die feineren Bedürfnisse der höheren
Klassen befriedigt werden. Die Gemeinden würden auch die
Arbeiten den einzelnen zuweisen, die Arbeitszeit regeln und die
Arbeitsprodukte nach den Bedürfnissen verteilen. Wer über die
allgemein vorgeschriebene Arbeitszeit hinaus arbeiten will, er=
hält ein Recht auf höhere Genüsse.

Menger meint selbst, dieser Gemeindekommunismus sei nur
ein Übergangsstadium, das in ferner Zukunft zu einer höheren
Gesellschaftsordnung führen werde. „Im dunkelsten Hinter=
grund dieses Gesichtskreises, im fernen Nebel der Zukunft zeigt
sich dem forschenden Blick ein sozialer Zustand, in dem das
ganze Menschengeschlecht einen Bund von gleichberechtigten
Brüdern ohne politische und wirtschaftliche Gegensätze bilden
wird."[2]

Wenn die Gemeinden ganz selbständig wirtschaften dürfen,
ist die Konkurrenz unter den Gemeinden und damit die Pro=
duktionsanarchie nicht gehoben, sondern nur verschoben. Soll
also der Staat den einzelnen Gemeinden das Arbeitspensum
zuweisen? Dann ist es mit dem Gemeindekommunismus
aus. Sollen ferner die Gemeindeglieder beliebig in andere
Gemeinden auswandern dürfen? Dann würde der Zuzug zu
den besser situierten Gemeinden wohl gar zu groß. Menger
sieht sich denn auch genötigt, die Freizügigkeit in sehr starker
Weise zu beschneiden.

---

[1] Ebd. 98.   [2] Ebd. 198.

III. Sozialismus.

Der Sozialismus (sozialistische Kommunismus) will alle Produktivgüter in Gemeingut der Gesellschaft (des Staates) verwandeln und sowohl die Produktion als die Verteilung des Produktionsertrages planmäßig durch die Gesellschaft (den Staat) organisieren. Weil die modernen Sozialisten, vorab die Anhänger von Karl Marx, diese Organisation auf vollkommen demokratischer Grundlage verwirklichen wollen, nennen sie sich Sozialdemokraten und ihr System Sozialdemokratie. Die Sozialdemokratie ist also, kurz definiert, jenes volkswirtschaftliche System, welches unveräußerliches gesellschaftliches Gemeineigentum aller Arbeitsmittel einführen und die gesamte Produktion und Verteilung der wirtschaftlichen Güter durch den demokratischen Staat organisieren will[1].

Den Beweis für die Richtigkeit dieser Definition werden unsere späteren Ausführungen erbringen. Wir nennen den Sozialismus ein volkswirtschaftliches System, nicht als ob er nicht auch auf politischem und sozialem Gebiete notwendig zu manchen die heutige Ordnung umändernden Forderungen führte, sondern weil der innerste Kern des Sozialismus in der Verstaatlichung (Nationalisierung, Vergesellschaftung) der Produktionsmittel und in der öffentlichen Organisation der Gütererzeugung und Güterverteilung liegt. Der Sozialismus — wenigstens wie er heute von seinen Anhängern aufgefaßt wird — ist zunächst und an erster Stelle ein volkswirtschaftliches System; erst an zweiter Stelle und in Unterordnung unter die volkswirtschaftlichen Fragen kommen die Politik, die Familienverhältnisse usw. in Betracht.

---

[1] Viele Sozialisten lehnen zwar den Ausdruck „sozialistischer Staat" ab; aber mit welchem Recht, wollen wir weiter unten untersuchen.

H. v. Scheel[1] definiert den Sozialismus als Wirtschaftsphilosophie der leidenden Klassen, d. h., wie er erläuternd hinzufügt, „eine solche, welche ihrem Wesen und dem Bewußtsein der Mitlebenden nach eine Wirtschaftsphilosophie der leidenden Klassen wirklich ist". Dieser letztere Zusatz ist aber zum mindesten überflüssig, ja unseres Erachtens unrichtig. Er macht das Wesen des Sozialismus zu sehr von der äußeren tatsächlichen Auffassung der Menschen abhängig. Auch wenn es gelänge, die heutigen Sozialisten von der Undurchführbarkeit ihres Systems zu überzeugen und davon abzubringen, so bliebe eben doch das System, das sie vertreten, Sozialismus, weil es dieses seinem Wesen nach ist. Umgekehrt ist der uns von Plato gezeichnete Idealstaat ein wahrhaft sozialistischer, obwohl ihn die Zeitgenossen für eine unmögliche Träumerei hielten. — Anderseits wäre nach der Begriffsbestimmung v. Scheels auch das volkswirtschaftliche System, wie es von seiten des Zentrums und mancher Konservativen zur Hebung des Arbeiter- und Handwerkerstandes befürwortet wird, sozialistisch, was wir nicht zugeben.

Zu vag und unbestimmt ist auch die Begriffsbestimmung E. de Laveleyes[2], der unter Sozialismus „jede Lehre" versteht, „welche erstens eine größere Gleichheit in der sozialen Lage aller erstrebt und zweitens diese Reform durch den Staat oder die Gesetzgebung verwirklichen will". Kein Wunder, daß er von einem konservativen, einem katholischen, einem evangelischen und einem internationalen Sozialismus redet. Daß unter Zugrundelegung einer so dehnbaren Auffassung eine klare und gründliche Beurteilung des Sozialismus nicht möglich ist, liegt auf der Hand.

---

[1] In Schönbergs Handbuch der pol. Ökonomie I² 107.
[2] Le socialisme contemporain⁶, introduct. XII.

E. Bern stein nennt den Sozialismus „Bewegung zur oder Zustand der genossenschaftlichen Gesellschaftsordnung" [1]. Nach dieser Definition gehörte auch der Anarchismus zum Sozialismus, wenigstens müßte genauer angegeben werden, wie die genossenschaftliche Gesellschaftsordnung zu verstehen sei. Unklar ist auch, was W. Sombart sagt: „Sozialismus — in dem hier gebrauchten Verstande — ist der geistige Nieder= schlag der modernen sozialen Bewegung. Diese aber ist der Inbegriff aller Emanzipationsbestrebungen des Proletariats; will sagen einer der sozialen Klassen unserer Zeit." [2] Mit dem ersten Satz ist man so klug als wie zuvor, und der zweite ist nicht richtig, namentlich wenn man dem Proletariat eine so umfassende Bedeutung gibt wie Sombart. Er rechnet zum Proletariat nicht nur alle Lohnarbeiter, sondern alle „kleinen Leute" unter den selbständigen Landwirten und Gewerbetrei= benden sowie die untersten Schichten des Beamtentums, so daß jetzt in Deutschland nach ihm rund 35 Millionen oder nahezu zwei Drittel der Bevölkerung dazu gehören [3]. Sind denn etwa alle diese kleinen Leute Sozialisten? Sind alle ihre Reformbestrebungen als sozialistisch zu bezeichnen? Ganz und gar nicht. Wir haben doch viele Millionen katholischer und evangelischer „kleinen Leute" und Arbeiter, die nach Besserung und Hebung ihrer Lage streben, ohne Sozialisten zu sein. Oder wird er leugnen, daß diese Bestrebungen als „Emanzipations= bestrebungen" gelten können? Dann wäre aber doch genauer anzugeben, was wir unter Emanzipation zu verstehen haben.

Er scheint selbst das Unbefriedigende seiner Darlegung zu fühlen und fügt deshalb hinzu, unter Sozialismus verstehe er nur die Richtung des Proletariates auf das „Ideal einer

---

[1] Die Voraussetzungen des Sozialismus und die Aufgaben der Sozialdemokratie (1899) 84.

[2] Sozialismus und soziale Bewegung [6] (1908) 1.

[3] Ebd. 8.

kommunistisch geregelten Wirtschafts= und Gesellschaftsordnung,
in der die gleichförmigen Interessen der großen Masse nach
Möglichkeit gewahrt sind" [1]. Als sozialistisch gelten ihm die
Bestrebungen, welche „auf Überführung der kapitalistischen in
die sozialistische Gesellschaft" gerichtet sind oder dieselbe be=
fördern [2]. Aber was ist „sozialistische Gesellschaft", was „kom=
munistisch geregelte Wirtschafts= und Gesellschaftsordnung"?
Der Kommunismus kann verschiedene Formen annehmen. Jeden=
falls sind durch diese Ausdrücke Sozialisten und Anarchisten
noch nicht voneinander unterschieden. Sombart meint freilich,
„kommunistischer Anarchismus und kommunistischer Sozialismus
gleichen sich wie ein Ei dem andern" [3]. Aber er selbst legt
in einem eigenen Abschnitt [4] die tiefgehenden Unterschiede zwischen
Anarchismus und Sozialismus dar [5].

Aus unserer Definition sieht man, daß jeder Sozialist Kom=
munist im weiteren Sinne ist, aber nicht umgekehrt. Der (posi=
tive) Kommunismus verhält sich zum Sozialismus wie die
Gattung zur Art. Kommunistisch wird jedes System ge=
nannt, das Gemeineigentum oder Gemeinbesitz befürwortet.

[1] Ebd. 15.   [2] Ebd. 17.
[3] Ebd. 32.   [4] Ebd. 46 ff.

[5] Sombart ist ein geist= und kenntnisreicher Schriftsteller, und
wer sich im Sozialismus schon auskennt, wird mancherlei Anregung
und Belehrung aus seinem Buche schöpfen. Wer aber noch keinen
klaren Begriff vom Sozialismus besitzt, wird ihn umsonst suchen.
Er spöttelt über die Herbarienleute mit ihren Definitionen und Ein=
teilungen, aber dieser Spott fällt auf den Urheber zurück. Von
der „materialistischen Geschichtsauffassung" und der
„Mehrwerttheorie", den beiden Hauptgrundlagen des
Marxismus, ist im ganzen Buche auch nicht mit einem
Worte die Rede. Warum das? Wohl deshalb, weil es sonst zu
klaren und präzisen Definitionen hätte kommen müssen. Es ist leichter
und bequemer, von allen Definitionen abzusehen und sich in geist=
reichschillernden, oft nur halbwahren psychologischen Betrachtungen
zu ergehen.

Sozialistisch dagegen heißt ein System, insofern es die
Güterproduktion und Güterverteilung durch die gesamte Gesellschaft (societas) organisieren will. Diese Organisation
setzt aber naturgemäß den Gemeinbesitz der Produktionsgüter
voraus.

Karl Marx, der Hauptbegründer des modernen Sozialismus, nennt sich selbst oft einen Anhänger des Kommunismus,
und mit Recht, weil der Begriff der Gattung (Kommunismus)
in dem der Art (Sozialismus) immer enthalten ist. Jedes Pferd
ist ein Tier, aber nicht jedes Tier ein Pferd. So ist auch
jeder Sozialist ein Kommunist, aber nicht umgekehrt. Man sieht
auch, daß weder beim Kommunismus überhaupt noch bei der
speziellen Form des Kommunismus, die man Sozialismus
nennt, von einer einmaligen oder periodischen Teilung die
Rede ist. Der Kommunismus ist die grundsätzliche Leugnung des Privateigentums an den Arbeitsmitteln.

Es erhellt ferner, daß die sog. Ackersozialisten (Agrar-
sozialisten), die nur in Bezug auf Grund und Boden die
Berechtigung des Privateigentums leugnen, nicht einfachhin
zu den Sozialisten gerechnet werden dürfen, obwohl ihre
Grundsätze zur Gefährdung des Privateigentums überhaupt
führen [1]. Ebensowenig sind die sog. Staatssozialisten,
welche grundsätzlich das Privateigentum und die Standes-
unterschiede als berechtigt anerkennen oder wenigstens nicht
grundsätzlich beseitigen wollen, aber die Regelung des wirtschaftlichen Lebens fast ganz in das Belieben der Staatsgewalt
legen, einfachhin mit den Sozialisten zu verwechseln [2].

---

[1] Eine eingehende Beurteilung des Ackersozialismus findet
der Leser in unserer Schrift „Das Privatgrundeigentum und seine
Gegner" [4] (1909).

[2] Über die Staatssozialisten s. unsere Moralphilosophie
II[4] 510; A. Wagner, Grundl. der polit. Ökonomie[3], I. Tl, Einl.,
§ 18 ff; Pesch, Lehrbuch der Nationalökon. I 166 ff.

Was den Ausdruck „Sozialismus" angeht, so bemerken
wir noch, daß sich derselbe in dem von uns angegebenen Sinne
längst eingebürgert hat, nicht nur im Deutschen, sondern auch im
Französischen, Englischen, Italienischen und Spanischen, ganz be=
sonders in wissenschaftlichen Werken. Auch Papst Leo XIII. spricht
in seinen Rundschreiben (Quod Apostolici d. d. 28. Dec. 1878
und Rerum novarum d. d. 15. Maii 1891) vom Sozialismus
in demselben Sinne wie wir. Wir stimmen deshalb ganz dem
Kardinal Manning bei, der behauptete, es verrate Ver=
schwommenheit im Denken oder wenigstens im Sprechen, von
christlichem und katholischem Sozialismus zu reden [1]. Wir möchten
dementsprechend auch dringend mahnen, dem Ausdruck seinen ge=
bräuchlichen Sinn zu belassen. Wozu durch einen mehrsinnigen
Gebrauch dieses Wortes Unklarheit in Erörterungen bringen, die
vor allem der Klarheit, auch in der Terminologie, bedürfen?
Übrigens bemerken wir noch, daß wohl zu unterscheiden ist zwi=
schen „sozial" und „sozialistisch". Sozialistisch ist alles, was
sich auf den Sozialismus bezieht, sozial dagegen alles, was auf
das gesellschaftliche Leben Bezug hat. Auch wer die sozialistischen
Bestrebungen bekämpft, kann und soll ein Freund der sozialen
Reform sein.

Da der Sozialismus heute in allen Ländern demokratisch ist
und möglichste Gleichheit aller herbeiführen will, so können die Aus=
drücke: Sozialismus und Sozialdemokratie für gleich=
bedeutend gelten.

In Frankreich und Nordamerika wird der Sozialismus zuweilen
mit dem Namen Kollektivismus bezeichnet. Wir vermeiden
absichtlich diesen Ausdruck. Kommunismus und Sozialismus sind
geschichtliche Erscheinungen, die längst ihren traditionellen Namen
haben. Diese Namen sind beizubehalten, wenn man nicht Ver=
wirrung in die Erörterungen über den Sozialismus bringen will.
Die Sozialisten selbst nennen sich fast nirgends Kollektivisten.

---

[1] Vgl. Tablet 1893, 7. Oct., 569.

Zweites Kapitel.

Geschichte des Sozialismus bis zur Gründung der heutigen sozialistischen Parteien.

§ 1.
Der Sozialismus im Altertum und Mittelalter.

Verschiedene ganz oder halb kommunistische Systeme und Einrichtungen begegnen uns seit den ältesten Zeiten. Auf der Insel Kreta wurde schon um das Jahr 1300 v. Chr. eine Art Kommunismus eingeführt, den später Lykurg zum Muster für die Einrichtungen Spartas nahm[1]. Diese letzteren hin-wiederum scheinen Plato vorgeschwebt zu haben, als er in seinem Idealstaat (De republica) Güter- und Weibergemein-schaft mit gemeinsamer Kindererziehung und gemeinsamen öffent-lichen Mahlzeiten vorschlug. Aristoteles, der uns alle genannten Systeme eingehend geschildert, hat auch schon nachdrücklich auf ihre innere Unhaltbarkeit hingewiesen[2].

---

[1] Siehe hierüber Thonissen, Le socialisme depuis l'antiquité I, Louvain 1852, 11 ff; Steccanella, Del communismo, Roma 1892; G. Adler, Sozialismus und Kommunismus (im Handwörterbuch der Staatswissenschaften V), und besonders Pöhlmann, Geschichte des antiken Kommunismus und Sozialismus, 2 Bde. Nach Pöhl-mann kann man nur in sehr beschränktem Sinne von Kommunismus in Kreta und Sparta reden. Das einzige Beispiel von echtem Kom-munismus im Altertum bietet nach Pöhlmann die Insel Lipara bei Sizilien, aber hier beruhte der Kommunismus auf ganz eigentüm-lichen örtlichen Verhältnissen.

[2] Polit. 2, 1, 2, c. 3 et 5. Von manchen werden auch die Sklaven-aufstände in Italien (Spartacus) als Vorläufer der sozialistischen Bewegung angesehen. Jedoch mit Unrecht. Dieselben bezweckten weder die Einführung von Gemeineigentum oder Gemeinwirtschaft noch über-haupt eine wirtschaftliche Reorganisation der Gesellschaft. Sie hatten bloß die persönliche Befreiung der Sklaven zum Zweck.

Während die kommunistischen Versuche des Altertums die
Sklaverei eines großen Teils der Bevölkerung zur Voraus=
setzung hatten, entstand in der ersten christlichen Gemeinde zu
Jerusalem ein höherer Kommunismus auf der Grundlage wahrer
Nächstenliebe und Gleichheit. Aus freien Stücken verkauften die
meisten Christen ihre Habe und übergaben den Erlös den
Aposteln zum gemeinsamen Unterhalte aller. In freiwilliger
Armut wollte man sich ganz dem Dienste Gottes und des
Nächsten widmen. Ein solcher Zustand konnte seiner Natur
nach, in Anbetracht der Menschen, wie sie nun einmal durch=
schnittlich sind, kein verpflichtender, allgemeiner und dauernder
werden.

Es ist ein großer Irrtum, wenn die heutigen Sozialisten
Christus als den ersten „Kommunisten" hinzustellen suchen
und behaupten, das Christentum habe prinzipiell den Kom=
munismus verkündet. Der Kommunismus verwirft grundsätzlich
das Privateigentum und will es allgemein beseitigen. Nicht
so das Christentum. Ebenso nachdrücklich, als Jesus das
übermäßige Streben nach Reichtum verurteilte und die Armut
im Geiste als eine höhere Stufe der Vollkommenheit anriet
und empfahl, hat er die Rechtmäßigkeit des Privateigentums,
auch an Arbeitsmitteln, und zwar nicht bloß für seine Zeit,
sondern für alle Zeiten und Orte anerkannt. Er hat die
sittlichen Gebote des Alten Bundes, wie sie im Dekalog
enthalten sind, nicht aufgehoben, sondern von neuem als für
alle Menschen aller Zeiten gültig eingeschärft[1]. Ebensogut
wie im Alten Bunde ist es auch im Neuen ein Verstoß gegen
Gottes Gebot, des Nächsten Acker, Haus oder Ochsen zu
stehlen oder auch nur ungerecht danach zu verlangen. Den
Aposteln und allen denen, welche aus Liebe zu ihm Haus
oder Verwandte oder Äcker verlassen, verspricht er einen be=

---

[1] S. Wilmers, Lehrbuch der Religion III⁶ 370 ff.

sondern Lohn[1]. Dem reichen Jüngling, der Belehrung verlangte, antwortete der Heiland zuerst, er solle die Gebote des
Dekalogs beobachten, so das Gebot „Du sollst nicht stehlen"[2],
und nur als Rat fügt er dann hinzu: „Wenn du vollkommen
sein willst, so verkaufe alles, was du hast, gib es den Armen
und komm und folge mir nach." Hätte Christus so sprechen
können, wenn er das Privateigentum für ungerecht ansah?
Unter den ersten Schülern Christi befanden sich viele, die reiches
Privateigentum besaßen (Martha, Joseph von Arimathäa usw.).
Wir lesen nirgends, daß ihnen Christus befohlen, ihrem Eigentum zu entsagen.

Auch die Apostel haben niemals das Privateigentum
als widerrechtlich verworfen oder allgemein seine Abschaffung
verlangt. Dem Ananias antwortete der hl. Petrus, er hätte
seinen Acker behalten können, wenn er wollte[3]. Die Mutter
des Markus blieb dauernd im Besitze ihres Hauses, wie wir
aus der Apostelgeschichte ersehen[4]. Aus Antiochien wurden
freiwillige Unterstützungen nach Jerusalem geschickt, von einem
jeden „nach seinem Vermögen"[5]. Der Apostel Paulus weiß
nichts von kommunistischen Gesetzen[6]. Den Reichen läßt er
befehlen, nicht hochmütig auf ungewisse Reichtümer zu vertrauen
und gern andern zu geben und mitzuteilen[7].

Mit Christus und den Aposteln hat die christliche Kirche
immer das Privateigentum, auch an Arbeitsmitteln: Häusern,
Äckern, Feldern usw., als rechtmäßig anerkannt.

Ganz im Widerspruch mit den Lehren des Christentums
haben sich im Laufe der Zeit die Sekten der Apostoliker,
Zirkumzellionen, Albigenser und Wiedertäufer von der Kirche
losgerissen und grundsätzlich jedes Privateigentum verworfen.

---

[1] Mt 19, 29.   [2] Mt 19, 18.   [3] Apg 5, 4.
[4] Apg 12, 12.   [5] Apg 11, 29.
[6] Vgl. 2 Kor 9, 7; 1 Kor 16, 2; 2 Theff 3, 12 usw.
[7] 1 Tim 6, 17.

Wenn wir von diesen Irrlehren absehen, ferner von einigen kommunistischen „Staatsromanen", zu denen Thomas Morus durch seine Utopia (1516) den Anstoß gegeben zu haben scheint[1], so können wir sagen, daß der Kommunismus und Sozialismus eine dem ganzen Mittelalter nahezu unbekannte Erscheinung ist[2].

§ 2.

Die Ursachen des modernen Sozialismus.

Der moderne Sozialismus unterscheidet sich schon dadurch wesentlich von seinen Vorgängern, daß er eine d a u e r n d e E r s c h e i n u n g ist, die uns in a l l e n K u l t u r l ä n d e r n mit entwickelter Industrie entgegentritt. Dieser Umstand allein beweist, daß wir es hier nicht mit einer bloß ä u ß e r l i c h e n Erscheinung zu tun haben, die auf Rechnung künstlicher Agitation und Verhetzung zu setzen ist, sondern mit einer Erscheinung, die in den Gesellschaftszuständen der Gegenwart ihre Wurzeln und ihren günstigen Nährboden hat.

Die Wurzeln des modernen Sozialismus liegen vor allem in der Entwicklung der Industrie und der damit zusammenhängenden gesellschaftlichen Verhältnisse seit der Neige des 18. Jahrhunderts. In Bezug auf technische Fortschritte und

---

[1] In Paraguay, das so oft als Muster des Kommunismus hingestellt wird, bestand kein strenger Kommunismus. Und soweit er herrschte, war er nur als vorübergehender Zustand berechnet (siehe Stimmen aus Maria-Laach XXV 455). Übrigens darf man ein Volk, das man erst der Barbarei entreißen und zu gesitteten Menschen heranbilden will, nicht mit zivilisierten Nationen vergleichen.

[2] Wegen der Utopia ist Morus den Sozialisten beigesellt worden, jedoch ganz mit Unrecht. Man muß unterscheiden zwischen der Kritik der damaligen sozialen Zustände und der Schilderung des utopischen Staates. Letztere bildete bloß den Hintergrund, auf dem die Kritik um so deutlicher hervortreten sollte. Morus selbst nennt am Ende des Buches die Einrichtungen der Utopier in vielen Dingen, selbst in wirtschaftlicher Beziehung, absurd.

deren Verwertung in Handel und Induſtrie hat ſeit der
franzöſiſchen Revolution die Entfeſſelung aller wirtſchaftlichen
Kräfte durch die unbeſchränkte freie Konkurrenz unſtreitig über=
raſchende Erfolge erzielt. Allein ſie hat auch jene häßliche
Scheidung der Geſellſchaft in zwei feindliche Klaſſen: eine ver=
hältnismäßig kleine Zahl von überreichen Kapitaliſten und eine
ungeheure Zahl von Lohnarbeitern, zur Folge gehabt, die man
durch den Gegenſatz von Kapital und Arbeit zu charak=
teriſieren pflegt. Namentlich iſt das rieſenhaft angewachſene,
von der Scholle losgelöſte, heimatloſe, hin und her wogende
ſtädtiſche Proletariat ein faſt notwendiges Ergebnis der
modernen Induſtrie, welche durch die Maſchine den ſelbſtän=
digen Handwerker vielfach unmöglich macht, überhaupt die
Mittelſtände ſchwer bedroht und auf Konzentrierung großer,
disponibler Arbeitermaſſen hindrängt.

Mächtigen Vorſchub leiſtete dem Sozialismus auch die Art
und Weiſe, wie die Arbeiter von den Fabrikherren behandelt
wurden. Viele Kapitaliſten — nicht ſelten über Nacht reich
gewordene Parvenus — benutzten die abſolute ökonomiſche
Freiheit, um ihrer Profitwut freien Lauf zu laſſen und die
Arbeiter förmlich auszubeuten. Es gab ja viele löbliche Aus=
nahmen, aber es waren leider Ausnahmen. K. Marx und
Fr. Engels haben durch ihre den offiziellen Quellen ent=
nommenen ſtatiſtiſchen Angaben das grauenvolle Elend auf=
gedeckt, in welches unzählige Arbeiterfamilien in England in=
folge der rückſichtsloſen Ausbeutung von ſeiten der Arbeit=
geber geraten waren. Bei kärglichem Lohn mußten die Arbeiter
oft 15—16 Stunden arbeiten, auf ihre Geſundheit und Sicher=
heit wurde kaum Rückſicht genommen, ſelbſt die Nacht= und
Sonntagsruhe wurde ihnen verkümmert, ſogar Kinder von
6 bis 12 Jahren wurden vielfach für ſpärlichen Lohn in den
Dienſt der Maſchine geſtellt. Die Zuſtände waren oft himmel=
ſchreiend. Und in andern Ländern ſah es nicht viel beſſer aus.

Was noch besonders die Unzufriedenheit der untersten Volksschichten nährte und schürte, war das Gefühl der Unsicherheit der eigenen Existenz. Mochte sich auch die Lage der Arbeiter in rein materieller Beziehung nicht überall verschlechtert haben, so hatten sie doch früher das beruhigende Gefühl einer gesicherten Existenz. Sie brauchten nicht von einem Tage auf den andern zu fürchten, brotlos zu werden. Das war unter den neuen Verhältnissen anders geworden. Die allen gewährte wirtschaftliche Freiheit, das Beispiel so vieler, die in kurzer Zeit zu ungeheurem Reichtum gelangt waren, entfesselten eine Unternehmungslust und Profitgier sondergleichen. Der Weltmarkt, für den die moderne Industrie arbeitet, läßt sich nur schwer überschauen. Das war beim Beginn der kapitalistischen Wirtschaftsordnung noch mehr der Fall als heute. So konnte es kaum ausbleiben, daß oft infolge von Überproduktion unerwartet Geschäftsstockungen eintraten und die Arbeiter entlassen wurden oder sich Lohnabzüge gefallen lassen mußten, welche sie mit ihren Familien in bittere Not stürzten. Der entlassene Arbeiter konnte ja anderswo Beschäftigung suchen, aber sie war nicht immer zu finden. Und dann: Ist nicht schon der Umstand, daß er so oft gezwungen wird, eine neue Heimat zu suchen und dort um Arbeit anzusprechen, geeignet, ihn zu erbittern, ihm beständig zum Bewußtsein zu bringen, daß er ein heimatloser Proletarier und auf fremde Gnade angewiesen ist?

Mit dem Anwachsen des Proletariats ging die Auflösung des Familienlebens, die Überhandnahme der Trunksucht und der sittlichen Verkommenheit Hand in Hand. Die über Nacht reich gewordenen Bourgeois huldigten öffentlich dem unsinnigsten Luxus, und durch ihre Schuld nahm eine maßlose Genußsucht in allen Kreisen zu. Und wer war denn der eigentliche Schöpfer alles Reichtums? Hatten nicht die klassischen Lehrer des Kapitalismus die Behauptung aufgestellt, daß die Arbeit

2*

die eigentliche Quelle alles Reichtums der Nationen sei? Und
wer heimste nun die Früchte dieser Arbeit ein? Die Arbeiter
gingen bei der Ernte fast leer aus.

Nie und nimmer hätte aber die Emanzipationsbewegung
die radikale feindselige Richtung angenommen, die uns im
Sozialismus entgegentritt, wenn nicht die Entchristlichung
des Proletariats dazu gekommen wäre. Aus den Kreisen
derer mit „Besitz und Bildung" sickerte allmählich die atheistisch=
materialistische Lebensauffassung in die untersten Schichten des
Volkes hinab und ergriff namentlich weite Kreise des städti=
schen Proletariats, und damit war das Tor zum Sozialis=
mus weit geöffnet. Jeder Mensch will nun einmal notwendig
und unweigerlich glücklich, vollkommen glücklich werden. Hat
der Arbeiter mit dem christlichen Glauben alle Ewigkeits=
hoffnungen verloren, dann wird er nicht mehr mit Geduld
und Ergebung die nun einmal unleugbaren Mühen und Be=
schwerden seines Standes ertragen, er wird mit Neid und Haß
auf den besser Situierten schauen und das volle Maß an
Erdengütern und Genüssen für sich fordern. Am allerwenigsten
wird er es geduldig ertragen, daß andere Reichtümer auf
Reichtümer häufen und ihr Leben in müßigem Schwelgen
zubringen, während er mit Mühe um sein Dasein ringt und
oft trotz redlicher Arbeit für sich und die Seinigen kaum das
Notwendige zusammenbringt.

Heine hat in seinem bekannten Liede nur den Gedanken
weiter Arbeiterkreise zum Ausdruck gebracht:

> Wir wollen auf Erden glücklich sein
> Und wollen nicht mehr darben;
> Verschlemmen soll nicht der faule Bauch,
> Was fleißige Hände erwarben.

So begreift man, daß es nur des Zunders bedurfte, um
die Erbitterung der „Enterbten" zur hellen Flamme zu ent=
fachen.

Hierzu kam noch ein anderer mächtiger Faktor, der die Unzufriedenheit in proletarischen Kreisen schürte, nämlich die Idee der Gleichheit aller Menschen, die namentlich durch Rousseau in die breitesten Schichten gedrungen war. Nach dem Philosophen der französischen Revolution sind die Menschen von Natur aus frei und gleich, und erst durch das Privateigentum wird die Ungleichheit sozusagen zur dauernden Institution erhoben. Durch diese Behauptung wurde dem Privateigentum in den Augen weiter Volkskreise der Stempel des Unrechts aufgedrückt: der Staat, sagte man, hat zwar das Eigentum sanktioniert, aber er kann es auch wieder aufheben. Der Staat ist ja nur durch den allgemeinen Vertrag aller entstanden; der eigentliche Souverän ist das Volk selbst, und Zweck des Staates ist die Freiheit und Gleichheit aller.

Mit dem Losungsworte: Freiheit, Gleichheit und Brüderlichkeit war in der französischen Revolution, mit der eine ganz neue Epoche in der Weltgeschichte beginnt, das Bürgertum, der dritte Stand, in den Kampf gezogen und rasch zu Macht und Ansehen gelangt. Bald bildete sich im Gegensatz zu demselben der vierte Stand, der Stand der Besitzlosen und Proletarier. Die „Brüderlichkeit" hat von Anfang an nur dekorative Bedeutung. Die Freiheit und Gleichheit auf politischem Gebiete war vorhanden, aber für weite Volksklassen bedeutete sie nur Freiheit und Gleichheit des Elends. Viele kamen bei dem neu entfesselten Wettbewerb zu kurz. An sie wendet sich nun der moderne Sozialismus; sie will er durch Beseitigung des Kapitalmonopols in den Händen weniger befreien oder „emanzipieren". Es darf uns daher nicht wundern, daß schon an der Wiege des So- zialismus der Ruf erklang: La propriété c'est le vol[1],

---

[1] Worte Brissot de Warvilles in seinem Buche: Sur la propriété et sur le vol (1780).

den ein halbes Jahrhundert später Proudhon und Lassalle
(„Eigentum ist Fremdtum") wiederholten und als Brandfackel
unter die Massen schleuderten[1].

§ 3.
Die Pioniere des modernen Sozialismus.

1. Der Mann, welcher zuerst die Fahne des modernen
Sozialismus erhob, war François Noël Babeuf oder,
wie er sich seit der Revolutionszeit nannte, Gracchus Babeuf
(1760—1797). Seinen Ausgangspunkt nimmt er von der
Idee der Gleichheit. Die Verfassung von 1793 trug an
ihrer Spitze den Grundsatz: „Alle Menschen sind durch Natur
und Gesetz gleich", und den andern: „Der Zweck der Gesellschaft ist das allgemeine Glück". Aber diese Gleichheit und
dieses Glück standen für viele nur auf dem Papier, und zwar
hauptsächlich wegen des Privateigentums. Sie zu verwirklichen, ist die Aufgabe, die Babeuf sich stellt. „Die Natur
hat jedem Menschen ein gleiches Recht auf den Genuß aller
Güter gegeben." Zweck der Gesellschaft ist es, diese Gleichheit
zu verteidigen und die gemeinsamen Genüsse durch Zusammen-

---

[1] Es braucht kaum bemerkt zu werden, daß aus unsern Ausführungen über die Ursachen des Sozialismus keineswegs folgt, derselbe sei das notwendige Ergebnis der bisherigen wirtschaftlichen Entwicklung, wie uns sozialistische Blätter, so z. B. The
Worker (New-York) vom 18. März 1905 vorgeworfen haben. Etwas
anderes ist günstige Bedingung und notwendige Ursache.
Eine Reaktion zu Gunsten der ärmeren Klassen war eine moralische
Notwendigkeit, aber daß diese Reaktion im Sinne des extremen Sozialismus ausfalle, war und ist keineswegs notwendig, obwohl viele
Umstände dies begünstigten. Nimmt man jedoch zu den wirtschaftlichen Verhältnissen noch die atheistisch-materialistische Lebens-
anschauung und die Rousseauschen Ideen von Gleichheit und
Brüderlichkeit hinzu, dann mußte sich allerdings aus ihnen notwendig
der Kommunismus ergeben.

wirken aller zu vermehren. Die Natur hat jedem die Pflicht
der Arbeit auferlegt. Die Arbeiten und Genüsse sollen ge=
meinsam sein. Niemand durfte sich, ohne ein Verbrechen zu
begehen, die Güter der Erde oder der Industrie ausschließlich
aneignen. In einer wahrhaften Gesellschaft soll es weder
Reiche noch Arme geben. Die Reichen, die nicht zu Gunsten
der Notleidenden das Überflüssige abtreten wollen, sind die
Feinde des Volks. Der Zweck der Revolution ist die Ver=
nichtung der Ungleichheit und die Herstellung des allgemeinen
Glücks[1]. In Bezug auf die Produktion fordert Babeuf: ge=
setzliche Feststellung der Arbeitszeit; Leitung der Produktion
durch eine vom Volke gewählte oberste Gewalt; Verteilung
der notwendigen Arbeiten unter die Bürger; Verrichtung der
unangenehmen Arbeiten durch alle Bürger der Reihe nach;
Verteilung der Genüsse unter die einzelnen nach Maßgabe
ihrer Bedürfnisse. Es sind im wesentlichen die Forderungen
der heutigen Emanzipationsbewegung des vierten Standes.
Ganz im Stil der heutigen Sozialdemokraten verhieß Babeuf
seinen Anhängern eine mächtige Steigerung der Produktion,
wenn man seine Pläne annehme. Zur Durchführung der=
selben gründete er eine geheime Gesellschaft, die jedoch ent=
deckt wurde und ihn am 27. Mai 1797 auf das Schafott
brachte.

2. Während Babeuf die Idee der Gleichheit zur Grundlage
seiner Reformpläne machte, ging Graf Heinrich de Saint=
Simon (1760—1825) von der Idee der Arbeit aus.
Letzterer ist der erste, welcher die leitenden Ideen des modernen
Sozialismus wissenschaftlich zu begründen suchte und zugleich
eine sozialistische Schule ins Dasein rief. Mit ihm beginnt
der „wissenschaftliche Sozialismus" in unserem heutigen

---

[1] Eine eingehende Darlegung der Lehre Babeufs s. bei L. Rey=
baud, Études sur les réformateurs ou socialistes modernes III
Bruxelles 1844, 245 ff.

Sinne[1]. Die liberalen Volkswirtschaftslehrer hatten den Grundsatz aufgestellt, die Arbeit allein sei Grund und Quelle
alles Wertes und mithin auch des Reichtums der Nationen.
Dieses Grundsatzes bemächtigte sich der Sozialismus und nahm
ihn zum Ausgangspunkt seiner Angriffe gegen die heutigen
Eigentumsverhältnisse. Schon Saint-Simon zog aus ihm die
Folgerung: also muß die Arbeit (Industrie im weitesten
Sinne) den Maßstab für die gesellschaftlichen Einrichtungen
abgeben; mit andern Worten: die Arbeiter sollen fortan nicht,
wie bisher, die letzte, sondern die erste Stellung in der Gesellschaft einnehmen, und zwar sollen die Gescheitesten von den
Ackerbauern, Kaufleuten und Fabrikanten die Leitung des
Staates in die Hand bekommen. Aufgabe der Wissenschaft
ist es, der Arbeit den gebührenden Rang zu verschaffen.

Saint-Simon war ein geistreicher, aber unpraktischer und
exaltierter Schwärmer. Er wollte auch eine neue Religion
auf dem Grunddogma der allgemeinen Menschenliebe stiften.
Erst von seinem „neuen Christentum" erhoffte er Erfolg für
seine sozialen Ideen. Übrigens war er bloß Theoretiker.
Praktische Versuche zur Durchführung seiner Anschauungen
machte er nicht; ja er griff in seinen Schriften nicht einmal
direkt das Privateigentum an. Sein Schüler Enfantin
zog aus dem Grundsatz, die Arbeit sei die einzige Quelle alles
Wertes, die Folgerung, das arbeitslose Einkommen
der Grundbesitzer und Kapitalisten sei ungerecht und folglich
zu beseitigen. Dieser Grundsatz kehrt seither in tausend Variationen in der sozialistischen Literatur wieder. Bazard, ein
anderer Schüler Saint-Simons, verlangte, um die Ungleich-

---

[1] Die Hauptwerke Saint-Simons sind: L'industrie, 4 Bde, 1817;
Système industriel, 3 Tle (1821—1822); Catéchisme des industriels
(1822—1823); Nouveau christianisme (1825). Eine vollständige
Bibliographie Saint-Simons und seiner Schüler bei Reybaud,
Études sur les réformateurs ou socialistes modernes III 302 ff.

heit und Ungerechtigkeit in der bestehenden Eigentumsordnung
möglichst zu beseitigen, die gänzliche Umgestaltung des Erb=
rechts. An Stelle des Erbrechts der Blutsverwandtschaft
solle das des Verdienstes treten, oder vielmehr der Staat
allein solle Erbe sein und die Erbschaften an die Würdigsten
verteilen.

3. Fast gleichzeitig mit Saint=Simon trat Charles Fourier
(1772—1837) mit seinem sozialistischen System auf. Fourier
geht von der Voraussetzung aus, was man Gottes Willen
nenne, sei nichts als die allgemeine Attraktion, welche die Welt
zusammenhält und sich in den Dingen als Trieb offenbart.
Auch für den Menschen sind diese Triebe Offenbarungen des
göttlichen Willens. Er darf sie deshalb nicht unterdrücken,
sondern soll sie befriedigen. Aus ihrer Befriedigung entsteht
das Glück. Das Mittel aber zu dieser Befriedigung ist die
Organisation der Arbeit. Jeder Mensch hat das Recht
auf Arbeit, d. h. das Recht, daß ihm der Staat lohnende
Arbeit verschaffe, wenn er sonst keine finden kann. Fourier
ist, wie es scheint, der erste, der dieses Recht auf Arbeit im
heutigen Sinne proklamierte [1].

Die Organisation der Arbeit soll darin bestehen, daß die Eigen=
tümer, ohne ihr Eigentumsrecht zu verlieren, ihre Güter zu gemein=
schaftlichem Betrieb zusammenlegen, damit jeder in beständigem
Wechsel sich derjenigen Beschäftigung zuwenden könne, zu welcher
ihn der augenblickliche Trieb hinneigt. So wird die Arbeit zur
Lust. Des näheren macht Fourier folgende Vorschläge. Auf je
eine Geviertmeile sollen 2000 Personen (eine Phalange) in einem
großen Gebäude (Phalanstère) unter Leitung eines Vorstehers

---

[1] Besonders in seinen Werken Théorie des quatre mouvements
(1808) und Traité de l'association domestique-agricole (1822).
Fouriers Schüler Considérant hat diese Idee seines Meisters ein=
gehender entwickelt und ihr viele Anhänger gewonnen. Vgl. Menger,
Das Recht auf den vollen Arbeitsertrag 16 ff. Ausführlich handelt
über Fourier Reybaud a. a. O. I 181 ff u. II 65 ff.

(Unarque) zusammenwohnen. Die Phalangen sollen sich wieder in
Serien, die Serien in Gruppen unterabteilen. Jeder kann mit
der Arbeit beständig wechseln. Der Arbeitsertrag fällt zu ⁴/₁₂ als
Zins an das Kapital, ⁵/₁₂ werden dem Talent zugeteilt, und der
Rest, ³/₁₂, bleibt der Arbeit. Man sieht, weder Saint=Simon
noch Fourier wagten das Privateigentum vollständig zu beseitigen.
Übrigens liegt ein innerer Widerspruch darin, daß Fourier das
Sondereigentum bestehen lassen und dann doch die Eigentümer
zwingen will, es zu gemeinschaftlicher Benutzung herzugeben.

4. **Robert Owen** (geb. 1771 zu Newtown in Wales,
gest. 1858) hat auf die moderne Arbeiterbewegung dadurch
mächtig eingewirkt, daß er zuerst in seiner Spinnerei zu New
Lanark als praktischer Sozialreformator auftrat und durch
seine Wohlfahrtseinrichtungen sowie durch seine Schriften die
Aufmerksamkeit des Publikums auf die traurige Lage der Fabrik=
arbeiter lenkte.

Sein Hauptgrundsatz war, der Mensch sei nur eine chemische
Verbindung, das Produkt der Umstände, in denen er lebe; man
könne jedem Menschen alle Gesinnungen und Gefühle anerziehen, wenn
man ihn in die entsprechende Umgebung bringe. Durch eine plan=
mäßige Organisation lasse sich die Produktivität der Arbeit ins Un=
geheure steigern, so daß für alle reichlich Güter hergestellt würden.
Owen suchte seine Ideen in der Tat zu verwirklichen durch eine
Reihe von kommunistischen Kolonien, von denen die erste
und bedeutendste die im Jahre 1824 gegründete Kolonie New Har=
mony in Indiana ist. Er war Atheist und wollte seine kommu=
nistischen Gemeinwesen auf völlig religionsloser Grundlage errichten.
Alle seine Experimente scheiterten aber in kurzer Zeit kläglich[1].

5. Unter dem Einfluß Owens hat Etienne Cabet (geb.
1788 zu Dijon, gest. 1856) sein kommunistisches Programm
entworfen. Er wollte Frankreich in eine aus kommunistischen
Gemeinden bestehende Republik umwandeln. Seine Ideen legte

---

[1] Vgl. Reybaud, Études sur les réformateurs I 251 ff und
den Artikel „Owen" im Handwörterbuch der Staatswissenschaften.

er nieder in dem berühmt gewordenen Roman Voyage en Icarie (1840), der auf die Arbeiterbevölkerung Frankreichs großen Eindruck machte.

Im Jahre 1848 gründete er zuerst in Texas, und als der Versuch mißlang, in der verlassenen Mormonenstadt Nauvoo (Illinois) die kommunistische Kolonie Ikaria. Langsam, aber stetig blühte die Kolonie empor und stieg in ihrer Blütezeit bis auf 500 Kolonisten. Es gelang, sich wohnlich einzurichten, und die kleinen Familienheimstätten trugen das Gepräge der Nettigkeit und Reinlichkeit. Die Ikarier mußten fleißig arbeiten, doch fehlte es nicht an Unterhaltung und Genuß. Eine ausgewählte Bibliothek stand allen offen; eine Musikbande, Theatervorstellungen, Tanzbelustigungen usw. brachten Abwechslung in die Eintönigkeit des Kolonistenlebens. Die ikarische Presse druckte Zeitungen in mehreren Sprachen, sowohl zum eigenen Gebrauch als zum Zweck des Gelderwerbs und der Propaganda. Am Familienleben wollte Cabet festhalten, doch war die Erziehung Gemeindesache. Der Unterricht war sorgfältig und sollte die Jugend in die kommunistischen Grundsätze einführen. Öffentlichen Gottesdienst kannte man nicht; jeder konnte glauben, was er wollte. Finanziell blühte die Kolonie ziemlich rasch empor. Als sich aber der Wohlstand gehoben hatte, begann eine lange Reihe von Zerwürfnissen, die schließlich am 3. August 1856 zum Ausschluß Cabets und seiner Anhänger aus Ikarien führte. In Cheltenham gründeten die ihm Treugebliebenen eine neue Kolonie, die aber trotz der Gelder, die ihr aus Frankreich zuflossen, in wenigen Jahren an inneren Zerwürfnissen zu Grunde ging. Ikarien selbst, das inzwischen nach Jowa verlegt worden, blühte zu Wohlstand empor und zählte am Beginn der siebziger Jahre 70 Personen, die einfach und genügsam lebten. Allein auch hier kam es bald zu Hader und Zwietracht. Die nach den ikarischen Grundsätzen herangebildete Jugend war unbotmäßig, neuerungssüchtig und kannte keine Achtung vor dem Alter und der Erfahrung. Im Jahre 1878 kam es zu einer vollständigen Trennung zwischen der Partei der Alten und der Jungen. Die letztere (Icaria Community) blieb zunächst an der alten Stelle, zog jedoch im Jahre 1884 nach Kalifornien, wo sie sich bald auf=

löste. Die Partei der Alten erhielt den östlichen Teil ihrer früheren Besitzungen und konstituierte sich als Aktiengesellschaft unter dem Namen New Icarian Community. Auch sie zerfiel allmählich. Am 13. März 1895 brachte der „Wahrheitsfreund" in Cincinnati die Mitteilung aus Corning, Jowa: „Nach langen, aber vergeblichen Kämpfen ist nun die etwa drei Meilen östlich von hier unter dem Namen Icaria Community bestehende Kommunistengemeinde doch in die Brüche gegangen. Es soll ein Kurator eingesetzt und das vorhandene Eigentum an die Mitglieder oder deren Erben verteilt werden." [1]

6. Ähnlich wie Bazard sieht Louis Blanc (1813—1882) die Quelle alles Unheils auf volkswirtschaftlichem Gebiete in der freien Konkurrenz. Das einzige Heilmittel hiergegen erblickt er in der öffentlichen Organisation der Arbeit. Der Staat soll als Großproduzent auftreten und seine Produktion stetig erweitern, um so die Privatproduktion aus dem Felde zu schlagen. Ist ihm dies gelungen, so soll er die Volkswirtschaft gesetzlich regeln und leiten. L. Blanc ist es auch, der zuerst dem Recht auf Arbeit durch Errichtung von Nationalwerkstätten für beschäftigungslose Arbeiter praktische Geltung zu verschaffen suchte.

7. In Deutschland wird von den Sozialdemokraten der Schneider Wilhelm Weitling (1808—1871) als der erste bedeutende Sozialist gefeiert. Seine Hand hat, wie Mehring behauptet, den ersten Grundstein zum mächtigen Gebäude der deutschen sozialistischen Arbeiterbewegung gelegt. Sicher ist, daß er als der erste in seinem Hauptwerk „Garantien der Harmonie und Freiheit" (1842) [2] den Grundsatz mit voller

---

[1] Vgl. O. Pfülf, Kommunistische Experimente, in den Stimmen aus Maria-Laach XLIX 284 ff; A. Shaw, Icaria, New York 1884; Hillquit, History of Socialism in the United-States (1903) 121 ff.

[2] Neu herausgegeben und mit einer biographischen Einleitung versehen von Fr. Mehring, Berlin 1908. Ein anderes Werk von Weitling ist das „Evangelium des armen Sünders" (1845).

Klarheit ausgesprochen hat, die Emanzipation der Arbeiterklasse könne nur ihr eigenes Werk sein. Im übrigen steckt er noch ganz in den utopistischen Ideen von Pierre Leroux und besonders von Fr. Babeuf, dessen absolute Gleichheitsideen bei ihm wiederkehren.

8. Als der erste Vertreter und Bahnbrecher des „wissenschaftlichen" Sozialismus in Deutschland muß Karl Rodbertus (1805—1875) angesehen werden[1]. Er selbst kennzeichnet seine Theorie als eine „konsequente Durchführung des von Smith in die Wissenschaft eingeführten und von der Ricardoschen Schule noch tiefer begründeten Satzes, daß alle Güter wirtschaftlich nur als Produkt der Arbeit anzusehen sind, nichts als Arbeit kosten".

Bleibt die Verteilung des Nationalprodukts sich selbst überlassen, meint Rodbertus, so wird bei steigender Produktion der Lohn der Arbeiter ein immer kleinerer Teil des Nationalprodukts, und dadurch entstehen Pauperismus und industrielle Krisen. Diesen Übeln kann nur abgeholfen werden durch allmähliche Überführung der Gesellschaft in einen Zustand, wo es kein Grund= und Kapitaleigentum mehr, sondern nur noch Verdienst= oder Arbeits=einkommen gibt.

9. Als Agitator hat Ferdinand Lassalle (1825—1864), wenigstens in Deutschland, nachhaltiger auf die Entwicklung des Sozialismus eingewirkt als der gleich zu besprechende Karl Marx.

---

[1] Rodbertus entwickelt seine Ansichten besonders in: Soziale Briefe an v. Kirchmann, 2 Tle, 1850—1851; 4. Brief 1884; Briefe und sozialpolitische Aufsätze (1882). Über Rodbertus vgl. man R. Meyer, Der Emanzipationskampf des vierten Standes I 44 ff, und Hand=wörterbuch der Staatswissenschaften. — Es ist in neuerer Zeit viel darüber gestritten worden, ob Rodbertus dem Marx oder dieser jenem die Grundideen seines Systems entlehnt habe. Einige sind der Ansicht, daß beide manches „entlehnt" haben, und zwar Rodbertus dem Franzosen Proudhon, Marx dem Engländer W. Thompson. Vgl. A. Menger, Das Recht auf den vollen Arbeitsertrag 100.

Lassalle, geboren zu Breslau am 11. April 1825 von jüdischen Eltern, studierte in Breslau und Berlin Philologie und Philosophie, ward 1846 mit der Gräfin Hatzfeld bekannt, die er in ihrem langen Ehescheidungsprozeß unterstützte, und wurde 1849 wegen Aufreizung zum bewaffneten Widerstand gegen die Regierung zu sechs Monaten Gefängnis verurteilt. Im Jahre 1863 forderte ihn das Zentralkomitee zur Berufung eines allgemeinen deutschen Arbeiterkongresses in Leipzig auf, ein sozialpolitisches Programm für die Arbeiterorganisation zu entwerfen. Lassalle entwickelte dieses Programm in seinem „Offenen Antwortschreiben", das die Grund=lage des „Allgemeinen deutschen Arbeitervereins", der ersten Or=ganisation der sozialdemokratischen Partei in Deutschland, wurde. Er geht in diesem Schreiben von dem „ehernen Lohngesetz" aus, nach dem der Durchschnittslohn des Arbeiters immer auf den not=wendigen Lebensunterhalt eingeschränkt bleibt und dem Arbeiter eine Verbesserung seiner Lebenslage unmöglich wird. (Um unnütze Wieder=holungen zu vermeiden, werden wir dieses Gesetz später eingehender darlegen und untersuchen.) Aus dieser gedrückten Lage kann sich der Arbeiter nur dadurch befreien, daß er selbst Unternehmer wird. Zu diesem Zweck schlägt Lassalle den Arbeitern die Gründung von Produktivgenossenschaften vor. Diese Genossenschaften sollen mit staatlicher Unterstützung gegründet werden, die Übermacht der Kapitalisten brechen und zugleich zum vollen Sozialismus überleiten. Um den Staat zur Gewährung der erforderlichen Kapitalien zu nötigen, sollen die Arbeiter sich von der Fortschrittspartei trennen, sich als eigene politische Partei konstituieren und das allgemeine direkte Wahlrecht zu erkämpfen suchen. Wie es scheint, wollte Lassalle seine Reformpläne auf friedlichem Wege und auf nationaler Grund=lage verwirklichen. In der nun folgenden Periode beschäftigte sich Lassalle fast ausschließlich mit der Organisation des Allgemeinen deutschen Arbeitervereins. Tausende von Arbeitern umjubelten den „Arbeiterkönig", wenn er seine „Heerschau" abhielt und mit hin=reißender Beredsamkeit die Leidenschaften der Volksmassen ent=fesselte. Voll Selbstüberhebung rühmte er sich, er „schreibe jede Zeile bewaffnet mit der ganzen Bildung des Jahrhunderts". In seinen Theorien, besonders in seiner Lehre vom Wert, steht der große Agitator ganz auf den Schultern von Marx. Lassalle starb in Genf am 31. August 1864 an einer Wunde, die er in einem Liebschaftsduell mit dem wallachischen Bojaren v. Rakowitza er= halten hatte [1].

§ 4.
Der Hauptbegründer des modernen Sozialismus: Karl Marx.

A. Geschichtliches.

„Der größte Lehrer der sozialistischen Parteien des Erden= rundes", der „gewaltige Pfadfinder des Sozialismus", wie ihn der Berliner „Vorwärts" [2] nennt, ist K a r l M a r x.

M a r x wurde geboren zu Trier am 5. Mai 1818 von jüdischen Eltern, die im Jahre 1824 mit ihren Kindern zum Protestantismus übertraten, absolvierte daselbst das Gymnasium und studierte in Bonn und Berlin zuerst Rechtswissenschaft, dann Philosophie. Im Jahre 1841 habilitierte er sich in Bonn als Privatdozent, über= nahm aber im folgenden Jahre die Redaktion der demokratisch= liberalen „Rheinischen Zeitung", die schon im Jahre 1843 wegen ihrer oppositionellen Haltung gegen die Regierung unterdrückt wurde. Im gleichen Jahre vermählte er sich mit Jenny von Westphalen und siedelte nach Paris über, wo er sich eifrig mit dem Studium nationalökonomischer und sozialistischer Schriften abgab und bald für den Sozialismus gewonnen wurde. Hier wurde er auch mit Fr. Engels [3] bekannt, der von da an sein intimster Freund und

---

[1] Sämtliche Reden und Schriften Lassalles wurden von E. Bern= stein zugleich mit einer biographischen Einleitung, Berlin 1892 ff. herausgegeben. Die wichtigsten Schriften sind: Die Philosophie Hera= kleitos des Dunkeln, Berlin 1857; System der erworbenen Rechte, 2 Bde. Leipzig 1861; Offenes Antwortschreiben an das Zentralkomitee zur Berufung eines Allgem. deutschen Arbeiterkongresses zu Leipzig, Zürich 1863; Arbeiterlesebuch, Frankfurt a. M. 1863; Herr Bastiat= Schulze von Delitzsch, der ökonomische Julian, Berlin 1864.

[2] 1894, Nr 62.

[3] Geb. 1820 in Barmen, gest. in London 1895. Hauptschriften: Die Lage der arbeitenden Klassen in England (1845); Der Ursprung der Familie, des Privateigentums und des Staates (7. Aufl. 1896);

sein unzertrennlicher Gefährte und Mitarbeiter blieb. Gemeinschaftlich gaben beide 1845 die Schrift: „Die heilige Familie". Gegen
Bruno Bauer und Konsorten" heraus. Aus Frankreich wegen auf-
reizender Artikel gegen den Absolutismus ausgewiesen, siedelte Marx
zuerst nach Brüssel über, wo er 1848 im Verein mit Engels u. a.
die Schrift La misère de la philosophie, réponse à la philosophie de la misère de M. Proudhon herausgab. Ein Jahr früher
(1847) erschien das von Marx und Engels im Auftrage des Bundes
der Kommunisten verfaßte „Manifest der kommunistischen Partei",
das schon alle wesentlichen Ideen des Marxschen Systems im Keime
enthält und mit dem Schlachtruf des modernen Sozialismus schließt:
„Proletarier aller Länder, vereiniget euch." Im Jahre 1849 treffen
wir Marx in Köln als Redakteur der „Neuen Rheinischen Zeitung",
die jedoch nur ein kurzes Dasein fristete. Marx wurde aus Deutschland verwiesen und ließ sich nun dauernd in London nieder, wo
er sich mit Studien und schriftstellerischen Arbeiten beschäftigte. Die
erste größere Frucht seiner Studien war die Schrift „Zur Kritik
der politischen Ökonomie" (1859); ihr folgte im Jahre 1867 der
erste Band des „Kapital", der 1872 in zweiter und 1890 in vierter
(von Engels besorgter) Auflage ¹ erschien. Den zweiten und dritten
Band gab Engels aus dem Nachlasse seines Freundes heraus. Nach
dem ursprünglichen Plane sollte noch ein vierter Band folgen, derselbe
ist aber nicht erschienen.

Herrn Eugen Dührings Umwälzung der Wissenschaft (2. Aufl. 1886);
Die Entwicklung des Sozialismus von der Utopie zur Wissenschaft
(4. Aufl. 1891). Nach Marx (Zur Kritik der politischen Ökonomie,
Vorwort) kam Engels unabhängig von ihm zur materialistischen
Geschichtsauffassung. Engels seinerseits erklärt: „Daß ich vor und
während meinem vierzigjährigen Zusammenwirken mit Marx sowohl
an der Begründung wie namentlich an der Ausarbeitung der Theorie
einen gewissen selbständigen Anteil hatte, kann ich nicht leugnen. Aber
der größte Teil der leitenden Grundgedanken, besonders auf ökonomischem und geschichtlichem Gebiete und speziell ihre schließliche scharfe
Fassung gehört Marx (L. Feuerbach, 2. Aufl. 1895, 36 A.).

¹ Wo nicht das Gegenteil ausdrücklich bemerkt ist, zitieren wir
im folgenden den ersten Band des „Kapital" nach der 4. Auflage.

In das Jahr 1864 fällt die Gründung der „Internationale" (Internationale Arbeiterassoziation), an der Marx hervorragend beteiligt war. Auf sein Betreiben trat zu London eine große Versammlung von Arbeitern der verschiedensten Nationen zusammen, um über eine internationale Organisation der Arbeiter und Proletarier zu beraten. Es wurde ein Komitee gewählt, welchem die Aufgabe zufiel, die Statuten einer internationalen Arbeitervereinigung zu entwerfen und den nächstjährigen Kongreß in Brüssel vorzubereiten. Das erste, was das Komitee beschloß, war die Einsetzung eines Generalrates mit einem Präsidenten und je einem korrespondierenden Mitglied für die verschiedenen Nationen. Mitglied für Deutschland wurde Marx. Die von ihm vorgeschlagene und vom Generalrat angenommene Adresse an die Arbeiter schließt wie das kommunistische Manifest mit den Worten: „Proletarier aller Länder, vereiniget euch!" Auch der von Marx eingereichte Statutenentwurf wurde angenommen.

Wir entnehmen demselben folgende charakteristische Stellen: „In Erwägung, daß die Emanzipation der Arbeiterklasse durch die Arbeiterklasse selbst erobert werden muß; daß der Kampf für die Emanzipation kein Kampf für Klassenvorrechte und Monopole ist, sondern für gleiche Rechte und Pflichten und die Vernichtung aller Klassenherrschaft; daß der ökonomischen Unterwerfung des Arbeiters unter dem Aneigner der Arbeitsmittel, d. h. der Lebensquellen, die Knechtschaft in allen ihren Formen zu Grunde liegt...; daß die ökonomische Emanzipation der Arbeiterklasse daher der große Endzweck ist, dem jede politische Bewegung als Mittel unterzuordnen ist; ... daß die Emanzipation der Arbeiterklasse weder eine lokale noch nationale, sondern eine soziale Aufgabe ist, welche alle Länder umfaßt, in denen die moderne Gesellschaft besteht..., aus diesen Gründen ist die Internationale Arbeiterassoziation gestiftet worden." Diese Statuten [1] wurden 1866 auf dem Kongreß zu Genf genehmigt. Von da an

---

[1] Abgedruckt bei E. Jäger, Der moderne Sozialismus, Berlin 1873, 56. — Daselbst auch reiche Auszüge aus der Marxschen Inauguraladresse (S. 50).

fand fast jährlich ein Kongreß der Internationale statt. Der Kon-
greß zu Brüssel 1868 beschloß, Religion und Bibel seien durch den
Kult derjenigen Männer zu ersetzen, welche sich um die materielle
Wohlfahrt der Menschheit hervorragende Verdienste erworben. Der
Kongreß zu Basel 1869 sprach der Gesellschaft das Recht zu, das
Privateigentum an Grund und Boden in Gemeineigentum der Ge-
samtheit umzuwandeln.

Bald machten sich aber Spaltungen geltend, die sich hauptsächlich um die Befugnisse des Generalrates drehten und zum guten
Teil in nationaler Eifersucht ihren Grund hatten. Die Föderalisten
oder Anarchisten unter der Führung Bakunins wollten keine
„Diktatur" des Generalrates und waren eifersüchtig auf die Macht-
stellung des Deutschen K. Marx. Die Anhänger des letzteren dagegen, die Zentralisten oder Autoritären, waren der Ansicht, nur
ein mit großen Vollmachten ausgerüsteter Generalrat vermöge der
Arbeiterpartei zum Siege zu verhelfen. Dieser Streit zwischen
Zentralisten und Föderalisten war der Grund, warum nach 1873
kein Kongreß mehr stattfand und der Generalrat, der inzwischen
seinen Sitz von London nach New York verlegt hatte, sich bald
auflöste[1].

Seit der Auflösung der Internationale ist Marx nicht mehr öffentlich hervorgetreten, sondern lebte ausschließlich literarischen Arbeiten
bis zu seinem am 14. März 1883 zu London erfolgten Tode.

B. Die „wissenschaftlichen" Grundlagen des Marxschen Systems.

Die Grundlagen des modernen Sozialismus sind teils
geschichtlich teils theoretisch. Man kann zunächst fragen:
Welches sind die Ursachen, die tatsächlich den Anlaß und
Anstoß zum Aufkommen und Umsichgreifen der sozialistischen
Ideen gegeben haben? Man kann sodann fragen: Durch
welche Gründe sucht der Sozialismus seine Forderungen theoretisch als berechtigt oder notwendig hinzustellen? Die ersteren

---

[1] Siehe unsern Artikel „Internationale" im Kirchenlexikon[2],
Freiburg, Herder.

Grundlagen des Sozialismus sind praktisch und geschichtlich, die letzteren theoretisch. Die geschichtlichen Grundlagen des Sozialismus haben wir schon oben (S. 17 f) angedeutet. Sie sind in den modernen Kulturverhältnissen zu suchen. Der Sozialismus war längst schon in weite Kreise gedrungen, ehe man daran dachte, ihn theoretisch und wissenschaftlich zu be= gründen. Marx ist es, der heute fast allgemein als der eigent= liche wissenschaftliche Begründer des Sozialismus anerkannt und von den Sozialisten mit einer Art religiöser Verehrung umgeben wird.

Welches sind nun die theoretischen Grundlagen, durch deren Aufstellung oder Entdeckung Marx der Begründer des „wissenschaftlichen" Sozialismus geworden sein soll? Hören wir die Antwort aus dem Munde von Fr. Engels: „Diese beiden großen Entdeckungen: die materialistische Geschichts= auffassung und die Enthüllung des Geheimnisses der kapita= listischen Produktion vermittels des Mehrwertes, verdanken wir Marx. Mit ihnen wurde der Sozialismus eine Wissenschaft."[1]

Was haben wir unter der materialistischen Geschichtsauf= fassung zu verstehen? Im Grunde nichts anderes als die Idee, daß die ganze Geschichte der Menschheit mit all ihren politischen, religiösen und rechtlichen Erscheinungen nur einen großen Entwicklungsprozeß darstellt, in dem es nichts Dauern= des, Unveränderliches gibt als das beständige, gesetzmäßige Ent=

---

[1] Engels, Die Entwicklung des Sozialismus von der Utopie zur Wissenschaft' (1891) 26. — Übrigens scheint Engels in der Vor= rede zum zweiten Band des „Kapital" zugugeben, daß Marx in Beziehung auf seine Mehrwertstheorie unter den älteren englischen Sozialisten Vorgänger gehabt hat. Namentlich sollen William God= win, Charles Hall und William Thompson schon im wesentlichen die Marxsche Mehrwertstheorie aufgestellt haben. Vgl. A. Menger, Das Recht auf den vollen Arbeitsertrag 40 ff.

stehen und Vergehen, und daß sich aller Fortschritt nur durch
Ausbildung wirtschaftlicher Gegensätze und die damit ver=
bundenen Klassenkämpfe vollzieht.

Das sind die Kerngedanken des Marxschen Systems. In
demselben sind die verschiedenartigsten Elemente zur Einheit ver=
schmolzen. „Wir deutschen Sozialisten sind stolz darauf, daß
wir abstammen nicht nur von Saint=Simon, Fourier und
Owen, sondern auch von Kant, Fichte und Hegel," so rühmte
sich Engels schon im Jahre 1882 in der Vorrede zur ersten
Auflage seiner Schrift: „Die Entwicklung des Sozialismus
von der Utopie zur Wissenschaft." Von Kant ist allerdings
bei Marx nicht viel übrig geblieben. Aber die übrigen Ge=
nannten haben in der Tat alle einige Bausteine zu seinem
Lehrgebäude geliefert.

Man muß im Marxschen System dreierlei unterscheiden:
die Methode, den Inhalt und das Ziel oder die Schluß=
folgerung, die er daraus zieht.

I. Die Marxsche Methode.

Seine Methode hat Marx von Fichte und Hegel ent=
lehnt: es ist die sog. dialektische Methode. Nach Hegel ent=
wickelt sich die absolute Idee nach dem Schema: These, Anti=
these und Synthese. Das Bestehende wird durch ein anderes,
das schon keimartig in ihm enthalten ist, aufgehoben (negiert),
und diese Negation wird wieder durch eine weitere Negation
(Negation der Negation) aufgehoben und dadurch ein höherer
Zustand des ursprünglich Negierten herbeigeführt. Ein Beispiel.

Fällt ein Gerstenkorn „auf günstigen Boden, so geht unter
dem Einfluß der Wärme oder der Feuchtigkeit eine eigene Ver=
änderung mit ihm vor: es keimt; das Korn vergeht als solches,
wird negiert, an seine Stelle tritt die aus ihm entstandene
Pflanze, die Negation des Korns. Aber was ist der normale
Lebenslauf dieser Pflanze? Sie wächst, blüht, wird befruchtet

und produziert schließlich wieder Gerstenkörner, und sobald diese gereift, stirbt der Halm ab, wird seinerseits negiert. Als Resultat dieser Negation der Negation haben wir wieder das anfängliche Gerstenkorn, aber nicht einfach, sondern in zehn=, zwanzig= und dreißigfacher Anzahl"[1].

Das Gerstenkorn ist also die These, die daraus hervor= gegangene Pflanze die Antithese, und die vermehrten Gersten= körner, die aus derselben entstehen, die Synthese.

Aber, könnte man sagen, in diesem Beispiel haben wir am Ende des Prozesses nur eine Vermehrung der Gersten= körner, wir haben keinen Umwandlungs=, sondern nur einen Vermehrungsprozeß? Darauf antwortet Engels mit einem andern Beispiel, das uns die Artveränderung zeigen soll: „Nehmen wir eine bildsame Zierpflanze, z. B. eine Dahlia oder Orchidee; behandeln wir den Samen und die aus ihm entstehende Pflanze nach der Kunst des Gärtners, so erhalten wir als Ergebnis dieser Negation der Negation nicht nur mehr Samen, sondern auch qualitativ verbesserten Samen, der schönere Blumen erzeugt, und jede Wiederholung dieses Pro= zesses, jede neue Negation der Negation steigert diese Ver= vollkommnung."[2]

Einen gleichen Prozeß wie in der Natur haben wir auch in der Geschichte. Engels mag uns dies wiederum an einem Beispiel klar machen: „Alle Kulturvölker fangen an mit dem Gemeineigentum am Boden (?). Bei allen Völkern, die über eine gewisse Stufe hinausgehen, wird dieses Gemeineigentum im Laufe der Entwicklung des Ackerbaues eine Fessel für die Produktion. Es wird aufgehoben, negiert, nach kürzeren oder längeren Zwischenstufen in Privateigentum verwandelt. Aber auf höherer, durch das Privateigentum am Boden selbst herbei=

---

[1] Engels, Dührings Umwälzung der Wissenschaft² 126—127.
[2] Ebd. 127.

geführter Entwidlungsstufe des Aderbaues wird umgekehrt das
Privateigentum eine Fessel für die Produktion — wie dies
heute der Fall ist, sowohl mit dem kleinen als mit dem großen
Grundbesitz. Die Forderung, es ebenfalls zu negieren, es
wieder in Gemeingut zu verwandeln, tritt mit Notwendigkeit
hervor. Aber diese Forderung bedeutet nicht die Wieder=
herstellung des altursprünglichen Gemeineigentums, sondern die
Herstellung einer weit höheren, entwickelteren Form von Ge=
meinbesitz, die, weit entfernt der Produktion eine Schranke zu
werden, sie vielmehr erst entfesseln und ihr die volle Ausnützung
der modernen chemischen Entdeckungen und mechanischen Er=
findungen gestatten wird." [1]

Das ist also die von Marx und Engels adoptierte Hegel=
sche Dialektik. Diese „Dialektik ist weiter nichts als die Wissen=
schaft von den allgemeinen Bewegungs= und Entwicklungs=
gesetzen der Natur, der menschlichen Gesellschaft, des Denkens" [2].

Die alte Philosophie (die metaphysische Denkweise,
wie Engels sie nennt) ging von der Annahme aus, es gebe
eine Summe von Ideen und Grundsätzen, die dem Wechsel
und der Veränderung nicht unterworfen, also von Zeit und
Ort unabhängig und in diesem Sinne ewig seien. Die neue,
mit Hegel beginnende Philosophie dagegen (die dialektische
Denkweise) kennt keine derartigen unwandelbaren Begriffe und
Grundsätze, abgesehen von den mathematischen Wissenschaften.
Wie das ganze Weltall mit all seinen Erscheinungen, so ist
nach ihr auch die Menschheit mit ihrem Denken, Wollen und
Handeln in einem beständigen Entwicklungsprozeß begriffen,
in dem es nichts Dauerndes gibt als das ewige Werden.

Im Hegelschen System, sagt Engels, wurde zum ersten=
mal „die ganze natürliche, geschichtliche und geistige Welt als

---

[1] Engels, Dührings Umwälzung der Wissenschaft² 129.
[2] Ebd. 133.

ein Prozeß, d. h. als in steter Bewegung, Veränderung, Um=
bildung und Entwicklung begriffen dargestellt, und der Versuch
gemacht, den inneren Zusammenhang in dieser Bewegung und
Entwicklung nachzuweisen. Von diesem Gesichtspunkt aus er=
schien die Geschichte der Menschheit nicht mehr als ein wüstes
Gewirr sinnloser Gewaltthätigkeiten . . ., sondern als der Ent=
wicklungsprozeß der Menschheit selbst, dessen allmählichen Stufen=
gang durch alle Irrwege zu verfolgen und dessen innere Gesetz=
mäßigkeit durch alle scheinbaren Zufälligkeiten hindurch nachzu=
weisen jetzt die Aufgabe des Denkens wurde." [1]

Hegel hat aber diese Aufgabe nicht gelöst. Er „war Idealist,
d. h. ihm galten die Gedanken seines Kopfes nicht als die mehr
oder weniger abstrakten Abbilder der wirklichen Dinge und Vor=
gänge, sondern umgekehrt galten ihm die Dinge und ihre Ent=
wicklung nur als die verwirklichten Abbilder der irgendwie
schon vor der Welt existierenden ‚Idee'. Damit war alles
auf den Kopf gestellt und der wirkliche Zusammenhang der
Welt vollständig umgekehrt. . . . Das Hegelsche System als
solches war eine kolossale Fehlgeburt — aber auch die letzte
ihrer Art." [2]

Außerdem litt das Hegelsche System an einem inneren
Widerspruch: „Einerseits hatte es zur wesentlichen Voraus=
setzung die historische Anschauung, wonach die menschliche Ge=
schichte ein Entwicklungsprozeß ist, der seiner Natur nach nicht
durch die Entdeckung einer sog. absoluten Wahrheit seinen
intellektuellen Abschluß finden kann; anderseits aber behauptet
es, der Inbegriff eben dieser absoluten Wahrheit zu sein. Ein
allumfassendes, ein für allemal abschließendes System der Er=
kenntnis von Natur und Geschichte steht im Widerspruch mit
den Grundgesetzen des dialektischen Denkens." [3]

[1] Engels, Die Entwicklung des Sozialismus ꝛc." 22.
[2] Ebd. 23.   [3] Ebd.

„Die Einsicht in die totale Verkehrtheit des bisherigen deut=
schen Idealismus führte notwendig zum Materialismus."[1]

II. Der Inhalt des Marxschen Systems: der historische Materialismus.

Die Idee des unaufhörlichen dialektischen Werdeprozesses
haben Marx und Engels von Hegel angenommen. Aber
was entwickelt sich, und was bestimmt die Richtung des
Entwicklungsprozesses? Durch Feuerbach wurden Marx
und Engels von den Verkehrtheiten des Hegelschen Idealis=
mus zum historischen Materialismus bekehrt. Feuerbach be=
seitigte ein für allemal den „Dualismus" zwischen Geist und
Materie und proklamierte offen und unverblümt den Ma=
terialismus.

Engels selbst belehrt uns darüber: „Da kam Feuerbachs
‚Wesen des Christentums'. Mit einem Schlage zerstäubte es
den Widerspruch (des Hegelianismus), indem es den Materia=
lismus ohne Umschweife wieder auf den Thron erhob. Die
Natur existiert unabhängig von aller Philosophie; sie ist die
Grundlage, auf der wir Menschen, selbst Naturprodukte, er=
wachsen sind; außer der Natur und den Menschen
existiert nichts, und die höheren Wesen, die unsere
religiöse Phantasie erschuf, sind nur die phan=
tastische Rückspiegelung unseres eigenen Wesens.
Der Bann war gebrochen. . . . Man muß die befreiende Wir=
kung dieses Buches selbst erlebt haben, um sich eine Vorstellung
davon zu machen. Die Begeisterung war allgemein; wir
waren alle momentan Feuerbachianer. Wie enthusiastisch Marx
die neue Auffassung begrüßte und wie sehr er — trotz aller
kritischen Vorbehalte — von ihr beeinflußt wurde, kann man
in der ‚Heiligen Familie' lesen."[2]

[1] Engels, Die Entwicklung des Sozialismus ꝛc.⁴ 22.
[2] Ders., Ludwig Feuerbach² (1895) 10—11.

Nach Feuerbach ist „die Materie nicht ein Erzeugnis des Geistes, sondern der Geist ist selbst nur das höchste Produkt der Materie. Das ist natürlich reiner Materialismus"[1]. Der Feuerbachsche Materialismus war aber mechanisch, antidialektisch. Die Natur bewegte sich, das wußte man, aber diese Bewegung drehte sich ewig im Kreise und „kam daher nie vom Fleck; sie erzeugte immer wieder dieselben Ergebnisse"[2]. Diese Auffassung war falsch. „Wir leben nicht nur in der Natur, sondern auch in der menschlichen Gesellschaft, und auch diese hat ihre Entwicklungsgeschichte und ihre Wissenschaft nicht minder als die Natur."[3]

Es handelte sich jetzt darum, die Bewegungsgesetze zu entdecken, nach denen sich die Menschengeschichte entwickelt, und zwar auf materialistischer Grundlage. Dieses Problem glauben Marx und Engels mit ihrer „materialistischen Geschichtsauffassung" gelöst zu haben: Nicht abstrakte Ideen sind es, welche den Entwicklungsprozeß in Bewegung setzen und seine Richtung bestimmen, sondern die Produktionsbedingungen.

Schon im „Kommunistischen Manifest" heißt es:

„Die Anklagen gegen den Kommunismus, die von religiösen, philosophischen und ideologischen Gesichtspunkten überhaupt erhoben werden, verdienen keine ausführlichere Erörterung. Bedarf es tiefer Einsicht, um zu begreifen, daß mit den Lebensverhältnissen der Menschen, mit ihren gesellschaftlichen Beziehungen, mit ihrem gesellschaftlichen Dasein auch ihre Vorstellungen, Anschauungen und Begriffe, mit einem Wort auch ihr Bewußtsein sich ändert? Was beweist die Geschichte der Ideen anders, als daß die geistige Produktion sich mit der materiellen umgestaltet?"

---

[1] Ebd. 18.   [2] Ebd. 19.   [3] Ebd. 22.

Noch deutlicher hat Marx seine materialistische Geschichts=
theorie zusammengefaßt in der Vorrede zur „Kritik der po=
litischen Ökonomie" [1]. Er schreibt:

„In der gesellschaftlichen Produktion ihres Lebens gehen die
Menschen bestimmte, notwendige, von ihrem Willen unabhängige
Verhältnisse ein, Produktionsverhältnisse, die einer bestimmten Ent=
wicklungsstufe ihrer materiellen Produktivkräfte entsprechen. Die Ge=
samtheit dieser Produktionsverhältnisse bildet die ökonomische Struktur
der Gesellschaft, die reale Basis, worauf sich ein juristischer und
politischer Überbau erhebt, und welcher bestimmte gesellschaftliche
Bewußtseinsformen entsprechen. Die Produktionsweise des
materiellen Lebens bedingt den sozialen, politischen
und geistigen Lebensprozeß überhaupt. Es ist nicht
das Bewußtsein der Menschen, das ihr Sein, sondern umgekehrt
ihr gesellschaftliches Sein, das ihr Bewußtsein bestimmt. Auf einer
gewissen Stufe ihrer Entwicklung geraten die materiellen Produktiv=
kräfte in Widerspruch mit den vorhandenen Produktionsverhältnissen
oder, was nur ein juristischer Ausdruck dafür ist, mit den Eigentums=
verhältnissen, innerhalb deren sie sich bisher bewegt hatten. Aus
Entwicklungsformen der Produktivkräfte schlagen diese Verhältnisse
in Fesseln derselben um. Es tritt dann eine Epoche sozialer Re=
volution ein. Mit der Veränderung der ökonomischen
Grundlage wälzt sich der ganze ungeheure Überbau
langsamer oder rascher um. In der Betrachtung solcher
Umwälzungen muß man stets unterscheiden zwischen der mate=
riellen, naturwissenschaftlich treu zu konstatierenden
Umwälzung in den ökonomischen Produktionsbedin=
gungen und den juristischen, politischen, religiösen,
künstlerischen oder philosophischen, kurz ideologischen
Formen, worin sich die Menschen dieses Konflikts
bewußt werden und ihn ausfechten.... Eine Gesellschaftsform
geht nie unter, bevor alle Produktivkräfte entwickelt sind, für die sie
weit genug ist, und neue höhere Produktionsverhältnisse treten nie
an die Stelle, bevor die materiellen Existenzbedingungen derselben

---

im Schoß der alten Gesellschaft selbst ausgebrütet worden sind. . . . .
Die bürgerlichen Produktionsverhältnisse sind die letzte antagonistische
Form des gesellschaftlichen Produktionsprozesses, antagonistisch nicht
im Sinne von individuellem Antagonismus, sondern eines aus den
gesellschaftlichen Lebensbedingungen der Individuen hervorwachsenden
Antagonismus, aber die im Schoße der bürgerlichen Gesellschaft
sich entwickelnden Produktivkräfte schaffen zugleich die materiellen
Bedingungen zur Lösung dieses Antagonismus. Mit dieser Ge=
sellschaftsformation schließt daher die Vorgeschichte der menschlichen
Gesellschaft ab." [1]

E. Bernstein bezeichnet diese Stelle zugleich mit dem
dritten Abschnitt von Engels' „Die Entwicklung des Sozialis=
mus von der Utopie zur Wissenschaft", von dem gleich die
Rede sein wird, als „die bedeutsamsten Darlegungen" der
materialistischen Geschichtsauffassung. Kautsky nennt sie
„klassisch". Masaryk will in seiner sehr beachtenswerten Kritik
des Marxismus [2] diese Benennung nicht gelten lassen, es
mangeln ihr die Haupteigenschaften des Klassischen: Genauig=
keit und Klarheit. Es läßt sich in der Tat im einzelnen
manches an der Darstellung kritisieren. Doch scheint uns der
Grundgedanke klar. Die ganze Ideologie (d. h. die Gesamt=
heit der sittlichen, religiösen, rechtlichen, philosophischen und
politischen Ideen) hat ihre Wurzel in der Art und Weise,
wie produziert wird und die Produkte umgetauscht werden.
Ändert sich diese Art und Weise, so ändert sich auch die auf
derselben beruhende Ideologie. Diese hat kein selbständiges
Sein, sondern ist nur die Widerspiegelung der Produktions=
verhältnisse im Bewußtsein der Menschen. Es ist derselbe
Gedanke, der uns z. B. in folgendem Satz des „Kapital" [3]

[1] Marx, Zur Kritik der polit. Ökonomie, Vorwort XI—XII.
[2] Masaryk, Die philosophischen und soziologischen Grundlagen
des Marxismus, Wien 1899, 94.
[3] I 336 A.

begegnet: „Die Technologie enthüllt das aktive Verhalten des Menschen zur Natur, den unmittelbaren Produktionsprozeß seines Lebens, damit auch seiner gesellschaftlichen Lebens= verhältnisse und der ihnen entquellenden geistigen Vorstellungen."[1]

Hören wir jetzt noch Engels, den zuverlässigsten Dol= metscher der Marxschen Anschauungen.

„Die materialistische Anschauung der Geschichte geht von dem Satz aus, daß die Produktion und nächst der Produktion der Aus= tausch ihrer Produkte die Grundlage aller Gesellschaftsordnung ist; daß in jeder geschichtlich auftretenden Gesellschaft die Verteilung der Produkte, und mit ihr die soziale Gliederung in Klassen oder Stände, sich danach richtet, was und wie produziert wird. Hiernach sind die letzten Ursachen aller gesellschaftlichen Veränderungen und poli= tischen Umwälzungen zu suchen nicht in den Köpfen der Menschen, in ihrer zunehmenden Einsicht in die ewige Wahrheit und Gerechtig= keit, sondern in Veränderungen der Produktions= und Austauschweise; sie sind zu suchen nicht in der Philosophie, sondern in der Ökonomie der betreffenden Epoche. Die erwachende Einsicht, daß die bestehenden gesellschaftlichen Einrichtungen unver= nünftig und ungerecht sind, daß Vernunft Unsinn, Wohltat Plage geworden, ist nur ein Anzeichen davon, daß in den Produktions= methoden und Austauschformen in aller Stille Veränderungen vor sich gegangen sind, zu denen die auf frühere ökonomische Bedingungen zugeschnittene gesellschaftliche Ordnung nicht mehr stimmt. Damit ist zugleich gesagt, daß die Mittel zur Beseitigung der entdeckten Mißstände ebenfalls in den veränderten Produktionsverhältnissen selbst — mehr oder minder entwickelt — vorhanden sein müssen. Diese Mittel sind nicht etwa aus dem Kopfe zu erfinden, sondern vermittels des Kopfes in den vorliegenden materiellen Tatsachen der Produktion zu entdecken."[2]

---

[1] Man vgl. noch beispielsweise: Kapital III, 2. Abt., 324.
[2] Dührings Umwälzung der Wissenschaft² (1886) 253; Entwick= lung des Sozialismus von der Utopie zur Wissenschaft⁴ (1891) 27.

Am Grabe seines langjährigen Freundes erklärte Engels dessen Grundanschauung mit folgenden Worten: „Wie Darwin das Gesetz der Entwicklung der organischen Natur, so entdeckte Marx das Entwicklungsgesetz der menschlichen Geschichte: Die bisher unter ideologischen Überwucherungen verdeckte einfache Tatsache, daß die Menschen vor allen Dingen zuerst essen, trinken, wohnen und sich kleiden müssen, ehe sie Politik, Wissenschaft, Kunst, Religion usw. treiben können, daß also die Produktion der unmittelbaren materiellen Lebensmittel und damit die jedesmalige ökonomische Entwicklungs= stufe eines Volkes oder eines Zeitabschnittes die Grundlage bildet, aus der sich die Staatseinrichtungen, die Rechtsanschauungen, die Kunst und selbst die religiösen Vorstellungen der betreffenden Menschen entwickelt haben, und aus der sie daher auch erklärt werden müssen — nicht, wie bisher geschehen, umgekehrt." [1]

Die hier vorgetragene Ansicht ist nicht so zu verstehen, als ob die Produktion der materiellen Lebensbedürfnisse bloß die not= wendige Vorbedingung für das höhere Geistesleben sei. Das primum vivere, dein philosophari war eine längst bekannte Wahrheit, die nicht erst von Marx entdeckt zu werden brauchte. Sie bedeutet vielmehr, die Art der Produktion erzeuge und be= stimme das ganze höhere gesellschaftliche Leben eines Volkes: seine rechtlichen, sittlichen, philosophischen, religiösen, künstlerischen usw. Ideen. Daß dies die einzig richtige Erklärung ist, erhellt zur Ge= nüge aus den schon vorher zitierten Stellen von Marx und Engels.

In verschiedenen, nach dem Tode von Marx geschriebenen Briefen hat Engels die bestimmende Kraft der Produktionsverhältnisse gegen= über dem „ideologischen Überbau" etwas eingeschränkt. So schreibt er im Jahre 1890 und 1895, die Produktion und Reproduktion des wirklichen Lebens sei in letzter Instanz das bestimmende Moment in der Geschichte, aber es sei nicht das einzige. Die ökonomische Lage sei die Basis, aber die verschiedenen Momente des Überbaues (die Rechtsformen und die Reflexe dieser Formen im Gehirn der Beteiligten: politische, religiöse und philosophische

---

[1] Mehring, Die Lessing=Legende (1894) 434; Masaryk, Die philos. und soziol. Grundlagen des Marxismus 103.

Ideen) übten auch ihren Einfluß auf den Verlauf der Entwicklung. „Die politische, rechtliche, philosophische, religiöse, literarische, künstlerische usw. Entwicklung beruht auf der ökonomischen. Aber sie alle reagieren aufeinander und die ökonomische Basis." [1]

Aus dem Gesagten folgt unstreitig, daß nach Marx und Engels eine Vielheit von Faktoren auf die Entwicklung der Gesellschaft einwirken. Die letzte Quelle aller dieser Faktoren aber ist die Art und Weise der Wirtschaft, die ihrerseits wieder abhängt von dem Stand der Technik, dem Boden, dem Klima und andern Verhältnissen ihres Standortes. Die Wirtschaft bestimmt die Eigentumsverhältnisse, aus diesen ergibt sich der rechtliche, politische und philosophische Überbau. Dieser Überbau soll dann allerdings wieder auf den Unterbau oder die Basis, d. h. die Produktionsverhältnisse, zurückwirken.

Nach dieser Geschichtsauffassung wird also die Wirtschaft zur Grundlage und zum Ausgangspunkt aller Gesellschaftswissenschaft erhoben. Nicht die rechtlichen, sittlichen oder philosophischen Ideen bestimmen den Gang der Weltgeschichte und der Kulturentwicklung, sondern die wirtschaftlichen Verhältnisse. Recht, Politik und Religion sind nur der Überbau auf der ökonomischen Basis und ändern sich mit dieser allmählich. Eine neue ökonomische Epoche bringt auch einen ihr entsprechenden rechtlichen und politischen Überbau hervor, und zwar — wie es die dialektische Methode verlangt — durch Ausbildung von Gegensätzen. Während die ökonomischen Verhältnisse allmählich sich ändern, bleiben die Eigentumsverhältnisse und der gesamte soziale Überbau noch unverändert. So geraten allmählich die Produktionsverhältnisse in Widerspruch mit den sozialen und politischen Einrichtungen, insbesondere mit den Eigentumsverhältnissen. Es bilden sich Klassengegensätze, die sich immer mehr zuspitzen,

---

[1] Vgl. Bernstein, Die Voraussetzungen des Sozialismus (1904) 7.

bis eine soziale Revolution eine Gesellschaftsordnung herbei=
führt, die zu den neuen Produktionsbedingungen paßt.

III. Das Ziel oder die Schlußfolgerung.

Mit Hilfe der eben entwickelten Geschichtstheorie will nun
Marx die moderne ökonomische Entwicklung erklären und zeigen,
daß die heutige kapitalistische Gesellschaft natur=
notwendig in die sozialistische Gesellschaftsord=
nung hineinführt. Um aber diesen Nachweis zu verstehen,
müssen wir die zweite große „Entdeckung" ins Auge fassen,
durch die der Sozialismus sich nach Engels aus der Utopie
zur Wissenschaft entwickelt haben soll: die Lehre vom Mehr=
wert, die wieder auf der Werttheorie ruht.

1. Der Wert. In einer kapitalistischen Gesellschaft haben
alle Produkte den Charakter von Waren. In jeder Ware
läßt sich aber ein doppelter Wert unterscheiden: der Ge=
brauchswert und der Tauschwert. Das Brot z. B. kann
zur Nahrung dienen: das ist sein Gebrauchswert; man kann
es aber auch verkaufen oder gegen andere Waren umtauschen:
das ist sein Tauschwert. Der Gebrauchswert besteht nach
Marx in der Nützlichkeit einer Sache zur Befriedigung mensch=
licher Bedürfnisse und hat seinen Grund in den physischen
und chemischen Eigenschaften derselben; der Tauschwert da=
gegen besteht in dem Verhältnis, in welchem sich Gebrauchs=
werte verschiedener Art untereinander austauschen lassen. Wenn
ich z. B. weiß, daß sich im Tauschhandel 20 Pfund Garn
gegen ein Paar Schuhe austauschen lassen, so haben beide
gleichen Tauschwert, wie verschieden auch ihre Gebrauchs=
werte sein mögen. Tauschwert hat eine Ware nur, weil
menschliche Arbeit in ihr enthalten ist, und das Maß
dieser in den Waren „vergegenständlichten" Arbeit bestimmt
auch das Maß ihres Tauschwertes. Zwei Waren, welche
dasselbe Quantum gesellschaftlich notwendiger

Arbeit enthalten, haben auch denselben Tauschwert. Das ist das berühmte Marxsche Wertgesetz. Die
Waren tauschen sich untereinander um nach dem Verhältnis
der in ihnen enthaltenen gesellschaftlich notwendigen Durchschnittsarbeit.

Wir werden diese Theorie später prüfen und dann mit
den eigenen Worten von Marx eingehender darlegen. An
dieser Stelle genüge das Gesagte.

**2. Der Mehrwert. Das Geheimnis der Plus-
macherei.** Aus der Lehre vom Wert leitet nun Marx seine
Lehre vom Mehrwert her, indem er das vom Tauschwert im
allgemeinen Gesagte auf die menschliche Arbeitskraft an-
wendet. Unter den heutigen Eigentumsverhältnissen ist ja
auch die Arbeitskraft des Lohnarbeiters eine Ware geworden.
Der Arbeiter ist zwar persönlich frei, besitzt aber keine Produktionsgüter und ist deshalb gezwungen, seine Arbeitskraft
als Ware auf den Markt zu bringen. Hierdurch erhält der
heutige Eigentümer die Macht und Gelegenheit, sich auf Kosten
des Arbeiters zu bereichern. Lassen wir Marx selbst reden.

Wie bei jeder Ware, so muß man auch bei der Arbeitskraft Gebrauchswert und Tauschwert unterscheiden. Der
Tauschwert der Arbeitskraft ist bestimmt durch die Masse der in
ihr enthaltenen Durchschnittsarbeit oder durch den Wert der Lebensmittel, die zur Ernährung und Fortdauer der Arbeitskraft gewohnheitsmäßig erforderlich sind [1]. Außerdem hat aber die Arbeitskraft
einen Gebrauchswert, eine Naturgabe, „die den Arbeiter nichts
kostet, aber dem Kapitalisten viel einbringt".

---

[1] „Der Wert der Arbeitskraft, gleich dem jeder andern Ware,
ist bestimmt durch die zur Produktion, also auch Reproduktion dieses
spezifischen Artikels notwendige Arbeitszeit. ... Der Wert der Arbeitskraft löst sich auf in den Wert einer bestimmten Summe von Lebensmitteln" (Kapital I 133 134). Wenn Marx von Wert ohne weiteren
Zusatz spricht, versteht er darunter immer den Tauschwert.

„Der Wert (Tauschwert) der Arbeitskraft und ihre Verwertung im Arbeitsprozeß (ihr Gebrauchswert) sind also zwei
verschiedene Größen. Diese Wertdifferenz hatte der Kapitalist im
Auge, als er die Arbeitskraft kaufte." Was der Kapitalist bezahlt,
ist nur der Tauschwert der Arbeitskraft; was er aber eigentlich
haben will, ist „der spezifische Gebrauchswert dieser Ware
(der Arbeitskraft), Quelle von Werten zu sein und von
mehr Wert, als sie selbst hat. Dies ist der spezifische
Dienst, den der Kapitalist von ihr erwartet. Und er verfährt dabei
den ewigen Gesetzen des Austausches gemäß. In der Tat, der
Verkäufer der Arbeitskraft wie der Verkäufer jeder andern Ware
realisiert ihren Tauschwert und veräußert ihren Gebrauchswert
(d. h. er erhält nur den Preis für den Tauschwert seiner Arbeitskraft, muß aber ihren ganzen Gebrauch an den Käufer, den
Kapitalisten, abtreten). Er kann den einen nicht erhalten, ohne
den andern wegzugeben. Der Gebrauchswert der Arbeitskraft,
die Arbeit selbst, gehört ebensowenig ihrem Verkäufer, wie der
Gebrauchswert des verkauften Öls dem Ölhändler. Der Geldbesitzer hat den Tageswert der Arbeitskraft gezahlt; ihm gehört
daher ihr Gebrauch während des Tages, die tagelange Arbeit. Der
Umstand, daß die tägliche Erhaltung der Arbeitskraft
nur einen halben Tag kostet, obgleich die Arbeitskraft einen ganzen Tag wirken, arbeiten kann, daß
daher der Wert, den ihr Gebrauch während eines
Tages schafft, doppelt so groß ist als ihr eigener
Tageswert, ist ein besonderes Glück für den Käufer,
aber durchaus kein Unrecht gegen den Verkäufer.
Unser Kapitalist hat den Kasus, der ihn lachen macht, vorgesehen.
Der Arbeiter findet daher in der Werkstätte die nötigen Produktionsmittel nicht nur für einen sechsstündigen, sondern
für einen zwölfstündigen Arbeitsprozeß"[1].

Beträgt z. B. der Wert der Lebensmittel, deren der Arbeiter
gewohnheitsmäßig bedarf, 3 Schilling, so ist dies der Tauschwert der Arbeitskraft, also auch der Lohn, den er dafür erhält.

[1] Marx, Das Kapital I 156—157.

Einen Teil der Arbeitszeit, z. B. sechs Stunden, verwendet nun der
Arbeiter dazu, den Wert, den er in Form von Geld (3 Schilling)
erhält, in anderer Form zu produzieren. Diesen Teil der Arbeits=
zeit nennt Marx die notwendige Arbeitszeit.

Aber der Arbeiter muß über diese Arbeitszeit hinaus, vielleicht
zwölf Stunden tätig sein. Wäre er nur während der notwendigen
Arbeitszeit tätig, so würde der Kapitalist keinen Mehrwert erzielen.
Dieser würde nur den Preis, den er dem Arbeiter als Lohn be=
zahlt, in einer andern Form wieder erhalten. Es muß also dem
Kapitalisten daran liegen, die Zeit der Arbeit über die
notwendige Arbeitszeit zu verlängern. „Diese zweite
Periode des Arbeitsprozesses, die der Arbeiter über die Grenzen
der notwendigen Arbeit hinaus schanzt, kostet ihn zwar Arbeit,
Verausgabung von Arbeitskraft, bildet aber keinen Wert
für ihn. Sie bildet Mehrwert, der den Kapitalisten
mit allem Reiz einer Schöpfung aus nichts anlacht."[2]
Diesen Mehrwert eignet sich der Kapitalist unentgeltlich an, und
zwar nach dem herrschenden „bürgerlichen" Recht ohne den Schein
der Ungerechtigkeit. Denn die Arbeit gehört dem Eigentümer des
Materials, auf welches sie verwendet wird, und dieser Eigentümer
ist in der heutigen Gesellschaft nicht der „Produzent" (der Arbeiter),
sondern der Kapitalist.

3. Verwandlung des Mehrwertes in Kapital,
der Akkumulationsprozeß des Kapitals und die
industrielle Reserve=Armee. Wir wissen jetzt, wie nach
Marx „Mehrwert" entsteht. In einer Gesellschaftsordnung, in
welcher die Produktionsmittel das Monopol einer bestimmten
Klasse sind, kann der Mehrwert nur durch Ausbeutung fremder
Arbeit entstehen. Der Mehrwert ist wesentlich „ohne Äquivalent
angeeigneter Wert" oder „Materiatur ... unbezahlter fremder
Arbeit"[2]. Dieser erzielte „Mehrwert" wird nun selbst wieder=
um zur weiteren Produktion und somit auch zur Erreichung
von neuen und größeren Mehrwerten verwendet, und ver=

---

[1] Marx, Das Kapital I 178.   [2] Ebd. 179 u. 533.

wandelt sich so in Kapital. Das Kapital ist die Gesamt=
heit der im Privatbesitz befindlichen, durch fremde Arbeit ge=
schaffenen Produktionsmittel, die zur Erzielung von Mehrwert,
d. h. zur Ausbeutung fremder Arbeitskraft, verwendet werden;
es ist nichts als „prozessierender Wert" oder „Mehrwert
heckender Wert".

Die Verwandlung der Produktionsmittel, insbesondere des
Geldes, in Kapital setzt voraus, daß „der Geldbesitzer den
freien Arbeiter auf dem Warenmarkte vorfinde, frei in dem
Sinne, daß er als freie Person über seine Arbeitskraft ver=
fügt" und andererseits keine eigenen Produktionsmittel besitzt[1].
Der Eigentümer der Produktionsmittel wird dieselben natürlich
nur unter der Voraussetzung zur Produktion verwenden, daß
ihm der Prozeß einen Mehrwert, eine neue Aneignung fremder
Arbeit verspreche. „Der Wert wird also prozessierender Wert,
prozessierendes Geld und als solches Kapital. Er kommt aus
der Warenzirkulation her, geht wieder in sie ein, erhält und
vervielfältigt sich in ihr, kehrt vergrößert aus ihr zurück und
beginnt denselben Kreislauf stets von neuem."[2]

Der Kapitalist muß sein Geschäft immer mehr erweitern
und alle technischen Fortschritte sich zunutze machen, wenn er
die Konkurrenz bestehen will. Mit dieser Erweiterung wächst
der „Mehrwert", aber auch das Proletariat und sein Elend.
„Der ehemalige Geldbesitzer schreitet voran als Kapitalist, der
Arbeitskraftbesitzer folgt ihm nach als sein Arbeiter; der eine
bedeutungsvoll schmunzelnd und geschäftseifrig, der andere scheu,
widerstrebsam, wie jemand, der seine eigene Haut zu Markte
getragen und nun nichts anderes zu erwarten hat als die ⸺
Gerberei."[3]

4. Größe des Mehrwertes; sein Verhältnis
zum Profit. Das gesamte zur Erzielung von Mehrwert

---

[1] Ebd. 131.   [2] Ebd. 118.   [3] Ebd. 139.

4 *

verwendete Kapital zerfällt in zwei Teile, das k o n st a n t e und v a r i a b l e Kapital. K o n st a n t ist derjenige Teil des Kapitals, der zur Anschaffung oder Verbesserung von Roh= stoffen, Maschinen, Gebäuden usw. verwendet wird, denn dieser erzeugt aus sich keine Mehrwerte. Beim Tausch werden ja Äquivalente umgesetzt, und die Maschine kann auch keine Mehrwerte schaffen, da sie immer nur so viel Wert an die Produkte abgibt, als sie verliert. Natürlich gilt dies nur unter Voraussetzung der Marxschen Werttheorie.

Das v a r i a b l e Kapital ist „der in Arbeitskraft um= gesetzte Teil des Kapitals" oder der den Arbeitern bezahlte Lohn. Dieser verändert seine Größe, weil er nicht nur sein Äquivalent, sondern auch einen Überschuß, nämlich den Mehr= wert, erzielt. Das Verhältnis, in dem der Mehrwert zum variabeln Kapital steht, nennt Marx die R a t e d e s M e h r = w e r t e s oder der Ausbeutung[1]. Die Mehrwertrate ist um so größer, je größer die Zahl der angestellten Lohnarbeiter und je größer der Überschuß der tatsächlichen Arbeitszeit über die notwendige Arbeitszeit ist[2].

Von der Mehrwertrate ist die P r o f i t r a t e zu unter= scheiden. Diese ist das Verhältnis des Mehrwertes zum ge=

---

[1] Marx liebt es, seine Gedanken in mathematisches Gewand zu hüllen. Bezeichnen wir das gesamte vom Unternehmer vorgeschossene Kapital mit C, den konstanten Teil desselben mit c, den variabeln mit v, so ist beim Beginn des Unternehmens $C = c + v$. Nach Vollendung des Produktionsprozesses ist eine Warenmasse vorhanden mit dem Gesamtwert $C_1 = c + v + m$. In dieser Gleichung be= zeichnet m den erzielten absoluten Mehrwert, der in unbezahlter Arbeit besteht. Will man das Verhältnis bestimmen, in dem sich das Kapital vermehrt, so muß man von c absehen oder $c = o$ setzen, da es ja immer den im Produkt wiederkehrenden Kapitalwert darstellt, und allein das Verhältnis von m zu v $\left(\frac{m}{v}\right)$ ins Auge fassen. Das ist die M e h r w e r t r a t e.

[2] Marx, Das Kapital I 267.

samten Kapital (variabeln und konstanten) oder $\frac{m}{c+v}$. Beträgt z. B. das konstante Kapital 4000 Mark, das variable
1000 Mark und der Mehrwert 1000 Mark, so ist die Mehrwertrate 100 Prozent, die Profitrate aber nur 20 Prozent.

Es ist nun klar, daß das Verhältnis der Profitrate zur
Mehrwertrate sich ändert je nach der Zusammensetzung des
zur Produktion verwendeten Kapitals. Das konstante Kapital
bringt keinen Mehrwert hervor, da dieser wesentlich in der
Aneignung fremder, unbezahlter Arbeit besteht. Die Profitrate
wird deshalb desto geringer, je größer in einer Unternehmung
das konstante und je geringer das variable Kapital ist. Wäre
in einem Produktionsgeschäft das konstante Kapital ungefähr
null, so würde die Profitrate der Mehrwertrate nahezu gleich
sein; je größer aber das konstante Kapital wird, um so geringer wird die Profitrate im Vergleich zur Mehrwertrate.
Mit andern Worten: die Größe der Profitrate hängt von der
organischen Zusammensetzung des Gesamtkapitals aus kon-
stantem und variablem Kapital ab, unter der Voraussetzung,
daß die Waren sich im Verhältnis zu der in ihnen verkörperten menschlichen Arbeit austauschen.

Da es dem Kapitalisten auf den Profit ankommt, so muß er
trachten, bei möglichst geringem Kapitalaufwand möglichst viel Mehrwert zu erzielen. Er muß also darauf sehen, daß die Arbeiter
möglichst lang über die notwendige Arbeitszeit hinaus arbeiten, er
muß trachten, die wohlfeilere Frauen= und Kinderarbeit zu benutzen,
endlich muß er darauf sinnen, die Arbeit durch technische Vorrichtungen möglichst produktiv zu machen[1].

---

[1] Beispielshalber sei hier eine ausführlichere Stelle aus Marx
wörtlich zitiert: „Sofern die Maschinerie Muskelkraft entbehrlich
macht, wird sie zum Mittel, Arbeiter ohne Muskelkraft oder von un-
reifer Körperentwicklung, aber größerer Geschmeidigkeit der Glieder
anzuwenden. Weiber= und Kinderarbeit war daher das erste Wort
der kapitalistischen Anwendung der Maschinerie! Dies gewaltige Ersatz=

Dieser letztere Umstand hat nun bei hochentwickelter Technik die Folge, daß sie den Arbeiter immer mehr überflüssig macht. Während in der früheren Periode die Industrie die kleinen selbständigen Handwerker aus dem Felde schlug und wegen der eigenen Unvollkommenheit der Technik mehr extensiv arbeitete, also eine immer größere Zahl von Lohnarbeitern in ihren Dienst zog, tritt auf einer höheren Stufe ein entgegengesetzter Prozeß ein. Sie sucht möglichst intensiv zu arbeiten, d. h. mit möglichst wenig Arbeit möglichst viel zu produzieren, und soweit es geht, die Arbeit durch technische Vorrichtungen überflüssig zu machen. Bei gleichem Arbeitsaufwand vermag heute wegen der technischen Fortschritte ein Spinner hundertmal mehr zu leisten als am Anfang des vorigen

mittel von Arbeit und Arbeitern verwandelte sich damit sofort in ein Mittel, die Zahl der Lohnarbeiter zu vermehren durch Einreihung aller Mitglieder der Arbeiterfamilie, ohne Unterschied von Geschlecht und Alter, unter die unmittelbare Botmäßigkeit des Kapitals. Die Zwangsarbeit für den Kapitalisten usurpierte nicht nur die Stelle des Kinderspiels, sondern auch der freien Arbeit im häuslichen Kreis innerhalb sittlicher Schranken für die Familie selbst. Der Wert der Arbeitskraft war bestimmt nicht nur durch die zur Erhaltung des individuellen erwachsenen Arbeiters, sondern durch die zur Erhaltung der Arbeiterfamilie nötige Arbeitszeit. Indem die Maschinerie alle Glieder der Arbeiterfamilie auf den Arbeitsmarkt wirft, verteilt sie den Wert der Arbeitskraft des Mannes über seine ganze Familie. Sie entwertet daher seine Arbeitskraft. Der Ankauf der in vier Arbeitskräfte z. B. parzellierten Familie kostet vielleicht mehr als früher der Ankauf der Arbeitskraft des Familienhauptes, aber dafür treten vier Arbeitstage an die Stelle von einem, und ihr Preis fällt im Verhältnis zum Überschuß der Mehrarbeit der vier über die Mehrarbeit des einen. Vier müssen nun nicht nur Arbeit, sondern Mehrarbeit für das Kapital liefern, damit eine Familie lebe. So erweitert die Maschinerie von vornherein mit dem menschlichen Exploitationsmaterial, dem eigensten Ausbeutungsfeld des Kapitals, zugleich den Exploitationsgrad" (Kapital I 358—359).

Das ist ein treffliches Muster Marxscher Beweisführung. Unbewiesene Behauptungen, willkürliche Verallgemeinerungen und Übertreibungen wälzen sich im Strom Hegelscher Phraseologie dahin.

Jahrhunderts. Auf diesem Wege macht die Maschine immer mehr
Arbeiter überflüssig. Es bildet sich ein Heer von Lohnarbeitern,
welches das Beschäftigungsbedürfnis der Industrie überschreitet.
Das ist die „industrielle Reserve-Armee", die dem Kapital immer
zur Verfügung steht, und die zu Zeiten, wo die Industrie mit
Hochdruck arbeitet, herangezogen wird, um bei dem nachfolgenden
Krach „auf das Pflaster geworfen zu werden".

Diese industrielle Reserve-Armee hält den Arbeitslohn
auf dem niedrigen Niveau, das dem kapitalistischen Bedürfnis entspricht. „Das Gesetz, welches die relative Übervölkerung oder industrielle Reserve-Armee stets mit Umfang und Energie der Akkumulation im Gleichgewichte hält, schmiedet den Arbeiter fester an das
Kapital als den Prometheus die Keile des Hephäsios an den
Felsen. Es bedingt eine der Akkumulation von Kapital entsprechende
Akkumulation von Elend. Die Akkumulation von Reichtum auf
dem einen Pol ist also zugleich Akkumulation von Elend, Arbeits-
qual, Sklaverei, Unwissenheit, Bestialisierung und moralischer Degradation auf dem Gegenpol, d. h. auf seiten der Klasse, die ihr
eigenes Produkt als Kapital produziert." [1]

Schon im kommunistischen Manifest hatte Marx mit Engels
behauptet: „Der moderne Arbeiter, statt sich mit dem Fortschritt
der Industrie zu heben, sinkt immer unter die Bedingungen seiner
eigenen Klasse herab. Der Arbeiter wird zum Pauper, und der
Pauperismus entwickelt sich noch schneller als Bevölkerung und
Reichtum."

5. Das Ende der kapitalistischen Produktionsweise. Auf Grund seiner Geschichtsauffassung will uns
Marx schließlich zeigen, wie der sozialistische Zukunftsstaat aus
der heutigen Gesellschaft herauswächst.

Durch dieselben Gesetze, durch welche der Kapitalismus die
Arbeiter unterdrückt und ausbeutet, wird er selbst einer höheren
Gesellschaftsordnung weichen müssen. Der Kreis der Konkurrenten
wird immer kleiner, denn „je ein Kapitalist schlägt viele tot", ihre

---

[1] Marx, Das Kapital I 611.

Macht wird immer erdrückender, auf der andern Seite die Zahl
der Enterbten immer größer und ihr Elend immer unerträglicher.
Es stellen sich immer häufiger Krisen ein, welche beweisen, daß
die Produktionsbedingungen der Gesellschaft über den Kopf gewachsen sind. Die Konzentration der Arbeitsmittel, die Vergesellschaftung der Arbeit und die Schulung der organisierten Arbeiterklasse erreichen einen Punkt, wo die Fessel des Kapitalmonopols in
den Händen weniger gesprengt wird. Alsdann werden die „Expropriateurs expropriiert", und es wird wieder individuelles Eigentum hergestellt, jedoch „auf Grundlage der Errungenschaften der
kapitalistischen Ära, der Kooperation freier Arbeiter und
ihrem Gemeineigentum an der Erde und den durch
die Arbeit selbst produzierten Produktionsmitteln"[1].
„Die Verwandlung des auf eigener Arbeit der Individuen beruhenden, zersplitterten Privateigentums in kapitalistisches ist natürlich ein Prozeß, ungleich mehr langwierig, hart und schwierig als
die Verwandlung des faktisch bereits auf gesellschaftlicher Exploitation
der Produktionsmittel beruhenden kapitalistischen Privateigentums
in gesellschaftliches Eigentum. Dort handelte es sich um die Expropriation der Volksmasse durch wenige Usurpatoren, hier handelt
es sich um die Expropriation weniger Usurpatoren
durch die Volksmasse."

6. Die zukünftige Gesellschaft nach der Idee
von Marx. Die eben angeführte Stelle ist wichtig, weil sie
uns einen Blick tun läßt in die zukünftige Gesellschaftsordnung,
wie sie dem Geiste des „Pfadfinders des Sozialismus" vorschwebte. Halten wir diese Stelle zusammen mit andern Ausführungen im „Kapital", so erwartet Marx folgende Einrichtungen für die zukünftige Gesellschaftsordnung:

a) Gemeineigentum aller Produktionsmittel, und
zwar herbeigeführt durch Expropriation der Usurpatoren
(Kapitalisten) von seiten der Volksmasse, also auf demokra-
tischem Wege.

---

[1] Marx, Das Kapital I 723—729.

b) **Gesellschaftliche Exploitation** (Benutzung) **der Arbeitsmittel auf Grund der Kooperation freier Arbeiter, d. h.** öffentliche Organisation der Arbeit, jedoch auf demokratischer Grundlage[1].

c) **Der Ertrag der Arbeit ist ein gesellschaftliches Gesamtprodukt.** Ein Teil dieses Produkts wird zu neuer Produktion verwendet. Der andere, nur zum Genuß bestimmte, soll zur Verteilung gelangen und Privateigentum werden. Dieses ist das „auf eigener Arbeit beruhende Privateigentum", von dem Marx wiederholt spricht.

---

[1] Man vergleiche mit dieser Stelle noch, was Marx auf S. 45 des „Kapital" sagt: „Stellen wir uns . . . einen Verein freier Menschen vor, die mit gemeinschaftlichen Produktionsmitteln arbeiten und ihre vielen individuellen Arbeitskräfte selbstbewußt als eine gesellschaftliche Arbeitskraft verausgaben. Alle Bestimmungen von Robinsons Arbeit wiederholen sich, nur gesellschaftlich, statt individuell. Alle Produkte Robinsons waren sein ausschließlich persönliches Produkt und daher unmittelbar Gebrauchsgegenstände für ihn. Das Gesamtprodukt des Vereins ist ein gesellschaftliches Produkt. Ein Teil dieses Produktes dient wieder als Produktionsmittel. Er bleibt gesellschaftlich. Aber ein anderer Teil wird als Lebensmittel von den Vereinsgliedern verzehrt. Er muß daher unter sie verteilt werden. Die Art dieser Verteilung wird wechseln mit der besondern Art des gesellschaftlichen Produktionsorganismus selbst und der entsprechenden geschichtlichen Entwicklungshöhe der Produzenten. Nur zur Parallele mit der Warenproduktion setzen wir voraus, der Anteil jedes Produzenten an den Lebensmitteln sei bestimmt durch seine Arbeitszeit. Die Arbeitszeit würde also eine doppelte Rolle spielen. Ihre gesellschaftlich planmäßige Verteilung regelt die richtige Proportion der verschiedenen Arbeitsfunktionen zu den verschiedenen Bedürfnissen. Anderseits dient die Arbeitszeit zugleich als Maß des individuellen Anteils des Produzenten an der Gemeinarbeit und daher auch an dem individuell verzehrbaren Teil des Gemeinprodukts." Man sehe noch daj. 493.

d) In Bezug auf die V e r t e i l u n g des gesellschaftlichen Arbeitsertrages unterscheidet Marx zwei kommunistische Perioden oder Phasen.

α) In der e r s t e n P h a s e der kommunistischen Gesellschaft, in welcher diese eben aus der kapitalistischen Gesellschaft hervorgeht und noch behaftet ist mit den Muttermalen der alten Gesellschaft, dient die A r b e i t s l e i s t u n g als Verteilungsmaßstab. „D e m = g e m ä ß e r h ä l t d e r e i n z e l n e P r o d u z e n t [1] — nach den Ab = zügen für die allgemeinen Bedürfnisse der Gesellschaft — e x a k t z u r ü c k, w a s e r i h r g i b t. Was er ihr gegeben hat, ist sein individuelles Arbeitsquantum. Z. B. der gesellschaftliche Arbeitstag besteht aus der Summe der individuellen Arbeitsstunden; die indivi= duelle Arbeitszeit der einzelnen Produzenten ist der von ihm ge= lieferte Teil des gesellschaftlichen Arbeitstages, sein Anteil daran. Er erhält von der Gesellschaft einen Schein, daß er so und so viel Arbeit geliefert (nach Abzug seiner Arbeit für die gemeinschaftlichen Fonds), und zieht mit diesem Schein aus dem gesellschaftlichen Vorrat von Konsumtionsmitteln so viel heraus, als gleichviel Arbeit kostet. Dasselbe Quantum Arbeit, das er der Gesellschaft in einer Form gegeben, erhält er in der andern zurück."

„Es herrscht hier offenbar dasselbe Prinzip, das den Waren= austausch regelt, soweit er Austausch Gleichwertiger ist. Inhalt und Form sind verändert, weil unter den veränderten Umständen niemand etwas geben kann außer seiner Arbeit, und weil ander= seits nichts in das Eigentum der einzelnen übergehen kann außer individuellen Konsumtionsmitteln. Was aber die Verteilung der letzteren unter die einzelnen Produzenten betrifft, herrscht dasselbe Prinzip wie beim Austausch von Warenäquivalenten, es wird gleich= viel Arbeit in einer Form gegen gleichviel Arbeit in einer andern umgetauscht." [2]

---

[1] Unter P r o d u z e n t e n versteht Marx immer die Arbeiter im Gegensatz zu den Kapitalisten, die nicht produzieren (arbeiten), sondern sich fremde Arbeit aneignen.

[2] M a r x, Kritik des sozialdemokratischen Parteiprogramms, siehe „Die Neue Zeit" 9. Jahrg., I 566—567.

Daraus zieht Marx den Schluß, daß in der beschriebenen **ersten** kommunistischen Phase keine volle Rechtsgleichheit herrschen kann. Man läßt zwar keine **Klassenunterschiede** zu, weil **jeder nur Arbeiter ist wie der andere**; aber man „erkennt die ungleiche individuelle Begabung und daher Leistungsfähigkeit als natürliche Privilegien an". Das Recht „ist daher ein Recht der Ungleichheit, seinem Inhalte nach wie als Recht. . . . Diese Mißstände sind unvermeidbar in der ersten Phase der kommunistischen Gesellschaft, wie sie eben aus der kapitalistischen Gesellschaft nach langen Geburtswehen hervorgegangen ist. Das Recht kann nie höher sein als die ökonomische Gestaltung und die dadurch bedingte Kultur= entwicklung der Gesellschaft"[1].

ß) Auf einer **höheren Phase** „existieren die individuellen Arbeiten unmittelbar als Bestandteile der Gesamtarbeit"[2], d. h. der einzelne hat als solcher kein besonderes Anrecht mehr auf das Produkt der Gesamtarbeit, und jeder erhält nur nach seinen Bedürfnissen. „In einer höheren Phase der kommunistischen Gesellschaft, nachdem die knechtende Unterordnung der Individuen unter die Teilung der Arbeit, damit auch der Gegensatz geistiger und körperlicher Arbeit verschwunden ist; nachdem die Arbeit nicht nur Mittel zum Leben, sondern selbst das erste Lebensbedürfnis geworden (!); nachdem mit der allseitigen Entwicklung der Individuen auch die Produktions= kräfte gewachsen sind und alle Springquellen des genossenschaftlichen Reichtums voller fließen — erst dann kann der enge bürgerliche Rechtshorizont ganz überschritten werden und die Gesellschaft auf ihre Fahne schreiben: Jeder nach seinen Fähigkeiten, jedem nach seinen Bedürfnissen."[3]

Wir bitten den Leser, sich diese interessante Stelle, auf die wir noch zurückkommen werden, wohl zu merken.

---

[1] Ebd. 567.   [2] Ebd. 566.   [3] Ebd. 567.

Drittes Kapitel.

Geschichte der sozialdemokratischen Partei Deutschlands.

Erster Artikel.

Von der Gründung der Partei bis zur Aufhebung des Sozialistengesetzes (1864—1890).

Die Geschichte der deutschen sozialdemokratischen Partei beginnt mit der Gründung des „Allgemeinen-deutschen Arbeiter= vereins" unter der Leitung Lassalles. Zwar zählte der Verein beim Tode des redegewandten Agitators wenig über 4000 Mitglieder, und er spaltete sich infolge der Uneinigkeit der Führer bald in zwei Parteien, die sich gegenseitig in der heftigsten Weise befehdeten: die sog. männliche Linie (unter Becker, v. Schweitzer) und die weibliche Linie. Aber noch im Todesjahre Lassalles und dem Gründungsjahre der Inter= nationale (1864) kam Wilhelm Liebknecht (1826—1900) als Abgesandter von K. Marx nach Deutschland, um die Arbeiter im Sinne der Internationale und des Marxismus zu organisieren. An dem jungen Drechslergesellen August Bebel (geb. zu Köln 1840) gewann er einen redegewandten Bundesgenossen[1]. Den beiden rührigen Agitatoren gelang es bald, eine große Zahl Arbeiter um sich zu scharen, die sog. „Ehrlichen" oder „Eisenacher", die sich auf dem Kon= greß zu Eisenach 1869 als „Sozialdemokratische Ar= beiterpartei" konstituierten und ein Programm annahmen, das den Grundsätzen von Marx entsprach. Weil dieses Eisenacher Programm von Wichtigkeit ist zum Ver= ständnis der Entwicklung der deutschen Sozialdemokratie, lassen wir hier die Hauptsätze aus seinem grundsätzlichen Teil folgen:

---

[1] Vgl. Bebels Schrift „Aus meinem Leben", 1. Tl.

I. „Die sozialdemokratische Arbeiterpartei erstrebt die Errichtung des freien Volksstaates.

II. Jedes Mitglied der sozialdemokratischen Partei verpflichtet sich, mit ganzer Kraft einzutreten für folgende Grundsätze: 1. Die heutigen politischen und sozialen Zustände sind im höchsten Grade ungerecht und daher mit der größten Energie zu bekämpfen. 2. Der Kampf für die Befreiung der arbeitenden Klassen ist nicht ein Kampf für Klassenprivilegien und Vorrechte, sondern für gleiche Rechte und gleiche Pflichten und für Abschaffung aller Klassenherrschaft. 3. Die ökonomische Abhängigkeit des Arbeiters von dem Kapitalisten bildet die Grundlage der Knechtschaft in jeder Form, und es erstrebt deshalb die sozialdemokratische Partei unter Abschaffung der jetzigen Produktionsweise (Lohnsystem) durch genossenschaftliche Arbeit den vollen Arbeitsertrag für jeden Arbeiter. 4. Die politische Freiheit ist die unentbehrlichste Vorbedingung zur ökonomischen Befreiung der arbeitenden Klassen. Die soziale Frage ist mithin untrennbar von der politischen, ihre Lösung durch diese bedingt und nur möglich im demokratischen Staat." Es wird dann eine einheitliche Organisation der sozialdemokratischen Arbeiterpartei als notwendig zu erstreben bezeichnet und der internationale Charakter der Arbeiterbewegung betont. Unter den nächsten Forderungen an den heutigen Staat werden erwähnt: Staatliche Förderung des Genossenschaftswesens und Staatskredit für freie Produktivgenossenschaften unter demokratischen Garantien [1].

Die Eisenacher wurden zwar von den Anhängern Lassalles unter J. B. v. Schweitzer heftig bekämpft, gewannen aber trotzdem immer mehr die Oberhand. Auf dem Kongreß zu Gotha 1875 wurde der langjährige erbitterte Streit durch Annahme eines Kompromißprogramms und Verschmelzung beider Parteien zur „Sozialdemokratischen Arbeiterpartei Deutschlands" geschlichtet. Das Gothaer Programm steht im wesentlichen auf dem Standpunkte des Marxismus, enthält aber einige Zugeständnisse an die Lassalleaner. Es lautet:

[1] Vgl. Jäger, Der moderne Sozialismus (1873) 350.

„I. Die Arbeit ist die Quelle alles Reichtums [1] und aller
Kultur, und da allgemein nutzbringende Arbeit nur durch die Ge-
sellschaft möglich ist, so gehört der Gesellschaft, d. h. allen ihren
Gliedern, das gesamte Arbeitsprodukt, bei allgemeiner Arbeits-
pflicht, nach gleichem Recht, jedem nach seinen vernunftgemäßen
Bedürfnissen.

In der heutigen Gesellschaft sind die Arbeitsmittel Monopol
der Kapitalistenklasse; die hierdurch bedingte Abhängigkeit der Arbeiterklasse ist die Ursache des Elends und der Knechtschaft in allen
Formen.

Die Befreiung der Arbeiter erfordert die Verwandlung der
Arbeitsmittel in Gemeingut der Gesellschaft und die genossenschaftliche
Regelung der Gesamtarbeit mit gemeinnütziger Verwendung und
gerechter Verteilung des Arbeitsertrages.

Die Befreiung der Arbeit muß das Werk der Arbeiterklasse
sein, der gegenüber alle andern Klassen nur eine reaktionäre
Masse sind.

---

[1] Dieser Satz ist von Marx in seiner „Kritik des sozialdemokratischen Programms" als falsch bezeichnet worden, was er ohne
Zweifel ist. Man hat daraus geschlossen, Marx habe seine Theorie,
nach der aller Wert nur von der Arbeit herrührt, aufgegeben.
Das ist ein Irrtum. Der Reichtum eines Volkes besteht nach Marx
aus Gebrauchswerten, und diese verdankt man der Natur wenigstens ebensosehr als der Arbeit. Ob ein Land reich oder arm sei an
Wein, Getreide, Steinkohlen u. dgl., hängt zum guten Teil von der
Fruchtbarkeit des Bodens und der Lage und Beschaffenheit des Landes
ab. Das leugnet Marx keineswegs. Gerade die Abhängigkeit der
Arbeit von den Produktionsmitteln ist für den Arbeiter der Grund
der Sklaverei in allen Gesellschaftszuständen, in denen er nicht selbst
Eigentümer der Arbeitsmittel ist. Seine Werttheorie besagt bloß,
daß der Tauschwert, welcher die Ware zur Ware macht, in der
zu ihrer Herstellung notwendigen Arbeit bestehe. Daraus zieht er
dann allerdings die Folgerung, daß in der kapitalistischen Ära die
Bildung von Privatreichtum (im Gegensatz zum Reichtum der
Nation) oder die Aufhäufung von „Mehrwerten" in den Händen
der Kapitalisten sich durch Aneignung unbezahlter fremder Arbeit
vollziehe.

II. Von diesen Grundsätzen ausgehend, erstrebt die sozialistische Arbeiterpartei Deutschlands mit allen Mitteln den freien Staat und die sozialistische Gesellschaft, die Zerbrechung des ehernen Lohngesetzes durch Abschaffung des Systems der Lohnarbeit, die Aufhebung der Ausbeutung in jeder Gestalt, die Beseitigung aller sozialen und politischen Ungleichheit.

Die sozialistische Arbeiterpartei Deutschlands, obgleich zunächst im nationalen Rahmen wirkend, ist sich des internationalen Charakters der Arbeiterbewegung bewußt und entschlossen, alle Pflichten, welche derselbe den Arbeitern auferlegt, zu erfüllen, um die Verbrüderung aller Menschen zur Wahrheit zu machen."

Dieser Teil des Programms enthält die wirtschaftlichen Ziele und mithin den eigentlichen Kern der sozialdemokratischen Forderungen. Es folgt noch ein zweiter politischer, welcher die politischen Ziele ausspricht, und zwar zunächst die endgültigen und dauernden, sodann die bloß vorläufigen, welche die heutige Gesellschaft in den sozialistischen Staat überleiten sollen.

„Die sozialistische Arbeiterpartei Deutschlands fordert, um die Lösung der sozialen Frage anzubahnen, die Errichtung von sozialistischen Produktivgenossenschaften mit Staatshilfe unter der demokratischen Kontrolle des arbeitenden Volkes. Die Produktivgenossenschaften sind für Industrie und Ackerbau in solchem Umfang ins Leben zu rufen, daß aus ihnen die sozialistische Organisation der Gesamtheit entsteht.

Die sozialistische Arbeiterpartei Deutschlands fordert als Grundlagen des Staates:

1. Allgemeines, gleiches, direktes Wahl- und Stimmrecht mit geheimer und obligatorischer Stimmabgabe aller Staatsangehörigen vom zwanzigsten Lebensjahre an für alle Wahlen und Abstimmungen in Staat und Gemeinde. Der Wahl- und Abstimmungstag muß ein Sonntag oder Feiertag sein. — 2. Direkte Gesetzgebung durch das Volk. Entscheidung über Krieg und Frieden durch das Volk. — 3. Allgemeine Wehrhaftigkeit. Volkswehr an Stelle der stehenden Heere. — 4. Abschaffung aller Ausnahmegesetze, namentlich der

Preß=, Vereins= und Versammlungsgesetze; überhaupt aller Ge=
setze, welche die freie Meinungsäußerung, das freie Denken und
Forschen beschränken. — 5. Rechtsprechung durch das Volk. Un=
entgeltliche Rechtspflege. — 6. Allgemeine und gleiche Volks=
erziehung durch den Staat. Allgemeine Schulpflicht. Unentgelt=
licher Unterricht in allen Bildungsanstalten. Erklärung der Religion
zur Privatsache.

Die sozialistische Arbeiterpartei Deutschlands fordert innerhalb
der heutigen Gesellschaft:

1. Möglichste Ausdehnung der politischen Rechte und Freiheiten
im Sinne der obigen Forderungen. — 2. Eine einzige progressive
Einkommensteuer für Staat und Gemeinde, anstatt aller bestehen=
den, insbesondere der das Volk belastenden indirekten Steuern. —
3. Unbeschränktes Koalitionsrecht. — 4. Einen den Gesellschafts=
bedürfnissen entsprechenden Normalarbeitstag [1]. Verbot der Sonn=

---

[1] Unter Normalarbeitstag ist hier einfach der Maximal=
arbeitstag zu verstehen, d. h. die vom Gesetze bestimmte Stunden=
zahl, über die hinaus in keinem Gewerbe gearbeitet werden darf.
Andere verstehen unter Normalarbeitstag „die zur Vollbringung der
notwendigen Gesellschaftsarbeit erforderliche Arbeitszeit des Indivi=
duums". Diese Arbeitszeit ändert sich nach dem Maße des Bedürf=
nisses, der Produktivität der Arbeit usw. Um diesen Normalarbeits=
tag zu finden, muß zunächst ausgerechnet werden, wieviel Stunden
notwendig sind zur Herstellung des gesamten Nationalproduktes, und
dann, wie viel von dieser Zeit bei gleichmäßiger Verteilung auf den
einzelnen Arbeiter entfällt (s. E. Jäger, Der moderne Sozialis=
mus 425). Dieser Normalarbeitstag setzt die sozialistische Gesell=
schaftsordnung voraus. Marx scheint den Normalarbeitstag in diesem
Sinne aufzufassen (s. seine „Kritik des sozialdemokratischen Partei=
programms"). — Andere verstehen im Anschluß an Rodbertus
unter Normalarbeitstag die Zeit, welche ein Arbeiter mit mittlerer
Gesundheit, Kraft und Anstrengung und unter Voraussetzung der
durchschnittlichen Arbeitsbedingungen dauernd täglich zu arbeiten ver=
mag. Diese Zeit ist selbstverständlich für verschiedene Gewerbe sehr
verschieden. Je mühevoller und gesundheitswidriger ein Gewerbe ist,
um so kleiner ist auch für dasselbe der Normalarbeitstag.

tagsarbeit. — 5. Verbot der Kinderarbeit und aller die Gesund=
heit und Sittlichkeit schädigenden Frauenarbeit. — 6. Schutzgesetze
für Leben und Gesundheit der Arbeiter. Sanitätliche Kontrolle
der Arbeiterwohnungen. Überwachung der Bergwerke, der Fabrik=,
Werkstatt= und Hausindustrie durch von den Arbeitern gewählte
Beamte. Ein wirksames Haftpflichtgesetz. — 7. Regelung der Ge-
fängnisarbeit. — 8. Volle Selbstverwaltung für alle Arbeiterhilfs=
und Unterstützungskassen."

Durch den Gothaer Parteitag waren die streitenden Par=
teien äußerlich geeinigt. Eine innere Verschmelzung und Aus=
söhnung der Gegensätze hätte sich vielleicht nicht so bald voll=
zogen, wäre nicht ein Umstand hinzugekommen, der zwar
die junge Partei von außen bedrohte, aber innerlich um so
fester zusammenschweißte. Wir meinen das Sozialistengesetz
vom Jahre 1878.

Das starke Anwachsen der jungen Partei war manchen
unheimlich geworden, und die Attentate auf das Leben des
Kaisers, die sozialdemokratischen Einflüssen zugeschrieben wurden,
boten dem Reichskanzler Bismarck willkommene Gelegenheit,
ein Ausnahmegesetz gegen die Sozialdemokraten im Reichstag
und Bundesrat durchzusetzen. Die sozialdemokratische Organi=
sation wurde zerstört, die Presse fast ganz vernichtet und
mancher Genosse ins Ausland verwiesen. Aber die äußere
Verfolgung stärkte die Partei innerlich. Wenn auch die ersten
Wahlen nach Erlaß des Ausnahmegesetzes eine kleine Ver=
minderung der sozialdemokratischen Stimmen aufwiesen, so
wurden die Verluste doch bald wieder wettgemacht. Schon
im Jahre 1884 hatten sie bei den Reichstagswahlen wieder
weit mehr Stimmen als vor dem Gesetz.

Allmählich brach sich die Erkenntnis Bahn, daß man mit
bloßer Polizeigewalt Ideen nicht wirksam bekämpfen könne,
und im Jahre 1890 wurde das Ausnahmegesetz nicht wieder
verlängert.

Zweiter Artikel.

Die Entwicklung der deutschen Sozialdemokratie seit 1890.

§ 1.

Äußere Entwicklung und Organisation.

Wahlen. Mit dem Erlöschen des Sozialistengesetzes am 1. Oktober 1890 erhielt die deutsche Sozialdemokratie wieder die Möglichkeit einer gesetzlichen und ungehinderten Entfaltung. Ihr Wachstum seit dieser Zeit ist geradezu beispiellos. In keinem andern Lande hat sie sich so frühzeitig und rasch zu einer mächtigen, geschlossenen politischen Partei entwickelt wie in Deutschland. Sehr begünstigt wurde diese Entwicklung durch das allgemeine gleiche Wahlrecht, das seit 1867 im Norddeutschen Bund und seit dessen Gründung im Deutschen Reich eingeführt war.

Über die Zunahme der sozialdemokratischen Partei geben folgende Zahlen Aufschluß:

Bei den Reichstagswahlen wurden sozialdemokratische Stimmen abgegeben [1]:

Im Jahre	Absolute Zahlen	In Prozenten der Wahlberechtigten	Zahl d. sozialdem. Abgeordneten
1871	119 836	1,56	2
1874	351 670	4,12	9
1877	493 447	5,51	12
1878	437 158	4,79 (trotz d. Auflös. d. Reichstags)	9
1881	311 961	3,43 (trotz d. Sozialistengesetzes)	12
1884	549 990	5,86	24
1887	763 128	7,81	11
1890	1 427 298	14,06	35

[1] Eine eingehende Schilderung der Entwicklung der sozialdemokratischen Partei bei den Reichstagswahlen sowohl für das Reich im allgemeinen und die einzelnen deutschen Staaten und Wahlkreise gibt Th. Wacker, Entwicklung der Sozialdemokratie in den zehn ersten Reichstagswahlen (1871—1898). Auf Grund der amtlich geprüften Wahlziffern dargestellt, Freiburg 1903, Herder.

Im Jahre	Absolute Zahlen	In Prozenten der Wahlberechtigten	Zahl b. sozialdem. Abgeordneten
1893	1 780 989	16,75	44
1898	2 107 076	18,41	56
1903	3 010 771	24,02	79
1907	3 259 020	24,42	43

Die Sozialdemokratie ist also heute nach Zahl der Anhänger die bei weitem stärkste Partei im Deutschen Reich. Man darf allerdings, um die Zahlen richtig zu schätzen, nicht außer acht lassen, daß erfahrungsgemäß die unzufriedenen sozialen Elemente, auch wenn sie nicht Anhänger der Grundsätze der Sozialdemokratie sind, dennoch für die Kandidaten derselben stimmen, um dadurch ihrer Unzufriedenheit mit gewissen Verhältnissen oder den Kandidaten der andern Parteien energischen Ausdruck zu verleihen. Sie benützen die Sozialdemokratie als Drücker oder als Schreckmittel, um leichter Abhilfe für ihre Beschwerden zu erwirken. „Wir wissen ganz genau", sagte Bebel auf dem Parteitage zu Dresden (1903), „daß bei allen Wahlen . . . eine erhebliche Stimmenzahl auf unsere Kandidaten entfallen ist von Leuten, die sich zunächst nicht als Sozialdemokraten bekannten."

Außerdem stellt die Sozialdemokratie mehr als alle andern Parteien überall sog. Zählkandidaten auf. Trotzdem bleiben die Zahlen immer noch riesig genug. Obwohl die Sozialdemokraten bei den Reichstagswahlen von 1907 infolge des liberal-konservativen Blocks die Hälfte ihrer Mandate verloren haben, sind noch immer die meisten Großstädte Deutschlands in ihrem Besitz. Von den sechs Abgeordneten für Berlin sind fünf Sozialdemokraten, die drei Abgeordneten für Hamburg sind Sozialdemokraten, außerdem sind im Reichstag durch „Genossen" vertreten Leipzig (Land), Dresden (rechts der Elbe und Dresden Land), Chemnitz, Altona, Lübeck, Kiel, Bochum, Duisburg, Nürnberg, Stuttgart, Hannover, München II, Charlottenburg, Straßburg, Dortmund, Karlsruhe und Mann-

5 *

heim. In der Nachwahl im November 1909 haben sie auch Halle a. S. wieder erobert.

Seit dem Zerfall des Blocks ist die Sozialdemokratie wieder am Wachsen, zum Teil infolge der Bündnisse, welche die Liberalen mit ihnen gegen das Zentrum geschlossen haben. Die Zahl der Reichstagsabgeordneten ist durch glückliche Nach= wahlen auf 47 gestiegen. Um die Mitte 1909 besaß die Sozialdemokratie in 19 deutschen Bundesstaaten 140 Landtags= abgeordnete. Seitdem hat sich diese Zahl durch die Wahlen in Sachsen und Baden bedeutend vermehrt. Gemeindevertreter zählte sie um dieselbe Zeit 6230 [1].

Organisation. Vielleicht keine politische Partei im Deutschen Reich ist so gut organisiert wie die sozialdemokratische. Auf den Parteitagen zu Jena (1905) und zu Leipzig (1909) wurde die Organisation stärker, als es früher der Fall war, zentralisiert [2].

Die Grundlage der Organisation bildet für jeden Reichstags= wahlkreis der Sozialdemokratische Verein, dem jeder im Wahlkreise wohnende Parteigenosse als Mitglied anzugehören hat. Die Sozial= demokratischen Vereine schließen sich zu Bezirksverbänden sowie zu Landesorganisationen zusammen, denen die selbständige Führung der Parteigeschäfte nach eigenen Statuten obliegt; diese dem Vorstand innerhalb einer Woche mitzuteilenden Statuten dürfen mit dem Organisationsstatut der Gesamtpartei nicht im Widerspruch stehen. In der gleichen Frist haben die Vorstände ihre erfolgte Wahl dem Parteivorstand mitzuteilen. Die Vorsitzenden der Sozial= demokratischen Vereine, der Vorstände der Bezirks= und Landes= organisationen haben dem Parteivorstand jährlich bis zum 15. Juli Bericht zu erstatten über Agitation, Einnahmen und Ausgaben usw.

---

[1] Protokoll des Parteitags zu Leipzig 1909, 37.
[2] Vgl. Protokoll der Verhandlungen des Parteitages zu Jena 1905, 6 ff; Protokoll des Parteitages zu Leipzig 1909, 6 ff.

Die Festsetzung der Mitgliederbeiträge ist den Bezirksverbänden und Landesorganisationen überlassen, jedoch muß der monatliche Mindestbeitrag für männliche Mitglieder 30 Pf. und für weibliche 15 Pf. betragen. Die Wahlkreise haben mindestens 20 Prozent ihrer aus den Beiträgen sich ergebenden Einnahmen an die Zentralkasse abzuführen. Der Parteivorstand ist berechtigt, einzelnen Wahlkreisen im Bedarfsfalle einen über 80 Prozent dieser Einnahmen hinausgehenden Betrag zur Eigenverwendung zu überlassen.

Die oberste Vertretung der Partei bildet der Parteitag, der alljährlich vom Parteivorstande einzuberufen ist. Zur Teilnahme an demselben sind berechtigt die Delegierten aus den einzelnen Wahlkreisen. Die Wahl der Delegierten erfolgt nach Maßgabe der Mitgliederzahl. Es können gewählt werden: in Wahlkreisen bis 1500 Mitglieder ein Delegierter, bis 3000 zwei, bis 6000 drei, bis 12000 vier, bis 18000 fünf und über 18000 sechs Delegierte. Wo mehrere Delegierte zu wählen, soll unter ihnen möglichst eine Genossin sein. Außer diesen Delegierten sind zur Teilnahme am Parteitage berechtigt die Mitglieder der Reichstagsfraktion, des Parteivorstandes und der Kontrollkommission, doch haben die Mitglieder der Reichstagsfraktion in allen die parlamentarische, und die Mitglieder des Parteivorstandes in allen die geschäftliche Leitung der Partei betreffenden Fragen nur beratende Stimme.

Der Parteivorstand, bestehend aus zwei Vorsitzenden, einem Kassierer, den Schriftführern und zwei Beisitzern, wird vom Parteitag gewählt und verfügt nach eigenem Ermessen über die vorhandenen Gelder. Seine Mitglieder können eine Besoldung beziehen, deren Höhe der Parteitag festsetzt. Kein Parteigenosse hat ohne ausdrücklichen Beschluß des Parteitages ein klagbares Recht, die Geschäftsbücher oder Papiere des Parteivorstandes, der Kontrollkommission oder der Partei einzusehen, oder sich aus ihnen Abschriften oder Auszüge anzufertigen, oder eine Auskunft oder Übersicht über den Stand des Parteivermögens zu verlangen. Der Parteivorstand besorgt die Parteigeschäfte und kontrolliert die prinzipielle Haltung der Parteiorgane; er entscheidet über Differenzen, die sich bei Aufstellung von Reichstags-

Kandidaturen zwischen der Organisation eines Wahlkreises und dem Bezirksverband bzw. der Landesorganisation ergeben. Zur Kontrollierung des Parteivorstandes sowie als Berufungsinstanz über Beschwerden gegen den Parteivorstand wählt der Parteitag eine **Kontrollkommission** von neun Mitgliedern.

Die Frauen sind seit 1909 der Organisation als gleichberechtigte Glieder eingefügt. Die Vertrauensmänner, die früher in den einzelnen Bezirken eine wichtige Rolle spielten, sind beseitigt. Zur Partei gehört jeder, der sich zu den Grundsätzen des Parteiprogramms bekennt und Mitglied der Parteiorganisation ist. Zur Partei kann nicht gehören, wer sich eines groben Verstoßes gegen die Grundsätze des Parteiprogramms oder einer ehrlosen Handlung schuldig macht. Ein Mitglied kann aus der Partei ausgeschlossen werden, wenn es durch beharrliches Zuwiderhandeln gegen Beschlüsse seiner Parteiorganisationen oder des Parteitags das Parteiinteresse schädigt. Über die Zugehörigkeit zur Partei entscheidet der Vorstand der zuständigen Bezirks- oder Landesorganisationen. Doch kann gegen die Entscheidung beim Parteivorstand die Einsetzung eines Schiedsgerichtes beantragt und schließlich an den Parteitag appelliert werden.

Als merkwürdig verdient noch erwähnt zu werden, daß kein Parteigenosse oder ein anderer durch Verträge mit dem Parteivorstande oder der Kontrollkommission ein klagbares Recht gegen diese oder ihre Mitglieder erwirbt.

Die Gesamtzahl der organisierten Mitglieder der Partei betrug um die Mitte des Jahres 1909 633309 (davon 62259 weibliche). Die Einnahmen der Parteikasse vom 1. Juli 1908 bis zum 30. Juni 1909 beliefen sich auf 1105249,77 Mark, davon sind 571010 Mark Leistungen der Organisationen. Der „Vorwärts", das offizielle Zentralorgan der Partei, zählte Anfang 1908 ca 140000 Abonnenten, eine Zahl, die inzwischen zurückgegangen zu sein scheint[1], und erzielte im Geschäftsjahr 1908—1909 einen Gewinnüberschuß

---

[1] Wenigstens sind die Abonnementsgelder zurückgegangen.

von 111 142 Mark. Zur Kontrolle der prinzipiellen und
taktischen Haltung sowie der Verwaltung des „Vorwärts"
wählen die Parteigenossen Berlins eine Preßkommission,
die in Gemeinschaft mit dem Parteivorstand über alle An=
gelegenheiten des Zentralorgans, insbesondere über Anstellung
und Entlassung des Redaktionspersonals entscheidet. Außer
dem „Vorwärts" sind Eigentum der Partei die wissenschaft=
liche Wochenschrift „Die Neue Zeit" (Redakteur K. Kautsky),
„Die Gleichheit", Zeitschrift für die Interessen der Arbeiterinnen
(Redakteur Klara Zetkin), welche Ende 1908 77 000 Abon=
nenten zählte, die „Kommunale Praxis" und das Witzblatt
„Der wahre Jakob" mit 230 000 Abonnenten Ende 1908.
Die illustrierte Unterhaltungsbeilage des Vorwärts „Die Neue
Welt" erscheint in einer Auflage von nahezu 300 000 Exem=
plaren.

Nach dem Bericht des Parteivorstandes besaß die Partei
um die Mitte 1909 74 sozialdemokratische (politische) Tages=
blätter, 2 Witzblätter und 2 illustrierte Unterhaltungsblätter.
Die sozialdemokratische Gewerkschaftspresse umfaßt 76 Blätter,
von denen die meisten alle Wochen oder alle 14 Tage er=
scheinen. Sozialdemokratische Flugschriften, Kalender, Bro=
schüren werden jährlich in vielen Millionen Exemplaren von
Partei wegen vertrieben[1].

Auf Beschluß des Essener Parteitags (1907) wurde das
„Sozialdemokratische Preßbureau" ins Leben ge=
rufen, das die Aufgabe hat, der Parteipresse schnellstens wichtige
Nachrichten politischer, wirschaftlicher und sozialer Natur so=
wie wichtiges aktuelles, gesetzgeberisches, statistisches Material zu
beschaffen. Zu diesem Zweck sind neben der Berliner Re=
daktion eine große Anzahl ständiger Mitarbeiter an den wich=
tigsten Orten Deutschlands tätig. An sämtliche Parteiblätter

---

[1] Vgl. Protokoll des Parteitages zu Leipzig 1909, 46—47.

geht ein täglicher Nachrichtenbrief. Die Auslagen für das
Preßbureau beliefen sich vom 1. Juli 1908 bis zum 30. Juni
1909 auf 50558 Mark.
Eine sehr rege Tätigkeit entfaltet die Partei, um die
Jugend zu gewinnen. Der Parteitag zu Nürnberg ver-
pflichtete die Organisationen, für die Erziehung der Ar-
beiterjugend im Sinn der proletarischen Weltanschauung zu sorgen. Zur Leitung der Jugendbewegung
wurde die „Zentralstelle für die arbeitende Jugend Deutschlands" eingesetzt, die aus je vier Vertretern des Vorstandes,
der Generalkommission der Gewerkschaften und der Jugendlichen gebildet worden ist. In den einzelnen Orten wurden
Jugendausschüsse gebildet, die ebenfalls aus den Vertretern der
Partei- der Gewerkschaftsorganisationen und der Jugendlichen
zusammengesetzt sind. Solche Ausschüsse bestanden zur Zeit
des letzten Parteitages in 311 Orten. Ein eigenes Jugend-
organ: „Die Arbeiter-Jugend" wurde geschaffen, das am Ende
des zweiten Quartals schon 28000 Abonnenten zählte. Im
Frühjahr 1909 gab die Zentralstelle ein Flugblatt: „An die
schulentlassene Jugend" heraus, wovon 197000 Exemplare
zum Versand kamen.
Die Zentralstelle hat den Jugendausschüssen auch bei der
Schaffung von Jugendheimen geholfen. In einem Heftchen:
„Vortragsthema für Jugendveranstaltungen" sind aus den verschiedensten Wissensgebieten dem Verständnis der Jugend an-
gepaßte Vortragsthemen mit den nötigen Literaturangaben
zusammengestellt worden. Ein „Katalog für Jugend-
bibliotheken" gibt ein Verzeichnis „empfehlenswerter Literatur" für die sozialdemokratische Jugend. Es wurden auch
Anregungen gegeben zum Arrangement von Ausflügen und
Wanderungen. Endlich hat die Zentralstelle zu billigem
Preis ein Jugendliederbuch herausgegeben, das auch Regeln
für Spiele im Freien enthält.

Besondere Erwähnung verdient noch die Parteischule, die vor einigen Jahren zur Heranbildung sozialdemokratischer Agitatoren und Wanderredner ins Leben gerufen wurde. Junge fähige Leute werden nach Berlin geschickt und dort in einem Lehrkursus vom Oktober bis April unterrichtet. Der Lehrplan umfaßt Nationalökonomie, soziale Theorien, Geschichte, besonders der politischen Parteien, Arbeiterrecht, Strafrecht, Bürgerliches Recht, Genossenschaftswesen, Kommunalpolitik, mündlicher und schriftlicher Gedankenaustausch, Zeitungs= technik usw.

§ 2.
Innere Entwicklung.

I. Die Revision des Parteiprogramms.

Eine der ersten Sorgen der Partei nach dem Fall des Sozialistengesetzes bildete die Revision ihres Programms. Das Gothaer Programm war, wie schon bemerkt, ein Kompromiß= programm, das mancherlei Widersprüche enthielt und die Ideen Lassalles mit dem Marxismus zu verschmelzen suchte. Gegen den Entwurf dieses Programms hatte Marx seinerzeit unter dem Titel „Randglossen zum Programm der deutschen Arbeiterpartei" eine ätzende Kritik verfaßt und den Führern der Sozialdemokraten übersandt. Der Gothaer Parteitag nahm in einigen Punkten Rücksicht auf die Kritik, in andern aber nicht, um das Zustandekommen der Einigung zwischen den beiden feindlichen Parteien nicht zu verhindern. Bald nach Ablauf des Sozialistengesetzes veröffentlichte aber Fr. Engels die „Randglossen" aus dem Nachlasse seines Freundes in der Zeitschrift „Die Neue Zeit", und so sah sich die Partei ge= nötigt, die Revision des Parteiprogramms zur Diskussion zu stellen. Das Resultat derselben war das auf dem Erfurter Parteitag (14.—20. Oktober 1891) vereinbarte Programm, das noch heute das offizielle Parteiprogramm bildet:

Das Erfurter Programm:

„I. Die ökonomische Entwicklung der bürgerlichen Gesellschaft führt mit Naturnotwendigkeit zum Untergange des Kleinbetriebes, dessen Grundlage das Privateigentum des Arbeiters an seinen Produktionsmitteln bildet. Sie trennt den Arbeiter von seinen Produktionsmitteln und verwandelt ihn in einen besitzlosen Proletarier, indes die Produktionsmittel das Monopol einer verhältnismäßig kleinen Zahl von Kapitalisten und Großgrundbesitzern werden.

Hand in Hand mit dieser Monopolisierung der Produktionsmittel geht die Verdrängung der zersplitterten Kleinbetriebe durch kolossale Großbetriebe, geht die Entwicklung des Werkzeugs zur Maschine, geht ein riesenhaftes Wachstum der Produktivität der menschlichen Arbeit. Aber alle Vorteile dieser Umwandlung werden von den Kapitalisten und Großgrundbesitzern monopolisiert. Für das Proletariat und die versinkenden Mittelschichten — Kleinbürger, Bauern — bedeutet sie wachsende Zunahme der Unsicherheit ihrer Existenz, des Elends, des Drucks, der Knechtung, der Erniedrigung, der Ausbeutung.

Immer größer wird die Zahl der Proletarier, immer massenhafter die Armee der überschüssigen Arbeiter, immer schroffer der Gegensatz zwischen Ausbeutern und Ausgebeuteten, immer erbitterter der Klassenkampf zwischen Bourgeoisie und Proletariat, der die moderne Gesellschaft in zwei feindliche Lager trennt und das gemeinsame Merkmal aller Industrieländer ist.

Der Abgrund zwischen Besitzenden und Besitzlosen wird noch erweitert durch die im Wesen der kapitalistischen Produktionsweise begründeten Krisen, die immer umfangreicher und verheerender werden, die allgemeine Unsicherheit zum Normalzustand der Gesellschaft erheben und den Beweis liefern, daß die Produktivkräfte der heutigen Gesellschaft über den Kopf gewachsen sind, daß das Privateigentum an Produktionsmitteln unvereinbar geworden ist mit deren zweckentsprechender Anwendung und vollen Entwicklung.

Das Privateigentum an Produktionsmitteln, welches ehedem das Mittel war, dem Produzenten das Eigentum an seinem Produkt zu sichern, ist heute zum Mittel geworden, Bauern, Handwerker und Kleinhändler zu expropriieren und die Nichtarbeiter — Kapitalisten, Großgrundbesitzer — in den Besitz des Produkts der Arbeiter zu setzen. Nur die Verwandlung des kapitalistischen Privateigentums an Produktionsmitteln — Grund und Boden, Gruben und Bergwerke, Rohstoffe, Werkzeuge, Maschinen, Verkehrsmittel — in gesellschaftliches Eigentum und die Umwandlung der Warenproduktion in sozialistische, für und durch die Gesellschaft betriebene Produktion kann es bewirken, daß der Großbetrieb und die stets wachsende Ertragsfähigkeit der gesellschaftlichen Arbeit für die bisher ausgebeuteten Klassen aus einer Quelle des Elends und der Unterdrückung zu einer Quelle der höchsten Wohlfahrt und allseitiger, harmonischer Vervollkommnung werde.

Diese gesellschaftliche Umwandlung bedeutet die Befreiung nicht bloß der Arbeiterklasse, sondern der gesamten Menschheit, die unter den heutigen Zuständen leidet. Aber diese Befreiung kann nur das Werk der Arbeiterklasse sein, weil alle andern Klassen, trotz der Interessenstreitigkeiten unter sich, auf dem Boden des Privateigentums an Produktionsmitteln stehen und die Erhaltung der Grundlagen der heutigen Gesellschaft zum gemeinsamen Ziel haben.

Der Kampf der Arbeiterklasse gegen die kapitalistische Ausbeutung ist notwendigerweise ein politischer Kampf. Die Arbeiterklasse kann ihre ökonomischen Kämpfe nicht führen und ihre ökonomische Organisation nicht entwickeln ohne politische Rechte. Sie kann den Übergang der Produktionsmittel in den Besitz der Gesamtheit nicht bewirken, ohne in den Besitz der politischen Macht gekommen zu sein.

Diesen Kampf der Arbeiterklasse zu einem bewußten und einheitlichen zu gestalten und ihm sein naturnotwendiges Ziel zu weisen — das ist die Aufgabe der sozialdemokratischen Partei.

Die Interessen der Arbeiterklasse sind in allen Ländern mit kapitalistischer Produktionsweise die gleichen. Mit der Ausdehnung des Weltverkehrs und der Produktion für den Weltmarkt wird die Lage der Arbeiter eines jeden Landes immer abhängiger von der Lage der Arbeiter in den andern Ländern. Die Befreiung der Arbeiterklasse ist also ein Werk, an dem die Arbeiter aller Kulturländer gleichmäßig beteiligt sind. In dieser Erkenntnis fühlt und erklärt die sozialdemokratische Partei Deutschlands sich eins mit den klassenbewußten Arbeitern aller übrigen Länder.

Die sozialdemokratische Partei Deutschlands kämpft also nicht für neue Klassenprivilegien und Vorrechte, sondern für die Abschaffung der Klassenherrschaft und der Klassen selbst und für gleiche Rechte und gleiche Pflichten aller ohne Unterschied des Geschlechts und der Abstammung. Von diesen Anschauungen ausgehend, bekämpft sie in der heutigen Gesellschaft nicht bloß die Ausbeutung und Unterdrückung der Lohnarbeiter, sondern jede Art der Ausbeutung und Unterdrückung, richte sie sich gegen eine Klasse, eine Partei, ein Geschlecht oder eine Rasse.

II. Ausgehend von diesen Grundsätzen fordert die sozialdemo-kratische Partei Deutschlands zunächst [1]:

1. Allgemeines, gleiches, direktes Wahl- und Stimmrecht mit geheimer Stimmabgabe aller über 20 Jahre alten Reichsangehörigen ohne Unterschied des Geschlechts für alle Wahlen und Abstimmungen. Proportional-Wahlsystem, und bis zu dessen Einführung gesetzliche Neueinteilung der Wahlkreise nach jeder Volkszählung. Zweijährige Gesetzgebungsperioden. Vornahme der Wahlen und Abstimmungen an einem gesetzlichen Ruhetage. Entschädigung für die gewählten Vertreter. Aufhebung jeder Beschränkung politischer Rechte außer im Falle der Entmündigung.

2. Direkte Gesetzgebung durch das Volk vermittelst des Vor-schlags- und Verwerfungsrechts. Selbstbestimmung und Selbst-verwaltung des Volkes in Reich, Staat, Provinz und Gemeinde. Wahl der Behörden durch das Volk, Verantwortlichkeit und Haft-barkeit derselben. Jährliche Steuerbewilligung.

3. Erziehung zur allgemeinen Wehrhaftigkeit. Volkswehr an Stelle der stehenden Heere. Entscheidung über Krieg und Frieden durch die Volksvertretung. Schlichtung aller internationalen Streitig-keiten auf schiedsgerichtlichem Wege.

4. Abschaffung aller Gesetze, welche die freie Meinungsäußerung und das Recht der Vereinigung und Versammlung einschränken oder unterdrücken.

---

[1] D. h. innerhalb der heutigen Gesellschaft, in der Privateigentum der Produktionsmittel besteht.

5. Abschaffung aller Gesetze, welche die Frau in öffentlichrecht=
licher und privatrechtlicher Beziehung gegenüber dem Manne be=
nachteiligen.

6. Erklärung der Religion zur Privatsache. Abschaffung aller
Aufwendungen aus öffentlichen Mitteln zu kirchlichen und religiösen
Zwecken. Die kirchlichen und religiösen Gemeinschaften sind als
private Vereinigungen zu betrachten, welche ihre Angelegenheiten
vollkommen selbständig ordnen.

7. Weltlichkeit der Schule [1]. Obligatorischer Besuch der öffent=
lichen Volksschulen. Unentgeltlichkeit des Unterrichts, der Lehrmittel
und der Verpflegung in den öffentlichen Volksschulen sowie in den
höheren Bildungsanstalten für diejenigen Schüler und Schülerinnen,
die kraft ihrer Fähigkeiten zur weiteren Ausbildung geeignet erachtet
werden.

8. Unentgeltlichkeit der Rechtspflege und des Rechtsbeistandes.
Rechtsprechung durch vom Volk gewählte Richter. Berufung in Straf=
sachen. Entschädigung unschuldig Angeklagter, Verhafteter und Ver=
urteilter. Abschaffung der Todesstrafe.

9. Unentgeltlichkeit der ärztlichen Hilfeleistung einschließlich der
Geburtshilfe und der Heilmittel. Unentgeltlichkeit der Toten=
bestattung.

10. Stufenweise steigende Einkommen= und Vermögenssteuer zur
Bestreitung aller öffentlichen Ausgaben, soweit diese durch Steuern
zu decken sind. Selbsteinschätzungspflicht, Erbschaftssteuer, stufenweise
steigend nach Umfang des Erbguts und nach dem Grade der Ver=
wandtschaft. Abschaffung aller indirekten Steuern, Zölle und sonstigen
wirtschaftspolitischen Maßnahmen, welche die Interessen der All=
gemeinheit den Interessen einer bevorzugten Minderheit opfern.

[1] Hierzu macht die Schrift „Grundsätze und Forderungen der
Sozialdemokratie" von K. Kautsky und Br. Schönlank, Berlin
1892, 44, die Bemerkung: „Ist die Religion Privatsache, ... so ist
folgerichtig die Schule eine rein weltliche Einrichtung... Die
Unterweisung der Kinder mit religiösen Dingen zu
verquicken, ist ein grundsätzlicher Fehler. Die Mit=
wirkung kirchlicher Kräfte beim Unterricht ist deshalb unzulässig."

Zum Schutze der Arbeiterklasse fordert die sozialdemo=
kratische Partei Deutschlands zunächst:

1. Eine wirksame nationale und internationale Arbeiterschutz=
Gesetzgebung auf folgender Grundlage: a) Festsetzung eines höchstens
acht Stunden betragenden Normalarbeitstages. b) Verbot der Er=
werbsarbeit für Kinder unter 14 Jahren. c) Verbot der Nacht=
arbeit, außer für solche Industriezweige, die ihrer Natur nach, aus
technischen Gründen oder aus Gründen der öffentlichen Wohlfahrt,
Nachtarbeit erheischen. d) Eine ununterbrochene Ruhepause von
mindestens 36 Stunden in jeder Woche für jeden Arbeiter. e) Ver=
bot des Trucksystems.

2. Überwachung aller gewerblichen Betriebe, Erforschung und
Regelung der Arbeitsverhältnisse in Stadt und Land durch ein
Reichsarbeitsamt, Bezirksarbeitsämter und Arbeitskammern. Durch=
greifende gewerbliche Hygiene.

3. Rechtliche Gleichstellung der landwirtschaftlichen Arbeiter und
der Dienstboten mit den gewerblichen Arbeitern; Beseitigung der
Gesindeordnungen.

4. Sicherstellung des Koalitionsrechts.

5. Übernahme der gesamten Arbeiterversicherung durch das Reich
mit maßgebender Mitwirkung der Arbeiter an der Verwaltung."

Das Erfurter Programm bedeutet den Sieg der Anhänger
von K. Marx über die Lassalleaner. Die wichtigsten Punkte,
in denen sich das Erfurter Programm von seinem Vorgänger
unterscheidet, sind folgende. Das Erfurter Programm betont
viel schärfer die sog. materialistische Geschichtsentwicklung, die
im Sinne von Marx durch einen naturnotwendigen Prozeß,
insbesondere durch die beständig zunehmende Konzentration der
Produktionsmittel in wenigen Händen, die heutige kapitalistische
Gesellschaft in die sozialistische hinüberführen soll. Ausgefallen
dagegen ist im neuen Programm die Behauptung, die Arbeit
sei die Quelle alles Reichtums, ferner das eherne Lohngesetz
sowie die Forderung des vollen Arbeitsertrages für jeden
Arbeiter, eine Forderung, die im Widerspruch stand mit dem

Zuſatz: jeder ſolle „nach ſeinen vernunftgemäßen Bedürfniſſen" vom Geſamtprodukt erhalten. Auch der Produktivgenoſſenſchaften und der „reaktionären Maſſen", die den Arbeitern gegenüber- ſtehen, geſchieht keine Erwähnung mehr. Neben den Kapi- taliſten werden im neuen Programm auch die Großgrundbeſitzer unter denen aufgeführt, welche die Produktionsmittel immer mehr monopoliſieren. Endlich nimmt das Erfurter Programm ſchärfere Stellung zur Frauenfrage. Die Frauen ſollen in öffentlich- und privatrechtlicher Beziehung den Männern voll- ſtändig gleichgeſtellt werden.

II. Revolutionismus oder Evolutionismus?

Trotz des Sieges der Marxiſten über die Laſſalleaner in Erfurt wäre es ein Irrtum, zu meinen, der Gegenſatz der beiden Parteien ſei damit verſchwunden. Derſelbe beſteht viel- mehr nach wie vor, wenn er ſich auch nicht immer in gleicher Weiſe äußert. Der Kernpunkt des Streites war von jeher die einzuhaltende Taktik, und die Frage der Taktik hängt wieder ab von der Stellung, die man zu gewiſſen Anſchauungen des Marxismus über Revolution, Konzentration der Betriebe und des Kapitals, kataſtrophenartigen Zuſammenbruch der Ge- ſellſchaft uſw. einnimmt.

Lange ſtritt man ſich über den Begriff der Revolution. Alle Parteigenoſſen nennen ſich Anhänger der „revolutio- nären" Sozialdemokratie, aber was iſt „Revolution"? Einige wollen darunter nur das allmähliche, faſt unmerkliche Hineinwachſen der heutigen kapitaliſtiſchen Geſellſchaft in ein ſozialiſtiſch organiſiertes Gemeinweſen verſtehen, das ohne Ge- walt und Blutvergießen vor ſich gehen ſoll (Evolutionismus). Andere dagegen reden von Revolution im Sinn einer gewalt- ſamen Volkserhebung (Revolutionismus).

Es iſt kein Zweifel, daß der eigentliche orthodoxe Marxis- mus dieſer zweiten Auffaſſung näher ſteht. Marx ſelbſt dachte

sich die Entwicklung in der Art, daß der Gegensatz zwischen
Besitzenden und Besitzlosen immer schroffer, die Zahl der Letz=
teren immer größer und ihr Elend immer unerträglicher wird,
bis schließlich eine Katastrophe eintritt, bei der das Proletariat
die Diktatur an sich reißt und mit Gewalt die Expro=
priateurs expropriiert. Diese Auffassung tritt uns in den
älteren Kundgebungen von Marx und seiner Anhänger überall
entgegen.

Der Schluß des „Kommunistischen Manifestes" (1847) lautet:
„Die Kommunisten verschmähen es, ihre Ansichten und Absichten
zu verheimlichen. Sie erklären es offen, daß ihre Zwecke nur
erreicht werden können durch den gewaltsamen Um=
sturz aller bisherigen Gesellschaftsordnung. Mögen
die herrschenden Klassen vor einer kommunistischen Revo=
lution zittern. Die Proletarier haben nichts in ihr zu ver=
lieren als ihre Ketten. Sie haben eine Welt zu gewinnen. Pro=
letarier aller Länder, vereinigt euch." Das war ein offenes Be=
kenntnis zur Revolution im gewöhnlichen Sinn, zur Revolution
mit physischen Gewaltmitteln.

Auf dem Haager Kongreß (September 1872) sagte Marx: „In
den meisten Ländern Europas muß die Gewalt der Hebel unserer
Revolution sein; an die Gewalt wird man seinerzeit
appellieren müssen, um endlich die Herrschaft der Arbeit zu
etablieren. . . . Die Revolution muß solidarisch sein, und wir
finden ein großes Beispiel in der Kommune in Paris,
die gefallen ist, weil in allen Hauptstädten, in Berlin, in Madrid usw.,
nicht gleichzeitig eine große revolutionäre Bewegung ausgebrochen
ist, welche in Verbindung stand mit diesem gewaltigen Aufstande
des Proletariates von Paris." Das ist doch wohl deutlich genug!
Auch in seiner „Kritik des sozialdemokratischen Parteiprogramms"
gesteht er offen, der Übergang der kapitalistischen Gesellschaft in
die kommunistische könne nur unter der Herrschaft der „revolutio=
nären Diktatur des Proletariats" bewerkstelligt werden. ——
Bebel erklärte im Reichstage über die Vorgänge an der Seine:
„Das ist nur ein kleines Vorpostengefecht in dem Kriege, den das

Proletariat gegen alle Paläste führen wird." Ein anderes Mal erklärte er, mit Sprengen von Rosenwasser lasse sich keine Revolution machen. In seiner Schrift „Unsere Ziele" (S. 44) schreibt er über die Anwendung der Gewalt: „Man entsetze sich nur nicht über diese mögliche Anwendung der Gewalt, zetere nicht über die Unterdrückung ‚berechtigter Existenzen‘, gewaltsame Expropriation u. dgl. Die Geschichte lehrt, daß zu allen Zeiten die neuen Ideen in der Regel nur durch gewaltsamen Kampf mit den Vertretern der Vergangenheit zur Geltung gelangten, und daß dann die Kämpfer für die neuen Ideen die Vertreter der Vergangenheit so tödlich als möglich zu treffen suchten. Wohl nicht mit Unrecht ruft Karl Marx in seinem Buch ‚Das Kapital‘: Die Gewalt ist der Geburtshelfer jeder alten Gesellschaft, die mit einer neuen schwanger geht; sie ist selbst eine ökonomische Potenz." „Wir brauchen hunderttausend Köpfe, dann ist alles fertig," soll Bebel dem sächsischen Abgeordneten Götz auf die Frage geantwortet haben, wie der Zukunftsstaat verwirklicht werden solle [1].

W. Liebknecht erklärte in seinem Schriftchen „Über die politische Stellung der Sozialdemokratie" (1869), in dem er die Beteiligung an der parlamentarischen Arbeit als „Verrat" brandmarkte: „Der Sozialismus ist keine Frage der Theorie mehr, sondern einfach eine Machtfrage, die in keinem Parlament, die nur auf der Straße, auf dem Schlachtfeld zu lösen ist, gleich jeder andern Machtfrage."

Auf dem sozialistischen Kongreß zu Gent (1877) drohte derselbe Liebknecht: „Die Armee besteht schließlich aus Söhnen des Volkes, die wir durch unsere revolutionäre Propaganda gewinnen.... Wenn der Tag kommt, werden Gewehre und Kanonen von selbst sich umdrehen, um die Feinde des sozialistischen Volkes niederzuschmettern."

Nicht unerwähnt bleibe endlich die schmachvolle Lobrede, welche der Berliner „Vorwärts" [2] auf die am 28. Januar 1885 in Warschau hingerichteten Nihilisten hielt. Es heißt da unter anderem:

[1] H. Blum, Die Lügen der Sozialdemokratie 329.
[2] 1896, Nr 28.

„Ehre den Braven. Der Sieg kann einer Sache
nicht fehlen, die solche Vorkämpfer hat. Märtyrer-
blut ist Märtyrersamen. Vorwärts, ihr polnischen
Brüder!"

Am 9. Juni 1886 schrieb J. Dietzgen an Sorge in Chicago [1]:
„Nach meinem Dafürhalten — und darin stimme ich ja mit all
unsern besseren und besten Genossen überein — erreichen wir die
neue Gesellschaft nicht ohne ernstliche Kämpfe, denke sogar,
daß ohne wüsten Rummel, ohne ‚Anarchie' es nicht her-
gehen kann. Ich glaube an die Anarchie als Übergangsstadium."

Als am 10. Juni 1902 Hirsch Leckert, der den Mordanschlag
gegen den Gouverneur von Wilna ausgeübt hatte, hingerichtet
wurde, schrieb der „Vorwärts" [2] unter dem Titel: „Ein Märtyrer der Unterdrückten": „Der Hingerichtete ist in die
Geschichte des geknechteten russischen Volkes, die ebenso eine Geschichte furchtbarer Leiden wie eine Geschichte des todesmutigen
Heroismus ist, für immerdar eingetragen." Heißt das nicht
den politischen Mord verherrlichen?

Noch im Jahre 1890 schrieb Friedrich Engels in einem
Briefe, den der „Vorwärts" im Oktober 1901 aus dem Nachlaß
von Liebknecht veröffentlichte: Es sei eine kolossale Illusion,
„in Deutschland auf gemütlichem, friedlichem Wege
die Republik einrichten und nicht nur die Republik, sondern die
kommunistische Gesellschaft herstellen zu wollen".
„Man kann an der Republik sich (im Programm der sozialdemokratischen Partei) allenfalls vorbeidrücken; was aber nach meiner
Ansicht hinein sollte und auch hinein kann, das ist die Forderung
der Konzentration aller politischen Macht in den Händen der Volksvertretung." Es wird dann noch ausgeführt, das Proletariat könne
nur die Form der einen unteilbaren Republik gebrauchen. Es
gehe ja in Deutschland nicht an, so etwas im Programm zu sagen;
er glaube aber der Selbsttäuschung entgegentreten zu müssen,

---

[1] Briefe und Auszüge von Briefen von Ph. Becker, J. Dietzgen,
Engels, Marx u. a. an F. A. Sorge u. a., Stuttgart 1906, 226.
[2] 1902, Nr 135.

„die die bestehenden Zustände auf gesetzlichem Wege in die kommunistische Gesellschaft überführen will".

Es kann also kein Zweifel sein, daß die Hauptführer der Sozialdemokraten, besonders Marx und Engels, für Deutsch=land ihre Hoffnungen immer auf eine gewaltsame Revolution setzten. Daneben laufen allerdings zahmere Äußerungen von Bebel und Liebknecht, die dieser Auffassung widersprechen, die sich jedoch — was wohl zu beachten — nicht an die Genossen, sondern an die Gegner der Sozialdemokratie richten und den Vorwurf der gewaltsamen Revolution abschwächen sollen. So erklärte Liebknecht, dessen revolutionäre Äußerungen auf dem Genter Kongreß von 1877 wir eben angeführt haben, in dem Leipziger Hochverratsprozeß (1872):

„Wir wollen revolutionär nur in dem Sinne sein, daß die soziale Frage nicht mit Palliativmitteln, nicht mit Suppenküchen und Konsumvereinen gelöst werden kann, sondern nur durch radikale Heilmittel. Ob diese Lösung friedlich oder gewaltsam statt=finden wird, hängt nicht von uns, sondern von unsern Gegnern ab, den augenblicklich im Staat maßgebenden Personen." Noch deutlicher erklärte sich sein Mitangeklagter Bebel: „Das Wort revolutionär ist von uns stets (?) in dem Sinne verstanden worden, den Liebknecht eben entwickelte. Wir sehen dabei keine Heugabeln vor unsern Augen blitzen. Revolution heißt Umgestal=tung — gleichviel mit welchen Mitteln. Daß die Arbeiterpartei das Wort immer nur in dem von uns bereits angedeuteten fried=lichen Sinne der Entwicklung begreift, ergibt sich aus den Broschüren Lassalles — welche ja grundlegend für die deutsche Arbeiterbewegung gewesen sind und noch heute für die meisten das ABC des Sozialismus sind." Eine ähnliche Erklärung gab Bebel am 31. März 1881 im Reichstage ab: „Wir wollen den Weg der sog. Reform, wir werden den Versuch machen, auf dem Wege der Gesetzgebung und der organischen Entwicklung allmählich unsere Ziele zu erreichen."

Dergleichen Abschwächungen häufen sich seit der Aufhebung des Sozialistengesetzes im Jahre 1890 und ergaben sich als notwendige Folge aus der Beteiligung der Sozialdemokratie am Parlament. Je mächtiger die Partei wurde und je zahlreicher ihre Vertretung im Reichstag, um so mehr erwies sich ein bloßes ewiges Negieren als Unmöglichkeit. Deshalb erklärte der Kongreß zu Wyden (1880), die Notwendigkeit, im Reichstag für gewisse S ch u tz z ö l l e um der deutschen Arbeiter willen einzutreten, sei nicht zu leugnen [1]. In Erfurt äußerte B e b e l , auf den Kongressen in Wyden, Kopen= hagen und St Gallen sei entschieden worden, daß sich die Ab= geordneten im Parlament keineswegs bloß negierend zu verhalten, sondern alles aufzubieten hätten, um die Erlangung von Kon= zessionen zu Gunsten der Arbeiterklasse zu erwirken [2].

Die Revolution sei, bemerkte er weiter, heute eine Unmöglich= keit. „Was im Zeitalter der Repetiergewehre und der Maximgeschütze in einer Revolution, die höchstens ein paar hunderttausend Köpfe machten, geschehen würde, das habe ich schon neulich in Dresden ausgesprochen: Wir würden wie die Spatzen jämmerlich zusammen= geschossen. Wer heute noch angesichts der kolossalen Fortschritte nicht nur auf militärischem, sondern auch auf politischem und ins= besondere ökonomischem Gebiet glaubt, wir Sozialdemokraten möchten mit den Mitteln der bürgerlichen Partei, wie z. B. mit dem Barri= kadenbau, zum Ziele kommen, der irrt sich gewaltig." [3]

Gegen diese scheinbar veränderte Taktik der Partei machte sich bald im Schoße derselben eine Reaktion geltend. Schon 1884 protestierte ein „Aufruf" der Frankfurter Genossen gegen die Taktik der sozialdemokratischen Reichstagsfraktion. „Unsere Vertreter scheinen sich mehr und mehr mit den Vertretern der heutigen Gesellschaft in diplomatische Unterhandlungen einzu= lassen . . . Wenn euch die Führer in den Sumpf des

---

[1] Protokoll des Kongresses der deutschen Sozialdemokratie, ab= gehalten auf Schloß Wyden in der Schweiz, Zürich 1880, 30.

[2] Protokoll des Parteitags zu Erfurt 162.

[3] Ebd. 172.

Parlamentarismus ziehen wollen, dann beweist, daß ihr in
Wahrheit revolutionäre Sozialdemokraten seid."[1]
Diese Episode in der Geschichte der Sozialdemokratie heißt die
Bewegung der „Jungsozialisten" oder „Unabhängigen So=
zialisten". An ihrer Spitze standen die Berliner Genossen
Werner, Wildberger, Auerbach u. a., die ein „rascheres Tempo"
und ein offeneres Bekenntnis der revolutionären Grundsätze
forderten. Sie tadelten die Überschätzung des „Parlamentelns"
von seiten der sozialdemokratischen Führer und wollten dasselbe
bloß als Agitationsmittel gebraucht wissen. Sie näherten sich,
wie man sieht, den anarchistischen Grundsätzen à la Most
und Hasselmann. Mehrere von ihnen sind aus der sozial=
demokratischen Partei ausgeschlossen worden und suchten eine
eigene Partei, die der „Unabhängigen Sozialisten", zu gründen.
Bedeutung hat diese Partei nicht zu erlangen vermocht, doch
ist unzweifelhaft, daß noch immer innerhalb der Sozialdemo=
kratie nicht wenige ähnlichen Grundsätzen huldigen, wie die
Unabhängigen Sozialisten, und eine schärfere Hervorkehrung
des revolutionären Charakters der Sozialdemokratie fordern.

[1] Vgl. „Sozialistische Monatshefte" 1904, I 13. Daß auch heute
noch viel revolutionärer Geist in der Sozialdemokratie steckt, beweisen
die gelegentlichen Äußerungen Stadthagens, Rosa Luxemburgs u. a.
In der „Neuen Zeit" (Jahrg. 22, I 559 ff) wirft Michael Lusnia
dem Genossen Kautsky Halbheit vor, weil er zwar einen langen
Bürgerkrieg vorhersage, aber meine, man solle damit nicht den Begriff
von Gemetzel und Barrikadenkämpfen verbinden. Auch der „Vor=
wärts" erhebt bis in die jüngste Zeit den Ruf nach Revolution. Die
russische Revolution verherrlichte er in allen Tonarten. Die Soldaten
und Beamten, welche auf die Aufständischen schossen, nannte er „Blut=
hunde", die meuchlerischen Attentäter aber Helden und Märtyrer.
Man vergleiche beispielsweise den Artikel: „Revolutionäres Wetter=
leuchten" vom 3. November 1905 (Nr 258). Auch ist noch in frischer
Erinnerung, wie die Sozialisten aller Länder, voran der „Vorwärts",
den anarchistischen Mörder und Brandstifter Ferrer in allen Tönen
verherrlichten.

Am 23. August 1905 hielten die dem Berliner Kartell angehörigen **Organisationen der freien Vereinigung deutscher Gewerkschaften** im Feenpalast eine Versammlung ab, in der sie sich von der Sozialdemokratie lossagten und eine eigene Partei von „Anarcho-Sozialisten" bildeten. Bei der Abstimmung über die dahin zielende Resolution stimmten mehr als 3000 Personen dafür und nur etwa 20 dagegen. Die Anarcho-Sozialisten unter Führung Dr Friedebergs fordern die Loslösung der proletarischen Klassenkämpfer vom heutigen Klassenstaat, von dessen Gesetzen und Institutionen. Sie stimmen mit den „Unabhängigen Sozialisten" in folgenden Grundanschauungen überein: 1. in der Kritik des Parlamentelns, 2. in der abfälligen Beurteilung der alten, zentralisierten Gewerkschaften, 3. in der hohen Bewertung außerparlamentarischer Massenbewegungen (Maifeier), 4. in der geringen Einschätzung der allmählichen sozialwirtschaftlichen Reformarbeit, 5. in der offenen Propaganda des Atheismus, und endlich 6. in der Organisation revolutionär-sozialistischer Gewerkschaften zur Beseitigung der kapitalistischen Wirtschafts- und Staatsordnung durch den Generalstreik. Der Anarcho-Sozialismus hat nahe Verwandtschaft mit dem französisch-italienischen „revolutionären Syndikalismus", von dem noch die Rede sein wird.

Die offizielle Sozialdemokratie hat diese Bewegung als völlig harmlos hinzustellen versucht, wohl mit Unrecht, wie P. Kampfmeyer in den „Sozialistischen Monatsheften" [1] meint. „Berlin ist der Schauplatz einer ausgesprochenen Revolte gegen die bisherige Taktik der Sozialdemokratie geworden. Die revoltierenden sozialdemokratischen Kampfgenossen sind nun nicht kleine, undisziplinierte Trupps, sondern schlagfertige Bataillone einer organisierten Armee, sie gehören nicht

---

[1] Jahrg. 1905, II 849 ff.

zu der wimmelnden Maſſe nichtswiſſender ſozial=
demokratiſcher Zuläufer, ſondern zu den theoretiſch
und taktiſch ſorgfältig gedrillten und in heißen Schlachten wohl=
bewährten Soldaten der ſozialdemokratiſchen Partei. Dieſes
unumwundene Geſtändnis über das Weſen und den Charakter
der neuen ſtürmiſchen Gehorſamsverweigerer müſſen wir hier
in erſter Linie ablegen; denn wir werden ſonſt nie die Eigen=
art der ſich jetzt vor unſern Augen abſpielenden Rebellion
begreifen. Die beweglichen Klagen über das mangelnde theo=
retiſche Verſtändnis der Berliner gewerkſchaftlichen Sozial=
revolutionäre ſind nicht am Platze. Sie dringen nicht in
den eigentlichen Kern. ... Die führenden Häupter der neuen
gewerkſchaftlich-ſozialiſtiſchen Empörung haben ganze Waſch=
körbe voll theoretiſch-ſozialiſtiſcher Literatur verſchlungen."
Die Unklarheit, die man den lokalorganiſierten Gewerkſchaften
vorwerfe, rührt nach Kampfmeyer „wohl nicht ſo ſehr von
der mangelnden theoretiſchen Belehrung als von dieſer Be=
lehrung ſelbſt her. Vielleicht kann man hier ſagen: Unklare
Theorien, unklare Köpfe! An Theorien war bisher wahrlich
kein Mangel in der Sozialdemokratie, aber es war ein augen=
fälliger Mangel an Klarheit in den Theorien.
Man erinnere ſich doch einmal der ſo grundverſchiedenen
Auffaſſungen unſerer beſtgeſchulten Genoſſen über die Ver=
elendungstheorie, über die Kataſtrophentheorie uſw." Er
vergleicht die heutige Sozialdemokratie mit „trübem, ſchäu=
mendem Moſt".

Dieſes intereſſante Geſtändnis harmoniert ſchlecht zu dem
ſonſtigen ruhmredigen Pochen auf die ſozialdemokratiſche Wiſſen=
ſchaft. Ob nun die neue anarcho-ſozialiſtiſche Partei dauernde
Bedeutung zu erlangen vermag, muß die Zukunft lehren.
Einen Hauptſtützpunkt der Anarcho-Sozialiſten bilden die ſog.
lokalorganiſierten Gewerkſchaften, die außerhalb
des Verbandes der freien Gewerkſchaften ſtehen und im Jahre

1907 etwa 15 000 Mitglieder zählten. Der Parteivorstand
der Sozialdemokraten steht seit Jahren mit diesen unabhängigen
Gewerkschaften in Verhandlung, um sie zum Anschluß an
den Gesamtverband der freien Gewerkschaften zu bewegen, aber
bisher mit negativem Erfolg.

II. Orthodoxer Marxismus und Revisionismus.

Von größerer Bedeutung als die eben genannte anarchistisch=
sozialistische Bewegung ist für die Zukunft der Sozialdemokratie
der Gegensatz zwischen den orthodoxen Marxisten und
den sog. „Revisionisten", an deren Spitze u. a. G. v. Voll=
mar und E. Bernstein stehen. Im Grunde handelt es sich
aber nur um eine neue Phase des alten Gegensatzes zwischen
Revolutionismus und Evolutionismus.

1. Vollmar hatte sich schon anfangs der 90er Jahre
entschieden gegen das ungestüme Voranstürmen ausgesprochen.
Er wollte sich auf den Boden der bestehenden Ordnung stellen,
stufenweise dem Arbeiter durch Reformen helfen, die in der
heutigen Gesellschaft möglich sind und so die organische Über=
leitung der alten Gesellschaft in die neue bewirken sollen. Die
Häupter der Partei, besonders in Norddeutschland: Bebel,
Liebknecht usw., griffen ihn darob heftig an und machten ihm
zum Vorwurfe, daß er ein „Staatssozialist" sei, eine oppor=
tunistische, nationale Reformpartei gründen wolle u. dgl. Der
echte Sozialdemokrat betrachtet nach dem Ausdrucke Bebels
„die nächstliegenden Forderungen als Nebensache, die Endziele
als Hauptsache, nicht umgekehrt, wie Vollmar dies betont hat."
Er will möglichst rasch zum Ziele gelangen.

Besonders lebhaft wurde über den Begriff des „Staats=
sozialismus" gestritten. Weil man ihm Staatssozialismus
vorgeworfen, veröffentlichte Vollmar in der Revue bleue unter
diesem Titel einen Artikel, in dem er die Ansicht aussprach:
Man kann unter Staatssozialismus, ganz allgemein genommen,

den Grundsatz verstehen, daß der bestehende Staat nicht bloß eine Organisation zu politischen Zwecken sei, sondern daß sich seine Souveränität auch auf das volkswirtschaftliche Gebiet in dessen vollem Umfange erstrecke, so daß dem Staat nicht nur die Regelung des ganzen Verhältnisses zwischen Arbeitern und Unternehmern zustehe, sondern daß auch die Überführung beliebiger Teile der Gütererzeugung unter die Oberleitung und selbst in den unmittelbaren Betrieb des Staates in seiner Befugnis liege. Diesen Staatssozialismus, meinte Vollmar, brauche man nicht mit besonderem Eifer zu bekämpfen, man könne von seiten der Sozialdemokratie ganz gut manche staatssozialistische Maßregeln billigen und unterstützen.

Wegen dieser Ansicht wurde er von Liebknecht im „Vorwärts" und von Kautsky in der „Neuen Zeit" heftig angegriffen. Man sprach sogar von Verrat an den Prinzipien der Partei. Bei dem ganzen Streite wurde, wie Vollmar selbst richtig bemerkte, viel mit der Stange im Nebel herumgefahren.

Die Vollmarsche Definition ist allerdings zu unbestimmt. Sie kann auch von Nichtsozialdemokraten unterschrieben werden. A. Wagner z. B. steht ungefähr auf dem Standpunkt der Definition. Aber auch ein Sozialdemokrat kann sie annehmen, wenn er den Staatssozialismus nicht als sein eigentliches Ziel, sondern bloß als Mittel oder naturgemäßes Übergangsstadium zum weiteren sozialistischen Endziel betrachtet. Dieses war aber auch die eigentliche Ansicht Vollmars, wie aus seinen weiteren Ausführungen in demselben Artikel und seinen seitherigen Erklärungen zur Genüge erhellt. Er konnte deshalb auch ohne Bedenken gemeinschaftlich mit Liebknecht eine Resolution einbringen, die zwar Staatssozialismus und Sozialdemokratie als unversöhnliche Gegensätze hinstellte, aber zugleich erklärte, die Sozialdemokratie habe es nie verschmäht, solche Maßregeln zu billigen, welche eine Hebung

der Arbeiterklasse unter dem gegenwärtigen Wirtschaftssystem
herbeiführen könnten. Die Resolution, die beiden Parteien
recht gab, wurde vom Berliner Parteitag (1892) fast ein=
stimmig angenommen.

Interessant an dem ganzen Streite ist, daß von allen
Seiten an den sozialdemokratischen Parteitag appelliert wurde,
damit er durch eine authentische Erklärung des „Staats=
sozialismus" dem Streite ein Ende mache. Also ein öffent=
liches Lehramt in optima forma, eine Entscheidung des Partei=
tages ex cathedra! Vollmar leugnete die Kompetenz des
Parteitages zu einer solchen Erklärung; er meinte, durch die
Annahme einer derartigen Resolution werde der Parteitag zu
einer „Kirchenversammlung". Kautsky dagegen verteidigte die
Kompetenz; denn es handle sich nicht um die wissenschaftliche
Bedeutung des Staatssozialismus, sondern um die Stellung
der Sozialdemokratie als einer politischen Partei zu dem=
selben[1]. Aber diese Stellungnahme der Partei setzt doch eine
richtige Definition voraus. Ist die Definition Vollmars
richtig und mit den Prinzipien der Sozialdemokratie vereinbar,
so ist es ungerecht und eine unerträgliche Geisteskknechtschaft,
ihn auf Grund derselben zu maßregeln. Ist nun der Partei=
tag, d. h. eine Versammlung, deren Mitglieder zum guten
Teil nur ein sehr geringes Maß von wissenschaftlicher Bildung
haben, das kompetente Organ zur Entscheidung, ob eine
Definition des Staatssozialismus richtig und mit den Prin=
zipien der Partei vereinbar sei? Tatsächlich wollten auch die
„Orthodoxen" durch den Parteitag nur ihre Ansicht denen
„um Vollmar" aufnötigen.

2. In ein wesentlich neues Stadium trat die Fehde
zwischen den intransigenten Marxisten und den Gemäßigten
(Revisionisten, Reformisten) um Vollmar durch die einschneidende

---

[1] Die Neue Zeit XI 210 ff.

Kritik, die E. Bernstein an den Grundlagen des Marxismus vornahm. Konnte man bei Vollmar im Zweifel bleiben,
ob sich der Streit um prinzipielle Fragen oder bloße Fragen
der Taktik drehe, so ist ein solcher Zweifel bei Bernstein und
seinen Anhängern nicht länger möglich. Hier handelt es sich
um tiefgreifende prinzipielle Unterschiede, um Sein und Nichtsein des Marxismus. Solange die Kritik der „wissenschaftlichen" Grundlagen des Sozialismus von offenen Gegnern
ausging, konnten die Sozialisten dieselbe mit allgemeinen
Redensarten über völlige Unkenntnis des Sozialismus, bös-
willige Verdrehungen u. dgl. beiseite schieben. Eine solche
Taktik ließ sich einem altbewährten und hervorragenden Parteigenossen wie Bernstein gegenüber nicht aufrecht erhalten.

E. Bernstein war bis zur Aufhebung des deutschen Sozialistengesetzes (1890) Redakteur des Hauptparteiorgans der
deutschen Sozialisten, des „Sozialdemokrat" in Zürich, und
lebte seitdem längere Zeit in London, wo er viel mit Fr. Engels
verkehrte. In einer Reihe von Aufsehen erregenden Artikeln
unterzog er das Erfurter Parteiprogramm in seinem „wissenschaftlichen" Teil einer scharfen Kritik und suchte darzutun,
daß die in demselben vertretene Auffassung der materialistischen
Geschichtstheorie ganz wesentlicher Korrekturen bedürfe. Marx
und Engels selbst seien sich in ihren Auffassungen nicht immer
gleich geblieben. Insbesondere nahm Bernstein Anstoß an der
sog. „Zusammenbruchstheorie". Marx und Engels glaubten,
die Entwicklung der kapitalistischen Gesellschaft werde in Bälde
zu einer solchen Konzentration aller Wirtschaftsbetriebe, einer
solchen Anhäufung des Kapitals in wenigen Händen, einer
solchen Vermehrung und Verelendung des besitzlosen Proletariats
führen, daß eine große soziale Katastrophe, ein allgemeiner
Zusammenbruch der Gesellschaft ganz unvermeidlich sei. Diese
Annahme galt bei den Führern der deutschen Sozialdemokratie:
Bebel, Liebknecht, Kautsky usw., lange als ein unumstößliches

Dogma. Dementsprechend hielten sie es für ihre wichtigste
Aufgabe, die kapitalistische Entwicklung zu begünstigen, um
dadurch die kommende Katastrophe zu beschleunigen. Engels
selbst und mit ihm Bebel hatten den Zusammenbruch (den
„großen Klabberadatsch") der Gesellschaft schon für das Ende
des 19. Jahrhunderts vorausgesagt. Daß bei dieser Auffassung
die sozialreformatorische Tätigkeit ganz in den Hintergrund
trat, ja mit Mißbehagen verfolgt wurde, liegt auf der Hand,
und so erklärt sich die schlecht verhüllte Abneigung der sozial=
demokratischen Führer gegen die Gewerkschaftsbewegung, ihre
Vorliebe für Aufhetzung der Arbeiter, für Schürung des
Klassenhasses, ihre ewigen und maßlosen Klagen über die
beständige Verelendung der Arbeiter, die fortschreitende Aus=
beutung usw.

Bernstein trat dieser Auffassung in den genannten Artikeln
mit aller Entschiedenheit entgegen und faßte das Ergebnis
in seinem Buche „Die Voraussetzungen des Sozialismus
und die Aufgaben der Sozialdemokratie"[1] zusammen. Die
einleitenden theoretischen Sätze des Erfurter Programms
hätten zwar starke agitatorische Kraft, ständen aber mit den
Tatsachen im Widerspruch. Weder die Kleinbürger noch die
Bauern seien im Verschwinden begriffen, noch lasse sich be=
haupten, daß Elend, Knechtschaft und Verfall in den Kultur=
ländern zunehme. Er bestreitet auch den Satz der orthodoxen
Marxisten, daß der Sozialismus eine objektive historische Not=
wendigkeit sei. Wäre dies der Fall, so wären die Anstrengungen
der sozialistischen Partei eine unnütze Kraftvergeudung. Das
Leben der modernen Völker sei viel zu verwickelt, um sozu=
sagen in den engen Raum eines einzigen Prinzips zusammen=
gefaßt werden zu können.

---

[1] Stuttgart 1899. Elftes Tausend 1904. Die genannten Auf=
sätze hat Bernstein selbst gesammelt und herausgegeben unter dem Titel
„Zur Geschichte und Theorie des Sozialismus", Berlin 1901.

Wegen dieser Kritik wurde Bernstein von den Genossen heftig angegriffen, besonders von Kautsky, Bebel, Plechanow, Fr. Mehring u. a. in der „Neuen Zeit" und im „Vorwärts". Bernstein blieb die Antwort nicht schuldig und fand Unter= stützung von seiten der „Sozialistischen Monatshefte" und mehrerer Parteigenossen.

Man appellierte von seiten der „Unentwegten" an den Parteitag, Bernstein ruiniere den Sozialismus. Der Parteitag in Stuttgart wagte noch keine Entscheidung über den „Ketzer" zu treffen; dagegen befaßte sich der Parteitag in Hannover (1899) eingehend mit ihm. Hier zeigte sich aber, daß Bern= stein mehr Anhänger habe, als man anfänglich glaubte. Nur wenige verlangten unter Führung Liebknechts die radikale Ver= werfung Bernsteins aus Gründen der marxistischen Orthodoxie. David (Mainz), v. Vollmar, v. Elm, Fendrich (Karlsruhe) traten für Bernstein ein, Auer hielt sich in einer vermittelnden Stellung und verhöhnte die intransigenten Genossen à la Stadt= hagen, die immer mit der sozialrevolutionären Fahne und dem daran baumelnden Endziel voranschreiten. Selbst Bebel, der Hauptankläger Bernsteins, brachte schließlich eine Resolution ein, zu der der Angeklagte durch Auer erklären ließ, er könne sie cum grano salis unterschreiben.

In der Resolution wird betont, die Partei stehe nach wie vor auf dem Boden des Klassenkampfes, wonach die Befreiung der Arbeiterklasse nur ihr eigenes Werk sein könne. Es sei die ge= schichtliche Aufgabe der Arbeiterklasse, die politische Macht zu er= obern, um mit Hilfe derselben durch Vergesellschaftung der Pro= duktionsmittel und Einführung der sozialistischen Produktions= und Austauschweise die größtmögliche Wohlfahrt aller zu begründen. Die Partei lehne keineswegs ein Zusammengehen mit bürgerlichen Parteien von Fall zu Fall ab, um dadurch Vorteile für die Arbeiterklasse zu erlangen, aber sie bewahre sich stets ihre volle Selbständigkeit und betrachte jeden errungenen Erfolg nur als einen Schritt zum sozialistischen Endziel. Dann heißt es wörtlich:

„Die Partei steht der Gründung von Wirtschaftsgenossenschaften
neutral gegenüber; sie erachtet die Gründung solcher Genossenschaften,
vorausgesetzt, daß die dazu nötigen Vorbedingungen vorhanden sind,
als geeignet, in der wirtschaftlichen Lage ihrer Mitglieder Ver=
besserungen herbeizuführen; sie sieht auch in der Gründung solcher
Genossenschaften, wie in jeder Organisation der Arbeiter zur Wahrung
und Förderung ihrer Interessen, ein geeignetes Mittel zur Erziehung
der Arbeiterklasse zur selbständigen Leitung ihrer Angelegenheiten,
aber sie mißt diesen Wirtschaftsgenossenschaften keine entscheidende
Bedeutung bei für die Befreiung der Arbeiterklasse aus den Fesseln
der Lohnsklaverei.

„In der Bekämpfung des Militarismus zu Wasser und zu Land
und der Kolonialpolitik beharrt die Partei auf ihrem bisherigen
Standpunkte. Ebenso verbleibt sie bei ihrer bisherigen internatio=
nalen Politik, die auf eine Verständigung und Verbrüderung der
Völker, in erster Linie der Arbeiterklasse in den verschiedenen Kultur=
ländern abzielt, um auf dem Boden einer allgemeinen Föderation
die Lösung der gemeinsamen Kulturaufgaben herbeizuführen.

„Nach all diesem liegt für die Partei kein Grund vor, weder
ihre Grundsätze und Grundforderungen, noch ihre Taktik, noch ihren
Namen zu ändern, d. h. aus der sozialdemokratischen Partei eine
demokratisch=sozialistische Reformpartei zu werden, und sie weist jeden
Versuch entschieden zurück, der darauf hinausgeht, ihre Stellung
gegenüber der bestehenden Staats= und Gesellschaftsordnung und
den bürgerlichen Parteien zu verschleiern oder zu verrücken." [1]

Um diese Resolution richtig zu würdigen, muß man wissen, daß
auch die Anhänger Bernsteins für dieselbe stimmten, nachdem dieser
erklärt hatte, er könne sie annehmen.

In einer Schlußbetrachtung über die Programmdebatten in
Hannover schrieb David (November 1899) in den Sozia=
listischen Monatsheften, die Anhänger Bernsteins hätten aus drei
Gründen für die Resolution Bebels stimmen können: 1. weil

---

[1] Vgl. Protokoll der Verhandlungen des Parteitages der sozial=
demokratischen Partei Deutschlands, abgehalten zu Hannover vom
9. bis 14. Oktober 1899, 243.

sie wegen der Wahlbündnisse und Genossenschaften ein gutes Stück Bernsteinerei enthalte, so daß man um der praktischen Zugeständnisse willen die theoretische Garnierung mit in den Kauf nehmen konnte; 2. weil Bebel seine Resolution dahin abgeändert habe, daß kein Grund vorliege, die „Grundsätze und Grundforderungen" der Partei (ursprünglich hieß es: das P r o g r a m m) zu ändern. Damit sei anerkannt worden, daß es nicht gut sei, sich auf bestimmte Sätze des Erfurter Programms festzulegen. Durch die Diskussion sei die Erkenntnis geweckt worden, daß die Konzentrationstheorie wenigstens insofern zu ändern sei, als man die Landwirtschaft davon ausnehmen müsse. Das Elend der Verelendungstheorie sei so offensichtlich ge= worden, daß niemand mehr daran glauben wolle, die Krisentheorie sei ebenfalls einer Krise verfallen, und endlich sei die Zusammen= bruchstheorie auf das schwerste kompromittiert, der Kladderadatsch des Kladderadatsch habe dieser Illusion den Todesstoß gegeben. Die vier ersten Absätze des Erfurter Programms seien überhaupt ein „Gemisch von Wahrheit und Dichtung, Tatsachen und Hypothesen, Problemen und Prophezeiungen". 3. Endlich hätten die Anhänger Bernsteins für die Resolution Bebels stimmen können, weil dieselbe als das einzige und höchste Ziel des Sozialismus angebe: „die größtmögliche Wohlfahrt aller". Diesem Ziele sei alles andere unterzuordnen, selbst die Vergesellschaftung der Produktionsmittel; selbst das sozialistische Prinzip. „Die Gesellschaft steht uns höher als ihre Form — das sagt das Bebelsche Endziel."

Es läßt sich nicht leugnen, daß mit dieser Auffassung die wesent= lichsten Grundgedanken des Marxismus preisgegeben sind.

Weil Bernstein nach wie vor mit seiner Kritik des Mar= xismus fortfuhr und seine abweichenden Anschauungen sogar in einem Vortrag vor „bürgerlichen" Kreisen verfocht, kam es auf dem Lübecker Parteitag (September 1901) wieder zu einer scharfen Bernsteindebatte. Die Gegensätze kamen in zwei Resolutionen zum Ausdruck, von denen die eine den Namen Bebels, die andere den Heines (Berlin) trug. Beide Resolutionen anerkannten die Notwendigkeit der Selbstkritik für die geistige Fortentwicklung der Partei. Während aber die Resolution

Heines dann beifügte, der Parteitag habe keine Veranlassung, von den Grundsätzen der in Hannover 1899 angenommenen Resolution abzugehen, und damit seien die Anträge gegen Bernstein als erledigt zu betrachten, erklärte die Resolution Bebel, die einseitige Art der Kritik habe Bernstein in eine zweideutige Stellung gebracht und die Mißstimmung der Parteigenossen erregt. In der Erwartung, daß Bernstein sich dieser Erkenntnis nicht verschließe und danach handle, gehe der Parteitag über die Anträge gegen Bernstein zur Tagesordnung über. Die Resolution Heine wurde mit 166 gegen 71 Stimmen abgelehnt, die Resolution Bebel mit 203 gegen 31 Stimmen angenommen. Nachdem Bebel versichert, die Resolution solle kein Mißtrauensvotum gegen Bernstein enthalten, gab dieser folgende Erklärung ab:

„Parteigenossen! Wie ich Ihnen schon in meiner Zuschrift an den Stuttgarter Parteitag erklärt habe, kann das Votum eines Kongresses mich selbstverständlich niemals in meiner Überzeugung irre machen. Es war mir aber anderseits das Votum der Mehrheit meiner Parteigenossen niemals gleichgültig. Meine Überzeugung ist, daß die von Ihnen angenommene Resolution mir objektiv unrecht tut, auf falschen Voraussetzungen beruht, wie ich Ihnen das ausgeführt habe. Aber nachdem Genosse Bebel erklärt hat, daß kein Mißtrauensvotum mit ihr verbunden sein soll, erkläre ich fernerhin, daß ich das Votum der Majorität des Parteitages als ein solches entgegennehmen und ihm diejenige Achtung und Beachtung entgegenbringen werde, die einem solchen Kongreßbeschluß gebührt."

Diese nichtssagende Erklärung wurde mit „stürmischem Beifall" aufgenommen. Der „Vorwärts" schrieb triumphierend: „Der Ausgang der Bernsteindebatte bedeutet den Ausgleich von Gegensätzen, die Zuversicht auf weiteres gemeinsames Wirken aller in der Partei; er bekundet die feste Absicht, den persönlichen Streit zu begraben." Von einem Ausgleich der Gegensätze kann doch angesichts der Erklärung Bernsteins, an

seinen Anschauungen unentwegt festhalten zu wollen, wohl
keine Rede sein.

Die Ideen Bernsteins haben zweifellos seither in der Partei
an Boden gewonnen. Bebel selbst anerkannte auf dem Parteitag zu Lübeck (1901), daß eine Umänderung des Programms
sich nicht mehr lange aufschieben lasse. Und auf dem Parteitag
zu Dresden (1903) sah er sich zur Klage genötigt: „Nie und
zu keiner Zeit waren wir uneiniger als jetzt", und wieder
glaubte er seine warnende Stimme gegen den Revisionismus
erheben zu sollen. Da die Sozialdemokraten nach den Wahlen
die zweitstärkste Partei im Reichstag geworden, warf Bernstein
die Frage auf, ob sie die ihr zukommende erste Vizepräsidenten-
stelle mit der damit verbundenen Pflicht des Hofbesuches annehmen bzw. fordern solle. Bebel fuhr darob zuerst in der
Presse und dann auf dem Parteitag zu Dresden heftig gegen
Bernstein los. Leider habe ihm Vollmar sekundiert. München
sei das Capua der Sozialdemokratie. „In München wandert
keiner auf die Dauer ungestraft unter den Bierkrügen." Er
erblickt in dem Aufwerfen dieser Frage gerade während des
Jubels der Partei über den großartigen Wahlsieg einen Vor-
stoß des Revisionismus. Dieser sei besonders bei den Süddeutschen zu Hause, die gemütlicher und ökonomisch weniger
fortgeschritten seien als die Norddeutschen, er ziele auf eine
Annäherung der Sozialdemokratie an die bürgerliche Gesellschaft. Zu den Revisionisten gehören nach Bebel besonders
viele Akademiker und „ehemalige Proletarier in gehobenen
Lebensstellungen", doch seien diese ein Generalstab ohne Armee,
ohne Anhang unter den Proletariern.

Interessant ist das Geständnis Bebels, der Revisionismus
habe nach den Wahlen von 1903 „in der Fraktion eine besondere Stärkung erfahren", und er fürchte, daß die Anhänger
desselben ihre Überzeugung in der Fraktion zur Geltung bringen
würden. Deshalb brachte er eine Resolution ein, durch deren

Annahme der Parteitag die Taktik der Fraktion festlegen sollte. „Wir werden mehr als bisher die Partei anrufen müssen, damit sie Entscheidungen über die Taktik der Fraktion trifft." [1]

Die Resolution wurde vom Parteitag in folgender Fassung angenommen:

„Der Parteitag fordert, daß die Fraktion zwar ihren Anspruch geltend macht, die Stelle des ersten Vizepräsidenten und eines Schriftführers im Reichstag durch Kandidaten aus ihrer Partei zu besetzen, daß sie es aber ablehnt, höfische Verpflichtungen zu über= nehmen oder irgend welchen Bedingungen sich zu unterwerfen, die nicht durch die Reichsverfassung begründet sind.

„Der Parteitag verurteilt auf das entschiedenste die revisionisti= schen Bestrebungen, unsere bisherige bewährte und sieggekrönte, auf dem Klassenkampf beruhende Taktik in dem Sinne zu ändern, daß an Stelle der Eroberung der politischen Macht durch Überwindung unserer Gegner eine Politik des Entgegenkommens an die bestehende Ordnung der Dinge tritt.

„Die Folge einer derartigen revisionistischen Taktik wäre, daß aus einer Partei, die auf die möglichst rasche Umwandlung der bestehenden bürgerlichen in die sozialistische Gesellschaftsordnung hinarbeitet, also im besten Sinne des Wortes revolutionär ist, eine Partei tritt, die sich mit der Reformierung der bürgerlichen Gesellschaft begnügt.

„Daher ist der Parteitag im Gegensatz zu den in der Partei vorhandenen revisionistischen Bestrebungen der Überzeugung, daß die Klassengegensätze sich nicht abschwächen, sondern stetig verschärfen, und erklärt:

„1. daß die Partei die Verantwortlichkeit ablehnt für die auf der kapitalistischen Produktionsweise beruhenden politischen und wirt= schaftlichen Zustände, und daß sie deshalb jede Bewilligung von Mitteln verweigert, welche geeignet sind, die herrschende Klasse an der Regierung zu erhalten.

---

[1] Protokoll der Verhandlungen des Parteitages der sozialdemo= kratischen Partei Deutschlands zu Dresden, Berlin 1903, 320.

„2. Daß die Sozialdemokratie, gemäß der Resolution Kautsky des internationalen Sozialistenkongresses zu Paris im Jahre 1900, einen Anteil an der Regierungsgewalt innerhalb der bürgerlichen Gesellschaft nicht erstreben kann.

„Der Parteitag verurteilt ferner jedes Bestreben, die vorhandenen, stets wachsenden Klassengegensätze zu vertuschen, um eine Anlehnung an bürgerliche Parteien zu erleichtern.“

Am Schluß spricht der Parteitag die Erwartung aus, die Fraktion werde ihre größere Macht dazu benutzen, die Interessen der Arbeiterklasse, die Sicherung der politischen Freiheit wahrzunehmen, Militarismus, Marinismus, Kolonial- und Weltmachtspolitik zu bekämpfen und für den Ausbau der Sozialgesetzgebung und die Erfüllung der politischen und kulturellen Aufgaben der Arbeiterklasse energisch zu wirken[1].

Obwohl die Resolution mit 288 gegen 11 Stimmen angenommen wurde, war damit der Revisionismus nicht vernichtet. Das geht schon daraus hervor, daß unter den mit Ja Stimmenden sich auch Vollmar befand, den Bebel das Haupt der Revisionisten nannte, und der den Revisionismus, wie er in der Resolution vorausgesetzt wird, als einen Popanz bezeichnete. Mehrere, die mit Ja stimmten, erklärten, daß sie nicht mit allen Einzelheiten einverstanden seien. Als die Genossen Auer und Heine mit „Ja“ stimmten, entstand Heiterkeit. In der Tat brachten auch seither die „Sozialistischen Monatshefte“ in stets wachsendem Maße revisionistische Artikel, die an dem bisherigen Credo der Sozialdemokraten einschneidende Kritik übten und namentlich den Glauben Bebels an einen baldigen Zusammenbruch der Gesellschaft gründlich zerstörten. Beispielshalber sei hier eine Äußerung von Paul Kampfmeyer erwähnt. Er schreibt: „In seinem anregenden Aufsatz ‚die revisionistische Bewegung in der deutschen Sozial-

[1] Protokoll der Verhandlungen des Parteitages zu Dresden a. a. O. 418 f.

demokratie' im Jahrbuch für Gesetzgebung, Verwaltung und
Volkswirtschaft kommt E. Günther zu dem richtigen Schluß,
daß der Revisionismus erst den kleinsten Teil seiner Aufgabe
durch den Nachweis der Unzulänglichkeit der mar=
xistischen Begründung des Sozialismus voll=
bracht habe, und daß ihm noch die Lösung der schwierigeren
Aufgabe, der Aufbau eines neuen sozialistischen
Systems auf ganz anderer Grundlage, bevorstehe." [1]

Die orthodoxen Marxisten, wie Kautsky und die jetzigen
Redakteure des „Vorwärts", sind entsetzt ob solcher Ketzereien,
die den Marxismus für unzulänglich erklären und ein „neues
sozialistisches System auf ganz anderer Grundlage" fordern.

So gern wir übrigens den Scharfsinn der Revisionisten
und die Berechtigung ihrer Kritik am Marxismus anerkennen,
müssen wir doch zugleich zugeben, daß ihr ganzes Verhalten
im Streit mit den Radikalen und Orthodoxen nicht geeignet
war, Achtung einzuflößen. Auf allen Parteitagen duckten sie
sich wie Schilfrohre vor dem Wind, stimmten sogar für die Re=
solutionen, mit denen man sie in den Grund bohren wollte —
und nach dem Parteitag fuhren sie in ihrer Taktik weiter wie
vorher. Nicht jeder hat den Mut seiner Überzeugung.

3. Als interessante Episode im Kampfe gegen den Re=
visionismus verdient die am 23. Oktober 1905 erfolgte brüske

---

[1] Vgl. Sozialistische Monatshefte 1907, I 89. Selbst in die
„Neue Zeit", die Hüterin des Orthodoxismus, schleicht sich allmählich
revisionistischer Geist ein. So gesteht Otto Bauer, der sich zu den
echten Marxisten zählt, in einem Artikel „Geschichte eines Buches",
solche Sätze wie: „Die kapitalistische Gesellschaft hat die Tendenz, die
Arbeiterklasse immer mehr zu verelenden", „der Reichtum der be=
sitzenden Klassen stammt aus dem von den Arbeitern erzeugten Mehr=
wert", seien nicht. haltbar (vgl. „Neue Zeit" 26. Jahrg., I 26).
Dazu meint J. Bloch in den „Sozialistischen Monatsheften" 1907,
II 1039: „Damit können meines Erachtens die Revisionisten zu=
frieden sein."

Entlassung von mehreren Redakteuren des „Vorwärts"
Erwähnung, die allgemein großes Aufsehen erregte und selbst
von vielen sozialdemokratischen Parteiblättern auf das schärfste
verurteilt, ja geradezu als ein „Skandal" bezeichnet wurde.
Die Regisseure in diesem Drama waren der Diktator Bebel
und Fr. Mehring, den Bebel selbst ein psychologisches Rätsel
nannte. Der eigentliche Grund der Entlassung war allem
Anscheine nach neben persönlicher Feindschaft die revisionistische Neigung der Mehrheit der „Vorwärts"-Redaktion.
In dem Entlassungsdekret selbst wurde die mangelhafte prinzipielle Schulung der Parteigenossen durch den „Vorwärts"
und dessen zu späte oder schwankende Stellungnahme in wichtigen Tagesfragen als Grund der Entlassung angegeben. Diese
Vorwürfe hatten aber der Parteivorstand und die Preßkommission, also dieselben, die sie jetzt erhoben, am 11. Januar
1905 im „Vorwärts" als unhaltbar zurückgewiesen. Am auffallendsten war, daß die Verhandlungen, die der Entlassung
vorausgingen, völlig geheim gehalten wurden, so daß die
Redakteure keine Gelegenheit hatten, sich zu rechtfertigen. Drei
Redakteuren wurde plötzlich gekündigt, drei andere erklärten
sich mit ihnen solidarisch und reichten ihre Entlassung ein, die
sofort angenommen wurde. Vier Redakteure schlossen sich den
ausgeschiedenen nicht an und wurden selbst von sozialdemokratischen Blättern als „Streikbrecher" bezeichnet.

Jedenfalls ist diese Entlassung eine treffliche Illustration
der sozialdemokratischen Freiheit und Brüderlichkeit. Kein kapitalistischer Privatunternehmer hätte rücksichtsloser den „Herren-
standpunkt" vertreten können, als es der Parteivorstand und
seine Anhänger hier getan haben.

Gerade in erhebender Weise haben sich übrigens die sechs
„hinausgeflogenen" Redakteure nicht benommen. Nachdem sie
den ganzen November hindurch die schwersten Anklagen gegen
den Parteivorstand erhoben und noch am 7. Dezember eine

lange Anklageschrift veröffentlicht hatten, in der das gesamte Material mitgeteilt wird und am Schluſſe 13 Anklagepunkte formuliert werden, veröffentlichten ſie am 10. Dezember im „Vorwärts" (Nr 289) eine Erklärung, in der ſie ſagten, die gegen ſie gefaßten Beſchlüſſe und Maßnahmen erſchienen ihnen jetzt „in weſentlich anderem Licht"; ſie halten ihre Anklagen nicht aufrecht und ſtellen feſt, daß es ihnen völlig ferngelegen, die „guten Abſichten des Parteivorſtandes und der Preß= kommiſſion zu bezweifeln". Sie haben nicht die mindeſte Ab= ſicht, den „unleidlichen Streit irgendwie fortzuführen und hegen den Wunſch, daß dieſer Fall von den Parteigenoſſen als ab= geſchloſſen aufgefaßt wird".

Eine wahrhaft klägliche Erklärung! Wochenlang toben ſie gegen den Parteivorſtand, klagen über ungerechte Behandlung, und jetzt, drei oder vier Tage ſpäter, kriechen ſie zu Kreuze und küſſen die Hand, die ſie gezüchtigt hat! Was iſt da hinter den Kuliſſen vorgegangen? Jedenfalls wollte der Partei= vorſtand um jeden Preis Frieden ſchließen, um den die Sozial= demokratie kompromittierenden Skandal aus der Welt zu ſchaffen. Welchen Preis er dafür bezahlt hat, entzieht ſich unſerer Kenntnis[1]. Man ſieht aber aus dieſem Vorkommnis, daß die ſozialdemokratiſchen Worthelden ſich zu Märtyrern ihrer Überzeugung nicht eignen.

III. Die Frage der Budgetbewilligung.

Ein weiterer Punkt, in dem der Gegenſatz zwiſchen Ortho= doxismus und Reviſionismus ſeit Jahren zum Ausdrucke kommt, iſt die Frage der Budgetbewilligung. Im Reichs= tag hat die ſozialdemokratiſche Fraktion immer gegen das

---

[1] Mehrmals brachte der „Vorwärts" (z. B. 1905, Nr 305 und 1906, Nr 1) die Notiz, die ausgeſchiedenen Redakteure ſeien „wirt= ſchaftlich nicht geſchädigt worden". Man ſcheint ihnen alſo ein Gold= pflaſter auf die Wunden gelegt zu haben.

Budget gestimmt, und zwar nicht nur deshalb, „weil die Reichs=
einnahmen hauptsächlich auf den indirekten Steuern beruhen,
die vorzugsweise den ärmeren Teil der Bevölkerung belasten",
auch nicht nur deshalb, „weil die Sozialdemokratie dem kultur=
feindlichen Militarismus jeden Groschen verweigert, sondern
auch weil wir durch die Ablehnung des Budgets d e n g r u n d =
s ä t z l i c h e n G e g e n s a t z z u m A u s d r u c k b r i n g e n, i n
d e m s i c h d i e A r b e i t e r k l a s s e g e g e n ü b e r d e m k a p i t a =
l i s t i s c h e n K l a s s e n s t a a t u n d s e i n e r R e g i e r u n g b e =
f i n d e t."[1]

In den süddeutschen Einzelstaaten aber, wo die Sozial=
demokraten von dem Gift des Revisionismus stark angesteckt
sind, nahmen sich die sozialdemokratischen Abgeordneten die
Freiheit, anderer Ansicht zu sein und für das Budget zu
stimmen, wenn es ihnen gut schien. So zuerst die Genossen
im badischen Landtag, denen sich die sozialdemokratischen
Fraktionen in Württemberg, Bayern und Hessen anschlossen.
Der badische Genosse Fendrich hatte sogar die Kühnheit, in einem
Artikel der „Sozialistischen Monatshefte" diese Haltung der
süddeutschen Sozialdemokraten prinzipiell zu verteidigen. Darob
entstand große Entrüstung bei den Unentwegten, und auf dem
Parteitag zu Lübeck (1901) kam es zu heftigen Auseinander=
setzungen. Man ging mit den Süddeutschen scharf ins Ge=
richt. Fendrich hatte sich auch auf den Verfassungseid berufen,
um die Budgetbewilligung zu rechtfertigen. Ihm antwortete
Bebel: „Wir leisten den Eid, wir betrachten ihn als leere
Form, wir sind Republikaner und werden uns in unserer Ab=
stimmung nicht dadurch gebunden halten." Er warf ihm einen
groben Verstoß gegen das Parteiprogramm vor. Wurm meinte:
„Die Sozialdemokratie sagt im ersten Teil ihres Programms,
daß sie die heutige Gesellschaftsordnung für ein Unglück hält.

---

[1] Worte Wurms auf dem Lübecker Parteitag: Protokoll 265.

Durch unsere Budgetverweigerung erklären wir, daß wir mit dem herrschenden System nicht einverstanden sind. Fendrich stellt die Dinge geradezu auf den Kopf." Mit großer Mehr= heit wurde schließlich die von Bebel vorgeschlagene Resolution angenommen:

„In Erwägung, daß die Einzelstaaten ebenso wie das Reich den Charakter des Klassenstaates tragen und der Arbeiterklasse die volle Gleichberechtiguug nicht einräumen, sondern in ihrem Wesen als Organisation der herrschenden Klassen zur Aufrechterhaltung ihrer Herrschaft anzusehen sind, spricht der Parteitag die Erwartung aus, daß die sozialdemokratischen Vertreter in den gesetzgebenden Körperschaften der Einzelstaaten sich bei ihren Abstimmungen nicht in Widerspruch mit dem Parteiprogramm und den Grundsätzen des proletarischen Klassenkampfes setzen und insbesondere das Gesamt= budget normalerweise ablehnen.

Eine Zustimmung zu dem Budget kann nur ausnahmsweise aus zwingenden, in besondern Verhältnissen liegenden Gründen gegeben werden."

Genosse David konstatierte, daß in dieser Resolution eine Entwicklung zu verständigeren Ansichten zu Tage trete. Auf dem Parteitag zu Frankfurt (1894) hatte Bebel keine Aus= nahmefälle für die Budgetbewilligung zugelassen. Jetzt hatte er diese Ausnahmefälle anerkannt. Damit war den süddeutschen Genossen ein Hinterpförtchen offengelassen, durch welches sie in der „Kompromißpolitik" weiterfahren konnten. Die Aus= nahmefälle wurden immer häufiger, ja fast zur Regel. Oft und oft warf in den letzten Jahren der „Vorwärts" den süd= deutschen Genossen vor, es handle sich bei ihnen letzten Endes darum, „an die Stelle der Politik des Klassenkampfes die Politik der Kompromisselei" zu setzen, es liege eine unzulässige Anbequemung an die bürgerliche Parlamentspolitik vor. Aber alles half nichts, und deshalb wurde von norddeutscher Seite wieder an den Parteitag von Nürnberg (1908) appelliert, auf

dem es zu sehr erregten Debatten kam. Welcher Ton in den
Versammlungen angeschlagen wurde, kann man aus den groben
Vorwürfen entnehmen, die man sich gegenseitig ins Gesicht
schleuderte. Ausdrücke wie: Zwischenträgerei, Schnüffelei, Ver-
leumbung, Lüge, Unverschämtheit, Infamie, Judas, Acht-
groschenjungens u. dgl. flogen nur so hin und her. Sogar
mit Fäusten bedrohten sich die „Brüder" gegenseitig. Trotzdem stand der „Vorwärts" nicht an, nach der Tagung zu
schreiben [1]: „Nicht wüsten Krakeel und Parteischädigung hat uns
der Nürnberger Parteitag gebracht, sondern innere Festigung,
die unerläßliche Einheit der Aktion." (!) Allerdings fügte er
etwas kleinlaut hinzu: „Daß damit nicht für alle Zeiten der
Streit um die einzuhaltende Taktik beigelegt ist, wissen wir
selbst am allerbesten."

In Wirklichkeit handelte es sich um den alten Kampf
zwischen Radikalismus und Revisionismus, wie Keil-Stuttgart
ausdrücklich hervorhob: „Die Erbitterung, mit der diese zwei
Tage gekämpft worden ist ..., wäre völlig unverständlich,
wenn nicht längst in der deutschen Sozialdemokratie zwei Parteien einander gegenüberständen,
und wenn nicht bei jeder Erörterung einer solchen Einzelfrage
neben der speziellen einzelnen Entscheidung, die zu treffen ist,
noch Nebenzwecke in Betracht kämen für beide Richtungen."

Die Debatten drehten sich hauptsächlich um die Lübecker
Resolution. Daß das Verhalten der süddeutschen Landtags-
fraktionen dem Sinne dieser Resolution widersprach, konnte
kaum zweifelhaft sein. Aber konnte man diese Resolution nicht
umstoßen? Das wollte der Parteivorstand hindern. Deshalb
beantragte er eine Resolution, welche die Lübecker Resolution
bestätigte und dann hinzufügte:

---

[1] Nr 221, 1908.

„Als notwendige Folge dieser grundsätzlichen Auffassung und
angesichts der Tatsache, daß die Gesamtabstimmung über das Budget
als Vertrauensvotum für die Regierung aufgefaßt werden muß, ist
jeder gegnerischen Regierung das Staatsbudget bei der Gesamtabstimmung zu verweigern, es sei denn, daß die Ablehnung desselben durch unsere Genossen die Annahme eines für die Arbeiterklasse ungünstigeren Budgets zur Folge haben würde.

Die Bewilligung des Budgets in den Landtagen von Württemberg, Baden und Bayern ist daher unvereinbar mit den Resolutionen von Lübeck und Dresden."

Dieser Antrag, der die Lübecker Resolution verschärfte und
zugleich einen scharfen Tadel gegen die süddeutschen Landtags-
fraktionen enthielt, wurde nach langen Debatten mit 258
gegen 119 Stimmen angenommen.

Schon während der Debatten bezeichnete Frank im Namen
der süddeutschen Fraktionen den Antrag des Parteivorstandes
als völlig u n a n n e h m b a r. Als die Annahme trotzdem erfolgte, gab Segitz im Auftrage von 66 Delegierten aus
Bayern, Baden, Württemberg und Hessen folgende „Erklärung" ab:

„Die unterzeichneten Parteimitglieder erklären: Wir erkennen
dem deutschen Parteitag als der legitimen Vertretung der Gesamtpartei die oberste Entscheidung zu in allen prinzipiellen und d e n
taktischen Angelegenheiten, d i e d a s g a n z e R e i c h b e r ü h r e n.
Wir sind aber auch der Ansicht, daß in allen speziellen Angelegenheiten der Landespolitik die Landesorganisation die geeignete und
zuständige Instanz ist, die auf dem Boden des gemeinsamen Programms den Gang der Landespolitik nach den besondern Verhältnissen
selbständig zu bestimmen hat, und daß die jeweilige Entscheidung
über die Budgetabstimmung dem pflichtgemäßen Ermessen der ihrer
Landesorganisation verantwortlichen Landtagsfraktion vorbehalten
bleiben muß."

Diese Erklärung bedeutet einen entscheidenden Wendepunkt
in der Geschichte der deutschen Sozialdemokratie. Sie ver-

weigert den Beſchlüſſen des Parteitags das Recht, die Politik
der Landesfraktionen in allen ſpeziellen Angelegenheiten der
Einzelländer zu beſtimmen. Am 25. September trat der Landes=
vorſtand der bayriſchen Sozialdemokratie in einem an die
bayriſchen Genoſſen gerichteten „Aufruf" voll und ganz der
Erklärung der ſüddeutſchen Delegierten in Nürnberg bei: der
Beſchluß des Parteitags über die Budgetbewilligung ſei für
die Landtagsfraktion nicht bindend; in allen ſpeziellen Landes=
angelegenheiten habe die Landesorganiſation den Gang der
Politik ſelbſtändig zu beſtimmen.

Der „Vorwärts" antwortete auf dieſen Aufruf, „die
Partei würde ſich ſelbſt aufgeben, wenn ſie die Geltung des
Majoritätsprinzips innerhalb ihrer Organiſation antaſten
ließe".

Die „Bruderpartei" iſt alſo in zwei feindliche Lager ge=
ſpalten. Was wird nun geſchehen? Die ſüddeutſchen Fraktionen
werden nach wie vor für das Budget ſtimmen, und ſchließlich
wird man ſich auch in dieſem Punkte von Partei wegen
„mauſern". Anfang November 1908 veröffentlichte die badiſche
Parteileitung einen Aufruf zu den Landtagswahlen, in dem es
unter anderem heißt: „Die Zuſtimmung unſerer Fraktion zum
Geſamtbudget hat unterdeſſen in der Partei zu lebhaften Aus=
einanderſetzungen geführt, und der Parteitag in Nürnberg hat
in der Sache geſprochen. Sechsundſechzig ſüddeutſche Delegierte,
deren Auffaſſung ſich auch faſt einſtimmig eine am 18. Oktober
in Karlsruhe abgehaltene Landeskonferenz unſerer Partei an=
ſchloß, gaben zu der Nürnberger Entſcheidung die Erklärung
ab, daß in den Fragen der einzelſtaatlichen Taktik
den Landesorganiſationen das entſcheidende Wort
vorzubehalten ſei. So iſt auch für unſere badiſche
Partei der Streit um die Budgetbewilligung in
zufriedenſtellender Weiſe erledigt und ihrer Ver=
tretung in der Zweiten Kammer auch für die Zukunft eine

ersprießliche Tätigkeit gesichert. An unsern Freunden im Lande ist es nun, die Debatte über diese Angelegenheit zu schließen und mit der alten Opferfreudigkeit wieder an die gewohnte Organisations= und Agitationsarbeit zu gehen."

Diese Erklärung läßt an Deutlichkeit nichts zu wünschen übrig. Der „Vorwärts"[1] druckte sie mit sauersüßer Miene ab, brummte etwas von Parteidisziplin und fand sogar noch ein Lob für die einigermaßen zurückhaltende Sprache der ba= dischen Parteileitung. Er ergibt sich also resigniert in das Unvermeidliche.

Man hatte erwartet, der Leipziger Parteitag (1909) werde die Frage wieder behandeln und ex cathedra entscheiden. Aber man hielt es für klüger, das heikle Thema auf sich be= ruhen zu lassen. Das ist ein sicherer Beweis für das An= wachsen der revisionistischen Strömung. Wie stark diese über= haupt schon geworden, zeigte sich auch sonst auf dem letzten Parteitag, namentlich in der Ablehnung des Antrages der Berliner Radikalen, der jedes Zusammengehen mit den Liberalen und jede Einschränkung der Kritik aus taktischen Gründen schroff verwarf. Die Partei will sich also für ihr Vorgehen in der Zukunft freie Hand behalten, sie will „die Methode der Politik und nicht der Doktrin"[2] anwenden und im Sinn der Revisionisten praktische, dem Zukunftsstaat zugewendete Gegenwartsarbeit verrichten.

Eines ist uns in dem Streit zwischen Revisionisten und Orthodoxen dunkel geblieben. Das Organisationsstatut der Partei beginnt mit den Worten: „Zur Partei gehört jede Person, die sich zu den Grundsätzen des Parteipro= gramms bekennt." Diese Grundsätze werden von den Revisionisten zum guten Teil als unhaltbar verworfen. Warum

---

[1] Nr 263, 1. Beil.
[2] Vgl. Sozialistische Monatshefte 1909, III 1228.

treten sie nicht aus der Partei? Warum wagen die Ortho=
doxen nicht sie hinauszuwerfen?

IV. Die politische Partei und die Gewerk=schaften.

Als politische Partei bedarf die Sozialdemokratie revo=
lutionären Geistes und begeisternder Ziele, welche die großen
Massen mitzureißen vermögen. Dem stellen sich in etwa die
gewerkschaftlichen Bestrebungen entgegen, die nicht
für fernliegende Ideale, sondern für unmittelbar erreichbare
Vorteile zu Gunsten der Arbeiter kämpfen. Man begreift des=
halb, daß die politischen Führer der Partei, besonders die
Parlamentarier, von Anfang an die Gewerkschaften mit Miß=
trauen behandelten, ja geradezu bekämpften.

Schon im Jahre 1874 erklärte die Generalversammlung
des Allgemeinen deutschen Arbeitervereins zu Hannover alle
diejenigen als „Verräter der Arbeiterklasse", welche die Ge=
werkschaftsbewegung in den Vordergrund der Arbeiterbewegung
zu drängen suchten. Sie sprach auch den Wunsch aus, die
innerhalb der Partei bestehenden Gewerkschaftsverbände sollten
aufgelöst werden. Tatsächlich lösten sich damals viele von
diesen Verbänden auf.

Das Sozialistengesetz brachte aber einen neuen Aufschwung
der Gewerkschaftsbewegung. Da sich die Sozialisten politisch
nicht organisieren konnten, taten sie es unter dem gewerkschaft=
lichen Aushängeschild. Beim Fall des Sozialistengesetzes zählten
die Gewerkschaften über 300 000 Mitglieder; die Zahl nahm
jedoch bald ab, da viele aus den Gewerkschaften austraten
und sich der politischen Organisation anschlossen. Man be=
durfte der gewerkschaftlichen Maske nicht mehr, und die po=
litischen Führer betrachteten die Gewerkschaften als überflüssig,
ja hinderlich. Auf dem Parteitag zu Berlin (1892) klagte
Legien über mangelnde Unterstützung der Gewerkschaftsbewegung

seitens der führenden Parteigenossen. Der „Vorwärts", behauptete er, habe vom „weichen Kehrichthaufen der Gewerk-
schaftsduselei" gesprochen[1].

Zu einem heftigen Zusammenstoß zwischen Gewerkschaftlern
und Politikern kam es auf dem Parteitage zu Köln (1893).
Auer hatte eine Sympathiekundgebung für die Gewerkschaftsbewegung beantragt. Auch Bebel hatte dieselbe unterzeichnet,
ging aber dann mit den Gewerkschaftsführern scharf ins Gericht. „Die Gewerkschaftspresse muß sich mit den kleinen
Fragen beschäftigen, und darin liegt die große Gefahr, daß sie
das große Ziel aus den Augen verliert und so der allgemeinen
Verwässerung Vorschub leistet."[2] Er warf den Gewerkschaftlern
„sozialdemokratische Wadelstrümpfelei" vor. Nicht ohne Schein
von Berechtigung konnte nach Bebels Rede Genosse Paul
(Hannover) sagen: „Die Tribüne dieses Saales ist nach dem
bisherigen Gang der Debatte zur Guillotine der Gewerkschaftsbewegung geworden."[3]

Trotzdem entwickelte sich die Gewerkschaftsbewegung mächtig.
Die freien oder neutralen Gewerkschaften, die tatsächlich sozialdemokratisch sind, zählten schon im Jahre 1905 1 344 803
Mitglieder mit einer Jahreseinnahme von 27 812 257 Mark.
Im Jahre 1908 belief sich die Zahl der sozialdemokratischen
Gewerkschaftler auf 1 831 740 Mitglieder, darunter 138 443
weibliche; die Jahreseinnahme betrug 51 396 784 Mark. Den
eigentlichen Grund, warum die Gewerkschaftsführer sich weigern,
ihre Neutralität aufzugeben, hat v. Elm eingehend dargelegt.
„Die Gewerkschaften brauchen zur wirksamen Durchführung
ihrer wirtschaftlichen Aktionen die Beteiligung aller Berufs-
genossen und werden in ihrer weiteren Entwicklung immer

---

[1] Vgl. Protokoll des Parteitages zu Berlin 1892, 240.
[2] Protokoll des Parteitages zu Köln 1893, 201.
[3] Ebd. 203.

mehr dazu gedrängt werden, parteipolitische und religiöse
Fragen aus den Diskussionen in ihren Versammlungen aus=
zuscheiden. Wer nicht mit völliger Blindheit geschlagen ist,
wer den Gang der Entwicklung aufmerksam verfolgt, muß zu
der Erkenntnis kommen, daß die Zeit sozialdemokratischer
P a r t e i gewerkschaften vorüber ist." [1] Die Gewerkschaften
haben einen andern Zweck als den, R e k r u t e n s c h u l e n
d e r S o z i a l d e m o k r a t i e z u s e i n. Sie stärken „die
wirtschaftliche Macht der Arbeiterklasse und fördern dadurch
indirekt die Verwirklichung des Sozialismus; als Sozialisten
sind wir doch einig darüber, daß wir die Emanzipation des
Proletariats nicht von seiner wachsenden Verkommenheit, sondern
von seiner wachsenden Kraft erwarten. Wer die Gewerkschaften
zu Parteiinstitutionen stempeln will, hindert deren Entwicklung
und damit gleichzeitig auch die schnelle Verwirklichung unserer
idealen Ziele" [2]. Die Gewerkschaften beanspruchen deshalb
volle Selbständigkeit und Unabhängigkeit von der Sozialdemo=
kratie als politischer Partei.

Anders fassen die Sache die Leiter der sozialdemokratischen
Partei auf, besonders die Literaten, Advokaten usw. Man
hat es zwar von dieser Seite an Versicherungen platonischer
Zuneigung zu den Gewerkschaften nicht fehlen lassen. Aber
sie suchen dieselben unter die Botmäßigkeit der Gesamtpartei
zu bringen, um sie gegebenenfalls zu politischen Zwecken zu
gebrauchen. Sie fürchten, die Gewerkschaften möchten all=
mählich in das Fahrwasser einer kleinbürgerlichen Reformpartei
einlenken. „Von Beginn der Gewerkschaftsbewegung an",
klagt v. Elm, „ist von politisch r a d i k a l e r Seite gegen diese
unglaublich viel gesündigt worden: die Gewerkschaften waren
lange Zeit das Aschenbrödel der Arbeiterbewegung, das P a l ﹍
l i a t i v m i t t e l, für die Befreiung des Proletariats von keiner

---

[1] Sozialistische Monatshefte 1905, 1 735.   [2] Ebd.

Bedeutung; man wies ihnen eine völlig untergeordnete Stelle
zu, man bekämpfte ihre Ausgestaltung, wetterte gegen hohe Bei=
träge, gegen Einführung von Unterstützungseinrichtungen —
immer aus Furcht, die Arbeiter könnten konservativ, der sozial=
demokratischen Bewegung entfremdet werden.   Seitdem das
Wort vom Revisionismus erfunden worden ist, beschuldigt
man die Gewerkschaften, von dieser gräßlichen Seuche angesteckt
zu sein. Tarifverträge — natürlich Revisionismus, Har=
moniedusselei. Schon glaubt man, in den Gewerkschaften
die Neigung entdeckt zu haben, die Sozialdemokratie in eine
bürgerliche Reformpartei umzuwandeln." [1] Die Gewerkschafts=
führer wurden „Gewerkschaftsbureaukraten", „bornierte Ver=
ächter der Theorie" genannt, man gab ihnen schuld an
der theoretischen Verwahrlosung der Gewerkschafts=
mitglieder.

Allerdings muß auch v. Elm zugeben, daß in der Gewerk=
schaftsbewegung Keime zur Nurgewerkschafterei vor=
handen seien.   Die Gewerkvereine richten naturgemäß ihr
Augenmerk auf die zunächstliegenden, praktisch erreichbaren
Ziele und tragen dadurch nicht unwesentlich zur Besserung der
wirtschaftlichen Lage ihrer Mitglieder bei. Sobald der Ar=
beiter eine gesicherte Existenz hat und mit manchen Interessen
an den Bestand der Gesellschaft geknüpft ist, kommt ihm der
revolutionäre Geist abhanden, der einen echten Sozialdemokraten
auszeichnen soll. Er verliert den Sinn für die Ehre, zum
großen Orden der „Proletarier aller Länder" zu gehören;
auch sein Eifer in Geldbeiträgen für die internationale Sache
läßt nach; er hat wichtigere und näherliegende Interessen.

Ein Hauptpunkt, um den sich in jüngerer Zeit der Streit
zwischen Gewerkschaftlern und Politikern dreht, ist die Frage
der Massenarbeitseinstellung (des Generalstreiks). Wohl

---

[1] Sozialistische Monatshefte 1905, I 737.

mit Rücksicht auf die Gewerkschaften wurde diese Frage auf die Tagesordnung des Jenaer Parteitags (1905) gesetzt. Man glaubte von seiten der Parteileitung einen entscheidenden Sieg über die Gewerkschaftsleiter errungen zu haben, als es gelang, mit großer Mehrheit die Resolution Bebels durchzusetzen, welche den Generalstreik als das „wirksamste Kampfmittel" bezeichnet, um gegebenenfalls jeden Anschlag gegen das allgemeine, ge= heime Wahlrecht oder die Koalitionsfreiheit der Arbeiter ab= zuwehren oder ein wichtiges Grundrecht für ihre Befreiung zu erobern[1]. Offenbar hatte man gehofft, durch diese Resolution die Gewerkschaften „gegebenenfalls" auf das Kommando der Parteileitung mobil machen zu können. Aber die seitherigen Erörterungen dieser Resolution in der Gewerkschaftspresse haben gezeigt, daß das Triumphgeschrei verfrüht war. Die Mehr= heit der Gewerkschaftsblätter protestierten energisch gegen dieses revolutionäre Spielen mit dem Generalstreik, so besonders der „Korrespondent", das Organ des deutschen Buchdruckerver= bandes. In einem Artikel vom Ende November 1905 hatte derselbe das Vermögen des Verbandes auf 5 990 060 Mark angegeben und im Anschluß daran geschrieben: „Rechnen wir davon rund vier Millionen verfügbar für Streikunterstützung und folgten dann den sirenenhaften Lockungen der General= streikapostel à la Rosa Luxemburg, so wäre die ganze Herr= lichkeit auch bald zu Ende — und das Hungern für die Überzeugung könnte seinen Anfang nehmen. Sind wir dann bei der Elends= oder richtiger der elenden Theorie an= gelangt, dann, ja dann endlich käme die Besinnung, und das Sammeln von Fonds könnte unter den schwierigsten Um= ständen von neuem beginnen. Nach mehreren Dezennien von Jahren, wenn dann endlich wieder eine nennenswerte Summe beisammen wäre, könnten nochmals solch moderne Hero=

---

[1] Verhandlungen des Parteitages zu Jena 1905, 143.

Cathrein, Der Sozialismus. 16. Aufl.   8

straten erstehen, die mit dem Massenstreik, der direkten Aktion oder sonst welchem modernen Allheilmittel der Masse des Volkes wohl ein Brillantfeuerwerk von wenigen Tagen vormachen könnten, im übrigen aber die wirklichen Bedürfnisse unbefriedigt ließen."

Der „Vorwärts"[1] polterte zwar gewaltig gegen diese Auslassungen, die den Geist der „Nichts-als-Gewerkschaftlerei" atmeten und den „Standpunkt des nacktesten Berufsegoismus, des stupidesten Gewerkschaftskretinismus" proklamierten; das „Gegeifer" zeige, daß der Standpunkt der Nurgewerkschaftlerei, wie er in England und Amerika floriere, auch in Deutschland eindringe; aber diese öden Schimpfereien werden schwerlich die Gewerkschaften veranlassen, ihre „gefüllten Kassen" dem Kommando der Parteileitung zu opfern. Auf dem Tage zu Mannheim (1906) wurde zwar der Jenaer Beschluß betreffend den Massenstreik wiederholt, aber seither redet niemand mehr davon.

Neben der Streikfrage war die Frage der Maifeier seit langem ein Zankapfel zwischen der Partei und den Gewerkschaften. Die Maifeier hat ihren Ursprung in dem Beschluß des Internationalen Arbeiter-Kongresses zu Paris im Juli 1889, der auf mehreren internationalen Kongressen (z. B. in Amsterdam 1904) wiederholt wurde. Auch die sozialdemokratische Partei in Deutschland suchte immer diese Feier durchzusetzen. Aber sie ist für die Gewerkschaften ein Hindernis, weil die Arbeitgeberverbände die Arbeitsruhe am 1. Mai als Tarifbruch ansehen und mit Aussperrung beantworten. So werden die Gewerkschaftskassen geleert und die Mittel ihren eigentlichen Zwecken entzogen; und es ist kein Wunder, daß die Gewerkschaften sich dieser Feier widersetzen. Um einen Ausgleich herbeizuführen, kamen Parteivorstand und

---

[1] 1905, Nr 278.

Gewerkschaftsleitung überein, die Kosten der Maifeier den örtlichen politischen und gewerkschaftlichen Organisationen aufzuladen. Aber dieser Ausweg stieß auf Schwierigkeit, weil die örtlichen Organisationen oft gar nicht imstande sind, diese Kosten zu bestreiten. Deshalb wurde auf dem Parteitag zu Nürnberg (1908) der Parteivorstand beauftragt, in neue Verhandlungen mit der Gewerkschaftsleitung zu treten. Das Ergebnis derselben ist der vom letzten Parteitag zu Leipzig angenommene Antrag, der den infolge der Maifeier Aus- gesperrten jeden „Anspruch auf Unterstützung aus den Zentral- kassen der Partei und Gewerkschaften" abspricht. Zur Vor- bereitung der Maifeier soll an allen Orten eine Kommission eingesetzt werden, für die zu gleichen Teilen das Gewerkschafts- kartell und die Parteiorganisation ihre Vertreter bestimmen, und welche die Aufgabe hat, unter Berücksichtigung der be- ruflichen und örtlichen Verhältnisse und der Bestimmungen der gewerkschaftlichen Organisationen sowie der Beschlüsse des Parteitags für eine würdige Feier Sorge zu tragen. Die in Aussicht genommene Feier soll am 1. Mai stattfinden. Zur Unterstützung der Ausgesperrten sollen für größere Wirtschafts- gebiete Bezirksfonds gebildet werden. Die nötigen Mittel sollen durch freiwillige Beiträge und Sammlungen aufgebracht werden. Die Forderung Kautskys, einen Teil des Arbeits- verdienstes von den am 1. Mai Arbeitenden für einen großen Maifonds einzuziehen, wurde abgelehnt.

Es ist kein Zweifel, daß die gewaltige Erstarkung der Ge- werkschaftsbewegung im letzten Jahrzehnt der extremen Sozial- demokratie, den Revolutionären auf alle Fälle, gefährlich werden kann. Die Frage ist nur, in welcher Richtung die Weiter- entwicklung vor sich geht, und ob es gelingt, eine Gewerk- schaftsbewegung zu organisieren, die, auf wahrhaft religiösem Boden stehend, gegen die neutralen Gewerkschaften ein heilsames Gegengewicht zu bilden vermag.

8*

V. Akademiker und Proletarier.

Obwohl die Sozialdemokratie die Partei der Proletarier oder der Arbeiter sein will, so sind doch ihre Gründer und leitenden Führer bis heute keine Arbeiter oder Proletarier gewesen. Die Babeuf, Saint=Simon, Fourier, L. Blanc, Cabet in Frankreich waren keine Arbeiter; auch die heutigen Hauptkoryphäen der französischen Sozialisten, die Guesde, Jaurès u. a., sind keine Arbeiter. Dieselbe Erscheinung begegnet uns in England, Italien und Österreich. Auch in Deutschland waren die Gründer der sozialistischen Partei keine Arbeiter: weder Rodbertus noch K. Marx, F. Lassalle, Fr. Engels, W. Liebknecht. A. Bebel war zwar ursprünglich Drechsler, hat aber sein Handwerk an den Nagel gehängt und sich zum Politiker und Literaten umgewandelt. Die heutigen Häupter der deutschen Sozialdemokraten: Singer, v. Vollmar, W. Heine, E. Bernstein, Stadthagen, Mehring, Frank, Ledebour, David usw., sind Kapitalisten, Advokaten oder Literaten, die nie ein Handwerkszeug in der Hand gehabt haben.

Es ist begreiflich, daß dieser Umstand bei den eigentlichen Arbeitern zuweilen Mißbehagen erregt, und daß es deshalb schon wiederholt zu Reibereien zwischen „Arbeitern" und „Akademikern" oder Intellektuellen gekommen ist.

Schon bei Beginn des Jahres 1901 hatte Kautsky in der „Neuen Zeit"[1] im Anschluß an die Debatten auf der Landeskonferenz der sächsischen Sozialdemokratie auf diesen Gegensatz hingewiesen. Er erblickt in dem Ergebnis dieser Debatten das „Symptom einer weitreichenden Mißstimmung gegen manche akademische Elemente in unsern Reihen", die auch schon anderswo zu Tage getreten sei. Ende

---

[1] 19. Jahrg., Nr 29.

desselben Jahres brachte die „Neue Zeit"[1] eine Zuschrift eines
ungenannten „Proletariers" über das gleiche Thema. Es heißt
darin u. a., die Mißstimmung gegen die Akademiker „ist tatsächlich in weiten Kreisen vorhanden, und zwar beschränkt sie
sich nicht überall auf ‚manche‘ Akademiker, sondern richtet sich
ab und zu gegen ‚das ganze Akademikervolk‘, und scheint bei
manchen Parteigenossen eine mehr oder weniger grundsätzliche
zu sein". Es habe böses Blut erregt, daß man junge, kaum
der Universität entwachsene und in Bezug auf ihre Richtung
noch unkontrollierbare Akademiker alten, erprobten Arbeiter-
genossen vorgezogen. „Wir sind eine Arbeiterpartei, und es
macht sich nicht gut, daß in unserer Reichstagsfraktion, in
den Redaktionen unserer Presse und in den sonstigen Partei-
ämtern so viele ‚Dokters‘ zu finden sind. Diese Redensart
kann man oft hören. Fest steht auch, daß der Programmsatz:
‚Die Befreiung der Arbeiterklasse kann nur das Werk der
Arbeiter selbst sein‘ vielfach mißverstanden und so gedeutet
wird, als könne ein Nichtarbeiter kein vollgradiger Sozialdemokrat sein.‘"

Vor einigen Jahren riet die „Leipziger Volkszeitung" den
Arbeitern, sie sollten den sozialdemokratischen Akademikern die
„bürgerlichen Mucken" austreiben. Sie hätten ein leichtes
Zeichen, woran sie die nützlichen von den unnützen Akademikern
unterscheiden könnten. Wer ihnen die Mittel und Wege zur
Abschaffung der kapitalistischen Produktionsweise und der Lohnarbeit wissenschaftlich zu entwickeln suche, sei ihnen nützlich;
wer sie aber diesem Ziele zu entfremden suche, z. B. durch
unfruchtbare Zweifel, der schädige sie. Man solle deshalb
den akademischen Zweiflern an dem Ziel des proletarischen
Emanzipationskampfes (gemeint sind die Revisionisten!) in aller
Freundschaft erklären: wir zweifeln an eurer Fähigkeit, uns

---

[1] 20. Jahrg. 1 221.

zu nützen. Konsequent angewandt würde dieses Mittel die
Wirkung haben, daß die Zweifler entweder sich enger an die
Sozialdemokratie anschließen oder wenigstens ihre Zweifel für
sich behalten[1].

Das ist — nebenbei bemerkt — die gerühmte sozialdemokratische „Meinungsfreiheit" und die „voraussetzungslose
Wissenschaft". Wer am Endziel des Emanzipationskampfes,
an der Abschaffung der kapitalistischen Produktionsweise, „zwei-
felt", der soll zum Schweigen verurteilt oder aus der Partei
hinausgedrängt werden!

Die Akademiker sind übrigens zum Teil selbst schuld,
daß man ihnen wenig Wohlwollen entgegenbringt. Die Art
und Weise, wie viele von ihnen auftraten, ihr oberflächliches
Gerede, ihre Anmaßung und ihr schulmeisterliches Benehmen
hat schon wiederholt die Unzufriedenheit der eigentlichen Arbeiter erregt.

Anderseits gäbe es aber ohne die Akademiker keine sozialdemokratische Wissenschaft und wissenschaftliche Literatur. Die
Sozialdemokratie kann die Akademiker nicht entbehren. Sehr
eingehend hat dies Kampfmeyer in den „Sozialistischen
Monatsheften"[2] dargelegt. Er beklagt sich, daß man in der
Partei mitunter den akademisch gebildeten Intellektuellen als
Sozialdemokraten zweiter Klasse behandle und ihn nicht zu den
führenden Posten wolle hinaufrücken lassen. „Man läßt ihn
in verletzender Weise merken, daß er als Nichtproletarier eigentlich kein Verständnis für die Triebkräfte der proletarisch-sozia-
listischen Bewegung hat. Man vergißt dann urplötzlich, welche
akademisch gebildeten Intellektuellen erst den Proletariern die
Augen für die bewegenden Kräfte des wahren Sozialismus
geöffnet haben. Das rauhe Hervorkehren eines faustproletarischen

---

[1] Vgl. Köln. Volkszeitung 1904, Nr 392.
[2] 1908, 1. Heft, 39 ff.

Standpunktes gegenüber den akademisch Gebildeten stößt ent=
schieden zahlreiche hoffnungsvolle Köpfe in der studierten Welt
von der Sozialdemokratie zurück. Nun bedarf aber gerade
die Partei bei ihrem Riesenwachstum in die Breite und Tiefe
unbedingt jener Kräfte. Die planmäßige Erziehung der Ar=
beiter zu wissenschaftlich unterrichteten, geistigen Führern, zu
Intellektuellen, erfordert manches Jahrzehnt. Die Partei kann
sich diese Wartezeit nicht auferlegen, sondern sie muß sofort
die Posten, deren richtige Ausfüllung langwierige historische
und staatswissenschaftliche Studien notwendig macht, mit gut
informierten Personen besetzen. Und aus diesem Grunde muß
sie vielfach zu den Elementen greifen, deren ganze Jugend=
erziehung schon einen wissenschaftlichen Zuschnitt erhält: zu
den akademischen Kreisen. Faßt man diese Tatsache ins Auge,
so begreift man die Schädlichkeit mancher A k a d e m i k e r =
Debatte auf die Entwicklung des sozialistischen Nachwuchses
aus den Reihen der Studierten. . . . Die Notwendigkeit einer
streng wissenschaftlichen Basis zwingt den Sozialismus, den
denkbar engsten Anschluß an die Wissenschaft und an die
Träger des wissenschaftlichen Gedankens, an die Intellektuellen,
zu suchen." [1]

Was übrigens die Akademiker den Proletariern an „wissen=
schaftlichen Gedanken" mitteilen, gelangt zu diesen durch münd=
liche Vorträge oder gelegentliche populäre Flugschriften. Eigent=
lich wissenschaftliche Werke werden von diesen fast gar nicht
gelesen. Das gesteht auch der schon früher erwähnte Prole=
tarier, der klagend schreibt: „Wissen wir doch, daß sich in
den letzten Jahren, in denen die Konjunktur verhältnismäßig
gut war, kein einziges im Verlag von Dietz (Stuttgart) er=
schienenes Werk rentiert hat, wobei noch zu beachten ist, daß
das, was gekauft, noch lange nicht gelesen ist und oft nach

---

[1] Ebd. 42—43.

Jahren noch unaufgeschnitten vorgefunden wird. Ist es doch eine allgemeine Klage, daß immer mehr die ,freien' Gesang=, Turn= und Radfahrervereine, ja selbst ,freie' Rauchklubs die ganze freie Zeit der Arbeiter absorbieren."[1]

Viertes Kapitel.

Geschichte der sozialistischen Parteien außerhalb Deutschlands.

§ 1.

Frankreich.

Die eigentliche Heimat des modernen Sozialismus ist Frankreich. Hier ist er geboren und groß geworden. Die ersten bedeutenden Sozialisten in Theorie und Praxis waren Franzosen, und es bestanden in Frankreich schon mächtige sozialistische Organisationen, als man in andern Ländern den Sozialismus noch kaum dem Namen nach kannte. Marx selbst ist in Frankreich für die sozialistischen Ideen gewonnen worden.

Trotzdem ist der Sozialismus in Frankreich heute keine so mächtige, geschlossene Partei wie etwa in Deutschland oder Österreich. Während in Deutschland der Sozialismus sich zentralistisch entwickelte, ist er in Frankreich in zahlreiche Gruppen und Parteien gespalten, die sich gegenseitig heftig bekämpfen. Zum Teil ist diese Spaltung in der Geschichte begründet. In Frankreich standen während der ersten Hälfte des 19. Jahrhunderts der Reihe nach eine beträchtliche Zahl von sehr begabten Sozialisten auf, die alle ihre eigenen, bis heute noch nachwirkenden Schulen gründeten. In etwa hängt sie auch mit dem eigentümlichen französischen Charakter zusammen, der, abstrakten Theorien abhold, mehr auf naheliegende Erfolge schaut und gern dem Personenkult huldigt. Einem

---

[1] Neue Zeit, 20. Jahrg., I 222.

hervorragenden beredten Mann ist es leicht, eine Schar von gläubigen Schülern um sich zu sammeln.

Um die heutige Lage des französischen Sozialismus zu verstehen, müssen wir einen Blick werfen auf seinen Zustand gegen Ende der 90er Jahre. Damals zählte man fünf größere sozialistische Organisationen. Da war die Fédération des Socialistes indépendants de France, zu der eine Anzahl Überläufer aus dem radikalen Bürgertum gehörten, wie Millerand, Jaurès, Viviani u. a. Doch fehlte ihnen ein festes Programm; das einzige einigende Element war eine ziemlich platonische Liebe zu den allgemeinen sozialistischen Ideen und der Gegensatz gegen die extremen Sozialisten.

Dann kam der Parti socialiste révolutionnaire unter Führung Vaillants, Sembats (die Anhänger Blanquis und daher auch Blanquisten genannt). Sie glaubten unerschütter= lich an die Revolution, an die gewaltsame Besitzergreifung der politischen Macht im Gegensatz zur allmählichen Eroberung derselben durch das Stimmrecht. Ganz auf dem Boden der deutschen Sozialdemokratie stand der Parti ouvrier français unter Führung Jules Guesdes. Seine Anhänger wurden vielfach Marxisten genannt. Jules Guesde hat das Pro= gramm dieser Partei in folgende Sätze zusammengefaßt.

1. Die Gesamtheit nimmt alle Produktionsmittel in Besitz. Fabriken und Werkstätten werden das Eigentum aller; die Kapita= listen verschwinden und ziehen mit sich in den Ruin das Heer von Rentnern, Zwischenhändlern, Maklern, Ränkeschmieden usw. 2. Die Konkurrenz und Überproduktion hören auf; keine Arbeit wird ver= geudet; die Statistik gibt das genaue Maß dessen an, was zum Bedarf der Gesamtheit produziert werden muß. 3. Der Arbeiter wird am Anfang nur drei Stunden täglich arbeiten, die unbegrenzte Vervollkommnung des Maschinenbetriebs wird die notwendige Arbeits= zeit auf eine Stunde herabmindern (!). 4. Das individuelle Eigen= tum wird nicht aufgehoben, aber auf das streng Persönliche ein= geschränkt. — Die Kapitalisten, die sich gutwillig der Enteignung

der Produktionsmittel fügen, sollen eine Entschädigung in Geld oder Genußgüterscheinen erhalten, jedoch so, daß das bestehende System nicht verewigt werden darf [1].

Außerdem gab es sog. Possibilisten, gemäßigt oppor= tunistische Sozialisten, die ihre Ziele auf gesetzlichem Wege durch allmähliche, schon heute mögliche (possibles, daher der Name possibilistes) Reformen erreichen wollten. Sie zer= fielen wieder in zwei Organisationen: die Fédération des travailleurs socialistes de France unter der Führung von Brousse (daher auch Broussisten genannt) und den Parti ouvrier socialiste révolutionnaire, dessen Anhänger nach ihrem Führer auch Allemanisten hießen. Den letzteren gilt im Gegensatz zu den Broussisten die Teilnahme am parlamentari= schen Leben nur als Agitationsmittel, sie verzichten auf die Eroberung der politischen Macht und verlegen den Schwer= punkt ihrer Agitation auf das Wirtschaftsgebiet.

Beim ersten Wahlgang im April 1898 erzielten die ver= schiedenen genannten Gruppen

Guesdisten (Marxisten) . . .	350 000	Stimmen,
Blanquisten	32 000	„
Allemanisten	42 000	„
Broussisten und Unabhängige .	516 000	„

Zusammen 940 000 Stimmen.

Seit den eben genannten Wahlen zählte man 46 sozia= listische Abgeordnete verschiedener Schattierungen [2], die zu einer Fraktion zusammentraten und in dem „Fraktionsmanifest" folgende drei Grundsätze als gemeinsame Grundlage aufstellten:

1. „Das Grundprinzip der sozialistischen Partei ist die Er= langung der politischen Macht durch das organisierte Proletariat."
2. „Wir wollen vorbereiten die Umwandlung der Produktions=,

---

[1] Vgl. Antoine, Cours d'économie sociale (1896) 204.
[2] Vorwärts 1898, Nr 122.

Verkehrs= und Kreditmittel, welche bereits ihren individuellen Eigen=
tümern durch den kapitalistischen Feudalismus entrissen worden sind,
in soziales Eigentum." 3. „Dem historischen Recht, welches die
Gewalt geschaffen, und dieselbe in andere Hände überträgt, ohne
sie zu mobifizieren, — setzen wir entgegen das Recht der Natio=
nalitäten, beruhend auf einem brüderlichen Frieden zwischen den
über ihre Geschicke frei verfügenden Völkern. Dem zum Zwecke der
Beherrschung des Weltmarktes international organisierten Kapita=
lismus ist es notwendig, das internationale Einvernehmen der
Arbeiter entgegenzusetzen."

In eine neue Phase kam der französische Sozialismus
durch den Eintritt Millerands in das Ministerium Waldeck=
Rousseau. Die Guesdisten und Blanquisten sprachen sich in
heftigem Tone gegen diesen Schritt Millerands aus und be=
zeichneten die Teilnahme an einer bürgerlichen Regierung (den
sog. Millerandismus) als unvereinbar mit den sozialistischen
Prinzipien. Die Freunde Millerands appellierten an einen
allgemeinen Kongreß aller französischen Sozialisten. Dieser
kam im Dezember 1899 in Paris zustande. Das Recht, den
Kongreß zu beschicken, hatten alle Organisationen, welche vor
dem 1. Januar 1899 existierten und das von Millerand
aufgestellte Minimalprogramm (Vergesellschaftung der Pro=
duktionsmittel, Eroberung der politischen Macht durch das
organisierte Proletariat und internationale Verständigung)
anerkannten. Der Kongreß erklärte mit 818 Stimmen der
Blanquisten und Guesdisten gegen 634 Stimmen der Alle=
manisten und Broussisten die Beteiligung eines Sozialisten an
einem bürgerlichen Ministerium als unvereinbar mit den sozia=
listischen Anschauungen.

Um es nicht zum vollen Bruch kommen zu lassen, einigte
man sich schließlich mit 1140 gegen 245 Stimmen auf eine
vermittelnde Resolution, die zugab, unter außergewöhnlichen
Umständen könne die Beteiligung eines Sozialisten an einem

bürgerlichen Ministerium zu erwägen sein, doch solle man dahin
streben, nur die wählbaren öffentlichen Ämter zu erobern, „da
diese von dem als Klasse organisierten Proletariat abhängig
sind, welches damit gesetzlich und friedlich die politische Expropriation der kapitalistischen Klasse beginnt, um sie durch
Revolution zu vollenden" [1].

Damit war der Streit nicht sowohl gelöst als umgangen.
Die Guesdisten und Blanquisten schlossen sich nach dem Kongreß trotz ihrer prinzipiellen Verschiedenheit zu einer einheitlichen Organisation unter dem Namen Parti socialiste de
France zusammen. Die Anhänger von Jaurès und Millerand
einigten sich zum Parti socialiste français. Die letztere
Partei hat Ähnlichkeit mit den deutschen Revisionisten und
will die kapitalistische Gesellschaft durch Beteiligung an der
Regierung und allen sofort realisierbaren Reformen allmählich
in die sozialistische umwandeln, während der Parti socialiste
de France auf die baldige Vernichtung der heutigen Gesellschaft hinarbeitet.

Auf dem Kongreß zu Tours (1902) hat der Parti socialiste français ein Programm angenommen, das in seinem
prinzipiellen Teile folgende Sätze enthält:

„Die Großindustrie wird immer mehr das Gesetz der modernen
Produktion. Durch die Erweiterung des Weltmarktes, durch die
zunehmende Erleichterung des Verkehrs, durch die Arbeitsteilung,
durch die immer weiter gehende Anwendung der Maschinen, durch
die Konzentration des Kapitals ruiniert oder unterwirft sich die
ungeheure konzentrierte Produktion die kleinen und mittleren Produzenten. ... Die industriellen Proletarier, die nach und nach jede
Aussicht, sich einzeln zum Meisterstand erheben zu können, verloren
haben und dadurch zu ewiger Abhängigkeit verurteilt sind, sind
außerdem den unaufhörlichen Krisen der Absatzstockung und des

---

[1] Vgl. Soziale Praxis, 9. Jahrg., 293.

Elends ausgesetzt, welche die ungeregelte Konkurrenz der großen kapitalistischen Kräfte entfesselt. ... Es gibt nur ein Mittel, die Ordnung und den andauernden Fortschritt der Produktion, die Freiheit aller Individuen und die Steigerung des Wohlstandes der Arbeiter zu sichern, nämlich: das Eigentum an den kapitalistischen Produktionsmitteln auf die Gesamtheit, das soziale Gemeinwesen, zu übertragen. ... Das Proletariat hat den unwiderstehlichen Drang, die Demokratie, die sich im politischen Leben schon zum Teil verwirklicht hat, auch auf das wirtschaftliche Gebiet zu übertragen. So wie alle Bürger auf gleiche Weise als Demokraten die politische Macht gemeinsam besitzen und handhaben, wollen sie auch die ökonomische Macht, die Produktionsmittel, gemeinsam besitzen und handhaben."

„Es handelt sich nicht um eine teilweise Verbesserung, sondern um eine vollständige Umgestaltung der Gesellschaft. ... Das Proletariat wird den Kampf nicht eher einstellen, bis das ganze kapitalistische Eigentum Gemeingut der Gesellschaft geworden ist, und bis die Klassengegensätze durch das Verschwinden der Klassen ihr Ende gefunden haben."

„Es wäre gefährlich, die Annahme von revolutionären Ereignissen, die durch den Widerstand oder selbst durch verbrecherische Angriffe der Privilegierten herbeigeführt werden können, außer acht zu lassen. Es wäre aber verderblich, auf den Glauben an das bloße Wort Revolution hin die großen Kräfte zu vernachlässigen, über die das bewußte und organisierte Proletariat in der Demokratie verfügt. ... Der Parti socialiste français verwirft die Politik des Alles oder Nichts und stellt ein Programm von Reformmaßregeln auf, deren Verwirklichung er von Stund an betreibt."

Die letzten Worte enthalten eine Ablehnung der Taktik des Parti socialiste de France. Es folgen dann die Hauptforderungen, welche die Partei an die heutige Gesellschaft stellt: allgemeines, direktes Wahlrecht für beide Geschlechter bei allen Wahlen, absolute Preß= und Koalitionsfreiheit, vollständige Verweltlichung des Staates (Trennung von Kirche und Staat), demokratische Organisation der Rechtspflege, Steuerreformen, Schutz und gesetzliche Regelung der Arbeit (Achtstundentag), Minimallohntarife, Versicherung gegen alle natürlichen und wirtschaftlichen Gefahren, Verstaatlichung der Eisenbahnen und Bergwerke usw. usw. [1]

Um den ärgerlichen Parteistreitigkeiten ein Ende zu machen, wurde auf einem Allgemeinen Kongreß zu Paris (Ostern 1905) eine wenigstens äußerliche Einigung der beiden sozialistischen Hauptparteien erzielt. Die Partei der Jaurèsisten ist mit Sack und Pack in das Lager der Guesdisten übergegangen. Der Name der neuen Partei lautet Parti socialiste, section française de l'Internationale ouvrière. Hauptorgan ist der Socialiste. Die Leitung der Partei ist in den Händen des Nationalrates — einer Art kleinen Kongresses — und eines ständigen Parteiausschusses. Den ersten Kongreß hielt die genannte Partei vom 30. Oktober bis 2. November 1905 in Chalon ab, der sich besonders mit Wahlfragen befaßte. Auf demselben konstatierte man 41 000 Parteimitglieder, auf dem Kongreß zu Limoges (November 1906) 43 000 und auf dem zu Nancy (August 1907) 48 237. Bei den Kammerwahlen von 1906 erhielten die geeinten Sozialisten 804 000 Stimmen und 54 Mandate, während den unabhängigen Sozialisten 211 000 Stimmen und 22 Mandate zufielen.

Nach dem Bericht auf dem letzten Kongreß zu Toulouse (Oktober 1908) hatte die Mitgliederzahl der neuen Partei im ganzen nur um 1111 zugenommen; die Mehrzahl der Föderationen hat aber an Mitgliederzahl abgenommen; der Zuwachs war nur den zwei Organisationen der Departements Seine und Nord zu verdanken. Rappaport meinte, wir verlieren an Boden; er bezeichnete als Grund des Rückgangs der Partei die Gefälligkeit gegen den Anarcho-Syndikalismus, von dem gleich die Rede sein wird. Mistral erblickte den eigentlichen Grund dafür in den inneren Parteizwistigkeiten, man verdächtige sich gegenseitig. Er dürfte wohl das Richtige ge-

---

[1] Vgl. Sozialistische Monatshefte 1904, I 300—301.

troffen haben. Trotz aller äußeren Einigung besteht die Partei
aus den heterogensten Elementen, die höchstens in Bezug auf
das weitentfernte Endziel übereinstimmen, in allen andern
Fragen aber weit auseinandergehen. Es ist hauptsächlich der
glänzenden Beredsamkeit von Jaurès zu verdanken, daß trotz
aller Reibereien der Parteitag schließlich durch folgende Re=
solution öffentlich seine Einigkeit bekundete, die wir hier als
bezeichnend für die gegenwärtige Lage des französischen Sozia=
lismus folgen lassen [1]:

„Die sozialistische Partei, die Partei des Klassenkampfes
und der sozialen Revolution, erstrebt die Eroberung der
politischen Macht zum Zwecke der Befreiung des Proletariats
durch Zerstörung des Kapitalismus und Aufhebung der Klassen.
Sie ruft durch ihre Propaganda dem Proletariat unablässig in
Erinnerung, daß es die Erlösung und völlige Befreiung erst in der
kollektivistischen oder kommunistischen Gesellschaft
finden wird....

Gerade weil sie eine Partei der Revolution ist, weil sie
in ihrem unablässigen Fordern nicht durch das in ihren Augen ver=
wirkte Recht des kapitalistischen und bürgerlichen Eigentums auf=
gehalten wird, ist sie die eigentlichste, die tätigste Reformpartei,
die einzige, die ihre Aktion bis zur vollständigen Reform fortsetzen
kann, die einzige, die jeder einzelnen Arbeiterforderung die volle
Kraft verleihen, die einzige, die jederzeit aus jeder Reform, aus
jeder Eroberung den Ausgangs= und Stützpunkt weitergreifender
Forderungen und kühnerer Eroberungen machen kann.“

Die Resolution setzt dann auseinander, daß die Entwicklung der
Produktivkräfte selbst den Kollektivismus vorbereitet, und fährt fort:

„Parallel mit diesen Bewegungen der Produktivkräfte muß sich
eine gewaltige Erziehungs= und Organisationsarbeit
des Proletariats entwickeln. In diesem Sinne erkennt die sozia=
listische Partei die wesentliche Bedeutung der Schöpfung
und Entwicklung der Arbeiterorganisationen an, die, wie

---

[1] Vgl. Vorwärts 1908, Nr 248, 1. Beil.

die Gewerkschaften, Genossenschaften usw. dem Kampf und der kollektiven Organisation dienend, notwendige Elemente für die soziale Umgestaltung sind.

In diesen Kämpfen, bei diesen Eroberungen wendet die sozialistische Partei alle Mittel der Aktion an. ... Das Proletariat schreitet fort und befreit sich durch sein direktes Bemühen, durch seine kollektive und organisierte direkte Aktion gegen das Unternehmertum und gegen die öffentlichen Gewalten, und diese direkte Aktion geht bis zum Generalstreik, der angewendet wird zur Verteidigung der bedrohten Arbeiterfreiheiten, zur Durchsetzung großer Forderungen der Arbeiterschaft und zu jedem gemeinsamen Bemühen des organisierten Proletariats, das auf die Expropriation der Kapitalisten abzielt.

Wie alle im Laufe der Geschichte ausgebeuteten Klassen nimmt auch das Proletariat als letzte Zuflucht das Recht auf die Insurrektion in Anspruch. Aber es verwechselt nicht die großen Gesamterhebungen, die nur aus der allgemeinen und tiefen Bewegung des Proletariats hervorgehen können, mit den Scharmützeln, in denen sich etwa Arbeiter der gesammelten Macht des bürgerlichen Staates in einem Abenteuer entgegenwerfen.

Die sozialistische Partei widmet sich in einem überlegten, beständigen Bemühen der Eroberung der politischen Macht. Sie setzt allen Parteien der Bourgeoisie ... das volle kollektivistische oder kommunistische Bekenntnis und den unausgesetzten Kampf für die Befreiung des organisierten Proletariats entgegen, und sie betrachtet es als wesentliche Pflicht der Parteigenossen, durch die Wahlaktion an der Steigerung der parlamentarischen und gesetzgeberischen Macht des Sozialismus mitzuarbeiten."

Diese Resolution sucht allen Richtungen in der Partei gerecht zu werden. Sie redet von Klassenkampf und Revolution, betont das Endziel, hebt die Notwendigkeit der Reformen hervor, sieht in den Gewerkschaften und Genossenschaften ein unentbehrliches Element der sozialen Umgestaltung, verkündet die organisierte, bis zum Generalstreik fortschreitende direkte Aktion sowie das Recht auf Insurrektion und erklärt zugleich die Wahlaktion für eine unerläßliche Pflicht der Genossen. So konnten alle zufrieden sein.

Ohne theatralischen Aufputz ging es aber nicht ab. Als Jaurès nach der Begründung der Resolution mit den Worten schloß: „Unsere Gegner haben von unserer Spaltung gesprochen. Aber es war nur der Schatten der eigenen Zersetzung, den sie auf uns fallen lassen wollen", brach die Versammlung in donnernden Beifall aus. Alles erhebt sich von den Sitzen. Es ertönen Musikklänge. Das sozialistische Orchester von Toulouse marschiert in den Saal, die Internationale spielend. Die Delegierten und das Publikum stimmen begeistert ein. Hochrufe auf die sozialistische Internationale brausen durch den Saal, der plötzlich im Licht bengalischer Flammen erstrahlt. Für einige Zeit wird die erzielte äußerliche Einigkeit der Partei wohl anhalten.

Wir haben eben einer eigentümlichen Richtung im französischen Sozialismus Erwähnung getan, die eine besondere Beachtung verdient. Wir meinen den revolutionären Syndikalismus. Die syndikalistische oder revolutionäre Gewerkschaftsbewegung ist erst im letzten Jahrzehnt entstanden und hat sich von Frankreich aus auch über andere Länder ausgebreitet. Sie verdankt ihren Ursprung einer Art Enttäuschung und Überdruß über die parlamentarische Haltung der sozialistischen Abgeordneten.

Die Sozialisten hatten anfänglich große Hoffnungen auf ihre parlamentarische Vertretung gesetzt. Als aber die sozialistischen Abgeordneten Millerand und später Briand und Viviani in bürgerliche Ministerien eintraten, als infolge davon die sozialistischen Fraktionen sich mit den bürgerlichen Demokraten zu einem förmlichen Block zusammenschlossen und die wirtschaftlichen Reformen immer wieder auf die lange Bank schoben: da riß endlich vielen Proletariern die Geduld. Sie verloren das Vertrauen auf den Parlamentarismus und kehrten zu dem alten Grundsatz zurück: „Die Emanzipation der Arbeiter kann nur das Werk der Arbeiter selbst sein." [1]

Das Zentrum und der Hauptträger des revolutionären Syndikalismus ist der Allgemeine Arbeitsbund (Confédération générale du travail, C. G. T.). Dieser Bund entstand im Jahre 1902 aus der Verschmelzung zweier Organisationen: des Bundes der Gewerkschaften (La Fédération des syndicats) und des Bundes der Arbeitsbörsen (La Fédération des Bourses du travail). Der Gewerkschaftsbund hatte sich auf Grund des Gesetzes von 1884 gebildet, welches den Arbeitern wieder gestattete, sich zur Wahrnehmung ihrer Berufsinteressen in Vereinen zu organisieren. Die Arbeitsbörse ist eine allen Gewerkschaften einer Stadt gemeinsame Zentralstelle, die als Bureau für Stellenvermittlung, für Auskunftserteilung und zugleich als Konferenz- und Versammlungslokal dient und dadurch von selbst der Herd der Propaganda, der Arbeitsmarkt und das Zentralheim der Arbeiterfamilien wird.

Bis zum Jahre 1902 standen sich diese beiden Organisationen feindlich gegenüber. Der Bund der Arbeitsbörsen war von nurgewerkschaftlichem und revolutionärem Geiste erfüllt, während der Gewerkschaftsbund mehr zur Beteiligung an der Politik und den Parlamenten hinneigte. Schließlich sah man die Notwendigkeit einer Einigung ein, und diese kam auf dem Kongreß zu Montpellier im Dezember 1902 zu stande, auf dem die Statuten der C. G. T. festgesetzt wurden. Laut Art. 1 hat die C. G. T. zum Zweck: 1. Die Vereinigung der Lohnarbeiter zur Verteidigung ihrer sittlichen und materiellen, ihrer ökonomischen und beruflichen Interessen. 2. Sie vereinigt außerhalb jeder politischen Schule alle Arbeiter, die sich des Kampfes bewußt sind, der zur Beseitigung des Lohnverhält-

---

[1] Vgl. Griffuelhes, L'action syndicaliste, Paris 1908 (Bibliothèque du mouvement socialiste n. 4), 16 ff.

nisses und der Herrschaft der Privatunternehmer notwendig ist. Niemand darf sich bei einer politischen Wahlhandlung seines Titels eines Mitgliedes oder Angestellten des Bundes bedienen.

Das war eine offene Absage an den politischen Sozialismus und dessen parlamentarische Bestrebungen.

Nach Art. 5 der Statuten zerfällt die C. G. T. in zwei selbständige Sektionen: die Sektion der Industrie= und Hand=werkerbunde und der isolierten Gewerkschaften und die Sektion des Bundes der Arbeitsbörsen. Außerdem sollen drei per=manente Kommissionen ernannt worden: für das Bundesblatt, für die Streiks und insbesondere für den Generalstreik. Alle zwei Jahre soll ein allgemeiner Kongreß stattfinden. Zu diesem kann aber jede Gewerkschaft, ob klein oder groß, nur einen Delegierten entsenden. Durch diese Einrichtung erlangen die kleinen, oft nur aus wenigen Mitgliedern bestehenden und un=ruhigen Gewerkschaften ein ungebührliches Übergewicht über die großen Gewerkschaften, die vielleicht mehrere tausend Mit=glieder zählen.

Anfang 1909 vereinigte die C. G. T. 82 Arbeitsbörsen, 85 Bunde und ihnen ähnlich gebildete Gewerkschaften. Die Zahl der angeschlossenen Gewerkschaften belief sich auf 2399 mit insgesamt 203 270 Mitgliedern. Da um dieselbe Zeit in Frankreich 836 534 Arbeiter gewerkschaftlich organisiert waren, so gehört etwa ein Viertel derselben der C. G. T. an[1].

Die geistigen Führer der neuen syndikalistischen Richtung sind u. a. Victor Griffuelhes, Hubert Lagardelle, Georges Sorel, E. Pouget u. a. Ihr Losungswort ist die direkte Aktion (l'action directe) im Gegensatz zur action indirecte, die sich der Mittelspersonen (der parlamentarischen Vertretung u. dgl.) bedient. Sie wollen unmittelbar selbst den Klassenkampf des

---

[1] Vgl. Études 1909, tom. 118, p. 404.

9*

Proletariates führen. Die Gewerkschaften sollen durch immer
weitergehende Forderungen allmählich die Werkstätten erobern
und die Kapitalisten verdrängen. Das Hauptmittel zu diesem
Ziel erblicken sie im Streik, besonders dem Generalstreik, der
erschreckend und antreibend auf die Regierung und die Arbeitgeber einwirken und einen Posten nach dem andern für die
Arbeiter erobern soll. Auch schwärmen die Syndikalisten für
den Antimilitarismus, für die Gewalt und die sog. sabotage
(verpfuschte Arbeit, Schädigung der Maschinen usw.). Was
dann geschehen solle, wenn die Werkstätten einmal in den
Händen der Arbeiter sind, darüber sagen die Syndikalisten
nichts. Man bekommt nur allgemeine Redensarten zu hören:
„Freie Arbeit in der freien Gesellschaft." „Die ganze syndikalistische Bewegung hat keinen andern Zweck als den, an
Stelle der durch den Kapitalisten durchgesetzten Disziplin die
freiwillige Disziplin der Produzenten (d. h. der Arbeiter) zu
setzen, und die ganze soziale Revolution ist in dieser inneren
Umgestaltung der Werkstatt enthalten." [1] Der Staat und die
Regierung werden allmählich durch die organisierten Gewerkschaften ersetzt werden.

Nach dem schon erwähnten Lagardelle ist der Syndikalismus
die Inkarnation des Klassenkampfes. „Der Sozialismus verwirklicht
sich ein wenig alle Tage, bis er seine volle Verwirklichung gefunden. ... Die tägliche, geduldige und schwierige Aktion stand
bisher in Mißachtung ..., die revolutionäre Aktion dagegen wurde
in die glanzvolle Endkatastrophe verbannt, in der das kapitalistische
System untergehen soll. Für den Syndikalismus fallen Theorie
und Praxis zusammen, und die Aktion — nicht mehr die Phrase
ist revolutionär ..."

„Im Geist der Arbeitermassen ist die Idee des Generalstreiks
an die Stelle der Idee der politischen Revolution getreten. Der

---

[1] Hubert Lagardelle, Syndicalisme et socialisme (Bibliothèque du mouvement socialiste) I, Paris 1908, 48.

Begriff einer plötzlichen Ausdehnung dieses täglichen Aktes, des Generalstreiks, bildet einen normalen Bestandteil der Arbeiterpsycho=
logie. . . . Der Arbeiter braucht keine großen theoretischen Spekula=
tionen, um die Wirkung eines plötzlich verallgemeinerten Streiks
einzusehen. Man braucht nur die besondern Vorkommnisse des
täglichen Kampfes zu multiplizieren, um zu erkennen, daß in einem
Augenblick, ohne fremde Dazwischenkunst, allein durch die Macht
der vereinten Anstrengung der soziale Krieg den höchsten Grad der
Schärfe erreichen und die Lösung herbeiführen kann."

„Sie begreifen jetzt, warum der Syndikalismus sich von aller
Magie loszusagen behauptet und über die Sucht der politischen
Parteien lacht, an jedem Vorabend für den kommenden Tag die
soziale Revolution zu prophezeien. Er überläßt es dem kindlichen
Optimismus der Staatseroberer, detaillierte Pläne und Kochrezepte
für die Zukunftsgesellschaft zu entwerfen. Für den Syndikalismus
fallen die Beschäftigung mit der Gegenwart und die Sorge für die
Zukunft zusammen, dieselbe praktische Aktion erzeugt sie beide." [1]

Als Ziel der syndikalistischen Bewegung bezeichnet Griffuelhes:
„Kampf gegen den Arbeitgeber (le patron), um von ihm und zu
seinem Nachteil immer weitergehende Verbesserungen für die Arbeiter
zu erlangen und so voranzukommen auf dem Wege der Unterdrückung
jeder Ausbeutung." [2]

An einer andern Stelle sagt er, man streite sich darüber, ob
sich die sozialistischen Ziele in einer Gesellschaft mit oder ohne Re=
gierung und Autorität verwirklichen werden. Er wisse es nicht.
Er werde erst dann auf diese Frage eine Antwort geben, wenn er
von einer Inspektionsreise in die Zukunftsgesellschaft heimkehre. Das
ist jedenfalls eine sehr bequeme Antwort. Wie kann denn in einer
Gesellschaft ohne jede Autorität Einheit und Ordnung bestehen?
Was soll dann geschehen, wenn einmal die Arbeiter in den Besitz
der Werkstatt und der Produktionsmittel gelangt sind? Auf dem
Sozialistenkongreß zu Toulouse (1908) stellte Jaurès nicht mit

---

[1] Ebd. 50—51.
[2] L'action syndicaliste 1908 (Bibliothèque du mouvement socialiste) 12.

Unrecht an den Syndikalisten Lagardelle die Frage: „Ich habe nicht verstanden, wie er sich die fortschreitende Besiegung der Gewalt des Unternehmers denkt. Sie wollen die Arbeiter fortschreitend die Leitung der Werkstatt erobern lassen, den Postbeamten die Postverwaltung anvertrauen. Wollen Sie sie dabei souverän machen? Wenn ja, dann ist das weder Sozialismus noch Syndikalismus, sondern Korporatismus. Und dann ist noch eine Schwierigkeit da: die Arbeiter werden gezwungen sein, die Verantwortlichkeit mit dem Unternehmer zu tragen. Auf diese Weise aber gelangen sie zur allergefährlichsten Zusammenarbeit der Klassen. Hier liegt ein schweres Problem.“

Es ist unleugbar, daß sich die revolutionären Syndikalisten auf Haaresbreite den Anarchisten nähern.

§ 2.
Österreich.

Die österreichische Sozialdemokratie steht auf demselben Boden wie die deutsche. Das beweist das auf dem Parteitag zu Wien (2. bis 6. Nov. 1901) einstimmig angenommene Parteiprogramm, dessen prinzipiellen Teil wir hier wörtlich folgen lassen.

Die sozialdemokratische Arbeiterpartei in Österreich erstrebt für das gesamte Volk ohne Unterschied der Nation, der Rasse und des Geschlechtes die Befreiung aus den Fesseln der ökonomischen Abhängigkeit, der politischen Unterdrückung und der geistigen Verkümmerung. Die Ursache dieser unwürdigen Zustände liegt nicht in den einzelnen politischen Einrichtungen, sondern in der das Wesen des ganzen Gesellschaftszustandes bedingenden und beherrschenden Tatsache, daß die Arbeitsmittel in den Händen einzelner Besitzer monopolisiert sind. Der Besitzer der Arbeitskraft, die Arbeiterklasse, gerät dadurch in die drückendste Abhängigkeit von den Besitzern der Arbeitsmittel mit Einschluß des Bodens, der Großgrundbesitzerklasse und der Kapitalistenklasse, deren politische und ökonomische Herrschaft im heutigen Klassenstaate ihren Ausdruck findet.

Der technische Fortschritt, die wachsende Konzentration der Pro=
duktion und des Besitzes, die Vereinigung aller ökonomischen Macht
in den Händen der Kapitalisten und Kapitalistengruppen hat die
Wirkung, immer größere Kreise früher selbständiger kleiner gewerb=
licher Unternehmer und Kleinbauern ihrer Produktionsmittel zu ent=
eignen und sie als Lohnarbeiter, Angestellte oder als Schuldknechte
direkt oder indirekt in die Abhängigkeit von den Kapitalisten zu
bringen. Es wächst die Masse der Proletarier, es steigt aber auch
der Grad ihrer Ausbeutung, und dadurch tritt die Lebenshaltung
immer breiterer Schichten des arbeitenden Volkes immer mehr in
Gegensatz zu der rasch steigenden Produktivkraft seiner eigenen Arbeit
und zu dem Anschwellen des von ihm selbst geschaffenen Reichtums.
Die der Planlosigkeit der kapitalistischen Produktionsweise entspringen=
den Krisen mit ihrem Gefolge von Arbeitslosigkeit und Elend be=
schleunigen und verschärfen diese Entwicklung.

Je mehr aber die Entwicklung des Kapitalismus das Proletariat
anschwellen macht, desto mehr wird es gezwungen und befähigt, den
Kampf gegen ihn aufzunehmen. Immer mehr macht die Verdrängung
der Einzelproduktion auch den Einzelbesitz überflüssig und schädlich,
während zugleich für neue Formen genossenschaftlicher Produktion
auf Grund gesellschaftlichen Eigentums an den Produktionsmitteln
die notwendigen geistigen und materiellen Vorbedingungen geschaffen
werden. Zugleich kommt das Proletariat zum Bewußtsein, daß es
diese Entwicklung fördern und beschleunigen muß, und daß der Über=
gang der Arbeitsmittel in den gemeinschaftlichen Besitz
der Gesamtheit des Volkes das Ziel, die Eroberung der poli=
tischen Macht das Mittel seines Kampfes für die Befreiung der Arbeiter=
klasse sein muß. Nur das zum Klassenbewußtsein erwachte und zum
Klassenkampf organisierte Proletariat kann der Träger dieser notwen=
digen Entwicklung sein. Das Proletariat zu organisieren,
es mit dem Bewußtsein seiner Lage und seiner Aufgabe
zu erfüllen, es geistig und physisch kampffähig zu machen
und zu erhalten, ist daher das eigentliche Programm
der sozialdemokratischen Arbeiterpartei in Österreich,
zu dessen Durchsetzung sie sich aller zweckdienlichen und dem natürlichen
Rechtsbewußtsein des Volkes entsprechenden Mittel bedienen wird.

Die sozialdemokratische Arbeiterpartei in Österreich wird in allen politischen und ökonomischen Fragen jederzeit das Klasseninteresse des Proletariats vertreten und aller Verdunklung und Verhüllung der Klassengegensätze, sowie der Ausnutzung der Arbeiter zu Gunsten der bürgerlichen Parteien energisch entgegenwirken.

Die sozialdemokratische Arbeiterpartei in Österreich ist eine internationale Partei: sie verurteilt die Vorrechte der Nationen ebenso wie die der Geburt und des Geschlechtes, des Besitzes und der Abstammung, und erklärt, daß der Kampf gegen die Ausbeutung international sein muß wie die Ausbeutung selbst. Sie verurteilt und bekämpft alle Einschränkungen der Freiheit der Meinungsäußerung sowie jede Bevormundung durch Staat und Kirche. Sie erstrebt gesetzlichen Schutz der Lebenshaltung der arbeitenden Klassen, und sie kämpft dafür, dem Proletariat auf allen Gebieten des öffentlichen Lebens möglichst großen Einfluß zu verschaffen.

Von diesen Grundsätzen ausgehend, fordert die österreichische Sozialdemokratie zunächst:

1. Allgemeines, gleiches, direktes und geheimes Wahlrecht in Staat, Land und Gemeinde für alle Staatsangehörigen ohne Unterschied des Geschlechtes vom 20. Lebensjahr an; Proportionalwahlsystem; Vornahme der Wahlen an einem gesetzlichen Ruhetage; dreijährige Gesetzgebungsperioden; Diätenbezug für die Gewählten.

2. Direkte Gesetzgebung durch das Volk vermittels des Vorschlags- und Verwerfungsrechtes; Selbstbestimmung und Selbstverwaltung des Volkes in Staat, Land und Gemeinde.

3. Abschaffung aller Gesetze, die das Recht auf freie Meinungsäußerung einschränken; insbesondere Erfüllung voller Preßfreiheit durch Aufhebung des objektiven Verfahrens und der Einschränkung der Kolportage von Druckschriften; Aufhebung aller Gesetze, die das Vereins- und Versammlungsrecht einschränken.

4. Aufhebung aller Einschränkungen der Freizügigkeit, insbesondere aller Vagabunden- und Schubgesetze.

5. Schaffung und Durchführung eines Gesetzes, das Beamte, die die politischen Rechte von einzelnen oder Vereinen beeinträchtigen, einer strengen Bestrafung zuführt.

6. Sicherung der Unabhängigkeit der Gerichte; Unentgeltlichkeit der Rechtspflege und des Rechtsbeistandes; Entschädigung unschuldig Verhafteter und Verurteilter; Wahl der Geschworenen auf Grund des allgemeinen, gleichen und geheimen Wahlrechtes; Unterstellung aller Staatsangehörigen unter die ordentlichen Gesetze und Gerichte; Abschaffung der Todesstrafe.

7. Staatliche und kommunale Organisation des Sanitäts= dienstes; unentgeltliche Beistellung der ärztlichen Hilfeleistung und der Heilmittel.

8. Erklärung der Religion als Privatsache; Trennung der Kirche vom Staate und Erklärung der kirchlichen und religiösen Gemein= schaften als private Vereinigungen, die ihre Angelegenheiten ganz selbständig ordnen; obligatorische Zivilehe.

9. Obligatorische, unentgeltliche und weltliche Schule, die den Bedürfnissen und der Entwicklung der einzelnen Völker voll= kommen entspricht; Unentgeltlichkeit der Lehrmittel und der Ver= pflegung in den Volksschulen für alle Kinder sowie für jene Schüler höherer Lehranstalten, die zu weiterer Ausbildung be= fähigt sind.

10. Ersetzung aller indirekten Steuern und Abgaben durch stufenweise steigende Einkommen=, Vermögens= und Erbschafts= steuern.

11. Ersatz des stehenden Heeres durch die Volkswehr; Erziehung zur allgemeinen Wehrhaftigkeit; allgemeine Volksbewaffnung; Ent= scheidung über Krieg und Frieden durch die Volksvertretung.

12. Beseitigung aller Gesetze, wodurch die Frau gegenüber dem Manne öffentlichrechtlich oder privatrechtlich in Nachteil ge= setzt wird.

13. Befreiung der Wirtschaftsgenossenschaften der Arbeiter von allen ihre Tätigkeit hemmenden Lasten und Schranken.

Es folgen dann noch die Minimalforderungen an Arbeiterschutz innerhalb der heutigen Gesellschaftsordnung: volle Koalitionsfreiheit, achtstündiger Maximalarbeitstag ohne Aus= nahmen, volle Sonntagsruhe von mindestens 36 Stunden, Reform der Arbeiterversicherung usw.

Wie man aus dem Wortlaut ersieht, ist die Theorie von der zunehmenden (absoluten) Verelendung der Arbeiter preisgegeben. B. Adler, der Verfasser des neuen Programms, meinte: „Mit dem Elend ist es ein Elend!" „Engels selbst schreibt (in seiner inzwischen veröffentlichten Kritik des Ent= wurfs zum Erfurter Programm): ‚Es ist nicht richtig, daß das Elend der Proletarier immer größer wird. Das Wachstum der Organisation wird dem Wachs= tum des Elendes vielleicht einen Damm entgegensetzen; was aber sicher wächst, ist die Unsicherheit der Existenz der Pro= letarier.'" [1] Nicht zu übersehen ist auch die Äußerung Adlers: „Wir sind, so gut wir können, gegen die Mittelstandspolitik und gegen die Kleinbürgerei und sollten es noch viel mehr sein. Wir arbeiten dadurch an den Bedingungen der Ent= wicklung und an den Voraussetzungen der neuen Gesellschaft." [2]

Pernerstorfer spottete über diejenigen, die behaupteten, die Elendstheorie, die Katastrophie, Diktatur und ähnliches gelte noch wie vor 30 Jahren [3].

Bei den Reichsratswahlen von 1905 wurden 799 462 sozialdemokratische Stimmen abgegeben, doch erhielt die Partei nur zehn Mandate. Die Lage veränderte sich zu ihren Gunsten seit Einführung des allgemeinen direkten Wahlrechts. Bei den Wahlen im Mai 1907 erhielten sie in den deutschen Wahl= kreisen 511 760 und in den tschechischen 399 904 Stimmen; die Zahl der sozialdemokratischen Abgeordneten stieg von 10 auf 87.

Die Gesamtpartei verfügte im Jahre 1904 über 48 poli= tische Blätter. Davon erschienen

---

[1] Vgl. Protokoll der Verhandlungen des Gesamtparteitages der sozialdemokratischen Arbeiterpartei in Österreich, abgehalten zu Wien vom 2. bis 6. November 1901, Wien 1901, 101.

[2] Ebd. 105.   [3] Ebd. 119.

8 Blätter täglich (3 deutsche, 2 tschechische, 2 italienische, 1 polnisches)

2 Blätter wöchentlich dreimal

5   „   „   zweimal

26   „   „   einmal

6   „   monatlich zweimal

1 Blatt   „   einmal.

Außerdem besaß sie 50 gewerkschaftliche Blätter: 26 deutsche, 20 tschechische, drei polnische und ein italienisches. Dazu kam noch der „Arbeiterschutz", das Blatt der Krankenkassen, und drei humoristische Blätter, zwei deutsche und ein tschechisches.

§ 3.

Italien.

Italien war bis gegen Ende des vorigen Jahrhunderts das klassische Land der Anarchisten und Verschwörer. Eine eigentliche sozialistische Partei existiert erst seit 1892, in welchem Jahre sich die Mitglieder des Partito operaio mit den sog. Intellektuellen zusammenschlossen und die Teilnahme an den Wahlen und am Parlament als Kampfmittel in ihr Programm aufnahmen. Bei den Parlamentswahlen erhielt diese sozialistische Partei

		Stimmen		Mandate
im Jahre	1892 .	26 000	.	6
„ „	1897 .	108 086	.	16
„ „	1900 .	164 944	.	32
„ „	1904 .	308 525 [1]	.	36
„ „	1909 .	338 885	.	42

Von Anfang an aber machten sich im Schoße der Partei verschiedene, sich feindlich gegenüberstehende Richtungen geltend.

---

[1] Vgl. Neue Zeit, 23. Jahrg., I 277. In den Zahlen für 1904 sind die Stimmen für die Kandidaten der autonomen sozialistischen Gruppen nicht mitgezählt. Vgl. auch Sozialist. Monatshefte 1905, I 88.

Zu den Vordergrund trat der Gegensatz zwischen Integralisten und Reformisten. Die Integralisten sind die
ins Italienische übersetzten orthodoxen Marxisten à la Bebel
und Kautsky. Sie betonen das Endziel und die Revolution
und betrachten die Reformen zu Gunsten der Arbeiter als
etwas Nebensächliches. Die Reformisten dagegen ähneln
den deutschen Revisionisten. Ohne daß sie das sozialistische
Endziel verleugnen, gilt ihnen die Reformarbeit als die Hauptsache. Das Spielen mit revolutionären Phrasen verabscheuen
sie und suchen eine Annäherung an die Regierung. Der Reformismus entstand besonders seit 1898. Infolge der damaligen Depression ließen sich die Arbeiter in Oberitalien zu
einem Aufstand verleiten, der mit Gewalt unterdrückt wurde.
Die Folge war eine große Ernüchterung der Arbeiter und
die Erkenntnis, daß die Hoffnungen auf eine Revolution
vorläufig vergeblich seien; und da die italienische Regierung
damals Arbeiterfreundlichkeit zur Schau trug, glaubte man,
auf dem Wege der Reformen mehr zu erreichen. So entstand
die Partei der Reformisten, an deren Spitze Philippo Turati
steht, der selbst früher Integralist oder orthodoxer Marxist
gewesen war.

Der Kampf dieser beiden Parteien tobt nun seit Jahren.
Wiederholt kam es auf den Kongressen zu heftigen Auseinander-
setzungen. Auf dem Parteitag zu Imola (1902) wurde nach
langem Streit folgender Kompromißantrag Bonomis, eines
Anhängers Turatis, mit 456 gegen 279 Stimmen angenommen, der beiden Parteien gerecht zu werden sucht:

„Das Endziel des Sozialismus ist die Befreiung der Menschheit von der kapitalistischen Ausbeutung durch das Mittel des
Kollektivismus. Der Weg zur Emanzipation ist der von dem
klassenbewußten Proletariat geführte Klassenkampf gegen die wirtschaftliche und politische Organisation der Klasse der Monopolisten
und Besitzer der Produktionsmittel. Da alle Reformen, welche die

ökonomische, politische und moralische Hebung des Proletariats bezwecken, gleichzeitig zur Erreichung der sozialen Revolution bei= tragen, so erklärt der Kongreß die Existenz zweier verschiedenen Tendenzen als wohl vereinbar. — Der Kongreß stellt fest, daß die Aktion der Partei reformistisch ist, weil revolutionär, und revolu= tionär, weil reformistisch, oder auch die e i n f a ch h i n (semplice= mente) sozialistische Parteitaktik."

Die Resolution erkennt ferner an, daß die Kammerfraktion in ihren Entschlüssen selbständig ist; daß sie sich indes in Fühlung mit den Anschauungen und Wünschen der großen Masse des Proletariats halten muß[1].

Ein neuer Versuch zur Vereinigung der beiden feindlichen Parteien wurde auf dem Parteitag zu Bologna (April 1904) gemacht. Vier Tage lang wurde heftig über Revolution und Evolution, Umsturz und Reform debattiert, ohne daß es zu einem nennenswerten Resultat gekommen wäre[2].

In Bologna machte sich neben den Integralisten und Reformisten noch eine dritte Richtung der italienischen Sozial= demokratie geltend: die der r e v o l u t i o n ä r e n S y n d i = k a l i s t e n unter der Führung A. Labriolas und Enrico Leones, die gegenüber den reformistischen Bestrebungen wieder schärfer den revolutionären Charakter der Arbeiterbewegung betont und sich die gleichnamige französische Partei zum Muster nimmt. Die Syndikalisten verschmähen den Parlamentarismus und schwärmen für die direkte Aktion, für Generalstreik und Antimilitarismus. Die Gewerkschaften sollen immer mehr aus= gebaut werden, alle Funktionen der heutigen Kapitalisten über= nehmen und schließlich den Staat als überflüssig beseitigen. Die Syndikalisten haben in den letzten Jahren viele Anhänger gewonnen. Eine Kraftprobe ihrer Taktik versuchten sie durch den großen Landarbeiterstreik in Parma, der auf dem Kon=

---

[1] Vgl. Vorwärts vom 10. Sept. 1902.
[2] Vgl. Sozialistische Monatshefte 1904, I 359; II 599 ff.

greß der Confederazione del lavoro zu Rom (April 1908)
beschlossen und am 1. Mai begonnen wurde. Der Sekretär
der Arbeiterkammer zu Parma — De Ambris — erklärte
auf dem Kongreß, die genannte Kammer solle, um den Streik
zu einem Klassenkampf zu gestalten, sich weigern, zur Schlichtung
der entstandenen Differenzen mit den Arbeitgebern ein Schieds=
gericht anzurufen, das würde den Krieg bis aufs Messer zur
Folge haben. Die bei den Landarbeitern auszugebende Parole
solle lauten: Krieg dem Besitz; dieselbe bekunde, daß der
Zweck des Streiks nicht sei, bestimmte Verbesserungen zu er=
zielen, sondern den Privatbesitz an sich zu vernichten. Der
von den Syndikalisten seit langem vorbereitete Streik sollte
das Mittel abgeben, alle Landarbeiter des Po=Tales in den
Wirbel hineinzuziehen und auch die größeren Orte, wie Mai=
land und Genua, zum Kampf zu zwingen. Durch die un=
geheure Ausdehnung, die der Streik annehmen sollte, und
durch den Charakter, den man ihm von Anfang an aufgedrückt
hatte, müßte er, so hoffte man, einen revolutionären Verlauf
nehmen und wäre deshalb ein getreues Bild eines syndikalistischen
Aufstandes, der eine mehr oder weniger allgemeine Katastrophe
des kapitalistischen Systems veranlassen könnte [1].

Die syndikalistischen Führer waren übrigens so klug, den
Landarbeitern nicht ihre letzten Ziele zu enthüllen. Man
spiegelte ihnen einige erreichbare Verbesserungen als eigentliches
Ziel des Streikes vor, während man den Arbeitgebern die
Sache so hinstellte, als handle es sich für sie um Sein oder
Nichtsein. So mußte ein erbitterter Kampf entstehen, in dem
jedoch die Arbeiter aus Mangel an Mitteln bald unterlagen und
Tausende von Arbeiterfamilien in das größte Elend gerieten.

---

[1] Vgl. Bissolati, Der revolutionäre Syndikalismus und
der Landarbeiterstreik in Parma. Sozialistische Monatshefte 1908,
II 1068 ff.

Die Syndikalisten suchten zwar die Schuld am Mißlingen des Streiks von sich abzuwälzen und zufälligen Ursachen zuzuschreiben. Aber mit Unrecht. Sie haben die Landarbeiter gehetzt und ihnen große Massen von Hilfsgeldern versprochen, die ausblieben.

Ob die Erfahrung mit dem Streik von Parma die syndikalistischen Führer zur Besonnenheit zurückführen und besonders vor dem Generalstreik zurückschrecken wird? Das steht kaum zu erwarten. Das Konspirieren und Revolutionieren liegt ein bißchen im Blute des italienischen Arbeiters; nichts liegt ihm ferner als langsames, ausdauerndes Arbeiten an einem fernen Ziele. Auch ist die Confederazione del lavoro viel zu fest organisiert und zu zahlreich, als daß sich eine baldige Richtungsänderung erwarten ließe. Die Confederazione zählte im Jahre 1908 ungefähr 200000 Mitglieder. Die Führer der Syndikalisten, Labriola und Leone, haben übrigens erklärt, daß sie mit der sozialistischen Partei, wie sie jetzt ist, nichts mehr zu tun haben wollen.

Auf dem letzten Sozialistenkongreß zu Florenz (September 1908) wurde ein neuer Versuch gemacht, die beiden feindlichen Brüder: Integralismus und Reformismus miteinander auszusöhnen; aber wieder ohne Erfolg. Nach langen Debatten wurde mit großer Mehrheit eine Resolution angenommen, die scheinbar den Integralisten entgegenkommt, aber in Wahrheit einen Sieg der Reformisten bedeutet. Zuerst werden in derselben die Grundsätze und Methoden des revolutionären Syndikalismus verworfen, dann aber wird doch beschlossen, die sozialistische Partei Italiens solle die innigsten Beziehungen zur Konföderation der Arbeit unterhalten. Der Kongreß hält den Generalstreik heute für eine gefährliche Waffe, weil er das Proletariat von der geduldigen Arbeit an der Organisation und schrittweisen Eroberung der Macht ablenkt, erkennt aber an, daß er als äußerstes Mittel wirksam sein könne, wenn die Reaktion den Aufstieg des Proletariats bedroht. Der Kongreß hält weiterhin die rein negative Aktion beständiger Opposition für unfruchtbar; man solle sich der Organisationen des Staates, der Gemeinden, der Arbeitsämter usw. bedienen, um eine bessere Lage für das Proletariat zu erringen; doch müsse sich die Wahl und Parlamentsaktion immer von der bürgerlichen unterscheiden, auch wenn ein vorübergehendes Bündnis bestehe; man solle in den Arbeitern das Bewußtsein rege halten, daß die Klassenkonflikte, solange das kapitalistische Eigentum besteht, unvermeidlich sind.

Der Kongreß erachtet ferner für nötig, die sozialistische Parlamentsfraktion durch direkte Vertreter der Arbeiterorganisationen zu ergänzen. Die Parlamentsfraktion soll mit den Vertretern der Partei und der Konföderation der Arbeit gemeinsam alle wichtigen Beschlüsse über ihre Taktik beraten.

Das Minimalprogramm für die nächste Legislaturperiode enthält folgende Forderungen: Abschaffung des Kornzolls, Progressivsteuer, allgemeines Wahlrecht, Verkürzung der Dienstzeit, Verweigerung neuer Militärausgaben, Reform und Verweltlichung der Volksschule.

§ 4.
Belgien.

Die mächtige sozialistische Partei Belgiens hält im wesentlichen an den Grundsätzen des Marxismus fest, wie aus ihrem Programm hervorgeht, dessen prinzipieller Teil also lautet[1]:

„1. Die Reichtümer im allgemeinen und die Produktionsmittel im besondern sind entweder von Natur vorhandene Kräfte oder die Frucht der geistigen und leiblichen Arbeit sowohl der früheren Geschlechter als der jetzt lebenden Generation. Sie müssen folglich

---

[1] Vgl. Destrée et Vandervelde, Le Socialisme en Belgique, Paris 1903, 421 ff.

als das gemeinsame Erbteil (patrimoine) der Menschheit an=
gesehen werden.

2. Das Recht auf den Genuß dieses Erbteils, sowohl von seiten
der Individuen als sozialer Gruppen, kann keine andere Grundlage
haben als den gesellschaftlichen Nutzen, und keinen andern Zweck
als den: jedem menschlichen Wesen die größtmögliche Summe von
Freiheit und Wohlergehen zu sichern.

3. Die Verwirklichung dieses Ideals ist unvereinbar mit der
Erhaltung der kapitalistischen Gesellschaftsordnung, welche die Ge=
sellschaft in zwei notwendig einander feindliche Parteien scheidet,
von denen die eine das Eigentum ohne Arbeit genießen kann, wäh=
rend die andere verpflichtet ist, einen Teil ihres Arbeitsertrages
der besitzenden Klasse zu überlassen.

4. Die Arbeiter können ihre vollständige Befreiung nur von
der Beseitigung der Gesellschaftsklassen und einer radikalen Um=
gestaltung der gegenwärtigen Gesellschaft erwarten.

Diese Umwandlung wird nicht nur dem Proletariate zugute
kommen, sondern der gesamten Menschheit; da sie aber den unmittel=
baren Interessen der besitzenden Klassen zuwiderläuft, so kann die Be=
freiung der Arbeiter wesentlich nur das Werk der Arbeiter selbst sein.

5. Ihr Ziel in der wirtschaftlichen Ordnung muß sein, sich den
freien und unentgeltlichen Gebrauch aller Produktionsmittel zu sichern.
In einer Gesellschaft, in der das Zusammenarbeiten vieler immer
mehr an die Stelle der individuellen Arbeit tritt, kann dieses Ziel
nur durch die Aneignung aller Naturkräfte und aller
Arbeitsmittel von seiten der Gesamtheit erreicht
werden (par l'appropriation collective des agents naturels
et des instruments de travail).

6. Die Umwandlung der kapitalistischen Gesellschaftsordnung in
die kollektivistische (sozialistische) wird notwendig entsprechende Um=
gestaltungen nach sich ziehen:

a) in der moralischen Ordnung durch die Entwicklung der
altruistischen Gesinnungen und die Übung der Solidarität;

b) in der politischen Ordnung durch die Umwandlung des
Staates in eine Administrativverwaltung der Sachen (en admini-
stration des choses).

Cathrein, Der Sozialismus. 10. Aufl.   10

7. Der Sozialismus muß folglich gleichzeitig die wirtschaftliche, moralische und politische Emanzipation des Proletariates anstreben. Nichtsdestoweniger muß der wirtschaftliche Gesichtspunkt der ausschlag= gebende sein; denn die Konzentration des Kapitals in den Händen einer einzigen Klasse bildet die Grundlage für alle Arten ihrer Herrschaft.

Zur Verwirklichung dieser Grundsätze erklärt die Arbeiterpartei:

1. daß sie sich betrachtet als die Repräsentantin nicht nur der arbeitenden Klasse, sondern aller Unterdrückten ohne Unterschied der Nationalität, der Religion, der Rasse oder des Geschlechts;

2. daß die Sozialisten aller Länder miteinander solidarisch sein müssen, weil die Emanzipation der Arbeiter nicht eine nationale, sondern eine internationale Aufgabe ist;

3. daß die Arbeiter in ihrem Kampfe gegen die Kapitalisten= klasse alle ihnen zur Verfügung stehenden Mittel gebrauchen müssen, besonders die Beteiligung an der Politik, die Entwicklung der freien Genossenschaften und die unablässige Propaganda ihrer sozialistischen Grundsätze."

Es folgt dann noch ein besonderes politisches und ein wirt= schaftliches Programm, aus denen wir nur die wichtigsten Forderungen hervorheben. Im politischen Teil wird gefordert: das allgemeine Wahlrecht aller Personen über 21 Jahre ohne Unterschied des Geschlechts, die proportionelle Volksvertretung, die Bestreitung aller Wahlkosten durch den Staat; Absetzbarkeit jedes Abgeordneten durch seinen Wahlkreis, Abschaffung des Senats, Einsetzung von besondern gesetzgebenden Räten (conseils législatifs) für die ver= schiedenen sozialen Funktionen (Industrie, Handel, Landwirtschaft, Unterricht), die in ihrem Gebiet unter Vorbehalt des Vetos von seiten des Parlaments unabhängig sein sollen; das Recht des Volkes auf gesetzgeberische Initiative und das Referendum über gesetzgeberische, Provinzial= und Kommunalangelegenheiten. Der Unterricht in der Volksschule soll obligatorisch, weltlich (laïque) und unentgeltlich sein, vom Staate bezahlt werden. Unterhalt der Kinder, die die Schule besuchen, auf Staatskosten. Auch der mittlere und höhere Unterricht soll unentgeltlich und weltlich sein und vom Staate bezahlt werden. Die Leitung der Schulen untersteht dem Staat;

nur die staatlichen Universitäten sollen autonom und die freien Universitäten gesetzlich anerkannt werden. Weitere Forderungen sind: Trennung von Kirche und Staat, Unterdrückung des Kultusbudgets, bürgerliche Gleichheit beider Geschlechter und der ehelichen und unehelichen Kinder, Revision des Ehescheidungsgesetzes, Beseitigung der einschränkenden Maßregeln gegen alle Arten von Freiheiten, Wählbarkeit der Richter, Abschaffung der Armeen und als Übergangsmaßregel allgemeine Volksbewaffnung.

Das besondere wirtschaftliche Programm verlangt die Organisation der Statistik, gesetzliche Anerkennung der Assoziationen und Gewährung voller Freiheit an dieselben, gesetzliche Regelung des Arbeitsvertrags, Ausdehnung der Arbeiterschutzgesetze auf alle Arten von Industrien, auf die Landwirtschaft, Schiffahrt und Fischerei, Festsetzung des Minimallohnes und der Maximalarbeitszeit für die industriellen und landwirtschaftlichen Arbeiter, für die Angestellten des Staates, der Provinzen, Gemeinden und Unternehmer öffentlicher Arbeiten. Festsetzung eines Maximalgehaltes von 6000 Franken für die öffentlichen Beamten und Angestellten; Umwandlung der öffentlichen Unterstützung in eine allgemeine Versicherung aller Bürger im Fall der Arbeitslosigkeit oder Arbeitsunfähigkeit infolge von Krankheit, Alter oder Unfällen und im Todesfall (für Witwen und Waisen); Abschaffung aller indirekten Steuern, progressive Einkommensteuer, Unterdrückung der Intestaterbfolge außer in gerader Linie, allmähliche Ausdehnung der staatlichen Herrschaft in Bezug auf Bank- und Kreditwesen, Verstaatlichung der Bergwerke, Steinbrüche und der großen Produktions- und Transportmittel, Verstaatlichung der Wälder, allmähliche Beschlagnahme des Grundeigentums durch den Staat und die Gemeinden usw.

Wir übergehen die übrigen einzelnen Maßregeln zu Gunsten der Arbeiter in der Industrie und Landwirtschaft und das Kommunalprogramm. Manche von den gemachten Vorschlägen können auch von den nichtsozialistischen Parteien angenommen werden. Es versteht sich übrigens von selbst, daß die meisten derselben im Sinne der Sozialisten nur Übergangsmaßregeln sind und mit der vollen Durchführung des sozialistischen Gedankens von selbst wieder in Wegfall kämen. Soviel ist gewiß, daß — abgesehen von dem prinzipiellen

10*

Teil — sich leicht auf Grund des obigen Programms eine gemäßigte reformistische und revisionistische Arbeiterpartei entwickeln könnte.

Bei den Hauptwahlen für die Abgeordnetenkammer erhielten die belgischen sozialistischen Kandidaten nach den offiziellen Berichten Stimmen:

im Jahre 1900: 307932, im Jahre 1902: 57526
„   „   1904: 296599,   „   „   1906: 87734
„   „   1908: 276298 ¹.

Seit den Wahlen vom Mai 1908 haben die Sozialisten 35 Abgeordnete. — Die rührige Partei besitzt eine große Anzahl von Zeitschriften und Zeitungen. Offiziell von der Partei anerkannt sind die täglich erscheinenden Blätter Le peuple, L'Echo du peuple, De Vooruit und De Werker.

An der Spitze der sozialistischen Partei steht der „souveräne" Kongreß, der jährlich stattfindet; die fortlaufenden Geschäfte besorgt der Generalrat (conseil général), dessen Mitglieder zum Teil vom Kongreß und zum Teil von den einzelnen Bezirken gewählt werden.

Wie in der deutschen existiert auch in der belgischen Sozialdemokratie ein gemäßigter, revisionistischer und ein radikaler Flügel. Auf dem ersteren stehen z. B. Anseele, Vandervelde, Vertrand u. a., auf dem letzteren de Brouckère u. a. Augenblicklich streitet man sich über die Beteiligung an der Regierung, falls im nächsten Mai der von ihnen erhoffte Sturz

¹ Zum Verständnis dieser Zahlen sei bemerkt, daß in Belgien alle zwei Jahre die Hälfte der Kammer neu gewählt wird, so daß jede Hälfte des Landes alle vier Jahre Neuwahlen vorzunehmen hat. Bei den Zahlen für 1908 ist nicht zu übersehen, daß die Liberalen und Sozialisten für mehrere Wahlkreise ein Kartell geschlossen hatten und die Stimmen nicht getrennt zählten. Rechnen wir von den in diesen Kreisen gemeinsam abgegebenen Stimmen (im ganzen 148767) die Hälfte zu den sozialistischen Stimmen, so erhielten die Sozialisten im Jahre 1908 im ganzen ca 350000 Stimmen.

der katholischen Partei erfolgen sollte. Die Gemäßigten scheinen keinen Widerwillen gegen einen Ministerstuhl in einem aus Liberalen und Sozialdemokraten gebildeten Ministerium zu empfinden.

§ 5.
England.

In England hat bis heute der Sozialismus wenig Eingang gefunden, obwohl dort so viele deutsche und französische Sozialisten die vollste Freiheit der Propaganda besaßen. Engels sagte im Jahre 1895: „Ich bin nun doch zu der Ansicht gekommen, daß die englischen Arbeiter gar nicht daran denken, der kapitalistischen Wirtschaft den Garaus zu machen, sondern nur darauf bedacht sind, sich möglichst gut unter ihr zu stellen." Bernstein stimmt diesem Urteile bei[1]. Der praktische Sinn des Engländers ist utopischen Träumereien abhold. Die mächtigen Gewerkvereine richten ihre Bestrebungen auf das unmittelbar Erreichbare und jagen nicht nebelhaften Phantomen nach. Der Sozialdemokrat Hyndman anerkennt diese Tatsache und spottet darüber mit grimmigem Hohn. Die englischen Arbeiter, meint er, „sind gemäßigte, empfindsame, langduldende Lohnsklaven, die nicht daran denken, in Wirklichkeit ihre Arbeitgeber zu schädigen oder die geheiligten Rechte des Privateigentums ... zu erschüttern. Das würde ja Revolution bedeuten, und englische Arbeiter sind keine Revolutionäre."[2]

Doch scheint sich allmählich ein Umschwung in den Arbeiterkreisen vorzubereiten. Im Jahre 1900 bildete sich eine eigene Arbeiterpartei, die gegenwärtig (Februar 1910) 1 481 368 (worunter 31 000 Mitglieder sozialistischer Organisationen), lauter gewerkschaftlich organisierte Mitglieder zählt. Der wichtigste Punkt der Statuten der Arbeiterpartei ist folgender:

---

[1] Vgl. Soziale Praxis (1900) Kol. 1288. [2] Ebd. 1287.

„Zweck der Partei ist, die Wahl von Kandidaten zu fördern,
die von den vereinigten Organisationen aufgestellt sind und sich
verpflichten, eine besondere Gruppe im Parlament zu bilden,
eigene Führer und eine eigene Politik in Arbeiterfragen zu haben,
sich der Vereinigung mit der liberalen und konservativen Partei
und deren Interessen strengstens zu enthalten und keinem von der
Partei aufgestellten Kandidaten entgegenzutreten. Alle diese Kandidaten müssen versprechen, die Parteistatuten zur Richtschnur zu
nehmen, sich den Entscheidungen der parlamentarischen Arbeiterfraktion zu unterwerfen und vor den Wählern nur als Arbeiter-
kandidaten zu erscheinen."[1]

Bei den Wahlen im Jahre 1906 brachte die Arbeiterpartei von 50 aufgestellten Kandidaten 30 durch, die sich
sofort als eigene unabhängige Arbeiterfraktion konstituierten
und Keir Hardie zu ihrem Führer wählten. Im laufenden
Jahre 1910 erhielten die 77 Kandidaten der Partei 505 696
Stimmen; gewählt wurden davon 40. Wie sich die Arbeiterpartei entwickeln wird, läßt sich noch nicht voraussehen, doch
scheint der Sozialismus an Boden zu gewinnen. Im Januar
1908 hielt sie zu London ihren achten Jahreskongreß ab. Auf
demselben kamen auch zwei sozialistische Anträge zur Verhandlung.
Der eine verlangte, daß die Partei in ihren Satzungen aus-
spreche, ihr Ziel sei der Umsturz des kapitalistischen Systems
und die Einführung des Sozialismus. Der zweite erklärte,
die Partei solle für die Vergesellschaftung der Produktionsmittel und für die Herstellung der sozialen Gleichheit wirken.
Der letztere Antrag wurde mit 560 000 gegen 412 000 Stimmen
angenommen, der erstere dagegen mit 951 000 gegen 91 000
Stimmen abgelehnt. Die Ablehnung erfolgte aber, wie mehrere
Redner betonten, nicht aus prinzipieller Verwerfung des Sozialismus, sondern aus Opportunitätsrücksichten, weil man
diejenigen Arbeiter, die noch nicht für den Sozialismus reif

---

[1] Vgl. Neue Zeit, 24. Jahrg., I 526 u. 664.

seien, nicht aus der Partei hinausdrängen und diese dadurch spalten wolle.

Auf dem letzten (dem 10.) Jahreskongreß zu Newport (9. Februar 1910) erklärte Keir Hardie, von den 43 Millionen der Bevölkerung des vereinigten Königreichs seien 39 Millionen arm; es sei Aufgabe der Arbeiterpartei, die Verteilung des Nationaleinkommens zu ändern; sie erkenne mehr und mehr, daß die Arbeitermassen in Lohnsklaverei bleiben, solange sie die Produktionsmittel nicht beherrschen.

§ 6.
Die Schweiz.

In Bezug auf die Schweiz können wir heute wiederholen, was wir schon vor mehr als 25 Jahren geschrieben[1]: Der einheimische Sozialismus ist, obwohl es wahrlich an aus- ländischen Agitatoren nie gefehlt hat, bis heute zu keiner großen Bedeutung gelangt. Das erste Programm der schweizerischen Sozialdemokratie datiert aus dem Jahre 1870 und lehnt sich eng an das Eisenacher Programm an. Dieses Programm wurde im Jahre 1877 der Hauptsache nach auch vom „Grütli- verein", dem nur Schweizer als Mitglieder angehörten, an- genommen. Neben dem Grütliverein, der in seiner Blüteperiode 16 000 Mitglieder zählte, konnte eine eigene sozialdemokratische Partei nicht aufkommen. Deshalb wurde auf dem Parteitag zu Solothurn im Jahre 1901 der „Grütliverein" als die organisatorische Grundlage der sozialdemokratischen Partei er- klärt und seinem Zentralkomitee auch die Aufgabe der Ge- schäftsleitung der sozialdemokratischen Partei übertragen. Die Partei bedurfte nun eines neuen Programms, und ein solches wurde auf dem am 20. und 21. November 1904 in Zürich abgehaltenen Parteitag angenommen[2].

---

[1] Stimmen aus Maria-Laach XXI 67.
[2] Vgl. Neue Zeit, 23. Jahrg., I 347 ff.

Das Programm beginnt mit einem prinzipiellen Teil. Das
Endziel der Sozialdemokratie ist eine Gesellschaftsordnung, die allen
Gliedern Wohlstand und Unabhängigkeit sichert und es ihnen er-
möglicht, zu höherer Kultur emporzusteigen. Das Mittel dazu ist
die Überführung der Produktionsmittel in den Besitz der
Gesellschaft und der Ersatz der kapitalistischen Wirtschaftsordnung
durch eine Gemeinwirtschaft mit demokratischer Grundlage. Von
dem Wege zu diesem Ziel heißt es: „Die schweizerische sozialdemokratische Partei strebt die Sozialisierung der Produktionsmittel zunächst an auf dem Wege der Verstaatlichung derjenigen Gebiete
des Verkehrs, des Handels und der Industrie, die nach ihrem
Monopolcharakter und nach dem Stande der technischen Entwicklung sich zur Verstaatlichung eignen oder deren Verstaatlichung
das gesellschaftliche Interesse sonstwie fordert." In Bezug auf
die Agrarfrage ist interessant, daß das Programm anerkennt,
es bestehe weder die Notwendigkeit der Vergesellschaftung des
kleinbäuerlichen Eigentums, das in der Schweiz vorherrscht, noch
die wirtschaftliche und technische Vorbedingung dazu. Die Sozialdemokratie will vielmehr die Ergiebigkeit der Landwirtschaft
steigern, dem Bauern den Ertrag seiner Arbeit sichern und
namentlich der Verschuldung entgegenarbeiten. Daß auch Trennung von Kirche und Staat, Gleichheit aller Bürger ohne Unterschied des Geschlechts im Programm auftreten, darf in Anbetracht
der allgemeinen Grundsätze der Sozialdemokratie nicht wundernehmen. Im großen und ganzen ist anzuerkennen, daß das Programm der schweizerischen Sozialdemokratie sich durch Besonnenheit
und Mäßigung, besonders soweit die Landwirtschaft in Betracht
kommt, auszeichnet und den Wünschen der deutschen Revisionisten
zu entsprechen sucht.

Die sozialdemokratische Partei baut sich auf der föderativen
Grundlage kantonaler Verbände auf, da die Kantone und
ebenso die Gemeinden noch viel Autonomie besitzen. Ihre
Haupttätigkeit entfaltet sie auch in Gemeinden und Kantonen.
Im Bund hat sie bis heute noch geringe Bedeutung. Bei
den Wahlen zum Nationalrat im Jahre 1908 erhielt sie

7 Mandate (von 167). Daher kommt es auch, daß die sozialdemokratischen Verbände der Gemeinden und Kantone zuerst an sich denken und in der Angabe ihrer Mitgliederzahl sehr zurückhaltend sind. Ende 1907 wurden im ganzen 25 000 organisierte Sozialdemokraten gezählt, davon gehörten 8407 zum Grütliverein. Der Grütlikalender für 1910 (S. 74) klagt: „Die sozialdemokratische Partei ist an Zahl der Mitglieder nicht gewachsen", aber er tröstet sich mit dem Wachstum „an innerer Festigkeit".

Die Gründe, warum in der Schweiz die Sozialdemokratie es bis heute nicht zu großer Bedeutung brachte, liegen nach G. Adler „erstens in der Erschwerung der Agitation durch die mangelnde Konzentration der Industrie, dann in der Stetigkeit der politischen und sozialen Entwicklung des Landes und schließlich in dem nüchternen und aufs Praktische gerichteten Nationalcharakter, der so viel Verwandtschaft mit dem gesunden englischen Typus aufweist" [1].

Das Beispiel Englands und der Schweiz ist sehr lehrreich. Es zeigt, daß der Sozialismus dort, wo er freie Bewegung hat und sich an der Sozialreform praktisch beteiligen muß, seine revolutionäre Spitze verliert.

§ 7.
Holland.

Bis zum Jahre 1894 waren die holländischen organisierten Arbeiter vorwiegend Anhänger des Anarchismus. Erst im genannten Jahre, als es ihrem Führer Domela Nieuwenhuis gelungen war, auf dem Groninger Kongreß den Beschluß durchzusetzen, der die Teilnahme der Arbeiter an den politischen Wahlen verurteilte, konstituierte sich am 26. August zu Zwolle eine eigene „Sozialdemokratische Arbeiterpartei". Die neue

---

[1] Handwörterbuch der Staatswissensch., Art. Sozialdemokratie.

Partei, an deren Spitze u. a. Troelstra, van Kol, Vliegen
standen, entwickelte sich mächtig und drängte die anarchistische
Richtung in den Hintergrund. Bei den Hauptwahlen wurden
im Jahre 1897 13035, im Jahre 1901 38279, im Jahre
1905 65743 und im Jahre 1909 82300 sozialistische Stimmen
abgegeben. Im letztgenannten Jahre eroberten die Sozialisten
sechs Sitze in der Kammer. Das Programm der „Sozial=
demokratischen Arbeiterpartei" schließt sich eng an das Erfurter
Programm an.

Es beklagt die zunehmende Scheidung der Gesellschaft in wenige
Besitzende und eine ungeheure Zahl von besitzlosen Proletariern, die
unter der Herrschaft des Kapitalismus eingetreten sei. Obwohl das
gesellschaftliche Vermögen beständig zunehme, komme es doch den
Arbeitern nicht zu gute, vermehre sich die Arbeitslosigkeit bei gleich=
zeitiger Vermehrung der Arbeitszeit, die Kaufkraft der Massen nehme
ab, die schnell aufeinanderfolgenden Krisen und Bankrotte bewiesen,
daß unter dem Prinzip der bestehenden Privatproduktion die Mensch=
heit die Produktion nicht mehr beherrschen könne. „Neben diesen
Anzeichen des Übergangs der bestehenden Produktionsweise führen
die Notwendigkeit der Verwertung der Maschinen in immer größerem
Umfang, die Konzentration aller Arbeitsmittel in den Händen einer
stets kleiner werdenden Anzahl von Personen und die Vereinigung
derselben zu Gesellschaften, welche alle Konkurrenz ertöten (Trusts
u. dgl.), notwendig zur gesellschaftlichen Organisation der Produktion
(Sozialistischen Gesellschaft). Unter dem Einfluß dieser ökonomischen
Revolution hat sich ein Teil des Proletariats zu dem Zwecke ver=
einigt, die sozialistische Produktionsweise zu befördern." Die „Sozial=
demokratische Arbeiterpartei" betont den internationalen Charakter
der sozialistischen Bewegung, sie will das Klassenbewußtsein des
Proletariats wecken und die politische Macht zu erobern suchen.
Sie unterstützt jede Bewegung der Arbeiter zur Erlangung einer
besseren Lebenslage, um dadurch ihr Klassenbewußtsein gegenüber
den Besitzenden zu verstärken. „Solange den Arbeitern die Er=
oberung der Staatsgewalt unmöglich ist, wird sie trachten, alle
politischen Rechte zu erlangen und diese zu gebrauchen, sowohl

um das ganze Proletariat zum Klassenkampf zu organisieren, als auch um Einfluß zu gewinnen auf die Gesetzgebung zum Zweck der unmittelbaren Verbesserung der Lage der besitzlosen Klasse und der Beschleunigung der ökonomischen Revolution."

Als unmittelbare Forderungen an den heutigen Staat er= wähnt das Programm das allgemeine direkte, gleiche und ge= heime Wahlrecht für Männer und Frauen vom 20. Jahre an. Proportionalvertretung der Minderheiten, beständige Absetzbarkeit der Gewählten durch die Wähler. Einführung der Volksinitiative für die Gesetzgebung und des Volksreferendums. Volle Koalitions=, Preß= und Redefreiheit, Abschaffung aller Gesetze, welche die Frau gegenüber dem Manne zurücksetzen, Trennung von Kirche und Staat, Verstaatlichung von Grund und Boden (Landnationali= sation) und der Industriemonopole, Gesetzgebung zum Schutze der Arbeiter usw. usw. [1]

Wie in Deutschland, so bekämpfen sich gegenwärtig auch in Holland in der sozialistischen Partei zwei Richtungen: die marxistische und revisionistische. Die große Mehrheit der Partei scheint dem Reformismus oder Revisionismus zu huldigen. Das entspricht auch mehr dem praktischen nüchternen Sinn des Holländers. Die starren Marxisten sind natürlich damit nicht zufrieden und üben deshalb in der Presse (ihr Organ ist die „Tribüne") und auf den Parteitagen scharfe Kritik an der revisionistischen Parteileitung und der parlamentarischen Fraktion. Besonders Genossin Roland=Holst ist eine Hauptwächterin der marxistischen Prinzipien gegen den Revisionismus. Auf dem Parteitag zu Arnheim (April 1908) wurde ein die bisherige Haltung der Partei und die Leitung des Parteiorgans (Het Volk) billigender Antrag mit 204 gegen 80 Stimmen an= genommen. Die Partei ist im Jahre 1907 auf 8423 ein=

---

[1] Das ganze Programm ist wörtlich abgedruckt in der holländischen Übersetzung dieser Schrift: Het Socialisme, Leiden (Uitgevers Vennoot-schap Futura) 1905, 84 ff.

geschriebene Mitglieder angewachsen. Seither hat sich ein Teil der Radikalen (Marxisten) unter dem Namen „Sozialdemokratische Partei" von der Hauptpartei abgezweigt, ohne jedoch zu größerer Bedeutung zu gelangen.

§ 8.

Dänemark und Skandinavien.

Die Geschichte der dänischen Sozialdemokratie beginnt mit der Gründung des „sozialdemokratischen Verbandes" Dänemarks am 12. Februar 1878. Seither ist die Partei stetig an Zahl und Macht gewachsen. Sie erzielte bei den Wahlen zum Folkething

1887:	8 408	Stimmen
1898:	25 019	„
1901:	41 955	„
1903:	55 593	„
1906:	76 562	„
1909:	100 000	„

Die Zahl ihrer Vertreter beträgt jetzt im Folkething 24 und im Landsthing 4, in den verschiedenen Gemeinderäten 700. Der dänische „sozialdemokratische Verband" zählte nach dem Bericht des Vorstandes auf dem Parteitag zu Odense (September 1908) 302 Ortsvereine mit 37 708 Mitgliedern. In den prinzipiellen Anschauungen stehen die dänischen Sozialdemokraten ganz auf dem Boden des Marxismus, was sie aber nicht hindert, in Staat und Gemeinde sich rege an allen Reformen zu Gunsten der unteren Volksklassen zu beteiligen.

Über den Stand der Sozialdemokratie in S ch w e d e n veröffentlichte der Parteivorstand Anfang 1908 einen Bericht, dem wir folgende Zahlen entnehmen [1]:

---

[1] Vgl. Vorwärts 1908, Nr 123, 1. Beilage.

Im Jahre	. 1889	hatte sie	. . . . .	8 000 Mitglieder,
„ „	. 1900	„ „	. . . . .	45 000 „
am 1. Januar 1904	95 Arbeiterkommunen	54 552		„
„ 1. „	1906 137	„	69 191	„
„ 1. „	1908 239	„	133 388	„

Die Zahl der Arbeiterkommunen, der Ortsorganisationen der Partei, ist also im Jahre 1908 um 69 gestiegen, die der Mitglieder um 31 459. Die größten Arbeiterkommunen sind: Stockholm mit 30 327, Malmö mit 14 790 und Göteborg mit 12 130 Mitgliedern.

Die Parteipresse zählt sechs Tagesblätter, die in Stockholm, Malmö, Göteborg, Gefle, Norköping und Landskrona erscheinen, zusammen in 90 000 Exemplaren. Im ganzen zählen die 16 politischen Zeitungen der schwedischen Sozialdemokratie 156 000 Abonnenten. Die Gewerkschaften geben 25 Fachblätter heraus, deren Leserzahl über 150 000 beträgt.

Im Reichstag sind die Sozialdemokraten durch 13 Abgeordnete vertreten.

In Norwegen wurden bei den letzten Wahlen zum Storthing (Oktober 1909) 43 000 sozialdemokratische Stimmen abgegeben und 11 Sozialdemokraten gewählt.

§ 9.
Spanien.

In Spanien gehört bis heute noch ein großer Teil der organisierten Arbeiter den Anarchisten Bakuninscher Richtung an. Zwar gründeten Iglesias und Mesa schon Ende der siebziger Jahre eine sozialdemokratische Partei mit marxistischem Programm, aber dieselbe entwickelte sich sehr langsam. Wie in Deutschland gibt es auch in Spanien zwei sozialdemokratische Organisationen, die sich gegenseitig ergänzen: die politische und die gewerkschaftliche. Die politische bestand im März 1904 aus ca 100 Vereinen mit etwas über 10 000 Mitgliedern. Die gewerkschaftliche Union general de Trabajadores (Allgemeine

Arbeitervereinigung) setzte sich um dieselbe Zeit aus 250 Sektionen (Fachvereinen) mit ungefähr 50 000 Mitgliedern zusammen. Bei den Corteswahlen im Jahre 1903 fielen auf die sozialistischen Kandidaten 29 000 Stimmen, bei denen von 1905 nur 15 000, und bisher haben sie noch keinen Sitz in der Deputiertenkammer erobert.

Außer dem von Iglesias redigierten El Socialista in Madrid und dem La Internacional in Barcelona besitzt die Partei ein Dutzend Wochenblätter mit einer regelmäßigen Auflage von über 30 000 Exemplaren und eine Halbmonatrevue [1].

§ 10.
Rußland und Finnland.

Der Sozialismus als Massenerscheinung tritt überall im Gefolge der modernen industriellen Entwicklung auf. Da in Rußland der industrielle Aufschwung noch jungen Datums ist, so darf es nicht verwundern, daß erst in letzter Zeit eine sozialistische Bewegung größeren Stiles anhob.

Es gärte zwar schon lange in weiten Schichten der russischen Bevölkerung, aber die Bewegung ging meist von den Gebildeten, von Studenten, Literaten und Beamten aus und trug vorwiegend politisch-revolutionären Charakter. Ihr eigentliches Ziel war die Beseitigung des zaristischen Absolutismus und Herstellung der konstitutionellen Monarchie. Infolge davon hatte auch die Arbeiterbewegung anfänglich mehr nihilistisch-anarchistisches als sozialistisches Gepräge.

Die erstere größere sozialistische Organisation bildete sich im Jahre 1898 unter dem Namen „Sozialdemokratische Arbeiterpartei", aus deren Schoß im Jahre 1901 die „Organisation der Iskra", so genannt nach dem offiziellen Monatsblatt „Iskra" (Funke), hervorging. Schon im Jahre 1903

---

[1] Vgl. Neue Zeit, 22. Jahrg., I 268.

spaltete sich die Partei in zwei Lager. Die Majorität mit Lenin an der Spitze vertrat die Idee des strammen Zentralismus, die Minorität unter der Führung Martows bekämpfte dieselbe als eine Gefahr für die Aktionsfähigkeit der Partei. Die beiden Parteien wurden nach ihren Häuptern Leninzi und Martowzi getauft. Weil die Leninianer die Mehrheit besaßen, wurden sie auch Bolschewiki (Majoritätler), die Martowianer dagegen Menschewiki (Minoritätler) genannt.

Für Lenin steht der allrussische Aufstand gegen das autokratische Zarenregiment fest, und auf diese Unvermeidlichkeit der großen Revolution baut er seine Taktik. Auf ein von den Führern zur rechten Zeit gegebenes Zeichen soll der allgemeine Streik und die allrussische Empörung losbrechen und eine konstituierende Versammlung erzwingen. Seine Anhänger betrachten deßhalb die jetzt vom Zaren gewährte Duma als eine Illusion oder höchstens als ein Organ zur Vorbereitung und Einberufung einer Konstituante, während die Martowiten in ihr ein Organ der Aufklärung, der Propaganda und der Erziehung der Massen erblicken. Beide Parteien bekämpfen sich heftig[1]. Auf den Kongressen der russischen Sozialisten zu Stockholm (1906) und London (1907) suchte man eine Annäherung. Auf dem Londoner Kongreß war auch die polnische Sozialdemokratie und der sozialistisch-jüdische Bund vertreten. Die Einigung mißlang. Die Leninianer erfochten bei den entscheidenden Abstimmungen den Sieg mit 160 gegen 110 Stimmen. Zu den Führern der Minorität gehören außer Martow noch Plechanow und Axelrod. — In der Duma stimmen die Martowiten oft mit den Kadetten, was die Anhänger Lenins als einen Verrat an der Sache der Arbeiter bezeichnen.

---

[1] Vgl. Streltzow, Die beiden Parteien in der russischen Sozialdemokratie. Sozialistische Monatshefte 1906, II 1001 ff.

Beide Parteien zusammen zählen ca 50 Abgeordnete in der
jetzigen Duma.

Neben den eigentlichen Sozialdemokraten gibt es noch eine
Partei der „Sozialrevolutionären", die etwa 40 Abgeordnete
in der Duma zählen und den Sozialdemokraten nahestehen,
und eine Partei der „Volkssozialisten", eine zahmere Spielart
der Sozialrevolutionären. Rechnet man zu diesen halb= oder
ganzsozialistischen Parteien noch die Arbeiterpartei mit 85 Stimmen in der Duma, so sollte man meinen, die sozialistische
Strömung im russischen Volke sei sehr stark. Aber Kenner
der Verhältnisse leugnen das. Bei den verwickelten russischen
Wahlverhältnissen ist die Wahl eine Art Glücksspiel und nicht
imstande, die wahre Volksstimmung zum Ausdruck zu bringen.
Die große Masse des Volkes ist noch viel zu indolent und zu
wenig geschult für eine große sozialistische Aktion.

In neuester Zeit ist nach französischem Muster auch eine
syndikalistische Bewegung entstanden, wie denn überhaupt die Russen gern nach westeuropäischem Muster arbeiten [1].

Mächtig entwickelt ist die Sozialdemokratie in Finnland.
Die dortige sozialdemokratische Partei umfaßte Ende 1906
437 politische Organisationen mit 85 027 Mitgliedern, darunter
18 986 Frauen. In den Kommunalverwaltungen besaß sie
trotz des ungünstigen Wahlgesetzes 183 Vertreter. 5 Parteiblätter erscheinen täglich, 9 dreimal und 2 zweimal wöchentlich. Außerdem besitzt die Partei mehrere politische und andere
Zeitschriften, die teils in finnischer teils in schwedischer Sprache
erscheinen. Bei den Wahlen im Februar 1910 brachte es die
Partei auf 271 887 Stimmen und auf 86 Abgeordnete im
Landtag [2].

---

[1] Vgl. Sozialistische Monatshefte 1908, I 253.
[2] Vgl. Vorwärts 1910, Nr 33.

Neben den Sozialisten gibt es in Finnland auch einen starken Prozentsatz von Anarchisten, welche durch terroristische Akte, Mord und Raub nicht ausgeschlossen, für ihre Ideen Propaganda zu machen suchen.

§ 11.
Vereinigte Staaten von Nordamerika.

In Nordamerika bestehen heute zwei sozialistische Organisationen, die ältere Sozialistische Arbeiterpartei (Socialist Labor Party) unter der Führung Daniel de Leons und die neuere Sozialistische Partei (Socialist Party oder auch Social Democratic Party), an deren Spitze Eugen V. Debs steht. Beide Parteien bekennen sich zu den Grundsätzen des Sozialismus, befehden sich aber untereinander auf das heftigste. Der Hauptgrund der Feindseligkeit ist die verschiedene Stellung zu den Gewerkschaften. Die Sozialistische Arbeiterpartei steht den nichtpolitischen Gewerkschaften feindselig gegenüber und will nur solche Gewerkschaften, die den politischen Führern willige Gefolgschaft leisten. Die Sozialistische Partei dagegen erkennt die Selbständigkeit der Gewerkschaftsbewegung an, sucht aber die bestehenden Gewerkschaften allmählich mit dem internationalen sozialistischen Geist zu erfüllen. Die Sozialistische Partei machte bis gegen Ende des vorigen Jahrhunderts nur geringe Fortschritte, wohl deshalb, weil sie zu sehr ausländischen Charakter an sich trug. Sie war von deutschen Auswanderern gegründet, bestand zum größten Teil aus solchen und hatte die deutsche Neuyorker Volkszeitung zum Hauptorgan. Allmählich aber hat sich die Partei amerikanisiert, d. h. in Anschauungen, Taktik und Sprache den amerikanischen Arbeitern und ihrer Denkweise angepaßt. Seither macht sie rasche Fortschritte und überholt immer mehr ihre Rivalin. Auf dem Kongreß der Sozialistischen Partei in

Chicago (Mai 1908) waren 218 Delegierte, darunter 18 Frauen, gegenwärtig. Die Partei zählte im Jahre 1904 ca 20 000 eingeschriebene Mitglieder, im Jahre 1908 dagegen mehr als 40 000, die Arbeiter, die infolge von Arbeitslosigkeit von den Monatsbeiträgen befreit sind, nicht mitgerechnet.

Während die Sozialistische Partei wächst, ist die Sozia- listische Arbeiterpartei im Rückgang begriffen. Man ersieht das am besten aus den bei den **Präsidentschaftswahlen** abgegebenen Stimmen. Es erhielten bei diesen Wahlen Stim- men der Kandidat

der Sozialistischen Arbeiterpartei	der Sozialistischen Partei
im Jahre 1900: 39 739	87 814
„ „ 1904: 33 519	392 857
„ „ 1908: 15 421	447 651

Da im letztgenannten Jahre bei den Präsidentschaftswahlen im ganzen 14 852 841 Stimmen abgegeben wurden, ist der Prozentsatz der sozialistischen Stimmen verhältnismäßig noch gering.

Daß beide sozialistische Parteien auf dem Boden des Marxis- mus stehen, geht aus ihren Programmen hervor. Im Programm der Sozialistischen Arbeiterpartei heißt es, daß die Partei die Ab- schaffung der Klassen, die Übertragung des Bodens und aller Mittel der Produktion, des Verkehrs und der Verteilung an das Volk als eine Gesamtorganisation und die Herstellung eines genossenschaftlichen Gemeinwesens an Stelle des gegenwärtigen Zustandes planloser Produktion erstrebe [1].

---

[1] Siehe den vollen englischen Text dieses Programms in der eng- lischen Ausgabe dieser Schrift, welche P. Gettelmann S. J. in Neuyork veröffentlicht hat (Socialism, its theoretical basis and prac- tical application, authorized translation of the eighth german edition, by V. F. Gettelmann S. J., New York 1904, Benziger Brothers, 89). Daselbst findet der Leser auch eine eingehendere Entwicklungsgeschichte des amerikanischen Sozialismus 79 ff.

Die Hauptsätze des Programms der „Sozialistischen Partei",
das im Jahre 1901 angenommen wurde, sind nur eine freie
Wiedergabe des Erfurter Programms. Die Partei bekennt sich
zum „internationalen Sozialismus" und erstrebt „die Eroberung
der politischen Gewalt, um das gegenwärtige System
des Privateigentums an den Mitteln der Pro=
duktion und Verteilung in das Gemeineigentum
des gesamten Volkes umzuwandeln.... Das Privat=
eigentum an den Produktions= und Distributionsmitteln ist
schuld an der stetig wachsenden Unsicherheit des Lebensunter=
haltes, der Armut und des Elendes der arbeitenden Klasse, es
teilt die Gesellschaft in zwei feindliche Klassen: die Kapitalisten
und Lohnarbeiter. Die einst mächtige Mittelklasse verschwindet
rasch zwischen den Mühlsteinen der Konkurrenz.... Aber dieselben
wirtschaftlichen Ursachen, die den Kapitalismus erzeugten, führen
auch zum Sozialismus, der sowohl die Klasse der Kapitalisten
als die der Lohnarbeiter beseitigen wird. Die einzig wirksame
Kraft, die diese neue und höhere Gesellschaftsordnung herbeiführen
kann, ist die Arbeiterklasse. Alle andern Klassen sind, trotz ihrer
wirklichen oder scheinbaren Gegensätze untereinander, in gleicher
Weise mit ihrem Interesse an die Erhaltung des Systems des
Privateigentums an den Mitteln der Produktion des Reichtums
geknüpft." Deshalb sollen sich die Arbeiter als eine eigene, von
allen andern besitzenden Klassen geschiedene politische Partei kon=
stituieren. Es folgen dann noch eine Reihe von unmittelbaren
Forderungen, die an die heutige Gesellschaft zu Gunsten der Arbeiter
zu stellen, und meist dem Erfurter Programm entlehnt sind [1].

Am 5. Mai 1904 wurde in Chicago ein neues Programm
angenommen, das aber nur die Gedanken des früheren Pro=
gramms in rhetorischer Form wiederholt [2].

---

[1] Vgl. Gettelmann ebd. 90—91.
[2] Ebd. 99 ff.

§ 12.

Australien.

Seit Oktober 1890 bestand ein „Australischer So=
zialistenbund" mit dem Hauptsitz in Sydney, Neusüdwales.
In dem offiziellen Programm dieses Bundes hieß es u. a.:
„Die Zeit der blinden Produktion, der Konkurrenz, der Pri=
vatunternehmungen ist vorüber; die Quellen und Mittel der
Erzeugung und Verteilung des Reichtums sollen als Gemein=
gut erklärt und behandelt werden, d. h. der Grund und Boden,
die Bergwerke, die Fabriken und Maschinen, das Rohmaterial,
die Schiffahrt, die Werften und Speicher und alle andern
mitwirkenden Faktoren, die zur Produktion und Verteilung
der Güter dienen, sollen verstaatlicht werden."

Im Jahre 1908 trat in Sydney an Stelle des früheren
Bundes die „Allgemeine sozialistische Förderation" für die
Australischen Staaten[1]. Das Programm der Förderation
schließt sich ziemlich eng an den Marxismus. Es wurde be=
schlossen, daß bei allen Wahlen Kandidaten der eigenen Partei
aufzustellen seien. Die Mitglieder dürfen keiner andern Partei,
auch nicht der alten Arbeiterpartei, angehören. Die obli=
gatorischen Lohnämter und Schiedsgerichte wurden als den
Arbeitern schädlich abgelehnt. Wenn die Regierung die Ar=
beiter in ihrem Kampf gegen den Kapitalismus nicht unter=
stütze, sei sie zu bekämpfen.

Ihren Standpunkt zu den religiösen Bekenntnissen
hat die Partei in folgendem Beschluß niedergelegt: Die Förderation,
deren Propaganda und Aktion auf der marxistischen Philosophie
und Wissenschaft beruht, erklärt, daß die materialistische Geschichts=
auffassung im Widerspruch steht zu allen Systemen der Theologie
und sie verwirft deshalb jede unumschränkte Autorität und begrüßt
die Herrschaft der Vernunft als Ausfluß der ökonomischen Gesetze.

---

[1] Vgl. Vorwärts 1908, Nr 201, 1. Beil.

In einer Erklärung verwirft die Partei den Militarismus in jeder Form. Die Arbeiterklasse habe mit aller Energie ihre ökonomische und politische Organisation aufzubauen, wodurch allein die Kriege unmöglich gemacht würden. Die Konferenz wandte sich auch gegen eine Utopie, für die die Arbeiterpartei unter den Arbeitern Propaganda mache, und die dahin gehe, die Sozialisierung der Produktionsmittel durch eine gigantische „Ablösung" der be= sitzenden Klasse (durch Geldentschädigung) herbeizuführen.

Schließlich wurde beschlossen, in allen Staaten Fonds zu bilden, um den nächsten internationalen Kongreß mit Dele= gierten beschicken zu können. Ferner soll die Exekutive dafür sorgen, daß die Förderation auch im Internationalen Bureau Vertretung erhält.

§ 13.
Internationale Organisation.

Wir schließen unsern Überblick über den Sozialismus in den verschiedenen Kulturländern mit einigen Andeutungen über seine Internationale Organisation.

Die im Jahre 1864 in London gegründete „Internatio= nale"[1] erwies sich nicht als lebensfähig. Die Ideen waren damals noch nicht genügend geklärt. Eine Scheidung der verschiedenen kommunistischen Tendenzen: Kommunismus, An= archismus, Sozialismus hatte bei der großen Masse der Ar= beiter noch nicht stattgefunden. Daher denn auch die ewigen Streitigkeiten auf den verschiedenen Kongressen der Internatio= nale über die wichtigsten Punkte ihres Programms z. B. über die Verstaatlichung des Grundeigentums u. dgl. Sodann er= strebte die Internationale eine zentralistische Organisation, die die Unabhängigkeit der nationalen Parteien zu beseitigen drohte und an der Abneigung der verschiedenen Nationen gegeneinander scheitern mußte.

---

[1] Vgl. oben S. 33.

Anderseits erwies sich eine Verständigung zwischen den sozialistischen Parteien der verschiedenen Länder als ein dringendes Bedürfnis. Die Quellen der Übel, unter denen die Arbeiter litten, waren in allen Kulturländern wesentlich dieselben, und eine wirksame Abhilfe war nur möglich, wenn die verschiedenen nationalen Parteien sich gegenseitig verständigten und unterstützten. Diese Erwägungen führten zu den internationalen sozialistischen Kongressen, welche gewisse Richtlinien für die Proletarier aller Länder festzustellen suchten, ohne die Selbständigkeit der einzelnen nationalen Organisationen zu gefährden. Solche Kongresse wurden abgehalten zu Gent (1877), Chur (1888) und Paris (1883 und 1886). Größere Bedeutung erlangten aber erst die Kongresse zu Paris (1889), Brüssel (1891), Zürich (1893), London (1896), Paris (1900), Amsterdam (1904) und Stuttgart (1907).

Weil es auf früheren Kongressen zu ärgerlichen Streitigkeiten mit den Anarchisten gekommen war, so wurde auf dem Londoner Kongreß (1896) beschlossen, künftig zu den sozialistischen Kongressen ausschließlich einzuladen: 1. „die Vertreter aller Gruppen, die die Umwandlung der kapitalistischen Eigentums= und Produktionsordnung in die sozialistische Eigentums= und Produktionsordnung anstreben und die Teilnahme an der Gesetzgebung und die parlamentarische Tätigkeit als notwendiges Mittel zur Erreichung dieses Zweckes ansehen; 2 alle gewerkschaftlichen Organisationen, die, wenn sie sich auch als solche nicht am politischen Kampfe beteiligen, doch die Notwendigkeit politischer und parlamentarischer Tätigkeit anerkennen. Anarchisten sind mithin ausgeschlossen.“

Auf den Kongressen wird nach Nationen abgestimmt. Jede Nation erhält eine Anzahl Stimmen, entsprechend ihrer Bedeutung in der sozialistischen Bewegung. Auf dem Stuttgarter Kongreß (1907) erhielten Deutschland, Österreich, Frankreich, Großbritannien, Rußland je 20, Italien 15, Vereinigte Staaten

14, Belgien 12, Dänemark, Polen und die Schweiz je 10, Australien, Finnland, Holland und Schweden je 8, Spanien, Ungarn und Norwegen je 6, Südafrika, Argentinien, Bulgarien, Japan, Rumänien und Serbien je 4, Luxemburg 2.

Auf dem Pariser Kongreß von 1900 beschloß man die Errichtung eines „Internationalen sozialistischen Bureaus", das die Aufgabe hat, die Beschlüsse der internationalen Kongresse zusammenzustellen, eine sozialistische Bibliothek und ein Archiv einzurichten, Berichte über den Gang der politischen und gewerkschaftlichen Bewegung von den einzelnen Ländern einzufordern und daraus einen Generalbericht zu veröffentlichen, die internationalen Kongresse und ihre Tagesordnungen vorzubereiten und endlich bei großen Tagesfragen, welche die Interessen des Proletariats berühren, Manifeste zu erlassen.

Seinen Sitz hat das Internationale sozialistische Bureau in Brüssel, Sekretär desselben ist zur Zeit Huysmans-Brüssel. Am 30. Dezember 1901 hielt es seine erste Sitzung ab und versandte seinen ersten Bericht. Heute sind in demselben 23 Staaten durch Delegierte vertreten.

Neben den sozialistischen Kongressen her gehen die Inter= parlamentarischen sozialistischen Konferenzen. Schon auf dem Kongreß zu London 1896 wurde die Schaffung eines internationalen parlamentarischen Komitees beschlossen. Der Kongreß von Amsterdam (1904) einigte sich für dasselbe auf folgende Vorschläge. Die Vertreter der verschiedenen parlamentarischen Körperschaften der einzelnen Länder sollen unter sich eine Kommission bilden, aus deren Mitte ein internationaler Sekretär gewählt wird. Dieser soll mit den Schrift= führern der einzelnen Fraktionen in Verbindung treten zwecks gegenseitiger Mitteilungen und möglichst einheitlicher Aktion in den verschiedenen Parlamenten. Jedes Land soll für das Internationale Komitee zwei Delegierte ernennen. Die letzte

interparlamentarische Konferenz fand in Stuttgart vom 17.
bis 20. August 1907 statt[1].

Es besteht auch schon eine Internationale soziali-
stische Jugendorganisation, die im Jahre 1907 eine
Konferenz in Stuttgart abhielt. Auf derselben waren 14
Nationen mit über 50 000 Mitgliedern vertreten. Ein Sekre-
tariat (Sitz Leipzig) verbindet die nationalen sozialistischen
Jugendorganisationen miteinander[2].

---

[1] Vgl. den Bericht darüber im „Internationalen Sozialistenkongreß zu Stuttgart", Berlin 1907, 76 ff.

[2] Vgl. Neue Zeit 1908, II 798 ff.

Zweiter Abschnitt.

Prüfung der wissenschaftlichen Grundlagen des Sozialismus.

Erstes Kapitel.

Die materialistische Geschichtsauffassung und die Marxsche Mehrwerttheorie.

Die „materialistische Geschichtsauffassung" ist das Grund-dogma des Marxschen Sozialismus. Das wird heute allgemein anerkannt. Nach Engels ist erst durch diese Geschichtsauf-faffung der Sozialismus eine Wissenschaft geworden[1]. Man muß aber zweierlei in dieser Geschichtsauffassung unterscheiden: erstens die allgemeine Geschichtstheorie und zweitens die Ver-wertung dieser Theorie zu Gunsten des Sozialismus. Jeder Marxsche Sozialist muß zwar die materialistische Geschichts-theorie voraussetzen und auf ihr weiterbauen, aber nicht jeder,

---

[1] S. oben S. 35. Bernstein (Die Voraussetzungen des Sozia-lismus und die Aufgaben der Sozialdemokratie 4) schreibt: „So wird von niemand bestritten, daß das wichtigste Glied im Fundament des Marxismus, sozusagen das Grundgesetz, das das ganze System durch-dringt, seine spezifische Geschichtstheorie ist, die den Namen materialistische Geschichtsauffassung trägt. Mit ihr steht und fällt es im Prinzip; in dem Maße, wie sie Einschränkungen erleidet, wird die Stellung der übrigen Glieder zueinander in Mitleidenschaft gezogen."

der diese Theorie annimmt, braucht deshalb auch notwendig die sozialistischen Konsequenzen zuzulassen, welche Marx und seine Anhänger daraus ziehen. Wir werden nun zuerst die materialistische Geschichtstheorie prüfen und dann deren Verwertung zu Gunsten des Sozialismus.

Erster Artikel.

Die materialistische Geschichtsauffassung als allgemeine Geschichtstheorie [1].

Durch ihre „materialistische Geschichtsauffassung" wollten Marx und Engels eine ganz neue Art der Geschichtsforschung und Geschichtserklärung begründen. Diese Geschichtsauffassung ist, wie aus unsern früheren Ausführungen (S. 35 ff) ersichtlich, eine Verpflanzung der Hegelschen Geschichtstheorie mit ihrem dialektischen Werdeprozeß auf den Boden des Materialismus. Die Geschichte ist in einem beständigen Werdeprozeß begriffen, in dem es nichts Unwandelbares gibt als das ewige Werden und Vergehen. In diesem Prozeß sind nicht irgendwelche Ideen die treibenden und leitenden Kräfte, sondern die materiellen Produktionsverhältnisse. Zugleich mit diesen ändern sich die rechtlichen, politischen, religiösen,

---

[1] Vgl. H. Pesch, Die Philosophie des „wissenschaftlichen" Sozialismus: Stimmen aus Maria-Laach XLI 249 ff, und desselben Lehrbuch der Nationalökonomie. I: Grundlegung 309; Messert, Arbeiterfrage und Sozialismus (1901); Masaryk, Die Grundlagen des Marxismus, Wien 1899; Stammler, Wirtschaft und Recht, Leipzig 1896; Woltmann, Der historische Materialismus, Düsseldorf 1900; Friedländer, Die vier Hauptrichtungen der modernen sozialen Bewegung, 1. TI: Marxismus und Anarchismus, Berlin 1901; Barth, Die sog. materialistische Geschichtsauffassung: Jahrbücher der Nationalökonomie und Statistik, 3. Folge, XI 1 ff; Tugan-Baranowsky, Theoretische Grundlagen des Marxismus (1905).

philosophischen usw. Ideen (der ideologische Überbau), da das Ideelle nur das im Menschenkopf umgesetzte Materielle ist. Die Fortbewegung in der Geschichte vollzieht sich durch Ausbildung von wirtschaftlichen Gegensätzen und Klassenkämpfen.

Wir können der Klarheit halber die Voraussetzungen und den Inhalt dieser materialistischen Geschichtsauffassung auf folgende fünf Sätze zurückführen:

1. Es gibt keinen Dualismus von Geist und Materie (materialistische Weltanschauung).

2. Die materiellen Produktionsverhältnisse sind die Quelle, aus der alle „Ideologie" herstammt.

3. Es gibt keine unwandelbaren philosophischen, politischen, religiösen usw. Ideen. Alles ist in einem unaufhörlichen Werden begriffen.

4. In diesem Entwicklungsprozeß sind die materiellen Produktionsbedingungen die bestimmende, ausschlaggebende Triebkraft.

5. Alle gesellschaftliche Entwicklung vollzieht sich durch Ausbildung von wirtschaftlichen Gegensätzen und Klassenkämpfen.

Wir wollen diese Sätze der Reihe nach prüfen. Im ersten begegnet uns die Anschauung Feuerbachs, im dritten die Theorie Hegels, in den drei übrigen endlich kommen die Marx und Engels eigentümlichen Ideen zur Geltung.

§ 1.
Der materialistische Monismus.

Die notwendige Voraussetzung der materialistischen Geschichtsauffassung ist der Materialismus als Weltanschauung oder die Lehre: Es gibt keinen Dualismus von Geist und Materie; alles, was existiert, ist nur Materie oder eine durch die bewegte Materie entstandene

Entwicklungsform. „Der Geist ist selbst nur das höchste Pro=
dukt der Materie."[1] Das ist der offene Materialismus.

Unter Materialismus versteht man die Lehre, welche
in der Materie, dem Stoff, den einzigen und letzten Grund
alles Seins und aller Erscheinungen, und in dem „Geist" nur
ein Produkt oder eine Modifikation oder Erscheinung der
Materie erblickt. Nach Engels ist das tiefste philosophische
Problem die Frage nach dem Verhältnis von Denken und
Sein, von Geist und Natur. „Diejenigen, die die Ursprüng=
lichkeit des Geistes gegenüber der Natur behaupteten, also
in letzter Instanz eine Weltschöpfung irgend einer Art an=
nahmen — und diese Schöpfung ist oft bei den Philosophen,
z. B. bei Hegel, noch weit verzwickter als im Christentum —
bildeten das Lager des Idealismus. Die andern, die die
Natur als das Ursprüngliche ansahen, gehören zu den
verschiedenen Schulen des Materialismus."[2]

Daß nun Marx und Engels mit ihrer materialistischen
Geschichtsauffassung ganz auf dem Boden der materialisti=
schen Weltanschauung standen und diese voraussetzten,
scheint nach dem über das Wesen der materialistischen Ge=
schichtsauffassung aus den Schriften der beiden Koryphäen des
Sozialismus Angeführten (S. 40 ff) von selbst einleuchtend.
Schon der Name „materialistische Geschichtsauffassung", „hi=
storischer Materialismus" läßt keine andere Deutung zu. Die
Geschichte der Menschheit soll auf materialistischem Boden kon=
struiert werden. Wir müssen aber diesen wichtigen Punkt ein=
gehender begründen, weil er vom „Vorwärts" in einer Rezension
dieser Schrift bestritten worden ist[3]. Derselbe schreibt:

---

[1] Engels, Lud. Feuerbach 18.   [2] Ebd. 14.

[3] Nr 232 vom 4. Oktober 1903, 1. Beilage. Es heißt da u. a.:
„Da der Verfasser unter die wissenschaftlichen Matadore des Klerika=
lismus zählt und jene Schrift in hervorragendem Maße zu denen
gehört, auf der (sic!) die Pfafferei des Zentrums bei jeder passenden

„Zunächſt iſt es nicht richtig, daß die materialiſtiſche Geſchichts=
auffaſſung nur unter der Annahme richtig bleibt, es gebe keinen
Dualismus von Geiſt und Materie. Den Nachweis, daß materia=
liſtiſche Geſchichtsauffaſſung und materialiſtiſche Weltanſchauung, um
deren Verquickung es ſich handelt, notwendig zuſammenfallen, daß
die eine die unbedingt logiſche Konſequenz der andern ſei, bleibt
denn Cathrein auch ſchuldig, deshalb ſchuldig — weil er nicht zu
führen iſt. Dabei mag ohne weiteres zugegeben ſein, daß eine
Anzahl von Sozialiſten auch Anhänger des philoſophiſchen Materia=
lismus ſind. Die Frage iſt aber, ob man philoſophiſcher Materialiſt
ſein muß, um Anhänger der materialiſtiſchen Geſchichtsauffaſſung
ſein zu können, und dieſe Frage wird von den Sozialiſten einhellig
verneint. Selbſt die philoſophiſchen Materialiſten des Sozialismus
bedanken ſich für jene ‚grobſinnliche‘ Auslegung des Materialismus,
die ihnen Cathrein unterſchiebt. So hat ſich insbeſondere Engels,
den Cathrein unausgeſetzt als Kronzeugen anführt, gerade in ſeinem
Schriftchen über Feuerbach auf das entſchiedenſte gegen die Auf=
faſſung verwahrt, die im Materialismus nur Freſſen, Saufen und
Sinnenluſt ſehen will.“

Es folgt dann noch eine längere Auslaſſung, in der mir
zum Vorwurf gemacht wird, daß ich den Materialismus nicht
widerlegt habe. Aber wozu verlangt der „Vorwärts“ dieſe
Widerlegung, wenn der Marxismus ſich nicht auf den Ma=
terialismus ſtützt, wie er behauptet? Übrigens wird kein Ver=
nünftiger in einer Abhandlung über den Sozialismus eine
eingehende Widerlegung des Materialismus erwarten. Mir

und unpaſſenden Gelegenheit herumzureiten verſteht, mag die ‚wiſſen=
ſchaftliche‘ Sozialiſtentöterei unſeres Jeſuiten einer Replik gewürdigt
ſein.“ Wie herablaſſend vom „Vorwärts“, daß er nach jahrelangem
hartnäckigem Ignorieren mich von der Höhe ſeiner „Wiſſenſchaft“
einer Replik „würdigt“! Übrigens beſchäftigt ſich der größere Teil
der Replik gar nicht mit meinem „Sozialismus“, ſondern mit einer
andern Schrift von mir. Der Stoff zur Replik ſcheint alſo knapp
geweſen zu ſein. Ich berückſichtige hier nur, was der „Vorwärts“
über die „materialiſtiſche Geſchichtsauffaſſung“ behauptet.

war es nur um den Nachweis zu tun, daß der Marxismus wesentlich auf materialistischer Grundlage ruht. Für die Leser, an die ich mich an erster Stelle wende, ergeben sich daraus die notwendigen Konsequenzen von selbst.

Wenn mir sodann der „Vorwärts" eine „grobsinnliche" Auslegung des Materialismus vorwirft, so widerlegt er sich glücklicherweise selbst. Er greift ja meine Behauptung an, daß der Materialismus in der Leugnung des „Dualismus von Geist und Materie" bestehe. Das ist doch nicht der praktische Materialismus, der nach dem geschmackvollen Ausdruck von Engels im „Fressen und Saufen, Augenlust und Fleischeslust usw." besteht, sondern der theoretische Materialismus, der als philosophisches System oder als Weltanschauung auftritt.

Der Beweis aber, daß die materialistische Geschichtsauffassung die materialistische Weltanschauung voraussetzt, ist unschwer zu erbringen. Der historische Materialismus behauptet, die ganze Geschichte der Menschheit richte sich nach den materiellen Produktionsverhältnissen; alle philosophischen, rechtlichen, politischen, religiösen, sittlichen usw. Ideen sollen aus diesen Produktionsverhältnissen abgeleitet sein und sich mit ihnen und in Abhängigkeit von ihnen ändern. So kann nur ein echter Materialist reden. Denn es ist klar: Ist der Mensch von Gott geschaffen, hat er eine geistige, unsterbliche Seele, so hat er auch von Haus aus nicht bloß materielle, sondern auch höhere geistige Bedürfnisse; er strebt nach Wahrheit, nach Glück, nach Tugend und Unsterblichkeit, und besitzt überhaupt ein selbständiges geistiges Leben, das sich nicht einzig aus den materiellen Produktionsverhältnissen ableiten läßt. Wer also alles, was man Geist nennt, aus den materiellen Produktionsverhältnissen ableitet, ist Materialist, jedenfalls kein Theist und noch weniger ein Christ.

Höchstens könnte man fragen, ob sich diese Auffassung mit dem Pantheismus vertrage. Aber die Alleinslehre haben Marx und Engels abgelehnt. Sodann ist der Pantheismus schon deswegen nicht mit der materialistischen Geschichtsanschauung vereinbar, weil nach ihm der Geist mindestens ebenso ursprünglich, ja ursprünglicher ist als die Materie und deshalb unmöglich aus der Materie sich herausentwickeln kann. Wer den Geist aus der Materie ableitet, wie das der Anhänger der materialistischen Geschichtsauffassung tut, ist und bleibt Materialist. Endlich würde es auch in Anbetracht der Leser, an die wir uns zunächst wenden, ziemlich gleichgültig sein, ob man die materialistische Geschichte auf dem Pantheismus oder Materialismus aufbaue. In beiden Fällen ist es mit dem Christentum, ja mit jeder wahren Religion aus.

Doch wir brauchen uns nicht auf Deutungen aus der Natur der Sache zu beschränken. Der „Vorwärts" gibt zu, daß eine Anzahl von Sozialisten Anhänger des Materialismus seien. Wer sind diese Sozialisten? Keine andern als die Begründer und Führer des wissenschaftlichen Sozialismus, insbesondere Marx und Engels.

Beginnen wir mit Engels. Wir haben schon oben (S. 40) aus seinem Munde gehört, daß er und Marx ursprünglich Idealisten im Sinne Hegels waren, aber „die Einsicht in die totale Verkehrtheit des bisherigen deutschen Idealismus führte notwendig zum Materialismus"[1]. Diese „Bekehrung" erfolgte durch Feuerbachs „Wesen des Christentums", das den „Materialismus ohne Umschweife auf den Thron erhob". Die Natur „ist die Grundlage, auf der wir Menschen, selbst Naturprodukte, erwachsen sind. Außer der Natur und den Menschen existiert nichts, und die höheren Wesen, die unsere religiöse Phantasie schuf, sind nur die phantastische Rückspiegelung unseres eigenen Wesens"[2].

---

[1] Die Entwicklung des Sozialismus von der Utopie zur Wissenschaft 23.   [2] S. oben 33—34.

Daß Feuerbach den echten und konsequenten Materialismus gelehrt, ist bekannt. Hat er doch den Satz aufgestellt: „Der Mensch ist, was er ißt." Aber, fährt Engels fort, der Materialismus Feuerbachs war „mechanisch und nicht fähig, die Welt als einen Prozeß, als einen in einer geschichtlichen Fortbildung begriffenen Stoff aufzufassen" [1]. Feuerbach hatte „darin recht, daß der bloß naturwissenschaftliche Materialismus zwar die Grundlage des Gebäudes des menschlichen Wissens, aber nicht das Gebäude selbst ist"... „Es handelte sich also darum, die Wissenschaft von der Gesellschaft, d. h. den Inbegriff der sog. historischen und philosophischen Wissenschaften, mit der materialistischen Grundlage in Einklang zu bringen und auf ihr zu rekonstruieren." [2]

Der Fehler Feuerbachs war es, daß er „den Materialismus, der eine auf einer bestimmten Auffassung des Verhältnisses von Materie und Geist beruhende allgemeine Weltanschauung ist" [3], mit dem vulgären Materialismus des 18. und 19. Jahrhunderts verwechselte; gerade deshalb vermochte er den Idealismus nicht ganz zu überwinden. „Seitdem auch die Geschichte der materialistischen Behandlung unterworfen, eröffnet sich auch hier eine neue Bahn der Entwicklung." [4]

Aus der Auflösung der Hegelschen Schule ging eine neue Richtung hervor, die an den Namen Marx anknüpft. „Die Trennung von der Hegelschen Philosophie erfolgte auch hier durch Rückkehr zum materialistischen Standpunkt..., nur daß hier zum erstenmal mit der materialistischen Weltanschauung wirklich Ernst gemacht wurde, daß sie auf allen in Frage kommenden Gebieten des Wissens... konsequent durchgeführt wurde." [5] Es galt die idealistische Verkehrung der Hegelschen Philosophie zu beseitigen. „Wir faßten die Begriffe unseres Kopfes wieder materialistisch als die Abbilder der wirklichen Dinge... Damit reduzierte sich die Dialektik auf die Wissenschaft von den allgemeinen Gesetzen der Bewegung, sowohl der äußeren Welt wie des mensch-

---

[1] Engels, L. Feuerbach 19.   [2] Ebd. 22.
[3] Ebd. 18.   [4] Ebd. 19.   [5] Ebd. 37.

lichen Denkens — zwei Reihen von Gesetzen, die der Sache
identisch, dem Ausdruck nach aber insofern verschieden sind, als
der menschliche Kopf sie mit Bewußtsein anwenden kann ... Damit
aber wurde die Begriffsdialektik selbst nur der bewußte Reflex der dialektischen Bewegung der wirklichen
Welt, und damit wurde die Hegelsche Dialektik auf den Kopf, oder
vielmehr vom Kopf, auf dem sie stand, wieder auf die Füße gestellt. Und die materialistische Dialektik ... wurde nicht
nur von uns, sondern außerdem noch, unabhängig von uns und
selbst von Hegel, wieder entdeckt von einem deutschen Arbeiter,
Joseph Dietzgen."[1]

Hält man diese Stellen mit den früher (S. 40 ff u. 172) angeführten zusammen, so kann an dem materialistischen Standpunkt
Engels' kein Zweifel bestehen. Um aber an diesem Standpunkt ja
keinen Zweifel aufkommen zu lassen, hat er sich noch deutlicher erklärt. Er behauptet: „Die wirkliche Einheit der Welt besteht in ihrer
Materialität"[2], „alles Sein ist Materie"; „außer der Natur und
den Menschen existiert nichts"[3]. Fragt man, „was denn Denken
und Bewußtsein sind und woher sie stammen, so findet man,
daß es Produkte des menschlichen Hirns sind, und daß
der Mensch selbst ein Naturprodukt, das sich in und mit der Umgebung entwickelt hat, wobei es sich dann von selbst versteht, daß
die Erzeugnisse des menschlichen Hirns, die in letzter Instanz
ja auch Naturprodukte sind, dem übrigen Naturzusammen-
hang ... entsprechen"[4]. „Die Bewegung ist ebenso unerschaffbar
und unerschaffen wie die Materie."[5] Damit ist auch der Welt-
schöpfer geleugnet. Das Leben ist nach Engels „Daseinsweise
der Eiweißkörper, und diese Daseinsweise besteht wesentlich in
der beständigen Selbsterneuerung der chemischen Bestandteile"[6]. So
kann nur ein Materialist reden.

---

[1] Ebd. 38.

[2] Engels, Dührings Umwälzung der Wissenschaft[2] (1886) 28.

[3] Ders., L. Feuerbach 11.

[4] Ders., Dührings Umwälzung der Wissenschaft 20.

[5] Ebd. 45.   [6] Ebd. 68.

Wenden wir uns nun zu Marx. Da Engels im Grunde, wie er selbst sagt, nur Marxsche Gedanken entwickelt [1], so ist mit dem Gesagten der materialistische Standpunkt des Vaters der Sozialdemokratie schon genügend gekennzeichnet. Derselbe ergibt sich auch klar aus den von uns schon früher [2] angeführten Stellen. Um aber völlig sicher zu gehen, wollen wir ihm noch weiter das Wort geben.

In der Vorrede zur zweiten Auflage des „Kapital“ kennzeichnet Marx seine Stellung zu Hegel mit folgenden Worten: „Meine dialektische Methode ist der Grundlage nach von der Hegelschen nicht nur verschieden, sondern ihr direktes Gegenteil. Für Hegel ist der Denkprozeß . . . der Demiurg des Wirklichen, das nur seine Erscheinung bildet. Bei mir ist umgekehrt das Ideelle nichts anderes als das im Menschenkopf umgesetzte und übersetzte Materielle.“ Das ist ein offenes materialistisches Glaubensbekenntnis, denn nur ein Materialist kann behaupten, alles Ideelle stamme aus dem Materiellen.

Ganz diesem Standpunkt entsprechend erklärt er die Religion für „die phantastische Verwirklichung des menschlichen Wesens“. „Der Mensch macht die Religion, nicht die Religion den Menschen.“ [3] „Wie der Mensch in der Religion vom Machwerk seines eigenen Kopfes, so wird er in der kapitalistischen Produktion vom Machwerk seiner eigenen Hand beherrscht.“ [4]

---

[1] Im Vorwort zur zweiten Auflage von „E. Dührings Umwälzung der Wissenschaft“ bemerkt Engels: „Da die hier entwickelte Anschauungsweise zum weitaus größeren Teil von Marx begründet und entwickelt worden, und nur zum geringsten Teil von mir, so verstand es sich unter uns von selbst, daß diese meine Darlegung nicht ohne seine Kenntnis erfolgte. Ich habe ihm das ganze Manuskript vor dem Drucke vorgelesen, und das zehnte Kapitel des Abschnittes über Ökonomie („Aus der kritischen Geschichte“) ist von Marx geschrieben und mußte nur . . . etwas verkürzt werden.“

[2] Vgl. oben 34 ff.

[3] Aus den „Deutsch-französischen Jahrbüchern“, herausgegeben von Ruge und Marx, Paris 1844, 71.

[4] Marx, Das Kapital I 585.

„Es ist in der Tat viel leichter, durch Analyse den irdischen Kern der religiösen Nebelbildungen zu finden, als um= gekehrt aus den jedesmaligen Lebensverhältnissen ihre verhimmelten Formen zu entwickeln. Die letztere ist die einzig materialistische und daher wissenschaftliche Me= thode." [1] „Der religiöse Widerschein der wirklichen Welt kann nur verschwinden, sobald die Verhältnisse des alltäglichen Werkeltagslebens den Menschen tag= täglich vernünftige Beziehung zueinander und zur Natur dar= stellen." [2] „Der Mensch wird ein Wilder, sobald er aufgehört hat ein Affe zu sein." [3]

Wir wüßten kaum, wie es Marx und Engels hätten anfangen sollen, um ihrer materialistischen Weltanschauung unzweideutigeren Ausdruck zu verleihen.

Schon oben haben wir die Stelle angeführt, in der Engels Joseph Dietzgen als den selbständigen Entdecker der materia= listischen Dialektik feiert. Auch dieser Dialektiker, den Marx „unsern Philosophen" zu nennen pflegte [4], macht kein Hehl aus seinem Materialismus. Er führt z. B. an einer Stelle den oben von uns erwähnten Satz aus Engels an: der Einblick in die totale Verkehrtheit des deutschen Idealismus habe notwendig zum Materia= lismus geführt, aber nicht zum bloß metaphysischen des 18. Jahr= hunderts. und bemerkt dazu: „Dieser neuere Materialismus nun, der hier aus der totalen Verkehrtheit des deutschen Idealismus abgeleitet wird und dessen wesentlicher Mitbegründer Fr. Engels ist, wird wenig verstanden, obwohl derselbe die theoretische unterste Grundlage der deutschen Sozialdemokratie bildet." [5] Es stellte sich heraus, daß „die natürliche materielle Welt das Ursprüngliche ist, welche von keinem Geiste

---

[1] Ebd. I 336 A.   [2] Ebd. I 46.

[3] Ders., „Zur Kritik des sozialdemokratischen Parteiprogramms. Neue Zeit, 9. Jahrg., I 566.

[4] Mehring, Geschichte der deutschen Sozialdemokratie III 2 307.

[5] Streifzüge eines Sozialisten in das Gebiet der Erkenntnis= theorie (1887) 20.

erschaffen, vielmehr der Schöpfer selber ist, der aus
sich heraus den Menschen mit seinem Intellekt schuf
und entwickelte"[1]. Der „sozialistische Materialismus"
heißt nach Dietzgen deshalb sozialistisch, „weil die Sozialisten Marx
und Engels es zuerst klar ausgesprochen haben, daß die materiellen,
namentlich ökonomischen Verhältnisse der menschlichen Gesellschaft die
Grundlage bilden, aus der der gesamte Überbau der rechtlichen und politischen Einrichtungen sowie der
religiösen, philosophischen und sonstigen Vorstellungsweise eines jeden geschichtlichen Zeitabschnittes in letzter Instanz zu erklären sind"[2]. Den
Geist hält Dietzgen für eine „von den andern Naturobjekten nicht
trennbare Erscheinung, . . . er ist wahrscheinlich kein chemisches Element, was sich rein darstellen läßt"[3]. „Die materialistische
Weltanschauung ist so alt wie der religiöse Unglaube . . .
beide haben sich in unserem Jahrhundert aus dem Rohen heraus
zu wissenschaftlicher Prägnanz durchgearbeitet."[4]

Ed. Bernstein, ein langjähriger Freund von Engels, dem
dieser letztwillig seine Schriften vermachte, schreibt über die Grundlage der materialistischen Geschichtstheorie: „Da die materialistische Geschichtsauffassung, wie schon der Name
zeigt, eng mit der materialistischen Weltauffassung
zusammenhängt, so knüpfe ich in meinem Buche an diese,
d. h. die Lehre an, daß alles Geschehen in Natur und Menschheit
durch die nach unumstößlichen Gesetzen sich vollziehende Bewegung
der die Welt erfüllenden Materie bestimmt sei. An
der betreffenden . . . Stelle mache ich den Fehler, nicht entschieden
genug den Ton auf Materie zu legen."[5]

Wir könnten uns noch auf Bebel, Kautsky, Mehring und andere
Sozialisten berufen, die alle den Marxismus im Sinne der materia-

---

[1] Streifzüge eines Sozialisten in das Gebiet der Erkenntnis-
theorie (1887) 21.
[2] Ebd. 25.   [3] Ebd. 28.
[4] Dietzgen, Die Religion der Sozialdemokratie (1891) 32.
[5] Zur Geschichte und Theorie des Sozialismus[2] (1901) 323.

listischen Weltanschauung erklären ¹. Namentlich in der Kontroverse zwischen Belfort-Bax und Kautsky und zwischen Orthodoxen und Revisionisten in der „Neuen Zeit“ und im „Vorwärts“ über den Sinn der materialistischen Geschichtsauffassung wurde von allen stillschweigend vorausgesetzt, daß Marx auf dem Boden des Materialismus gestanden. In demselben Sinne wie wir erklären auch viele nichtsozialistische Schriftsteller den Marxismus, so z. B. Masaryk ², Woltmann ³, Barth, H. Pesch ⁴ u. a.

Doch das Gesagte mag genügen. Nur ein Zeugnis müssen wir noch anführen, das besonderes Interesse an dieser Stelle beansprucht. Es ist uns nämlich aus den Reihen der sozialdemokratischen „Genossen“ selbst ein Verteidiger gegen den „Vorwärts“ erstanden. In der „Neuen Zeit“ ⁵ nimmt Eugen Dietzgen, der Sohn des früher genannten „Philosophen“ des Marxismus, uns gegen die Angriffe des „Vorwärts“ in Schutz. Er gibt dem offiziellen Parteiblatt deutlich zu verstehen, daß ihm das tiefere Verständnis des Marxismus abgehe. Durch sichere Tatsachen, so führt er aus, wurden „Hegels Schüler Feuerbach, Marx und Engels veranlaßt, Hegels Grundauffassung auf den Kopf zu stellen, d. h. die Vernunft mit ihren Ideen aus dem Sein zu erklären und hervorgehen zu lassen, statt umgekehrt“. „So entstand die Marx-Engelssche materialistische Geschichtsauffassung, die deshalb materialistisch genannt wurde, weil sie bei der Einsicht in die Untrennbarkeit und Wechselwirkung von Geist und Materie zuerst — dank der irdisch gemachten Hegelschen Dialektik —

---

¹ Vgl. hierüber Stimmen aus Maria-Laach LXX (1906) 44 ff.

² Die philosophischen und soziologischen Grundlagen des Marxismus (1899) 39. „Von Feuerbach hat Marx seinen materialistischen Positivismus.“ S. 29: „Marx akzeptiert Feuerbachs Naturalismus und Materialismus.“

³ Der historische Materialismus. Darstellung und Kritik der Marxistischen Weltanschauung (1900), S. 6: „Der Marxismus als Weltanschauung ist in großen Umrissen das vollendetste System des Materialismus.“

⁴ Lehrbuch der Nationalökonomie I (1905) 308.

⁵ Jahrg. 22 (1904) I 231 ff.

auf das Hervorgehen des Geistes aus dem Sein aufmerksam machte." Jos. Dietzgen hat diese Geschichtsauffassung erkenntnistheoretisch zu begründen und zu ergänzen versucht, indem er zeigte, wie der Geist aus dem Sein, d. h. der Materie hervorgeht. „Weil unser Materialismus basiert auf der Einheit von Geist und Materie, heißt er füglich dialektischer Materialismus." „Auch der Geist ist eine sinnliche Erscheinung."

In der „Neuen Zeit"[1] schreibt derselbe Eugen Dietzgen, daß alle Geistes- und Willenstätigkeit auf religiösem, nationalem, politischem oder sonstigem Gebiete mit den Lebenserhaltungsmitteln eng zusammenhängt, welche im sozialen Wirtschaftsprozeß wurzeln. „Dies ist ein Fingerzeig auf den Weg, auf welchem die marxistische oder dialektisch-materialistische Geschichtsauffassung erkenntniskritisch erklärt, begründet und konsequent erweitert wurde zur monistischen Weltanschauung, welche jeden Glauben an eine übersinnliche Welt oder Religion als ein Phantasiegebilde des ungewitzigten Menschenkopfs entlarvte."

Es kann deshalb kein vernünftiger Zweifel daran bestehen, daß die materialistische Geschichtsauffassung sowohl nach ihrem Wesen als nach der ausdrücklichen Erklärung ihrer Begründer und Hauptvertreter auf der materialistischen Weltanschauung ruht.

Damit ist auch das Urteil über die materialistische Geschichtsauffassung schon gefällt. Wir wenden uns, wie wir schon bemerkt haben, an Leser, die noch an ihre Würde als Menschen und Christen glauben. Der Materialismus leugnet nicht nur alles Übernatürliche, wie die Menschwerdung Christi und die ganze christliche Offenbarung, sondern auch das Dasein eines außer- und überweltlichen persönlichen Schöpfers, die Geistigkeit und Unsterblichkeit der menschlichen Seele, die ewige Vergeltung im Jenseits usw. Eine eingehende Widerlegung

---

[1] Jahrg. 24 (1906) II 446.

des Materialismus ist auch deshalb überflüssig, weil die Sozialisten für ihre materialistischen Behauptungen und Voraussetzungen entweder gar keine Beweise vorbringen oder sich damit begnügen, die Behauptungen eines Feuerbach, Strauß, Darwin u. a. zu wiederholen.

§ 2.
Wirtschaft und Ideologie.

Der zweite Satz der materialistischen Geschichtsauffassung heißt: Das gesamte geistige Leben der menschlichen Gesellschaft wird aus den materiellen Produktionsverhältnissen abgeleitet, die materiellen Produktionsbedingungen oder die sachlich-wirtschaftlichen Verhältnisse sind die Grundlage aller Gesellschaftsordnung. Ändert sich die Produktion, so ändert sich auch allmählich der ganze soziale, politische, rechtliche, sittliche, religiöse und philosophische Überbau. Wir haben schon oben (S. 41 ff u. 174) charakteristische Stellen angeführt, in denen Marx und Engels dieser Anschauung unzweideutigen Ausdruck geben. Nach Engels sind „die letzten Ursachen aller gesellschaftlichen Veränderungen und politischen Umwälzungen zu suchen nicht in den Köpfen der Menschen . . ., sondern in Veränderungen der Produktions- und Austauschweise".

Hier stoßen wir nun auf den eigentlichen Kern der „materialistischen Geschichtstheorie". Der historische Materialismus ist der „umgestülpte" Hegel. Marx selbst sagt, seine dialektische Methode sei das direkte Gegenteil von der Hegelschen. Für Hegel sei der Denkprozeß der Demiurg des Wirklichen. „Bei mir ist umgekehrt das Ideelle nichts anderes als das im Menschenkopf umgesetzte und übersetzte Materielle." [1]

---

[1] Siehe oben 178.

Es wäre ein Irrtum zu meinen, Marx und Engels hätten ihre Theorie aus einem eingehenden Studium der Geschichte abstrahiert. Nein, ausgehend von gewissen Erscheinungen des modernen Wirtschaftslebens und deren Einfluß auf die gesell= schaftlichen Verhältnisse, haben sie a priori ihren ökonomischen Materialismus aufgestellt und erst hinterher einige Versuche gemacht, die Geschichte im Sinne ihrer Theorie zu erklären. Marx selbst hat in dieser Beziehung nur gelegentliche Be= merkungen in seinen verschiedenen Schriften eingestreut. Etwas eingehender haben Engels, Bebel, Kautsky u. a. sich vom Standpunkt ihrer Theorie mit der Geschichte befaßt. Aber ihre Schriften sind auch nicht entfernt imstande, der ma= terialistischen Geschichtsauffassung Halt zu verleihen. Engels' Hauptschrift in dieser Beziehung: „Der Ursprung der Familie, des Privateigentums und des Staates"[1] ist nur ein Auszug aus Lewis Morgans „Urgesellschaft"[2], einem Werke, das vom extrem darwinistischen Standpunkt verfaßt ist und in der ein= seitigsten Weise auf Grund einiger Erscheinungen bei amerika= nischen Indianern mit Zuhilfenahme darwinistischer Prinzipien eine allgemeine Geschichte der Urgesellschaft konstruierte.

Gerade die Familie als allgemein menschliche Erscheinung stößt den ökonomischen Materialismus über den Haufen. Die Familie läßt sich nicht aus ökonomischen Verhältnissen ableiten, sondern hat ihren Grund in unzerstörbaren Neigungen und Trieben der menschlichen Natur und begegnet uns deshalb immer und überall in irgend einer Form, wie verschieden auch die wirtschaftlichen Verhältnisse sein mögen. Es ist eine ganz willkürliche, unbewiesene Behauptung, daß die Menschen ur= sprünglich in einem völlig regellosen Geschlechtsverkehr gelebt

---

[1] 7. Auflage 1896.
[2] Ancient Society 1877, ins Deutsche übersetzt von Eichhorn und Kautsky 1891.

und erst allmählich denselben eingeschränkt hätten. Was uns von den Gruppenehen als einer schon höheren Stufe der Entwicklung, vom ursprünglichen „Mutterrecht" (Matriarchie) u. dgl. erzählt wird, gehört in das Reich der Fabeln. Die einzige Stütze solcher Behauptungen sind gewisse Anomalien und Entartungen, die man ganz willkürlich verallgemeinert. Immer war der Mann der Stärkere, der das Regiment führte, immer hat er seine Frau bzw. seine Frauen ausschließlich zu besitzen gesucht, immer hatte er das Streben, seinen Besitz seinen Kindern und nicht Auswärtigen zu überlassen u. dgl. Damit ist die Familie im wesentlichen gegeben, unabhängig von den Produktionsverhältnissen. Gewiß haben auch die Wirtschaftsverhältnisse Einfluß auf die Gestaltung der Familie, aber keineswegs sind sie die eigentliche Grundlage der Familie. Zur Vielweiberei z. B. ist erforderlich, daß der Mann mehrere Frauen unterhalten könne, aber diese Unterhaltsmöglichkeit ist bloß die Bedingung, nicht die Ursache der Vielweiberei.

Doch wenden wir uns jetzt zu dem „idealen Überbau", der sich nach Marx und Engels auf der Grundlage der wirtschaftlichen Verhältnisse erhebt. Ist es m ö g l i c h, alles Ideelle, alle philosophischen, rechtlichen, sittlichen, politischen und religiösen Ideen und Anschauungen aus den materiellen Produktionsverhältnissen abzuleiten? Wenn die materialistische Geschichtsauffassung Anspruch auf Wissenschaft erheben will, so muß sie imstande sein, uns diese Möglichkeit b e g r e i f l i c h zu machen, uns zu zeigen, wie alles Denken, alle Ideologie aus materiellen wirtschaftlichen Verhältnissen abgeleitet wird. Der Mensch ist ja nach dieser Geschichtstheorie ein Naturprodukt wie alle andern Dinge, er ist nur ein weiter entwickeltes Tier. Wie also kommt er zur „Ideologie", zu philosophischen, rechtlichen, sittlichen und politischen Ideen und Anschauungen?

Auf diese Frage erhalten wir von den Anhängern der materialistischen Geschichtstheorie keine irgendwie verständliche Antwort. Sie wiederholen immer nur leere, nichtssagende oder zweideutige Ausdrücke. Bald wird uns gesagt, die Ideologie sei das „Spiegelbild" der materiellen Wirtschafts= bedingungen in den Köpfen der Menschen. Was soll das heißen? Das ist eine bloße Metapher. Das Spiegelbild gibt den Gegenstand mehr oder weniger genau so wieder, wie er in Wirklichkeit ist, wie z. B. das klare Wasser die Sonne widerspiegelt. Das Spiegelbild der materiellen Produktions= bedingungen kann also nur die ideelle Wiedergabe, eine Art Photographie dieser Verhältnisse im Menschenkopfe sein. Da= mit haben wir aber noch keine Moral, keine Politik, keine Philosophie, überhaupt keine allgemeinen Begriffe und Grund= sätze über Sein und Nichtsein, Wahrheit und Irrtum, Gut und Bös, Recht und Unrecht, Tugend und Laster usw. Denn die materiellen Produktionsverhältnisse enthalten nichts der= gleichen; deßhalb kann auch ihr Spiegelbild nichts davon enthalten.

Auch mit den Ausdrücken: die Menschen „schöpfen" ihre philosophischen, sittlichen, religiösen Ideen und Anschauungen aus den jeweiligen Produktionsbedingungen, oder sie „leiten dieselben aus ihnen ab", kommen wir nicht weiter. Denn das ist gerade die Frage, wie es möglich sei, aus diesen Verhält= nissen Philosophie, Moral, Religion usw. abzuleiten, da sie nichts Derartiges enthalten. Dasselbe gilt von den Ausdrücken: die philosophischen, rechtlichen und sittlichen Anschauungen seien das „im Menschenkopf umgesetzte und übersetzte Materielle".

Nehmen wir z. B. die Moral. Diese besteht wesentlich in allgemeinen Grundsätzen, z. B. im Grundsatz: du sollst kein Unrecht tun; du sollst andern nicht zufügen, was du selbst nicht leiden magst; du sollst kein falsches Zeugnis ab= legen usw. Selbst wenn man den Sozialisten zugeben wollte,

diese Grundsätze hätten nur für eine bestimmte Zeitepoche oder
für eine bestimmte Klasse Geltung, immerhin bliebe wahr, daß
sie wenigstens in dieser Epoche und für diese Menschenklasse
Allgemeingültigkeit beanspruchen. Ist nun der Mensch
nur ein Sinnenwesen wie alle übrigen, nur ein weiter ent=
wickeltes Tier, in dem keine wesentlich höheren Kräfte tätig
sind, so kann er nie und nimmer zu allgemein gültigen
und notwendigen Grundsätzen gelangen und noch
weniger dieselben aus den materiellen Produktionsverhältnissen
ableiten, da diese über Recht und Unrecht, Gut und Bös
nichts besagen. Gerade weil das Tier ein bloßes Sinnenwesen
ist, vermag es nur konkrete, sinnlich erkennbare Einzeldinge
wahrzunehmen, Dinge, die man sehen, hören, riechen oder
betasten und fühlen kann; deshalb ist es nicht imstande, sich
allgemeine Begriffe und Grundsätze zu bilden, und weiß nichts
von Philosophie, Religion, Moral, Politik u. dgl. Wäre
der Mensch nicht wesentlich vom Tiere verschieden, so würde
auch er nie zu einer „Ideologie" gelangen; die sinnliche Er=
fahrung vermöchte ihn bloß zu lehren, was geschehen ist oder
geschieht, aber nicht, was allgemein geschehen solle oder
müsse.

Wir werden das noch besser einsehen, wenn wir der ma=
terialistischen Geschichtsauffassung die Art und Weise gegen=
überstellen, wie nach der christlichen, ja nach jeder gesunden
Philosophie der Mensch sich allgemeine Begriffe und Grundsätze
bildet. Weil er eine geistige, von der Materie im Denken
und Wollen innerlich unabhängige Seele hat, vermag er nicht
bloß die Erscheinungen der einzelnen, konkreten Dinge wahr=
zunehmen, sondern dringt zum Wesen der Dinge vor und
erkennt dieses in seiner Allgemeinheit, losgelöst von allen Um=
ständen der Zeit, des Orts usw. Er erkennt nicht bloß diesen
oder jenen konkreten Baum, sondern den Baum im allgemeinen,
das Wesen des Baumes, das allen Bäumen gemeinsam ist

und sie von andern Dingen unterscheidet. Ebenso bildet er
sich die Allgemeinbegriffe von Mensch, Tier, Sein und Nicht=
sein, Notwendigkeit, Ursache, Wirkung, Bewegung, Entstehen
und Vergehen, Zeit und Ewigkeit, Kraft, Größe, Gleichheit,
Ähnlichkeit, Vollkommenheit u. dgl. Durch Vergleichung dieser
aus der Erfahrung vermittelst der Abstraktion gewonnenen
Allgemeinbegriffe kommt er zu allgemeinen, notwendigen Ur=
teilen, die in ihrer Gültigkeit von der Erfahrung ebenso un=
abhängig sind wie die Allgemeinbegriffe. Zu diesen Urteilen
gehört z. B. der Grundsatz, daß Sein und Nichtsein sich not=
wendig und überall gegenseitig ausschließen, daß also kein Ding
zugleich und unter derselben Rücksicht sein und nichtsein, so
und zugleich anders sein kann; der Grundsatz, daß kein Ding
handeln kann, bevor es existiert, daß also kein Ding sich selbst
das Dasein geben kann, und mithin alles, was anfängt zu
existieren, eine außer ihm liegende Ursache haben muß; der
Grundsatz, daß zwei Dinge, die einem dritten gleich sind, auch
unter sich gleich sein müssen usw.

Mit Hilfe dieser allgemeinen und notwendigen Grundsätze
kann der Mensch, unterstützt von der Erfahrung und der fremden
Belehrung, den Kreis seiner Kenntnisse immer mehr erweitern
und von Vollkommenheit zu Vollkommenheit fortschreiten.

Die Philosophie hat die Aufgabe, diese Begriffe und Grund=
sätze allseitig zu prüfen und zu erklären und an ihrer Hand
zu den letzten Gründen aller Dinge vorzudringen. Aber auch
wer kein Fachphilosoph ist, hat einen solchen Grundstock von
Allgemeinbegriffen und Grundsätzen, mit deren Hilfe er zur
Kenntnis der Religion und Moral gelangen und auch in
materiellen Dingen Fortschritte machen kann.

Die materielle Produktion ist so wenig die Quelle alles
Geisteslebens und Wollens, daß sie vielmehr schon viele
geistige Begriffe und Grundsätze voraussetzt. Unter
menschlicher Produktion verstehen wir die bewußte und

planmäßige Tätigkeit der Menschen zum Zweck der Erzeugung materieller Nutzgüter. Diese ist aber nur dort möglich, wo man sich verschiedene Zwecke setzen, die dazu dienlichen Mittel aussuchen und wählen oder erfinden kann. Schon die allerursprünglichste Produktion war das Erzeugnis des nachdenkenden, zwecksetzenden und strebenden Geistes. Nicht der Bogen, der Speer oder das Netz hat das Denken und Wollen, sondern dieses hat den ersten Bogen, das erste Netz, das Feuer erfunden und hervorgebracht.

Warum finden wir im Tierreich keine Produktion, die sich mit der menschlichen auch nur im entferntesten vergleichen läßt? Weil den Tieren der Verstand und der freie Wille fehlt. Die Biene erzeugt Waben und Honig, aber immer in derselben Weise ohne jeden Fortschritt. Sie wird eben vom bloßen Instinkt getrieben, den der Schöpfer in sie gelegt hat. Sie vermag deshalb auch nicht sich neue Zwecke zu setzen und künstliche Werkzeuge zu erfinden. Der Mensch dagegen als vernunftbegabtes Wesen vermag sein Tun und Handeln zu überdenken, sich immer neue Ziele zu setzen, die dazu dienlichen Mittel und Werkzeuge zu erfinden und so von einer Stufe der Vollkommenheit zur andern emporzusteigen.

In diesem ganzen Prozeß ist der erkennende und strebende Geist das prius, nicht das posterius, er ist die treibende und leitende Kraft, ohne die es nie zu einer menschlichen Produktion, geschweige denn zu einem Fortschritt käme.

Was sodann die Herleitung der sozialen und rechtlichen Institutionen aus den wirtschaftlichen Verhältnissen anbetrifft, so ist diese schon deshalb falsch, weil jede geordnete Wirtschaft eine wenn auch noch so primitive Rechtsordnung oder soziale Organisation voraussetzt. Sobald mehrere geordnet und planmäßig zur Erzielung wirtschaftlicher Güter zusammenarbeiten, muß es eine leitende Autorität irgendwelcher

Art geben, der sich die einzelnen zu unterwerfen haben; ebenso müssen die Wirtschaftsgenossen durch Rechte und Pflichten untereinander verbunden sein, z. B. durch das Recht auf das Leben, den guten Namen, das Recht auf einen bestimmten Anteil am Ertrag, das Recht auf den Ehegatten u. dgl. Es heißt also die Wurzel aus dem Baum entstehen lassen, wenn man die Rechtsordnung aus den Produktionsverhältnissen ab= leiten will[1].

Einer besondern Betrachtung bedarf noch die Herleitung der Moral und Religion aus den Produktionsverhältnissen.

In den materiellen Produktionsbedingungen steckt, wie wir schon bemerkt haben, kein Quentchen Moral, sie kann also auch nicht aus ihnen abgeleitet werden. Wie also gelangen wir zur Moral, d. h. zu allgemeinen Begriffen und Grundsätzen über Gut und Bös, Recht und Unrecht? Nach dem, was wir oben über die Bildung von Allgemeinbegriffen und Grund= sätzen gesagt haben, ist die Antwort sehr leicht. Wie jedes lebende Wesen, so hat auch der Mensch von Natur aus die Neigung zu dem, was ihm entspricht, ihn erhält und ver= vollkommnet. Sobald er zum vollen Vernunftgebrauch gelangt und wenigstens praktisch erkennt, daß er mehr ist als ein bloßes Tier, bildet er sich den Begriff dessen, was seiner Natur ent= spricht, ihr angemessen oder geziemend, begehrenswert oder verabscheuenswert, d. h. gut oder bös ist. Aus diesen Be= griffen gelangt er von selbst zu den obersten und allgemeinsten sittlichen Grundsätzen: daß man das Gute erstreben und tun, das Böse aber verabscheuen und meiden solle, daß man sich so benehmen solle, wie es sich für ein Vernunftwesen geziemt u. dgl. Und da er leicht zur Erkenntnis Gottes, des Schöpfers

---

[1] Sehr gut hat diesen Gedanken entwickelt S t a m m l e r in seinem schon erwähnten Buche: Wirtschaft und Recht nach der materialistischen Geschichtsauffassung.

und Ordners aller Dinge kommt, so sieht er auch bald ein, daß in diesen Grundsätzen der Wille des höchsten Ordners und Lenkers aller Dinge zum Ausdrucke kommt. Erst auf der Grundlage dieser obersten Grundsätze kann der Mensch all= mählich zur allseitigen Kenntnis seiner Pflichten gelangen.

Nur insofern könnte allenfalls von einer Ableitung nicht zwar der ganzen Moral, wohl aber einzelner bestimmten Pflichten aus den Produktionsverhältnissen die Rede sein, als man einsieht, daß unter Voraussetzung bestimmter Wirtschafts= bedingungen auch ein bestimmtes Verhalten der Menschen not= wendig ist, sei es zum Zweck der Selbsterhaltung oder zum Zweck des Gemeinwohls. Aber auch diese Ableitung ist nur möglich, wenn man schon den allgemeinen Grundsatz voraussetzt, man solle alles tun, was zur Selbsterhaltung und zum Gemeinwohl notwendig ist, und dieser Grundsatz kann nicht aus den Produktionsbedingungen geschöpft werden. Noch weniger können diese Produktionsbedingungen eine wahre sitt= liche Pflicht erzeugen, die wir durch das unbedingte: „Du sollst" ausdrücken. Was hätte überhaupt eine Moral zu be= deuten, die weiter nichts wäre als der Reflex der ökonomischen Verhältnisse in den Köpfen der Menschen?

Einen merkwürdigen Versuch, die Entstehung der Moral zu erklären, hat Kautsky gemacht[1]. Der Mensch ist nach ihm nicht wesentlich vom Tiere verschieden. Schon bei den Tieren findet er, wie Darwin, Spencer u. a., neben individuellen auch soziale Triebe, welche die Vorbedingung für das Gedeihen jeder Art von Gesellschaft bilden. Dazu gehören z. B. die Selbstlosigkeit, die Hingabe für die Allgemeinheit, die Tapferkeit in der Verteidigung der gemeinsamen Interessen, Treue gegen die Gemeinschaft, Unter= ordnung unter den Willen der Gesamtheit, also Gehorsam oder Disziplin, Wahrhaftigkeit gegen die Gesellschaft, die man gefährdet, wenn man sie irreführt, etwa durch falsche

---

[1] Ethik und materialistische Geschichtsauffassung (1906).

Signale; endlich E h r g e i z , die Empfänglichkeit für Lob und Tadel der Gemeinschaft. „Das alles sind soziale Triebe, d i e w i r s c h o n i n t i e r i s c h e n G e m e i n s c h a f t e n a u s g e p r ä g t f i n d e n , manche davon oft in hohem Maße. D i e s e s o z i a l e n T r i e b e s i n d a b e r n i c h t s a n d e r e s a l s d i e e r h a b e n s t e n T u g e n - d e n , i h r I n b e g r i f f d a s S i t t e n g e s e t z . Höchstens fehlt unter ihnen noch die Gerechtigkeitsliebe, d. i. der Drang nach Gleich- heit. . . . Das erhabene Sittengesetz, daß der Genosse niemals bloßes Mittel zum Zweck sein solle, welches unsere Kantianer als die gewaltigste Leistung des Kantschen Genius betrachten, ist in den tierischen Gesellschaften eine Selbstverständlichkeit." [1] „E i n t i e r i s c h e r T r i e b , n i c h t s a n d e r e s i s t d a s S i t t e n g e s e t z ." [2] „Wir haben keinen Grund zur Annahme, das Gewissen sei auf den Menschen beschränkt." [3]

Wenn es genügte zu behaupten, so hätte Kautsky den Ur- sprung der Moral erklärt. Aber er darf doch nicht verlangen, daß wir auf seine bloße Behauptung hin ohne jede Spur von Beweis den Tieren Wahrhaftigkeit, Gehorsam, Selbstlosigkeit, Ehrgeiz u. dgl. zuschreiben. Gewiß, auch die Tiere handeln in vielen Dingen sehr zweckmäßig, wie es die Erhaltung des Individuums und der Gat- tung erfordert. Aber sie tun das naturnotwendig aus angeborenem Instinkt. Von Gesellschaft, von Unterordnung des Einzelnen unter die Gesamtheit, von der Beziehung des Mittels zum Zweck, von Lob und Tadel u. dgl. haben sie keinen Begriff, ebensowenig als von Pflicht, Tugend, Schuld usw., weil sie eben keine Vernunft haben. Der Mensch dagegen besitzt Vernunft, er erkennt das Wesen der Dinge und ihre Beziehungen zueinander, er bildet sich die All- gemeinbegriffe von Gut und Bös, von Tugend und Laster und erkennt, daß er das Gute tun und das Böse meiden, daß er andern nicht zufügen soll, was er von ihnen nicht erleiden mag u. dgl. Und weil er die Herrschaft über sein Wollen hat, kann er zwischen Gut und Bös wählen und dadurch Verdienst erwerben oder sich Schuld zuziehen. Das ist auch der Grund, warum, wie die Er-

---

[1] Ethik und materialistische Geschichtsauffassung (1906) 62.
[2] Ebd. 63.   [3] Ebd. 65.

fahrung lehrt, die sittlichen Grundsätze und die Tugenden des Willens sich nicht vererben, sondern von jedem einzelnen Menschen neu erlernt oder erworben werden müssen; denn nur sinnliche Eigenschaften werden von den Eltern auf die Kinder vererbt.

Aber nehmen wir selbst an, das Sittengesetz sei nur ein tierischer Trieb, wie Kautsky will. Hätte er damit etwa bewiesen, daß die Sittlichkeit aus den wirtschaftlichen Verhältnissen stamme oder aus ihnen abgeleitet sei? Keineswegs, denn der Selbsterhaltungstrieb ist ebenso wie der Fortpflanzungstrieb und der Gesellschaftstrieb nach Kautsky selbst eine ganz allgemeine Erscheinung aller gesellschaftlich lebenden Sinneswesen, Menschen und Tiere, er ist also von den äußeren Verhältnissen unabhängig und muß in der Natur selbst seine Wurzel haben. Was sollte ferner eine Moral, die nur auf einem tierischen Triebe beruht und für die wir niemand verantwortlich sind als uns selbst?

Fast noch unmöglicher und absurder als bei der Moral ist die Herleitung der Religion aus den Wirtschaftsverhältnissen. Nach Marx und Engels ist die Religion nur die Widerspiegelung derjenigen Mächte, die des Menschen tägliches Dasein beherrschen, „die phantastische Verwirklichung des menschlichen Wesens" und wie die Ausdrücke alle lauten. Aber was soll das heißen? Das sind leere, nichtssagende Ausdrücke, mit denen Marx und Engels sehr freigebig umgehen. An einer Stelle sagt Marx: Die Religion ist nur die illusorische Sonne, die sich um den Menschen bewegt, solange er sich nicht um sich selbst bewegt, sie ist das illusorische Glück des Menschen. Das kann nichts anderes heißen, als der Mensch, der sein Glück auf Erden nicht findet, sucht es im Himmel. Damit gerät Marx in Widerspruch mit sich selbst. Denn hier wird die Religion nicht aus den Produktionsverhältnissen, sondern aus dem Sehnen des Menschen nach vollkommenem Glück abgeleitet, ein Sehnen, das von den Produktionsbedingungen unabhängig ist und sich immer und überall bei allen Menschen geltend macht.

Daß übrigens das Streben nach vollkommenem Glück auch ein Faktor sei bei der Entstehung der Religion, soll nicht geleugnet werden, aber es ist keineswegs ihre eigentliche und tiefste Ursache.

Gewiß, der Mensch will vor allem leben, sich nähren, kleiden, behaglich wohnen, und deshalb wird immer die wirtschaftliche Tätigkeit eine hervorragende Rolle in seinem Leben spielen, wie wir schon an einer früheren Stelle bemerkt haben. Diese Binsenwahrheit brauchte nicht erst von Marx entdeckt zu werden. Aber der Mensch lebt nicht allein vom Brote. Seine geistige, unsterbliche Seele verlangt eine höhere Nahrung. Er will den Kreis seiner Macht und seines Wissens immer mehr erweitern; er will nicht bloß erkennen, was da ist und geschieht, sondern auch das Wie und Warum. So dringt er an der Hand des Kausalitätsprinzips bis zur ersten und höchsten Ursache vor, aus der allein die wunderbare Ordnung, Harmonie und Zweckmäßigkeit des Weltalls im ganzen und in seinen einzelnen Teilen ihre genügende Erklärung findet. Diese erste Ursache ist Gott, der Urquell und das Endziel aller Dinge. Damit ist die Grundlage und Wurzel der Religion gegeben. Der Mensch tritt in lebendigen Wechselverkehr mit dem unsichtbaren Herrn und Lenker aller Dinge, der auch Herr und Lenker des Menschen ist. Hierzu kommt, daß der Tod den Menschen nach kurzer Zeit schonungslos aus diesem Leben hinwegrafft, und doch macht sich in jeder Menschenbrust der Drang nach vollkommener, nie endender Glückseligkeit geltend.

So kommen alle Menschen — wie verschieden auch die wirtschaftlichen Verhältnisse sein mögen, in denen sie leben — durch Nachdenken zum Glauben an eine Gottheit, wenn sie auch oft in Bezug auf die Natur derselben in Irrtümer verfallen, zum Glauben an ein unsterbliches Jenseits, für welches das Erdenleben nur den Charakter einer Vorstufe und Prüfungszeit hat. Damit haben wir die Grundriſſe der Religion.

Alſo die Behauptung, daß alle „Ideologie" aus den ma=
teriellen Produktionsverhältniſſen ſtamme, iſt völlig unhaltbar,
nur das Produkt blinder Voreingenommenheit.

§ 3.
Der ſtetige Entwicklungsprozeß.

Der dritte Saß der materialiſtiſchen Geſchichtsauffaſſung
lautet: alles iſt in einem beſtändigen Entwicklungs=
prozeß begriffen. Die Produktionsverhältniſſe
ändern ſich immerfort und mit ihnen der geſamte
„ideologiſche Überbau". Es gibt hiernach auf politiſchem,
ſozialem, rechtlichem, ſittlichem, religiöſem, philoſophiſchem Gebiete
keine ewigen, unveränderlichen Begriffe und
Grundſätze. Das iſt der Hegelſche Werdeprozeß auf dem
Boden des Materialismus[1]. Nur für die mathematiſchen
Wiſſenſchaften wollen Marx und Engels unveränderliche Grund=
ſätze zulaſſen, obwohl auch hier die „ewigen Wahrheiten" ſehr
dünn geſät ſein ſollen.

Dieſer Saß iſt nur eine Folgerung aus der Behauptung,
alle philoſophiſchen, politiſchen, rechtlichen uſw. Ideen ſeien
das Erzeugnis der materiellen Produktionsbedingungen. Da
wir die Unhaltbarkeit dieſer Behauptung ſchon dargetan haben,
ſo ergibt ſich damit auch die Unhaltbarkeit der daraus ge=
zogenen Folgerung.

Die aus der Erfahrung durch Abſtraktion gewonnenen
Begriffe ſind von Zeit und Ort unabhängig; ſie drücken nur
das Weſen der Dinge aus. Deshalb ſind auch die aus der
Vergleichung dieſer Begriffe gebildeten Grundſätze und Prin=
zipien von Zeit und Ort unabhängig und völlig unveränder=

---

[1] Vgl. oben 39 ff.

lich. Daß das Ganze größer sein muß als ein Teil desselben,
gilt nicht bloß für dieses oder jenes konkrete Ganze an diesem
oder jenem Ort, zu dieser oder jener Zeit, sondern für jedes
Ganze immer und überall, weil es im Wesen des Ganzen
begründet ist.

Es liegt auch auf der Hand, daß die Auffassung, mit
den Produktionsverhältnissen änderten sich alle philosophischen,
rechtlichen, religiösen usw. Begriffe und Grundsätze, nur vom
Standpunkt des rohen Materialismus Sinn und Bedeutung
hat und mit ihm steht und fällt. Gleichwie Gott der Ewige
und Unwandelbare ist, für den es keinen Schatten der Veränderung, kein Gestern und Morgen, sondern nur ein ewiges
Heute gibt, so wird es auch ewig wahr bleiben, daß er der
Schöpfer, der Herr und das Endziel aller Dinge ist; ewig
wird es wahr bleiben, daß der Mensch erschaffen ist, um
Gott zu dienen und dadurch sein ewiges Heil zu wirken, daß
es im Jenseits eine ewige Vergeltung von Gut und Bös gibt;
ewig wird auch jedes Wort wahr bleiben, welches die untrüg-
liche Wahrheit durch die Propheten und zuletzt durch seinen
eingebornen Sohn zur Welt gesprochen. „Meine Worte werden
nicht vergehen." Kurz, jedes Jota der geoffenbarten Lehre wird
ewig wahr bleiben, und ebenso wird es ewig wahr sein, daß
die vermeintliche materialistische Geschichtsauffassung ein verhängnisvoller Irrtum ist, am meisten verhängnisvoll für diejenigen, welche sich hinter derselben gegen das Christentum zu
verschanzen suchen.

Ebenso unwandelbar und ewig als die Wahrheiten der
christlichen Offenbarung sind die allgemeinen Begriffe und
Grundsätze der natürlichen Ordnung. Sie sind die natürliche
Offenbarung der Gedanken des Ewigen, der die Quelle, der
Urgrund jeder Wahrheit ist. Außerdem hangen sie vielfach
mit der christlichen Offenbarung notwendig zusammen. Ebensowenig als der Begriff des Kreises oder Vierecks im Laufe

der Zeit ein anderer geworden iſt oder jemals ein anderer werden kann, ebenſowenig werden die allgemeinen Begriffe der religiöſen und ſittlichen Ordnung und die darauf ſich gründen- den Prinzipien jemals andere werden. Unſere Gedanken ſind nicht leere Formen, ſondern die geiſtigen Abbilder des Weſens der Dinge, das bei allem Wandel der phyſiſchen Ordnung dasſelbe bleibt. Der erſte Menſch hatte keine andere Weſenheit und Beſtimmung, als wir ſie haben und einſt der letzte Menſch auf Erden ſie haben wird.

Diejenigen, welche das Daſein ewiger, unveränderlicher Begriffe und Grundſätze leugnen, machen dadurch die Wiſſen- ſchaft zur Unmöglichkeit und geraten notwendig mit ſich ſelbſt in Widerſpruch. Die Wiſſenſchaft hat es mit dem Notwendigen und Unwandelbaren zu tun. Sie will nicht bloß die je- weiligen Einrichtungen der Dinge angeben, ſondern ihre allgemeinen Urſachen und Geſetze auffinden und daraus Folgerungen ziehen; ſie will zum Allgemeinen und Notwen- digen vordringen. Wie iſt das aber möglich, wenn es nichts Allgemeines, Notwendiges und Unwandelbares gibt? Gibt es keine unveränderlichen Begriffe, dann iſt auch der geiſtige Zu- ſammenhang zwiſchen einer Generation und der andern völlig aufgehoben. Es iſt dann unmöglich, ſich in die Denk- und Anſchauungsweiſe vergangener Zeiten hineinzuleben oder die zukünftigen Schickſale der Menſchen irgendwie zu ahnen. Die Identität der Begriffe fehlt. Wie kann ich wiſſen, ob Plato und Ariſtoteles richtig gedacht, wie kann ich ſie auch nur ver- ſtehen, wenn ihre Begriffe und Urteile ganz andere waren als die unſern? Ja wir können nicht einmal wiſſen, ob ſie über- haupt Begriffe und Urteile hatten; denn was wir uns darunter heute denken, iſt vielleicht ein Erzeugnis der modernen ökono- miſchen Verhältniſſe, das den Alten unbekannt war. Der grauenvolle Skeptizismus iſt eigentlich die richtige Konſequenz der „materialiſtiſchen Geſchichtsauffaſſung".

Ohne Widersprüche geht es denn auch bei den Sozialisten nicht
ab. Sie schildern uns sehr genau die Entwicklung der Gesellschaft
in Vergangenheit und Zukunft. Aber woher wissen sie, daß es in
der Vergangenheit eine Entwicklung gegeben hat und in Zukunft
eine Entwicklung geben wird, da ja der Begriff der Entwicklung
möglicherweise gar nicht existiert hat und auch in Bälde nicht mehr
existieren wird? Woher wissen sie, daß die Religion und das
Privateigentum an Produktionsmitteln, die Ehe „im heutigen
Sinne" verschwinden wird, wenn wir nicht wissen können, ob es
in Zukunft noch Menschen gibt, ob dieselben, wenn sie existieren,
die gleichen oder ganz andere Begriffe haben? Woher wissen sie,
daß in jeder Periode die ökonomischen Verhältnisse neue politische,
religiöse und sittliche Begriffe erzeugen? Woher haben sie dieses
nach ihrer Lehre allgemeine, für alle Zeiten in gleicher Weise gültige Gesetz?

Wohl um den angeführten Schwierigkeiten und Widersprüchen zu entgehen, geben Marx und Engels für die mathematischen Wissenschaften, d. h. für die Wissenschaften,
die einer mathematischen Behandlung fähig sind (Mathematik,
Astronomie, Mechanik, Physik, Chemie) und allenfalls auch
für die Naturwissenschaften, welche die lebenden Organismen
erforschen, unwandelbare, ewige Wahrheiten zu[1]. Mit diesem
Zugeständnis stoßen sie aber, ohne es zu ahnen, ihre ganze
Entwicklungstheorie über den Haufen. Die genannten mathematischen Wissenschaften setzen sehr viele Begriffe und Grundsätze voraus, die ihnen mit allen übrigen Wissenschaften
gemein sind und die den eigentlichen Gegenstand der Philosophie bilden.

Die Begriffe Sein, Substanz, Wesen, Qualität, Quantität,
Bewegung, Kraft, Ursache, Wirkung, Gesetz, Notwendigkeit,
Zeit, Ewigkeit, Verhältnis, Gleichheit, Wissenschaft, Erkennen,
Wollen, Entwicklung und unzählige andere sind allen Wissen-

---

[1] Vgl. Engels, E. Dührings Umwälzung der Wissenschaft[2] 74 ff.

schaften gemeinsam, auch den mathematischen. Sie bilden den eigentlichen Gegenstand der Philosophie, welche dieselben all= seitig klarzulegen und systematisch zu ordnen hat. Aus diesen unwandelbaren, von Zeit und Raum unabhängigen Begriffen ergeben sich die unwandelbaren Prinzipien, welche die Grund= lage alles sichern Denkens bilden und von den mathematischen Wissenschaften der Philosophie entlehnt werden müssen. Dazu gehört z. B. das Prinzip vom Widerspruch, daß nichts unter derselben Rücksicht zugleich sein und nicht sein, zugleich wahr und falsch sein kann; das Prinzip, daß zwei Dinge, die einem dritten gleich sind, auch unter sich gleich sein müssen; das Prinzip, daß jede Wirkung ihre Ursache haben muß und die Wirkung nie größer sein kann als die Ursache, daß eine all= gemeine dauernde Wirkung eine allgemeine dauernde Ursache haben muß; das Prinzip, daß das Ganze größer sein muß als ein Teil desselben, daß jedes Ding seiner Natur ent= sprechend handelt, und daß es in der Natur unwandelbare Ge= setze gibt, die wir durch Beobachtung entdecken können u. dgl. Alles, was wir wissenschaftlich über die Sicherheit unseres Erkennens, über die Zuverlässigkeit unserer Sinne und unseres Bewußtseins, über das Dasein der Außenwelt, über die Ge= wißheit, die uns das Zeugnis anderer gewähren kann, und unzählige andere Dinge wissen, muß von den mathematischen Wissenschaften als unumstößlich und unwandelbar voraus= gesetzt werden. Wer diese Wahrheiten nicht annimmt, macht jede Wissenschaft unmöglich; wer sie aber zugibt, hat damit die feste Grundlage, von der man mit Sicherheit zur Er= kenntnis der höchsten und letzten Ursache aller Dinge, des Schöpfers Himmels und der Erde, gelangt. Damit steht man aber schon mitten im unwandelbaren Heiligtum der Re= ligion und Sittlichkeit.

Es gibt also ewige Begriffe und Wahrheiten; Prinzipien, die so ewig und unwandelbar sind als die ewige Wahrheit

selbst, auf welche sie sich stützen. Es ist mithin eitel Trug,
eine naive Selbsttäuschung, wenn die Sozialisten sich einbilden,
man könne sie mit religiösen und philosophischen Gründen
nicht widerlegen, da alle religiösen und philosophischen An=
schauungen sich mit jedem Zeitalter, je nach der Verschieden=
heit der wirtschaftlichen Zustände, änderten. Wäre diese An=
nahme der Sozialisten richtig, dann wäre es allerdings um
Religion und Philosophie geschehen, aber auch um den ver=
meintlich „wissenschaftlichen" Sozialismus, überhaupt um jede
Wissenschaft.

Namentlich ist es ganz unrichtig, daß man aus der Natur
des Menschen keine zwingenden Schlüsse auf die gesellschaft=
lichen Einrichtungen ziehen könne. Obwohl sich der Mensch
entwickeln und vervollkommnen kann, so behält er doch immer
im wesentlichen dieselbe Natur und dieselben Neigungen.
Er ist und bleibt ein sinnlich=geistiges Wesen, das den Hang
zum Genuß und zur Trägheit, zur Selbstsucht, zur Ehrsucht,
zum Zorn in seinem Innern hegt und nur durch Selbst=
überwindung der Vernunft die Herrschaft über die sinnlichen
Triebe sichern kann. Ebenso ist es auch, wie wir gleich
zeigen werden, ein konstantes Gesetz, daß die Neigungen
und Anlagen der einzelnen Menschen, so gleich sie im all=
gemeinen sind, dennoch bei den verschiedenen Individuen ver=
schieden auftreten und notwendig Ungleichheiten im Gesellschafts=
leben zur Folge haben.

§ 4.
Entwicklungsprozeß und Wirtschaft.

Wir kommen zum vierten Satz der materialistischen Ge=
schichtsauffassung: In dem Entwicklungsprozeß sind
die wirtschaftlichen Verhältnisse der bestimmende
und ausschlaggebende Faktor. Die Produktion und
der Umsatz der Bedarfsgüter ist die Grundlage aller Gesell-

schaftsordnung. Ändert sich die Produktion, so ändert sich allmählich der ganze soziale, politische, rechtliche, sittliche und religiöse Überbau.

Die Bewegung der Materie folgt mit Notwendigkeit bestimmten Gesetzen. „Da aber die Bewegung der Materie nach der materialistischen Geschichtsauffassung die Gestaltung der Ideen und Willensrichtungen bestimmt, so sind diese und damit alles Geschehene in der Menschenwelt notwendig." Der Materialist muß glauben, „daß von jedem beliebigen Zeitpunkt an alles weitere Geschehen durch die Gesamtheit der gegebenen Materie und die Kraftbeziehungen ihrer Teile im voraus bestimmt ist" [1].

Gerade auf Grund dieser unabänderlichen Notwendigkeit alles zukünftigen Geschehens prophezeien uns die Sozialisten das Herannahen ihrer Zukunftsgesellschaft.

Es ist klar, daß diese Auffassung die menschliche Freiheit aus der Geschichtsbetrachtung völlig ausschaltet und den Menschen zu einem Rädchen in der sich nach notwendigen Gesetzen bewegenden Weltmaschine herabwürdigt. Und doch ist es zweifellos, daß an unzähligen entscheidenden Wendepunkten die freie Willensentschließung einiger oder weniger den Lauf der Ereignisse auf Jahrhunderte mächtig beeinflußt hat. Waren es etwa die Produktionsverhältnisse, die einen Alexander d. Gr. zu seinen Eroberungszügen antrieben oder einen Napoleon zu seinen Feldzügen und Staatsumwälzungen veranlaßten?

Übrigens widersprechen sich die Sozialisten in auffallender Weise. Wie oft wurde schon von den Häuptern der deutschen Sozialdemokratie auf die Gefahr hingewiesen, daß infolge gewisser gewerkschaftlicher oder revisionistischer Tendenzen die Sozialdemokratie ihren revolutionären Charakter verlieren, „ver-

[1] Bernstein, Die Voraussetzungen des Sozialismus (1904) 5.

jumpfen" oder in das Fahrwasser einer bürgerlichen Partei
hinübergeführt werden könnte; das Endziel müsse energischer
betont werden, um den „Genossen" nicht die Begeisterung und
den Mut zu nehmen. Warum diese Furcht, wenn die heutigen
Produktionsverhältnisse naturnotwendig in die Zukunftsgesell=
schaft hineinführen und der ganze Geschichtsverlauf von der
freien Selbstbestimmung der Menschen unabhängig ist?

Wie ganz unhaltbar die Behauptung ist, daß die materiellen
Produktionsverhältnisse den ganzen Verlauf der Menschheits=
entwicklung bestimmen, zeigt uns ein Blick auf die Geschichte.

In der Tat, was sagt die Geschichte zu der Rolle, welche die
Sozialisten den ökonomischen Verhältnissen in der Entwicklung
der Menschheit beilegen? Ehrlich und redlich befragt, lehrt sie,
daß noch häufiger die religiös=sittlichen Ideen die Ursache tief=
greifender wirtschaftlicher Umwälzungen gewesen sind als um=
gekehrt. Das ganze wirtschaftliche und soziale Leben des
israelitischen Volkes war bedingt und getragen von seinem
religiösen Glauben. Ebenso ist das Christentum nicht die Wir=
kung und Frucht der wirtschaftlichen Zustände des Römerreichs
zur Zeit des Augustus gewesen. Seine Lehren traten zu den
herrschenden Ideen in einen schroffen und unvermittelten Ge=
gensatz und gestalteten allmählich, auch in wirtschaftlicher
Beziehung, die ganze Gesellschaft um. Man denke nur an
die Lehre von der Pflicht und dem Werte der Arbeit, an die
Abschaffung der Sklaverei, die Erhebung der Frau aus ihrer
Erniedrigung, die Reorganisation der Familie, die Schöpfung
unzähliger Anstalten der christlichen Liebe und Barmherzigkeit.

K. Kautsky meint freilich den Ursprung des Christen=
tums aus den wirtschaftlichen Verhältnissen der römischen
Kaiserzeit erklären zu können. Schon in den 80er Jahren
des vorigen Jahrhunderts hatte er im „Kosmos" einen
Artikel über die „Entstehung der biblischen Urgeschichte" ver=
öffentlicht, und mehrere Jahre später eine Abhandlung über

die „Entstehung des Christentums" in der „Neuen Zeit".
Darin behauptete er mit Bruno Bauer, „daß über die Person
Jesu gar nichts Bestimmtes zu sagen sei". Inzwischen habe
er in einigen Mußestunden die Untersuchung wieder auf=
genommen, wie er in seinem Buche „Die Entstehung des
Christentums" [1] behauptet, und sei zu dem „angenehmen"
Ergebnis gekommen, daß er „nichts zu revidieren habe".
Deshalb werden dem Leser wieder die alten Behauptungen
Bauers aufgetischt, die Evangelien seien ganz unglaubwürdig,
zum Teil viel später entstanden, mannigfach umgeändert und
gefälscht usw. Davon, daß nicht nur die katholischen, sondern
auch die protestantischen Bibelforscher, namentlich Harnack mit
seiner Schule, die Behauptungen Bauers u. a. längst wider=
legt und die Richtigkeit der altkirchlichen Überlieferung über
die Echtheit der neutestamentlichen Schriften nachgewiesen haben,
erfährt der Leser absolut nichts. Ohne jede Spur eines Be=
weises behauptet Kautsky: „Fest steht, daß keines der Evan=
gelien oder der sonstigen urchristlichen Schriftstücke von einem
Zeitgenossen Jesu herrührt." [2] Außerdem sei der Text durch
spätere Umarbeitungen und Zusätze „vielfach aufs gröbste
entstellt".

Das ist sozialdemokratische Wissenschaft! Selbst der Sozial=
demokrat Max Maurenbrecher ist über ein solches Ver=
fahren entrüstet und meint: „Was er (Kautsky) auf etwa
12 Seiten über die Evangelien und die Paulinischen Briefe
zusammengetragen hat, ist nur eine oberflächliche und
leichtfertige Stimmungsmache gegen die neu=
testamentlichen Schriften, die diese ganze Literatur
als historisch wertlos beiseite schiebt." „So leicht soll man
sich historische Untersuchungen wahrhaft nicht machen." [3]

---

[1] Stuttgart 1908.   [2] Ursprung des Christentums 11.
[3] Sozialistische Monatshefte 1909, I 38.

Aber freilich, dieses Verfahren war Kautsky notwendig, um mit einigem Schein die Entstehung des Christentums aus den damaligen wirtschaftlichen Verhältnissen erklären zu können. Sind die biblischen Berichte von verschiedenen Verfassern zu verschiedenen Zeiten zusammengetragen und vielfach gefälscht, dann ist es leicht, eine Theorie zu konstruieren. Man nimmt dann aus diesen Berichten, was einem paßt, was zur Theorie nicht stimmt, wird auf eine spätere Zeit datiert oder als Fälschung erklärt. Auf diesem Wege findet Kautsky, das Christentum sei ursprünglich eine rein proletarische, „mit wildem Haß gegen die Reichen" erfüllte Bewegung gewesen, die dem kommunistischen Ideal und der Idee von einem messianischen Reiche huldigte. Erst später habe man, um die Reichen zu gewinnen, dieses Ideal verblaßt usw. Dementsprechend wird alles, was kommunistisch und den Reichen feindlich klingt, als der älteste Teil der neutestamentlichen Berichte angenommen, was zu Gunsten des Eigentums spricht, als späteres Einschiebsel oder Fälschung erklärt. Wie gründlich Kautsky verfährt, mag man daraus ersehen, daß er sich zum Beweis des Kommunismus der Kirchenväter damit begnügt, das Schriftchen des sozialdemokratischen Züricher Pfarrers Paul Pflüger „Der Sozialismus der Kirchenväter" anzuführen, ein wissenschaftlich wertloses Pamphlet, in dem kritiklos zum Teil unechte, zum Teil gänzlich mißverstandene Texte zusammengetragen werden, um den altkirchlichen Kommunismus zu beweisen. Von den gründlichen Monographien von O. Schilling [1], J. Seipel [2] u. a. über diese Frage ist keine Rede.

Bei dem von Kautsky beliebten Verfahren darf es uns nicht wundern, daß er in den biblischen Berichten unzählige

---

[1] Reichtum und Eigentum in der altkirchlichen Literatur. Freiburg 1908.

[2] Die wirtschaftlich-ethischen Lehren der Kirchenväter. Wien 1907.

Widersprüche findet. Jesus ist nach ihm eigentlich ein Rebell gewesen, er hatte es auf einen „Handstreich" abgesehen, der aber mißlang. Wegen seiner Empörung gegen den Staat wurde er gekreuzigt. Wenn es nun in den Berichten heißt, Jesus habe sich gutwillig fesseln und hinrichten lassen, so ist das ein Widerspruch. Die späteren Bearbeiter „verstümmelten den Bericht, indem sie die Gewaltanwendung zu einem Akte machten, den die Apostel wider Willen Jesu versuchten" [1]. „Es gibt keine Religion ohne Widersprüche. . . . Aber kaum eine Religion ist so reich an Widersprüchen und Ungereimt= heiten wie die christliche." [2]

Doch genug. Es lohnt sich wahrlich nicht der Mühe, ein so elendes Machwerk eingehend zu widerlegen.

Nur auf eines sei noch aufmerksam gemacht. Weil man sowohl von sozialdemokratischer als sonstiger freidenkerischer Seite das Christentum als das natürliche Produkt der damaligen philosophischen Systeme im Bunde mit den wirtschaftlichen und politischen Verhältnissen des angehenden römischen Kaiserreichs hinzustellen sucht, so kann nicht nachdrücklich genug darauf hingewiesen werden, daß das Christentum seine unzerstörbare Grundlage nicht in abstrakten Ideen und Anschauungen, sondern in u n z w e i f e l h a f t e n   T a t s a c h e n   d e r   G e = s c h i c h t e hat. Zur Zeit des Kaisers Augustus ist in Judäa der von dem auserwählten Volke seit mehreren Jahrtausenden erwartete Messias erschienen. Durch unzählige Wunder und Weissagungen, ganz besonders aber durch seine glorreiche Auf= erstehung aus dem Grabe hat er sich als den vom Vater ge= sandten Sohn Gottes erwiesen. Diese Tatsache ist, wie schon der hl. Paulus energisch betont, die Grundlage unseres Glaubens, und für die Wahrheit dieser Tatsache sind viele Augenzeugen in den schimpflichsten Tod gegangen. Lassen sich

---

[1] Entstehung des Christentums 387.   [2] Ebd. 383.

diese Tatsachen etwa aus den damaligen wirtschaftlichen Bedingungen erklären? Läßt sich etwa aus den damaligen Pro-
duktions= und Umtauschweisen begreifen, wie Christus, ohne
eine Schule besucht zu haben, eine wundervolle, erhabene Lehre
verkünden konnte, die wie ein Sauerteig die Welt umgewandelt
hat? wie arme Fischer in seinem Auftrage das Geheimnis des
Kreuzes, das den Juden ein Ärgernis und den Heiden eine
Torheit war, der ganzen Welt mit Erfolg zu predigen und
die Welt mit dem Ruf ihrer Wunder und Lehren zu erfüllen
vermochten?

Wer nicht schon endgültig in seinem Herzen mit dem
Christentum gebrochen und sich auf den Boden des nackten
Materialismus gestellt hat, sieht sofort die völlige Unhaltbarkeit
dieser Erklärung ein. Ist aber das Christentum nicht aus
den ökonomischen Bedingungen herzuleiten, so ist es ein ver=
gebliches Bemühen, die ganze abendländische Kultur von Christus
bis auf unsere Tage von den Produktions= und Umsatzweisen
zu erklären. Wenn jede Religion nur der „Gedankenreflex der
wirtschaftlichen Lage in den Köpfen der Menschen" ist, wie
konnte sich dann die katholische Kirche in Lehre und Verfassung
durch alle Zeiten und an allen Orten im wesentlichen gleich=
bleiben, trotz der Verschiedenheit der wirtschaftlichen Verhält=
nisse von Land zu Land, von Jahrhundert zu Jahrhundert?

Das vom Christentum Gesagte könnten wir an unzähligen
Einzelfällen beleuchten. Welch mächtigen Einfluß haben z. B.
die Kreuzzüge auf die Kulturentwicklung des Abendlandes aus=
geübt! Lassen sie sich etwa aus Produktionsverhältnissen er=
klären? Haben sie nicht vielmehr ihren Grund im christlichen
Glauben? Auch Mohammedanismus, Humanismus und Re=
formation haben tief in alle Verhältnisse eingegriffen und die
gesellschaftliche Entwicklung in andere Bahnen gelenkt. Ebenso
haben die englische und französische Revolution in religiösen
Ideen ihre tiefste Wurzel, letztere namentlich in der sittlich=

religiösen Frivolität des französischen Hofes und der Enzyklo=
pädisten. Und hat nicht auch die heutige gesellschaftliche Ent=
wicklung, selbst auf wirtschaftlichem Gebiete, zu einem großen
Teil ihre Quelle in den falschen Freiheitsideen des modernen
Liberalismus?

So könnten wir die ganze Geschichte durchgehen und würden
finden, daß überall und immer religiöse und sittliche Ideen
mindestens ebensosehr als die wirtschaftlichen Verhältnisse den
Entwicklungsgang der Menschheit bestimmt haben. „Das eigent=
liche, einzige und tiefste Thema der Weltgeschichte, dem alle
übrigen untergeordnet sind", sagt Goethe[1], „bleibt
der Konflikt zwischen Glauben und Unglauben."

Nur auf einen Punkt müssen wir noch besonders aufmerk=
sam machen, der die Unhaltbarkeit der sozialistischen Geschichts=
auffassung fast mit Händen greifen läßt. Wer mag den Ein=
fluß berechnen, den große Männer: Politiker, Feldherren,
Künstler, Gelehrte, Heilige, auf Mit= und Nachwelt ausgeübt
haben? Man denke an einen Cyrus, Alexander d. Gr., einen
Perikles, Konstantin d. Gr., Chlodwig von Frankreich, Karl
d. Gr., Alfred d. Gr., Stephan I. von Ungarn, Heinrich VIII.
von England, Peter d. Gr. und so viele andere. Denken wir
uns an Stelle Kaiser Karls V. einen Alexander d. Gr. oder
Cäsar, an Stelle Ludwigs XVI. einen Mann wie Napoleon:
wahrscheinlich wäre der Verlauf der modernen Geschichte ein
ganz anderer geworden. Lassen sich nun etwa solche geniale
Männer aus den wirtschaftlichen Bedingungen ihrer Zeit und
ihrer Orte begreifen? Freilich setzen große Männer gewisse so=
ziale Bedingungen voraus, um Großes zu wirken, aber unter
der Voraussetzung derselben Bedingungen sind tausend Mög=
lichkeiten verschiedener Entwicklungen vorhanden, die von dem
Charakter, dem Talent, der Tatkraft eines Mannes abhangen.

---

[1] Westöstl. Divan. WW. IV (Stuttgart 1850) 282.

Wie oft hat ferner das Glück der Schlachten über
das Schicksal der Nationen auf lange Zeit hinaus entschieden.
Hätte Hannibal bei Zama über Scipio, Attila auf den Kata=
launischen Gefilden über die Römer gesiegt, wäre Sobieski im
Jahre 1683 bei Wien den Türken unterlegen, wahrscheinlich
wäre die abendländische Geschichte eine ganz andere geworden.
Und so in tausend ähnlichen Fällen. Läßt sich etwa der Aus=
gang der Kriege und Schlachten durch die wirtschaftlichen
Verhältnisse erklären? Es gehört fürwahr eine Einseitigkeit
sondergleichen dazu, die ganze geistige und materielle Ent=
wicklungsgeschichte zu einem Produkt der wirtschaftlichen Pro=
duktionsverhältnisse herabzudrücken.

Auch von seiten der Sozialisten ist dieser schwache Punkt der
materialistischen Geschichtsentwicklung nicht unwidersprochen geblieben.
Erwähnt sei hier zunächst die interessante Kontroverse zwischen
L. Belfort=Bax und K. Kautsky in der „Neuen Zeit"[1].
Bax glaubt, die Marxsche Geschichtstheorie, wenigstens in der Form,
„wie sie von Mehring, Plechanow und Kautsky" verstanden wird,
bedürfe einer Verbesserung. Er unterscheidet zwei Faktoren der Ent=
wicklung, die parallel laufen: den äußeren und den inneren. Der
äußere Faktor sind die „ökonomischen Bedingungen", der innere ist
der „psychologische Antrieb", sind die Ideen und Anschauungen, von
denen die Menschen in ihrem Tun und Lassen beherrscht werden.
Beide Faktoren wirken zwar immer gleichzeitig, sind aber doch bis
zu einem gewissen Grade voneinander unabhängig.

Kautsky wehrt sich gegen die Behauptung, daß er eine andere
Ansicht vertrete als Marx und Engels. Auch nach ihm wirke der
Geist bei der Entwicklung mit, aber nicht als Herr, sondern als
Diener. Auch er nehme an, es gebe noch andere als bloß wirt=
schaftliche Interessen, aber die Produktionsverhältnisse seien die
„Bedingungen", welche dem Geiste fortwährend neue Aufgaben
stellen und so die Richtung der Entwicklung bestimmen.

---

[1] 14. Jahrg., II 652 ff u. 15. Jahrg., I 231.

Beide Streitenden haben darin recht, daß neben den wirtschaftlichen Verhältnissen auch der Geist seine große Rolle in der Entwicklung spielt, aber sie sind in Irrtum befangen, wenn sie meinen,
man könne vom materialistischen Standpunkt dem Geiste eine selbständige Rolle zuschreiben. Kautsky sucht zwar diese Rolle möglichst abzuschwächen. Der Geist hat nach ihm seine Aufgabe in der
Entwicklung, aber nur die des Dieners. „Der Geist bewegt die
Gesellschaft, aber nicht als der Herr der ökonomischen Verhältnisse,
sondern als ihr Diener. Sie sind es, die ihm die Aufgaben stellen,
welche er jeweilig zu lösen hat. Und daher sind auch sie es, welche
die Resultate bestimmen, die er unter gegebenen historischen Bedingungen erzielen kann und muß." [1]

Was soll dieser „Geist" als selbständiger Faktor neben den
wirtschaftlichen Verhältnissen, wenn es nichts gibt als Materie und
Bewegung, und der Geist nur eine „Funktion des Gehirns" ist,
wie Kautsky selbst gesteht? Marx und Engels haben jedenfalls
anders gedacht. Nach beiden ist die gesellschaftliche, politische, rechtliche und religiöse Ordnung der „Überbau", der sich auf den Produktionsverhältnissen als seinem Unterbau erhebt und mit diesem
verändert. An einer oft angeführten Stelle sagt Marx: „Bestimmte
gesellschaftliche Bewußtseinsformen entsprechen der Gesamtheit der
Produktionsverhältnisse einer Gesellschaft." Er behauptet, „das
Ideelle ist nichts als das im Menschenkopf umgesetzte Materielle", „das Sein der Menschen bestimmt ihre
Gedanken". Engels rühmt sich, mit Marx gezeigt zu haben, „daß
alle bisherige Geschichte die Geschichte von Klassenkämpfen war,
daß diese einander bekämpfenden Klassen der Gesellschaft jedesmal
Erzeugnisse sind der Produktions- und Verkehrsverhältnisse, mit
einem Wort der ökonomischen Verhältnisse ihrer Epoche; daß also
die jedesmalige ökonomische Struktur der Gesellschaft die reale Grundlage bildet, aus der der
gesamte Überbau der rechtlichen und politischen
Einrichtungen sowie der religiösen, philosophischen und sonstigen Vorstellungsweise eines jeden

geschichtlichen Zeitabschnittes in letzter Instanz zu
erklären sind. Hiermit war der Idealismus aus seinem
letzten Zufluchtsort, aus der Geschichtsauffassung, vertrieben, eine
materialistische Geschichtsauffassung gegeben und der Weg gefunden,
um das Bewußtsein der Menschen aus ihrem Sein, statt wie bisher
ihr Sein aus ihrem Bewußtsein zu erklären."[1] Es ist also völlig
unmarxistisch, wenn man die ökonomischen Verhältnisse auch aus religiösen Ideen erklären will. Sagt doch Marx sowohl als Engels,
die Religion sei nur „die phantastische Widerspiegelung in den
Köpfen der Menschen der äußeren Mächte, die ihr alltägliches Dasein
beherrschen". Das Spiegelbild richtet sich nach dem Gegenstand
und nicht umgekehrt.

Noch entschiedener und einschneidender ist die Kritik, die Bernstein an der materialistischen Geschichtstheorie vornimmt. Er hält
dieser Theorie die Tatsache gegenüber, daß neben den wirtschaftlichen Faktoren auch lokale und nationale Eigentümlichkeiten, politische, religiöse und sittliche Tatsachen und Ideen einen bestimmenden
Einfluß auf die Geschichte ausüben. Es sei überhaupt verfehlt, die
komplizierten geschichtlichen Vorgänge schablonenhaft nur durch den
Wirtschaftsfaktor erklären zu wollen. „Aller historischer Materialismus hilft über die Tatsache nicht hinweg, daß es die Menschen
sind, die ihre Geschichte machen, daß die Menschen Köpfe haben
und daß die Disposition der Köpfe keine so mechanische Sache ist, um lediglich durch die Wirtschaftsfrage regiert
zu werden. Warum verhalten sich Arbeiter, die in
ganz gleicher Klassenlage sind, oft diametral verschieden? Neben allerhand sonstigen Ideologien beeinflussen geschichtliche Erinnerungen und Überlieferungen ihr Handeln. So
wirken große Niederlagen noch Jahrzehnte demoralisierend und des-
organisierend auf die unterlegene Klasse."[2]

Die materialistische Geschichtsauffassung zwingt weiterhin nach
Bernstein zur Annahme, daß alles Wollen und Handeln der Men-

---

[1] Engels, E. Dührings Umwälzung der Wissenschaft² 11.
[2] Bernstein, Zur Geschichte und Theorie des Sozialismus
(1901) 245.

schen schließlich nur ein notwendiges Ergebnis der materiellen Pro=
duktionsverhältnisse sei. Tatsache aber sei eine stets zunehmende
Fähigkeit der Menschen, die ökonomische Entwicklung zu leiten und
sich dienstbar zu machen. Das elementarische Walten der ökono=
mischen Mächte höre immer mehr auf. „Individuen und ganze
Völker entziehen so einen immer größeren Teil ihres Lebens dem
Einflusse einer sich ohne oder gegen ihren Willen durchsetzenden
Notwendigkeit." [1]

Das ist unseres Erachtens ganz unleugbar. Bernstein sucht
nun den Beweis zu erbringen, daß Marx und Engels in der spä=
teren Periode von ihrer ursprünglichen Auffassung abgegangen seien
und den nichtökonomischen Faktoren einen immer größeren Spiel=
raum zuerkannt hätten. Darüber kann man streiten [2]. Es fragt
sich nur, ob man mit all diesen Zugeständnissen an die „ideologi=
schen" Faktoren noch auf dem Boden des historischen Materialis=
mus stehe, und das glauben wir nicht. Der konsequente Mate=
rialismus kann nie und nimmer dem „Geiste" eine selbständige
Rolle in der Geschichte zugestehen.

Man mag Marx und Engels ein Verdienst dafür zuerkennen,
daß sie nachdrücklich auf einen Faktor in der Entwicklungsgeschichte
der Menschheit aufmerksam machten, der bis dahin vielleicht allzusehr
vernachlässigt worden war; aber die Behauptung, die materiellen
Wirtschaftsverhältnisse seien der einzige Faktor in dieser Entwicklung,
ist eine maßlose Übertreibung.

Mit Recht sagt E. Bernheim in seinem „Lehrbuch der histo=
rischen Methode und der Geschichtsphilosophie" [3]: „Der ökono=
mische Materialismus der Sozialdemokratie hat sich
zu einer geschichtsphilosophischen Anschauung abgeschlossen, welche
wohl die einseitigste dieser ganzen Richtung genannt werden
kann: eine einzige Seite menschlicher Betätigung, die materiell=
ökonomische, wird wie eine selbständig wirkende Macht hypostasiert

---

[1] Bernstein, Die Voraussetzungen des Sozialismus 10.
[2] Vgl. Masaryk, Die philosophischen und soziologischen Grund=
lagen des Marxismus 104 ff.
[3] 5. u. 6. Aufl. 1908, 728.

14*

und als Grundursache der gesamten sozialen Entwicklung hin=
gestellt — derselbe Denkfehler, an dem der Materialismus über=
haupt leidet, indem er eine conditio sine qua non als causa
efficiens ansieht. Die Mängel der sozialistisch=naturwissenschaft=
lichen Richtung verbinden sich so mit den Schwächen der kon=
struierenden Dialektik der Idealphilosophie speziell Hegels, denn
Marx war trotz seiner scharfen Ablehnung dieser Philosophie mit
Feuerbach in dialektischer Hinsicht Hegelianer und war anderseits
ein genauer Kenner der französischen Soziologie. Die geistreiche
Findigkeit, die blendende Sophistik, die von den Historikern der
Sozialdemokratie in der praktischen Durchführung der Theorie auf=
gewandt wird, kann nicht über die einseitige Vergewaltigung
der Tatsachen täuschen."

§ 5.
Entwicklung und Klassengegensätze.

Es bleibt uns noch der fünfte und letzte Satz der
materialistischen Geschichtsauffassung zu prüfen: Alle ge=
schichtliche Entwicklung vollzieht sich in wirt=
schaftlichen Gegensätzen und durch Klassenkämpfe.

„Die Geschichte aller bisherigen Gesellschaft", heißt es im
kommunistischen Manifest[1], „ist die Geschichte von Klassen=
kämpfen." Die Produktionsbedingungen ändern sich nach Marx
langsam, aber fortwährend. Während sie sich ändern, bleibt
die Gesellschaftsordnung der früheren Periode bestehen, obwohl
sie zu den neuen Produktionsbedingungen nicht paßt. Erst
allmählich macht sich der Widerspruch zwischen der bestehenden
Gesellschaftsordnung und den neuen ökonomischen Verhältnissen
fühlbar. „Die erwachende Einsicht", sagt Engels, „daß die
bestehenden gesellschaftlichen Einrichtungen unvernünftig und un=
gerecht sind, daß Vernunft Unsinn, Wohltat Plage geworden,

---

[1] Manifest der kommunistischen Partei. Neu herausgegeben, Berlin
1891, 9.

ist nur ein Anzeichen davon, daß in den Produktionsmethoden
und Austauschformen in aller Stille Veränderungen vor sich
gegangen sind, zu denen die auf frühere ökonomische Bedingungen
zugeschnittene gesellschaftliche Ordnung nicht mehr stimmt. Da=
mit ist zugleich gesagt, daß die Mittel zur Beseitigung der
entdeckten Mißstände ebenfalls in den veränderten Produktions=
verhältnissen selbst — mehr oder minder entwickelt — vor=
handen sein müssen. Diese Mittel sind nicht etwa aus dem
Kopfe zu erfinden, sondern vermittelst des Kopfes in den vor=
liegenden materiellen Tatsachen der Produktion zu entdecken." [1]

Der Sinn dieser Ausführungen kann nur sein: Wirtschaft
und Recht treten miteinander in Widerstreit. Man erkennt,
daß das überlieferte Recht zu den neuen wirtschaftlichen Ver=
hältnissen nicht mehr paßt und geändert werden muß. Nun
fragt sich aber gleich, woran wird denn gemessen und be=
stimmt, ob Wirtschaft und Recht im Einklang seien oder nicht?
Dazu bedarf es einer höheren und unwandelbaren
Norm, an der wir das jeweilige bestehende Recht beurteilen.
Und welches ist diese Norm? Keine andere als die natür=
lichen und allgemein gültigen Rechtsgrundsätze und der Zweck,
dem alle menschlichen Veranstaltungen zu dienen haben. Von
solchen Rechtsgrundsätzen weiß aber der historische Materialis=
mus nichts, er vermag deshalb auch in keiner Weise den be=
haupteten Widerspruch zwischen Recht und Wirtschaft begreiflich
zu machen.

Doch weiter. Es ist gewiß nicht zu leugnen, daß Klassen=
kämpfe auch eine große Rolle spielen in der Geschichte der
Menschheit; aber die Behauptung, „daß alle bisherige Ge=
schichte die Geschichte von Klassenkämpfen war" [2], ist eine von
jenen einseitigen Übertreibungen, die den Sozialisten geläufig

---

[1] Engels, E. Dührings Umwälzung der Wissenschaft 253.
[2] Ebd.

sind. Lesen wir denn etwa in der ganzen morgenländischen Geschichte des Altertums etwas von Klassenkämpfen? Wir lesen wohl von nationalen Kämpfen zwischen Assyriern, Babyloniern, Ägyptern, Medern, Persern usw. Wir lesen von den durch große Feldherren und Eroberer herbeigeführten politischen und gesellschaftlichen Umwälzungen, aber von Klassen= kämpfen finden wir kaum Spuren. Die großen Volksmassen waren und blieben die Unterdrückten, die ihr Joch in stummer Ergebung trugen. Und trotzdem welche Kulturentwicklung bei allen diesen Völkern! Später begegnen uns als Hauptfaktoren der gesellschaftlichen Entwicklung die nationalen Kämpfe der Griechen und Perser, der Griechen untereinander, der Griechen und Makedonier, der Griechen und Römer, der Römer und der umliegenden Völker, besonders der Karthager. Der Einfluß Griechenlands und Roms auf die Kulturentwicklung der ganzen abendländischen Menschheit ist ein unberechenbarer und läßt sich mit Klassenkämpfen nicht erklären.

Seit dem Sinken des römischen Reiches kommen die Kämpfe Roms mit den nordischen Völkern und die Vermischung der verschiedenen Rassen, welche ein neues Geschlecht erzeugte. Wurden die germanischen Völker etwa durch Klassenkämpfe für das Christentum gewonnen und allmählich auf eine Kulturhöhe erhoben, die noch heute die Bewunderung aller vorurteilslosen Geschichtsforscher erregt? Was sagt uns die Geschichte von Indien, wo seit 3000 Jahren dieselben Gesellschaftsklassen bestehen und so tiefe Wurzeln haben, daß noch keine Aussicht auf ihre Verdrängung vorhanden ist? Haben überhaupt die Klassenkämpfe irgendwie auf die Entwicklung der Wissenschaft und Kunst und damit auf den Gang der Kultur bestimmend eingewirkt? Sind die modernen Erfindungen, besonders die Buchdruckerkunst und das Schießpulver, die Dampf= und Elektrisiermaschinen und ihre Verwertung für Dampfschiffe, Eisenbahnen, Fabriken, Telegraphen usw., etwa auf Klassen=

kämpfe zurückzuführen? Und doch sind sie die eigentlichsten
Revolutionäre, die eine neue Welt geschaffen.

Innerhalb der einzelnen Nationen haben gewiß auch Klassen=
kämpfe stattgefunden, wie wir dies aus der Geschichte Griechen=
lands und Roms wissen. Aber diese Klassenkämpfe waren fast
ausschließlich auf einige Städte beschränkt und haben bei weitem
nicht den Einfluß auf ihre Entwicklung geübt wie die Be=
ziehungen zu auswärtigen Nationen, die Tätigkeit großer
Staatsmänner und Feldherren.

Doch nehmen wir einmal an, alle Geschichte sei die Ge=
schichte von Klassenkämpfen, müßten uns dann nicht als not=
wendige Folgerung aus der materialistischen Geschichtsauffassung
bei allen Völkern zwei entgegengesetzte Weltanschauungen
in Bezug auf Religion, Sittlichkeit, Recht und Politik be=
gegnen? Davon ist aber keine Spur vorhanden, weder bei den
altorientalischen Völkern: den Ägyptern, Chinesen, Indern, Assy=
riern, Persern, noch bei den Griechen, Römern, Germanen usw.
Die Plebejer und Sklaven Roms hatten keine andern religiösen,
sittlichen und rechtlichen Anschauungen als die Patrizier. Auch
das ganze Mittelalter hindurch finden wir trotz aller Klassen=
kämpfe keinen Gegensatz in religiösen, sittlichen und sozialen
Anschauungen. Hoch und nieder, Ritter und Bauer, Papst
und Kaiser standen trotz ihrer politischen und wirtschaftlichen
Gegensätze fest auf dem Grunde derselben religiösen und recht=
lichen Anschauungen. Welche Wandlungen haben z. B. Italien
und Spanien seit dem Untergang des weströmischen Reiches
durchgemacht, und doch sind sie sich in Bezug auf Religion,
Sittlichkeit und Recht stets gleich geblieben. Wenn in neuerer
Zeit der Unglaube in Italien überhandnimmt, so ist es nicht
bei jenen Volksschichten, die unter den neuen ökonomischen
Verhältnissen leiden, sondern bei den sog. Glücklichen, die sich
ihren Unglauben an den Universitäten holen, wie dies auch
anderwärts vorkommt.

Zweiter Artikel.

Die Verwertung der materialistischen Geschichtsauffassung zur Begründung des Sozialismus.

Die im vorigen Artikel entwickelte allgemeine Geschichtstheorie ist die Grundlage, auf der Marx und Engels ihren
Sozialismus aufbauen. Die Geschichtstheorie soll uns zeigen,
wie und warum die heutige kapitalistische Gesellschaftsordnung notwendig in den Sozialismus
hineinwachse.

Die Grundlage aller folgenden Ausführungen ist die Lehre
vom Mehrwert. Der Mehrwert ist nur unentgeltlich an-
geeignete fremde Arbeit. Von unersättlicher Profitgier getrieben, sucht der Kapitalist den Mehrwert auf jede mögliche
Weise zu vergrößern. Das erste Mittel dazu ist, bei möglichst
geringem Lohn den Arbeiter möglichst lang arbeiten zu lassen;
das zweite, die Arbeit durch Vervollkommnung der technischen
Einrichtungen immer produktiver zu gestalten. So bildet sich
ein immer schrofferer Gegensatz zwischen „gesellschaftlicher
Produktion und kapitalistischer Aneignung"[1]. Die
Großbetriebe, in denen viele Kräfte nach einem einheitlichen
Plan, also gesellschaftlich, produzieren, verdrängen immer mehr
die Kleinbetriebe. Zugleich konzentriert sich das Eigentum an
den Produktionsmitteln immer mehr in den Händen weniger.
„Der Widerspruch zwischen gesellschaftlicher Produktion und
kapitalistischer Aneignung tritt an den Tag als Gegensatz
zwischen Proletariat und Bourgeoisie."[2]

Während aber innerhalb der einzelnen Fabriken die Produktion sich immer gesellschaftlicher organisiert, herrscht nach
außen hin in der heutigen Gesellschaft volle Anarchie[3]. Ein

---

[1] Engels, Entwicklung des Sozialismus 31.
[2] Ebd.   [3] Ebd. 33.

wilder anarchistischer Kampf ums Dasein wütet unter den Kapitalisten, von denen jeder, ohne den Markt zu überschauen, blindlings darauf los produziert. Dieser Kampf führt „so ziemlich alle zehn Jahre zu wirtschaftlichen Krisen, welche die Gesellschaft aus den Fugen heben". Überproduktion, Geschäftsstockungen, Bankrotte, Zwangsverkäufe bringen alle Verhältnisse in Unordnung. Die Folgen dieser Krisen ist auf der einen Seite beständig zunehmende Konzentration (Akkumulation) des Kapitals in den Händen weniger, und auf der andern Seite stets wachsende Zahl und stets wachsendes Elend der proletarischen Arbeiter. Es bildet sich eine „industrielle Reservearmee", d. h. „eine das durchschnittliche Beschäftigungsbedürfnis des Kapitals über= steigende Anzahl disponibler Lohnarbeiter . . ., disponibel für die Zeiten, wo die Industrie mit Hochdruck arbeitet, aufs Pflaster geworfen durch den notwendig nachfolgenden Krach, zu allen Seiten ein Bleigewicht an den Füßen der Arbeiter= klasse in ihrem Existenzkampf mit dem Kapital".

Gleichwie auf der einen Seite die Zahl der Proletarier immer größer und ihre Lage immer elender, so wird auf der andern Seite die Zahl der Kapitalisten immer kleiner und ihr Eigentum immer ungeheurer. Schließlich wird der Gegen= satz zwischen den wenigen Kapitalisten und der unermeßlichen Zahl der Proletarier unerträglich, so daß „der Staat die Leitung der Produktion übernehmen muß" [1]. „An die Stelle der gesellschaftlichen Produktionsanarchie tritt eine gesellschaft= lich planmäßige Produktion nach den Bedürfnissen der Ge= samtheit wie jedes Einzelnen." „Das Proletariat ergreift die Staatsgewalt und verwandelt die Produktionsmittel zunächst in Staatseigentum." Aber dieser erste Akt, worin der Staat wirklich als der Repräsentant der ganzen Gesellschaft auftritt,

---

[1] Ebd. 37.

ist zugleich sein letzter selbständiger Akt als Staat; der Staat stirbt ab, alle Klassenunterschiede hören auf [1]. Wir sind schon mitten in der sozialistischen Zukunftsgesellschaft.

Die Grundpfeiler dieser ganzen Beweisführung sind: 1. Die Lehre vom Mehrwert, die auf der Marxschen Werttheorie beruht (Mehrwerttheorie); 2. die Behauptung, es finde eine beständige Konzentration der Betriebe und Hand in Hand damit eine stetig wachsende Anhäufung des Kapitals im Besitz einiger wenigen statt (Akkumulationstheorie); 3. die wirtschaftlichen Krisen würden immer häufiger und verheerender (Krisentheorie); 4. gleichzeitig mit der Anhäufung des Kapitals auf der einen Seite nehme auf der andern die „Außerdienststetzung" der Arbeiter (Armee der überschüssigen Arbeiter) stetig zu und ebenso ihr Elend (Verelendungstheorie).

§ 1.
Die Marxsche Wert- und Mehrwerttheorie [2].

Das Kapital kommt nach Marx „von Kopf bis Zeh, aus allen Poren, blut= und schmutztriefend" zur Welt [3]. Es ist nichts als unbezahlte, den Arbeitern unentgeltlich abgenommene Arbeit, oder wie Lassalle es nannte, „Fremdtum". Um dieses

---

[1] Engels, Entwicklung des Sozialismus 39—41.

[2] Es ist uns schon entgegengehalten worden: wozu die Kritik des Marxschen Kapitals, da man doch die Marxsche Kapitaltheorie verwerfen und trotzdem Sozialdemokrat sein kann? Man kann allerdings praktischer Sozialdemokrat sein, ohne sich viel um Theorie zu kümmern. Das Beispiel der allermeisten Sozialdemokraten beweist das. Aber wer den Sozialismus als Wissenschaft anpreisen will, muß doch denselben auf wissenschaftlichen Grundlagen aufbauen, und außer der Marxschen Geschichts= und Mehrwertstheorie hat der Sozialismus heute keine wissenschaftliche Grundlage. Will er diese nicht, so soll er aufhören, im Namen der Wissenschaft zu reden.

[3] Marx, Das Kapital I 726.

Todesurteil gegen das Kapital zu begründen, bedient sich Marx seiner **Mehrwerttheorie**, die wir schon (S. 48 ff) eingehend dargelegt haben[1]. Die Marxsche Lehre vom Mehrwert ruht aber ganz wesentlich auf seiner **Werttheorie**.

Bernstein behauptet: „Ob die Marxsche **Werttheorie** richtig ist oder nicht, ist für den Nachweis der Mehrarbeit ganz und gar gleichgültig. Sie ist in dieser Hinsicht keine Beweisthese, sondern nur Mittel der Analyse und der Veranschaulichung."[2] Dieser Ausspruch zeigt allerdings, daß manche Sozialisten das Bedenkliche der Marxschen Werttheorie erkennen und sie deshalb gern preisgeben möchten, aber er ist ganz unzweifelhaft unrichtig. Wie bei allen Waren, so unterscheidet Marx auch in Bezug auf die **Arbeitskraft** den Gebrauchswert und den Tauschwert. Der Tauschwert der Arbeitskraft **„gleich dem jeder andern Ware ist bestimmt**

---

[1] Manche wollen am Marxismus festhalten, ohne die Marxsche Mehrwerttheorie anzunehmen. Aber das ist ganz unmöglich. Der Mehrwert beruht nach Marx wesentlich auf Ausbeutung fremder Arbeit und strebt naturnotwendig nach einer wachsenden Ausbeutung, die schließlich die Gesellschaft in eine verschwindend kleine Klasse von überreichen Kapitalisten und eine ungeheure Klasse von Proletariern scheidet und zum Zusammenbruch der Gesellschaft führt. In diesem Sinne hat Marx ganz unzweifelhaft seine Mehrwerttheorie als Hauptgrundlage seines Systems betrachtet. Man muß blind sein, um das nicht zu sehen. Die ganze Auffassung von „Kapital", „Kapitalismus", „Güterakkumulation" usw. beruht auf der Lehre vom „Mehrwert", die selbst wieder die Werttheorie zur notwendigen Voraussetzung hat. Da hilft kein Leugnen. Von Engels haben wir schon oben (S. 35) die Äußerung angeführt, durch die „materialistische Geschichtsauffassung" und die Lehre vom „Mehrwert" sei der Sozialismus eine „Wissenschaft" geworden. Ganz mit Recht behauptet E. v. Böhm-Bawerk (Zum Abschluß des Marxschen Systems in „Festgaben für Knies" [1896] 91): „Die Grundpfeiler des Marxschen Systems sind sein Wertbegriff und sein Wertgesetz."

[2] Voraussetzungen des Sozialismus 42.

durch die zur Produktion, also auch Reprodultion dieses spe=
zifischen Artikels notwendigen Arbeitszeit" (S. oben 49 f).
Dieser Tauschwert der Arbeitskraft ist unabhängig von ihrem
Gebrauchswert. Darauf beruht die ganze Marxsche Beweis=
führung, und wer seine Werttheorie leugnet, zerstört damit die
Grundlage seiner Lehre vom Mehrwert. Wir müssen deshalb
seine Werttheorie prüfen.

Marx unterscheidet einen doppelten Wert: den Gebrauchs=
wert und den Tauschwert. Der Gebrauchswert besteht in
der Nützlichkeit eines Dinges zur Befriedigung menschlicher
Bedürfnisse; der Tauschwert dagegen ist das Verhältnis, in
dem die Waren gegeneinander umgetauscht werden können.
Die Gebrauchswerte sind zwar die Träger des Tauschwertes,
insofern nur nützliche Dinge Tauschwert besitzen können; im
übrigen ist der Tauschwert vom Gebrauchswert innerlich un=
abhängig. Er wird bestimmt durch die in einer Ware ent=
haltene Arbeit.

Hören wir Marx[1] selbst: „Nehmen wir zwei Waren, z. B.
Weizen und Eisen. Welches immer ihr Austauschverhältnis, es ist
stets darstellbar in einer Gleichung, worin ein gegebenes Quantum
Weizen irgend einem Quantum Eisen gleichgesetzt wird, z. B. 1 Quarter
Weizen = a Zentner Eisen. Was besagt diese Gleichung? Daß
ein Gemeinsames von derselben Größe in zwei verschiedenen Dingen
existiert: in 1 Quarter Weizen und ebenfalls in a Zentner Eisen.
Beide sind also gleich einem Dritten, das an und für sich weder
das eine noch das andere ist. Jedes der beiden, soweit es Tausch=
wert, muß also auf dieses Dritte reduzierbar sein." Welches ist
nun dieses Dritte, Gemeinsame? „Dies Gemeinsame kann nicht
eine geometrische, physikalische, chemische oder sonstige natürliche
Eigenschaft der Waren sein. Ihre körperlichen Eigenschaften kommen
überhaupt nur in Betracht, soweit selbe sie nutzbar machen. Ander=
seits ist es gerade die Abstraktion von ihren Gebrauchswerten, was

---

[1] Das Kapital I 3.

das Austauschverhältnis der Waren augenscheinlich charakterisiert. Innerhalb desselben gilt ein Gebrauchswert gerade so viel wie jeder andere, wenn er nur in gehöriger Proportion vorhanden ist." Was bleibt noch übrig? „Sieht man vom Gebrauchswert der Waren= körper ab, so bleibt ihnen nur noch eine Eigenschaft, die von Arbeitsprodukten. Jedoch ist uns auch das Arbeitsprodukt bereits in der Hand verwandelt. Abstrahieren wir von seinem Gebrauchswert, so abstrahieren wir auch von den körperlichen Be= standteilen und Formen, die es zum Gebrauchswert machen. Es ist nicht länger Tisch oder Haus oder Garn oder sonst ein nützlich Ding. Alle seine sinnlichen Beschaffenheiten sind ausgelöscht. Es ist auch nicht länger das Produkt der Tischlerarbeit oder der Bau= arbeit oder der Spinnarbeit oder sonst einer bestimmten produktiven Arbeit." „Es ist nichts von ihnen übrig geblieben als dieselbe gespenstige Gegenständlichkeit, eine bloße Gallerte unterschiedsloser menschlicher Arbeit, d. h. der Verausgabung menschlicher Arbeitskraft ohne Rücksicht auf die Form ihrer Verausgabung. Diese Dinge stellen nur noch dar, daß in ihrer Produktion menschliche Arbeitskraft verausgabt, menschliche Ar= beit aufgehäuft ist."[1]

„Ein Gebrauchswert oder Gut hat also nur einen Wert, weil abstrakt menschliche Arbeit in ihm vergegenständlicht oder materialisiert ist. Wie nun die Größe seines Wertes messen? Durch das Quantum der in ihm enthaltenen, ‚wertbildenden Substanz', der Arbeit. Die Quantität der Arbeit selbst mißt sich an ihrer Zeitdauer, und die Arbeitszeit besitzt wieder ihren Maßstab an bestimmten Zeitteilen, wie Stunde, Tag usw."

„Es könnte scheinen, daß, wenn der Wert einer Ware durch das während ihrer Produktion verausgabte Arbeitsquantum bestimmt ist, je fauler oder ungeschickter ein Mann, desto wertvoller seine Ware, weil er desto mehr Zeit zu ihrer Verfertigung braucht. Die Arbeit jedoch, welche die Substanz der Werte bildet, ist gleiche menschliche Arbeit, Verausgabung derselben menschlichen Arbeitskraft. Die gesamte Arbeitskraft der Gesellschaft . . . gilt hier als eine und

---

[1] Ebd. 14.

dieselbe menschliche Arbeitskraft, obgleich sie aus zahllosen indivi=
duellen Arbeitskräften besteht. Jede dieser individuellen Arbeitskräfte
ist dieselbe menschliche Arbeitskraft wie die andere, soweit sie den
Charakter einer Durchschnittsarbeitskraft besitzt und als solche gesell=
schaftliche Durchschnittsarbeit wirkt, also in der Produktion einer
Ware auch nur die im Durchschnitt notwendige oder gesell=
schaftlich=notwendige Arbeitszeit braucht. Gesellschaftlich
notwendige Arbeitszeit ist Arbeitszeit, erheischt, um irgend einen
Gebrauchswert mit den vorhandenen gesellschaftlich=normalen Pro=
duktionsbedingungen und dem gesellschaftlichen Durchschnittsgrad
von Geschick und Intensität der Arbeit darzustellen."[1]

Wie nun Marx den Grundsatz, daß der Tauschwert etwas vom
Gebrauchswert innerlich Unabhängiges sei und nur in „festgeronnener
Arbeitszeit" bestehe, zur Erklärung der kapitalistischen „Plusmacherei"
benutzt, wurde schon früher erklärt (S. 50 ff). Die Marxsche Lehre
vom „Mehrwert" und „Akkumulationsprozeß" steht und fällt mit
seiner Werttheorie. Ist diese falsch, so werden die daraus gezogenen
Folgerungen von selbst hinfällig. Sehen wir uns also diese Theorie
näher an.

Für seinen Hauptgrundsatz, daß der Tauschwert einer
Sache nicht durch den Gebrauchswert derselben, sondern aus=
schließlich durch die in ihr enthaltene Arbeit bestimmt werde,
kann sich Marx auf das Ansehen vieler bedeutenden Volks=
wirtschaftslehrer, eines Ad. Smith[2], D. Ricardo und anderer,
berufen. Der Sozialismus tritt hier, wie in manchen andern
Punkten, nur das Erbe der liberalen Volkswirtschaftslehrer an
und zieht die logischen Folgerungen aus ihren Grundsätzen.
Erst seitdem sich Marx, Lassalle und andere dieses Prinzips
bemächtigten, um dem Privatkapital die wuchtigsten Hiebe zu
versetzen, sah man die Bedenklichkeit desselben ein und beeilte

[1] Das Kapital I 5.
[2] Natur und Ursachen des Volkswohlstandes. Deutsch von Löwen=
thal, Berlin 1879, 31: „Arbeit ist also der wahre Maßstab für den
Tauschwert aller Güter."

sich, es über Bord zu werfen oder wenigstens wesentlich ein-
zuschränken.

In der Wirklichkeit ist dasselbe unhaltbar. Untersuchen
wir nur den Begriff „Wert" [1]. Derselbe gehört zu jenen einfachsten und primitivsten Begriffen, die jedem Menschen klar
sind und erst anfangen dunkel zu werden, wenn man sie
analysieren will. Jedes Ding hat für uns Wert, das uns
irgendwie begehrenswürdig erscheint. Der Wert schließt also
ein objektives und ein subjektives Moment ein. Damit
ein Ding für uns Wert habe, muß es in sich selbst ein
Gut sein oder uns wenigstens als solches erscheinen und außerdem noch die Beziehung der Angemessenheit zu uns besitzen,
d. h. irgendwie geeignet erscheinen, uns zu erhalten und zu
vervollkommnen. Mit andern Worten: Wert ist für den
Menschen jedes Gut, das geeignet ist, irgend einem Bedürfnis
desselben abzuhelfen, und deshalb ihm begehrenswürdig erscheint.
Auch die rein geistigen Güter haben Wert. Das Himmelreich
ist mehr wert als alle irdischen Güter, und deshalb gleicht
der kluge Mensch einem Kaufmann, der alle seine irdischen
Güter hingibt, um die Perle des Evangeliums zu erstehen.
In gleicher Weise ist das Leben und die Gesundheit mehr
wert als Geld und Gut.

Weil der Wert nicht bloß ein objektives, sondern auch ein
subjektives Moment, das Moment der Schätzung (aestimatio),
enthält, kann der Wert einer und derselben Sache für verschiedene Personen verschieden sein. Wir werten die Dinge
verschieden, je nach unsern Neigungen und Bedürfnissen. Ein
Knabe legt vielleicht einem Dinge hohen Wert bei, das dem
Erwachsenen fast wertlos erscheint: ja ein und derselbe Mensch

---

[1] Vgl. E. v. Philippovich, Grundriß der politischen Ökonomie [4] (1901) 6 ff; Conrad, Grundriß zum Studium der politischen Ökonomie I [6] (1907) 17; Pesch, Lehrbuch der Nationalökonomie I 386.

kann zu verschiedenen Zeiten die Dinge verschieden schätzen
und werten.

Der Wert kann ein individueller oder allgemeiner sein, je
nachdem ein Ding nur für ein bestimmtes Individuum oder
allgemein für alle Glieder einer Gemeinschaft oder gar für alle
Menschen Wert hat.

Eine engere Bedeutung hat der wirtschaftliche Wert.
Die Wirtschaft hat es mit der Beschaffung äußerer Sachgüter
zu tun, deren die Menschen zur Befriedigung ihrer verschiedenartigen, geistigen und leiblichen Bedürfnisse benötigen. Dieser
wirtschaftliche Wert der Güter ist die Bedeutung, die wir ihnen
zuerkennen zu unserer Bedürfnisbefriedigung. Das Streben
nach Wohlfahrt treibt uns an, eine Vermehrung der uns zur
Verfügung stehenden Werte anzustreben und eine Verminderung
derselben hintanzuhalten.

An den wirtschaftlichen Gütern kann man einen doppelten
Wert unterscheiden: den Gebrauchswert und den Tauschwert. Marx macht mit Recht diese Unterscheidung, die uns
schon bei Aristoteles und seinen Erklärern begegnet.

Aristoteles[1] unterscheidet einen zweifachen Gebrauch
der Besitzgüter: der eine ist einem Besitzgut nach der Besonder-
heit seiner Natur eigentümlich (χρῆσις οἰκεία), der andere
ist ihm mit allen andern Besitztümern gemeinsam (χρῆσις
οὐχ οἰκεία). Er erläutert diese Unterscheidung durch das Beispiel eines Schuhes. Ein Schuh hat einen doppelten Gebrauch:
der erste ist ihm eigentümlich im Unterschied zu andern
Gütern und besteht darin, daß man ihn zum Schutz des
Fußes anzieht; der zweite darin, daß man ihn gegen andere
Besitzgüter umtauschen kann. Dieser letztere Gebrauch ist dem
Schuh gemeinsam mit allen andern Gütern, die in den Handel

---

[1] Polit. I, 9, 1257, a. 6 ff. S. Thom., In I. Pol. l. 7. Silvest.
Maurus, In I. Pol. c. 6, n. 2.

kommen. Man kann ihn deshalb den a l l g e m e i n e n Ge=
brauch[1] oder auch den Nebengebrauch nennen.

Der Gebrauchswert ist also ein viel weiterer Begriff als
der Tauschwert. Auch der Tauschwert ist eine Art Gebrauchs=
wert, aber nicht jeder Gebrauchswert macht ein Ding zum
Tauschwert. Luft, Licht haben stets Gebrauchswert für den
Menschen, aber keinen Tauschwert.

Was ist nun der Tauschwert? Oder was ist dazu er=
fordert, damit ein Gebrauchswert Tauschwert erlange? Er
muß vor allem fähig sein, Privateigentum zu werden. Der
Tausch ist ein Vertrag, bei dem der eine auf ein Gebrauchsgut
zu Gunsten eines andern verzichtet, um von diesem ein gleich=
wertiges Gut zu erhalten. Es setzt also das Privateigentum
in irgendwelcher Form voraus. Das Gebrauchsgut muß ferner,
um Tauschwert zu erlangen, nicht in beliebiger Menge allen
zur Verfügung stehen. Wasser z. B. hat einen hohen Ge=
brauchswert, aber unter gewöhnlichen Umständen keinen Tausch=
wert, weil es von selbst stets allen zur Verfügung steht, daher

---

[1] Diese Unterscheidung des Gebrauchswertes ist viel klarer, ein=
facher und sachlicher als diejenigen, die uns bei den meisten neueren
Nationalökonomen begegnen. Viele nennen den G e b r a u c h s w e r t
Tauglichkeit zum Gebrauche des Besitzers selbst und T a u s c h w e r t
Tauglichkeit zum Fortgeben im Tausch. Aber auch der Tausch ist
ein Gebrauch des B e s i t z e r s s e l b s t. Das zweite Glied ist also im
ersten schon enthalten. — Andere nennen den Gebrauchswert den u n =
m i t t e l b a r e n Gebrauchswert, den Tauschwert den m i t t e l b a r e n
Gebrauchswert. — Wieder andere, wie N e u m a n n (in Schönbergs
Handbuch der politischen Ökonomie I² 156 A. 70), verwerfen diese
Unterscheidung und teilen die Werte in s u b j e k t i v e und o b j e k t i v e.
Wenn wir im folgenden nach dem herrschenden Sprachgebrauch Ge=
brauchswert und Tauschwert unterscheiden, so verstehen wir unter
Gebrauchswert die Tauglichkeit der Sache zu jeder Art von Ge=
brauch m i t A u s s c h l u ß d e s b e s o n d e r n G e b r a u c h s i m
U m t a u s c h.

auch seine Aneignung als Privateigentum unnütz und zwecklos
ist, und niemand auf andere Güter verzichten wird, um Wasser
zu erlangen. Innerhalb dieser angegebenen Grenze aber hat
jedes Gebrauchsgut auch Tauschwert, es kann in einem bestimmten Verhältnis gegen andere umgetauscht werden. Wie
bestimmen wir nun den Tauschwert? Dadurch, daß wir die
Güter m i t e i n a n d e r v e r g l e i c h e n in Bezug auf den
Nutzen, den sie uns gewähren. Je größer und höher das
Bedürfnis ist, dem ein Gebrauchsgut abhilft, in je geringerer
Menge es vorhanden ist und je größer die Opfer sind, die wir
bringen müssen, um es zu erlangen, um so größer ist der Wert,
den wir ihm beilegen. Es kommt aber bei dieser Wertbestimmung meist nicht auf das Urteil eines einzelnen an,
sondern auf die a l l g e m e i n e S c h ä t z u n g in einer bestimmten
Gesellschaft. Dieses Urteil ist nicht unveränderlich, sondern
ändert sich nach Zeiten und Orten. Die Neger Afrikas legen
vielen Dingen, die wir Europäer geringschätzen, einen hohen
Wert bei, während sie manche Dinge gering werten, die bei
uns hohen Wert besitzen.

Mit dem Begriff des wirtschaftlichen Wertes hängt innig
zusammen der Begriff des P r e i s e s. Der Preis ist d e r
a n e i n e m e i n h e i t l i c h e n M a ß e (Geld) g e m e s s e n e
u n d a u s g e d r ü c k t e W e r t. Der Preis setzt eine abschätzende
Vergleichung der verschiedenen Werte voraus und ist das
Resultat der Messung dieser Werte an einem einheitlichen
Maßstabe. Der Preis einer Sache im menschlichen Verkehr
hängt zunächst von dem allgemeinen Urteil über den Wert
einer Sache in einer Gemeinschaft ab und wird von diesem
bestimmt. Dieses Urteil richtet sich vorzüglich nach dem inneren
Wert der Sache (Gebrauchswert), sodann nach der Verschiedenheit der Bedürfnisse, zu denen auch Geschmack, Mode u. dgl.
gehören, ferner nach den Herstellungskosten, der Seltenheit usw.
An dieses allgemeine Urteil kann sich jeder halten. Deshalb

dürfen europäische Kaufleute die Spielsachen und Glaswaren, welche bei uns nur geringen Wert haben, aber bei unzivilisierten Völkern sehr geschätzt werden, den letzteren nach dem bei ihnen geltenden Werte oder Preise verkaufen. Sie dürfen sich an das in einem Lande allgemeine Urteil halten, auch wenn dasselbe unvernünftig ist, wenigstens solange es nicht auf einem wesentlichen Irrtum beruht[1].

Das allgemeine Urteil über den Wert einer Sache ist kein mathematisch abgegrenztes. Die einen werden dieselbe Ware höher werten als andere. Da nun der Preis einer Ware durch dieses Urteil bestimmt wird, so hat er aus sich keine mathematische Grenze. Die gewöhnliche Bestimmung des Preises geschieht auf dem Markt unter der Herrschaft von Angebot und Nachfrage und pflegt gewissen Schwankungen unterworfen zu sein. Der auf diese Weise bestimmte Preis heißt der gewöhnliche oder Marktpreis, der zwischen bestimmten Grenzen auf und nieder zu schwanken pflegt, weshalb die Moralisten pretium summum et infimum zu unterscheiden pflegen. Über den höchsten Preis darf der Verkäufer und unter den niedrigsten der Käufer, wenigstens unter gewöhnlichen Umständen, nicht hinausgehen, ohne die Gerechtigkeit zu verletzen[2].

Bildet sich wegen der Seltenheit einer Sache über sie kein allgemeines Urteil auf dem Markt, so bleibt die Preisbestimmung dem Übereinkommen der Käufer überlassen (Konventionalpreis). Setzt die Obrigkeit den Preis einer Sache fest, so heißt derselbe der gesetzliche Preis (Preistaxe).

Nach der Erläuterung dieser Grundbegriffe wenden wir uns zu Marx. Hätte er sich damit begnügt, die beiden Arten von Wert: Gebrauchswert und Tauschwert, zu unterscheiden, so wäre nichts dagegen einzuwenden, aber er geht

---

[1] De Lugo, De iustitia et iure disp. 26, s. 4, n. 43.
[2] Vgl. unsere Moralphilosophie II⁴ 370 ff.

weiter und behauptet, der Tauschwert richte sich gar nicht nach
dem Gebrauchswert, sei von ihm unabhängig. Er fragt sich,
warum ich z. B. einen Quarter Weizen gegen x Stiefel-
wichse oder y Seide oder z Gold umtauschen oder all diese
Dinge nach der angegebenen Menge als wertgleich ansehen
könne, und gibt darauf die Antwort: „Im Austauschverhältnis
der Waren (erscheint) ihr Tauschwert als etwas von ihren
Gebrauchswerten durchaus Unabhängiges."[1] Der
Gebrauchswert ist also nach Marx kein mitbestimmender
Faktor des Tauschwertes. Das ist aber eine unbewiesene und unrichtige Behauptung, durch die Marx in Widerspruch mit sich selbst gerät[2].

1. Sie ist unbewiesen. Der Hauptgrund, den Marx
für seine Ansicht anführt, ist folgender: Der Tauschwert ist
etwas allen Waren Gemeinsames. Nun aber kann dieses
Gemeinsame nichts anderes sein als die in ihnen vergegen-
ständlichte, abstrakt menschliche Arbeit. Also bildet diese den
Tauschwert.

Wir geben zu, daß der Tauschwert etwas allen Waren
Gemeinsames sein muß, weil sie darin miteinander verglichen
werden. Wir leugnen aber, daß dieses Gemeinsame allein die
in ihnen enthaltene Arbeit sein könne. Marx bringt für seine
Ansicht keine Beweise, sondern nur Behauptungen vor.

„Dieses Gemeinsame kann nicht eine geometrische, physikalische,
chemische oder sonstige natürliche Eigenschaft der Waren sein. Ihre
körperlichen Eigenschaften kommen überhaupt nur in Betracht, soweit
selbe sie nutzbar machen, also zu Gebrauchswerten. Anderseits ist
es gerade die Abstraktion von ihren Gebrauchswerten, was das
Austauschverhältnis der Waren augenscheinlich (!) charakterisiert.
Innerhalb desselben gilt ein Gebrauchswert gerade soviel wie
jeder andere, wenn er nur in gehöriger Proportion vorhanden

---

[1] Marx, Das Kapital I 4.
[2] Pesch, Lehrbuch der Nationalökonomie I 321 ff.

ist. . . . Als Gebrauchswerte sind die Waren vor allem verschiedener Qualität, als Tauschwerte können sie nur verschiedener Quantität sein, enthalten also kein Atom Gebrauchswert."[1]

Hier wird nur behauptet, was zu beweisen wäre. Ja dieses wird geradezu als „augenscheinlich" hingestellt. Und doch hängt hiervon alles Folgende ab.

Es wundert uns wirklich, daß Marx so zuversichtlich und ohne Beweis behaupten konnte, außer der Arbeit gebe es nichts allen Waren Gemeinsames. Schon Aristoteles, auf den er sich wiederholt beruft, hätte ihn eines Besseren belehren können. Dieser große Forscher lehrt ausdrücklich, es müsse etwas den Waren Gemeinsames geben, in dem sie miteinander verglichen und gemessen werden können. Dieses gemeinsame Maß aller Tauschwerte sei das Bedürfnis, d. h. die Tauglichkeit zur Befriedigung eines Bedürfnisses der Menschen, oder mit andern Worten, die Brauchbarkeit[2]. Mögen die

---

[1] Marx, Das Kapital I 4.

[2] Ethic. Nic. V, 8, 1133, a. 25: Δεῖ ἄρα ἑνί τινι πάντα μετρεῖσθαι . . ., τοῦτο δ' ἐστὶ τῇ μὲν ἀληθείᾳ ἡ χρεία, ἧ πάντα συνέχει. Wir übersetzen wie der hl. Thomas (Ethic. V, l. 9) und Silv. Maurus (In V. Ethic. c. 5, n. 8) χρεία mit Bedürfnis. Man kann übrigens χρεία auch mit Gebrauch wiedergeben. Der Sinn bleibt in beiden Fällen vollständig gleich, weil der Gebrauch einer Sache und das Bedürfnis des Menschen nach derselben in notwendigem Verhältnis zu einander stehen. Wir gebrauchen eine Sache nur, weil und soweit wir durch sie einem Bedürfnis abhelfen können. Die lateinische Übersetzung des Lambinus lautet deshalb ganz richtig: Unum quiddam esse oportet, quod cetera omnia metiatur. Hoc autem re quidem vera est usus seu indigentia, quae omnia continent. Der hl. Thomas (a. a. O.) erklärt den Text des Aristoteles mit den Worten: Dicit quod ideo possunt omnia adaequari, quia omnia possunt commensurari per aliquid unum, ut dictum est; hoc autem unum, quod omnia mensurat, secundum rei veritatem est indigentia, quae continet omnia commutabilia, in quantum omnia referuntur ad humanam indigentiam: non enim

Dinge, die ausgetauscht werden, sonst auch noch so verschieden voneinander sein, alle kommen darin überein, daß sie irgend einem Bedürfnis des Menschen abhelfen, irgendwie ihm nützlich und brauchbar sind. Darin können sie miteinander verglichen und durch eine Einheit gemessen werden[1].

Die von Marx aufgestellte Behauptung, die Arbeit allein mache den Tauschwert aus, ist aber nicht bloß unbewiesen,

2. sie ist auch unrichtig. Ohne es zu ahnen, hat sich Marx selbst widerlegt. Er sagt: innerhalb des Austausch- verhältnisses gelte ein Gebrauchswert gerade soviel als jeder andere, wenn er nur in gehöriger Proportion vor- handen sei. Warum muß der Gebrauchswert in gehöriger Proportion vorhanden sein? Offenbar nur deshalb, weil er bei Bestimmung des Tauschwertes nicht gleichgültig, sondern ein bestimmendes Element ist. Warum können ferner, wie Marx selbst gesteht, nur der Gesellschaft nützliche Dinge Tauschwert haben? Doch wohl nur deshalb, weil der Gebrauchswert ein wesentlicher Bestandteil des Tausch- wertes ist. Wenn jemand auch mit der größten Arbeit Stiefel

---

appretiantur secundum dignitatem naturae ipsorum: alioquin unus mus, quod est animal sensibile, maioris pretii esset, quam una margarita, quae est res inanimata: sed rebus pretia imponuntur secundum quod homines indigent iis ad suum usum.

[1] Hohoff (Warenwert und Kapitalprofit [1902] 5) schreibt: „Die Waren werden oder sind nur kommensurabel, wenn man und indem man von ihrem Gebrauchswerte abstrahiert. Leinwand, Eisen, Weizen, Ilias, Leuchtgas, Arsenik, Eau de Bologne (Cologne?) und Asa foetida usw. sind gar nicht miteinander vergleichbar und an- einander zu messen, was ihre Nützlichkeit oder ihren Gebrauchswert anbelangt." Warum denn nicht? Gewiß, in ihrem spezifischen Ge- brauchswert sind sie voneinander verschieden, aber sie kommen doch alle darin überein, daß sie nützliche Dinge sind oder einem Bedürfnis des Menschen abhelfen; darin lassen sie sich miteinander vergleichen, abschätzen und an einer Einheit messen.

aus Pappendeckel verfertigt, so kann er sie doch nicht verkaufen, sie haben keinen Tauschwert, weil sie nutzlos sind.

Aber es gibt doch Gebrauchswerte, die keinen Tauschwert besitzen? Luft und Tageslicht sind Gebrauchswerte ohne Tauschwert. Ganz richtig. Doch folgt daraus nur, daß der bloße Gebrauch zum Tauschwert noch nicht ausreicht, sondern daß noch andere Bedingungen hinzutreten müssen; aber es folgt durchaus nicht, daß jene Dinge, die Tauschwert haben, den= selben nicht wenigstens zum Teil ihrem Gebrauchswert ver= danken. Was würde man zu folgendem Beweise sagen: Es gibt Vernunftwesen, die keine Künstler sind; also gehört der Begriff des Vernunftwesens nicht zum Begriff des Künstlers? Nicht besser ist die Marxsche Schlußfolgerung. Damit ein Gebrauchswert Tauschwert habe, muß er fähig sein, in den ausschließlichen Besitz eines Menschen überzugehen und sich nicht so reichlich vorfinden, daß er jedem nach Belieben zur Ver= fügung steht. Aber dies vorausgesetzt, hängt sein Tauschwert vor allem von seinem Gebrauchswert oder seiner Nützlichkeit ab. Das Holz in den Urwäldern Südamerikas hat dort keinen Tauschwert, weil niemand da ist, der es gebraucht, oder jeder es umsonst haben kann, wie bei uns das Wasser.

Nehmen wir aber an, ein Kaufmann bringe mehrere Schiffsladungen von verschiedenen Holzarten nach einem euro= päischen Hafen: wonach wird sich nun der Preis des Holzes bemessen? Etwa bloß nach dem Aufwand von Arbeit und Transportauslagen, den die Herbeischaffung des Holzes gekostet? Gewiß nicht; sonst müßten alle Holzarten zu gleichen Preisen verkauft werden. Das ist aber nicht der Fall. Worauf die Käufer vor allem sehen, das ist die Brauchbarkeit des Holzes. Das bessere, dauerhaftere wird besser bezahlt. Feines Zedern= und Ebenholz hat, auch abgesehen von den Arbeits= kosten, die zur Beschaffung desselben nötig sind, einen höheren Wert als Tannen= und Birkenholz.

Durch tausend derartige Beispiele läßt sich zeigen, daß nach allgemeinem Urteil die Nützlichkeit oder Brauchbarkeit einer Sache an erster Stelle ihren Wert oder Preis bestimmt. Der bessere Wein wird besser bezahlt als der schlechtere, auch wenn der Weinbauer bei beiden Arten dieselbe Mühe aufwendet. Warum verkaufen unsere Kohlenbergwerkbesitzer die Stein= kohlen, die aus demselben Schacht herrühren, zu verschiedenen Preisen? Weil die Qualität nicht dieselbe ist. Eine Wiese an der Maas oder am Rhein hat einen weit größeren Tausch= wert als eine gleich große Wiese auf dem Harz oder in der Eifel, und zwar ganz unabhängig von jeder menschlichen Arbeit. Wenn ein Landwirt zwei Pferde mit denselben Kosten auf= gezogen hat, so können sie doch bei verschiedener Körper= beschaffenheit ganz verschiedenen Wert haben.

Doch es hieße Wasser ins Meer tragen, wollten wir diese einleuchtende Wahrheit noch näher begründen. Man kann auch nicht gegen die vorgebrachten Beispiele einwenden, daß bei allen Arbeit zur Herstellung des vollen Gebrauchswertes nötig war; denn wir leugnen nicht, daß die Arbeit a u c h den Tauschwert beeinflusse, sondern nur, daß sie a l l e i n den Tauschwert aus= mache. Übrigens kommt meistens die Arbeit nur so weit in Betracht, als sie die B r a u c h b a r k e i t eines Dinges erhöht. Aber um davon zu schweigen, daß es in der Natur auch Gegenstände gibt, die gar keiner Arbeit mehr bedürfen, um brauchbar zu werden, sondern die man unmittelbar sich an= eignen und gegen andere Dinge umtauschen kann: so Steinöl, wilde Früchte, Fische u. dgl. [1], so ist selbst bei den Erzeug=

---

[1] Über die Marxsche Werttheorie siehe v. H a m m e r s t e i n S. J., Stimmen aus Maria=Laach X 426; H i t z e , Kapital und Arbeit, Paderborn 1880, 9 ff. Daß der hl. T h o m a s weit davon entfernt ist, den Tauschwert nur als aufgewendete Arbeit anzusehen, geht aus sehr vielen Stellen unzweideutig hervor. So behauptet er an einer Stelle, der Preis der Waren bestimme sich nicht nach dem Grade

nissen der menschlichen Arbeit das, was ihren Tauschwert vor
allem bestimmt, nicht die „gesellschaftlich notwendige Arbeits=
zeit", sondern die künstlerischen Eigenschaften, die sie haben,

---

(Vollkommenheit) der Natur, da zuweilen ein Pferd teurer verkauft
werde als ein Sklave, sondern nach der Brauchbarkeit für
den Menschen. S. theol. 2, 2, q. 77, a. 2 ad 3: Sicut Augustinus
dicit XI. de Civ. Dei c. 16, pretium rerum venalium non con-
sideratur secundum gradum naturae, cum quandoque pluris ven-
datur unus equus quam unus servus, sed secundum quod
res in usum hominis veniunt. Et ideo non oportet, quod
venditor vel emptor cognoscat occultas rei venditae qualitates,
sed illas solum, per quas redditur humanis usibus
apta, puta quod equus sit fortis et bene currat, et
similiter in ceteris. Schon vorher (corp. art.) hatte er erklärt:
wer ein krankes Tier für ein gesundes verkaufe, verletze die Ge=
rechtigkeit und sei zum Schadenersatz verpflichtet. Überhaupt wären
die Untersuchungen des hl. Thomas und der Theologen, ob und
wie weit man beim Verkauf einer Sache ihre Fehler offenbaren
müsse, geradezu sinnlos, wenn der Preis der Sache nicht wesentlich
von ihrer Brauchbarkeit oder Nützlichkeit, sondern bloß von der
aufgewendeten Arbeit abhinge. Wollte man einwenden, der hl. Tho=
mas rede nicht vom Wert, sondern vom Preis, so ist darauf
zu erwidern, daß Wert und Preis notwendig zusammenhängen,
wie wir schon gezeigt haben (S. 226). Vgl. auch Costa=Rossetti,
Allgemeine Grundlagen der Nationalökonomie (1888) 88; A. M.
Weiß, Apologie des Christentums IV 454. Hören wir noch einen
Schüler des hl. Thomas, Dom. Soto O. Pr. (De instit. et iure
l. 6, q. 2, a. 3): Pretia rerum non secundum ipsarum naturam
aestimanda sunt, sed quatenus in usus veniunt humanos.
Conclusionis huius ratio naturalis est, quod cum mundus et quae
eo continentur, propter hominem facta sint, tantum civili aesti-
matione res valent, quantum hominibus inserviunt.
Quapropter Aristot. V. Ethic. c. 5 ait, indigentiam causam
mensuramque esse humanarum commutationum. . . . Ubi
autem indigentiam nominamus, ornatum etiam reipublicae intelli-
gimus: ut cuncta complectamur, quae hominibus praeter vitae
necessitatem etiam ad suam voluptatem et splendorem usui
esse possunt. Es ist überhaupt nach dem hl. Alfons Liguori

oder die Vollkommenheit, die sie in sich besitzen. Wenn zwei Schriftsteller nach gleicher Vorbereitung ihre Werke veröffentlichen, welcher wird größeren Absatz finden und größere Honorare beziehen? Derjenige, dessen Werke nach dem Urteile des Publikums schöner, vollkommener, geistreicher sind. Wenn Gemälde ausgestellt sind, wonach wird der Wert und Preis bemessen? Etwa nach der „gesellschaftlich notwendigen Arbeitszeit"? Keineswegs, sondern nach der inneren Vollkommenheit, die meist mehr die Frucht des Genies als der Arbeit ist. Warum wird ein Gemälde oder selbst eine kleine Zeichnung eines Raffael oder A. Dürer so teuer bezahlt? Warum werden alte Handschriften, seltene Drucke, historisch merkwürdige Medaillen und Münzen und ähnliches oft mit so hohen Preisen erstanden? Wegen der in ihnen vergegenständlichten Arbeit? Nein, sondern wegen ihrer Seltenheit oder Vollkommenheit oder Wichtigkeit für die Kulturgeschichte u. dgl.

Hohoff[1] hat die sonderbare Behauptung aufgestellt, der Tauschwert sei eigentlich ein Übel. „Nützlichkeit und Wert, Gebrauchswert und Tauschwert sind also unzweifelhaft Gegensätze. Die Nützlichkeit ist die gute Seite an den Gebrauchsgegenständen, der Wert die schlimme, üble Seite. Daher sucht man die erstere

---

(Theol. moral. l. 3, n. 801 ff) eine unter den katholischen Theologen ganz allgemeine Lehre, daß der Preis bzw. der Tauschwert einer Sache nicht nur von der Arbeit, sondern von vielen Umständen abhänge, so von der Nützlichkeit der Ware, von Angebot und Nachfrage; an einem Ort kann dieselbe Sache einen höheren Wert haben als an einem andern usw. Siehe den Nachweis in der „Kölner Korrespondenz" 1894, 27 ff.

[1] Warenwert und Kapitalprofit, Paderborn 1902, 10; vgl. auch desselben: Bedeutung der Marxschen Kapitalkritik (1908) 142, wo er die gleiche Behauptung wiederholt und auf das Geld ausdehnt, „diesen Unrat der Hölle". Nicht das Geld ist ein Übel, sondern der Mißbrauch desselben.

Eigenschaft zu mehren, die letztere dagegen zu mindern. Der
Wert ist kein Gut, sondern ein Übel, der Tauschwert ist eine
Folge der Sünde. Ohne die Sünde würde es kein Privat=
eigentum geben." Der Tauschwert ein Übel! An solchen Kon=
sequenzen sollte Hohoff doch merken, daß er sich von Marx hat
auf Irrwege leiten lassen. Ohne Tauschwert gäbe es keinen
Handel und keine Industrie und mithin auch keinen Verkehr im
heutigen Sinne. Kann etwas, was den Menschen zur Kultur=
entwicklung so nützlich, ja notwendig und deshalb sehr be=
gehrenswert ist, ein Übel sein? Aber man sucht die Nützlichkeit
zu mehren, den Tauschwert zu mindern! Der Käufer sucht aller=
dings, nicht eigentlich den Tauschwert, wohl aber den Preis,
den er dafür zu bezahlen hat, zu vermindern. Der Verkäufer
dagegen sucht den Tauschwert der Waren möglichst zu ver=
mehren. Gerade deshalb sucht der Verkäufer den Gebrauchswert
oder die Nützlichkeit zu erhöhen, weil er weiß, daß dadurch auch
der Tauschwert bzw. der Preis steigt. Je praktischer,
schöner, dauerhafter die Produkte sind, um so mehr werden sie von
den Käufern gesucht und um so mehr sind diese bereit, für deren
Beschaffung Opfer zu bringen. Was bezweckte man im Deutschen
Reich mit dem neuen Zolltarif? Doch wohl die Verminderung der
ausländischen Konkurrenz, um dadurch den Tauschwert und Preis
der einheimischen Produkte zu steigern? Man muß also doch wohl
den Tauschwert und dessen Steigerung für etwas Gutes angesehen
haben. Nach Einführung des Zolltarifs ist der Tauschwert und
der Preis vieler Waren gestiegen, obwohl die Arbeit der Land=
wirtschaft und Industrie nach wie vor dieselbe blieb. Der Tausch=
wert wird also nicht allein durch die Arbeit bestimmt. Allerdings
setzt der Tauschwert das Privateigentum voraus, würde also auch
mit diesem verschwinden. Aber daraus folgt nur, daß der Tausch=
wert nicht absolut, sondern nur unter bestimmten Voraussetzungen
ein Gut ist. Auch daß der Mensch Kleider trage, ist ein Gut, aber
nicht absolut, sondern nur unter Voraussetzung des Bedürfnisses.
In gleicher Weise setzt sowohl der Gebrauchswert als der Tausch=
wert der Dinge ein Bedürfnis voraus und ist ohne dieses nicht
denkbar. Folgt daraus, daß er ein Übel sei?

Wenn wir Hohoff[1] glauben wollten, so wäre auch Papst
Leo XIII. ein Anhänger der Marxschen Werttheorie, denn er
schreibt[2]: „es ist ganz sicher wahr, daß die Reichtümer nur durch
die Mühe der Arbeiter entstehen". Aber aus diesen Worten folgt
nichts zu Gunsten der Marxschen Theorie, der Papst spricht nur
die ganz einleuchtende Wahrheit aus, daß die Reichtümer der Arbeit
zu verdanken sind. Die Natur gibt uns fast nur, was wir ihr
durch Arbeit abringen. Aber daß der Wert der durch die Arbeit
geschaffenen Reichtümer nur der Arbeit und nicht auch dem Natur-
faktor zuzuschreiben sei, sagt er nirgends.

Ebenso mißglückt ist die Berufung Hohoffs auf die Worte des
hl. Thomas, der Handwerker dürfe den Preis seiner Ware nach dem
Maße der Arbeit und der Auslagen (labor et expensae) berechnen,
die Auslagen reduzierten sich aber schließlich wieder auf Arbeit.
Diese letztere Behauptung ist unrichtig. Die Auslagen hängen
wesentlich ab von dem Preis des Materials und der Werkzeuge,
und dieser Preis richtet sich zum guten Teil nach der Brauchbarkeit, Dauerhaftigkeit, Schönheit des Materials und nicht allein
nach der Arbeit.

3. Marx verwickelt sich in Widersprüche. Nach
der Marxschen Werttheorie müßte die Profitrate, d. h.
das Verhältnis des Mehrwertes zum gesamten in einem Unternehmen aufgewendeten Kapital, verschieden sein je nach der
verschiedenen „organischen Zusammensetzung der Kapitale"[3].
Das Wertgesetz besagt ja, die Größe des Warenpreises
richte sich nach dem notwendigen Arbeitsgehalt oder nach der
in der Ware steckenden gesellschaftlich notwendigen Arbeit,
die Größe des Profits aber nach der Menge der in ihr
verkörperten Mehrarbeit, d. h. nach der Menge der Arbeit,
welche die Arbeiter über die notwendige Arbeitszeit hinaus

---

[1] Bedeutung der Marxschen Kapitalkritik 30 u. 146.

[2] Encyclica Rerum novarum: Illud verissimum non aliunde
quam ex opificum labore gigni divitias civitatum.

[3] Vgl. oben 53.

für den Kapitaliſten leiſten. Wenn z. B. zwei Kapitaliſten
das gleiche Kapital in verſchiedenen Branchen der Induſtrie
verwenden, ſo braucht derjenige, welcher über unvollkommene
Maſchinen und ſonſtige techniſche Vorrichtungen verfügt, mehr
Arbeiter und längere Arbeitszeit, um dasſelbe Produkt herzu=
ſtellen, als der andere, der über beſſere Maſchinen verfügt.
Er müßte alſo auch einen größeren Profit machen, da er mehr
unbezahlte Arbeit ſich aneignet.

Dem widerſpricht aber die Erfahrung, die Geldgewinne
ſind bei gleich großen Kapitalien annähernd gleich, ohne Rück=
ſicht auf ihre Zuſammenſetzung. Marx ſelbſt gibt dieſe Tat=
ſache zu und erkennt den Widerſpruch an, in dem ſie zu
ſeinem Wertgeſetze zu ſtehen ſcheint. Wie ſucht er nun den
Widerſpruch zu löſen? Jahrelang wurden innerhalb und
außerhalb des ſozialiſtiſchen Lagers lebhafte Kontroverſen
darüber geführt, wie wohl dieſe Löſung, die Marx für den
dritten Band ſeines „Kapital“ in Ausſicht geſtellt hatte,
ausfallen werde. Nun hat Engels dieſen dritten Band ver=
öffentlicht, und welcher Art iſt die lang erwartete Löſung?
Sie beſteht darin, daß Marx das Wertgeſetz preisgibt. Er
geſteht ganz offen, daß die Profitrate von der Zuſammen=
ſetzung der Kapitale unabhängig ſei und die Waren tat=
ſächlich regelmäßig nicht nach ihrem Wert (der in ihnen ent=
haltenen Arbeit), ſondern teils über teils unter ihrem
Werte verkauft würden?[1]

Alſo zuerſt hat Marx auf Grund der Erfahrung ſein
Wertgeſetz aufgeſtellt, und ſchließlich gibt er ſelbſt zu, dieſes
Geſetz widerſpreche der Erfahrung[2]. Allerdings ſucht er das
Wertgeſetz inſofern zu retten, als er behauptet, die Summe
aller bezahlten Preiſe entſpreche genau der Summe aller Werte[3].

---

[1] Marx, Das Kapital III, 1. Abt., 132.
[2] Ebd. 182.   [3] Ebd. 140.

Auch Bernstein will Marx in diesem Sinn erklären. Nach Marx komme es nicht auf den Wert der individuellen Ware an, sondern auf den Wert der Gesamtproduktion der Gesellschaft, und unter Mehrwert habe man nicht den individuellen, sondern den ganzen sozialen Mehrwert zu verstehen. „Was die Gesamtheit der Arbeiter in einem gegebenen Moment über den ihnen zufallenden Anteil hinaus produzieren, bildet den sozialen Mehrwert, den Mehrwert der gesellschaftlichen Produktion, in den sich die Einzelkapitalisten in annähernd gleicher Proportion nach Maßgabe des von ihnen wirtschaftlich angewandten Kapitals teilen. Aber dieses Mehr=produkt wird nur in dem Maße realisiert, als die Gesamt=produktion dem Gesamtbedarf resp. der Aufnahmefähigkeit des Marktes entspricht." [1]

Gegen diese Auffassung macht mit Recht Böhm=Bawerk geltend, die Aufgabe des Wertgesetzes könne keine andere sein, als das in Wirklichkeit beobachtete Austauschverhältnis der Güter aufzuklären. Wir wollen wissen, warum im Aus=tausch z. B. á Ztr Eisen gerade soviel wie 20 Ellen Lein=wand gelten und welches unser Maßstab bei diesem Austausche sei. So hat Marx selbst die Bedeutung des Wertgesetzes erklärt. Von einem Austauschverhältnis kann aber nur in Bezug auf einzelne Waren untereinander die Rede sein [2]. Gibt man zu, das Austauschverhältnis unter den einzelnen Waren richte sich nicht nach dem Wert (der Arbeit), so gibt man damit das Wertgesetz auf, und es ist eine willkürliche und noch dazu ganz nutzlose Behauptung, das Wertgesetz gelte für die Gesamtheit des Warenaustausches.

4. Ist also dasjenige, was den Besitzgütern ihren Tausch=wert verleiht, nicht allein die Arbeit, sondern vor allem die

---

[1] Bernstein, Voraussetzungen des Sozialismus 40.
[2] Böhm=Bawerk, Zum Abschluß des Marxschen Systems (Festgaben für Karl Knies, 1896) 116 ff.

Nützlichkeit und Brauchbarkeit für die Befriedigung mensch=
licher Bedürfnisse, so fällt damit auch die Theorie vom
„Mehrwert", von der Natur und Akkumulation des Ka=
pitals usw.; denn das alles sind nur Folgerungen aus der
Werttheorie. Darin geben wir zwar Marx recht, daß „der
Arbeitslohn nicht das ist, was er (vielen) zu sein scheint,
nämlich der Wert resp. Preis der Arbeit, sondern nur der
Wert resp. Preis der Arbeitskraft". Denn der Vertrag
zwischen dem Arbeitgeber und dem Arbeiter ist für gewöhnlich
nur ein Mietsvertrag. Der Arbeiter verdingt seine
Arbeitskraft und erhält dafür den Mietslohn oder den Preis
für die vermietete Arbeitskraft. Aber es ist eine un=
richtige Folgerung aus seiner Werttheorie, wenn Marx be=
hauptet, der Tauschwert (bzw. der Mietswert) der menschlichen
Arbeitskraft werde durch ihre Produktionskosten bestimmt.
Denn auch vorausgesetzt, zwei Arbeiter brauchten gleichviel
zum Unterhalt für sich und ihre Familien, so können doch
ihre Arbeitskräfte einen ganz verschiedenen Tauschwert haben,
wenn der eine erfahrener, talentvoller, geschickter und zuver=
lässiger ist als der andere. Der gelernte Arbeiter findet leichter
Arbeit und wird besser bezahlt als der ungelernte, der Mann
besser als die Frau. Was den Tauschwert bestimmt, ist, wie
bei allen Besitzgütern, so auch bei der Arbeitskraft an erster
Stelle ihre Brauchbarkeit und Nützlichkeit.

Gerade das Beispiel der Wertverschiedenheit der Arbeits=
kräfte je nach ihrer Brauchbarkeit stößt die Marxsche Wert=
theorie über den Haufen. Zufolge dieser Werttheorie müßte
sich der Tauschwert der Arbeitskraft nach ihren Herstellungs=
oder Unterhaltungskosten richten. Das ist aber nicht der Fall.
Warum wird ein gewandter, erfahrener, zuverlässiger Direktor,
Ingenieur, Arzt oder Aufsichtsbeamter besser honoriert als
ein anderer? Warum erhält ein genialer Schauspieler oder
Musiker, eine ausgezeichnete Sängerin oft einen solchen enormen

Gehalt, während andere in ähnlicher Lage trotz aller Mühe und Arbeit kaum den nötigen Lebensunterhalt gewinnen? Braucht eine geniale Schauspielerin etwa soviel mehr zu ihrem Lebens= unterhalt als eine andere? Oder läßt sich Talent, Genie, Schönheit der Stimme und ähnliches auf „durchschnittliche Arbeitszeit" zurückführen, so daß man ihre Herstellungskosten berechnen könnte?

Mit der Werttheorie fällt auch die Marxsche Behauptung, der Arbeiter brauche nur einen Teil der tatsächlichen Arbeits= zeit, um das Äquivalent des Wertes seiner Arbeitskraft zu produzieren (notwendige Arbeitszeit), die ganze übrige Zeit leiste er gratis „Überarbeit" für den Kapitalisten. Diese Be= hauptung erscheint erst recht als unhaltbar, wenn man bedenkt, daß nach Marx „der Wert der Arbeit bestimmt (wird) nicht nur durch die zur Erhaltung des individuellen Ar= beiters, sondern auch die zur Erhaltung der Arbeiter= familie nötige Arbeitszeit" [1]. Woher in aller Welt weiß Marx, daß jeder Lohnarbeiter nicht nur so viel Tausch= wert den Waren verleihe, als er zum Unterhalt für sich und seine ganze Familie braucht, sondern auch einen Überschuß, den der Kapitalist als Mehrwert unentgeltlich sich aneignet?

Kurz, die ganze sozialistische Werttheorie ist so offenbar unrichtig, daß man sich unwillkürlich fragt, wie konnte ein Mann von der Begabung eines Marx eine solche Theorie zur Grundlage seines Systems machen? Es läßt sich das nur dadurch erklären, daß er ganz einseitig die industriellen Lohn= arbeiter ins Auge faßte und, was für diese vielleicht unter Umständen annähernd Geltung zu haben scheint, verall= gemeinerte und rein ideologisch zu einer allgemein gültigen Theorie verarbeitete.

---

[1] Marx, Das Kapital I 359.

Um noch einer möglichen Schwierigkeit zu begegnen, bemerken wir, daß auch im Sozialistenstaat der Tauschwert bestehen bliebe und sich nicht allein durch die aufgewandten Produktionskosten bestimmen ließe. Nicht nur im Verkehr (Handel) mit auswärtigen Völkern, sondern auch bei der Verteilung der Produkte müßte der Tauschwert berücksichtigt werden, und zwar so, daß derselbe vor allem durch den Gebrauchswert bestimmt wird. Wenn zwei Arbeiter gleichviel gearbeitet haben, so kann man nicht unter dem Vorgeben, die Produktionskosten seien dieselben gewesen, den einen mit einem bestimmten Maß Johannisberger oder Rüdesheimer, den andern mit demselben Quantum sonstigen geringeren Rheinweines oder Apfelmostes besolden. Auch im Sozialistenstaat wird man mit einem Hektoliter guten Weizens mehr Arbeit bezahlen können als mit demselben Maß schlechten Weizens, selbst wenn die Arbeitskosten bei beiden Arten dieselben waren. Das gleiche gilt in Bezug auf alle andern Bedarfsgegenstände.

§ 2.
Konzentration der Betriebe.

Ein anderer Grundpfeiler des Marxschen Systems ist die Behauptung, die heutige kapitalistische Produktionsordnung führe notwendig zu einer immer größeren Konzentration aller Betriebe, so daß schließlich alle kleineren und mittleren Betriebe von wenigen Großbetrieben „aufgesaugt" würden.

Zu dieser Behauptung ist Marx offenbar durch willkürliche Verallgemeinerung einiger Erscheinungen gelangt, die uns in der eigentlichen Industrie entgegentreten.

I. Industrie.

In der Industrie mit ihrem Maschinenbetrieb im großen scheint sich eine gewisse Tendenz zur Zentralisation bzw. zur Verdrängung der kleineren und mittleren Betriebe geltend zu machen. Als Beispiele führen wir die Bergwerke, Hüttenbetriebe und Brauereien an.

Bergwerfe[1]:

Im Jahre	Die Zahl der Werfe (Hauptbetriebe)	Die mittlere Be-legschaft (in den Hauptbetrieben)	Die Summe der Produkte in 1000 Tonnen
1884	2491	340 759	84 077
1886	2189	337 193	85 153
1892	2222	422 903	107 884
1900	2241	573 078	174 666
1905	1862	661 310	205 592
1907	1958	734 903	242 615

Hüttenbetriebe[2]:

1887	73	16 936	272
1892	87	19 320	293
1900	76	21 123	352
1905	73	22 346	433
1907	73	23 513	434

Brauereien im Braufteuergebiet[3]:

		1000 Heftoliter
1877	12 553	20 360
1887	9 639	27 476
1895	7 847	37 733
1900	6 903	44 734
1907	5 528	46 353

Während also innerhalb 20—30 Jahren in den oben genannten Industriezweigen die Zahl der Betriebe gleich blieb oder gar abnahm, wuchs die Zahl der Arbeiter und in noch höherem Grade die Menge der gewonnenen Produkte.

Daneben gibt es allerdings Industriezweige, in denen diese zentralisierende Tendenz kaum zu Tage tritt, z. B. im Eisengießereibetrieb[4]; die Brennereien sind im Branntweinsteuergebiet von 48 415 im Jahre 1887/1888 auf 59 789 im Jahre 1891/1892,

---

[1] Statist. Jahrbuch für das Deutsche Reich 1908, 66; 1909, 97.
[2] Ebd. 1908, 68; 1909, 99.   [3] Ebd. 1908, 71.
[4] Ebd. 1908, 68.

auf 60 763 im Jahre 1895/1896 und 74 840 im Jahre 1900 auf 1901 gestiegen, im Jahre 1902/1903 hatte sich aber ihre Zahl wieder auf 60 871 vermindert, im Jahre 1903/1904 wieder auf 66 031 erhöht, im Jahre 1906/1907 auf 65 405 vermindert [1].

Vergleicht man die Gewerbebetriebe überhaupt (mit Ausschluß von Land- und Forstwirtschaft), so zeigt die Statistik des Deutschen Reiches, daß die Klein- und Mittelbetriebe nicht ab-, sondern zunehmen, wenn auch nicht in dem Maße wie die Großbetriebe. Man zählte:

	1882	1895	1907
Kleinbetriebe (1—5 Personen)	2 882 768	2 934 723	3 146 134
Mittelbetriebe (6—50 Personen)	112 715	191 301	270 141
Großbetriebe (51 und mehr Personen)	9 974	18 953	32 122

Der Prager Statistiker Heinrich Rauchberg kommt in seinem Werke „Die Berufs- und Gewerbezählung im Deutschen Reich von 1895" [2] nach einer sorgfältigen Analyse der deutschen Gewerbezählung zu folgendem Ergebnis:

„Wenn von einer Konzentrationstendenz in der modernen Industrie gesprochen wird, so bedeutet das also nicht etwa eine Aufsaugung des Kleinbetriebs durch den Großbetrieb. Der Kleinbetrieb hat sich vielmehr als solcher ungeschmälert erhalten; ja er hat sogar einen, wenn auch nur mäßigen Fortschritt erzielt. . . . Alles in allem genommen, hat die fortschreitende Entwicklung zum Großbetrieb weder dem handwerksmäßigen Kleinbetrieb noch der Hausinbustrie die Daseinsbedingungen verkümmert. Mag auch der fabrikmäßige Großbetrieb technisch höher stehen, in sozialer Hinsicht die besseren Aussichten bieten, er ist doch weit davon entfernt, sich zur Alleinherrschaft emporzuschwingen." [3] Er weist noch besonders auf den Umstand hin, daß die Entwicklung der einzelnen Gewerbszweige in den

---

[1] Ebb. 1905, 52; 1909, 73.   [2] Berlin 1901.
[3] H. Rauchberg a. a. O. 393—395.

verschiedenen Gebieten, Ost und West, Stadt und Land, eine sehr verschiedene ist. Das Gesagte gilt auch für die Berufszählung von 1907.

Für Belgien, das ein Land der Großindustrie ist, kommt Professor Waxweiler in der „Sozialen Praxis"[1] durch einen Vergleich der Gewerbezählungen von 1846 und 1896 zum Resultat, daß die belgische Zählung „die wesentlichsten Daten der berühmten Kritik Bernsteins gegen das Gesetz der marxistischen Konzentration bestätigt". Die Bevölkerung Belgiens hat sich von 1846 bis 1896 um die Hälfte vermehrt (von 4 337 000 auf 6 496 000), „und die Zahl der Betriebe, wo ein Unternehmer für seine eigene Rechnung arbeitet, hat sich in demselben Verhältnis vermehrt" (von 160 000 auf 240 000). „Im allgemeinen entwickelt sich die Großindustrie neben der kleineren und mittleren; ferner sind in den letzten 50 Jahren zahlreiche neue Industriezweige (mehr als 300) hervor= getreten, von denen eine Zahl der Kleinindustrie verblieben ist. Die Widerstandsfähigkeit der Kleinindustrie geht auch aus der Tatsache hervor, daß trotz der Entwicklung des Maschinenwesens die Her= stellung mit der Hand sich in zahlreichen Industrien aufrecht erhalten hat, selbst in solchen, wo der mechanische Prozeß für selbstverständlich gehalten wird. Ist es z. B. nicht charakteristisch, zu konstatieren, daß es gegenwärtig noch mehr Weber gibt, die Tuche und Stoffe von Baumwolle, Wolle oder Seide in der alten handwerksmäßigen Weise erzeugen, als Weber an mechanischen Webstühlen (25 751 gegen 23 541, d. h. 2210 mehr)?"

Ein vollständig abschließendes Urteil läßt sich allerdings in Bezug auf die Industrie aus den bis jetzt vorliegenden Statistiken noch nicht gewinnen. Die Beobachtungsperioden, über die wir zuverlässige Zahlen besitzen, sind zu kurz. Es ist jedenfalls fraglich, ob diese Tendenz zur Zentralisation eine allgemeine und völlig unbegrenzte ist. Aber wie dem auch sei, aus der Zentralisation der Betriebe darf man erstens nicht auf die Zentralisation des Vermögens schließen; denn die Großbetriebe sind überwiegend in die Hände von Aktiengesellschaften übergegangen. Sehr

---

[1] 11. Jahrg., Nr 11, 273 ff.

häufig bedeutet alſo die Vereinigung mehrerer Betriebe zu einem einzigen oder auch die Vergrößerung desſelben Betriebes, den eine Aktiengeſellſchaft übernommen, den Übergang des Eigentums von wenigen Perſonen auf viele.

Sodann darf man aus der Tendenz zur Bildung von Aktien- geſellſchaften, Genoſſenſchaften, Kartellen u. dgl. keineswegs auf eine Tendenz zum Übergang aus privatwirtſchaftlicher in gemeinwirtſchaftliche Produktion ſchließen. Die Wirt- ſchaftsbetriebe in öffentlicher Verwaltung ſind auch heute noch gering an Zahl. Es kommen hauptſächlich der Bergbau, die Salzgewinnung, das Tabak- und Branntweinmonopol, der Eiſenbahn- und Poſt- verkehr, endlich die Gas- oder Waſſerverſorgung in Betracht. Aber die erſteren Einrichtungen (Bergbau, Tabak, Salz uſw.) ſind nicht die Folge der modernen Wirtſchaftsentwicklung, ſondern ſtammen zum Teil ſchon aus älterer Zeit, und ſoweit ſie neueren Datums ſind wie das Branntweinmonopol, beruhen ſie nicht auf wirtſchaftlichen, ſon- dern auf ſittlichen Gründen. Es bleiben alſo die Elektrizitäts-, Gas- und Waſſerverſorgung und die öffentliche Verwaltung im Verkehrs- weſen als Beweis für die oben behauptete Tendenz. Allein, bemerkt hierzu treffend Philippovich[1], „es iſt ſehr wohl zu beachten, daß es ſich hier niemals um die Alternative privater oder öffent- licher Unternehmungen, ſondern immer um die Alternative Monopol einer privaten und Monopol einer öffent- lichen Unternehmung gehandelt hat, ſo daß die Kommunali- ſierung auf dieſen Gebieten nicht beweiskräftig ſein kann für die übrigen Gebiete gewerblicher Konkurrenzproduktion. Ferner hat man es hier nicht mit einer alten Produktionsform zu tun ... ſo daß in keiner Weiſe von einer „Entwicklung" die Rede ſein kann, zumal viele Städte von vornherein mit öffentlichen Betrieben in dieſer Richtung begonnen haben. ... Aus den Tatſachen der Gegenwart läßt ſich daher nicht wohl eine Zunahme öffent- licher Produktionsbetriebe als charakteriſtiſches Zeichen der Ge- ſamtentwicklung der volkswirtſchaftlichen Produktionsorganiſation erweiſen."

---

[1] Grundriß der polit. Ökonomie II (1899) 136.

Die Ausbildung riesiger Aktiengesellschaften, Genossenschaften, Kartelle und Trusts macht allerdings das Eingreifen des Staates öfters notwendig als früher, aber dieses Eingreifen beschränkt sich auf allgemein gesetzliche Bestimmungen und wirksame Überwachung; zum Schutz der Gesamtheit, keineswegs gehen diese Organisationen allmählich in Staatsbetrieb über. „Es sprechen wenig Gründe dafür, daß das sozialdemokratische Ziel — Übergang des Privat= eigentums an Produktivmitteln in gesellschaftliches Eigentum, Pro= duktion durch und für die Gesellschaft — erreichbar ist, weil es in dieser Formel einen Umfang und eine Einheitlichkeit der Organi= sation sowie psychische Eigenschaften der Menschen voraussetzt, welche mit unsern heutigen Erfahrungen unvereinbar sind."[1] Doch hiervon wird später die Rede sein.

II. Handwerk.

Die mächtig sich entfaltende Industrie mit ihrem Maschinen= betrieb hat das Handwerk unlengbar in eine schwierige Lage gebracht. Die Sozialdemokraten verkündigen sogar in allen Tonarten sein baldiges Verschwinden[2]. Es wäre das aller= dings ein empfindlicher Schlag gegen den soliden Mittelstand des Volkes. Aber wir glauben noch nicht an diesen Unter= gang des Handwerks, wenn man ihm den gebührenden Schutz angedeihen läßt. Die „Untersuchungen über die Lage des Handwerks" (Leipzig 1895 ff) seitens des „Vereins für Sozial= politik" haben unseres Erachtens dargetan, daß das Hand= werk — wenigstens für die absehbare Zukunft — noch keines= wegs unrettbar verloren ist. Schon die Tatsache, daß noch heute trotz Gewerbefreiheit und hoher Entwicklung der In= dustrie in Deutschland die Handwerker mit ihren Angehörigen weit über sechs Millionen ausmachen, zeigt, welche tiefe, kräftige Wurzeln das Handwerk noch hat.

---

[1] Philippovich, Grundriß der politischen Ökonomie II 137.
[2] Vgl. Vorwärts 1901, Nr 42 u. 1904, Nr 134.

Es gibt allerdings Gebiete, auf denen der Fabrikbetrieb sich endgültig eingebürgert und das Handwerk verdrängt hat. Diesen Tatbestand umstoßen zu wollen, wäre ein aussichtsloses Unternehmen. Nie wird man, um das verschwundene Handwerk der Nagelschmiede wieder ins Dasein zu rufen, auf die großen Kosten= und Zeit= ersparnisse verzichten, welche die Nagelfabriken gewähren. Wie die Nagelschmiede, so sind auch die Messerschmiede, Färber, Weber, Spinner und Mützenmacher an vielen Orten fast ganz verschwunden. Auch die Schuster, Tischler, Kupferschmiede und Schlosser haben, wenigstens in den größeren Städten, einen sehr schwierigen Stand= punkt und ringen mit Mühe um ihr Dasein. Dagegen haben die Gewerbe der kleinen Bauhandwerker, Dachdecker, Maler, Schorn= steinfeger usw., sowie der Bäcker, Fleischer, Tapezierer sich erhalten oder sogar erheblich zugenommen. Dazu kommt, daß ein nicht unbeträchtlicher Teil der Handwerker zum Betrieb mit mehreren Gesellen übergegangen ist. Diese Handwerke werden wohl nie in den Fabrikbetrieb übergehen. Bei vielen Handwerken ist überhaupt wegen örtlicher Anpassung und Anbringung der Maschinenbetrieb ausgeschlossen, so bei den Maurern, Malern, Tapezierern, Dach= deckern u. dgl. Auch sind dem Handwerk ganz neue Gebiete er= schlossen, z. B. in der Installation der Gas= und Wasserleitungen, dem photographischen Gewerbe.

Es darf auch nicht übersehen werden, daß das Handwerk völlig unorganisiert und schutzlos der Konkurrenz preisgegeben war. Wenn es sich unter so ungünstigen Umständen erhalten konnte, so ist das um so mehr zu erwarten, seitdem es sich wieder einer wenigstens in etwa schützenden Organisation erfreut. Die Zahl der Handwerker= innungen betrug im Deutschen Reich am 25. Oktober 1904 11 311, dagegen am 31. Oktober 1907 11 995. Die Zahl der Innungs= mitglieder ist von 1904 bis 1907 von 488 700 auf 512 713 ge= stiegen [1]. Sodann trägt auch die Verbreitung des Volkes über das ganze Land zur Erhaltung des Handwerkes bei. Wäre die gesamte Bevölkerung in Großstädten vereint, so ließe sich eine fortschreitende Konzentration der Betriebe befürchten. Allein tatsächlich lebt ein

---

[1] Statistisches Jahrbuch für das Deutsche Reich 1908, 56.

großer Teil derselben über das Land hin zerstreut in Landstädtchen, Dörfern und Weilern. An allen diesen Orten sind kleine Produktionsanstalten notwendig, welche den örtlichen Bedürfnissen dienen. Namentlich gilt dies von der Nahrungsmittelindustrie, bei der es sich um Gegenstände des täglichen Bedarfes, wie Brot und Fleisch, handelt, welche sich nicht leicht ohne Gefahr, zu verderben, transportieren und aufbewahren lassen.

Ganz besonders wird das K u n st h a n d w e r k sich immer erhalten. Die Großbetriebe mit ihren Maschinen arbeiten für den großen Markt, sie können bei ihrer Massenproduktion auf individuelle Bedürfnisse, Wünsche und Geschmacksrichtungen keine Rücksicht nehmen. Und doch werden sich solche individuelle Bedürfnisse immer geltend machen. Ja man kann mit Grund annehmen, daß bei zunehmender Kultur und Bildung solche individuelle Bedürfnisse und Wünsche in Bezug auf Kleidung, Nahrung, Einrichtung und Ausschmückung der Wohnung noch zunehmen werden und folglich auch die denselben dienenden Gewerbe.

Im Anschluß an das über das Handwerk Gesagte fügen wir noch eine Bemerkung bei über andere gewerbliche Mittelstände, die nie verschwinden werden, nämlich die sog. liberalen Berufe in Kunst, Wissenschaft und Literatur. Immer werden der Gesellschaft Ärzte, Apotheker, Chirurgen, Lehrer, Professoren, Redakteure, Bibliothekare, Künstler (in der Malerei, Architektur, Plastik, Musik, Theater usw.), Ingenieure, Abgeordnete, Richter, höhere und mittlere Verwaltungsbeamte in Staat und Gemeinde notwendig sein. Die Vertreter dieser Berufe können aber doch nicht zu den Proletariern gerechnet werden; ebensowenig die kleineren und mittleren Betriebe im Handel und Verkehr, die — wenigstens auf dem Lande — nie verschwinden werden.

III. Landwirtschaft.

Wie in der Industrie, so soll nach M a r x auch in der L a n d w i r t s c h a f t der Großbetrieb dem Kleinbetrieb überlegen sein und die naturgemäße Entwicklung zu einer immer weiter gehenden Konzentration der Betriebe führen[1]. Als in den 90er Jahren unter den Sozialisten Zweifel an diesem Dogma entstanden, trat ihnen Engels mit der Behauptung entgegen: „Es ist die Pflicht unserer Partei, den Bauern immer und immer wieder die absolute Rettungslosigkeit ihrer Lage, solange der Kapitalismus herrscht, klar zu machen, die absolute Unmöglichkeit, ihnen ihr Parzelleneigentum als solches zu erhalten, die absolute Gewißheit, daß die kapitalistische Großproduktion über ihren machtlosen, veralteten Kleinbetrieb hinweggehen wird wie ein Eisenbahnzug über eine Schubkarre."[2] Ganz besonders bekämpft Kautsky die Idee des Bauernschutzes im kapitalistischen System. Er erklärt es für unmöglich und den sozialistischen Grundsätzen widersprechend, „die Bauernwirtschaft retten oder gar heben zu wollen"[3].

Diese Theorie steht mit den Tatsachen im Widerspruch. Konnten wir für die Industrie eine gewisse zentralisierende Tendenz nicht bestreiten, so macht sich dagegen in der Landwirtschaft eine Tendenz zu Gunsten der Ausdehnung der kleineren und mittleren Betriebe bemerklich.

1. Für das Deutsche Reich weisen die Berufszählungen von 1882, 1895 und 1907 folgende Zahlen auf[4]:

---

[1] Vgl. Marx, Das Kapital I[4] 639 ff, bes. daselbst S. 643 A.; ferner S. 682 ff. Vgl. auch Masaryk, Grundlagen des Marxismus 303 ff.

[2] Zitiert in „Jahrbücher für Nationalökonomie und Statistik", 3. Folge, XXVIII 696.

[3] Kautsky, Die Agrarfrage (1899) 438.

[4] Vgl. Statistik des Deutschen Reichs, herausgegeben vom Kaiserlichen Statistischen Amt. Neue Folge, CXII: Die Landwirtschaft im Deutschen Reich nach der landwirtschaftlichen Betriebszählung vom 14 Juni 1895, 11*. Dazu Statistisches Jahrbuch für das Deutsche Reich 1909, 56.

	Unter 2 ha	2 bis unter 5 ha	5 bis unter 20 ha	20 bis unter 100 ha	über 100 ha	Alle Betriebe zusammen
Im Jahre 1882:						
Zahl der Betriebe .	3 061 831	981 407	926 605	281 510	24 991	5 276 344
Gesamtfläche ha . .	2 159 358	3 832 902	11 492 017	12 415 463	10 278 941	40 178 681
Durchschnittsgröße ha	0,71	3,91	12,40	44,10	411,31	7,61
Im Jahre 1895:						
Zahl der Betriebe .	3 236 367	1 016 318	998 804	281 767	25 061	5 558 317
Gesamtfläche ha . .	2 415 914	4 142 071	12 537 660	13 157 201	11 031 896	43 284 742 [1]
Durchschnittsgröße ha	0,75	4,08	12,55	46,70	440,26	7,79
Im Jahre 1907:						
Zahl der Betriebe .	3 378 509	1 006 277	1 065 539	262 191	23 566	5 736 082
Gesamtfläche ha . .	3 671 683	4 419 313	13 941 246	12 718 695	9 959 395	44 710 332
Durchschnittsgröße ha	1,08	4,39	13,08	48,5	422,9	7,6

Bezeichnet man die Betriebe mit einer Fläche bis 2 ha als Parzellenbetriebe, die von 2 bis 5 ha als kleine, die von 5 bis 20 ha als mittlere, die von 20 bis 100 ha als größere Bauerngüter und alle übrigen als Großbetriebe, so war

	im Jahre 1907	im Jahre 1895	im Jahre 1882
die Zahl der Parzellenbetriebe .	3 378 509	3 236 367	3 061 831
„ „ „ kleinen Bauern- güter	1 006 277	1 016 318	981 407
„ „ „ mittleren Bauern- güter	1 065 539	998 804	926 605
„ „ „ größeren Bauern- güter	262 191	281 767	281 510
„ „ „ Großbetriebe . .	23 566	25 061	24 991

Während also seit 1882 die Zahl der Großbetriebe und der größeren Bauerngüter zurückgegangen ist, hat die der mittleren Bauerngüter um 138 934, die der kleinen um 24 870, die der Parzellen um 316 678 zugenommen.

---

[1] Mit Einschluß von Gartenland, forstwirtschaftlich benutztem Land, Öd- und Urland, Haus- und Hofraum usw.

Den Anteil, den die verschiedenen Betriebsgruppen an der landwirtschaftlich benutzten Gesamtfläche einnahmen, gibt die folgende Tabelle an:

Es entfielen von 100 ha landwirtschaftlich benutzter Fläche auf die einzelnen Betriebsgruppen [1]:

	im Jahre 1907 ha	im Jahre 1895 ha	im Jahre 1882 ha
Parzellen	5,4	5,6	5,73
Kleinere Bauerngüter	10,4	10,1	10,01
Mittlere Bauerngüter	32,7	29,9	28,74
Größere Bauerngüter	29,3	30,3	31,09
Großbetriebe	22,2	24,1	24,43
	100	100	100

Im Deutschen Reich hat sich also in dem Zeitraum von 1882 bis 1907 der mittlere Grundbesitz auf Kosten der Parzellen und der Großbetriebe verstärkt.

2. In Frankreich betrugen die landwirtschaftlichen Be= triebe nach der Größe geordnet:

Größenklasse	1882		1892	
	Anzahl der Betriebe	In Prozent	Anzahl der Betriebe	In Prozent
Unter 1 ha	2 167 667	38,22	2 235 405	39,20
Von 1 bis 10 „	2 635 030	46,46	2 617 558	45,90
„ 10 „ 40 „	727 222	12,82	711 118	12,47
Über 40 „	142 088	2,50	138 671	2,43
Insgesamt	5 672 007	100	5 702 752	100

Vergleicht man die Anzahl der Betriebe und die von ihnen benutzten Flächen in den beiden Jahren 1882 und 1892, so er= gibt sich nach Ausscheidung des Areals der Staatsforsten folgendes Resultat:

[1] Vgl. Statistisches Jahrbuch für das Deutsche Reich 1909, 57 u. 1903, 29.

Größenklasse	Im Jahre 1882			
	Anzahl der Betriebe	Benutzte Fläche in ha	Anteil an der Gesamtfläche in Prozent	Durchschnittsgröße des einzelnen Betriebes in ha
Unter 1 ha	2 167 667	1 083 833	2,18	0,50
Von 1 bis 10 „	2 635 030	11 366 274	22,92	4,31
„ 10 „ 40 „	727 222	14 845 650	29,94	20,41
über 40 „	142 088	22 296 104	44,96	156,71
Insgesamt	5 672 007	49 591 861	100	8,74

Größenklasse	Im Jahre 1892			
	Anzahl der Betriebe	Benutzte Fläche in ha	Anteil an der Gesamtfläche in Prozent	Durchschnittsgröße des einzelnen Betriebes in ha
Unter 1 ha	2 235 405	1 327 253	2,69	0,59
Von 1 bis 10 „	2 617 558	11 244 750	22,77	4,29
„ 10 „ 40 „	711 118	14 313 417	28,99	20,13
über 40 „	138 671	22 493 393	45,55	162,21
Insgesamt	5 702 752	49 378 813	100	8,65

Die Veränderungen von 1882 bis 1892 waren demnach unbedeutend. Die Betriebe über 40 ha gingen um 3417 zurück, doch wuchs die von ihnen benutzte Fläche um 197 288, also nur um 0,60 % der landwirtschaftlichen Gesamtfläche. Die Parzellenbetriebe haben um 67 738 zugenommen und die von ihnen benutzte Fläche um 243 420 ha. Die Betriebe von 1 bis 40 ha nahmen um 33 632 ab und ihre Gesamtfläche um 653 807 ha. Im Gegensatz zu Deutschland macht sich also in Frankreich eine Tendenz zur Vermehrung der Parzellenbetriebe geltend. Doch nehmen auch nach dem Stande von 1892 die bäuerlichen Betriebe (mit 1 bis 40 ha) immer noch mehr als die Hälfte der Betriebe (58,37 %) und der Gesamtfläche (51,76 %) für sich in Anspruch. Die Gesamtzahl der landwirtschaftlichen Betriebe Frankreichs (mit Ausschluß von Algier und den französischen Kolonien) war im Jahre 1892: 5 702 752 [1].

---

[1] Vgl. Statistik des Deutschen Reichs CXII 58*—59*.

3. In den Vereinigten Staaten von Nordamerika [1]:

Im Jahre	betrug die Zahl der landwirt- schaftlichen Betriebe	Von den landwirtschaftlichen Betrieben wurden bewirtschaftet		
		von Eigentümern	von Geldpacht zahlenden Landwirten (cash tenants)	von Pächtern auf Naturanteil (share tenants)
1900	5 737 372	3 712 408	751 665	1 273 299
1890	4 564 641	3 269 728	454 659	840 254
1880	4 008 907	2 984 306	322 357	702 244

Diese Zahlen weisen gewiß eher auf eine wachsende Verteilung des Grundbesitzes und der landwirtschaftlichen Betriebe als auf eine zunehmende Konzentration.

4. Wenden wir uns nach Holland, so sehen wir auch hier eine Zunahme der ländlichen Betriebe, wie sich aus folgenden Angaben der offiziellen Statistik ergibt [2].

Größenklassen	Zahl		Prozent	
	1895	1885	1895	1885
1 bis 5 ha	78 277	70 132	46,70	44,85
5 „ 10 „	34 360	32 227	20,50	20,61
10 „ 20 „	29 708	28 629	17,72	18,31
20 „ 50 „	21 810	21 776	13,01	13,93
50 „ 100 „	3 282	3 355	1,96	2,14
100 „ 150 „	135	170	0,08	0,11
150 und mehr „	41	80	0,03	0,05
Summa	167 613	156 369	100	100

Es haben also in allen Größenklassen von 1 bis 50 ha die Betriebe an Zahl zu=, dagegen in den Größenklassen mit 50 ha

[1] Vgl. Twelfth Census of the United States taken in the year 1900, vol. 5 (Washington, United States Census Office) 1902, 6-8 ff. Man übersehe übrigens nicht, daß die Eigentümer von landwirtschaft- lichen Betrieben (farms) unter 3 Acres wohl im Jahre 1900, nicht aber in den Jahren 1890 und 1880 mitgezählt wurden.

[2] Vgl. Statistik des Deutschen Reichs für 1908, 56*.

und darüber abgenommen. Am auffallendsten ist die Abnahme bei den Großbetrieben. Leider sind in den obigen Angaben die Betriebe unter 1 ha (Gartenland) nicht mitberücksichtigt. Die obigen Zahlen beweisen jedenfalls, daß Holland einen kräftigen Bestand von Bauern= gütern von 5 bis 10 ha besitzt.

5. Großbritannien, das klassische Land der Industrie, verdient eine besondere Beachtung. Wenn irgendwo, so mußte hier der Kapitalismus die von Marx prophezeiten Früchte zeitigen. Was lehren nun die öffentlichen Statistiken? Es wurden gezählt an Agricultural Holdings (Äcker und Wiesen):

Größenklassen	1885		1895	
	Zahl	Fläche	Zahl	Fläche
Von ¼ bis unter 1 Acre (acre = 0,40 ha)	23 512	11 195	?	?
Von 1 bis 5 Acres	135 736	389 677	117 968	366 792
„ 5 „ 20 „	148 806	1 656 827	149 818	1 667 647
„ 20 „ 50 „	84 149	2 824 527	85 663	2 864 976
„ 50 „ 100 „	64 715	4 746 520	66 625	4 885 203
„ 100 „ 300 „	79 573	13 658 495	81 245	13 875 914
„ 300 „ 500 „	13 875	5 241 168	13 568	5 113 945
„ 500 „ 1000 „	4 826	3 147 228	4 616	3 001 184
„ 1000 Acres u. mehr	663	882 615	603	801 852
Im ganzen	555 855	32 558 252	520 106	32 577 513

Eine Vergleichung der Zahlen von 1885 und 1895 ist insofern nicht zulässig, als im Jahre 1895 die Betriebe unter 1 Acre nicht aufgezählt sind. Vergleicht man aber die Betriebe über 1 Acre, so ist die Entwicklung eine ähnliche wie in Deutschland. Auch in Großbritannien ergeben die Flächennachweise von 1885 und 1895, daß der mittlere Betrieb an Stärke zunimmt, während der Groß= betrieb ein wenig zurückgeht [1].

---

[1] Vgl. Statistik des Deutschen Reichs CXII 62*—63*. Daselbst auch statistische Angaben über die Entwicklung der landwirtschaftlichen Betriebe in Dänemark, Schweden, Norwegen usw.

6. Für Belgien weist die Landstatistik des Jahres 1895 eine Steigerung der Zahl der Grundeigentümer von 201 226 im Jahre 1846 auf 231 319 im Jahre 1895 und der Zahl der Pächter in derselben Periode von 371 320 auf 598 306 auf[1]. Von der landwirtschaftlich bebauten Fläche von ca 2 Millionen Hektar wurde mehr als ein Drittel (ca 700 000 Hektar) von den Grundeigentümern selbst bewirtschaftet.

Daß ein allgemeines Aufsaugen der Kleinbetriebe durch Großbetriebe — namentlich in der Landwirtschaft — nicht zu befürchten ist, geht aus dem von den Nationalökonomen aufgestellten Gesetz der zunehmenden und abnehmenden Erträge hervor. Es gibt Geschäfte, die sich um so besser rentieren, je größer sie sind, d. h. je mehr Kapital und Arbeit darauf verwendet werden. Mit der zunehmenden Größe des Geschäftes werden viele Kosten relativ geringer, z. B. die Auslagen für Anschaffung von Rohmaterial und Maschinen, für Transport, Leitung des Geschäftes usw. Allein dies gilt nur bei manchen rein industriellen Unternehmungen. Daneben gibt es viele Erwerbszweige, bei denen bei zunehmender Größe des Betriebs die Vorteile durch Nachteile mehr als aufgehoben werden, wo also die Rentabilität des Betriebs mit dessen Größe abnimmt. Nach allen bisherigen Erfahrungen scheinen nun die landwirtschaftlichen Betriebe dem Gesetz der abnehmenden Erträge zu unterliegen, wenigstens von einer bestimmten Größe an. Der Grund davon ist, weil bei zunehmender Bevölkerung eine stets intensivere Bodenkultur notwendig wird und diese nur bei kleineren und mittleren Besitzungen möglich ist. Nur wenn der Eigentümer den Boden vollständig übersieht und beherrscht, kann er ihn vollkommen ausnutzen. Auch nur der kleine und mittlere Eigentümer wird gleichmäßig auf jeden Teil seines Besitzes den größtmöglichen Fleiß verwenden, und wenn er eine sonstige Beschäftigung hat, selbst die Mußestunden dazu benutzen. Ebenso kann er in Bezug auf Düngung und Bewässerung mehr leisten als der Großgrundbesitzer.

---

[1] Vgl. Destrée et Vandervelde, Le Socialisme en Belgique (1903) 327.

Mit Recht sagt A. Schäffle: „Je dichter die Bevölkerung wird, desto mehr sichern die — von Kollektivvorrichtungen nur unterstützten — Mittel- und Kleinwirtschaften die Volksernährung. Bernhardis Ergebnisse in dem klassischen Werk über ‚Großes und kleines Grundeigentum‘ über Roh- und Reinertrag fallen vor den Posaunenstößen der sozialdemokratischen Weltbeglückung nicht zusammen."[1] Übereinstimmend behauptet A. Wagner[2] in Bezug auf die ländlichen Betriebe: „Wo nicht ganz spezifische Ursachen politischer und rechtlicher Art mitspielen, kann mindestens nicht von einer allgemeinen ökonomisch-technischen Überlegenheit des Großbetriebs über den Kleinbetrieb die Rede sein. Der Schluß, daß letzterer und daß der Kleinbesitz notwendig vom Großgrundbesitz bei freiem Verkehr im Grundeigentum verdrängt werden müsse, ist daher ebensowenig richtig als der andere, daß an und für sich des besseren Betriebs wegen eine solche Gestaltung im Interesse der ganzen Volkswirtschaft, insbesondere der landwirtschaftlichen Produktion und der daran beteiligten Arbeitskräfte durchaus wünschenswert sei ...; am wenigsten kann man aber allgemein dem Kleinbetrieb und Kleingrundbesitz hier ein so ungünstiges Prognostikon stellen, wie es insbesondere der Sozialismus heute tut. Eher umgekehrt, mit Rücksicht auf das Gesetz der Entwicklung der intensiveren Landwirtschaft mit steigender, reicher werdender Bevölkerung, größerem Städtewesen, erweitertem Absatz der landwirtschaftlichen Produkte!" Den Ausführungen Wagners stimmt Buchenberger[3] vollständig bei. „Alle neueren Untersuchungen", erklärt Sering[4], „ergeben, daß die bis vor kurzem herrschende Meinung die technische Leistungsfähigkeit der Bauernschaft weit unterschätzt hat. Die Reinerträge der großen Güter übertreffen heute nicht mehr den der mittleren Besitzungen. Bauernland ist infolgedessen nicht mehr billiger, sondern teurer als Gutsland." Auch der klein-

---

[1] A. Schäffle, Die Aussichtslosigkeit der Sozialdemokratie (1885) 26.

[2] Grundlegung der polit. Ökonomie³ II. Tl, § 169.

[3] Agrarwesen und Agrarpolitik I, § 40, Nr 4.

[4] Die innere Kolonisation im östlichen Deutschland (1893).

bäuerliche Betrieb hat in Bezug auf die Technik des Landbaues die größten Fortschritte aufzuweisen[1].

Diese Sachlage ist so einleuchtend, daß selbst viele Sozial=demokraten sie anzuerkennen gezwungen sind. Schon auf dem sozialdemokratischen Parteitag zu Frankfurt a. M. (1894) erklärte G. v. Vollmar in seinem Referat über die Agrarfrage: „Demnach erweist sich der Großbetrieb in der heutigen Land=wirtschaft — wo nicht ausnahmsweise Verhältnisse vorhanden sind — im Wettbewerb keineswegs als so überlegen, und das trotz aller ihm so reichlich zugeschanzten Vorteile auf Kosten der Allgemeinheit. Ist dies selbst beim Körnerbau der Fall, so ganz insbesondere bei der Viehzucht, welche bei Unrenta=bilität des Getreidebaues und beim Vorhandensein eines Welt=marktes naturgemäß in der Ausdehnung begriffen ist. Man hat dagegen wohl einige Beispiele aus Nordamerika angeführt — Riesenfarmen, Dampfmästereien u. dgl. Aber derartigen Einzel=erscheinungen, deren Resultate noch keineswegs außer Zweifel stehen, muß man skeptisch gegenüberstehen und darf sie jeden=falls nicht generalisieren. Im allgemeinen gilt, daß bei der intensiven Viehzucht, welche eine wahre Viehpflege ist, die Herden nicht über eine gewisse Stückzahl hinausgehen dürfen; 60—70 Stück dürfte das Höchste sein. So erweist sich die Vieh=zucht als für den Mittel= und Kleinbetrieb besonders geeignet. Dasselbe gilt im allgemeinen für den Bau von Obst, Reben, Gemüse und sonstigen Handelsgewächsen. Zur Erklärung dieser Umstände, die den Erfahrungen auf dem Gebiete der Industrie so widersprechen, kommt vor allem in Betracht, daß der Landbebauer nicht bloß Ware, sondern zum großen Teil zu seinem eigenen Gebrauche produziert. Dazu kommt in Anschlag: der über=wiegende Einfluß der Eigenarbeit, selbst bei Mitarbeit von Dienstboten, die ländliche Lebensweise usw. ... Nicht wenige Agrarpolitiker schließen aus allen diesen Dingen, daß der Groß=betrieb in der Landwirtschaft nur bei extensivem Betriebe über=legen sei, daß die wirtschaftliche Entwicklung mit der zunehmen=

---

[1] Ebd.; vgl. Herkner, Die Arbeiterfrage[5] 427 ff.

den Intensivität der Bewirtschaftung auf eine Verkleinerung der
Betriebe gehe." [1]

Eine noch einschneidendere Kritik an der Marxschen Kon=
zentrationstheorie in Bezug auf die Landwirtschaft hat ein anderer
Sozialdemokrat, E. David, geübt. Schon im Jahre 1899 schrieb
David im „Vorwärts" [2], „daß die Bauernschaft dem wirtschaftlichen
Untergang entgegengehe, daran kann nach den Zahlen der Statistik
von 1895 niemand mehr ernstlich glauben". Dieses Urteil hat er
seither in dem Werke „Sozialismus und Landwirtschaft" [3] eingehend
begründet. In der Landwirtschaft handelt es sich, so führt er aus,
nicht um die Verarbeitung toter, sondern die Entwicklung lebender
Wesen, bei denen die Natur selbst die unmittelbare Produzentin ist.
Die Arbeit des Landwirts ist nur vorbereitende und begleitende
Hilfsarbeit für die pflanzlichen und tierischen Lebensvorgänge, sie ist
nicht kontinuierlich und zudem einem beständigen Wechsel unter=
worfen. Deshalb ist das Selbstinteresse des Arbeiters an dem
Erfolge in der Landwirtschaft viel nötiger als in der Industrie.
Zudem ist die Arbeitsteilung in der Landwirtschaft nur in seltenen
Fällen durchzuführen, die Anwendung der Maschinen eine sehr
beschränkte. Die höchste Intensität ist mit dem kleinbäuerlichen
Betrieb verbunden usw. Deshalb will David, daß die Sozial=
demokratie alle Maßnahmen zu Gunsten der heimischen Landwirt=
schaft unterstütze, sofern sie zum wahren sozialistischen Endziel: dem
allgemeinen Wohlstand und der allgemeinen Geisteskultur beitragen.

---

[1] Protokoll über die Verhandlungen des Parteitages der sozial=
demokratischen Partei Deutschlands, abgehalten zu Frankfurt a. M.
1894, 147. Bernstein (Die Voraussetzungen des Sozialismus 65)
schreibt nach Anführung zahlreicher statistischer Angaben: „Nach alle=
dem kann es keinem Zweifel unterstehen, daß im ganzen westlichen
Europa, wie übrigens auch in den östlichen Staaten der amerikanischen
Union, überall der kleine und mittlere Betrieb in der Landwirtschaft
wächst und der große oder Riesenbetrieb zurückgeht." Ganz dieselbe
Ansicht wiederholte Vollmar auf dem Parteitage der österreichischen
Sozialdemokratie in Graz am 4. September 1900 (Vorwärts 1900,
Nr 208, 1. Beil.).

[2] Nr 60, 2. Beil.   [3] Berlin 1903.

Wir leugnen aber mit aller Entschiedenheit, daß dies ein spezifisch sozialistisches Endziel sei.

Neuestens hat auch der Sozialdemokrat Kolb im badischen Landtag erklärt, der kleine und mittlere bäuerliche Besitz sei existenzfähig und existenzberechtigt[1].

§ 3.

Wachsende Konzentration und Akkumulation des Kapitals und wachsendes Elend der Massen.

I. Zentralisation des Kapitals. Die kapitalistische Entwicklung vollzieht sich nach Marx in zwei Abschnitten oder Perioden. Die erste Periode ist die der Kapitalbildung. Das Privateigentum des Arbeiters an seinen Produktionsmitteln ist die Grundlage des Kleinbetriebs. Diese Produktionsweise unterstellt Zersplitterung des Bodens und der übrigen Produktionsmittel. Sie ist nur verträglich mit engen, natur= wüchsigen Schranken der Produktion und der Gesellschaft, und muß deshalb bei fortschreitender Produktion verschwinden. „Ihre Vernichtung, die Verwandlung der individuellen und zer= splitterten Produktionsmittel in gesellschaftlich konzentrierte, daher des zwerghaften Eigentums vieler in das massenhafte Eigentum weniger, daher die Expropriation der großen Volks= masse von Grund und Boden und Lebensmitteln und Arbeits= instrumenten, diese furchtbare und schwierige Expropriation der Volksmasse bildet die Vorgeschichte des Kapitals."[2] „Sobald dieser Umwandlungsprozeß nach Tiefe und Umfang die alte Gesellschaft hinreichend zersetzt hat, sobald die Arbeiter in Proletarier, ihre Arbeitsbedingungen in Kapital verwandelt sind, sobald die kapitalistische Produktionsweise auf eigenen Füßen steht, gewinnt die weitere Vergesellschaftung der Arbeit

---

[1] Kölnische Volkszeitung 1908, Nr 220.

[2] Marx, Das Kapital I 727.

und weitere Verwandlung der Erde und anderer Produktionsmittel in gesellschaftlich ausgebeutete, also gemeinschaftliche Produktionsmittel, daher die weitere Expropriation der Privateigentümer eine neue Form. Was jetzt zu expropriieren,
ist nicht länger der selbstwirtschaftende Arbeiter, sondern
der viele Arbeiter exploitierende Kapitalist. Diese
Expropriation vollzieht sich durch das Spiel der immanenten
Gesetze der kapitalistischen Produktion selbst, durch die Zentralisation der Kapitale. Je ein Kapitalist schlägt viele tot." [1]
Die Zahl der Kapitalmagnaten nimmt beständig ab [2]. Es
entsteht das Kapitalmonopol in den Händen weniger Usurpatoren [3].

Dieselbe Auffassung der fortschreitenden Zentralisation des
Kapitals begegnet uns bei Engels und im sozialdemokratischen
Erfurter Programm. „In der Sozialdemokratie herrscht dem-
gemäß die Vorstellung vor oder drängt sich immer wieder dem
Geiste auf, daß der Konzentration der industriellen Unter-
nehmungen eine Konzentration der Vermögen parallel läuft." [4]
Aber was sagen die Tatsachen? Diese widersprechen der Auf-
fassung schnurstracks. Einmal geschieht die Zentralisation der
Betriebe durch Verwandlung von einzelnen Privatbetrieben in
solche von Aktiengesellschaften. Dieser Übergang bedeutet aber eher eine Dezentralisation als Zentralisation des
Privatbesitzes.

Es läßt sich auch direkt aus den Statistiken beweisen, daß
die tatsächliche Entwicklung die Marxsche Prophezeiung Lügen
straft. Die Zahl der Großkapitalisten nimmt beständig zu,
nicht ab. In Preußen z. B. betrug die Zahl der höchst-
besteuerten Ergänzungssteuerzensiten (mit einem Vermögen über

---

[1] Marx, Das Kapital I 727—728.
[2] Ebd.   [3] Ebd. 729.
[4] Bernstein, Die Voraussetzungen des Sozialismus 47.

2 Millionen Mark) im Jahre 1895: 1290, im Jahre 1902: 1687, im Jahre 1905: 1917. Betrachten wir das Einkommen, so gab es Zensiten, die mehr als 30 500 Mark Einkommen versteuerten im Jahre 1895: 10 319, im Jahre 1899: 13 970, im Jahre 1905: 17 233. Zensiten über 100 000 Mark Einkommen gab es in Preußen im Jahre 1899: 2331, im Jahre 1902: 2762, im Jahre 1905: 2899.

In Sachsen kamen auf 10 000 Einwohner mit mehr als 9500 Mark Einkommen im Jahre 1880: 21, im Jahre 1896: 33. In Hamburg hatten ein Einkommen von über 10 000 Mark im Jahre 1883: 3510, im Jahre 1892: 5348. In Großbritannien und Irland belief sich die Zahl der Einkommen über 20 000 Mark im Jahre 1876 auf 8033, im Jahre 1888 auf 11 869, im Jahre 1890 auf 15 583. In England betrug die Zahl der Zensiten mit einem Einkommen über 100 000 Mark im Jahre 1876: 532, im Jahre 1888: 840, im Jahre 1890: 1062[1].

II. Verelendung der Volksmassen. Man könnte vielleicht glauben, diese wachsende Zahl der Großkapitalisten bereichere sich auf Kosten der unteren Volksschichten, die immer größerem Pauperismus anheimfallen. Diese Ansicht hatten Marx und Engels, wenigstens in ihren früheren Perioden. Das ist unleugbar. In der eben zitierten Stelle des „Kapital" (S. 728) heißt es: „Mit der beständig abnehmenden Zahl der Kapitalmagnaten ... wächst die Masse des Elendes, des Drucks, der Knechtschaft, der Entartung, der Ausbeutung." Diese Ansicht zieht sich durch das ganze Marxsche Werk „Das Kapital". Der

---

[1] Vgl. Pesch, Lehrbuch der Nationalökonomie II 384 ff; Handwörterbuch der Staatswissenschaften[3], Art. Einkommen. Speziell für Preußen vgl. Neuhaus, Die Bewegung des steuerpflichtigen Einkommens in Preußen von 1895—1905, in Soziale Kultur 1906, 252.

Kapitalist ist der Sauger, der den Arbeiter nicht losläßt, „solange noch eine Muskel, eine Sehne, ein Tropfen Blutes auszubeuten" [1]. Auch im Erfurter Programm heißt es: das
Wachstum der Produktivität der Arbeit bedeutet für das Proletariat und die versinkenden Mittelschichten „wachsende Zunahme der Unsicherheit ihrer Existenz, des Elendes,
des Drucks, der Erniedrigung, der Ausbeutung".

Diese „Verelendungstheorie" war bis an das Ende des
vorigen Jahrhunderts ein Lieblingsthema sozialistischer Agitatoren. In tausend Variationen wurde die zunehmende Ver-
armung und Verelendung der großen Volksmasse dem schwel-
gerischen Leben der wenigen Überreichen, der „oberen Zehntausend" gegenübergestellt.

Heute ist diese Theorie nicht mehr haltbar und selbst von
den meisten Sozialisten aufgegeben. Auch heute noch ist die
Vermögensverteilung eine viel zu ungleiche, das geben wir
gern zu, und es ist gewiß kein überflüssiges Problem, zu untersuchen, wie sich eine gleichartigere auch den untersten Schichten
zugute kommende Verteilung erzielen lasse. Aber bei alledem
bleibt wahr, daß die Lage der unteren Volksklassen sich nicht
verschlimmert, sondern eher hebt.

Daß die Konzentration des Vermögens in immer wenigeren
Händen nicht wahr ist, ergibt sich schon aus den Ausführungen
über die vermeintliche Konzentration der Betriebe. Die zahlreichen mittleren und kleineren Betriebe, deren Fortbestehen unzweifelhaft ist, bedingen notwendig einen zahlreichen mittleren
und kleineren Kapitalbesitz. Es läßt sich aber auch direkt aus
den Statistiken erweisen, daß von einer fortschreitenden Ver-
armung der großen Volksmassen keine Rede sein kann.

In Sachsen betrugen im Jahre 1879 die eingeschätzten physischen
Personen, deren Einkommen geringer war als 300 Mark, 7,11

---

[1] Marx, Das Kapital I 265.

Prozent aller Eingeschätzten, im Jahre 1894 dagegen bloß mehr 5,61 Prozent. Ebenso sank zur selben Zeit der Prozentsatz derjenigen, deren Einkommen unter 800 Mark war, von 69,28 auf 59,69 herunter. Dagegen ist der Prozentsatz der Einkommen von 800 bis 950 Mark von 5,27 auf 8,96 und derjenige der Einkommen von 900 bis 1100 Mark von 3,66 auf 5,83 gestiegen. Auch der Prozentsatz der Einkommen von 1100 bis 2800 Mark hat zugenommen. Vom Jahre 1894 bis 1900 ist das Verhältnis der Personen, die ein Einkommen unter 400 Mark hatten und steuerfrei waren, von 17,76 Prozent der Eingeschätzten auf 10,82 Prozent gesunken; der Prozentsatz der Personen mit einem Einkommen bis 800 Mark ist von 65,28 auf 55,69 zurückgegangen; der Anteil der mit Einkommen von 800 bis 1600 Mark Eingeschätzten ist von 24,02 auf 31,34 Prozent gestiegen, jener der Einkommen von 1600 bis 3300 Mark von 7,12 auf 8,07 Prozent [1].

In Baden entfielen 1899 auf 100 Einwohner 24,78 Steuerpflichtige gegen 19,73 im Jahre 1886. Dabei umfaßte in Prozent aller Pflichtigen

die Einkommensstufe	1886	1899
von 500 bis 900 Mark	63,7	56,75
„ 1000 „ 1400 „	16,9	21,73
„ 1500 „ 2900 „	13,3	14,86

In Preußen [2] betrug vom Hundert der Bevölkerung

	im Jahre 1892	im Jahre 1907	im Jahre 1908
die Zahl der Einkommensteuerfreien:			
mit Einschluß der Angehörigen . .	70,1	50,3	47,2
„ Ausschluß „ „ . .	27,5	22,6	21,9
die Zahl der Einkommensteuerpflichtigen:			
mit Einschluß der Angehörigen . .	29,9	49,7	52,8
„ Ausschluß „ „ . .	8,7	15,3	16,4

[1] Vgl. Philippovich, Grundriß der politischen Ökonomie I 320; Handwörterbuch der Staatswissenschaften [2], Art. Einkommen (Statistik und Einkommensverteilung).

[2] Statist. Jahrbuch für den preußischen Staat, Jahrg. 1909, 232.

Während also die Zahl der Einkommensteuerfreien (mit einem
Einkommen unter 900 Mark) abgenommen, hat die der Steuer=
pflichtigen zugenommen.

Betrachten wir die Einkommen von 900 bis 3000 im be=
sondern, so betrug die Zahl der Zensiten mit diesen Einkommen
auf je 1000 Köpfe der Bevölkerung [1]:

	mit Ausschluß der Angehörigen	mit Einschluß der Angehörigen
im Jahre 1899 .	94,0	314,3
„ „ 1904 .	115,9	370,7
„ „ 1908 .	154,5	475,8

Da auch die Zensiten mit über 3000 Mark Einkommen in
derselben Zeit zugenommen, so ist damit ein allmähliches Steigen
des Volkseinkommens bewiesen.

In Hamburg[2] kamen auf je 1000 Bewohner mit einem
Einkommen über 1000 Mark Zensiten:

im Jahre 1866	. . . .	89,12
„ „ 1874	. . . .	95,74
„ „ 1887	. . . .	98,32
„ „ 1896	. . . .	134,60
„ „ 1900	. . . .	172,10
„ „ 1901	. . . .	181,30

In Großbritannien und Irland wurde das gesamte
Einkommen der Bevölkerung im Jahre 1851 auf 600 Millionen
Pfd. St. geschätzt, wovon 260 Millionen auf die Einkommensklasse
über 150 Pfd. St. entfielen. Für das Jahr 1881 war nach der
Durchschnittsschätzung der angesehensten Statistiker das Gesamtein=
kommen über 1200 Millionen Pfd. St., das Einkommen der Klasse
mit über 150 Pfd. St. 540 Millionen Pfd. St. Es entfiel also
auf die nichtsteuerpflichtigen Klassen im Jahre 1881 ein größerer
Betrag als 1851 auf die Gesamtbevölkerung, und nahezu doppelt
so viel, als ihr Gesamteinkommen in diesem letzteren Jahre betrug,

---

[1] Statist. Jahrbuch für den preußischen Staat, Jahrg. 1908, 237.
[2] Vgl. Handwörterbuch der Staatswissenschaften[3], Art. Ein=
kommen.

bei einer Bevölkerungszunahme von etwas über 26 Prozent. Von
dieser Bevölkerungszunahme entfällt ein sehr großer Teil auf die
mittleren Einkommensklassen. Die Personen mit einem Einkommen
von 150 bis 1000 Pfd. St. vermehrten sich von 300 000 auf
990 000, und zwar ist am stärksten die Zunahme der Personen
mit einem Einkommen von 150 bis 600 Pfd. St. Zweifellos
hat sich also in der Zeit von 1851 bis 1881 der Wohlstand der
Bevölkerung des vereinigten Königreichs gehoben [1].

Angesichts dieser unleugbaren Tatsachen ließ sich an der
Marxschen Verelendungstheorie nicht mehr festhalten. Dieselbe
wurde denn auch von den meisten Sozialisten im letzten Jahrzehnt preisgegeben. Es ist nun interessant zu beobachten, wie
meisterhaft sie es verstehen, ihre früheren Ansichten abzuleugnen
oder so zu drehen, daß der klaffende Widerspruch zwischen
früher und jetzt verschwindet.

Klassisch ist die Deutung, die der Marxjünger Mehring der
Theorie seines Meisters gibt, um sie zu retten [2]: „Nicht durch die
tatsächliche Verelendung der Volksmasse, wie unwissende und
flache Ausleger von Marx als dessen Ansicht ausgaben, sondern
durch das Streben nach Verelendung erzeugen sie (die
Kapitalisten) den Widerstand des Proletariats, den Klassenkampf,
dessen Intensität mit dem Klassengegensatz wächst und der das Proletariat nicht früher zur Ruhe kommen läßt, bis es die Kapitalistenklasse politisch und ökonomisch expropriiert hat." Marx hat bekanntlich nicht von Tendenz, sondern von wachsendem Elend
gesprochen. Immerhin sei konstatiert, daß auch Mehring nichts
mehr von der Verelendungstheorie wissen will.

Eine andere Deutung hat seinerzeit W. Liebknecht der Verelendungstheorie gegeben. In einer Parteiversammlung am 25. April
1900 sagte er nach dem „Vorwärts": „Bernstein wendet sich auch
gegen die sog. Verelendungstheorie. Dieselbe ist niemals so verstanden worden, daß erst das ganze Proletariat ins Elend versinken

[1] Soziale Praxis, 6. Jahrg., 948.
[2] Leipziger Volkszeitung 1907, Nr 102.

müsse. So hat es auch Marx nicht gemeint. Gewiß, es ist richtig, daß sich die Lebenslage der Arbeiter gegen früher gehoben hat. Aber deshalb bleibt der Arbeiter doch ein Proletarier. Unter dieser Bezeichnung ist nicht ein Mann zu verstehen, der im Elend lebt, sondern ein solcher, dem die Möglichkeit verschlossen ist, wirtschaftlich selbständig zu werden. Es heißt doch die Augen gewaltsam verschließen, wenn man leugnen will, daß die bürgerliche Gesellschaft zusammenbrechen muß."

Erfreulich ist das Zugeständnis, daß die Lebenslage der Arbeiter gegen früher sich gehoben hat. Aber daß Marx die Verelendungstheorie im oben erklärten Sinne verstanden, ist ganz und gar nicht richtig. Wenigstens in ihrer früheren Periode haben Marx und Engels von einer fortschreitenden Verelendung der Proletarier gesprochen. Das geht aus ihren Ausführungen unzweideutig hervor. Wir verweisen auf die früher (S. 55 56) mitgeteilten Stellen.

Um die Verelendungstheorie noch irgendwie festhalten zu können, reden jetzt manche Sozialisten von einer „relativen" Verelendung. Absolut werde zwar die Lage der Arbeiter besser, aber die Kluft zwischen ihnen und den Kapitalisten werde trotzdem immer größer, weil die Vermögenszunahme bei den Reichen sich viel rascher vollziehe als bei den Arbeitern. Eine merkwürdige Verelendung! Wenn es mir besser geht, habe ich dann das Recht über Verelendung zu klagen, weil es meinem Nachbar noch besser geht oder er schneller reich wird als ich? Übrigens ist diese relative Vermögensverschiebung nicht einmal allgemein richtig, wie wir gleich sehen werden.

Tatsächlich schilderten die Sozialisten bis in die neueste Zeit die Lage der Gesellschaft vielfach so, daß man meinen mußte, es gebe heute nur noch einige wenige Milliardäre und eine unabsehbare Masse von bettelhaften Proletariern. Diese Schilderungen sind glücklicherweise falsch [1].

---

[1] Bernstein (Die Voraussetzungen des Sozialismus 50) schließt seine Untersuchungen über die Zahl der Besitzenden mit der apodiktischen Behauptung: „Es ist also durchaus falsch, anzunehmen, daß die gegenwärtige Entwicklung eine relative oder gar absolute Ver-

III. Hebung der Arbeiterklasse. Arbeiterlöhne.

Schon aus dem bisher Gesagten folgt, daß die fortschreitende Verelendung der Arbeiterklasse eine Fabel ist. Es wird aber nicht überflüssig sein, die Bewegung der Arbeiterlöhne noch im besondern zu betrachten.

Der durchschnittliche Jahreslohn eines englischen Spinnereiarbeiters betrug

in den Jahren 1829—1831 546 Schilling,

„ „ „ 1844—1846 564 „

„ „ „ 1859—1861 670 „

„ „ „ 1880—1882 844 „

Dabei ist nicht zu übersehen, daß die gewöhnlichen Lebensmittel seit längerer Zeit im Preise nicht gestiegen, sondern gesunken sind. Nach einer eingehenden Untersuchung Sam. Andrews, des Sekretärs der Oldham Master Cotton Spinners and Manufacturers, über die Entwicklung der englischen Baumwollspinnerei von 1837 bis 1887 betrugen in England die Ausgaben einer Familie von zwei Erwachsenen und drei Kindern für Nahrung, Heizung, Mietzins, Kleider usw. für die Woche im Jahre 1839—1840 34 Schilling, im Jahre 1887 nur 28 Schilling. Dagegen waren die Wocheneinnahmen (Arbeitslohn für zwei Erwachsene) im Jahre 1839—1840 bloß 21, im Jahre 1887 41 Schilling. Ähnlich sind auch in den andern Industriezweigen die Löhne gestiegen [1].

Über die Lohnveränderungen von 1893 bis 1900 veröffentlichte die Labour Gazette folgende Tabelle [2]:

---

minderung der Besitzenden aufweist. Nicht ‚mehr oder minder‘, sondern schlechtweg m e h r, d. h. a b s o l u t u n d r e l a t i v wächst die Zahl der Besitzenden. Wären die Tätigkeit und Aussichten der Sozialdemokratie davon abhängig, daß die Zahl der Besitzenden zurückgeht, dann könnte sie sich in der Tat ‚schlafen legen‘.“

[1] Vgl. Handwörterbuch der Staatswissenschaften [3], Artikel Arbeitslohn.

[2] Soziale Praxis, 10. Jahrg., Sp. 416.

Jahr	Arbeiter, die Lohnveränderungen erfuhren		Wöchentliches Reinergebnis der Veränderungen	
	Individuen	Prozent der Gesamtheit der Arbeiter	Gesamtbetrag in Pfd. Sterl.	Durchschnittsbetrag pro Kopf
1893	549 977	7	+ 12 425	+ 0 s. 5½ d.
1894	670 386	8,5	— 45 091	— 1 „ 4½ „
1895	436 718	5,6	— 28 211	— 1 „ 3½ „
1896	607 654	7,7	+ 26 592	+ 0 „ 10½ „
1897	597 444	7,6	+ 31 507	+ 1 „ 0¾ „
1898	1 015 169	12,9	+ 80 815	+ 1 „ 7 „
1899	1 175 576	14,9	+ 92 905	+ 1 „ 6½ „
1900	1 088 300	13,8	+ 203 240	+ 3 „ 8½ „

Die Ziffern zeigen, daß nach einer Periode des Stillstandes oder sogar des Rückganges von 1893 bis 1897 die drei Jahre (1898—1900) nach Zahl der Arbeiter und Höhe des Betrages recht erhebliche Steigerungen der Löhne gebracht haben. Und zwar erhielten 1900 mehr als eine Million Arbeiter — von 100 je 14 — einen wöchentlichen Zuwachs von insgesamt mehr als 10 Millionen Mark[1].

Im Jahre 1902 betrugen die Löhne der Kohlenhäuer in England überall wenigstens 6 Schilling pro Tag, mit Ausnahme von einem Distrikte, in dem sich die Löhne auf 5 Schilling und 4½ Pence beliefen.

Daß die Lage der Arbeiter im allgemeinen sich gehoben hat, geht auch daraus hervor, daß die unteren Volksschichten an Aktiengesellschaften teilnehmen oder ihre Ersparnisse in Spar= und Vereins= kassen anlegen. In England beliefen sich schon vor 12 Jahren die angesammelten Fonds der ausschließlich oder vorwiegend aus Mitgliedern der Arbeiterklasse bestehenden bzw. von solchen benutzten Unterstützungs=, Spar= und Wirtschaftsverbände zusammen auf 280 Millionen Pfd. St. (5,6 Milliarden Mark). Davon kamen 100 Millionen Pfd. St. auf Aktien[2]. Auch in Frankreich,

---

[1] Soziale Praxis, 10. Jahrg., Sp. 416.
[2] Ebd. (1897) 949 (nach dem Local Government Journal).

Belgien usw. haben die arbeitenden Klassen ein bedeutendes Ver=
mögen in Vereins= und Sparkassen [1].

Einen vollständig unanfechtbaren Beweis für die Hebung der
Arbeiterklasse in wirtschaftlicher Beziehung liefert das Zeugnis der
von der englischen Regierung zur Untersuchung der Arbeiterverhält=
nisse Englands und Schottlands eingesetzten *Royal Commission on
Labour*. Die Mehrheit dieser Kommission erklärte in ihrem Berichte
vom Jahre 1894: „Die Erhebungen haben zu dem allgemeinen
Eindrucke geführt, daß der Lohn während der letzten 50 Jahre
bedeutend gestiegen ist, sowohl in Bezug auf den Nominalbetrag
als auch (mit Ausnahme der Hausmiete in großen Städten) hin=

---

[1] In Belgien gab es im Jahre 1903 2 088 448 Sparkassenbücher
der Privatpersonen von einem mittleren Betrag von 35 Franken, die
zusammen ein Kapital von 734 981 000 Franken repräsentierten.
Im Jahre 1907 war die Zahl der Sparkassenbücher auf 2 520 801
mit dem Gesamtbetrag von 828 705 669 Franken gestiegen. Da
Belgien jetzt ungefähr 7½ Millionen Einwohner zählt, so gibt das
ein Sparkassenbuch auf je drei Belgier oder mehr als ein Sparkassen=
buch auf die Haushaltung. Diese über zwei Millionen Sparkassen=
bücher gehören den unteren Klassen an, denn im Jahre 1907 lauteten
79,6 % auf weniger als 500 Franken (vgl. Vermoersch, Manuel
Social. La législation et les œuvres en Belgique, 3me édit. Louvain 1909, I 135. — In Preußen erreichte der Einlagebestand der
Sparkassen am Schluß des Jahres 1903 die stattliche Höhe von über
7 Milliarden (7229,9 Millionen) Mark, und die Zahl der Sparkassen=
bücher belief sich auf 9 773 103; am Schluß des Jahres 1906 betrug
der Einlagebestand 8 788,39 Millionen Mark und die Zahl der Spar=
kassenbücher 11 095 276 (vgl. Statistisches Jahrbuch für den preußischen
Staat, Jahrg. 1908, 144). Diese Sparkasseneinlagen gehören zum
großen Teil den breiten Schichten des Volkes an. Nach einer Äußerung
des Ministers v. Rheinbaben in der Reichstagssitzung vom 7. Dezember
1905 betrug die Zahl der Sparkassenbücher bis zu 60 Mark im
Jahre 1888: 530 000, dagegen im Jahre 1903: 2 727 000 Stück. —
Für das gesamte Deutsche Reich (ohne Braunschweig) betrug das
Guthaben der Einleger im Jahre 1900: 8,8 Milliarden, im Jahre
1905: 12,6 Milliarden, die Zahl der Sparkassenbücher ist während
derselben Zeit von 14 863 956 auf 17 947 853 gestiegen.

sichtlich der Kaufkraft gegenüber dem Bedarf. In sanitärer Hinsicht sind die Arbeitszustände besser geworden. Wenn die allgemeine Lohnsteigerung von 1872, ihre nachfolgende anhaltende Dauer oder ihre Zunahme einerseits, das Fallen der Preise der Konsumtions= artikel der arbeitenden Klassen anderseits (seit 1872) als allgemeine Tatsachen gelten können, so ist die Beobachtung gerechtfertigt, daß im ganzen die Lage der arbeitenden Klassen während der letzten 50 Jahre beträchtlich fortgeschritten ist." Dieses Urteil wurde von drei der angesehensten englischen Arbeiterführer, Th. Burt, Edw. Trow und J. Burnett, unterzeichnet. Eine aus vier Arbeiter= mitgliedern bestehende Minderheit, die mehr zum Sozialismus neigt, hält die Lage der Arbeiter zwar für weniger günstig, gibt aber unumwunden zu, daß von einer Verschlechterung keine Rede sein könne. „Wir glauben im Gegenteil, daß die durchschnittliche Lage der Lohnarbeiter durch die gesetzlichen und andern Reformen der letzten 60 Jahre stetig verbessert worden ist." [1]

Wenn auch die Verhältnisse der Arbeiter nicht überall so günstig sind wie in England, so ist doch in fast allen Ländern, namentlich in Frankreich und Belgien, eine stetige Besserung der Lage der Arbeiter unleugbar.

Für Belgien hat Dr F. Waxweiler, Professor der Nationalökonomie an der Universität Brüssel und Bureauchef im Arbeitsamt, eine interessante Arbeit veröffentlicht[2]. Durch sehr eingehende und sorgfältige Vergleichung der Löhne von 1896 und 1900 kommt er auf Grund der öffentlichen Statistiken in Bezug auf die Kohlenarbeiter Belgiens zu folgenden Schluß= folgerungen: 1. Die Steigerung der Löhne ist allgemein gewesen. Eine allgemeine Steigerung der Löhne hat sich von 1896 bis 1900 gezeigt. 2. Die Löhne unter 2 Franken sind fast ganz verschwunden. 3. Zahlreiche neue Lohnsätze über 7,50 Franken haben sich gezeigt.

---

[1] Vgl. Herkner, Die Arbeiterfrage[2] 312 ff; Sombart, Sozialismus und soziale Bewegung 87—88.

[2] Jahrbücher für Nationalökonomie und Statistik, 3. Folge, XXII 161 ff.

Der durchschnittliche Jahreslohn für die Bergarbeiter im König=
reich Sachsen war im Jahre 1869 744 Mark, 1872 876 Mark,
1875 942 Mark, 1878 829 Mark, 1881 821 Mark, 1884
854 Mark, 1885 870 Mark. In der Berechnung dieses Durch=
schnittslohnes sind aber Frauen und jugendliche Personen mit in=
begriffen. Bei den Häuern war der Durchschnittslohn 1869
855 Mark, 1872 956 Mark, 1875 1100 Mark, 1878 956 Mark,
1881 956 Mark, 1884 961 Mark, 1885 995 Mark [1].

Für Preußen liegt uns eine interessante Lohnstatistik
der fünf wichtigsten Kohlengebiete vor. Bezeichnen wir als
Klasse a die unterirdisch beschäftigten eigentlichen Bergarbeiter,
als Klasse b die sonstigen unterirdisch beschäftigten Arbeiter,
als Klasse c die über Tag beschäftigten erwachsenen männ=
lichen Arbeiter, so erhalten wir folgende Lohntabellen für den
durchschnittlichen Jahresverdienst [2]:

Oberschlesien.				Ruhrbezirk.		
Jahr	Klasse a Mark	Klasse b Mark	Klasse c Mark	Jahr	Klasse a Mark	Klasse b Mark	Klasse c Mark
1889 . .	638	614	539	1889 . .	1028	817	857
1893 . .	727	704	639	1893 . .	1084	791	878
1895 . .	740	713	634	1895 . .	1114	816	893
1897 . .	794	765	643	1897 . .	1328	926	993
Niederschlesien.				Saarbezirk.			
1889 . .	728	727	634	1889 . .	913	773	692
1893 . .	775	762	687	1893 . .	1021	794	812
1895 . .	796	765	669	1895 . .	1030	796	826
1897 . .	849	820	709	1897 . .	1101	838	820

---

[1] Vgl. Handwörterbuch der Staatswissenschaften, Art. Arbeits=
lohn (Statistik).

[2] Vgl. Jahresbericht des Vereins für die bergbaulichen Interessen
im Oberbergbezirk Dortmund für das Jahr 1897 (ausgegeben im
Juni 1898. Essen, Druck von Bädeker, 1898) 57.

Aachener Bezirk.

Jahr	Klasse a Mark	Klasse b Mark	Klasse c Mark
1889 . .	913	773	692
1893 . .	920	764	795
1895 . .	951	788	806
1897 . .	1068	850	852

Handelsminister Möller sagte im preußischen Abgeordneten=
haus am 14. Januar 1905: „Das Gesamteinkommen eines
Bergarbeiters betrug 1901: 1322 und in den folgenden Jahren
(1902—1904): 1224, 1131 und 1205 Mark. Nach einer
Äußerung des Finanzministers v. Rheinbaben im Reichs=
tag am 7. Dezember 1905 auf Grund der Statistik der Unfall=
versicherung betrug der Durchschnittslohn der versicherten Ar=
beiter im Jahre 1888: 612 Mark, dagegen im Jahre 1903:
819 Mark.

Die Löhne der preußischen Bergarbeiter betrugen [1]:

Durchschnittlicher Jahresverdienst eines Arbeiters	Für unterirdisch be-schäftigte eigentliche Arbeiter		Für sonstige unter-irdisch beschäftigte Arbeiter	
	1906	1907	1906	1907
I. Steinkohlenbergbau:				
im O.=B.=A.=B. Breslau .	1028	1120	993	1083
„ „ Dortmund	1664	1871	1156	1289
„ „ Bonn . .	1337	1407	1004	1078
II. Braunkohlenbergbau:				
im O.=B.=A.=B. Halle . .	1180	1247	990	1057
„ „ Bonn . .	1157	1229	1016	1238

[1] Vgl. Statistisches Jahrbuch für den preußischen Staat,
Jahrg. 1908, 90.

Durchschnittlicher Jahresverdienst eines Arbeiters	Für unterirdisch beschäftigte eigentliche Arbeiter		Für sonstige unterirdisch beschäftigte Arbeiter	
	1906	1907	1906	1907
III. Erzbergbau:				
im O.=B.=A.=B. Halle . .	1107	1139	1068	1100
„ „ Klaustal	827	931	876	955
„ „ Bonn . .	1117	1206	1037	1068
IV. Steinsalzbergbau:				
im O.=B.=A.=B. Halle . .	1242	1298	1113	1141

Von den Löhnen der in Staatsbetrieben beschäftigten
Arbeiter sagte Eisenbahnminister Breitenbach im preußischen
Abgeordnetenhaus am 27. Oktober 1908: die Löhne dieser
Arbeiter „haben in den letzten Jahrzehnten fortwährend ganz
außerordentliche Erhöhungen erfahren. Würden von der Eisen=
bahnverwaltung heute noch die Löhne von 1900 bezahlt, so
würden wir 49 Millionen weniger auszugeben haben; und
würden wir auf die Löhne von 1905 zurückgehen, so wären
es 31½ Millionen weniger".

Es ist nun allerdings richtig, daß zugleich mit den Löhnen
auch die Preise der Lebensmittel gestiegen sind, daß man also
nicht sofort aus dem Steigen des Lohnes auf steigende Wohl=
fahrt schließen kann. Aber die Preise der Lebensmittel sind
keineswegs in dem Maße gestiegen wie die Löhne. In Bezug
auf die englischen Arbeiter haben wir das schon gezeigt. Für
die deutschen Arbeiter hat dies namentlich Ashley nach=
gewiesen, der eingehend die Löhne des letzten Vierteljahr=
hunderts mit den Preisen der Lebensmittel vergleicht[1]. Be=
sondere Beachtung verdient die Tabelle, in der er die Löhne
der Kruppschen Fabrik in Essen von 1871 bis 1900 neben
die Preise der wichtigsten Lebensmittel stellt[2].

[1] Das Aufsteigen der arbeitenden Klassen Deutschlands im letzten
Vierteljahrhundert; übersetzt von Scharf 1906.
[2] Vgl. ebd. S. 88. Man vgl. noch Conrad, Grundriß der
politischen Ökonomie; IV. Tl. Statistik der wirtschaftlichen Kultur

Alles in allem betrachtet, steht also das sog. „Gesetz" von der stets zunehmenden „Verelendung" der Arbeiter im Widerspruch mit der Wahrheit. Wir wollen damit kein unbedingtes Loblied auf die heutige Lage der Arbeiter anstimmen. Gern geben wir zu, daß noch manches zur Verbesserung ihrer Lage zu geschehen hat. Angesichts der großen Geschäftsgewinne vieler Unternehmer kann man es gewiß den Arbeitern nicht verargen, wenn sie eine Hebung und Besserung ihrer Lage anstreben. Was wir behaupten, ist bloß, daß von einer fortschreitenden Verelendung des Loses der Arbeiter nur im Widerspruch mit offenkundigen Tatsachen geredet werden kann. Es darf uns deshalb nicht wundern, daß die besonneneren Sozialisten heute fast allgemein ohne Umschweife zugeben, dieses „Gesetz" lasse sich angesichts der Tatsachen nicht mehr aufrecht erhalten [1]. Merkwürdig ist, daß Marx selbst schon in der

1904. 199 ff; Pesch, Lehrbuch der Nationalökonomie II (1909) 417 ff; Bourguin, Die sozialistischen Systeme und die wirtschaftliche Entwicklung, Tübingen 1906; Anh. IX: Die Lohnsteigerung im 19. Jahrhundert 505 ff. Bourguin sagt in Bezug auf die Arbeiter in Frankreich, England und den Vereinigten Staaten: „Im allgemeinen hat sich die wirtschaftliche Lage der arbeitenden Klassen gleichmäßig erheblich gebessert in den drei Ländern von der Mitte bis zum Schluß des 19. Jahrhunderts. Diese Verbesserung läßt sich durch eine Steigerung von 80—90% in Zahlen ausdrücken" (ebb. 508).

[1] Vgl. Vorwärts 1897, Nr 106 u. 141. In Nr 13, 2. Beil. 1898 schrieb der „Vorwärts": „Ebenso ist unbestreitbar, daß sich das Einkommen der lohnarbeitenden Klassen im ganzen ebenfalls in dieser Periode (d. h. im letzten halben Jahrhundert) gehoben hat." Ähnlich drückte sich Kampfmeyer in den Sozialistischen Monatsheften (1902) aus. Besonders interessant ist das Urteil R. Calwers. Er untersucht genau die Bewegung der Löhne zwischen 1895 und 1906 auf Grund der Nachweisungen der gewerblichen Berufsgenossenschaften und kommt zum Schluß: „Das Ergebnis meiner Rechnung ist folgendes: Der Nominallohn des in berufsgenossenschaftlichen Betrieben beschäftigten Vollarbeiters ist seit 1895 um rund 37

erften Auflage des „Kapital"[1], während er die fortschreitende
Verelendung beweifen will, gefteht, feit dem Beginn der Arbeiter=
fchußgefeßgebung fei eine „phyfifche und moralifche Wieder=
geburt der Fabrikarbeiter" eingetreten, die auch „das blödefte
Auge fchlug". Auch Engels bemerkt in der Vorrede zur
zweiten Auflage (1887) feines im Jahre 1845 zuerft er=
fchienenen Werkes „Die Lage der arbeitenden Klaffen in Eng=
land", die in demfelben enthaltenen Schilderungen paßten auf
die heutigen Zuftände in manchem nicht mehr.

§ 4.

Zufammenbruchs- und Krifentheorie.

Mit dem Dogma der beftändigen „Verelendung" der Arbeiter
fallen auch die daran geknüpften Folgerungen in ihr Nichts zu=
fammen. Nach Marx und Engels follen nahezu alle zehn Jahre
gewaltige wirtfchaftliche Krifen eintreten, welche die Ge=
fellfchaft aus den Fugen heben. Nach dem Erfurter Programm
wird „der Abftand zwifchen Befißenden und Befißlofen erweitert
durch die im Wefen der kapitaliftifchen Produktionsweife be=
gründeten Krifen, die immer umfangreicher und verheerender
werden, die allgemeine Unficherheit zum Normalzuftand erheben
und den Beweis liefern, daß die Produktivkräfte der heutigen
Gefellfchaft über den Kopf gewachfen find".

Aber wo find denn diefe Krifen, die immer umfang=
reicher und verheerender werden? Die Krifen haben in neuerer
Zeit gegen früher an Zahl eher abgenommen und ebenfo an

---

bis 38%, das Warenpreisniveau in der nämlichen Zeit um rund
25% geftiegen. Die Differenz zwifchen beiden Steigungsziffern gibt
die Bewegung des Reallohnes an, der feit 1895 bis einfchließlich 1906
um ca 12—13% oder im Durchfchnitt jährlich um 1% zugenommen
hat" (Sozialiftifche Monatshefte 1908, 1 479).

[1] I (1867) 273; in der 4. Aufl. S. 259.

Umfang[1]. Meist waren sie auf einzelne Distrikte oder Geschäfts=
zweige beschränkt, und außerdem haben sie keineswegs in dem
„Wesen der kapitalistischen Produktionsweise", sondern oft in

[1] Das gesteht auch der sozialdemokratische Schriftsteller Konrad
Schmidt im „Vorwärts" 1898 (2. Beilage zu Nr 43, Art. „End=
ziel und Bewegung"). Die kapitalistische Entwicklung werde von
Marx und Engels als eine „durch Zusammenbruch und Katastrophe
fortschreitende aufgefaßt". Die kapitalistische Gesellschaft treibe nach
Marx durch die ihr innewohnenden Widersprüche einem toten Punkte
zu. Ein Aufsteigen der Arbeiter sei unmöglich. Die periodischen
Handelskrisen seien ein Beweis dafür, daß die Produktivkräfte der
Gesellschaft über den Kopf gewachsen. Nur die gewaltsame Er=
hebung des Proletariats und die Zentralisation der Produktionsmittel
in den Händen des Staates, und zwar vermittelt durch eine Diktatur,
könne schließlich zur Besserung führen. Hiergegen bemerkt nun
Schmidt: „Die 50 Jahre gesellschaftlicher Entwicklung, die seitdem
verflossen ..., haben die Prognose ... einstweilen keineswegs bestätigt.
Die Katastrophen sind ausgeblieben. Der Kapitalismus
hat eine unvorhergesehene Anpassungsfähigkeit an die verschiedensten
Verhältnisse bewiesen. Die Produktivkräfte haben sich in einem Maße
entwickelt, dem gegenüber die des vormärzlichen England zwerghaft
erscheinen, aber die Handelskrisen, welche von Marx und Engels
als ein Zeichen gedeutet wurden dafür, daß damals bereits die Pro=
duktivkräfte der Schranke des bürgerlich=kapitalistischen Betriebes ent=
wachsen seien — haben trotzdem an Energie und Umfang
verloren. Und wie furchtbar immer unermeßlich breite Schichten
des Proletariates heute unter schmachvollster Ausbeutung leiden, die
Voraussage, daß der Arbeiter mit dem Fortschritt
der Industrie immer tiefer herabsinke, daß das
Schicksal seiner Klasse in der kapitalistischen Wirt=
schaft wachsende Verelendung sei, ist nicht erfüllt.
Gerade im eigentlichen Mutterlande des Kapitalismus, in England,
hat sich das Los großer Kreise der Arbeiterschaft ...
bedeutend gehoben. Endlich hat sich gezeigt, daß die Eroberung
der politischen Macht durch das Proletariat schwerlich die Form
der Diktatur annehmen kann." Die Entwicklung werde vielmehr
in der Weise vor sich gehen, daß die aufstrebenden Arbeiterklassen
immer mehr die parlamentarische Macht an sich reißen und nun durch

zufälligen Ereignissen oder in gewissenlosen Machenschaften ihre Ursache gehabt. Man denke nur an Panama und die Banca Romana und ähnliches. Hätten die Regierungen ihre Pflicht erfüllt, so wären wohl manche dieser Krisen vermieden worden.

Die Einführung der Maschine in die verschiedensten Zweige des Erwerbslebens hatte in kurzer Zeit eine solche Umwandlung aller Verhältnisse gebracht, daß es einiger Zeit bedurfte, bis man die Lage überschauen und beherrschen und die Gesetzgebung ihr anpassen konnte. Alle Zeichen deuten darauf hin, daß wir auch auf wirtschaftlichem Gebiete in ruhigere, geordnete Bahnen lenken. Die Krisen werden nicht häufiger, sondern seltener. Also auch hier stellt sich die sozialistische Geschichtstheorie als eine mit den Tat= sachen im Widerspruch stehende Übertreibung dar.

§ 5.

Industrielle Reservearmee.

Wie steht es endlich mit der stetig zunehmenden „Außer= dienstsetzung" der Arbeiter, mit der beständig anschwellenden „Armee der überschüssigen Arbeiter"? Diese existiert nur in sozialdemokratischen Schriften. Fern sei es von uns, zu leugnen, daß heute oft genug Arbeiter ohne Beschäftigung sind und daß es eine ernste Sorge der Sozialpolitik sein muß, diesem Übelstande möglichst abzuhelfen. Sehr dienlich dazu ist besonders die Organisation des Arbeitsnachweises. Was wir ent= schieden bestreiten, ist, daß die Arbeitslosigkeit notwendig mit dem Privateigentum der Produktionsmittel zusammenhänge oder sich in der heutigen Gesellschaftsordnung nicht beseitigen lasse.

---

fortschreitende Regelung der Produktion die Gesellschaft zum Ober= eigentümer erheben, den Kapitalisten aber zur Rolle eines bloßen Verwalters herabdrücken, dem schließlich der Besitz fast wertlos wird, so daß er ihn gern der Gesamtheit überläßt.

Tatsächlich hat die Arbeitslosigkeit seit der Mitte des 19. Jahrhunderts nicht zugenommen. Für England liegen darüber ganz
bestimmte Angaben vor. Die Zahl der erwachsenen arbeitsfähigen
Armen in England und Wales ist seit 1849 fast beständig gesunken, mit Ausnahme der Jahre 1863 und 1864, die eine ausnahmsweise hohe Ziffer aufweisen. Es wurden unterstützt erwachsene
arbeitsfähige Arbeiter:

1849:	228 823,	auf 1000 der mittleren Bevölkerung	13,2
1859:	135 784	„ „ „ „ „	7,0
1869:	170 710	„ „ „ „ „	8,8
1879:	104 970	„ „ „ „ „	4,2
1889:	98 817	„ „ „ „ „	3,4
1890:	92 118	„ „ „ „ „	3,2

In den Jahren 1891—1895 scheint die Zahl der Unterstützten
wieder um ein geringes gestiegen zu sein. Die Zahl der Unterstützten
und die Zahl der Arbeitslosen ist nun freilich nicht identisch. Doch
darf man wohl von der einen auf die andere schließen. Dabei ist
nicht zu vergessen, daß die Zahl der Arbeiter heute eine ungleich
größere als früher ist.

Auch für das Deutsche Reich ist für die letzten Jahre nachgewiesen, daß die Zahl der Arbeitslosen keineswegs eine so hohe
ist, als man früher anzunehmen geneigt war. Nach der Zählung
vom 2. Dezember 1895 waren im ganzen Deutschen Reich an
diesem Tage, also zu einer sehr ungünstigen Jahreszeit, eigentliche
Arbeitslose, d. h. Arbeitsfähige ohne Beschäftigung, vorhanden:
553 640 oder 3,43 Prozent aller Arbeitnehmer [1]. Selbst G. Adler,
der sicher keine allzu antisozialistischen Neigungen hegt, meint, die
bisherigen statistischen Erhebungen bestätigten die Behauptung, daß
man sich die Zahl der Arbeitslosen nicht allzu hoch vorstellen dürfe [2].

Weit entfernt davon, die Arbeiter überflüssig zu machen, hat die
moderne Produktion einer stets wachsenden Zahl Beschäftigung ver-

---

[1] Vgl. Statistik des Deutschen Reiches, bearbeitet im Kaiserlichen
Statistischen Amt. Neue Folge, CII 301. Am 14. Juni 1895 waren
179 004 Arbeitsfähige beschäftigungslos; vgl. ebb. 300.

[2] Handwörterbuch der Staatswissenschaften, Art. Arbeitslosigkeit.

schafft. Die englische Baumwolleninindustrie beschäftigte im Jahre 1839
259336, im Jahre 1850 330924, im Jahre 1870 450087, im
Jahre 1879 492903 und im Jahre 1890 528795. Das heißt
doch nicht die Arbeiter „überflüssig" machen. In Deutschland sind
nach den amtlichen Berufszählungen die Erwerbstätigen in
Industrie, Hüttenwesen, Bergbau und Bauwesen von 5933636 im
Jahre 1882 auf 8000503 im Jahre 1895 und 10852873 im
Jahre 1907 gestiegen [1]. Die mittlere Belegschaft im Bergbau ist
gestiegen von 273930 Köpfen im Jahre 1872 auf 430155 im
Jahre 1895, auf 573078 im Jahre 1900 und auf 734903 im
Jahre 1907 [2].

Der innere Grund, warum die Maschinen die Arbeiter nicht
überflüssig machen, ist unschwer zu erkennen. Gewiß ersetzen
die Maschinen manche menschliche Arbeit, aber sie eröffnen auch
ganz neue Erwerbsgebiete und erweitern die bisherigen. Die
Maschinen müssen ferner hergestellt, bedient und ausgebessert
werden. Auch die Gewinnung der Rohstoffe, der Transport
der Güter nimmt neue Kräfte in Anspruch. Der Mensch muß
die letzte feilende und ordnende Hand an die Produkte der
Maschine legen. Zugleich mit den Maschinen werden auch
neue Erwerbsquellen entdeckt. Man denke nur an den Tele=
graphen= und Telephondienst, das photographische Gewerbe,
die Buchdruckerkunst, Plastik u. dgl.

So ist uns unzweifelhaft: die materialistische Geschichts=
auffassung und ihre Verwertung zu Gunsten des Sozialismus
sind beide gleich verfehlt. Aus einigen Übelständen, die be=
sonders in der ersten Hälfte des verflossenen Jahrhunderts
auf dem Gebiete der Industrie unleugbar vorhanden waren,
hat man durch maßlose Übertreibungen, willkürliche Ver=

---

[1] Vgl. Statistisches Jahrbuch für das Deutsche Reich 1908, 46
u. 1909, 75.

[2] Ebd. 1888, 29; 1897, 35; 1904, 47; 1909, 97.

allgemeinerungen und Schlußfolgerungen eine Theorie künstlich
zusammengezimmert, wie man sie gerade brauchte, um für den
Sozialismus eine „wissenschaftliche" Unterlage zu gewinnen.

Merkwürdig ist, daß die „Revisionisten" — und ihre
Zahl unter den hervorragenden Sozialisten ist ganz beträcht=
lich — diese wissenschaftlichen Grundlagen preisgeben und doch
noch am Sozialismus festhalten wollen. Bernstein
stellt sogar die paradoxe Behauptung auf: „Nicht vom Rück=
gang, sondern von der Zunahme des gesellschaft=
lichen Reichtums hängen die Aussichten des So=
zialismus ab. Der Sozialismus oder die sozialistische Be=
wegung der Neuzeit hat schon manchen Aberglauben überlebt,
sie wird auch noch den überleben, daß ihre Zukunft von der
Konzentration des Besitzes, oder wenn man will, der Auf=
saugung des Mehrwertes durch eine sich verringernde Gruppe
kapitalistischer Mammuts abhängt. Ob das gesellschaftliche
Mehrprodukt von 10 000 Personen monopolistisch aufgehäuft
oder zwischen einer halben Million Menschen in abgestuften
Mengen verteilt wird, ist für die neun oder zehn Millionen
Familienhäupter, die bei diesem Handel zu kurz kommen,
prinzipiell gleichgültig. Ihr Bestreben nach gerechterer Ver=
teilung oder nach einer Organisation, die eine gerechtere Ver=
teilung einschließt, braucht darum nicht minder berechtigt und
notwendig zu sein." [1]

Mit diesen Worten tritt Bernstein in Widerspruch mit
sich selbst. Zuerst gibt er zu, daß die Lage der unteren
Klassen absolut und relativ besser werde, und dann spricht er
doch von einer monopolistischen Anhäufung des Mehrproduktes
in Händen einer halben Million gegenüber neun oder zehn
Millionen Familienhäuptern, die zu kurz kommen. So schwer
wird es auch einem scharfsinnigen Kritiker, sich von der

---

[1] Bernstein, Die Voraussetzungen des Sozialismus 51.

sozialistischen Phrase loszumachen. Aber das Streben der unteren Klassen nach einer gerechteren Verteilung ist doch berechtigt? Gewiß, aber wir fragen: Worauf stützt Bernstein seine Behauptung, daß die heutige Verteilung ungerecht sei? Marx begründete die Ungerechtigkeit der kapitalistischen Gesellschaftsordnung mit seiner Mehrwertstheorie. Bernstein hat diese Theorie aufgegeben. Worauf, stützt er also seine Behauptung von der Ungerechtigkeit der heutigen Vermögens=verteilung? Höchstens kann man zugeben, daß die heutige allzu ungleiche Verteilung des Vermögens eine gewisse Unbillig=keit enthalte, und das Streben nach einer gleichmäßigeren Verteilung berechtigt sei. Doch dieses Streben genügt noch nicht, um einen Menschen als Sozialisten bezeichnen zu können. Sonst wären heute ungefähr alle Menschen Sozialisten.

Warum also anerkennt Bernstein nicht offen und ehrlich, daß er und seine Anhänger eine Reformpartei bilden? Er selbst schreibt: „Ihr Einfluß würde ein viel größerer sein, als er heute ist, wenn die Sozialdemokratie den Mut fände, sich von einer Phraseologie zu emanzipieren, die tatsächlich über=lebt ist, und das scheinen zu wollen, was sie heute in Wirk=lichkeit ist: eine demokratisch=sozialistische Reformpartei." [1]

„Demokratisch=sozialistische Reformpartei"! Was soll das heißen? Er meint, aus der Zunahme des „sozialistischen Ge=dankens" lasse sich schließen, daß wir uns immer rascher einer Zeit nähern, wo die Sozialdemokratie mit positiven Reform=vorschlägen hervortreten müsse. Das Ziel dieser Reformvor=schläge sei „nicht die Verwirklichung eines Gesellschaftsplanes, sondern die Durchführung eines Gesellschaftsprinzips: die allseitige Durchführung der Genossenschaftlichkeit". Das ist wieder sehr zweideutig. Das Genossenschaftswesen ist keines=wegs der Übergang zum Sozialismus. In den Städten des

---

[1] Ebd. 165.

Mittelalters war das Korporations= und Genossenschaftswesen sehr entwickelt. Näherten sie sich deshalb der sozialistischen Zukunftsgesellschaft? Keineswegs. Gerade die festorganisier= ten, geschlossenen Genossenschaften wären das sicherste Bollwerk gegen den Sozialismus mit seinen nivellierenden, gleichmachen= den Bestrebungen.

Bernstein scheint übrigens selbst allmählich zu fühlen, daß der Sozialdemokratie das bloße Kritisieren nichts nützen kann. Deshalb hat er am 23. März 1909 in einem Vortrag zu Charlottenburg einige Andeutungen gegeben, wie nach seiner Ansicht das Parteiprogramm rebidiert werden müsse. Als Endziel darf nicht die Vergesellschaftung aller Produktionsmittel angesehen werden. „Man kann vernünftigerweise die Forderung des Sozialismus nicht auf Verstaatlichung aller Produktions= und Austauschmittel stellen." [1] Die kapitalistische Produktion hat zu einer gewaltigen Steigerung des gesellschaftlichen Reichtums geführt. Aber dieser wachsende Reichtum fließt nur zum geringsten Teile den arbeitenden Klassen zu. In den verschiedenen Formen des Profits und der Bodenrente ziehen die Grundeigentümer und kapitalbesitzenden Klassen immer größere Mengen von Mehr= arbeit an sich. Es wächst immer mehr die Zahl derer, die arbeitsloses Einkommen genießen, und der Abstand zwischen den Einkommen der breiten Massen der für Lohn und Gehalt Arbeitenden und dem Einkommen der Kapitalistenaristokratie, deren Luxus ins Ungemessene steigt und das öffentliche Leben korrumpiert. Während die Produktion und der Austausch mit dem Wachstum der Unternehmungen immer mehr gesell= schaftlichen Charakter annehmen, wird durch die Entwicklung der Kollektivformen des Besitzes (Aktien= usw. Gesellschaften) das Verhältnis der Eigentümer der Unternehmungen zu ihren

---

[1] Sozialistische Monatshefte 1909, I 406.

Betrieben zunehmend veräußerlicht. Ein immer größerer Teil
des Gesamtkapitals der Gesellschaft wird Eigentum von Aktionären, die zu den Unternehmungen keinerlei funktionelle Beziehung haben, die nur vom Profit leben. Gegen dieses Über-
wuchern des Parasitismus und den auf Lohn und Preis
geübten Monopoldruck des Kapitals müssen die Arbeiter und
Angestellten durch politische, gewerkschaftliche und genossenschaftliche Koalition ankämpfen. Ihr Klasseninteresse verlangt
die Überführung der wirtschaftlichen Monopole in den Besitz
der Gesellschaft und deren Betrieb zum Vorteil der Gesellschaft,
die Ausdehnung der gesellschaftlichen Kontrolle auf alle Zweige
der Produktion, die Einbeziehung der zurückgebliebenen Betriebe in die gesellschaftlich geregelte Produktion[1].

Die prinzipielle Forderung der Verstaatlichung aller Pro-
duktions- und Austauschmittel wird also fallen gelassen. Es
sollen mithin auch bis zu einem gewissen Grad Privateigentum
und Privatunternehmungen bestehen bleiben. Bis zu welchen
Grenzen? Darüber erfahren wir nichts. Die gesellschaftliche
Kontrolle über alle Zweige der Produktion wird schon heute
ausgeübt. Wird diese Kontrolle so weit getrieben, daß man
die Selbständigkeit, Bewegungsfreiheit und Aussicht auf genügenden Gewinn beseitigt, so werden die Privatunternehmungen, die man bestehen lassen will, tatsächlich vernichtet.
Sehr unklar und elastisch ist die Forderung, die „zurückgebliebenen Betriebe" in die gesellschaftlich geregelte Produktion ein-
zubeziehen. Was haben wir unter „zurückgebliebenen Betrieben"
zu verstehen, und wer entscheidet darüber? Das ist alles sehr
dehnbar. In Bezug auf die Monopole widerspricht sich Bernstein. „Unsere größten Industrieunternehmungen", schreibt
er, „die großen Werke der Montanindustrie, die großen Elek-
trizitätswerke, viele Maschinen-, Tuch-, Stoff- usw. Fabriken

[1] Ebd. 409—410.

sind heute Weltgeschäfte: sie versorgen neben dem heimi=
schen Markt in hohem Grade den Weltmarkt. Selbst diejenigen
von ihnen, die daheim im Bündnis mit andern Geschäften
gleicher Art Monopole bilden, sind auf dem Weltmarkt der
Konkurrenz unterworfen. Damit haben in ihrem Geschäfts=
betrieb kaufmännisch=spekulative Aufgaben Be=
deutung erhalten, für deren Besorgung der Staat
ungeeignet ist, wie auch sie für den Staat sich nicht
schicken." [1] Wie stimmt es nun damit, daß hinterher „die Über=
führung der wirtschaftlichen Monopole in den Besitz der Ge=
sellschaft und deren Betrieb zum Vorteil der Gesellschaft"
gefordert wird?

Zweites Kapitel.
Die übrigen Grundlagen des Sozialismus.

Erster Artikel.
Die Gleichberechtigung aller Menschen.

Überblicken wir den geschichtlichen Verlauf des Kommunis=
mus, so sind es besonders drei Prinzipien oder Ideen, die der
Reihe nach zur Begründung seiner Zukunftspläne herangezogen
wurden: das Prinzip des Gemeinwohls, das der Gleich=
heit und das der Arbeit. Die älteren kommunistischen
Systeme gingen von Nützlichkeitserwägungen, von der
Idee des Gemeinwohls aus. Diese Idee begegnet uns bei
Plato, und sie liegt auch den älteren Staatsromanen, z. B. der
„Utopia" des Th. Morus und der „Sonnenstadt" (civitas
solis) des Thomas Campanella zu Grunde. An der Wiege
des modernen Sozialismus, zur Zeit der französischen Revo=
lution, kommt die von Rousseau in Umlauf gesetzte Idee

---

[1] Vgl. Sozialistische Monatshefte 1909, I 405.

der Gleichheit zur Herrschaft. Auf sie gründete Baboeuf den Kommunistenbund der „Gleichen". Seit Saint-Simon wurde dann der Kommunismus hauptsächlich durch das Prinzip der Arbeit begründet, und dieses ist bis heute die Hauptgrundlage des Sozialismus geblieben, das namentlich Marx in den Vordergrund schob. Daneben ist aber bis heute die Idee der Gleichheit oder Gleichberechtigung aller Menschen eine Grundlage des Sozialismus geblieben.

Die sozialistische Gleichheitsforderung tritt uns heute in doppelter Auffassung entgegen: in einer extremen und einer gemäßigten.

§ 1.
Die extreme Gleichheitsforderung.

Diese verlangt völlige und absolute Gleichberechtigung aller. Sie anerkennt keinen Unterschied der Rechte und Pflichten. Dieses Schlagwort der absoluten Gleichheit eignet sich zu gut zur Köderung der Massen, als daß es die sozialistischen Führer nicht hätten verwerten sollen. Tatsächlich haben in diesem Sinne nicht nur die französischen, sondern auch die deutschen Sozialisten der übergroßen Mehrheit nach die Gleichheit verstanden.

1. Schon das Eisenacher Programm bezeichnete den Emanzipationskampf der Arbeiter als einen „Kampf für gleiche Rechte und Pflichten und für Abschaffung aller Klassenherrschaft". Das Gothaer Programm forderte „Beseitigung aller sozialen und politischen Ungleichheit". Die dem Erfurter Kongreß vorgelegten „verbesserten" Programmentwürfe enthielten alle dieselbe Forderung, und in dem endgültig angenommenen Programm heißt es, die sozialdemokratische Partei kämpft „für die Abschaffung aller Klassenherrschaft und der Klassen selbst und für gleiche Rechte und gleiche Pflichten aller

ohne Unterschied des Geschlechtes und der Abstammung". Bebel [1], Stern [2], Kautsky [3] u. a. wollen „Gleichheit der Existenzbedingungen für alle". Nach Liebknecht herrscht in der Zukunftsgesellschaft „absolute Gleichberechtigung" [4], und diese Gleichberechtigung ist die einzige Schranke der Freiheit.

Damit kann offenbar nicht die bloße politische Gleichheit gemeint sein oder die Gleichheit vor dem Gesetz. Diese haben wir schon heute in den fortgeschritteneren Ländern. Man denke z. B. an die Vereinigten Staaten von Nordamerika. Die sozialistische Forderung bedeutet vielmehr die tatsächliche und allseitige soziale Gleichberechtigung aller. Und damit man nicht an der Ausdehnung dieser Forderung zweifeln könne, wurde die Verschiedenheit

---

[1] Die Frau 373 379. Wir zitieren nach der 50. (Jubiläums-) Auflage (1909).

[2] Thesen über den Sozialismus 19.

[3] Das Erfurter Programm in seinem grundsätzlichen Teile erläutert [3] 1907, 161.

[4] Berliner Volksblatt 1890, Nr 253. In der Erfurter Programmrede rief Liebknecht pathetisch: „Sind die Produktionsmittel in den Besitz der Allgemeinheit übergegangen, ... dann hören die Klassen auf, dann ist nur noch die Gesellschaft Gleichberechtigter vorhanden — die echte menschliche Gesellschaft, die Menschheit und das Menschentum. Die Herrschaft, die Ausbeutung in jeder Form soll beseitigt werden, die Menschen sollen frei sein und gleich), nicht Herren und Knechte, nur Genossen und Genossinnen, nur Brüder und Schwestern" (Protokoll des Parteitages in Erfurt 340). Ebenso behauptete er in einer sozialdemokratischen Versammlung in Berlin am 12. Januar 1892: „Wir wollen die Herrschaft in jeder Form beseitigen und die Gleichheit in jeder Richtung herstellen, nicht bloß unter den Männern, sondern auch unter den Frauen. Das ist ja unter Sozialdemokraten etwas Selbstverständliches" (Vorwärts 1892, Nr 12, 2. Beil.).

des Geschlechtes und der Abstammung im Erfurter Programm ausdrücklich erwähnt[1].

Man hat schon gemeint, der Sozialismus müßte eigentlich
auftreten „nicht als Partei der Gleichheit, sondern als
Partei der Gerechtigkeit, nicht als die Partei einer falschen Demokratie, sondern als die Partei der moralischen
und intellektuellen, d. h. der natürlichen Aristokratie"[2].
Das scheint uns eine Verkennung des innersten Wesens
des Sozialismus als einer Arbeiterpartei, als der Partei
des vierten Standes, des Proletariates, zu sein. Gewiß, die Sozialisten geben sich als Partei der Gerechtigkeit aus. Aber was berechtigt sie, die volle Gleichberechtigung aller als eine Forderung der Gerechtigkeit hinzustellen und die heutige Gesellschaftsordnung als
ungerecht zu brandmarken? Auf diese Frage können sie
nur mit dem Hinweis auf die Gleichheit aller Menschen antworten. Mit der Verdrängung der heutigen
Aristokratie durch eine undefinierbare natürliche Aristokratie
wäre der großen Masse der Arbeiter nicht geholfen. Die
Führer der Sozialdemokraten werden auch schwerlich auf das
Schlagwort der vollen Gleichberechtigung verzichten, das von
jeher wie ein erlösendes Zauberwort an die Ohren der
Unterdrückten erklang.

---

[1] Kautsky (Das Erfurter Programm in seinem grundsätzlichen
Teile erläutert³ 1907, 160) scheint anzunehmen, das Prinzip der
Gleichheit bedeute Gleichheit der Einkommen — und er sieht nicht
an, zu behaupten: Sollte das Prinzip der Gleichheit zu den von den
Gegnern des Sozialismus behaupteten Folgerungen führen, so werde
es einfach „über Bord geworfen". Da haben wir wieder die viel-
gerühmte sozialdemokratische „Wissenschaft"! Sie weiß selbst nicht,
ob die Prinzipien, mit denen man jetzt die Proletarier ködert, nicht
einst über Bord geworfen werden!

[2] Paulsen, System der Ethik II⁵ 424.

Die Forderung der Gleichberechtigung hängt endlich notwendig mit den Grundbestrebungen des Sozialismus zusammen. Die Arbeitsmittel sollen Gemeineigentum der Gesamtheit werden. Zu dieser Gesamtheit gehören aber alle Mitglieder in gleicher Weise, also müssen auch alle das gleiche Recht auf diese Güter haben. Gemeineigentum einführen und dann die Verfügung über dasselbe nicht allen in gleicher Weise, sondern bloß einer Klasse zuerkennen, wäre ein Widerspruch; es hieße die einen vollständig zu Sklaven der andern machen. Die einen hätten es in der Gewalt, den andern den Brotkorb beliebig höher zu hängen. Die schlimmste Klassenherrschaft würde so wieder zur Geltung kommen. Untersuchen wir also diese Voraussetzung der Gleichheit aller Menschen [1].

2. Wahr ist an der behaupteten Gleichheit, daß alle Menschen die gleiche Wesenheit haben, daß sie also einander völlig gleich sind, solange man ihre Natur getrennt betrachtet von all den konkreten Bestimmungen und Umständen, die sie in der Wirklichkeit notwendig begleiten. Alle haben denselben Schöpfer, dasselbe Ziel und Ende, dasselbe natürliche Sittengesetz, alle sind Glieder der einen großen Gottesfamilie. Daraus folgt auch, daß die wesentlichen Rechte und Pflichten, die sozusagen als notwendige Mitgift zur menschlichen Natur gehören, für alle Menschen gleich sind. Jeder hat also immer und überall das Recht, als Mensch behandelt zu werden. Jeder hat auch das Recht auf die streng notwendigen Existenzbedingungen. Daß aber alle dieselben Existenz-

---

[1] In der Praxis kümmert sich allerdings die Sozialdemokratie herzlich wenig um die Gleichheit. Eine treffliche Illustration dazu bietet das Geständnis, das Bebel im Reichstag am 10. Dezember 1904 ablegte, die sozialdemokratischen Reichstagsabgeordneten erhielten von der Parteikasse je nach ihrer sozialen Stellung und den wirtschaftlichen Nachteilen, die ihnen aus ihrem Mandat entständen, Entschädigungen von 3 bis 12 Mark täglich.

bedingungen haben sollen, läßt sich durch die Gleichheit der
Menschen nicht begründen.

3. Sobald man die Menschen betrachtet, wie sie in Wirklichkeit leiben und leben, tritt uns sofort die allergrößte Verschiedenheit entgegen, aus welcher sich notwendig Verschiedenheiten der Rechte und Pflichten ergeben. Die einen stehen in
der hilflosen Kindheit oder unreifen Jugend, die andern in
der Kraft des Mannesalters oder siechen als Greise dem Grabe
zu. Diese Verschiedenheit bedingt notwendig auch Verschiedenheit der Pflichten und Rechte. Sollen die Kinder und Greise
dieselben Rechte und Pflichten haben wie die Männer, die
Kranken dieselben wie die Gesunden, die Männer dieselben wie
die Frauen? Wir wissen, daß viele Sozialisten dies verlangen,
namentlich haben sie die volle Rechtsgleichheit der Frauen mit
den Männern auf ihre Fahne geschrieben. Die Frau kann
nach ihnen ihre Liebe zuwenden, wem sie will und wie lange
sie will. Innerhalb und außerhalb der Ehe soll sie dem
Manne vollständig ebenbürtig zur Seite stehen [1].

Bebel möge uns die Frage gestatten: Sollen denn die
Männer abwechselnd neben ihren Frauen die Kinder wiegen,
kochen, Strümpfe flicken, die übrigen häuslichen Arbeiten besorgen, und umgekehrt die Frauen neben den Männern in die
Bergwerke hinabsteigen, Fuhrmanns- und Matrosendienste
leisten, mit dem Tornister auf dem Rücken ins Feld ziehen?
Wir müßten zurückkehren in die Zeiten rohester Barbarei, um
eine solche Gleichheit irgendwie zu verwirklichen, und auch dann
würde diese an der Verschiedenheit der Naturen scheitern. Hat
denn die Natur umsonst der Frau nicht nur eine andere leibliche
Organisation, sondern im Zusammenhang damit auch andere
Talente, Neigungen und Charaktereigenschaften gegeben als dem
Manne? Ist diese geistige und leibliche Verschiedenheit nicht

---

[1] Bebel, Die Frau 474 f.

ein klarer Fingerzeig, daß der Schöpfer der Natur beiden ver=
schiedene Aufgaben in der Gesellschaft zugewiesen hat?[1]

Bebel meint zwar, die Verschiedenheit der Begabung und
der Neigungen zwischen den Geschlechtern sei eine bloße Folge
der Erziehung oder vielmehr der „Sklaverei", in der die Frau
seit jeher geschmachtet habe, und mit der Veränderung der Er=
ziehung und gesellschaftlichen Stellung werde sie verschwinden.
Diese Behauptung ist unrichtig. Sie wird schon durch die
Tatsache widerlegt, daß uns diese Verschiedenheit immer und
überall bei allen Völkern begegnet. Letztere ergibt sich auch
notwendig aus der leiblichen Organisation und den damit
unzertrennlich verbundenen Pflichten und Sorgen der Mutter.

Übrigens wenn wir selbst von der Verschiedenheit der Ge=
schlechter und des Lebensalters absehen und uns Männer oder
Frauen in denselben Umständen denken, ist die Gleichheit der
Existenzbedingungen für alle widernatürlich. Man sehe doch,
wie verschieden die Menschen nach Neigung, Talent, Cha=
rakter, Gesundheit, Leibeskraft, Bedürfnissen sind, um von
der sittlichen Verschiedenheit nach Klugheit, Mäßigkeit, Arbeit=
samkeit, Sparsamkeit u. dgl. gar nicht zu reden. Aus dieser
Verschiedenheit ergeben sich so naturnotwendig auch Unter=
schiede in Bezug auf Ehre, Ansehen, Besitz, gesellschaftliche
Stellung, daß diese nur durch beständige Gewalt verhindert
werden könnten.

Um die Unmöglichkeit der Gleichheit der Rechte und Pflichten
oder der Existenzbedingungen mit Händen greifen zu können, wollen
wir uns beispielshalber vier Brüder denken, die einander sehr ähn=
lich sind. Drei von ihnen verheiraten sich, der vierte zieht es vor,
ledig zu bleiben. Jetzt sind die Rechte und Pflichten dieses letzteren
schon sehr verschieden von denen der übrigen. Von diesen wollen
wir annehmen, der eine bleibe kinderlos, der zweite habe drei

---

[1] Vgl. hierüber Cathrein, Die Frauenfrage³, Freiburg
1909, 49 ff.

Kinder, der dritte acht. Nun haben sich Pflichten und Rechte noch
mehr verändert. Wenn wir auch voraussetzen, alle vier Brüder
seien anfänglich in Bezug auf Wohnung, Vermögen und geschäft=
liche Beziehungen vollständig gleichgestellt gewesen, so sind doch
jetzt nach acht oder zehn Jahren die Existenzbedingungen sehr ver=
schieden geworden. Der erste hat nur für sich selbst zu sorgen,
der zweite für sich und seine Frau, der dritte für fünf, der vierte
für zehn Personen. Wenn wir nun noch Verschiedenheiten nach
Talent, Arbeitsamkeit usw. hinzunehmen wollen, so ist klar, daß
nach einem halben Menschenalter die Existenzbedingungen der vier
Brüder weit verschieden sind. Greifen gar noch Krankheiten, Un=
glücksfälle, Nachstellungen von seiten der Mitmenschen störend in
die Familienverhältnisse ein, so sieht jeder, daß schon in dem ersten
Geschlecht die Gleichheit vollständig verschwunden ist. Und welche
Verschiedenheiten werden sich erst im zweiten Geschlechte geltend
machen, das mit so ungleichen Daseinsbedingungen seine Laufbahn
beginnt!

Die Sozialisten könnten einwenden, wir hätten in dem an=
geführten Beispiel die heutige Gesellschaftsordnung vorausgesetzt;
in der sozialistischen Gesellschaft werde eine solche Entwicklung un=
möglich, weil die Sorge für Kinder, Kranke usw. der Gesamtheit
anheimfällt, die Frau ebenso an der Arbeit teilnehmen muß wie
der Mann, und jeder nur von seinem Arbeitseinkommen lebt. Das
ist richtig. Aber wir behaupten bloß, die Ungleichheit sei eine natur=
notwendige Erscheinung bei ungezwungener Entwicklung
der Menschen, und der Sozialismus könne diese nur durch
gewaltsamen Zwang von außen her verhindern. Auch ein Gärtner
kann bewirken, daß alle Bäume in seinem Park gleich lang oder
besser gleich kurz seien, aber nur dadurch, daß er das naturgemäße
Wachstum durch gewaltsames Beschneiden beständig verhindert. Ein
solcher naturwidriger Zustand kann nicht von Dauer sein.

4. Bisher haben wir nur auf die Familie Rücksicht ge=
nommen. Über die Familie hinaus bilden sich infolge der
tausenderlei Neigungen und Bedürfnisse gesellschaftliche Ord=
nungen. Nur durch große Arbeitsteilung können die

19*

Menschen ihren Bedürfnissen genügen und zu höherer Kultur emporsteigen.   Die Arbeitsteilung hinwiederum bringt not-wendig eine Scheidung der Gesellschaft in verschiedene Berufs-stände hervor, welche verschiedene Neigungen und Anlagen voraussetzen und jedem Gelegenheit bieten, einen entsprechenden Stand für sich zu wählen.

Man mag sich nun eine Gesellschaft fortgeschritten denken, wie man will, immer wird es Unwissende geben und mithin auch Lehrer; sollen Schüler und Lehrer dieselben Pflichten und Rechte haben? Immer wird es Lehrlinge geben und also auch Meister; soll unter ihnen Gleichheit der Rechte und Pflichten bestehen? Immer wird es Kranke und Altersschwache, also auch Ärzte, Chirurgen, Krankenpfleger geben; sollen ihnen die gleichen Rechte und Pflichten zuerkannt werden? Immer wird es Ackerbau, Handel, Industrie, Wissenschaft und Künste geben; sollen alle, die sich diesen Berufen widmen, vollständig gleiche Existenzbedingungen haben? Sollen alle in gleicher Weise zur Leitung und Ausübung dieser verschiedenen Berufstätigkeiten herangezogen und belohnt werden?

Gemäßigtere Sozialisten wollen zwar auch im Zukunfts-staate verschiedene Berufe mit verschiedener Besoldung zu-lassen[1]. Die extremen Sozialisten dagegen — auch Bebel gehört zu ihnen — wollen alle Ungleichheit in den Berufen beseitigen. Durch Erziehung und Bildung kann man nach Bebel schließlich alle zu allem fähig machen, so daß jeder der Reihe nach im „Turnus" alle geschäftlichen Funktionen zu übernehmen imstande sei. Auch Marx redet von einer all-seitigen „Disponibilität" des Arbeiters auf einer höheren Stufe der Entwicklung. Diese Annahme ist widersinnig; sie beruht auf einer unglaublichen Überschätzung der menschlichen Leistungs-fähigkeit, wie wir später zeigen wollen; aber sie ist folge-

---

[1] Schäffle, Quintessenz 5.

richtig, sie ist eine notwendige Folgerung aus dem sozia=
listischen Grundgedanken. Wer einmal auf Grund der Gleich=
heit die heutige Ordnung umstoßen und gleiche Existenz=
bedingungen für alle schaffen will, kann nicht mehr gestatten,
daß die Gesellschaft sich in Berufe teile, die nach Wert,
Anstrengungen und Gefahren so verschieden sind wie etwa der
Beruf eines Gelehrten, eines Künstlers oder der eines Berg=
mannes, eines Maschinenheizers, eines Stallknechtes oder eines
Handlangers in einer Fabrik.

§ 2.
Die gemäßigte Gleichheitsforderung.

Die volle und konsequente Durchführung der Gleichheits=
forderung ist zu offenbar unmöglich und absurd, als daß dies
Männern wie Marx und Engels entgangen wäre; diese haben
deshalb etwas Wasser in den Wein gegossen und die Gleich=
heitsforderung zu mäßigen gesucht.

Nach den beiden genannten Koryphäen des „wissenschaft=
lichen" Sozialismus besteht die von den Sozialisten zunächst
erstrebte Gleichheit bloß in der Beseitigung aller Klassen=
unterschiede; alle sollen gleichmäßig Arbeiter sein und
nur nach Maßgabe ihrer Arbeit am Ertrag der gesellschaft=
lichen Gesamtproduktion teilhaben.

Nach Marx ist in der ersten Phase der sozialistischen Zukunfts=
gesellschaft „das Recht der Produzenten ihren Arbeitsleistungen pro=
portional; die Gleichheit besteht darin, daß am gleichen Maß=
stab, der Arbeit, gemessen wird. Der eine ist aber physisch
oder geistig dem andern überlegen, liefert also in derselben Zeit
mehr Arbeit oder kann während mehr Zeit arbeiten; und die Arbeit,
um als Maß zu dienen, muß der Ausdehnung oder der Intensität
nach bestimmt werden, sonst hört sie auf, Maßstab zu sein. Dies
gleiche Recht ist ungleiches Recht für ungleiche Arbeit. Es erkennt
keine Klassenunterschiede an, weil jeder nur Arbeiter ist wie

der andere; aber es erkennt stillschweigend die ungleiche individuelle Begabung und daher Leistungsfähigkeit als natürliche Privilegien an. Es ist daher ein Recht der Ungleichheit, seinem Inhalt nach wie als Recht." [1] Ähnlich behauptet Fr. Engels: „Der wirkliche Inhalt der proletarischen Gleichheitsforderung ist die Forderung der Abschaffung der Klassen. Jede Gleichheitsforderung, die darüber hinausgeht, verläuft notwendig ins Absurde." [2]

Welches sind die Gründe, auf die hin wir diese Gleich=heitsforderung als berechtigt anerkennen sollen? Sowohl Marx als Engels leiten sie her aus ihrer Theorie vom Mehrwert. Diese ist aber nur eine Folgerung aus ihrer Werttheorie, derzufolge die Arbeit die einzige „wertbildende Substanz" ist, oder eine Ware nur so viel Tauschwert besitzt, als gesell=schaftlich notwendige Arbeit in ihr steckt.

Allein aus dieser Theorie, deren Unhaltbarkeit wir übrigens schon dargetan, läßt sich die Gleichheitsforderung, auch in dem angegebenen beschränkten Sinn, keineswegs herleiten. Höchstens kann man aus ihr folgern: Jeder erhält nur so viel vom Gesamtertrag der Gesellschaft, als er ihr Arbeit geleistet hat, oder, wie Marx sich ausdrückt: „Dasselbe Quantum Arbeit, das er (der Arbeiter) der Gesellschaft in einer Form gegeben hat, erhält er in der andern zurück."

Setzen wir den Fall, ein Arbeiter sei recht geschickt und fleißig und habe sich bald so viel verdient, daß er nicht nur selbst sich dem Dolce far niente hingeben, sondern auch noch einen oder mehrere Bediente halten kann — wer will ihn daran hindern? Und wenn er nun gar noch von andern Ge=schenke erhält oder durch Erbschaft, durch Spiel oder sonstwie auch von andern Arbeitern einen Teil ihres Ertrages erhalten hat und damit große Haushaltung führen will — was hindert

---

[1] Zur Kritik des sozialdemokratischen Parteiprogramms (Die Neue Zeit 1890—1891, I 567).

[2] Engels, Dührings Umwälzung der Wissenschaft 96.

ihn daran? Auf diese Weise hätten wir bald wieder Herr=
schaften und Dienstboten, Arme und Reiche, Arbeiter und
Müßiggänger, d. h. Klassenunterschiede. Einer, der ledig
bleibt, könnte ein sehr angenehmes, bequemes Leben führen,
während ein anderer, minder Begabter, minder Starker, der
eine zahlreiche Familie zu ernähren hat, in förmliches Elend
geriete.

Was soll ferner aus der „planmäßigen Produktion der
Gesellschaft" werden, wenn jeder die Arbeit aufgeben oder
wieder anfangen kann, wann es ihm beliebt und er glaubt,
er habe die Arbeit nicht mehr nötig? Vielleicht entgegnet
man, jeder sei gezwungen zu arbeiten, solange es von der
Gesamtheit und ihren Vertretern verlangt wird. Aber diese
Forderung läßt sich ganz gewiß nicht aus der Werttheorie
herleiten. Dafür muß man auf tiefer liegende Gründe zurück=
greifen. Wenn endlich die Arbeit der einzige Verteilungs=
maßstab ist, was soll dann aus den Arbeitsunfähigen werden:
den Kranken, Irren, Altersschwachen, Waisenkindern?

Übrigens werden wir weiter unten zeigen, daß es ganz
unmöglich ist, allein nach der Arbeitsleistung die Produkte zu
verteilen. Wer will über die Geschicklichkeit jedes Arbeiters und
die Intensität seiner Arbeit ein gerechtes, befriedigendes Urteil
abgeben und genau abmessen, wieviel ihm dafür von dem
Gesamtbetrag zuzubilligen sei?

Marx scheint die Unzuträglichkeiten, die sich aus der Arbeit
als einzigem Verteilungsmaßstab ergeben, wohl gefühlt zu
haben. Er selbst bezeichnet die von ihm zugegebenen Ungleich=
heiten als „Mißstände", die „in der ersten Phase der
kommunistischen Gesellschaft, wie sie eben aus der kapitalistischen
Gesellschaft nach langen Geburtswehen hervorgegangen ist",
unvermeidbar seien. „Das Recht kann nie höher sein als
die ökonomische Gestaltung und die dadurch bedingte Kultur=
entwicklung der Gesellschaft."

„In einer höheren Phase der kommunistischen Gesell=
schaft, nachdem die knechtende Unterordnung der Indivi=
duen unter die Teilung der Arbeit, damit auch der
Gegensatz geistiger und körperlicher Arbeit ver=
schwunden ist; nachdem ... mit der allseitigen Entwick=
lung der Individuen die Produktionskräfte gewachsen sind,
... erst dann kann ... die Gesellschaft auf ihre Fahne
schreiben: Jeder nach seinen Fähigkeiten, jedem nach seinen
Bedürfnissen." Das kann, wenn man es mit dem über die
erste Phase des Kommunismus Gesagten zusammenhält, wohl
nichts anderes heißen als: dann werde die volle Gleich=
berechtigung eintreten. Also auch Marx sieht sich genötigt,
den Arbeitern als letztes Ziel der Entwicklung die volle Gleich=
berechtigung hinzustellen. Allerdings ist er klug und rückt
dieses Ziel möglichst in die nebelgraue Ferne. „Der Dichter
rückt es ins Weite."

Den Grund, auf den er seine Hoffnung für die „höhere
Phase der kommunistischen Gesellschaft" stützt, deutet Marx in
den obigen Worten nur leise an. Die ökonomische Entwick=
lung soll die Unterschiede unter den Individuen immer mehr
beseitigen. Indessen der bisherige geschichtliche Verlauf spricht
gegen diese Annahme. Man kann es geradezu als allgemeine
Erfahrungstatsache hinstellen, daß die Gliederung innerhalb
der Gesellschaft und die persönliche Verschiedenheit in dem
Maße zunimmt, als die Kultur höher emporsteigt. Bei einem
wilden Stamme stehen wir der allgemeinen Gleichheit ziemlich
nahe. Je weiter sich aber die Gesellschaft entwickelt, um so
mehr entfernen wir uns von ihr. So ist es in der Ver=
gangenheit gewesen, so wird es in Zukunft bleiben. Auch
die Verwandlung des Privateigentums an Produktionsmitteln
in Gemeineigentum vermag daran nichts zu ändern, wofern
man die Kultur bestehen läßt und nicht zur rohen Gewalt
seine Zuflucht nehmen will.

Wir schließen unsere Untersuchung der sozialistischen Gleichheitsforderung mit den schönen und zutreffenden Worten des
Aristoteles: „Der Gesetzgeber muß mehr darauf bedacht sein,
die Begierden der Menschen als ihr Vermögen gleich-
zumachen." [1]

Zweiter Artikel.
Das eherne Lohngesetz.

1. Das „eherne Lohngesetz" war die Hauptwaffe,
deren sich Lassalle gegen den bestehenden Kapitalismus bediente.
Auch hierin hatten die liberalen Wirtschaftslehrer, wie Adam
Smith, Ricardo[2], J. B. Say u. a., dem Sozialismus vorgearbeitet. Mit sichtlichem Behagen beruft sich Lassalle[3] zu
Gunsten seines Gesetzes auf diese gewichtigen Autoritäten, wenn
auch nur zum Teil mit Recht.

---

[1] Arist., Polit. 2, c. 7, 1266 b 29.

[2] Nach der Lehre Ricardos fällt auf die Dauer der durchschnittliche Lohn der Arbeit mit den Produktionskosten
derselben zusammen. Er unterscheidet den natürlichen
Preis der Arbeit und den Marktpreis derselben. Der natürliche Preis ist derjenige, der nötig ist, um die Arbeiter allgemein
instand zu setzen, zu bestehen und sich fortzupflanzen. Der Marktpreis dagegen ist derjenige, der unter der Herrschaft von Angebot
und Nachfrage wirklich bezahlt wird. Dieser kann sich zeitweilig, ja
in einer fortschreitenden Gesellschaft auf unbestimmte Zeit hinaus über
den natürlichen Preis erheben und zeitweilig unter ihn herabsinken,
hat aber immer die Tendenz, in denselben zurückzufallen. Man kann
zugeben, daß Lassalle diese Lehre nicht nur in gehässigere Ausdrücke
gehüllt, sondern auch in einer Weise umgedeutet und eingeschränkt hat,
daß sie sich nun trefflich als Agitationsmittel verwerten ließ.

[3] Besonders in seinem „Arbeiter-Lesebuch" und „Offenen Antwort-
schreiben". In letzterem heißt es in Bezug auf das Lohngesetz: „Adam
Smith wie Say, Ricardo wie Malthus, Bastiat wie John Stuart
Mill sind einstimmig darin, es anzuerkennen."

Marx selbst hat das „eherne Lohngesetz" nie anerkannt, und die deutsche Sozialdemokratie hat es aus ihrem offiziellen Programm gestrichen. Weil aber Lassalle auch heute noch An= hänger unter den deutschen Sozialisten zählt, und man seine Schriften zum Zweck der Propaganda immer von neuem herausgibt, so bleibt eine Besprechung des „ehernen Lohn= gesetzes" stets noch am Platz. Was wir unter diesem Gesetze zu verstehen haben, soll uns Lassalle selbst erklären.

„Das eherne ökonomische Gesetz, welches unter den heutigen Verhältnissen, unter der Herrschaft von Angebot und Nachfrage nach Arbeit, den Arbeitslohn bestimmt, ist dieses: daß der durchschnittliche Arbeitslohn immer auf den not= wendigen Lebensunterhalt reduziert bleibt, der in einem Volke gewohnheitsmäßig zur Fristung der Existenz und zur Fortpflanzung erforderlich ist. Dies ist der Punkt, um welchen der wirkliche Tagelohn in Pendelschwingungen jederzeit herumgravitiert, ohne sich jemals lange weder über denselben erheben, noch unter den= selben hinunterfallen zu können. Er kann sich nicht dauernd über diesen Durchschnitt erheben; denn sonst entstände durch die leichtere, bessere Lage der Arbeiter eine Vermehrung der Arbeiter= bevölkerung und somit des Angebotes von Händen, welche den Arbeitslohn wieder auf und unter seinen früheren Stand herab= drücken würde.

„Der Arbeitslohn kann auch nicht dauernd tief unter diesen not= wendigen Lebensunterhalt fallen. Denn dann entstände Auswanderung, Ehelosigkeit, Enthaltung von Kindererzeugung und endlich eine durch Elend erzeugte Verminderung der Arbeiterzahl, welche das Angebot von Arbeiterhänden verringert und somit den Arbeitslohn wieder zu seinem früheren, höheren Stand zurückbringt. Der wirkliche durch= schnittliche Arbeitslohn besteht somit in der Bewegung, beständig um jenen seinen Schwerpunkt, in den er fortwährend zurücksinken muß, herumzukreisen, bald etwas über demselben bald etwas unter ihm zu stehen." [1]

---

[1] Offenes Antwortschreiben 10 und Arbeiter=Lesebuch 5.

„Dies also, daß Arbeiter und Arbeitslohn immer herumtanzen um den äußersten Rand dessen, was nach dem Bedürfnis jederzeit zu dem n o t w e n d i g s t e n L e b e n s u n t e r h a l t gehört . . ., das ändert sich nie."[1] Lassalle gibt zwar zu, daß dieses gewohnheits= mäßig Notwendige heute höher steht als früher; aber dabei bleibt, daß der Arbeiterstand b e s t ä n d i g auf das in den gegebenen Gesell= schaftsverhältnissen zur F r i s t u n g seines Daseins und zur Fort= pflanzung Unentbehrliche reduziert ist, also nach Lassalle keine Aus= sicht auf eine Besserung seiner Lage hat[2].

2. Dieses ist das schreckliche Gesetz, dessen sich viele Sozia= listen bis in die neueste Zeit bedienten, um das Privateigentum in Frage zu stellen[3].

M a r x hat, wie schon bemerkt, das „eherne Lohngesetz" von jeher verworfen. In seiner „Kritik des sozialdemokratischen Programms" nennt er die Aufnahme desselben in das offizielle Programm einen „empörenden Rückschritt". Und von seinem Standpunkt ganz mit Recht. Nach Lassalle besteht die Ungerechtigkeit des Lohnsystems bloß darin, daß der Lohn des Arbeiters ein niedriges Maximum nie übersteigen kann, und somit der Arbeiter an ein armseliges Dasein gekettet ist. Nach Marx dagegen ist das Lohnsystem in der kapitalisti= schen Ordnung d u r c h u n d d u r c h ungerecht, weil es den Arbeiter

---

[1] Offenes Antwortschreiben 12.

[2] Arbeiter=Lesebuch 27.

[3] Man vgl. das Gothaer Programm. Wir haben schon bemerkt, daß das eherne Lohngesetz in Erfurt aus dem Parteiprogramm ge= strichen wurde. Ja Liebknecht und andere Sozialisten behaupteten nach dem Erfurter Tag, sie hätten das eherne Lohngesetz von jeher ver= worfen. Und doch traten sie volle 16 Jahre für das Gothaer Pro= gramm ein, in welchem dasselbe an hervorragender Stelle prangt. Also jahrzehntelang wurde von den Sozialisten auf Grund des ehernen Lohngesetzes den Arbeitern die absolute Hoffnungslosigkeit einer Ver= besserung ihrer Lage durch eigene Anstrengung vorgepredigt — und nachher kommen die Führer der Partei und behaupten, mit dem ehernen Lohngesetz sei es ihnen eigentlich nie Ernst gewesen! Ist ein solches Verfahren nicht der Gipfel der Frivolität?

zum Sklaven des Kapitalisten macht und ihm nur so weit für seinen eigenen Unterhalt zu arbeiten gestattet, als er eine gewisse Zeit umsonst (gratis) für den Kapitalisten schanzen und ihm „Mehrwerte" schaffen will. Der Mehrwert wird ja immer auf Kosten des Arbeiters gebildet, und da der Kapitalist sich nur dann zur Produktion versteht, wenn ihm sein Geld einen „Mehrwert" verspricht, so ist das Kapital von Haus aus und wesentlich auf Ausbeutung angelegt; es ist ein gefühlloses Raubtier. Von diesem Standpunkt mußte natürlich die Aufnahme des Lassalleschen Gesetzes in das Parteiprogramm als ein Rückschritt erscheinen. Ja diese Aufnahme war im Grunde ein Aufgeben der Marxschen Lehre vom Mehrwert. Man begreift deshalb, warum Marx so sehr in Harnisch geriet, als ihm der Programmentwurf zu Gesichte kam.

Doch wenden wir uns jetzt zur Untersuchung des „ehernen Lohngesetzes" selbst.

a) Der oberste Prüfstein solcher Gesetze sind die Tatsachen. Was sagen nun diese zu dem Lassalleschen Gesetz? Der Widerspruch dieses Gesetzes mit den Tatsachen ist längst nachgewiesen. Wir haben schon oben[1] dargetan, daß seit langem in vielen Ländern, namentlich in England, die Lage der Arbeiter sich gehoben hat, und insbesondere die Lohnverhältnisse sich konstant gebessert haben, und wir hoffen zuversichtlich, daß eine weise Sozialpolitik dieser Besserung Dauer verleihen wird. · Gerade dieser Widerspruch mit den Tatsachen hat die Sozialisten selbst gezwungen, das „eherne Lohngesetz" preiszugeben.

b) Das Gesetz läßt sich auch leicht als unhaltbar nachweisen. Es setzt voraus, der Arbeitslohn sei eine einheitliche Größe für alle Lohnarbeiter, was ganz und gar nicht zutrifft. Selbst innerhalb derselben Gruppe von Arbeitern ist der Lohn nach Ort und Zeit sehr verschieden und mancherlei Schwan-

---

[1] Siehe S. 267 ff.

tungen unterworfen, die keineswegs bloß durch den notwendigen Lebensunterhalt des Arbeiters bestimmt werden. Wenn überhaupt, so könnte das Gesetz nur Geltung haben für die unterste Schicht von Arbeitern, und zwar nur für die verheirateten. Das geht klar aus der Art und Weise hervor, wie Lassalle das Gesetz zu beweisen sucht.

c) Wollte Lassalle mit dem ehernen Lohngesetz nichts sagen, als daß unter der schrankenlosen Herrschaft von Angebot und Nachfrage, solange die Arbeiter isoliert und völlig schutzlos sind, eine gewisse Neigung vorhanden sei, den Arbeitslohn auf das zum Lebensunterhalt durchschnittlich Nötige herabzudrücken, so könnte das wohl zugegeben werden. Denn das ergibt sich fast notwendig aus dem Eigennutz der Reicheren, welche die Mächtigeren sind. Jeder Mensch ist bestrebt, wohlfeil zu kaufen und teuer zu verkaufen. Will der Arbeiter seine Arbeitskraft um einen möglichst hohen Preis vermieten, so will sie der Arbeitgeber zu einem möglichst geringen Preis mieten. Der Reichere ist aber durchschnittlich der Stärkere, und es wird deshalb der Arbeitslohn viel eher und häufiger unter das gebührende Maß herabsinken, als bei demselben bleiben oder gar über dasselbe hinausgehen. Allein diese allgemeine, aus dem menschlichen Eigennutz folgende Neigung ist noch kein ökonomisches Gesetz. Sonst könnte man es ebenfalls ein volkswirtschaftliches Gesetz nennen, daß die Verkäufer so häufig die Lebensmittel fälschen, und viele durch Nichtstun reich werden. Doch diesem Zustand läßt sich abhelfen durch eine weise Schutzgesetzgebung zu Gunsten der Arbeiter und durch Organisation der Arbeiter in festen geschlossenen Verbänden.

Als ein eigentliches ökonomisches Gesetz kann der von Lassalle aufgestellte Grundsatz nicht angesehen werden. Damit man von einem solchen Gesetz reden könne, muß eine Erscheinung auf Grund bestimmter wirtschaftlichen Ursachen notwendig und überall eintreten. Das ist aber beim Lassalle-

schen Gesetz nicht der Fall oder wenigstens nicht bewiesen.
Sehen wir uns nur die Beweise an, die Lassalle vorbringt.

Der Lohn „kann sich nicht dauernd über diesen Durchschnitt (der gewohnheitsmäßigen Lebensnotdurst) erheben; denn
sonst entstände eine Vermehrung der Arbeiterbevölkerung und
somit des Angebotes von Händen, welche den Arbeitslohn
wieder auf seinen früheren Stand herabdrücken würden". Aber
ist es denn wahr, daß sich die Arbeiterbevölkerung in dem
Maße durch Fortpflanzung vermehre, als ihre Lebenslage besser
wird? Das ist eine vollständig unbewiesene Behauptung; die
Erfahrung spricht eher gegen als für sie. Wer in England
die zahlreichsten Familien finden will, der darf nicht in die
Wohnung der besser gestellten Arbeiter oder Bürger gehen,
sondern muß die allerärmsten irischen Stadtviertel aufsuchen.
Es gibt kaum ein Land, dessen Bevölkerung im Durchschnitt
besser gestellt wäre als Frankreich, und doch ist in keinem
Lande die Bevölkerungszunahme so schwach wie dort. Der
Grund ist auch leicht einzusehen, selbst wenn wir von reli-
giösen Ursachen ganz absehen wollen. Je besser gestellt eine
Arbeiterfamilie ist, um so mehr ist sie durchschnittlich be-
dacht, sich ihren Rang zu wahren und höher emporzusteigen.
Leichtsinnige Ehen werden in solchen Kreisen viel seltener ge-
schlossen als in den allerniedrigsten Schichten der Gesellschaft.
Damit ist natürlich nicht gesagt, daß es in den ersteren mit der
Sittlichkeit besser aussehe.

Selbst zugegeben ferner, bessere Lebenslage habe eine
größere Vermehrung zur Folge, so wäre damit noch nicht
bewiesen, daß die Konkurrenz unter den Arbeitern sogleich
zunehme. Denn bis diese Wirkung sich fühlbar machen kann,
muß wenigstens ein Zeitraum von 16 bis 20 Jahren ver-
streichen. Die Kinder sind nicht vom ersten Tag ihrer Geburt an konkurrenzfähig. Es könnte also selbst nach der
Lassalleschen Voraussetzung größerer Vermehrung ein Arbeiter

nahezu ein Lebensalter hindurch mehr Lohn beziehen, als zur „gewohnheitsmäßigen Fristung des Daseins und zur Fort= pflanzung" erforderlich ist.

Endlich kann es geschehen, daß trotz des vermehrten An= gebotes von „Händen" der Arbeitspreis doch nicht sinkt, weil zugleich mit dem Angebot auch die N a c h f r a g e wächst. Wird die Nachfrage nach Arbeit in demselben Maße stärker, als das Angebot zunimmt, so bleibt der Arbeitslohn der gleiche. Nun kann es aber geschehen, daß an manchen Orten wegen neu= entstehender Unternehmungen die Nachfrage auf Jahrzehnte hinaus beständig wächst, so daß der Zuzug neuer Arbeiter den Lohn nicht notwendig herabdrückt.

Es ist also unerwiesen, daß der Lohn sich nicht für längere Dauer ü b e r den nötigen Unterhalt erheben k ö n n e. Ebenso= wenig aber hat Lassalle bewiesen, daß der Lohn nicht dauernd u n t e r dieses Maß heruntersinken könne. „Dann entstände", meint er, „Auswanderung, Ehelosigkeit, Enthaltung von Kinder= erzeugung und endlich eine durch Elend erzeugte Verminderung der Arbeiterzahl, welche somit das Angebot von Arbeiterhänden verringert und somit den Arbeitslohn wieder zu seinem früheren, höheren Stand zurückbringt."

Aber das Elend hindert, wie wir schon oben bemerkten, die Kindererzeugung nicht, es sei denn, daß der Arbeiter ver= hungere. Es kann sehr wohl geschehen und ist leider schon oft genug geschehen, daß in manchen Gegenden längere Zeit die Arbeiter ein wirklich elendes Dasein im Sinne Lassalles führten, ohne daß man deshalb eine geringere Zunahme der Arbeiterbevölkerung hätte wahrnehmen können. Elend ver= hindert die Ehen der Armen nicht und auch nicht die Kinder= erzeugung, obwohl es eine allmähliche Verschlechterung der Rasse nach sich zieht. Übrigens wenn selbst die Kindererzeugung ab= nähme, so könnte doch diese Wirkung erst nach mehreren Jahr= zehnten auf dem Arbeitsmarkt zu Gunsten des Arbeitslohnes sich fühlbar machen. Inzwischen aber können die entstandenen Lücken durch Zuzug neuer Arbeiter aus umliegenden Land= strichen ausgefüllt sein. Marx hat aus den Untersuchungen englischer Ärzte und Fabrikinspektoren bewiesen, daß in manchen Fabrikorten die Arbeiter Jahrzehnte hindurch in wahrhaft erschreckendem Elend lebten, ohne daß sich der Lohn irgendwie gebessert hätte.

Das Lassallesche „Gesetz" ist also, sowohl wo es zu Gunsten als wo es zu Ungunsten der Arbeiter lautet, ganz unbewiesen. Lassalle hat einige seltene Vorkommnisse benutzt, um daraus durch willkürliche Verallgemeinerungen ein kräftiges Agitations= mittel zu konstruieren.

Dritter Artikel.
Die einseitige Betonung des wirtschaftlichen Lebens.

Die Sozialisten wollen alle ohne Ausnahme zu Teil= nehmern der staatlich organisierten Produktion machen. Man hat zwar die „allgemeine Arbeitspflicht", von der im Gothaer Programm die Rede ist, im Erfurter Pro= gramm nicht mehr erwähnt, doch wird sie im Wahlaufruf der sozialdemokratischen Reichstagsfraktion vom 30. April 1903 ausdrücklich wieder betont, und sie ergibt sich notwendig aus der Forderung „gleicher Rechte und gleicher Pflichten" und aus der planmäßigen Organisation der Arbeit. Jeder tritt in den Sold der Gesamtheit und erhält von ihr sein Arbeits= pensum zugewiesen. Niemand darf für sich Produktions= eigentum besitzen und irgend etwas nach eigenem Willen pro= duzieren. Zur Bestreitung aller seiner Bedürfnisse ist er an die staatlichen Vorratskammern gewiesen. Die Erziehung und Heranbildung der Jugend ist Staatsangelegenheit, ebenso die Krankenpflege. Kurz: jeder hat nur so viel Freiheit und so viel Rechte, als ihm die Gesamtheit zuerkennt. Wir werden dies noch näher begründen. Das setzt aber stillschweigend

voraus, die Gesellschaft habe das unumschränkte Ver=
fügungsrecht über den einzelnen, und dieser sei an
erster Stelle für den Dienst der Gesamtheit, und zwar zu
Produktionszwecken vorhanden.

Diese ganze Auffassung ist die heidnische Auffassung des
Staates, wie sie uns schon bei Plato begegnet. Sie duldet
der Gesamtheit gegenüber kein Naturrecht, sie leugnet auch still=
schweigend, daß des Menschen erste und oberste Aufgabe auf
Erden der Dienst Gottes und die Erlangung der ewigen Selig=
keit im Jenseits sei.

Ganz folgerichtig zu dieser heidnischen Anschauung betont
der Sozialismus ungebührlich das Wirtschafts=
leben oder die Produktion materieller Nutzgüter. Wie im
Leben des einzelnen der Erwerb äußerer Besitzgüter der
Würde nach den letzten Rang unter den verschiedenen Tätig=
keiten einnimmt, so ist es auch im Leben der menschlichen
Gesellschaft überhaupt. Der Erwerb der Existenzmittel ist
den höheren geistigen Bestrebungen untergeordnet. Er soll
den Boden bereiten, auf dem die höheren, idealeren Güter
gedeihen können.

Weil es nun unmöglich ist, daß sich alle gleichmäßig diesen
verschiedenen Tätigkeiten widmen, so muß es verschiedene Be=
rufsarten und Stände geben, welche eine verschiedene jahre=
lange Vorbereitung erfordern und nicht alle denselben Rang
einnehmen, sondern sich hierarchisch gliedern. Ihrer Natur
nach sind die verschiedenen Nährstände (Arbeiter, Handwerker,
Bauern) die untersten, und über ihnen erheben sich in
hierarchischer Ordnung die übrigen höheren Stände. Damit
ist nicht gesagt, daß die Nährstände nicht aller Achtung und
Ehre wert seien, oder daß die Angehörigen derselben ein ge=
ringeres Verdienst vor Gott haben, keineswegs, sondern bloß,
daß die übrigen Stände an und für sich für die Gesellschaft
einen höheren Rang einnehmen, daß sie ferner eine höhere

Begabung erheischen und deshalb auch eine höhere Berück=
sichtigung beanspruchen dürfen.

Was tut nun der Sozialismus? Er will den Arbeiter=
stand zum ausschließlichen Stand erheben und die Ar=
beitsleistung (die Schaffung von „Werten") zum Maß=
stab der gesellschaftlichen Organisation und der
Stellung der Glieder in der Gesellschaft erheben. Die ganze
Gesellschaft (der Staat) soll in „eine einzige Wirt=
schaftsgenossenschaft" verwandelt werden [1]. Niemand
darf sich der Teilnahme an der Produktion entziehen. Unnütze,
d. h. unproduktive Existenzen sollen nicht geduldet werden.
Daß bei einer solchen Organisation, bei der alle an die Pro=
duktion gekettet sind, für höhere Berufe, z. B. für ein ganz
dem Gottesdienst geweihtes Priestertum, für katholische religiöse
Orden und ähnliches, kein Platz ist, liegt auf der Hand.

Überhaupt wird durch den Sozialismus das ganze Denken
und Trachten der Menschheit von den idealen Gütern abgelenkt
und in die Niederungen materieller Genüsse herabgezogen. Von
Idealen, die das Herz erheben und erfreuen, kann der Sozia=
lismus eigentlich gar nicht mehr reden.

Doch wir irren, auch der Sozialismus macht Anspruch auf
Ideale. Aber welches sind diese Ideale? Ein Sozialist
sagt es uns mit den Worten, die einst Heine den Saint=
Simonisten zurief: „Ihr verlangt einfache Trachten, ent=
haltsame Sitten, ungewürzte Genüsse; wir hingegen
verlangen Nektar und Ambrosia, Purpurmäntel,
kostbare Wohlgerüche, Wollust und Pracht,
lachenden Nymphentanz, Musik und Komödien";
aber, fügt derselbe Sozialist hinzu, wir verlangen sie für
alle und gewähren sie allen [2].

---

[1] Kautsky u. Schönlank, Grundsätze und Forderungen der
Sozialdemokratie (1892) 26.

[2] J. Stern, Thesen über den Sozialismus 34.

Also der schlammige Epikureismus, den wir im Leben Heines verwirklicht sehen, das ist der Himmel der Sozialdemokraten. Dies führt uns auf eine weitere Voraussetzung des Sozialismus.

Vierter Artikel.
Stellung des Sozialismus zur Religion[1].

§ 1.
Die Grundlehren des Sozialismus sind mit der Religion unvereinbar.

1. Um in unserer Frage nicht im dunkeln herumzufahren, müssen wir uns zuerst über den Begriff der Religion klar werden.

Was ist Religion? Nach vielen neueren Religionsphilosophen aus der Schule Kants ist die Religion nur ein rein subjektives Gebilde; sie besteht aus Werturteilen, Vorstellungen und Idealen, die sich jeder auf Grund subjektiver Bedürfnisse und Erfahrungen bildet. Diese Gefühle und Werturteile lassen sich nicht wissenschaftlich beweisen, sie bewegen sich in dem der Wissenschaft unzugänglichen Gebiete des Glaubens, und unter Glaube ist hier nicht das Fürwahrhalten auf fremde Autorität hin zu verstehen, sondern nur eine Summe von Überzeugungen, die man sich auf Grund seiner Gefühle bildet, und auf deren objektive Realität es im Grunde nicht ankommt.

In diesem Sinn redet W. Sombart von Religion. Die religiöse Überzeugung hat sich nach ihm in neuerer Zeit aus den Klauen der Wissenschaft gerettet, Religion und Wissenschaft haben miteinander nichts zu tun. Die Wissenschaft über-

---

[1] Vgl. Stang, Sozialismus und Christentum. Aus dem Englischen übersetzt von Rudolf Amberg. Einsiedeln 1907; Ming, The Characteristics and the Religion of Socialism, New York 1908; Käser, Der Sozialdemokrat hat das Wort[3] (1905).

schreitet ihre Kompetenz, wenn sie für die „Welt der Werte und des Glaubens" allgemein gültige Normen aufstellt. Außerdem will er, daß man Religion und Kirche scharf voneinander trenne[1].

Im Geleise dieser Ideen bewegt sich auch Kautsky. Unter Religion versteht er einen „individuellen Gemütszustand, eine Erhebung der Persönlichkeit über ihre Augenblicksinteressen hinaus, eine Art ethischen, überschwenglichen Idealismus"[2]. Das stimmt ungefähr mit den Anschauungen von G. Simmel, dem die Religion ein Grundgefühl ist, das im Verhältnis des Patrioten zum Vaterland, des Kosmopoliten zur Welt, des Arbeiters zu seiner Klasse sich kundgeben kann[3].

Wenn die Religion nichts weiter ist als ein solches Gefühl, eine gehobene Festtagsstimmung, dann läßt sie sich allerdings leicht mit der Sozialdemokratie vereinigen. Aber diese Auffassung ist falsch. Es kann hier nicht unsere Aufgabe sein, die Wahrheit des Christentums zu beweisen. Das ist Sache der Apologetik[4]. Uns kommt es nur darauf an, die Stellung des Sozialismus zur Religion klarzulegen, und zu dem Zweck wollen wir an einige Grundwahrheiten des Christentums kurz erinnern. Schon die bloße Vernunft vermag durch die Betrachtung der Ordnung, Schönheit und Zweckmäßigkeit der sichtbaren Dinge mit Sicherheit zur Erkenntnis Gottes und zur Einsicht zu gelangen, daß der Mensch seinen Schöpfer und Herrn anbeten, ihm dienen, ihn verehren,

---

[1] Sozialismus und sozialistische Bewegung 100.
[2] Die Sozialdemokratie und die katholische Kirche 4.
[3] Die Religion (In der Sammlung „Die Gesellschaft") 28 ff.
[4] Vgl. Cathrein, Die katholische Weltanschauung[2], Freiburg 1909, Herder; L. v. Hammerstein, Begründung des Glaubens, Trier 1903; Hettinger, Apologie des Christentums[9] (1906); Weiß, Apologie des Christentums[4] (1904—1908); Gutberlet, Lehrbuch der Apologetik usw.

ihn über alles lieben soll. Diese Verehrung, die der Mensch Gott schuldet und die sich in Gebeten, Opfern, Festen u. dgl. äußert, ist die Religion. Gott hat sich aber den Menschen nicht bloß durch die Zeichensprache der Geschöpfe geoffenbart. Er hat auch seinen eingebornen Sohn als Erlöser in die Welt gesandt und dessen göttliche Sendung durch zahlreiche unleugbare Zeichen und Wunder, besonders durch die glor= reiche Auferstehung von den Toten, beglaubigt. Wir sollen an Christus, den Gottessohn, glauben, seine Gebote halten und die von ihm eingesetzten Gnadenmittel gebrauchen. Christus hat, bevor er in den Himmel auffuhr, die Kirche als seine Stellvertreterin, als unsere Lehrerin und Führerin auf dem Wege des Heiles eingesetzt. Sie bildet deshalb einen wesent= lichen Teil der Religion im katholischen Sinn.

Die Religion ist also nicht etwas rein Subjektives; sie setzt voraus und enthält eine Summe von Wahrheiten, die wir auf Gottes Zeugnis hin annehmen und nach denen wir unser ganzes Leben einrichten müssen, wenn wir zur ewigen Seligkeit im Besitze Gottes gelangen wollen.

2. Hält man an dieser Anschauung fest, die in den wesent= lichsten Punkten den positiv gläubigen Protestanten mit den Katholiken gemeinsam ist, so kann nach dem über die „mate= rialistische Geschichtsauffassung" Gesagten (S. 40 u. 171 ff) nicht zweifelhaft sein, daß der sog. „wissenschaft= liche" Sozialismus dem Christentum, ja jeder Religion feind= lich gegenübersteht. Diese Geschichtsauffassung leugnet vor allem jeden „Dualismus von Geist und Materie". „Die wirkliche Einheit der Welt", sagt Engels [1], „besteht in ihrer Materialität." Es gibt nach dem Sozialismus nur Materie und Bewegung, keinen Geist, keinen persönlichen Gott, keine göttliche Vorsehung, der Mensch hat ebensowenig eine unsterb=

---

[1] Dührings Umwälzung der Wissenschaft 28.

liche Seele als das vernunftlose Tier, aus dem er sich ent=
wickelt hat; alles Hoffen auf ein besseres Jenseits ist eitler
Wahn und Torheit; alles, was man bisher ideelle geistige
Ordnung nannte, ist nur das Produkt der ökonomischen Ver=
hältnisse jeder Epoche. „Die jedesmalige ökonomische Struktur
der Gesellschaft bildet die reale Grundlage, aus der der ge=
samte Überbau der rechtlichen und politischen Einrichtungen
sowie der religiösen, philosophischen und sonstigen Vorstellungs=
weise eines jeden geschichtlichen Zeitabschnittes in letzter Instanz
zu erklären sind."[1] „Alle Religion ist nichts als die phan=
tastische Widerspiegelung in den Köpfen der Men=
schen, derjenigen Mächte, die ihr tägliches Dasein beherrschen,
eine Widerspiegelung, in der die irdischen Mächte die
Form von überirdischen annehmen."[2] Die Religion ist
das „Kostüm"[3], eine „Maske"[4]. Deshalb braucht die Reli=
gion nicht abgeschafft zu werden, sie „stirbt ab", sie ver=
schwindet, sobald es nichts mehr widerzuspiegeln gibt[5]. Auch
Kautsky belehrt uns, daß mit der sozialistischen Partei
„eine neue Moral und neue Philosophie" erwachse. Von
einer neuen Religion spricht er nicht. Natürlich, die „stirbt
ab". Es gibt nichts mehr „phantastisch widerzuspiegeln".

---

[1] Engels, Dührings Umwälzung der Wissenschaft 11. Schon
im „Kommunistischen Manifest" heißt es: „Die Gesetze, die Moral,
die Religion sind für ihn (den Proletarier) ebensoviele bürger=
liche Vorurteile, hinter denen sich ebensoviele bürgerliche Inter=
essen verstecken." Vom „Kommunistischen Manifest" sagt Sombart
(Sozialismus und soziale Bewegung 60): „Es strotzt von Irrtümern,
von unreifen Ideen, und es ist trotzdem ein unübertroffenes Meister=
werk." Wie ein kleines Schriftchen, das von Irrtümern und unreifen
Ideen strotzt, trotzdem ein „unübertroffenes Meisterwerk" sein könne,
das Geheimnis hat Sombart nicht verraten.
[2] Engels a. a. O. 304.   [3] Engels, Ludwig Feuerbach 65.
[4] Neue Zeit 1894: Zur Geschichte des „Urchristentums" 5.
[5] Engels a. a. O. 305.

Wenn es also wahr ist, was uns die sozialistischen Koryphäen immer wiederholen, die materialistische Geschichts= auffassung sei eine wesentliche Grundlage des „wissenschaft= lichen" Sozialismus, und wenn es ebenso wahr ist, daß diese Geschichtsauffassung ihrem innersten Wesen nach mit jeder wahren Religion unverträglich oder vielmehr die Leugnung jeder Religion ist, so dürfte damit die Stellung des Sozia= lismus zur Religion für jeden Denkenden genügend gekenn= zeichnet sein. Einem zielbewußten Sozialisten, der die Lehre, welche er vertritt, auch wirklich erfaßt hat, muß es fast naiv erscheinen, wenn man ihm beweisen will, der Sozialismus sei mit der Religion unverträglich. Ein gläubiger Anhänger der materialistischen Geschichtsauffassung kann keine Religion mehr haben, und würden alle Menschen Sozialisten, dann würde die Religion von selbst verschwinden, „absterben", ohne daß es einer Abschaffung bedürfte.

3. Die materialistische Geschichtsauffassung widerspricht dem Christentum auch von seiten der Moral. Nach christlicher Anschauung ist die Moral ein wesentlicher Teil der Religion. Die sittlichen Gebote sind göttliche Gebote. Schon durch die Natur selbst hat Gott das natürliche Sittengesetz allen Men= schen ins Herz geschrieben, wie der hl. Paulus lehrt [1]. Dieses Gesetz kündigt sich im Gewissen aller Menschen an, auch wenn sie keine Kenntnis von der übernatürlichen Offenbarung haben, und nach diesem Gesetz werden sie einst alle am großen Ge= richtstage zur Rechenschaft gezogen werden. Die wichtigsten Pflichten, die uns dieses Gesetz auferlegt, sind die Pflichten gegen Gott. Wir sollen Gott erkennen, ihn lieben, ihn an= beten, ihm dienen.

Das ist aber noch nicht die ganze christliche Moral. Wir sollen an Christus, den gottgesandten Erlöser, glauben, alles,

---

[1] Röm 2, 14 ff.

was er uns gelehrt, für wahr halten und alle seine Gebote beobachten. „Willst du in das Leben eingehen, so halte die Gebote."[1] „Wenn ihr mich liebt, so haltet meine Gebote."[2] Zu diesen Geboten gehört nicht nur das Gebot, an ihn zu glauben und die von ihm angeordneten Gnadenmittel zu gebrauchen, sondern auch das Gebot, uns der Kirche zu unterwerfen, der er die Verkündigung seiner Lehren und die Ausspendung seiner Gnadenmittel anvertraut hat. Christus wird einst zum Gerichte erscheinen und einem jeden nach seinen Werken vergelten. Die Beobachtung oder Übertretung der christlichen Moral wird über unsere Ewigkeit entscheiden.

Wie stellt sich nun der marxistische Sozialismus zu dieser Moral? Jeder, der die materialistische Geschichtstheorie auch nur halbwegs begriffen hat, sieht sofort ein, daß nach ihr von einer solchen christlichen Moral überhaupt keine Rede sein kann. „Das Ideelle", sagt Marx, „ist nichts anderes als das im Menschenkopf umgesetzte und übersetzte Materielle."[3] „Die höheren Wesen, die unsere religiöse Phantasie schuf, sind nur die phantastische Rückspiegelung unseres eigenen Wesens." So Engels[4].

Schon das „kommunistische Manifest" hat die Moral zugleich mit der Religion für ein „bürgerliches Vorurteil" erklärt. Engels schreibt: „Wir weisen demnach eine jede Zumutung zurück, uns irgend eine Moraldogmatik als ewiges, endgültiges, fernerhin unwandelbares Sittengesetz aufzudrängen, unter dem Vorwande, auch die moralische Welt habe ihre bleibenden Prinzipien, die über der Geschichte und den Völkerverschiedenheiten stehen. ... Wir behaupten dagegen, alle bisherige Moraltheorie sei das Erzeugnis, in letzter Instanz, der jedesmaligen ökonomischen Gesellschaftslage.

---

[1] Mt 19, 17.　　[2] Jo 14, 15.

[3] Das Kapital, Vorrede zur zweiten Auflage.

[4] L. Feuerbach[2] 11.

Und wie die Gesellschaft sich bisher in Klassengegensätzen bewegte, so war die Moral stets eine Klassenmoral." [1] Ähnlich Bebel: „Wie jede soziale Entwicklungsstufe der Menschheit ihre eigenen Produktionsbedingungen, so hat auch jede ihren Moralkodex, der nur das Spiegelbild ihres Sozialzustandes ist." [2] Und wiederum: „Wie die Religion, so entspringen auch die Begriffe über die Moral dem jeweiligen Sozialzustand des Menschen." [3] J. Dietzgen hofft, daß in der Zukunftsgesellschaft „eine neue Sittlichkeit die Menschen ergreifen wird" [4]. Nach Kautsky erwächst in dem modernen Proletariat eine neue Klasse „mit einer neuen Moral und neuen Philosophie" [5]. Seinen Versuch, auf Grund des ökonomischen Materialismus den Ursprung der Ethik zu erklären, haben wir schon früher besprochen [6]. „Ein tierischer Trieb, nichts anderes ist das Sittengesetz."

4. Um den unversöhnlichen Gegensatz zwischen Christentum und Sozialismus in klareres Licht zu stellen, wollen wir noch einige besondere Lehren hervorheben, in denen derselbe zutage tritt. Die wesentlich antichristliche Stellung des Sozialismus zeigt sich vor allem in seiner rein irdischen, rein „diesseitigen" Auffassung des menschlichen Lebens. Oder könnte etwa ein System, das von der Voraussetzung ausgeht, der Mensch sei von Gott für die Ewigkeit erschaffen, er lebe hienieden auf Erden, um sich durch Erfüllung des göttlichen Willens den Himmel zu erwerben, die Güterproduktion zum obersten Maßstab der gesellschaftlichen Organisation

---

[1] Dührings Umwälzung der Wissenschaft [2] 81.

[2] Die Frau [50] 17.   [3] Ebd. 446—447.

[4] Die Zukunft der Sozialdemokratie (1894) 14.

[5] Das Erfurter Programm 198.

[6] Siehe oben S. 190 ff. Eingehend haben wir „die sozialdemokratische Moral" gekennzeichnet in den „Stimmen aus Maria-Laach" LXX (1906) 365 ff. Man vergleiche noch die eingehende Behandlung dieses Themas bei J. J. Ming, The Morality of modern socialism, New York 1909.

nehmen und nur denjenigen Anteil an den Gütern der Erde gewähren, welche sich an der Produktion beteiligen? Könnte es die Religion als etwas Gleichgültiges, um das man sich nicht zu kümmern braucht, beiseite liegen lassen? So ist zweifelsohne schon die Grundidee des Sozialismus nicht nur mit dem Christentum, sondern mit jeder Religion im Widerspruch. Sein Dekalog sind die Menschenrechte, sein Gott ist der demokratische Volksstaat, sein Ziel und Ende irdischer Genuß für alle, sein Kult die Produktion.

5. Auch die Hauptforderung des Sozialismus ruht stillschweigend auf dem Atheismus. Er verlangt volle Gleichheit des Rechts und der Existenzbedingungen für alle, und zwar in jeder, auch der sozialen Beziehung. Jede Ungleichheit brandmarkt er als unerträgliche Überbvorteilung und Benachteiligung. Das ist die Weltanschauung des Neides. Wenn Vernunft und Offenbarung fordern, daß der Diener seinem Herrn, der Untergebene dem Vorgesetzten, die Frau dem Manne, die Kinder den Eltern gehorchen, und zwar um des Gewissens willen oder weil es Gott gebietet, so sind das nach dem Sozialismus ebensoviele Verstöße gegen die Gleichheit der Rechte und Pflichten aller. Nach sozialistischer Anschauung hat jeder das Recht, nur den Gesetzen und Vorstehern unterworfen zu werden, die er selbst gebilligt und anerkannt hat. Damit ist das Prinzip der Autorität, die aus Gott stammt und um des Gewissens willen von uns Gehorsam verlangt, umgestoßen. Daß der Sozialismus die Ehe im naturrechtlichen, geschweige denn im christlichen Sinne auflöst und untergräbt, werden wir weiter unten bei Besprechung des Verhältnisses der Familie zum Sozialismus zeigen [1].

---

[1] Mit Recht hat Papst Leo XIII. in seiner Enzyklika Quod apostolici vom 28. Dezember 1878 und ebenso in seinem Rundschreiben über die Arbeiterfrage diesen Punkt besonders nachdrücklich betont.

6. Nicht minder ist die Stellung des Sozialismus zum Eigentum im Widerspruch mit der christlichen Lehre. Christus hat zwar die Armut durch Wort und Beispiel als Weg der Vollkommenheit empfohlen, aber das Privateigentum als recht= mäßig anerkannt, wie wir schon früher gezeigt haben [1]. Er hat das Gebot: Du sollst nicht stehlen, nicht deines Nächsten Haus und Acker begehren, nicht aufgehoben, sondern von neuem eingeschärft. Es ist also eine dem Christentum wider= sprechende Lehre, jedes Privateigentum sei ungerechter „Dieb= stahl" [2].

In der Enzyklika Rerum novarum verwirft Leo XIII. das Vorhaben des Sozialismus, das Privateigentum abzu= schaffen und alle Produktionsmittel zum Gemeineigentum zu erheben als dem Wohl des einzelnen, der Familie und der Gesellschaft schädlich und dem Naturrecht widersprechend. Zur Grundlage bei der Lösung der sozialen Frage sollen die Katho= liken die Überzeugung nehmen, daß das Privateigentum un= verletzt zu erhalten sei. Es ist also einem Katholiken nicht gestattet, sich den Sozialdemokraten anzuschließen, unter dem Vorgeben, daß er bloß deren wirtschaftliche Ziele an= nehme; denn auch diese sind durch das Rundschreiben Leos XIII. verworfen.

7. Das Christentum verbietet die Revolution, d. h. den gewaltsamen Umsturz der zu Recht bestehenden gesellschaftlichen Ordnung. Der Sozialismus ist aber nach dem eigenen Geständnis seiner Hauptvertreter eine wesentlich

---

[1] Siehe oben S. 15 f.

[2] Gestützt auf die früher angeführten Stellen der Schrift und die Verurteilung der Häresie der Apostoliker und Wicleffs durch die Kirche, bezeichnen die Theologen die Behauptung, das Privateigentum sei un= gerecht oder unerlaubt, als einen Verstoß gegen den Glauben. So z. B. Lessius, De iustitia et iure c. 5, dub. 2; Dom. Soto, De iust. et iure l. 4, q. 3.

revolutionäre Partei. Allerdings, wenn man den Sozialdemokraten diesen Vorwurf macht, flüchten sie sich hinter den Doppelsinn des Wortes Revolution. Es gebe auch eine friedliche, gesetzliche Revolution. Doch das ist Spiegelfechterei. Wir behaupten freilich nicht, daß die Sozialdemokraten im Stile der Anarchisten oder Carbonari heimliche Verschwörungen anzetteln, Putsche und Handstreiche vorbereiten, Minen legen u. dgl. Die sozialistischen Führer sind zu klug, um nicht einzusehen, daß dergleichen Anschläge heute vollständig aussichtslos sind und mit einem furchtbaren Blutbade der Aufrührer endigen würden.

Die Sozialdemokraten wollen vielmehr zuerst durch Verbreitung ihrer Ideen den Boden vorbereiten und die politische Gewalt in ihre Hand bringen. Aber wenn sie einmal stark genug geworden sind und den Zeitpunkt zur Durchführung ihrer Pläne für gekommen erachten: so werden sie auch die rohe, brutale Gewalt zu Hilfe nehmen. Die revolutionäre Diktatur soll dann mit Blut und Eisen die widerspenstigen Elemente niederhalten und den Geburtshelfer der neuen sozialistischen Ordnung abgeben.

Oder sind denn etwa die auf ihre Wissenschaft und Menschenkenntnis so eingebildeten Führer der Sozialdemokratie so naiv, zu glauben, alle Privateigentümer würden einst freiwillig ihr Eigentum an die Gesamtheit abtreten, die Monarchen würden freiwillig von ihren Thronen steigen, die Kirche und ihre Genossenschaften und Anstalten würden freiwillig auf ihren Besitz verzichten, der Adel sich freiwillig seiner Rechte und der Bauernstand seiner Güter begeben?

Die Heerführer des Sozialismus haben übrigens über diesen Punkt schon unzählige Male in der wünschenswertesten Klarheit die tiefsten Gedanken ihres Herzens enthüllt. Wir verweisen auf die zahlreichen früher (S. 79 ff) angeführten Zeugnisse.

8. Erwähnt sei noch die Stellung der Sozialdemokratie zum Eide und zur Wahrhaftigkeit.

Was die Sozialdemokraten über den Eid denken, ist eigentlich aus ihrem Atheismus von selbst klar. Für den Atheisten ist der Eid eine wertlose Zeremonie. Auf dem Lübecker Parteitag sagte Bebel: „Wir (Sozialdemokraten) haben im sächsischen Landtag erklärt: wir leisten den Eid, wir betrachten ihn als leere Form, wir sind Republikaner und werden uns in unserer Abstimmung nicht dadurch gebunden halten. Der Verfassungseid ist ein altes Inventarstück aus den dreißiger und vierziger Jahren. . . . Die Reichsverfassung kennt ihn nicht, und wenn heute in einem Staate eine neue Verfassung beschlossen würde, würde niemand mehr einen solchen Eid fordern, weil man weiß, daß er zwecklos und nutzlos ist." [1] Wenn der Verfassungseid eine leere Form ist, so gilt das selbstverständlich auch vom Eide vor Gericht, vom Beamten- und Fahneneid usw. In der holländischen Kammer erklärte der Sozialist Troelstra, der Eid sei ein Unsinn. Er gab höhnisch zu verstehen, daß er nichts auf den Eid gebe. „Sechsmal habe ich der Königin Treue geschworen, aber das ist noch kein politisches Glaubensbekenntnis." [2] Als im Jahre 1908 zum erstenmal Sozialdemokraten in den preußischen Landtag gewählt wurden und konservative Blätter fragten, wie sich die sozialdemokratischen Abgeordneten wohl zum Eide auf die Verfassung stellen würden, bemerkte die sozialdemokratische, von Mehring redigierte „Leipziger Volkszeitung", daß sich die Sozialdemokratie an dergleichen „Kindertrödel" nicht stoßen werde [3].

Da der Meineid immer eine Lüge enthält, so ist durch die Stellung der Sozialdemokraten zum Eid schon ihre Stellung zur Lüge gekennzeichnet. In der offiziellen Wochenschrift die „Neue

---

[1] Protokoll der Verhandlungen des Parteitages zu Lübeck 1901, 271.

[2] Kölnische Volkszeitung 1903, Nr 895. Andere ähnliche Aussprüche von Sozialisten über den Eid in der Schrift: Meineid und Sozialdemokratie², Berlin 1892.

[3] Vgl. Vorwärts 1908, Nr 136.

Zeit" erklärte Kautsky: „Eine der wichtigsten (Pflichten) ist die Pflicht der Wahrhaftigkeit den Genossen gegenüber. Dem Feinde gegenüber hat man diese Pflicht nie anerkannt. Dagegen gibt es ohne sie kein dauerndes Zusammenwirken gleich= gestellter Genossen. Sie gilt für jede Gesellschaft ohne Klassen= gegensätze."[1] Also nur den gleichgestellten Genossen ist man die Wahrhaftigkeit schuldig. Mitmenschen anderer Klassen darf man anlügen. Auf einer sozialdemokratischen Ver= sammlung zu Hamburg wurde der Antrag eingebracht, eine Miß= billigung dieses Satzes auszusprechen, weil derselbe das Ansehen der Partei, die „für Recht und Wahrheit" kämpfe, schädigen könne. Aber der Antrag wurde von der Versammlung verworfen[2].

Wir könnten jetzt noch auf die Stellung des Sozialismus zur Familie hinweisen. Doch davon wird später die Rede sein. Das Gesagte genügt vollständig zum Beweise, daß Sozialismus und Christentum sich so wenig vertragen wie Finsternis und Licht, und daß jeder, der weiß, was der Sozialismus ist und will, sich nur um den Preis des Bruches mit dem Christentum, ja mit jeder Religion, den Sozial= demokraten anschließen kann[3].

[1] Neue Zeit, 22. Jahrg., I 5.

[2] Kölnische Volkszeitung 1903, Nr 895.

[3] Es zeugt deshalb von allzu oberflächlicher Auffassung des Sozia= lismus, wenn P. Göhre (Drei Monate Fabrikarbeiter [1891] 216) schreibt: „Es muß der Grundsatz durch uns zur Tatsache werden, daß auch ein Sozialdemokrat Christ und ein Christ Sozialdemokrat sein kann." Die gleiche Ansicht äußerte der Theolog Theod. v. Wächter (s. Vorwärts 1893, Nr 246, 1. Beil.). Auch Konsistorialrat Dr Frank hat in einer sozialdemokratischen Versammlung in Danzig (September 1900) die Frage: Kann ein Christ Sozialdemokrat sein? bejahend beantwortet. Vgl. Vorwärts 1900, Nr 216. Richtiger ist, was Bebel schreibt (Christentum und Sozialismus 16): „Christen= tum und Sozialismus stehen sich gegenüber wie Feuer und Wasser." In der Broschüre „Die Sozialdemokratie und die katholische Kirche"[2] (1906) Vorwort, sagt Kautsky: „Ich spreche

§ 2.
Die Religionsfeindlichkeit des Sozialismus bewiesen durch ausdrückliche Zeugnisse.

I. Zeugnisse deutscher Sozialdemokraten.

Vielleicht war es kaum nötig, so eingehend aus dem Wesen des Sozialismus dessen Widerspruch mit der Religion nach= zuweisen. Liegen uns ja doch von sozialistischer Seite die aus= drücklichsten Zeugnisse hierüber vor. Die deutsche Sozialdemo= kratie erklärt in ihrem offiziellen Programm die Religion zur „Privatsache"; damit ist wenigstens der sozialistische S t a a t v o n d e r K i r c h e l o s g e r i s s e n, religionslos und atheistisch gemacht. Der Staat als Staat kennt weder Gott noch Reli= gion. Um diesen Standpunkt noch ausdrücklicher zu betonen, verlangt das Erfurter Programm außer der „Erklärung der Religion zur Privatsache" noch die „Abschaffung aller Auf= wendungen aus öffentlichen Mitteln zu kirchlichen und reli= giösen Zwecken".

Diese Lehre steht in offenem Widerspruch mit der Lehre der katholischen Kirche, welche von jeher die prinzipiell geforderte

---

im Laufe der folgenden Ausführungen den Satz aus, daß es nicht unmöglich sei, gleichzeitig gläubiger Christ und Sozialdemokrat zu sein, d. h. den Klassenkampf des Proletariates mitzukämpfen und nach Aufhebung der Klassen zu streben. Da verschiedene Zuschriften mir zeigten, daß dieser Satz mißverstanden werden kann, halte ich es nicht für überflüssig, hier zu bemerken, daß ich die Vereinbarkeit des Christentums mit der Zugehörigkeit zur Sozialdemokratie als poli= tische Partei keineswegs dahin verstehe, a l s h i e l t e i c h e s f ü r m ö g l i c h, v o m c h r i s t l i c h e n S t a n d p u n k t a u s z u v o l l e m V e r s t ä n d n i s d e s w i s s e n s c h a f t l i c h e n S o z i a l i s m u s z u g e l a n g e n." Das ist deutlich und auch sehr schmeichelhaft für die „christlichen" Mitläufer im sozialdemokratischen Lager! Wer zum richtigen Verständnis des Sozialismus gelangt ist und trotzdem Sozial= demokrat bleibt, der hört auf Christ zu sein.

Trennung von Kirche und Staat als eine unhaltbare, ver-
werfliche Doktrin verurteilt hat[1]. Sie steht auch im Widerspruch mit der gesunden Vernunft. Der Staat ist es vor
allem Gott, dann sich selbst und seinen Untertanen schuldig,
daß er die Religion nach Kräften fördere und unterstütze[2].
Da ferner die ganze Erziehung der Jugend nach den
Sozialisten Staatssache ist, so folgt auch, daß sie auf die
Religion keinerlei Rücksicht nimmt oder atheistisch ist. Ausdrücklich verlangt das Erfurter Programm „Weltlichkeit (d. h.
Religionslosigkeit) der Schule"[3].

---

[1] Vgl. Syllabus thes. 55: Ecclesia a statu statusque ab Ecclesia seiungendus est; Enzyklika Leos XIII. Immortale Dei; Enzyklika Pius' X. Vehementer d. d. 21 Febr. 1906.

[2] Vgl. hierüber Leos XIII. Enzyklika Immortale Dei und unsere
Moralphilosophie II⁴ 559 ff.

[3] Am 3. Mai 1902 bei Gelegenheit des Toleranzantrages beantragte Genosse Albrecht namens der sozialdemokratischen Fraktion
des Reichstages: „Die Religionsunterweisung kommt in allen Schulen
des Deutschen Reiches als Unterrichtsgegenstand ausnahmslos in Fort-
fall." Recht charakteristisch für die Stellung der Sozialdemokraten
zur Religion und Schule sind die Verhandlungen des ersten sozialdemokratischen Parteitages für Preußen zu Berlin vom
28. bis 31. Dezember 1904. Der Referent über die Schulfrage,
Dr Arons, verlangte völligen Ausschluß jedes Religionsunterrichts
aus der Volksschule. Der Vorschlag, denjenigen Eltern, die es
wünschten, solle die Möglichkeit gelassen werden, neben der Schule
den Kindern Religionsunterricht erteilen zu lassen, wurde verworfen.
Als der Revisionist Rechtsanwalt Heine beantragte, man solle einen
allgemeinen Moralunterricht einführen, wurde der Antrag
fast einstimmig verworfen. Besonders der Redakteur der sozialdemokratischen „Rheinischen Zeitung", Dr Erdmann, war über den
Antrag sehr entrüstet und sagte: „Was ist denn Moralunterricht?
Darstellung einer Sittenlehre? Ja, dann frage ich Heine, was für
eine Sittenlehre es sein soll? Ich wüßte nicht welche!" Überhaupt
durchwehte die sämtlichen Verhandlungen ein unverhohlener Haß gegen
das Christentum, ja jede Religion.

Die Gesamtheit als solche kümmert sich um Gott und
Religion nicht, betrachtet sie mithin als etwas Gleichgültiges.
Eine solche Anschauungsweise kann aber nur aus der Gering=
schätzung und Verachtung der Religion hervorgehen und ist nur
eine Vorstufe zur Verfolgung der Kirche. Nehmen wir an, die
Kirche wolle Bistümer und Pfarreien errichten, Priester mit
der Seelsorge betrauen, den Religionsunterricht in ihre Hand
nehmen, die Ehe und die öffentlichen Feiertage regeln u. dgl. m.
Wird der sozialistische Staat die Kirche ruhig gewähren lassen?
Wird es möglich sein, daß Kirche und Staat, die es doch mit
denselben Menschen zu tun haben, unvermerkt aneinander vor=
übergehen? Und wenn der sozialistische Staat Priester und Or=
densleute, ja die Bischöfe selbst in die Produktionsorganisation
hineinzwängt und aus ihrem Berufe herausreißt, ist das nicht
eine schreiende Rechtsverletzung gegen die Kirche, und wird das
nicht zu beständigen Konflikten führen, die mit einer offenen
Verfolgung der Kirche enden müssen?[1] Was wird geschehen,
wenn die Kirche Grund und Boden für ihre Gotteshäuser,
Klöster, Pfarrwohnungen, Spitäler, Seminarien u. dgl. be=
ansprucht, wenn sie Arbeitskräfte und Material für diese An=
stalten verlangt? Wird der sozialistische Staat nicht von seinem
Standpunkte gezwungen sein, derlei kirchliche Forderungen
rundweg abzuweisen und so die heiligsten Rechte der Kirche zu
verletzen und ihr die Lebensadern zu unterbinden?

---

[1] Bebel (Die Frau 446) schreibt über den Zukunftsstaat:
„Hat jemand noch religiöse Bedürfnisse, so mag er sie mit seines=
gleichen befriedigen. Die Gesellschaft kümmert sich nicht darum. Auch
der Priester muß arbeiten, um zu leben, und da er dabei lernt,
so kommt auch für ihn die Zeit, wo er einsieht, daß das Höchste
ist: ein Mensch zu sein. Sittlichkeit und Moral bestehen auch
ohne die Religion; das Gegenteil können nur Einfältige oder Heuchler
behaupten. . . . Wie die Religion, so entspringen auch die Begriffe
über die Moral dem jeweiligen Sozialzustand des Menschen."

Die scheinbare Zulassung der Religion als Privatsache ist
also nur Gimpelfang. Man will diejenigen, welche in der
Tiefe des Herzens noch eine gewisse Anhänglichkeit an die
Religion bewahrt haben, nicht kopfscheu machen, indem man
den offenen Bruch mit der Religion von ihnen verlangt. In
seinem innersten Wesen ist der Sozialismus der Feind jeder
Religion, welche es wagt, den Blick des Menschen von der
Erde auf den Himmel emporzurichten und ihm zu sagen, daß
er nicht allein vom Brote lebe [1].

---

[1] Wie man in sozialdemokratischen Kreisen vielfach diesen Ausspruch „Religion ist Privatsache" versteht, zeigt folgende Auslassung
der Fachzeitschrift „Der Zimmerer", Organ der freien Gewerkschaft
(vgl. Kölnische Volkszeitung 1902, Nr 230): „Der Satz des sozialdemokratischen Parteiprogramms, Religion solle Privatsache sein, wird
bekanntlich von manchem dahin ausgelegt, als dürfe sich die Sozialdemokratie nicht mit religiösen Fragen beschäftigen; wer es tue, ver-
stoße gewissermaßen gegen das Parteiprogramm. So ist natürlich
der Satz nicht gemeint und kann nicht so gemeint sein. Wer sich
unser Programm ein wenig genauer ansieht, wird finden, daß die
Forderung, Religion solle zur Privatsache erklärt werden, im
zweiten Teil des Programms sich befindet, welcher die Hauptforderungen zusammenfaßt. die wir an den heutigen Klassenstaat stellen. Der Satz besagt darum nichts anderes, als daß der
Staat die Religion als Privatangelegenheit betrachten
soll, daß der Staat somit keine Aufwendungen für irgend. eine
Religionsgemeinschaft machen dürfe, daß der Staat keine der verschiedenen Religionen bevorzuge oder benachteilige. Nicht ihre Stellung zur Religion gibt die Sozialdemokratie in jenem Satze kund,
sondern sie sagt in ihm nur, welche Stellung die Staatsregie-
rungen zur Religion einzunehmen haben. Die Forderung ist gegen
die Anmaßungen und Übergriffe der Kirchen gerichtet, die lediglich als
Privatvereine angesehen und vom Staate behandelt werden sollen.
Statt dessen wird der Satz zu einer Schutzwehr für die Kirche um-
gestempelt, wenn ihm die Auslegung gegeben wird, die Sozialdemokratie dürfe sich ihm zufolge nicht um religiöse Fragen bekümmern.
Die moderne Arbeiterbewegung würde sich einen lästigen Pfahl im

Sollte es denn etwa reiner Zufall sein, daß die berufensten Sozialisten aus ihrem Religionshasse kein Hehl machen und sich vielfach in wüsten Gotteslästerungen gefallen?

Bekannt ist das abgedroschene Schlagwort von dem „Wechsel auf das Jenseits", mit dem sie die christlichen Reformbestrebungen verhöhnen. Der „Sozialdemokrat", das frühere offizielle Organ der deutschen Sozialisten, brachte fast auf jeder Seite irgend einen gehässigen Angriff auf die „Pfaffenherrschaft"; nicht selten erging es sich in gemeinen Gotteslästerungen.

Der „Vorwärts", das jetzige offizielle Parteiorgan, gibt hierin seinem Vorgänger nichts nach. In einer Weihnachtsbetrachtung (1890, Nr 301) wird das Christentum beschuldigt, keine seiner Ver= heißungen erfüllt zu haben. „Wir wissen, daß das Christentum die Erlösung nicht gebracht hat. Wir glauben an keinen Er= löser, aber wir glauben an die Erlösung. Kein Mensch, kein Gott in Menschengestalt, kein Heiland kann die Menschheit erretten. Die Menschheit allein kann die Menschheit erretten und nur die arbeitende Menschheit." (Ein anderes Mal schreibt er (1891,

---

Fleisch stecken lassen, wenn sie über ihre Stellung zum Kirchenglauben irgendwelche Unklarheit bestehen lassen wollte. Die Sozialdemo= kratie als Weltanschauung kann zur Kirche gar keine andere Stellung einnehmen, als daß sie deren Be= täubungsmittel verwirft und die weitaus meisten Lehrsätze derselben entschieden bekämpft. Diese Stellung ergibt sich schon allein daraus, daß die Kirche verlangt, man solle an einen allgütigen, allweisen und allgerechten Gott glauben, ohne dessen Willen kein Spatz vom Dache falle. Nun wohl! Wenn es einen solchen Gott gäbe, wäre es eine unerhörte Vermessenheit des Arbeiters, ja eine schwere Gotteslästerung, wenn er sich zur Er= ringung einer besseren Lage gewerkschaftlich und politisch organisieren würde." (!)

Den Unsinn dieses letzten Satzes braucht man wohl kaum näher zu beleuchten. Man könnte ebensogut behaupten, für den Christen wäre das Arbeiten eine Sünde, weil er darauf vertrauen solle, Gottes Gnade werde ihm schon durchhelfen. Das Christentum lehrt solchen Unsinn nicht.

Nr 261): „Die Furcht und der Grimm der protestantischen wie der katholischen Kleriker bestätigen es, daß die Sozialdemokratie sie in ihrem innersten Kern bedroht. Der Erfolg ist uns sicher. Ob sich das Pfaffentum noch so eng dem Gendarm und dem Geldsack anschließt, es kann dies seine Niederlage höchstens beschleunigen." In einem Pfingstartikel (1893, Nr 118) lesen wir: „Die Gründer der christlichen Kirche pfropften die christlichen Mythen, Feste und Einrichtungen auf die heidnischen Mythen. . . . Nach der christlichen Mythe wurde am ersten Pfingstfest der Heilige Geist ausgegossen. . . . Der Sozialismus ist auch eine neue Lehre und verkündigt die frohe Botschaft der Erlösung, doch nicht der Erlösung durch einen Messias. Mögen die Jünger heute und morgen den Geist des Sozialismus ausgießen über viele Tausende von Ungläubigen. Das ist unser ‚Pfingstfest‘." „Der Karfreitag", heißt es ein anderes Mal (1894, Nr 70, 1. Beil.), „wurde von einem großen Teil des Berliner Proletariats durch eine Wallfahrt nach dem deutschen Golgatha, den Gräbern der Märzgefallenen (Revolutionäre), würdig begangen." Für das Osterfest schmäht es (1896, Nr 81): „Vor 1863 Jahren starb nach der christlichen Legende der Stifter des Christentums am Kreuz, weil er für die Gleichheit der Menschen eingetreten war: am Tage, wo der internationale Sozialismus das Doppeljoch des Mammons abgeworfen . . ., feiert der millionenköpfige Menschensohn: das arbeitende Volk, seine Auferstehung. Die Feier dieser Auferstehung ist unser Osterfest — das Osterfest der Menschheit."

Welch christentumsfeindlicher Geist in der Redaktion des „Vorwärts" herrscht, beweist auch der Leitartikel „Pfingstgeist" (1901): „Wir feiern ein Naturfest und ein Geistesfest. Nicht blindem Walten brünstiger Liebe gilt unser Feiern, doch auch nicht überirdischen Übersinnlichkeiten einer eingebildeten Jenseitswelt. . . . Nicht ruft der Heilige Geist unsere Zeit zur Demut und Entsagung wie einst das Christentum in einem Zeitalter der Völkerermattung. . . . Der Heilige Geist unserer Zeit ruft zur Menschlichkeit. . . . Der Heilige Geist, der zum heiligen Kriege treibt, das ist die Wissenschaft, das ist der Sozialismus usw."

Am 7. Dezember 1905 (Nr 288) gelegentlich der Annahme des Gesetzes über die Trennung von Kirche und Staat in Frankreich schrieb er: „Écrasez l'infâme (Zermalmt den schändlichen Aberglauben) so hat vor etwa anderthalb hundert Jahren der Franzose Voltaire gesprochen. Wenn die Zukunft erweisen sollte, daß das Trennungsgesetz der Anfang zu solchem Ende war, dann werden sich unsere Nachbarn der Errungenschaften des 6. Dezember 1905 erst voll zu erfreuen haben." Das ist deutlich gesprochen und zeigt, was die Katholiken in Deutschland zu erwarten hätten, wenn die Sozialdemokraten ans Ruder kämen.

Als charakteristische Leistung sei noch der Pfingstartikel des „Vorwärts" vom 7. Juni 1908 (Nr 132) erwähnt. Er beginnt: „Wie die poetische Mär von der Geburt des Welterlösers im Stall zu Bethlehem ist auch die von der Kirche dem christlichen Pfingstfest zu Grunde gelegte Legende von der Ausgießung des Heiligen Geistes... nichts als eine Erfindung der geschäftigen Phantasie christlicher Ekstatiker." Es wird dann des breiten Strauß u. a. nachgeredet, wie das Christentum aus jüdisch-heidnischen Mythen, Aberglauben und philosophischer Spekulation zusammengebraut wurde. Ähnlich lauten die Pfingst- und Weihnachtsartikel von 1909.

„Die Neue Welt", die illustrierte Unterhaltungsbeilage des „Vorwärts", nennt (1896, Nr 47) die Erzählung von Adam und Eva einen „törichten Traum". Ein anderes Mal (1898, Nr 6) schreibt sie: „Drohungen einer Hölle im Jenseits muß man verlachen, Anweisungen auf einen Himmel aber verachten. Denn dort spricht der Fanatiker, hier der Spekulant."

Im Jahre 1905 schrieb die „Neue Zeit"[1], die „wissenschaftliche" Wochenschrift der Partei: Jesus sei ganz in den abergläubischen Anschauungen seiner Zeit befangen gewesen. Der „weltflüchtige" Charakter der Lehre Jesu ist es, der sie in unauflöslichen Widerspruch mit unserem ganzen modernen Denken und Empfinden bringt.... Christentum und Sozialismus sind auf ganz verschiedenem Boden,

---

[1] Jahrg. 24 (1905) I 116.

aus zwei einander schroff gegenüberstehenden Welt- und Lebens-
anschauungen erwachsen und darum ihrem eigentlichen Wesen wie
ihren letzten Zielen nach von Grund aus verschieden." Im Widerspruch mit der Geschichte werde heute noch „die urkundliche Gestalt
des Rabbi Jesus von Nazareth trotz ihrer rein menschlichen Eigenschaften und ihrer offen zu Tage liegenden Mängel, Irrtümer und
Einseitigkeiten von den Orthodoxen durch die Brille des mittelalterlichen Dogmas als ein wahrer Gott angesehen und von den
Liberalen trotz der handgreiflichen, durch Zeit, Volkstum und Individualität bedingten Beschränktheit zu einem zeitlosen Urbild aller
sittlich religiösen Vollkommenheit aufgebauscht".

Anfang November 1897 faßte die Charlottenburger Filiale des
sozialdemokratischen Verbandes der Maurer den Beschluß: „Stirbt ein
Verbandskollege, und es geht ein Geistlicher mit zur Beerdigung, so
wird dem Verstorbenen kein Kranz gespendet."

Am 3. Februar 1893 antworteten dem Abgeordneten K. Bach em
die Sozialdemokraten im Reichstag auf die Frage: Glaubt ihr denn
an kein Jenseits? alle unisono: Nein. Als am 13. März 1900 der
Abgeordnete G r ö b e r im Reichstag erklärte: „Wir müssen uns alle
verantworten vor dem allwissenden Gott", da lachten die Sozialdemokraten und riefen höhnend: Huh! huh![1] Sie erhoben auch
lautes Gelächter, als Dr Stöcker am 4. März 1904 im Reichstag Christus den „Sohn Gottes" nannte[2]. Am 19. März 1908
lachten sie höhnisch, als der Abgeordnete Erzberger sagte: „Der Einge-
borene (Afrikaner) ist ein Mensch mit einer unsterblichen Seele
wie wir alle."

K a r l   M a r x läßt in seinen Schriften keine Gelegenheit zu einem
offenen oder verdeckten Ausfall auf das Christentum unbenutzt vor-
übergehen. Er hält die Religion für ein verkehrtes „Weltbewußt-
sein", für die „phantastische Verwirklichung des menschlichen Wesens".
„Der Mensch macht die Religion, nicht die Religion den Menschen."
Die Religion ist „das Gemüt einer herzlosen Welt, wie sie der Geist
geistloser Zustände ist. Sie ist das Opium des Volkes". „Die Auf-

---

[1] Vgl. Vorwärts 1900, Nr 61, 1. Beil.
[2] Kölnische Volkszeitung 1904, Nr 202.

hebung der Religion als des illusorischen Glücks des Volkes
ist die Forderung seines wirklichen Glücks." „Die Religion ist
nur die illusorische Sonne, die sich um den Menschen bewegt, so=
lange er sich nicht um sich selbst bewegt."[1] „Wie der Mensch in
der Religion vom Machwerk seines eigenen Kopfes,
so wird er in der kapitalistischen Produktion vom Machwerk seiner
eigenen Hand beherrscht."[2] „Der Mensch wird ein Wilder, nach=
dem er aufgehört hat, ein Affe zu sein."[3] Marx selbst wollte
das Buch von Lewis Morgan, welches den Ursprung der Fa=
milie aus einem völlig tierischen Zustand der Menschen zu be=
gründen sucht, deutsch bearbeiten; da er aber an der Ausführung
dieses Planes verhindert wurde, übertrug er sie seinem Freund
Fr. Engels, der sich seines Auftrages entledigte[4]. Nach seiner „Kritik
des sozialdemokratischen Parteiprogramms" sollte sich die Arbeiter=
partei darüber aussprechen, daß sie „die Gewissen vom reli=
giösen Spuk zu befreien" strebe[5].

Wie Fr. Engels über die Religion denkt, erhellt zur Genüge
aus seinen oben (S. 172 u. 175 ff) mitgeteilten Äußerungen. In
seiner Schrift „Ludw. Feuerbach" (S. 52) sagt er: „Die Religion
ist entstanden zu einer sehr waldursprünglichen Zeit aus mißver=
ständlichen, waldursprünglichen Vorstellungen der Menschen über
ihre eigene und die sie umgebende Natur. Jede Ideologie ent=
wickelt sich aber, sobald sie einmal vorhanden, im Anschluß an den
gegebenen Vorstellungsstoff; sie wäre sonst keine Ideologie,

---

[1] Aus „Deutsch=Französische Jahrbücher", herausgegeben von
Ruge und Marx, Paris 1844, 71; s. Berliner Volksblatt 1890,
Nr 281, Beil. 2; ähnlich im Kapital 19 u. a. O.

[2] Marx, Das Kapital 1 585.

[3] Zur Kritik des sozialdemokratischen Parteiprogramms, 9. Jahrg.,
I 564.

[4] In dem Buche „Ursprung der Familie, des Privateigentums
und des Staates"[7], 1896. Zwei andere Sozialdemokraten, Eichhoff
und Kautsky, haben das Buch Morgans „Die Urgesellschaft" ins
Deutsche übersetzt.

[5] Zur Kritik des sozialdemokratischen Parteiprogramms a. a. O.
I 575.

d. h. Beschäftigung mit Gedanken als mit selbständigen, sich unabhängig entwickelnden, nur ihren eigenen Gesetzen unterworfenen
Wesenheiten. Daß die materiellen Lebensbedingungen der Menschen,
in deren Köpfen der Gedankenprozeß vor sich geht, den Verlauf
dieses Prozesses schließlich bestimmen, bleibt diesen Menschen notwendig unbewußt, denn sonst wäre es mit der ganzen Ideologie
am Ende." Also die ganze Religion ist — Phantasmagorie!

A. Bebel überläßt mit dem frivolen Heine den Himmel
„den Engeln und den Spatzen" [1]; die Lehre der Theologie steht,
wenn wir ihm glauben wollen, mit den Naturwissenschaften im
Widerspruche und wird in der zukünftigen Gesellschaft verschwinden [2].
Die Überzeugung, daß der „Himmel" auf Erden ist und „gestorben
sein zu Ende sein heißt", wird alle veranlassen, natürlich zu leben [3].
„Es sind nicht die Götter, welche die Menschen erschaffen, es sind
die Menschen, die sich Götter, Gott machen." „Die Naturwissen-
schaft machte die ,Schöpfung' zur Mythe, die Astronomie und Physik
machen den ,Himmel' zu einem Luftgebilde." [4] In der Reichstagssitzung vom 31. Dezember 1881 erklärte das jetzige Haupt der
Sozialdemokraten: „Wir erstreben auf politischem Gebiet die
Republik, auf dem ökonomischen Gebiet den Sozialismus,
und auf dem, was man heute das religiöse Gebiet nennt, den
Atheismus."

Liebknecht bekannte auf dem Parteitag zu Halle: „Ich für
meine Person bin mit der Religion schon früh fertig geworden.
Ich stamme aus der Zeit, wo die deutsche Studentenschaft ... in
den Atheismus eingeweiht wurde.... Die Wissenschaft steht der
Religion feindlich gegenüber.... Die Wissenschaft sorgt für gute
Schulen, das ist das beste Mittel gegen die Religion." [5] Er ist
der Ansicht, die Abhängigkeit der Religionen von den ökonomischen

---

[1] Unsere Ziele 38; Die Frau 471.
[2] Die Frau 444—445.   [3] Ebd. 464.
[4] Ebd. 445. Die Schrift Bebels: „Die mohammedanisch-
arabische Kulturperiode", ist nichts als ein gemeiner und gehässiger
Angriff auf das Christentum.
[5] Protokoll des Parteitages zu Halle 175 ff.

Bedingungen sei so klar, daß es eines Kampfes gegen die Re=
ligion gar nicht bedürfe. „Wir können ruhig auf dem Grundgebiet
des Sozialismus bleiben und dabei den Unverstand der
Massen, soweit er sich in religiöse Formen und
Dogmen verbohrt hat, zu überwinden hoffen." [1]

„Wenn die Religion", sagt Dietzgen in seinen gottesläster=
lichen Kanzelreden über „die Religion der Sozialdemokratie" [2], „in
dem Glauben an außer= und überirdische, materielle Wesen und
Kräfte, in dem Glauben an höhere Götter und Geister besteht,
dann ist die Demokratie ohne Religion. An ihre Stelle
setzt sie das Bewußtsein der Unzulänglichkeit des Einzelnen, der zu
seiner Vollkommenheit der Ergänzung und somit der Unterordnung
unter das Allgemeine bedarf. Die kultivierte menschliche
Gesellschaft ist das höchste Wesen, woran wir glauben;
auf ihrer sozialdemokratischen Gestaltung beruht unsere Hoffnung.
Sie wird erst die Liebe zur Wahrheit machen, für welche religiöse
Phantasten bisher nur geschwärmt haben." [3]

[1] Berliner Volksblatt 1890, Nr 281.
[2] 5. Aufl., Berlin 1891, 16—17.
[3] Die innersten Gedanken der Sozialisten über die Religion offen=
baren sich beispielsweise in folgenden sozialistischen Flugschriften aus
neuerer Zeit: Bebel, Glossen zu Guyots „Die wahre Gestalt des
Christentums"; J. Dietzgen, Die Religion der Sozialdemokratie;
J. Stern, Die Religion der Zukunft; G. Lommel, Jesus von
Nazareth; F. Heigl, Spaziergänge eines Atheisten; A. Dulk, Der
Irrgang des Lebens Jesu; Stamm, Die Erlösung der darbenden
Menschheit; A. Donay, Wider Gottes= und Bibelglauben; Lüt=
genau, Natürliche und soziale Religion; Losinsky, War Jesus
Gott, Mensch oder Übermensch? usw. — Schriften, die von gemeinen
Schmähungen alles Heiligen strotzen! Liebknecht ließ durch seine Frau
den englischen Roman „Die wahrhaftige Lebensgeschichte des Josua
Davidsohn" als „besonders zeitgemäß" ins Deutsche übersetzen. In
diesem Buche wird die heutige christliche Kirche als herzloser Pha=
risäismus verspottet, Christus — der übrigens nur die Menschheit
bedeute — als Sozialist gefeiert, der Glaube an Gott als Mythe
bezeichnet usw. Auch das infame Sudelwerk von Emil Rosenow,

Nach Dr A. Rübt, der sich selbst öffentlich des Atheismus rühmte, wird in unserem Zeitalter die naturwissenschaftlich-humanistische Weltanschauung im Kampf mit jeder Religion den Weg bahnen, auf dem die Vernunft die Menschheit zum Siege über Lüge und Tyrannei in jeder Form führt. „Nicht mehr erflehen wir des Himmels Gnade und Erbarmen, sondern Gerechtigkeit und Glück wollen wir schon auf Erden haben."[1]

L. Hoffmann kennt keine „utopischeren Utopien" als den Glauben an den „dreieinigen Gott, die Menschwerdung Gottes, Unsterblichkeit und ewige Seligkeit"[2].

K. Kautsky tadelte vor einigen Jahren in der „Neuen Zeit"[3] die französischen Sozialisten, insbesondere Jaurès, wegen ihres Kampfes gegen die Kongregationen, weil derselbe nicht radikal genug sei. Jaurès „übersieht vollständig, daß ich die deutsche Methode (des Kampfes gegen die Kirche) der französischen nicht deswegen vorziehe, weil jene auf den Kampf gegen die Kirche verzichtet, sondern weil sie ihn viel wirksamer führt. Der einseitige Kampf gegen die Kongregationen ... ist ein bloßes Beschneiden der Äste des Baumes, was ihn nur um so üppiger wuchern läßt. Die Axt muß an seine Wurzel

---

„Wider die Pfaffenherrschaft", wird offiziell von der Partei herausgegeben und empfohlen (vgl. Protokoll der Verhandlungen des Parteitages zu Bremen 46).

[1] A. Rübt, Die Wahrheit über Klöster und Möncherei, Vortrag, gehalten in Mannheim am 9. Dezember 1888.

[2] Ist Religion Privatsache? Berlin 1891, 13. Andere Zeugnisse s. bei Käfer, Der Sozialdemokrat hat das Wort[3] 1905, 140 ff, und Th. Wacker, Wie stellt sich die sozialdemokratische Presse zu dem, was dem gläubigen Christen vor allem heilig ist? (1892.) Ad. Hoffmann, der Verfasser der „Zehn Gebote", gestand auf dem Hamburger Parteitag (Oktober 1897, Protokoll 107) von sich: „Ich habe nur ein Pantinengymnasium zu sehen bekommen, und zwar nur 3½ Jahre lang. Was ich dort erworben, das ist mein Stolz." Das sind die geistigen Führer der Sozialdemokratie, welche die zehn Gebote kritisieren! Sapienti sat!

[3] 21. Jahrg., I 506.

gelegt werden; das wird aber nur erreicht durch die Aufhebung der staatlichen Unterstützung des Weltklerus". Die biographische Skizze „Friedrich Engels. Sein Leben, sein Wirken, seine Schriften" (1908) schließt Kautsky mit den Worten: „So ist er (Engels) der stolzesten Form jener Unsterblichkeit teilhaftig geworden, an die allein wir zu glauben vermögen. Es gibt keine andere Unsterblichkeit als die, daß die Sache uns überlebt, der unser ganzes Leben gehörte, daß wir auf diese Weise in ihr weiterleben." Auch in seiner Broschüre: „Die Sozialdemokratie und die katholische Kirche" (1908, Vorwort) macht er aus seinem religiösen Nihilismus kein Hehl: „Die Annahme eines persönlichen Gottes (und ein unpersönlicher Gott ist ein leeres Wort) und einer persönlichen Unsterblichkeit ist unvereinbar mit dem heutigen Stand der wissenschaftlichen Erkenntnis im allgemeinen.... Unvereinbar aber mit dem wissenschaftlichen Sozialismus im besondern ist die Idee eines Gottmenschen oder Übermenschen, dem es gegeben wäre, durch die Kraft seiner Persönlichkeit die Menschheit zu erlösen und auf eine höhere Stufe des Daseins zu erheben."

Frau Steinbach sagte auf dem Parteitage in Hamburg zur Verteidigung der Redaktion der „Neuen Welt": „Ein Redakteur, der ein Blatt schreiben soll für eine Million von Lesern und allen zu Gefallen, der müßte ein Gott sein, und daran glauben wir ja nicht." Die Äußerung wurde von der Versammlung, nach dem „Vorwärts"[1], mit Heiterkeit und Beifall aufgenommen. Dieselbe Frau hatte trotzdem den Mut zu erklären, sie halte es für eine Rohheit, denjenigen die Religion zu nehmen, denen wir noch keine neue Religion geben können. Religion müsse Privatsache bleiben.

Auf dem ersten Parteitag der preußischen Sozialdemokratie zu Berlin am 30. Dezember 1904 nannte Dr Arons die Religion, die in unsern Schulen gelernt wird, „ein unnützes Möbel"[2].

---

[1] 1897, Nr 233, 1. Beil.

[2] Angesichts der zahlreichen angeführten Zeugnisse begreift man wirklich nicht, wie Sombart (Sozialismus und soziale Bewegung

In tausend Variationen klingen dieselben religionsfeindlichen Töne durch die sozialistische „Poesie". Sie liebt es mit Vorzug, alles Christliche zu parodieren. Es existieren sozialistische „Weih= nachts=, Oster= und Pfingstlieder", die alles Christliche blasphemisch verhöhnen. In der „Weihnachts=Marseillaise" (in Max Kegels Sozialistischem Liederbuch, Stuttgart 1891) heißt es z. B.:

> Nicht hoffe mehr nach alter Sitte,
> Daß dir ein Wunderstern erscheint,
> Dich führend zu des Heilands Hütte,
> So ist die Sage nicht gemeint.

> Blick auf, ein Stern in hellem Scheine,
> Der Sozialismus, winkt dir zu,
> Und der Erlöser, der bist du,
> Und jene Hütte ist die deine.

Am Tage, an welchem die Christenheit den Tod des Erlösers am Kreuze feiert, flucht der Sozialist:

> Weh jenem bleichen Nazarener,
> Ich bin so gut wie jener
> Der Gottheit eingeborner Sohn.

Man vergleiche noch das gotteslästerliche Gedicht von C. M. Scävola („Zum Maifest 1891" im „Vorwärts" 1891, Nr 102), wo dem christlichen Gethsemani, Golgatha und Ostern ein sozia= listisches gegenübergestellt wird, ferner das Gedicht in der „Neuen Welt" 1894, Nr 1, in dem es heißt: „Kein Heiland ist noch je erschienen" 2c.

Wer noch an Unsterblichkeit glaubt, wird von einem sozialistischen Versemacher als ein Tor verhöhnt [1]:

---

101) schreiben konnte: „Heute vernimmt man denn auch grundsätzlich religionsfeindliche Äußerungen nur noch in den Kreisen halbgebildeter Sozialisten." Sombart scheint in einer andern Welt zu leben. Oder rechnet er etwa Kautsky, Bebel, Dr Arons, Dr Erdmann, Mehring und die Redakteure des „Vorwärts" usw. zu den halbgebildeten Sozialisten?

[1] Die Neue Welt 1894, Nr 2.

> Und wenn ich nun gestorben bin,
> Was wird nachher mir werden?
> Tor, dein „Nachher" hat keinen Sinn,
> Nachher ist nur auf Erden!

Die Weihnachtsnummer des sozialdemokratischen „Wahrer Jakob" 1897 brachte an ihrer Spitze ein Leitgedicht mit der Überschrift: Wir feiern doch das Weihnachtsfest. — Eine Strophe lautet:

> Und sind wir auch des Glaubens bar
> Vom heil'gen Christ der Kinderzeit,
> Und rangen wir auch ernst und klar
> Empor uns aus dem Fabelstreit,
> Und schwand uns auch der Glaube ganz,
> Daß aus der Knechtschaft Not und Bann
> Ein Heiland voller Himmelsglanz
> Uns retten und erlösen kann. —
> Wir feiern doch das Weihnachtsfest,
> Weil wir der festen Zuversicht,
> Daß endlich doch der stolze Rest
> Der Tyrannei zusammenbricht 2c.

Der sozialdemokratische Dichter Levy ruft den Jenseitsgläubigen höhnend zu:

> Hei, wir spotten eurer Tugend!
> Harrt ihr auf des Jenseits Wonne,
> Laßt uns unsre gold'ne Jugend,
> Unsre Liebe, unsre Sonne [1].

---

[1] Ebd. 1903, Nr 5. Wenn die Führer und die Hauptorgane der Sozialdemokratie in der Weise, wie wir gezeigt, sich über das Christentum äußern, so darf es uns nicht wundern, daß in den Provinz- oder Lokalblättern die „Genossen" das Christentum in der gemeinsten Weise verhöhnen und lästern. Es ist nur zu wahr, was ein Sozialdemokrat noch unlängst in der „Neuen Zeit" (1908, II 343) schrieb: „In den Arbeitern lebt, besonders in klerikal beherrschten Ländern, ein intensiver Haß gegen alles Pfaffentum, das immer als Feind seiner Bildung auftritt (!) und ihn in geistiger Knechtschaft halten will. Diese starke antiklerikale Gesinnung bewirkte, daß bei der Gründung des Vereins ‚Freie Schule', der der Ver-

II. Zeugnisse außerdeutscher Sozialisten.

Den Zeugnissen der deutschen Sozialisten fügen wir noch einige Zeugnisse ausländischer „Genossen" bei, die beweisen, daß die Sozialdemokratie in Bezug auf Irreligiosität sich überall gleich ist.

B. Malon, ein Hauptführer der französischen Sozialisten, der das „Kapital" von Marx ins Französische übersetzt hat, sagte auf dem Sterbebette: „Ich sterbe in meinem pantheistischen, evolutionistischen, sozialistischen Glauben." [1]

Einer der treuesten Freunde von Marx und Engels war der Sozialist Leo Frankel. Bei seinem Begräbnis auf dem Père-Lachaise waren sozialistische Vertreter fast aller Länder zugegen, auch solche der deutschen Sozialdemokratie. Am Grabe las man das Testament Frankels, das also beginnt: „So, wie ich als Freidenker gelebt habe, will ich auch sterben. Kein Priester soll meiner Sterbestunde und meinem Leichenbegängnis beiwohnen mit der Absicht, meine Seele zu retten. Ich glaube weder an den Himmel noch an die Hölle, weder an Belohnungen noch an Qualen in einer andern Welt. Himmel und Hölle, Züchtigungen und Belohnungen leben im Bewußtsein eines jeden einzelnen. . . . Ich sterbe ohne Furcht." Der Berliner „Vorwärts" [2] schließt seinen Bericht über das Begräbnis Frankels mit den Worten: „Alle Anwesenden waren tief ergriffen von der Erhabenheit der Totenfeier."

Welche Gesinnung die französischen Sozialisten gegen die Religion hegen, geht übrigens sonnenklar aus ihrer Stellung im jetzigen „Kulturkampf" hervor. Die ärgsten Schreier in diesem „Kulturkampf" sind die Sozialisten. Sie rufen immer nach neuen und gehässigen Unterdrückungsmaßregeln gegen die Kirche, besonders die

pfaffung entgegenarbeiten sollte, die klassenbewußten Arbeiter massenhaft zuströmten, um die Lehrer und die antiklerikale Bourgeoisie in diesem Kampfe zu unterstützen."

[1] Vgl. L. Say, Contre le socialisme (1896) 82.
[2] 1896, Nr 81.

Ordensleute, und sind selbst durch die weitestgehenden Zugeständnisse nicht zu befriedigen.

Auf dem „Parteitag der deutschen Sozialdemokratie Öster= reichs" in Linz (30. Mai 1896) wurde auf Antrag Perner= storfers eine Resolution angenommen, in der es u. a. heißt: „Die Sozialdemokratie ist das kontradiktorische Gegenteil des römischen Klerikalismus als des An= hängers starrer Autorität, unwandelbaren Dogmas und der ab= soluten geistigen Unfreiheit. Wir stehen jeder Autorität zweifelnd gegenüber, wir kennen kein unwandel= bares Dogma und sind die Vertreter des Rechts, der Freiheit und des Gewissens (!). In diesem kolossalen Kampfe werden wir Sozialdemokraten vor den Mächten dieser Erde und auch vor den Mächten der Hölle nicht zurückweichen. Neben dem Kampf für die ökonomischen Forderungen der Arbeiterklasse kämpfen wir den Kampf für die größten geistigen Güter. Und dieser jahrtausendalte Kampf zwischen Licht und Finster= nis wird sich entscheiden zu Gunsten des Lichts, zu Gunsten der Sozialdemokratie." Der Antrag wurde nach dem Bericht des Berliner „Vorwärts" [1] mit „stürmischem" Beifall auf= genommen. Auf dem Parteitag der österreichischen Sozialdemokratie zu Graz am 2. September 1900 bezeichnete Ellenbogen als eine Aufgabe der österreichischen Sozialdemokratie „den Kampf gegen den volksverdummenden Klerikalismus zu führen" (Kölnische Volkszeitung 1900, Nr 810). Am 23. April 1901 erklärte Pernerstorfer im österreichischen Reichsrat: „Der römische Feti= schismus ist keine Religion." Auf dem spanischen Sozialisten= kongreß in Madrid am 21. September 1899 wurde „die Aus= schließung der Genossen, die irgend eine positive Religion unter= stützen", beschlossen. Dieser Beschluß ist nach dem „Vorwärts" (1899, Nr 225) „eine Antwort auf den mittelalterlichen Zelotismus der spanischen Klerikalen". Der englische Sozialist Belfort Bax schreibt: „Es wird jetzt klar sein, in welchem Sinn der Sozialis= mus nicht religiös ist. Er verachtet gänzlich die ‚andere Welt' mit

---

[1] 1896, Nr 126, Beil.

all ihren Theaterrequisiten (stage properties), d. h. das, worauf gegenwärtig die Religion hinaus will. Ebenso wird klar sein, in welchem Sinn er nicht irreligiös ist. Er bringt die Religion vom Himmel auf die Erde zurück."[1] An einer andern Stelle bezeichnet er es als natürlich, daß der Sozialist mit Entrüstung den ständigen Hinweis auf einen halb sagenhaften Syrer des 1. Jahrhunderts als Ideal der Vollkommenheit empfindet[2].

Fünfter Artikel.

Die Wurzeln und Quellen des Sozialismus. Verhältnis des Sozialismus zum Liberalismus[3].

Wie sich schon aus unserer bisherigen Darlegung zur Genüge ergibt, hieße es ganz auf der Oberfläche bleiben, wollte man den Sozialismus für die Erfindung eines schlauen Kopfes oder für das künstliche Erzeugnis einiger ruinierter Existenzen oder politischer Abenteurer halten. Wir haben schon wiederholt auf die tiefer liegenden Ursachen und Wurzeln des Sozialismus hingewiesen[4]. Doch lohnt es sich der Mühe, hier noch einmal auf diese Frage zurückzukommen, weil sie geeignet ist, das Verhältnis des Sozialismus zum Liberalismus in helleres Licht zu setzen.

Manche Sozialisten behaupten bekanntlich, nur die Folgerungen aus den schon von den Liberalen aufgestellten Grundsätzen zu ziehen, und auch christlicherseits ist der Liberalismus

---

[1] The religion of Socialism, London (ohne Jahreszahl) 52.

[2] Ebd. 96.

[3] Siehe hierüber auch Pachtler, Die Ziele der Sozialdemokratie und des Liberalismus (1892); H. Pesch, Liberalismus, Sozialismus und christliche Gesellschaftsordnung (1898) 12 ff. Pesch nennt mit Recht den Sozialismus den „Liberalismus des vierten Standes". Eine ausführlichere Charakteristik des Liberalismus findet der Leser in unserer Moralphilosophie II⁴ 618 ff.

[4] Siehe oben S. 17 ff.

vielfach der Vaterschaft des Sozialismus beschuldigt worden. Die Liberalen dagegen weisen diese Verwandtschaft mit Abscheu und Entrüstung zurück. Der Liberalismus will ja, sagen seine Anhänger, das Eigentum nicht aufheben; er will auch nichts weniger als eine sklavische Organisation der Produktion, sondern unbeschränkte Freiheit für alle.

Trotzdem glauben wir, daß man mit vollem Recht den Sozialismus den legitimen Sohn des Liberalismus nennen kann und muß, auch wenn sich der Liberalismus noch so sehr dieser Vaterschaft schämt. Die Frage ist ja nur, ob die von den Liberalen aufgestellten Prinzipien folgerichtig zum Sozialismus führen oder nicht; und diese Frage glauben wir bejahen zu müssen.

1. Die tiefste Wurzel des Sozialismus ist die atheistisch=materialistische Weltauffassung.

Nimmt man einmal an, mit diesem Leben sei alles aus, dem Menschen sei kein anderes Los beschieden als jedem andern Säugetier, das im Schlamm herumwühlt: wer will dann von den Armen und Bedrückten, deren Leben ein beständiger Kampf ums Dasein ist, verlangen, daß sie mit Geduld und Ergebung ihr hartes Los tragen und ruhig zusehen, wie sich andere stets in Seide und Purpur kleiden und täglich reichliche Mahlzeit halten? Hat nicht auch der Arbeiter den unzerstörbaren Trieb nach vollkommenem Glück in seinem Herzen? Wenn man ihm jede Hoffnung auf ein besseres Jenseits geraubt, mit welchem Recht will man ihn dann hindern, sein Glück nach Möglichkeit auf Erden zu suchen und deshalb gebieterisch seinen Anteil an den Erdengütern zu verlangen?[1] Ist er

---

[1] „Meine Herren", sagte Bebel im Reichstag am 23. Februar 1890, „Sie wissen so gut wie wir, daß, je mehr der Glaube an das jenseitige Leben bei den Massen schwindet, die Massen um so nachdrücklicher verlangen, daß sie

nicht ebensogut Mensch als der Arbeitgeber, der sich mit
seinem Schweiße zu bereichern sucht? Warum sollen die einen
in Not und Armut ihr Leben fristen, während die andern im
Überfluß schwelgen, da doch alle dieselbe Natur haben und sich
von ihrem Standpunkte kein Grund angeben läßt, warum die
Güter dieser Erde mehr den einen als den andern angehören
sollten? Ganz gewiß, ist der atheistisch-naturalistische Standpunkt berechtigt, dann ist auch die Forderung des Sozialismus begründet, daß die Güter und Freuden dieser Erde allen
möglichst gleichmäßig zu teil werden sollen, daß es verwerflich
ist, wenn die einen in herrlichen Palästen wohnen und mühelos
sich allen Genüssen hingeben können, während die andern in
armseligen Kellerlöchern und Dachstübchen leben und troß der
angestrengtesten Arbeit oft kaum das nötige tägliche Brot
erwerben [1].

ihren Himmel auf Erden finden." Der Gedanke ist nicht
neu. Schon vor mehr als 50 Jahren hat ihn H. Heine ausgesprochen. Nachdem er bemerkt, die deutsche Philosophie habe den
Gottesglauben und die Gottesfurcht untergraben, fährt er fort: „Mit
dem Umsturz der alten Glaubensdoktrinen ist auch die alte Moral
entwurzelt. . . . Die Vernichtung des Glaubens an den Himmel hat
nicht nur eine moralische, sondern auch eine politische Wichtigkeit.
Die Massen tragen nicht mehr mit Geduld ihr irdisches Elend und
lechzen nach Glückseligkeit auf Erden. Der Kommunismus ist eine natürliche Folge dieser veränderten
Weltanschauung, und er verbreitet sich über ganz Deutschland"
(WW. III, Hamburg 1876, 113—115).

[1] In einer Rede im preußischen Vereinigten Landtag am 15. Juni
1847 sagte Herr v. Bismarck (der spätere Reichskanzler): „Wie
man in solchen Staaten (d. h. in Staaten ohne religiöse Grundlage)
den Ideen, z. B. der Kommunisten über die Immoralität
des Eigentums, über den hohen sittlichen Wert des
Diebstahls als eines Versuches, die angeborenen Rechte
der Menschen wiederherzustellen, das Recht, sich geltend
zu machen, bestreiten will, wenn sie die Kraft in sich

Wer ist es nun, der den Atheismus in allen Formen gepredigt und großgezogen? Wer hat das Christentum mit allen Mitteln bekämpft, seinen Einfluß auf das gesamte öffentliche Leben in jeglicher Weise zu hemmen gesucht? Wer ist es, der den extremsten Evolutionismus zum Dogma erhoben und selbst dem ungebildeten Volke mundgerecht gemacht hat? Wer predigt noch heute in Wort und Schrift, auf dem Katheder und in den öffentlichen Versammlungen den krassesten Atheismus? Die Anhänger des Liberalismus sind es, angefangen von den Enzyklopädisten bis herab zu unsern heutigen „Vertretern der Wissenschaft", die den Glauben an Gott und an den Erlöser Jesus Christus als Köhlerglauben bekämpfen und verhöhnen[1]. Insbesondere sind Hegel und Feuerbach die Väter des sozialistischen Dioskurenpaares Marx und Engels[2]. Worin jemand gesündigt, darin wird er auch gestraft.

___

fühlen, ist mir nicht klar. Denn auch diese Ideen werden von ihren Trägern für human gehalten, ja als die erste Blüte der Humanität angesehen. Deshalb, meine Herren, schmälern wir dem Volke nicht sein Christentum." (Angeführt bei Busch, Bismarck und seine Leute während des Krieges mit Frankreich I [1878] 210).

[1] Es ist für manche Kreise nur zu wahr, was Marx in seinem „Kapital" (Vorrede zur ersten Auflage S. ix) sarkastisch schreibt, daß ihnen der Atheismus selbst als eine culpa levis erscheint, verglichen mit der Kritik überlieferter Eigentumsverhältnisse. Virchow, eine Leuchte des Liberalismus, behauptete im Landtage (Sitzung vom 8. Mai 1891) öffentlich, er verstehe nicht, wie ein vernünftiger Mensch sich einbilden könne, die Menschen seien dazu da, sich auf den Himmel vorzubereiten.

[2] „Die deutsche Arbeiterbewegung ist die Erbin der deutschen klassischen Philosophie", sagt Engels (Ludwig Feuerbach 68). „Unsere Sozialdemokratie", behauptet Dietzgen (Religion der Sozialdemokratie 38), „ist die notwendige Konsequenz einer religionslosen, nüchternen Denkungsweise.... Die Philosophie hat ... endlich das unvergängliche System der Wissenschaft, das System des demokratischen Materialismus gewonnen."

22*

Ganz besonders hat der Liberalismus durch die S ch u l e
dem Unglauben in die weitesten Volkskreise Eingang verschafft.
Die Universitäten sind seit einem Jahrhundert förmliche Brut=
stätten des Unglaubens geworden. Die offenen Anhänger des
Christentums bilden unter unsern Universitätsprofessoren eine
verschwindende Minorität. Die große Masse derselben steht
dem Christentum gleichgültig, wenn nicht gar feindselig gegen=
über oder bekennt sich höchstens zu einem völlig verwässerten,
nichtssagenden Christentum. Wir könnten diese Behauptung
leicht durch eine große Zahl von Zeugnissen beweisen.

Von den Universitäten sickert der Unglaube immer mehr
in alle Volkskreise hinab. Der Liberalismus sucht ja in allen
Ländern, wo er offen aufzutreten wagt, die Volksschule immer
mehr jedem religiösen Einfluß zu entziehen oder sie zu laizifieren,
wie man es nennt. Und das verlangt auch die Konsequenz
der „liberalen" Grundsätze.

Vor mehreren Jahren hat ein liberaler Universitätsprofessor
(Dodel=Port) ein Buch veröffentlicht, worin er, vielleicht mehr
als manchem seiner Gesinnungsgenossen lieb ist, aus der Schule
redet. Das Buch trägt den Titel: Moses und Darwin. Was
wird, so fragt sich der Verfasser, auf unsern U n i v e r s i t ä t e n
gelehrt? D a r w i n und wiederum D a r w i n. Die Lehre von
der Erschaffung der Welt aus dem Nichts, die Lehre vom
Paradiese und dem Sündenfall der ersten Menschen, die Er=
zählung von Wundern ist von der Wissenschaft, wenn wir
dem Verfasser glauben, längst abgetan und ins Reich der
Fabeln verwiesen. Die Vertreter der „Wissenschaft" lehren,
daß es keinen persönlichen Gott gebe, daß sich der Mensch
aus dem Tierreich entwickelt habe, daß es keine Unsterblichkeit
und keine Freiheit gebe und in der Menschengeschichte sich
alles nach denselben mechanischen Gesetzen abwickle wie in
der übrigen Natur usw. Das sind die Lehren an unsern
Universitäten.

Und was wird in der Volksschule gelehrt? Das gerade
Gegenteil. Da wird den Kindern der Glaube an Moses,
an das Dasein Gottes, an die Erschaffung der Welt, an den
Sündenfall, an die Wunder beigebracht.

Soll dieser Widerspruch noch länger bestehen bleiben? Nein,
antwortet der Verfasser. Weg mit der bis heute noch üblichen
Heuchelei! Bekennen wir offen Farbe. Heraus mit Moses
und seinen Wundern aus der Volksschule, damit nicht jeder
Jüngling, wenn er die höheren Schulen zu besuchen beginnt,
den schweren Kampf zwischen zwei diametral entgegengesetzten
Weltanschauungen durchzukämpfen habe.

Das ist ganz konsequent vom liberalen Standpunkt, zeigt
aber auch, wen die Schuld trifft für den Unglauben, der immer
mehr alle Volksschichten zu durchfressen droht und uns den
modernen Sozialismus mit seinen Umsturzplänen beschert hat [1].

Die Sozialisten sind sich auch klar bewußt, in Bezug auf den
Atheismus ganz auf dem Boden der modernen ungläubigen Wissen=
schaft zu stehen. Nach Marx und Engels ist „die deutsche
Arbeiterbewegung die Erbin der klassischen deutschen Philosophie".

---

[1] Sehr richtig sagte Dr Jörg in der Reichstagssitzung vom
23. Mai 1878: „Das allererste, was not tut, ist die Regenerierung
der Schule. Mich für meine Person erschreckt die Sozialdemokratie
der Gegenwart viel weniger als die Sozialdemokratie der Zukunft,
die heranwächst aus unserer Jugend. Man hat in ver=
fehlter politischer Berechnung die Schule überall mehr und mehr dem
religiösen Einflusse entzogen; man hat damit, ohne es zu wollen, ihre
Türen der Sozialdemokratie geöffnet. Ja, meine Herren, diese moderne
Pädagogik, ich möchte fast sagen, diese moderne Schulwut ist das
Seminarium der Sozialdemokratie. Denn, ob sie will
oder nicht, sie wirkt tatsächlich dahin, daß sie einen jeden hinaushebt
über seinen Stand und so die Unzufriedenheit aussät in allen Kreisen
des Volkes. So will ich es verstanden haben, wenn ich Ihnen offen
sage, ein mühseliger, beladener Arbeiter, der nicht mehr betet, der es
nicht gelernt oder vergessen hat, der ist die leichte Beute der Sozial=
demokratie, sobald sie kommt, um ihn zu holen."

Bebel hat dies den Vertretern derselben schon oft in der ein-
dringlichsten Weise vorgehalten. So sagte er z. B. am 16. September 1878 im Reichstag: „Sie greifen, meine Herren, unsere
Anschauungen in Bezug auf die Religion an, die atheistische und
materialistische seien. Ich erkenne dies für richtig an. . . . Ich
glaube fest, daß der Sozialismus schließlich zum
Atheismus führen wird. Wer hat denn aber diese
atheistischen Lehren, die Ihnen so viel Sorgen und
Verdruß machen, wissenschaftlich und philosophisch
begründet? Waren das vielleicht Sozialdemokraten? Waren die Edgar und Bruno Bauer, die Feuerbach,
die David Strauß, die Ernst Renan — waren das Sozialdemokraten? Das sind Männer der Wissenschaft. . . . Wir haben diese
atheistischen Ansichten auf Grund unserer wissenschaftlichen (!) Überzeugung adoptiert und halten uns für verpflichtet, sie weiter zu
verbreiten und in die Massen zu tragen. Warum soll nun
das, was auf der einen Seite erlaubt war, auf der
andern verboten sein?" Die Vertreter unserer modernen
Wissenschaft werden schwerlich etwas Stichhaltiges hiergegen vorbringen können; denn wenn dieselben ihren Unglauben auch nicht
so offen zur Schau tragen, so steht doch ein großer Teil derselben
ganz auf dem Standpunkt von Strauß und Renan.

2. Die zweite Grundlage der großen Umsturzpartei ist der
Gleichheitsfanatismus. Auch hier steht der Sozialismus ganz auf dem Boden des Liberalismus und zieht die
Folgerungen aus den Prinzipien des letzteren. Wer hat den
Wahlspruch: Freiheit, Gleichheit und Brüderlichkeit ausgegeben und damit die französische Revolution als
ein Recht, ja als Pflicht verherrlicht? Es waren die Anhänger
des Liberalismus. Die Revolutionsmänner, Jakobiner wie
Girondisten, diese echten Vorfahren der modernen Liberalen,
die sich in ihren Halbheiten gefallen, führten die Freiheit und
Gleichheit immer im Munde. Mit Berufung auf diese Freiheit und Gleichheit wurde die alte Ordnung umgestoßen,

wurden die Privilegien des Adels und Klerus zertrümmert, die Erinnerung an die alte Einrichtung durch neue Einteilung verwischt, das Volk für souverän erklärt und schließlich der „Bürger Capet" auf das Schafott gebracht. Freilich, als nun die liberale Bourgeoisie die Zügel in Händen hatte, da wollte sie den weiteren Folgerungen aus ihren Grundsätzen Halt gebieten. Nachdem man die Kirche verfolgt und nach Möglichkeit vernichtet hatte, wollte man — Robespierre an der Spitze — den Kult eines „höchsten Wesens" einführen, um die Massen im Zaume zu halten. Nachdem man sich an den Gütern der Kirche und des Adels vergriffen und mit dem Vermögen der Nation bereichert hatte, da bestimmte man in der Verfassung: „Das Privateigentum ist heilig und unverletzlich." Nachdem man die Aristokratie der Geburt und die Vorrechte des Klerus beseitigt, wollte man eine Aristokratie des Geistes und des Reichtums anerkannt wissen. War das etwa folgerichtig? Hatte man das Recht, vom „Volke" zu verlangen, daß es sich mit dieser Gleichheit begnüge, die ihm zwar die formelle Freiheit, aber auch vollständige Schutzlosigkeit brachte und es schließlich als Arbeitermasse in die Hände der Kapitalisten lieferte? Hatte es nicht vielmehr das Recht, zu verlangen, daß man mit der gerühmten Gleichheit endlich vollen Ernst mache? Es gehört kein großes Maß folgerichtigen Denkens dazu, um die richtige Antwort zu finden.

3. Auch in Bezug auf die Werttheorie, diese Hauptwaffe des Marxismus, liegt die Abstammung des Sozialismus vom Liberalismus klar zu Tage. Wer die sozialistische Werttheorie, die Theorie, daß aller Tauschwert nur das Produkt der Arbeit oder aufgehäufte Arbeit sei, annimmt, der kann die heutigen Einkommensverhältnisse, bei denen die Arbeiter zu kurz kommen, unmöglich gerecht finden, der muß sich schließlich dem vollen Sozialismus in die Arme werfen. Wer hat nun die sozialistische Werttheorie zuerst aufgestellt? Ist sie

etwa eine eigene Erfindung des Sozialismus? Keineswegs, sondern ein Erbstück aus dem Liberalismus. Ad. Smith, D. Ricardo, J. B. Say und wie die klassischen National= ökonomen heißen, die alle dem Liberalismus angehörten, sie haben fast ausnahmslos dem Grundsatz gehuldigt, daß aller Wert nur auf Rechnung der Arbeit zu setzen sei. Lassalle konnte sich, wie wir schon oben gezeigt, zu Gunsten seiner Werttheorie auf eine stattliche Reihe liberaler Volkswirtschafts= lehrer berufen. In neuerer Zeit ist allerdings diese Theorie entweder ganz aufgegeben oder wesentlich umgestaltet worden. Man hatte eingesehen, welch gefährliche Waffe dieselbe in den Händen des Sozialismus geworden sei. Aber es war zu spät. Die Tatsache läßt sich nicht mehr aus der Welt schaffen, daß der Liberalismus die gefährlichste Waffe geschmiedet hat, deren sich der Sozialismus zum Umsturz der bestehenden Ordnung bedient.

4. Aber nicht bloß theoretisch, sondern auch praktisch hat der Liberalismus dem Sozialismus vorgearbeitet, ihm den Boden geebnet, und zwar durch seine rücksichtslose Durch= führung der unbeschränkten wirtschaftlichen Kon= kurrenz mit all den Freiheiten, die dazu als Anhängsel ge= hören: Freizügigkeit, Gewerbefreiheit usw. Alle schützenden Organisationen, welche im Laufe der Zeit nicht auf dem Wege der Theorie, sondern des praktischen Bedürfnisses entstanden waren, wurden im Namen der Freiheit mit Gewalt zertrümmert. Selbst die Wucherverbote wurden im Interesse der Freiheit auf= gehoben. So wurde die Gesellschaft individualisiert oder atomi= siert, wurden die wirtschaftlich Schwächeren isoliert und der Übermacht des Kapitals auf dem Boden der unumschränkten Konkurrenz preisgegeben. Da außerdem die neuen technischen Erfindungen fast nur den wenigsten Kapitalisten zu gute kamen, so wurden in den Industriezentren die soliden Mittelstände, welche den besten Halt der bestehenden Ordnung bilden, immer

mehr aufgelöst und die Gesellschaft in zwei feindliche Klassen
geteilt: einerseits die reiche Bourgeoisie mit ihrem alten Haß
gegen Kirche und Adel, mit ihrer maßlosen Habgier, ihrer
rücksichtslosen Ausbeutung der Arbeiter als einer minderwertigen
Rasse; anderseits die riesigen Massen von Unbemittelten, besonders Fabrikarbeitern, mit ihrem Haß und Ingrimm gegen
die kapitalistischen Ausbeuter. Damit war der günstige Boden
für die Sozialdemokratie gewonnen. Es bedurfte nur noch der
Agitatoren, welche „die Enterbten" mit den Errungenschaften
der ungläubigen Wissenschaft bekannt machten und die Brandfackel der Empörung gegen die Kapitalisten in die Arbeitermassen
hineinwarfen, und die Sozialdemokratie war da.

5. Auf politischem Gebiete hat endlich der Liberalismus durch sein Bestreben, alle Gebiete des öffentlichen Lebens
in den Händen der Staatsgewalt zu zentralisieren, dem
Sozialismus Vorschub geleistet.

Der Sozialismus zielt seinem ganzen Wesen nach auf die
größte staatliche Zentralisation. Produktionsmittel,
Organisation der Arbeit, Verteilung der Produkte, Erziehung,
Unterricht, alles soll verstaatlicht werden. Der Staat über-
nimmt die Aufgaben der Familie, der Gemeinde und der
Einzelnen. Hieraus folgt unleugbar, was Schäffle behauptet:
„Alle Zentralisation des liberalen Staates leistet dem Sozia-
lismus Vorschub und ist ihm kongenial." [1]

Wer hat nun mit allen Kräften das ganze Schul- und
Kirchenwesen, die Ehe, die Armenpflege zentralisiert, wer die
Unabhängigkeit der Gemeinden, der Kirche, der Orden zerstört
und alles dem Staate überliefert? Es ist der Liberalismus.
Der Sozialismus ist nichts anderes als die folgerichtige Weiter-
entwicklung des liberalen Staatsbegriffs. Der Staat ist die
Quelle alles Rechts, sagt der Liberalismus. Auf dieses Prinzip

[1] Quintessenz des Sozialismus 29.

kann sich der Sozialismus dem Liberalismus gegenüber mit
vollem Recht zu Gunsten seiner Pläne berufen.

So ist es unzweifelhaft: Liberalismus und Sozialismus
sind trotz des scheinbaren Gegensatzes innig verwandt, und
deshalb kann von einer nachhaltigen Bekämpfung des Sozialismus durch den Liberalismus keine Rede sein. Dieser hat nur
eine Waffe gegen den Sozialismus: die Polizei; sobald er
ihn mit andern Waffen bekämpfen will, tritt seine Unfolge-
richtigkeit und Halbheit offen zutage.

Dritter Abschnitt.

Unmöglichkeit des Sozialismus.

———

Erster Artikel.
Erledigung einiger Vorfragen.

§ 1.
Das sozialdemokratische Versteckenspielen.

Die Sozialdemokraten sind sehr stark in der Kritik der heutigen Gesellschaftsordnung. Jeder zutage tretende Übelstand, ob groß ob klein, muß herhalten, um die Unerträglichkeit, Ungerechtigkeit, die Mißwirtschaft, den Bankrott der heutigen Gesellschaft darzutun. Auf der Sozialdemokratie allein ruht alle Hoffnung, sie ist der wahre Erlöser der unterdrückten Menschheit. Diese und ähnliche Tiraden sind fast jeden Tag im „Vorwärts" und in den andern sozialistischen Zeitungen und Schriften zu lesen.

Nörgeln und Kritisieren ist leicht. Sobald man aber anfängt, sich bescheidentlich danach zu erkundigen, was denn die Sozialisten an die Stelle der heutigen Ordnung stellen wollen, dann schwindet der vorlaute Heldenmut. Anstatt mit ihren Zukunftsplänen hervorzurücken, verstecken sie sich hinter nebelhafte, nichtssagende Redensarten oder nehmen zu den

jämmerlichsten Ausflüchten ihre Zuflucht oder überschütten gar
die Fragesteller mit einem ganzen Schwall von Schimpfwörtern,
wie: dogmatische Dickköpfe, durch und durch unwissenschaftliche,
denkunfähige Leute, die an unheilbarer Borniertheit leiden u. dgl.
Warum das wohl? Der Grund ist leicht zu erraten.
Die Sozialdemokratie ist, besonders in Deutschland, eine große
und mächtige politische Partei geworden. Nun lassen sich
politische Parteien sehr leicht zusammenhalten, solange man
sich auf ein möglichst negatives Programm beschränkt und
sich damit begnügt, anzugreifen und zu kritisieren; namentlich
gilt das in Zeiten weit verbreiteter Unzufriedenheit. Würden
dagegen die sozialdemokratischen Führer ein bestimmtes positives Programm mit positiven Zielen aufstellen, so würde
die Partei bald auseinanderfallen oder sich in Sekten spalten.
Es würde sich auch hier der alte Spruch bewahrheiten: quot
capita tot sensus.

Sodann aber verhüllen die Sozialisten ihre Ziele, weil
sie die Kritik scheuen und sich zu blamieren fürchten. Alle
Versuche, die man seit Minos bis auf Cabets
Ikarien gemacht, den Kommunismus in irgend
einer Form praktisch durchzuführen, sind kläglich gescheitert[1]. Einsichtige konnten das mit Bestimmt-

---

[1] Über die kommunistischen Versuche, die im 19. Jahrhundert besonders in Amerika gemacht worden sind, vgl. Pfülf, Kommunistische Experimente: Stimmen aus Maria-Laach XLIX 284 ff;
H. Noyes, History of American Socialism; Nordhoff, Com-
munistic Societies of the United States, New York 1875; Hillquit, History of Socialism in the United States (1903); Hinds,
American Communities and Cooperative Colonies, Chicago 1908;
R. Liefmann, Die heutigen kommunistischen Gemeinden in Nordamerika: Jahrbücher für Nationalökonomie und Statistik, 3. Folge,
XXXVIII 29 ff 145 ff. Es sind im ganzen im vorigen Jahrhundert
vielleicht an die hundert kommunistische Experimente gemacht worden;
alle sind gänzlich mißlungen. Über denjenigen Versuch, der am

heit voraussagen. Sobald nun die Sozialdemokraten aus den
Wolken ihrer nebelhaften Redensarten herabsteigen und uns
ihre Zukunftspläne enthüllen wollten, würde sich alsbald zeigen,
daß dieselben nur eine neue Auflage alter, völlig unpraktischer
Utopien sind. Deshalb hält man sich an den alten Spruch:
Schweigen ist Gold.

Jn der Tat, daß nur solche Beweggründe dem sozial=
demokratischen Versteckenspielen zugrunde liegen, zeigt sich klar,
wenn man die armseligen Ausflüchte durchgeht, mit denen sich
die sozialistischen Führer den neugierigen Fragen nach dem
Zukunftsstaate zu entziehen suchen. Wir wollen die landes=
üblichsten dem Leser vorführen, damit er selbst einen Einblick
in die „Wissenschaft" und die „Zielbewußtheit" bekomme, mit
der sich die Sozialisten brüsten.

1. „Das geht euch gar nichts an, wie wir uns
den Zukunftsstaat denken. Jhr braucht euch nicht
unsere Köpfe zu zerbrechen." Wirklich wunderbar! Die So=
zialisten wollen das Haus zerstören, in dem wir bisher friedlich
gelebt; sie wollen uns zwingen, in ein neues auszuwandern:
und da sollen wir nicht einmal das Recht haben zu fragen,

---

meisten Aufsehen erregte, nämlich Cabets Jkarien, haben wir schon
oben (S. 27 f) berichtet. Die allermeisten Experimente erlebten nicht
einmal den zehnten Jahrestag ihrer Gründung. Nur allein die
von einigen Sekten auf religiöser Grundlage errichteten kom=
munistischen Kolonien haben etwas größere Erfolge erzielt, ohne
jedoch zu eigentlicher Bedeutung zu gelangen. Selbstverständlich
können solche auf religiöser Schwärmerei beruhende Gemeinwesen nie
allgemein werden. Über diese religiös=kommunistischen Gemeinwesen
vgl. Pfülf, Die religiös=kommunistischen Gemeinwesen in den
Vereinigten Staaten: Stimmen aus Maria=Laach XLIX 507 ff. Die
größten Erfolge hat die Sekte der Herrnhuter aufzuweisen.
Vgl. Liefmann a. a. O. Aus seiner geschichtlichen Betrachtung
zieht Liefmann den Schluß, daß ein allgemeiner Kommunismus not=
wendig kulturfeindlich wirken müßte.

wie es in dem neuen Hause aussehe? Oder wollen etwa die
Sozialisten alle ihre Gegner ins Meer werfen, bevor sie in
den Hafen ihres gelobten Landes einfahren?

2. „Ja, wie denkt sich denn das Zentrum und
der Freisinn den Zukunftsstaat?" Kann man im
Ernst eine solche Frage an diejenigen richten, welche gar keinen
Zukunftsstaat wollen, deren aufrichtigstes Bestreben es vielmehr
ist, die heutige Gesellschaftsordnung wenigstens in ihren wesent=
lichen Zügen zu erhalten? Wenn jemand ein Haus erhalten
und es nur nach Erfordernis der Umstände ausbessern will,
braucht er keinen Plan für ein neues zu entwerfen. Wohl
aber ist man berechtigt, einen solchen Plan von demjenigen zu
fordern, der das vorhandene, bewohnte Haus zerstören und
durch ein anderes ersetzen will.

Nur ein Wahnsinniger wird sein Haus niederreißen, ohne
zu wissen, ob er ein besseres an dessen Stelle setzen kann. Nun
aber wollen die Sozialisten „die gründliche Beseitigung der
heutigen Gesellschaftsordnung" (Liebknecht), sie wollen mit der
heutigen Gesellschaft „reinen Tisch machen" (Bebel), und sie
verfolgen dieses Ziel mit allen Mitteln der Verhetzung der
unteren Volksklassen gegen die höheren und suchen die ersteren
zu verlocken durch allerlei Vorspiegelungen von einem zukünf=
tigen Reich der Gerechtigkeit und des Überflusses. Da sind
wir doch gewiß berechtigt, von den Sozialdemokraten klare
und unzweideutige Auskunft über ihre Absichten und Ziele zu
verlangen.

3. „Was dann geschehen soll, wenn die alte
Gesellschaft begraben ist, wird sich schon finden."
Eine solche Antwort ist eine unverzeihliche Frivolität gegen die
ganze Gesellschaft. Die Ordnung für eine nach vielen Mil=
lionen zählende Gesellschaft läßt sich nicht aus dem Schranke
holen wie ein Kleid; sie muß lange vorher vorbereitet und
durch allmähliche Übergänge eingeleitet werden. Tatsächlich sind

auch bei allen großen Umwälzungen, so namentlich in den französischen Revolutionen von 1789, 1830 und 1848 immer Maßregeln und Pläne durchgeführt worden, die Jahrzehnte vorher eingehend besprochen worden waren. Die Revolution sollte nur die längst gefaßten Pläne aus der Theorie in die Praxis übersetzen. Nur Rasende zerstören, ohne sich darum zu bekümmern, was nachher kommen soll.

4. „Die Zukunftsmalereien sind unwissenschaftlich, utopisch." Allerdings, in Wahrheit sind sie es; aber die Sozialisten, welche den heutigen Volksmassen immer ihren Zukunftsstaat vorgaukeln, haben kein Recht, sich mit dieser Phrase zu decken. Ist es nicht gewissenlos, immer gegen die heutige Gesellschaft zu donnern und mit dem Bilde eines zukünftigen Schlaraffiens in den Arbeitern die kühnsten und unmöglichsten Hoffnungen zu erwecken und dann, sobald man über dasselbe nähere Auskunft geben soll, sich hinter die Phrase zu verschanzen, dergleichen Zukunftsmalereien seien unwissenschaftlich und utopisch?

Unwissenschaftlich könnte die Untersuchung der Möglichkeit des Zukunftsstaates nur dann genannt werden, wenn man annehmen wollte, die Menschen würden in Zukunft ganz andere sein und sich von ganz andern Triebfedern leiten lassen. Die Sozialisten huldigen auch vielfach dieser Annahme. Aber sie ist zweifellos unrichtig. Der Mensch mag sich vervollkommnen, im wesentlichen wird er immer derselbe bleiben und von denselben Neigungen und Trieben geleitet werden.

Wir verlangen von den Sozialisten nicht, daß sie uns das Bild des Zukunftsstaates bis auf das letzte Tüpfelchen entwerfen, wohl aber dürfen und müssen wir fordern, daß sie uns seine Grundzüge: die Fundamente, die Hauptmauern und Pfeiler, die Stockwerke, angeben, damit wir uns überzeugen können, daß sich darin leben läßt. Kein Vernünftiger kann der Menschheit einen Sprung ins Dunkle zumuten. Nicht

selten fordern die Sozialisten, man solle ihnen die Unmöglich=
keit ihrer Zukunftspläne dartun. Das ist eine ungerechte Ver=
schiebung der Beweislast. Die Sozialisten wollen durch ihre
Zukunftsordnung das heutige Elend beseitigen und Freiheit
und Glück herbeiführen. Es liegt also ihnen die Last des
Beweises ob, daß eine solche Ordnung möglich sei.

5. Wir haben bisher von einem „Zukunftsstaat" ge=
sprochen. Auch dieses Wort muß den Sozialisten zu einer
leeren Ausflucht dienen. „Wir wollen überhaupt
keinen Zukunftsstaat", rief Bebel seinen Drängern im
Reichstag[1] zu, die ihm mit der Frage nach dem Zukunftsstaat
zu Leibe rückten. Armselige Spiegelfechterei! Die Sozial=
demokraten wollen doch auch für die Zukunft ein geordnetes
Zusammenleben vieler, sie wollen, wie Engels und Bebel sagen,
„Schaffung einer Organisation der Verwaltung, der die Leitung
von Produktions= und Austauschprozessen obliegt", oder, wie es
im Erfurter Programm heißt, „die Umwandlung der Waren=
produktion in sozialistische, für und durch die Gesellschaft be=
triebene Produktion", damit der Großbetrieb „zu einer Quelle
der höchsten Wohlfahrt und allseitiger harmonischer Vervoll=
kommnung werde"[2]. In dieser Gesellschaft muß es doch Ge=
setze, also eine gesetzgebende und richterliche Gewalt geben. Was
fehlt da noch zum Staat? Ob das Volk selbst der oberste

---

[1] Sitzung vom 3. Februar 1893.

[2] Marx selbst beleuchtet den Zukunftsstaat an dem Beispiel eines
Vereins von freien Menschen, „die mit gemeinschaftlichen Produktions=
mitteln arbeiten und ihre vielen und individuellen Arbeitskräfte
selbstbewußt als eine gesellschaftliche Arbeitskraft
verausgaben". Die „gesellschaftlich planmäßige Vertei=
lung" der Arbeit ... regelt die richtige Proportion der verschiedenen
Funktionen zu den verschiedenen Bedürfnissen (Kapital I 45). Man
sehe auch seine „Kritik des sozialdemokratischen Parteiprogramms"
in „Die Neue Zeit", 9. Jahrg., I 566.

Gesetzgeber und Richter sei, ist zum Wesen des Staates gleich=
gültig. Es ist also eine leere Wortklauberei, wenn die Sozia=
listen behaupten, sie wollten keinen Zukunftsstaat. Liebknecht
selbst bezeichnete in seiner Erfurter Programmrede die Frage,
ob die sozialistische Gesellschaft ein Staat sei, als einen „leeren
Wortstreit" [1].

Allerdings, wenn es wahr wäre, was Engels [2] schreibt,
der Staat sei „eine Organisation der jedesmaligen ausbeuten=
den Klasse zur Aufrechterhaltung ihrer äußeren Produktions=
bedingungen, also namentlich zur gewaltsamen Niederhaltung
der ausgebeuteten Klassen", dann könnte man begreifen, daß
der Sozialismus den „Staat" beseitigen wolle. Aber diese
Auffassung ist nicht bloß ganz willkürlich, sondern offenbar
unrichtig. Sie macht aus einem zufälligen Mißbrauch das
Wesen des Staates.

Übrigens fallen die Sozialisten durch diese Ausrede aus
der Rolle. Ist denn die Voraussetzung, daß es in der Zu=
kunft soziale und wirtschaftliche Ordnung ohne Staat geben
werde, nicht eine Zukunftsmalerei?

Vielleicht könnte man noch einwenden, ein Staat setze not=
wendig eine Autorität voraus; nun aber wolle der Sozialis=
mus alle künstlichen und gemachten Autoritäten beseitigen.
„Wir sind gegen alle Autoritäten", rief Bebel im Reichstag [3]
aus, „gegen die himmlischen wie gegen die irdischen, die Sie
uns gegenüberstellen". Nur eine Autorität, die jeder sich selbst
erworben, will er bestehen lassen.

Wollten wir diese Auslassung wörtlich verstehen, so hätten
wir da auf gut deutsch den wahnwitzigen Ausspruch der An=

---

[1] Protokoll des Erfurter Parteitages 334. Ähnlich Bernstein,
Zur Geschichte und Theorie des Sozialismus (1901) 212 A.

[2] Entwicklung des Sozialismus 2c. 40. Schon das kommunistische
Manifest gebraucht denselben Ausdruck.

[3] Sitzung vom 3. Februar 1893.

archisten: Ni Dieu ni maître. Man denke sich doch ein nach Millionen zählendes Gemeinwesen, in dem die gesamte Pro= duktion und Verteilung planmäßig und einheitlich vor sich geht, und da soll es keine Autorität geben? Bebel wollte wahrscheinlich auch nur die auf Klassenherrschaft oder beson= dern Privilegien beruhende Autorität ablehnen. Aber ist es nicht ein Zeichen, wie gering bei den Sozialdemokraten das Vertrauen auf ihre Sache ist, daß sie zu solchen Zweideutig= keiten ihre Zuflucht nehmen müssen, um sich ihrer Gegner zu erwehren?

6. Die Frage nach dem Zukunftsstaat ist „eine Frage, auf die nur ein Narr eine Antwort geben wird und kann", so erwiderte Liebknecht dem Abgeordneten Karl Bachem im Reichstag[1], und er fügte hinzu: „Was den Zukunftsstaat betrifft, so ist das Phantasie= sache. . . . Der Zukunftsstaat ist in gewisser Beziehung ein Ideal; aber die Wissenschaft hat niemals etwas mit ihm zu tun gehabt. Unsere Partei hat . . . niemals die Utopie eines Zukunftsstaates in ihr Programm aufgenommen; . . . niemals hat die Partei den Ar= beitern von einem Zukunftsstaat erzählt, niemals, ausgenommen als von einer Utopie."

Ein vernichtenderes Urteil über sich und seine Partei hätte Liebknecht nicht fällen können. Wenn diejenigen, welche eine Antwort auf die Frage nach dem Zukunftsstaat geben, Narren sind, und die Sozialdemokraten, auch Liebknecht selbst, diese Antwort schon gegeben haben, zu welcher Kategorie von Men= schen gehört dann er mit seinen „Genossen"?

Im offiziellen Parteiprogramm steht allerdings nur weniges, wenn auch Inhaltreiches, über die geplante Zukunftsordnung; aber die Parteiführer haben seit Jahrzehnten, bis auf die

---

[1] Am 7. Februar 1893.

Gegenwart herab, sehr ins einzelne gehende Antworten gegeben auf eine Frage, die nach Liebknecht nur ein Narr beantworten kann. Derartige Zukunftsschilderungen entwirft Liebknecht in seiner Schrift „Die Grund= und Bodenfrage", die zwar schon im Jahre 1876 (2. Auflage) erschienen ist, aber seither immer wieder von der Buchhandlung „Vorwärts" zum Ver= kauf angeboten wurde. Auch in der Schrift: „Was die Sozial= demokraten sind und was sie wollen"[1], erzählt er den Arbeitern ziemlich eingehend von dem Zukunftsstaat.

Noch eingehendere Zukunftsmalerei treibt Bebel in seinen Schriften: so z. B. in seiner Schrift „Unsere Ziele"[2] und ganz besonders in seinem Buche „Die Frau", das voll ist von Detailschilderungen des Zukunftsparadieses. Dieses Buch ist im Jahre 1910 in der 50., der sog. Jubiläumsauflage, neu herausgegeben worden und enthält auch in dieser Auflage all die früheren Schilderungen. Daß Bebel auch heute noch alles aufrecht hält, was in seinem Buche „Die Frau" steht, hat er im Reichstag bei den bekannten Zukunftsstaats=Debatten erklärt[3]. Bei derselben Gelegenheit behauptete er zweimal, was die Sozialdemokratie wolle, sei jederzeit in großen Zügen in der sozialistischen Literatur zu finden[4]. Also im selben

---

[1] 2. Aufl. Berlin 1891.

[2] 6. Aufl. 1886. — Allerdings bemerkt er in der Vorrede, er sei in Bezug auf die positiven Ausführungen nicht mehr in allem mit dem in der Schrift Gesagten einverstanden, trotzdem gebe er sie neu heraus, „weil sie agitatorisch noch immer einen gewissen Wert hat". Man sieht, worauf es ankommt!

[3] Sitzung vom 6. Februar 1893. (Siehe „Bebel und sein Zu= kunftsstaat vor dem Reichstag", Köln 1893, 108.)

[4] Bebel und sein Zukunftsstaat 15. — Infolge eines interessanten Zusammentreffens hat Bebel zur selben Zeit, wo Liebknecht behauptete, nur ein Narr könne die Frage nach dem Zukunftsstaat beantworten, die 14. Auflage seines Buches „Die Frau" veröffentlicht, worin er diese Frage eingehend beantwortet.

23 *

Atemzug, wo Liebknecht erklärt, nur ein Narr könne auf die
Frage nach dem Zukunftsstaat eine Antwort geben, verweist
Bebel auf sein Buch „Die Frau" und überhaupt auf die
sozialistische Literatur, in der man diese Antwort finden
könne! Und zur selben Zeit behauptet Liebknecht, nie habe
die sozialistische Partei etwas den Arbeitern vom Zukunftsstaat erzählt! Was soll man von einer Partei halten, deren
Führer sich in solche Widersprüche verwickeln und so in den
Tag hineinreden, wie es gerade die Not des Augenblicks
erheischt?

Durch das Beispiel Liebknechts und Bebels haben sich auch
andere Anhänger des Sozialismus zu eingehenden Schilderungen
des Zukunftsstaates, also zur Antwort auf eine Frage verleiten
lassen, auf die ein gescheiter Mensch keine Antwort geben kann.
Wir nennen beispielshalber J. Stern[1], O. Köhler[2],
Bruno Geiser[3], G. P. Weilgert[4], Atlantikus[5],
K. Kautsky.

---

[1] Thesen über den Sozialismus (1891).

[2] Der sozialdemokratische Staat (1891).

[3] Die Forderungen des Sozialismus an Zukunft und Gegenwart
(1876).

[4] Die positiven Ziele der Sozialdemokratie (1890).

[5] Ein Blick in den Zukunftsstaat (1898). Das Buch ist mit einer
Vorrede Kautskys versehen, in dem dieser zwar hervorhebt, daß
sich die Partei nie auf bestimmte Zukunftspläne festgelegt habe, aber
ebensowenig Zukunftskonstruktionen verpöne. Solche Zukunftsideale
seien das kräftigste Band, das die verschiedenartigen Arbeiterschichten
zu einem einzigen Körper vereine. „Man nehme dem kämpfenden
Proletariat seine sozialistischen Ziele, und man nimmt ihm seinen
Enthusiasmus und seine Geschlossenheit." Außerdem bedürfe das
Proletariat der geschulten Denker aus bürgerlichen Kreisen; für diese
„Intelligenzen" verliere aber der Sozialismus seine werbende Kraft,
wenn man die revolutionären Ziele verschleiere. Die größten Vorkämpfer des Proletariats (Marx, Lassalle u. a.) sind als Idealisten
und Revolutionäre zu ihm gekommen, nicht als bloße Verfechter

Die Sozialisten können sich nicht damit entschuldigen, es handle sich nur um Privatansichten; denn die Ansichten so vieler hervorragender „Genossen", die von ihren Anhängern wie Kirchenväter verehrt werden, dürfen wir wohl als Ansichten der Partei ansehen. Und wenn die Führer solche Antworten geben, was werden sich erst die großen Massen für Ideen vom Zukunftsparadiese machen?

7. Mit ihren Zukunftsschilderungen haben sich die Sozial= demokraten selbst die letzte Ausflucht genommen, mit der sie sich ihrer Dränger zu erwehren suchen: Wir brauchen keinen Plan des Zukunftsstaates zu entwerfen, weil niemand wissen kann, wie es in Zukunft aussieht, und deshalb alle Zukunfts= malereien Utopien sind. Über diese sei der „wissenschaftliche" Sozialismus längst hinaus.

So darf niemand reden, der sich derart an Zukunfts= malereien ergötzt, wie die Sozialdemokraten es vielfach tun. Übrigens ist die Behauptung, daß wir gar nicht wissen können, wie es in der Zukunft aussehen werde, falsch; weil der Mensch im wesentlichen immer und überall derselbe bleibt: dasselbe sinnlich=geistige Wesen mit denselben wesentlichen Zu= und Abneigungen, dem natürlichen Hang zum Genuß, zur Trägheit, zur Freiheit und Unabhängigkeit u. dgl.; und des= halb ist auch jede Gesellschaftsordnung, die mit diesen un= zerstörbaren Grundtrieben im Widerspruch steht, für alle Zu= kunft unmöglich.

---

kleiner Arbeiterreformen. „Ist es aus theoretischen Gründen nicht angängig, das Ziel hinter die Bewegung zurücktreten zu lassen, so auch nicht aus praktischen Gründen der Propaganda." Man sieht, überall spielt die „Propaganda" eine Hauptrolle. Kautsky selbst hat in seinem Buche: „Am Tage nach der sozialen Re= volution" (1903) und in dem Artikel: „Allerhand Revolutionäres" (Die Neue Zeit, Jahrg. 22, I 588 ff) eingehende Zukunftsbilder zu entwerfen versucht.

Bebel und andere Genossen, die heute so reden[1], haben nicht immer so gedacht. In der Schrift „Unsere Ziele", die noch im Jahre 1903 in 11. Auflage neu herausgegeben wurde, behauptet Bebel: „In der Zeit der Aktion ist es zu spät zu theoretischen Diskussionen. Der Plan des Zukunftsstaates muß bereits vor der Aktion in allen Teilen durchgearbeitet sein." Auch Kautsky untersucht die Frage, was von den Sozialisten „am Tage nach der Revolution" zu geschehen habe.

Vielleicht wird sich Bebel mit der Unterscheidung zwischen einst und jetzt zu helfen suchen. Als die Abgeordneten Bachem und Richter ihm im Reichstage diesen Widerspruch vorhielten, antwortete er, er habe seine Ansicht geändert, er habe sich seit jener Zeit, wo er diesen Ausspruch getan, weiter „entwickelt". Und bei dieser Gelegenheit legte er das interessante Geständnis ab, seine Partei sei „in beständiger Mauserung begriffen"[2].

Das ist also die „Wissenschaft", welche die Sozialdemokraten beständig im Munde führen. Bebel selbst schließt sein Buch „Die Frau" in allen Auflagen[3] mit den anmaßlichen Worten: „Der Sozialismus ist die mit klarem Bewußtsein und voller Erkenntnis auf alle Gebiete menschlicher Tätigkeit angewandte Wissenschaft." Und zur selben Zeit sucht er sich und seine Partei durch den Hinweis auf die „beständige Mauserung" zu decken. Ja was ist das für eine Wissenschaft, die heute als falsch verwirft, was sie gestern als bombenfeste Wahrheit hingestellt? Die wahre Wissenschaft baut mit Granitquadern für die Ewigkeit. Solange man befürchten muß,

---

[1] So Bebel in seiner Rede vom 3. Februar 1893; Liebknecht in der Erfurter Programmrede und früher schon auf dem Parteitag in Halle.

[2] Reichstagssitzung vom 3. Februar 1893.

[3] In der 18. im Jahre 1893 erschienenen 376, in der 50. 508

daß eine Behauptung eines schönen Tages wieder umgestoßen werde, mag sie alles andere sein, nur ist sie noch kein Resultat der Wissenschaft. Wenn die Sozialdemokratie „in beständiger Mauserung begriffen" ist, würde ihr jedenfalls ein größeres Maß von Bescheidenheit wohl anstehen; aber freilich wahre Wissenschaftlichkeit und Prahlerei vertragen sich nicht miteinander.

Bebel kann sich übrigens nicht zu seinen Gunsten auf die „Mauserung" berufen. Denn dieselben Zukunftsschilderungen, die er in seinen früheren Schriften entworfen, kehren in den neuesten Auflagen seines Buches „Die Frau" stets wieder. Warum gibt er immer wieder diese Schilderungen zum besten, wenn er inzwischen seine Ansicht geändert hat? Wenn man heute nicht wissen kann, wie es nach 30 oder 40 Jahren aussehen wird? Oder geschieht das vielleicht bloß aus dem Grunde, weil diese Schilderungen „agitatorisch immer noch einigen Wert haben"?

Das Gesagte mag zur Kennzeichnung der augenblicklichen Taktik der Sozialdemokraten genügen. Angesichts der jämmerlichen Kaninchenpolitik und des ewigen Verschleierns der sozialdemokratischen Ziele macht es einen komischen Eindruck, wenn der „Vorwärts" [1] den Mut hat zu schreiben: „Wir haben nichts zu verbergen, und kühn lassen wir unsere Fahne wehen!" Und wiederum [2]: „In Wirklichkeit ist unsere Partei die einzige, die ihre Ziele dem Volke unverhüllt zeigt und zeigen kann." Und Kautsky nennt die Sozialdemokratie „die einzige Partei, die Ideale hat, große Ziele, die über die gegenwärtige Gesellschaftsordnung hinausweisen" [3].

---

[1] 1892, Nr 275.

[2] 1893, Nr 138.

[3] S. Atlantikus, Ein Blick in den Zukunftsstaat. Produktion und Konsum im Sozialstaat (1898). Vorrede XI.

§ 2.
Die Grundzüge des „Zukunftsstaates".

Trotz allen Versteckenspielens haben die Sozialisten doch gewisse grundlegende Gedanken über die zukünftige Gestaltung der Gesellschaft schon wiederholt und offiziell ausgesprochen, so daß es uns möglich ist, daraus einen Grundriß der Zukunftsgesellschaft zu entwerfen. „Das, was wir in Zukunft wollen, das können Sie jederzeit in großen Zügen in unserer Literatur finden."[1] Und in der Tat: die Grundzüge des Zukunftsstaates sind klar genug entworfen, um uns ein Urteil darüber zu bilden.

1. Das Erfurter Programm sagt: Die immer zahlreicher werdenden Krisen seien ein Beweis, „daß das Privateigentum an Produktionsmitteln unvereinbar geworden ist mit deren zweckentsprechender Anwendung und voller Entwicklung. Nur die Verwandlung des kapitalistischen Privateigentums an Produktionsmitteln — Grund und Boden, Gruben und Bergwerke, Rohstoffe, Werkzeuge, Maschinen, Verkehrsmittel — in gesellschaftliches Eigentum und die Umwandlung der Warenproduktion in sozialistische, für und durch die Gesellschaft betriebene Produktion kann es bewirken, daß der Großbetrieb und die stets wachsende Ertragsfähigkeit der gesellschaftlichen Arbeit für die bisher ausgebeuteten Klassen aus einer Quelle des Elends und der Unterdrückung zu einer Quelle der höchsten Wohlfahrt und allseitiger, harmonischer Vervollkommnung werde". Dadurch werden die „Grundlagen der heutigen Gesellschaft" umgestoßen, die Klassenherrschaft und die Klassen selbst abgeschafft, folglich auch „die Ausbeutung und Unterdrückung der Lohnarbeiter", ja überhaupt „jede

---

[1] Bebel in der Reichstagssitzung vom 31. Januar 1893.

Art der Ausbeutung und Unterdrückung, richte sie sich nun gegen eine Klasse, eine Partei, ein Geschlecht oder eine Rasse", beseitigt.

In diesen Sätzen sind folgende Forderungen enthalten:

a) Übergang der Produktionsmittel in den Besitz der Gesamtheit, also das Privateigentum an allen Produktions= mitteln wird beseitigt [1].

Ob die Überführung der Produktionsmittel in Gemeineigentum plötzlich oder allmählich geschehe, auf friedlichem Wege oder mit Gewalt, gegen Entschädigung oder ohne Entschädigung, lassen wir dahingestellt sein. Wir sagen das ausdrücklich, weil Kautsky in seinen Erläuterungen des Erfurter Programms [2] behauptet: „Der Übergang zur sozialistischen Gesellschaft bedingt demnach keineswegs die Expropriation der Kleinhandwerker und Kleinbauern." Durch solche Äußerungen sucht man nach Advokatenweise die Aufmerksamkeit von der Hauptsache abzulenken. Denn, daß es sich hier nur um die Art und die Zeit des Überganges handelt, geht schon daraus hervor, daß Kautsky selbst zwei Seiten weiter schreibt: „Der Klein= betrieb ist dem Untergang unrettbar verfallen" [3], nach ihm be= schleunigt der Sozialismus die „Aufsaugung" der Kleinbetriebe durch die Großbetriebe. Interessant ist, daß Kautsky im selben Atemzug den Bauern sogar eine Verbesserung ihrer Lage im So= zialismus verspricht und von der „unvermeidlich gewordenen Auf= lösung" der bäuerlichen Wirtschaft redet. Wie stimmt das zu=

---

[1] In dem von sämtlichen Mitgliedern der sozialdemokratischen Reichstagsfraktion unterzeichneten „Wahlaufruf" vom 30. April 1903 heißt es: „Unser Ziel ist die Herbeiführung der sozialistischen Staats= und Gesellschaftsordnung, gegründet auf dem gesellschaftlichen Eigentum an den Arbeitsmitteln und der Arbeits= pflicht aller ihrer Glieder."

[2] Das Erfurter Programm in seinem grundsätzlichen Teil er= läutert von K. Kautsky (3. Aufl. 1892) 150; vgl. desselben: Die soziale Revolution. II: Am Tage nach der sozialen Revolution (1903).

[3] Ebd. 152.

sammen? Wenn nun gar Kautsky meint, die Bauern würden trotz
der verheißenen Besserung gern den Übergang von der Privatwirt=
schaft zum genossenschaftlichen Großbetrieb mitmachen, bloß infolge
der „Anziehungskraft", welche die höher entwickelten Betriebsformen
auf die rückständigen ausüben, und weil er aus einem „wenig Be=
sitzenden" ein „viel Besitzender" werde, so ist das mehr als naiv.
Der kennt den Bauer schlecht, der da meint, er werde freiwillig
auf sein Gütchen verzichten, um Teilhaber an der allgemeinen so=
zialistischen Glücksversicherung zu werden!

Auch das „Programm der österreichischen Sozialdemokratie"
sieht die Wurzel aller heutigen Übel in dem Umstand, daß die
Arbeitsmittel in den Händen einzelner Besitzer monopolisiert sind,
und die Planlosigkeit der kapitalistischen Produktionsweise immer
neue Krisen mit ihrem Gefolge von Arbeitslosigkeit und Elend er=
zeugt. Dadurch kommt das Proletariat zum Bewußtsein, „daß der
Übergang der Arbeitsmittel in den gemeinschaft=
lichen Besitz der Gesamtheit des Volkes das Ziel
seines Strebens sein müsse"[1].

Auf dem Londoner Kongreß vom Jahre 1896 wurde beschlossen,
außer den Mitgliedern der Gewerkschaften zu den internationalen so=
zialistischen Kongressen nur die Vertreter aller Gruppen einzuladen,
„die die Umwandlung der kapitalistischen Eigen=
tums= und Produktionsordnung in die sozialistische
Eigentums= und Produktionsordnung anstreben".
An diesen Beschluß haben sich seither alle internationalen sozia=
listischen Kongresse gehalten[2].

Als Bedingung der Zulassung zur geeinten sozialistischen
Fraktion in der französischen Kammer im Jahre 1898 wurde
die Anerkennung des Grundsatzes verlangt, daß die Partei
die Umwandlung des kapitalistischen in soziales
Eigentum erstrebe[3]. Die Forderung der Verstaatlichung

---

[1] Vgl. oben S. 135.

[2] Vgl. Internationaler Sozialistenkongreß zu Amsterdam 1904.
Berlin 1904, 5.

[3] Vgl. oben S. 166.

sämtlicher Produktionsgüter kehrt in allen sozialistischen Pro=
grammen wieder [1].

b) Die Gesellschaft als Ganzes produziert nach einem ein=
heitlichen Plane. Das liegt in den Worten: „Umwandlung
der Warenproduktion in sozialistische, für und durch die Ge=
sellschaft betriebene Produktion." Es liegt auch in der vorher=
gehenden Begründung. Nach dem Programme sind die Pro=
duktivkräfte infolge der ökonomischen Entwicklung der „heutigen
Gesellschaft über den Kopf gewachsen", „das Privateigentum
an Produktionsmitteln ist unvereinbar geworden mit deren
zweckentsprechender Anwendung und voller Entwicklung". Des=
halb übernimmt die Gesellschaft (der Staat) als Ganzes die
zweckentsprechende Verwendung der Produktionsmittel und die
Leitung und Überwachung der gesamten Produktion.

c) Das Nationalprodukt, d. h. alles, was die Gesamtheit
produziert hat, gehört zunächst der Gesamtheit als Ganzem.
Dieses Produkt muß nun die Gesamtheit — nach Vorweg=
nahme alles dessen, was unmittelbar für die Gesamtheit als
solche notwendig ist — an die einzelnen Glieder verteilen. Nach
dem Programm sollen ja nur die Produktionsmittel
Gemeineigentum werden. Die Genußmittel also müssen verteilt
werden und so ins Privateigentum übergehen. Das Programm
klagt ferner, daß in der heutigen Ordnung trotz des „riesen=
haften Anwachsens der Produktivität der menschlichen Arbeit"
die Vorteile der Produktion „monopolisiert" werden. Es ist
also hierin eine Änderung im Zukunftsstaat zu erwarten, und
zwar in der Weise, daß alle nicht nur „gleiche Pflichten",
sondern auch „gleiche Rechte" haben, „ohne Unterschied des
Geschlechts und der Rasse". Gesellschaftsklassen gibt es ja nicht
mehr; „die stets wachsende Ertragsfähigkeit der gesellschaftlichen

---

[1] Über die Sozialisten in Frankreich vgl. oben S. 125 u. 128,
in Italien, Belgien, Holland usw. S. 145 154 ff.

Arbeit" wird in Zukunft „zu einer Quelle der höchsten Wohlfahrt und allseitiger, harmonischer Vervollkommnung".

2. Das Programm enthält nur die Zukunftsideen des
Großmeisters der Sozialdemokraten. Wie sich M a r x den
Zukunftsstaat in seinen wesentlichen Zügen dachte, geht aus
den früher (S. 56 ff) aus seinen Schriften mitgeteilten Stellen
hervor. Wir verweisen noch besonders auf die bezeichnende
Stelle aus dem „Kapital"[1]. Hier fordert er vor allem Gemeineigentum an allen Produktionsmitteln, öffentliche planmäßige Organisation der Arbeit, oder wie er sich ausdrückt,
„die vielen individuellen Arbeitskräfte werden selbstbewußt als
e i n e gesellschaftliche Arbeitskraft verausgabt". Dann heißt es
weiter: „Das Gesamtprodukt des Vereins ist ein g e s e l l s c h a f t-
l i c h e s Produkt. Ein Teil dieses Produktes dient wieder als
Produktionsmittel. Er bleibt gesellschaftlich. Aber ein anderer
Teil wird als Lebensmittel von den Vereinsgliedern verzehrt.
Er muß daher unter sie v e r t e i l t werden. Die Art dieser
Verteilung wird wechseln mit der besondern Art des gesellschaftlichen Produktionsorganismus selbst und der entsprechenden
geschichtlichen Entwicklungshöhe der Produzenten. Nur zur
Parallele mit der Warenproduktion setzen wir voraus, der
Anteil jedes Produzenten an den Lebensmitteln sei bestimmt
durch s e i n e Arbeitszeit. Die A r b e i t s z e i t würde also
eine d o p p e l t e R o l l e spielen. I h r e g e s e l l s c h a f t l i c h
p l a n m ä ß i g e V e r t e i l u n g r e g e l t d i e r i c h t i g e P r o-
p o r t i o n d e r v e r s c h i e d e n e n A r b e i t s f u n k t i o n e n z u
d e n v e r s c h i e d e n e n B e d ü r f n i s s e n. Anderseits dient die

---

[1] Das Kapital I 45. — Obwohl Marx hier nur beispielsweise
eine sozialistisch organisierte Gesellschaft anführt, so zeigt doch ein
Vergleich dieser Stelle mit S. 728 und mit der „Kritik des sozialdemokratischen Programms", daß ihm die sozialistische Zukunftsgesellschaft vorschwebte.

Arbeitszeit zugleich als Maß des individuellen An=
teils des Produzenten an der Gemeinarbeit und
daher auch an dem individuell verzehrbaren Teil
des Gemeinproduktes." Wer diese Stelle mit den früher
mitgeteilten und besonders mit der „Kritik des sozialdemo=
kratischen Programms" vergleicht, wird erkennen, daß diese Art
der Verteilung der Arbeit und des Produktes gerade diejenige
ist, welche sich Marx für „die erste Phase der kommunistischen
Gesellschaft" vorstellte[1].

Daß Fr. Engels ganz mit Marx übereinstimmt, ist bei
seinem Verhältnis zu seinem langjährigen Freunde fast selbst=
verständlich, ergibt sich aber auch aus seinen Schriften. Nach
seiner Schilderung des Entwicklungsprozesses, der in die neue
Gesellschaftsordnung hineinführt, beseitigt die Gesellschaft die
Warenproduktion durch „Besitzergreifung der Produktions=
mittel". „Das Proletariat ergreift die Staatsgewalt und
verwandelt die Produktionsmittel zunächst in
Staatseigentum."[2] „Die Anarchie innerhalb der gesell=
schaftlichen Produktion wird beseitigt durch planmäßig bewußte
Organisation"[3], „durch eine gesellschaftlich=planmäßige Rege=
lung der Produktion nach den Bedürfnissen der Gesamtheit
wie jedes Einzelnen"[4]. „Die Produktions=, Aneignungs= und
Austauschweise wird in Einklang gesetzt mit dem gesellschaft=
lichen Charakter der Produktionsmittel." „Die gesellschaftliche
Aneignung der Produktionsmittel beseitigt nicht nur die jetzt
bestehende künstliche Hemmung der Produktion, sondern auch
die positive Vergeudung und Verheerung von Produktivkräften
und Produkten . . . Sie setzt ferner eine Masse von Pro=
duktionsmitteln und Produkten für die Gesamtheit frei durch

[1] Man vgl. auch noch „Kapital" 492—493.
[2] Engels, Dührings Umwälzung der Wissenschaft 267.
[3] Ebd. 270.   [4] Ebd. 267.

Beseitigung der blödsinnigen Luxusverschwendung der jetzt herrschenden Klassen . . . Die Möglichkeit, vermittels der gesellschaftlichen Produktion allen Gliedern eine Existenz zu sichern,
die nicht nur materiell vollkommen ausreichend ist und von
Tag zu Tag reicher wird, sondern die vollständige Ausbildung und Betätigung ihrer bürgerlichen und geistigen Anlagen garantiert, die Möglichkeit ist jetzt zum erstenmal da,
aber sie ist da."[1]

Liebknecht faßt in seinem Schriftchen: „Was die Sozialdemokraten sind und was sie wollen"[2], die Ziele der Sozialdemokratie in folgenden Sätzen zusammen: „Nieder mit dem
Lohnsystem! das ist die Grundforderung der Sozialdemokratie . . . An Stelle der Lohnarbeit mit ihrer Klassenherrschaft soll treten die genossenschaftliche Arbeit
(kooperative Produktion). Die Arbeitsinstrumente müssen aufhören, das Monopol einer Klasse zu sein, und Gemeingut
aller werden. Kein Ausbeuter und Ausgebeuteter mehr.
Regelung der Produktion und Verteilung der
Produkte im Interesse der Gesamtheit . . . Abschaffung des heutigen Handels, der nur Betrug ist. In
der Ordnung der Gleichordnung sollen die Arbeiter die
für die Gesamtheit aller Staatsglieder nötigen Arbeiten verrichten. An Stelle der Arbeitgeber und ihrer . . . Lohnsklaven . . . freie Genossen. Die Arbeit niemandes
Qual, weil jedermanns Pflicht (!). Ein menschenwürdiges Dasein jedem, der seine Pflicht gegen die Gesellschaft erfüllt . . . Und damit dies sich verwirklichen könne,
der Volksstaat — der Staat aller und für alle; der Staat,
welcher ist: die vernünftig und gerecht organisierte
Gesellschaft; die allgemeine Versicherungsanstalt

---

[1] Engels, Dührings Umwälzung der Wissenschaft 270.
[2] Neue berichtigte Auflage (1891) 18.

des Glücks und der Bildung; die brüderliche Ge=
meinschaft freier und gleichberechtigter Menschen."
Die Sozialdemokratie, heißt es weiter, „will Ordnung . . .,
Frieden und Harmonie der Interessen, Abschaffung der Klassen...,
sie will das Eigentum für jedermann; sie will dem Arbeiter
innerhalb der Gesellschaft den vollen Ertrag sichern" [1].

Im wesentlichen begegnen uns dieselben Zukunftspläne bei
allen Sozialisten, die sich irgendwie über ihre Ziele ausge=
sprochen haben. So namentlich bei Aug. Bebel[2], J. Stern[3],
Atlantikus[4], K. Kautsky[5], den Vollmar „unsern eigent=
lichen Theoretiker" genannt, bei O. Köhler, Weigert und
andern. Bebel will zwar nur seine persönlichen Anschauungen
wiedergeben, aber bei dem unbestrittenen Ansehen, das er in

---

[1] Ebd. 19.

[2] Bebel entwickelt seine sozialistischen Ideen besonders in den schon
genannten Schriften: Unsere Ziele (5. Aufl. 1875; 6. Aufl. 1886).
Die Frau (7. Aufl. 1877; 50. Aufl. 1910). Viele Stellen aus sozial=
demokratischen Schriften, die für die Zukunftspläne der Sozialisten
charakteristisch sind, teilen E. Jäger (Der Sozialismus 334 ff),
Käser (Der Sozialdemokrat hat das Wort 39 ff) und Ming (The
Morality of modern Socialism 328 ff) mit.

[3] Thesen über den Sozialismus (1890).

[4] Ein Blick in den Zukunftsstaat (1898).

[5] Das Erfurter Programm in seinem grundsätzlichen Teil er=
läutert[8], Stuttgart 1906. Kautsky ist der Verfasser des in Erfurt
aufgestellten offiziellen Parteiprogramms. In der von ihm und
B. Schönlank herausgegebenen Schrift: Grundsätze und Forde=
rungen der Sozialdemokratie (1892), heißt es: „Das Endziel der
Entwicklung, sobald einmal das Proletariat ans Staatsruder ge=
kommen, ist die Vereinigung sämtlicher Betriebe zu einem ein=
zigen ungeheuern Staatsbetrieb, d. h. die Verwand=
lung des Staates in eine einzige Wirtschaftsgenossen=
schaft. Die kapitalistische Produktion hört auf und eine neue Pro=
duktionsweise entfaltet sich, begründet auf dem Gemeineigentum
an den Produktionsmitteln." (S. 26.) Vgl. noch Kautsky,
Am Tage nach der sozialen Revolution (1903).

sozialistischen Kreisen genießt, kann man dieselben wohl als Gemeingut der großen Masse der deutschen Sozialdemokraten betrachten. Weil wir jedoch in unserer Kritik der sozialistischen Zukunftspläne wiederholt auf Bebel Rücksicht nehmen, so wollen wir hier, um unnütze Wiederholungen zu vermeiden, von einer Wiedergabe seiner Ansichten absehen.

Wir könnten jetzt noch zur Vervollständigung unserer Darstellung uns auf die Autorität A. Schäffles[1], Ad. Wagners[2], Fr. Hitzes[3], H. Peschs[4], J. Conrads[5] und anderer hervorragender Sozialpolitiker berufen, die auf Grund eingehender Studien sozialistischer Schriften alle dasselbe Bild vom Zukunftsstaat entwerfen. Doch das Gesagte mag an dieser Stelle genügen.

Aus den von uns angeführten Zeugnissen über die von den Sozialisten geplante Vergesellschaftung oder Verstaatlichung der Produktionsmittel und der Produktion mag der Leser selber entnehmen, mit welchem Recht die „Sozialistischen Monatshefte"[6] in einer Rezension der vor-

---

[1] Quintessenz des Sozialismus[9] (1885). Daß die „Quintessenz" den Sozialismus in den grundlegenden Zügen richtig gezeichnet, geht aus dem reichen Lob hervor, das die Sozialisten der Schrift spendeten, und aus dem Eifer, mit der sie für Verbreitung derselben sorgten. Der „Genosse" Höchberg allein verbreitete auf seine Kosten 10 000 Exemplare der Schäffleschen „Quintessenz" in nichtsozialistischen Kreisen. Es wurden von ihm besonders die Kreise der Professoren, Schriftsteller und höheren Beamten und Lehrer bedacht. So erzählt Bebel in „Die Neue Zeit", Jahrg. 23, I 231. Dieser Eifer war der Grund, warum die Polizei für einige Zeit glaubte, die Hand auf das Schriftchen legen zu müssen.

[2] Grundlegung[3] § 294.

[3] Kapital und Arbeit (1880) 260 ff.

[4] Lehrbuch der Nationalökonomie I (1905) 341.

[5] Grundriß zum Studium der polit. Ökonomie I[6] (1907) 385.

[6] 1906, II 822.

liegenden Schrift schreiben konnten: „Wieder trägt Cathrein den bürgerlichen Grundirrtum vor, daß die Sozialisierung der Produktionsmittel als eine ausschließliche Verstaatlichung dieser Mittel aufzufassen sei. Der sozialistische Staat übernimmt nach Cathrein die Aufgabe der Gemeinden und der einzelnen."

Aber steht denn diese Verstaatlichung nicht in allen offiziellen Programmen, wie gezeigt wurde. Noch am 1. Februar 1908 schrieb der „Vorwärts"[1], der Sozialismus wisse, daß „erst mit der Überwindung des Kapitalismus, mit der Aufhebung des Privateigentums, mit der Leitung der vergesellschafteten Produktion durch die Gemeinschaft und für die Gemeinschaft" die Arbeitslosigkeit ein Ende finden könne. Und nun nennen die „Sozialistischen Monatshefte" diese Auffassung einen „bürgerlichen" Irrtum! Es ist diese Behauptung bezeichnend für die wenig ehrliche Kampfesweise der Revisionisten, die sich Sozialisten nennen, aber jede sozialistische Doktrin verleugnen, wenn es ihnen so paßt.

Oder meint man vielleicht, das Eigentum an den Arbeitsmitteln und die Organisation der Produktion brauche nicht an die Gesamtheit überzugehen oder verstaatlicht zu werden, sondern könne den einzelnen Gemeinden, Arbeitergruppen oder Genossenschaften überlassen bleiben? Das wäre der Anarchismus oder Munizipalkommunismus[2], aber nicht der Sozialismus. Der letztere will die heutige Produktionsanarchie, in der er die Quelle aller gesellschaftlichen Schäden erblickt, beseitigen und durch eine planmäßig geleitete Produktion ersetzen. Dieser Zweck kann aber nur dadurch erreicht werden, daß der ganze Staat Besitzer der Arbeitsmittel und Verteiler der Arbeit und des Ertrages wird. Es ist natürlich nicht ausgeschlossen, daß sich die sozialistische Organi-

---

[1] Nr 27. Ähnlich in Nr 137.   [2] Vgl. oben S. 6.

sation an die heute bestehende Ordnung von Berufsverbänden,
Gemeinden und Bezirken usw. anschließe und so hierarchisch
gliedere. Aber in jedem Fall muß eine strenge Unter=
ordnung dieser Glieder unter eine oberste Behörde bestehen.

Wollte man das Eigentum der Arbeitsmittel und folglich
auch ihren Ertrag und ebenso die Organisation der Arbeit den
Gemeinden oder Genossenschaften überlassen, so daß sie produzieren
könnten, was und wieviel sie wollten, so wäre die heutige Kon=
kurrenz nur verschoben; anstatt der Privatkapitalisten hätten wir
die Gemeinden oder Genossenschaften als Konkurrenten. Die
Produktionsanarchie mit ihrer Überproduktion, ihren Geschäfts=
stockungen und Krisen usw. bliebe in voller Blüte, und ein
Mißgriff in der Produktion würde viel verhängnisvoller wirken,
weil er nicht einzelne Privatpersonen, sondern ganze Gemeinden
oder Genossenschaften träfe. Eine Gemeinde könnte durch Fleiß
und andere günstige Umstände übermäßig reich werden, wäh=
rend eine andere in völliges Elend geriete. Und wenn jede
Gemeinde wirtschaftlich unabhängig ist und Gemeindeeigentum
besteht, soll es allen Angehörigen freistehen, die Gemeinde zu
verlassen und sich einer andern anzuschließen, oder nicht? Wenn
nicht, so tritt an Stelle der heutigen Freiheit förmliche Skla=
verei; wenn ja, so ist in der Gemeinde die planmäßige Regelung
der Arbeit unmöglich, weil man nicht weiß, wieviel Arbeits=
kräfte bleibend zur Verfügung stehen. Gutgestellte Gemeinden
würden überschwemmt, andere entvölkert.

Hierzu kommt noch, daß die einzelnen Gemeinden unmög=
lich ihren gesamten Bedarf selbst produzieren können, also auf
Handel mit den Nachbargemeinden und mit dem Auslande
angewiesen sind. Würde das nicht zu den schlimmsten Streitig=
keiten zwischen den Gemeinden führen und einen Zustand all=
gemeinen Faustrechtes heraufbeschwören? Würden nicht die
wirtschaftlich mächtigeren und reicheren Gemeinden bald auch
das politische Übergewicht an sich reißen und die Demokratie

durch eine Aristokratie ersetzen? Man spricht zwar zuweilen
von einem Bunde, einer Föderation der Gemeinden.
Aber wenn die einzelnen Gemeinden wirtschaftlich unabhängig
sind und Privateigentum besitzen, wird sich ein solcher Bund
nicht lange halten. Wie in Altgriechenland werden die Gemeinden
mit Erbitterung um die Hegemonie ringen, und schließlich
werden die stärkeren die schwächeren unterjochen. Und wer
soll das Eigentum unter die Gemeinden verteilen? Wird eine
solche Verteilung sich zur Zufriedenheit aller vornehmen lassen?
Und wer besitzt und regelt endlich die großen Verkehrsmittel:
die Eisenbahnen, Telegraphen, Telephone, das Postwesen usw.?
Es ist eine große Utopie, zu meinen, die heutige nach immer
größerer Zentralisation strebende Gesellschaft werde sich wieder
in zahlreiche unabhängige Gemeinden oder Genossenschaften
spalten lassen.

Wir glauben deshalb, daß eine Organisation, bei der die einzelnen Gemeinden wirtschaftlich unabhängig wären und Privateigentum besäßen, gar nicht ernstlich in Betracht kommen kann. Tatsächlich denken auch die hervorragendsten Sozialisten nicht an eine
solche Zersplitterung des nationalen Wirtschaftslebens. Nach ihrer
Ansicht tritt der sozialistische Staat an die Stelle der heutigen
Staaten, und an die Stelle der heutigen Monarchen und Staats-
minister der vom Volke gewählte Zentralausschuß, der die Leitung
des gesamten Wirtschaftslebens übernimmt. Allerdings wollen
Engels, Bebel und andere Sozialisten nicht, daß man diese Volks-
behörde „Regierung" nenne, oder daß man überhaupt noch von
einem „Staate" rede. Im Erfurter Programm wurde der Name
„Staat" sorgfältig vermieden. Man glaubt, der Zentralausschuß
brauche bloß den Produktionsplan zu entwerfen und den Anstoß
zu geben, und die ganze weitverzweigte Produktionsmaschine werde
sich wie von selbst in der schönsten Ordnung voranbewegen. Doch
selbst die Möglichkeit dieser unmöglichen Annahme zugegeben,
immerhin bleibt wahr, daß die zielbewußten Sozialisten eine zen-
tralisierte wirtschaftliche Organisation, ein e i n h e i t l i c h e s, ge-

24 *

ordnetes, selbständiges Gemeinwesen, etwa im Um-
fange der heutigen Staaten, erstreben, und ein solches Gemeinwesen
ist ein Staat [1].

Mit Recht sagt deshalb Kautsky: Die sozialistische Gesellschaft sei nichts „als ein einziger riesiger industrieller Betrieb" [2].
Ebenso scheint uns Schäffle das Richtige zu treffen, wenn er
behauptet: „Der allein denkbare Sozialismus ist und bleibt bis
auf weiteres die zentralistisch organisierte, allgemeine
und ausschließliche Kollektivproduktion der Sozialdemokratie." [3] „Die sozialistische Produktionsweise ist, halten wir
dies fest, mit grundsätzlicher Notwendigkeit eine einheitlich geschlossene. Wie die Form dieser Einheit beschaffen
wäre, zentral oder föderal, absolut oder demokratisch ..., mag
dahingestellt bleiben. ... Doch an der Notwendigkeit der gesellschaftlichen, also einheitlichen Form, an der bewußten Zusammen-
fassung des Produktionsprozesses selbst muß ein Sozialist grundsätzlich festhalten. Die ‚Anarchie' individualistischer Konkurrenz ist
ja nach seiner Prämisse die Quelle alles Übels, alles Schwindels,
aller Desorganisation, aller Unstätigkeit, aller Ausbeutung, aller
Ungerechtigkeit der heutigen Volkswirtschaft. Der Sozialistenstaat ist erst verwirklicht, wenn es an den Mitteln der Sozial-
produktion nur noch kollektives (Kapital=) Eigentum gibt." [4]

Fr. Hitze [5] entwirft folgendes Bild vom fertigen sozialistischen
Zukunftsstaat: „Der Staat ist also alleiniger Besitzer aller Arbeits-

---

[1] Fr. Engels (Entwicklung des Sozialismus 43) versteht unter
Staat „eine besondere Repressionsgewalt" zu Gunsten einer
herrschenden Klasse. Als ob Staat und Staatsgewalt dasselbe wären
und man nicht auch in einer vollkommenen Demokratie von Staatsgewalt reden könne!

[2] Das Erfurter Programm in seinem grundsätzlichen Teil erläutert [8] (1907) 156.

[3] Aussichtslosigkeit der Sozialdemokratie 5. Ähnlich Kleinwächter in Schönbergs Handbuch der politischen Ökonomie I 259.
Leroy-Beaulieu, Le collectivisme, Paris 1885, 338.

[4] Schäffle, Quintessenz des Sozialismus 33.

[5] Kapital und Arbeit 266.

mittel, alles Landes, aller Fabriken, aller Transportmittel, aller Arbeitswerkzeuge, alles Handels, vielleicht auch aller Schulen usw. An der Spitze steht eine vollendet demokratische Regierung, etwa alle zwei Jahre vom Volke zu wählen; sie kulminiert in einem Ausschuß, vielleicht mit einem Präsidenten. Dieser Ausschuß hat die Leitung des ganzen Staates, nicht bloß die politische (Gesetzgebung, Verwaltung, Justiz), sondern auch die Leitung der ganzen Produktion, der ganzen Verteilung, der ganzen Konsumtion (wenigstens in einigen allgemeinen Beziehungen, z. B. wieviel der Konsumtion entzogen, erspart werden soll zu Gunsten der Produktion usw.). Man mag die Arbeit im einzelnen auch ‚Unterkommissionen‘ und ‚Abteilungen‘ zuweisen, immer muß eine zusammenfassende, in oberster Instanz entscheidende Oberbehörde da sein. Dieser Zentralbehörde sind untergeordnet die Provinzial-, Kreis-, Gemeindebehörden, mit derselben Aufgabe für ihre Bezirke, wie die Zentralbehörde für den Staat, alle aber in Unterordnung unter diese Zentralbehörde."

Ähnlich Ad. Wagner[1]: „Man könnte daher, wenn man sozialistischerseits konsequent sein will, den Genossenschaften so wenig Eigentum an Kapital als an Boden lassen und müßte für die Bildung, Verrechnung und Verwendung des Nationalkapitals doch immer zu einer zentralistischen Regelung, mindestens zu einer zwangsweise eingreifenden Kontrolle von einer obersten Zentralstelle aus schreiten: das Kapital aber wie der Boden müßte im Eigentum der Gesamtheit stehen."

§ 3.
Nähere Bestimmung der Streitfrage.

Wir kennen zwar jetzt die Grundpfeiler des sozialistischen Zukunftsgebäudes. Bevor wir an eine Prüfung ihrer Festig-

---

[1] Grundlegung, 2. Teil, § 144. Man sehe auch die Schilderung des sozialistischen Zukunftsstaates durch einen Sozialisten im „Vorwärts", mitgeteilt bei Todt, Der radikale deutsche Sozialismus (1878) 218; Stern, Thesen 8.

keit und Tragfähigkeit herantreten, müssen wir noch genauer bezeichnen, was wir beweisen wollen.

1. Wenn wir die sozialistischen Forderungen aussichtslos oder unmöglich nennen, so beschränken wir unsere Behauptung auf den **modernen** demokratischen Sozialismus. Wir behaupten also nicht, eine wirtschaftliche Ordnung, wie sie von den Sozialisten geplant wird, enthalte begrifflich einen Widerspruch oder sei absolut in jeder Voraussetzung undurchführbar. Wären die Menschen durchschnittlich völlig selbstlos, arbeitsliebend, gehorsam, voll Hingabe für das Gemeinwohl, stets bereit, jedem andern den Vorzug zu geben und sich selbst an den letzten und beschwerlichsten Posten zu stellen — kurz, wären die Menschen nicht, was sie sind, sondern lauter Engel, so wäre allenfalls eine Wirtschaftsordnung nach sozialistischem Muster nicht unmöglich. Aber eine solche Voraussetzung kann für den heutigen Sozialismus nicht in Betracht kommen.

2. Wir gehen noch weiter und lassen es dahingestellt sein, ob eine staatliche Organisation der gesamten Produktion und Verteilung der Güter auf **streng absolutistischer Grundlage** durchführbar sei oder nicht. Wenn wir uns eine unmündige Bevölkerung denken, die einem despotischen Monarchen willenlos gehorcht, so lassen sich vielleicht die meisten der sozialistischen Forderungen durchführen. Im alten Inkareiche waren manche von den sozialistischen Träumen verwirklicht. Aber der Inka genoß als Sohn der Sonne göttliche Ehre und herrschte mit unumschränkter Gewalt, um davon zu schweigen, daß die Kulturzustände des alten Inkareiches mit den heutigen nicht in Vergleich kommen können.

Auf **demokratischer Grundlage**[1] aber und unter Voraussetzung der Gleichberechtigung aller ist die Ver-

---

[1] Daß der moderne Sozialismus nicht bloß **zufällig**, sondern seinem Wesen nach **extrem demokratisch** ist, geht nicht nur aus

wirklichung der sozialistischen Pläne wenigstens in ihrer Ge=
samtheit ein Ding der Unmöglichkeit. Wir sagen: in ihrer
Gesamtheit, oder insofern sie ein zusammenhängendes
System bilden. Denn ob die eine oder die andere Forderung,
für sich allein genommen, sich durchführen ließe, brauchen wir
gar nicht zu untersuchen: das ist nicht der Sozialismus.
Übrigens hängen mehrere der sozialistischen Forderungen
wesentlich zusammen, so daß die eine mit der andern steht
oder fällt; so z. B. die Vergesellschaftung aller Produktions=
mittel, die einheitliche Organisation der Produktion und die
Verteilung der hergestellten Güter nach einem bestimmten all=
gemeinen Maßstab.

3. Es ist auch nicht unsere Absicht, zu behaupten, der
Sozialismus lasse sich selbst nicht vorübergehend mit Ge=
walt verwirklichen. Was ein gewaltsamer Umsturz, der wie
ein Sturm daherbraust, auf kurze Zeit unter dem Einfluß
einer Schreckensherrschaft zu bewerkstelligen vermag, das ent=
zieht sich jeder Berechnung. Auch das Unglaublichste ist in der
Weltgeschichte schon einmal dagewesen. Man denke nur an
die englische Revolution im 17. und an die französische im
18. Jahrhundert. Aber auf die Dauer ist die sozialistische
Gesellschaftsordnung unmöglich, weil sie im Widerspruche steht
mit den unzerstörbarsten Neigungen und Trieben der mensch=
lichen Natur.

4. Es liegt uns auch fern, jedes Gemeineigentum zu
verwerfen, namentlich an Grund und Boden. Wir sind viel=
mehr der Ansicht, daß das richtige Verhältnis von Privat=

---

seinem Grundprinzip der Gleichberechtigung aller, sondern auch daraus
hervor, daß er alle Produktionsmittel zum Gemeineigentum
machen will. Alle Arbeitsmittel verstaatlichen und dann doch die
Leitung des Gemeinwesens einer Partei vorbehalten, hieße die andern
zu völliger Knechtschaft verurteilen.

eigentum und Gemeineigentum ein wichtiger Faktor zur
Lösung des sozialen Problems ist. Im Mittelalter hat das
Gemeineigentum viel zur Konsolidierung der wirtschaftlichen
Verhältnisse beigetragen, und es mag auch in Zukunft
wieder eine ähnliche Rolle übernehmen. Aber das ist es
nicht, was der Sozialismus will; dieser beabsichtigt jedes
Privateigentum an den Produktionsmitteln zu beseitigen, und
das ist ein für die Dauer unmögliches und aussichtsloses
Vorhaben.

5. Wir halten uns in der folgenden Widerlegung an den
Sozialismus, wie ihn die heutigen Sozialdemokraten oder
Kollektivisten — beide Ausdrücke nehmen wir für gleichbe-
deutend — verstehen. Diese Form des Sozialismus hat heute
die meisten und einflußreichsten Vertreter unter den Gegnern
der bestehenden Gesellschaftsordnung, und sie hat auch am
meisten Aussicht auf Verwirklichung, weil sie die vernünftigste
Fassung des sozialistischen Gedankens bietet. Ist sie widerlegt,
so können um so mehr alle übrigen sozialistischen oder kommunistischen Systeme als unhaltbar angesehen werden.

Wir betrachten jedoch vorwiegend die wirtschaftlichen
Ziele und die damit notwendig zusammenhängenden Folgerungen. Denn diese bilden den eigentlichen Kern des
Sozialismus und charakterisieren ihn im Unterschied zu
andern Systemen. Das Erfurter Programm selbst trennt die
wirtschaftlichen Ziele von den politischen und bezeichnet die
letzteren als solche, die sich innerhalb der heutigen Gesellschaftsordnung erreichen lassen. Von den im sozialdemokratischen
Programm aufgeführten politischen Forderungen sind manche,
wenigstens teilweise, schon in einzelnen Staaten eingeführt, so
z. B. das Referendum in der Schweiz. Die Forderung der
„Schlichtung aller internationalen Streitigkeiten auf schiedsgerichtlichem Wege" und mehrere ähnliche könnten auch in einem
nichtsozialistischen Programme stehen.

6. Weil wir im folgenden wiederholt Konsequenzen aus den sozialistischen Forderungen ziehen, so bemerken wir, um dem Vorwurf willkürlicher Konsequenzmacherei zu entgehen, daß wir nur die ganz notwendigen Folgerungen aus den genannten Forderungen ziehen und dadurch deren praktische Unmöglichkeit nachweisen. Denn an ihren notwendigen Folgerungen erkennt man am sichersten die Richtigkeit oder Unrichtigkeit allgemeiner praktischer Grundsätze und Forderungen[1].

In der Tat, in allen sozialistischen Schriften kehren folgende Grundforderungen wieder, die auch im Gothaer und im Erfurter Programm stehen: 1. Vergesellschaftung (Verstaatlichung) aller Produktionsmittel; 2. gesellschaftliche (planmäßige) Regelung der gesamten Güterproduktion an Stelle der heutigen Produktionsanarchie, und zwar 3. auf möglichst gleichheitlich demokratischer Grundlage, so daß wenigstens jede Klassenherrschaft und jedes Klassenprivilegium dauernd beseitigt wird und allgemeine Arbeitspflicht herrscht[2]. Mit diesen Kernforderungen hängt notwendig zusammen 4. die Verteilung des Gesamtproduktes nach irgendeinem einheitlichen Maßstab. Denn

---

[1] In einer Rezension der 4. Auflage der vorliegenden Schrift („Die Neue Zeit" 1890—1891, II 638) meinte K. Kautsky: „über die Konsequenzen mit ihnen (den Gegnern des Sozialismus) zu streiten, welche die Verwirklichung unserer Forderungen nach sich ziehen könnte, möchte, dürfte, erscheint uns höchst überflüssig." Höchst überflüssig! das ist eine sehr bequeme Art, sich an unliebsamen Erörterungen vorbeizudrücken. Als ob wir willkürlich und aufs Geratewohl Konsequenzen gezogen hätten!

[2] Bebel (Die Frau⁵⁰ [1910] 375) schreibt: „Sobald die Gesellschaft im Besitz aller Arbeitsmittel sich befindet, wird die Arbeitspflicht aller Arbeitsfähigen, ohne Unterschied des Geschlechts, Grundgesetz der sozialistischen Gesellschaft."

das Gesamtprodukt gehört der Gesellschaft und muß an die
einzelnen Genossen nach irgend einem Maßstabe verteilt
werden. Mit der gesellschaftlichen Regelung der Produktion
steht ferner in notwendigem Zusammenhange die Verteilung
der Arbeit und Arbeitskräfte. Auch ist es unmöglich,
daß diese Verwandlung der ganzen Gesellschaft in eine große
Produktionsgenossenschaft nicht völlig umgestaltend in alle
Lebensverhältnisse eingreife. Es gäbe keine Privatunterneh=
mungen, keinen Zwischenhandel, kein eigentliches Geld, keine
Zinsen, keine Banken, Börsen, Aktien= oder sonstigen Gesell=
schaften. Auch das Familienleben, die Erziehung der Kinder usw.
würden ganz umgestaltet.

Wir werden der Reihe nach diese Grundforderungen an
ihren notwendigen Konsequenzen prüfen und dadurch deren
Unhaltbarkeit für jeden Denkenden nachweisen.

Zweiter Artikel.

Organisation der Produktion.

§ 1.

Vergesellschaftung des Produktiveigentums.

Die Sozialisten wollen alle Arbeitsmittel, oder wie Marx
sich ausdrückt, alle „Lebensquellen", nicht nur Grund und
Boden, sondern auch Fabriken, Maschinen, Rohstoffe, Werk=
zeuge, zum ausschließlichen Eigentum der Gesamtheit machen[2].
Nur Genußmittel sollen als Entgelt für geleistete Arbeit Privat=
eigentum werden dürfen. Da stehen wir aber schon vor meh=
reren nicht unerheblichen Bedenken.

1. Wie soll der Übergang der heutigen Gesell=
schaft in die sozialistische bewerkstelligt werden? Wie ist ins=

---

[1] Vgl. oben S. 361 ff.

besondere die Überführung der Produktionsmittel aus dem Privatbesitz in den Kollektivbesitz zu erreichen? Soll man warten, bis alle Eigentümer freiwillig auf ihren Besitz zu Gunsten der Gesamtheit verzichten? Dann könnte man in Ewigkeit warten. Alle Sozialisten sind deshalb darin einig, daß das Proletariat, wenn es die politische Macht errungen, irgendwie mit energischen Mitteln die Verstaatlichung wird ins Werk setzen müssen. Manche von ihnen zählen auch heute noch, wie wir gesehen, auf die brutale Gewalt. Sie wollen kurzen Prozeß machen und mit Schwert und Blut in kurzer Frist die Vergesellschaftung durchführen. Und zur Revolution wird es auch schließlich kommen müssen, wenn der Sozialismus siegen will. „Die Expropriateurs werden expropriiert." Das ist bald gesagt; aber auch getan? Werden sich die Eigentümer, besonders auf dem Lande, nicht zur Wehr setzen und Gewalt mit Gewalt erwidern? Wird der Sozialismus nicht schließlich zur Guillotine oder zu Noyaden seine Zuflucht nehmen müssen, um den Widerstand energisch zu brechen?

Indessen die meisten Sozialisten haben, wenigstens vor der Öffentlichkeit, die blutige Revolution abgeschworen. In Bamberg sagte Bebel am 24. September 1902: „Es ist Blödsinn, wenn man Ihnen sagt, die Sozialdemokratie wolle die heutigen Zustände mit Gewalt ändern."

Aber auch unter denen, die auf die brutale Gewalt verzichten, sind die Ansichten über die Brücke in ihr gelobtes Land geteilt. Die sog. Orthodoxen, die Marxisten strenger Observanz, wie Bebel, Kautsky u. a. rechnen auf eine in naher Zukunft bevorstehende Katastrophe, auf einen baldigen „Kladderadatsch", einen raschen Zusammenbruch der heutigen Gesellschaft. Einige hoffen auf die längst vorausgesagten ungeheuern Krisen, welche die Gesellschaft in ein Chaos verwandeln würden; andere auf einen Generalstreik

aller Proletarier, der die ganze heutige Produktion zum
Stillstand brächte, nach dem bekannten Sprüchlein: „Und alle
Räder stehen still, sobald dein starker Arm es will." In
diesem Stillstand oder diesem Chaos würde dann der Sozia=
lismus die Produktion in die Hand nehmen und „reinen
Tisch machen".

Zu den Anhängern des baldigen Zusammenbruchs gehört,
wie schon bemerkt, Bebel, der auf dem Erfurter Parteitage
(1891) schon für das Ende des vorigen Jahrhunderts einen
großen „Klabberadatsch" prophezeit hat.

„Wir haben jetzt", führte er aus, „seit fast 30 Jahren eine
sozialdemokratische Agitation und haben es in dieser Zeit dahin
gebracht, daß wir die stärkste Partei in Deutschland geworden sind.
Wenn wir nun sehen, was für eine kolossale Umwälzung auf öko=
nomischem und politischem Gebiet in dieser Zeit stattgefunden hat,
wie heute die Gegner in vollständiger Verzweiflung sind, weil sie
nicht mehr wissen, wohin und wo hinaus, wenn wir sehen, wie alle
Verhältnisse sich allmählich so entwickelten, daß kein vernünstiger
Mensch mehr im Zweifel darüber sein kann, daß die Dinge auf
eine längere Dauer so nicht mehr weiter gehen können, und darum
die Katastrophe nur noch eine Frage der Zeit ist,
dann ist es nicht nur natürlich, dann ist es notwendig, daß man
zu Anschauungen kommt, wie ich sie habe, und sie auch ausspricht.
Ich mache kein Hehl daraus, ich habe mich riesig gefreut,
als kürzlich mein Freund Fr. Engels in seinem be=
kannten Briefe im Socialiste, den auch unsere Presse
veröffentlichte, einen Umschwung der Dinge von
Grund aus gegen das Jahr 1898 in Aussicht stellte.
Vollmar glaubte darüber spötteln zu können, ich dagegen schrieb
Engels: Alter, du und ich, wir sind die einzigen ‚Jungen' in
unserer Partei." ¹ Schon vorher hatte Bebel auf demselben Partei=
tag sich geäußert: „Ich bin überzeugt, die Verwirklichung

¹ Protokoll der Verhandlungen des Parteitages der sozialdemo=
kratischen Partei Deutschlands zu Erfurt 1891, 282—283.

unserer letzten Ziele ist so nahe, daß wenige in diesem Saale sind, die diese Tage nicht erleben werden."[1]

Inzwischen ist das Jahr 1898 gekommen und gegangen, wir haben schon einen kräftigen Schritt in das neue Jahrhundert getan, und wo ist die prophezeite Katastrophe, wo die Zukunftsgesellschaft? Wir möchten glauben, daß Bebel solche Redensarten bloß als Köder in die ungeduldigen Massen wirft, denen es mit dem „Parlamenteln" zu langsam geht, und die deshalb zu den „Jungen" oder Anarchisten abzufallen drohen. Er hat das selbst gelegentlich verraten. Als Vollmar mahnte, man möge über dem Endziel in aschgrauer Ferne nicht die Hoffnung auf die Gegenwart ersticken, antwortete Bebel, eine solche Taktik würde die Partei zu Grunde richten; die Genossen würden die Begeisterung verlieren; wenn man ihnen vorhielte, das Ziel sei erst in ferner Zeit zu erreichen. Man sieht, der Glaube an die materialistische Geschichtsauffassung und das „Sich von selbst Hineinwachsen" der heutigen Gesellschaftsordnung in die sozialistische ist bei Bebel äußerst gering.

Eine baldige Überführung der heutigen Gesellschaft in die sozialistische ist u. E. — abgesehen von einer blutigen Revolution — ganz und gar nicht zu erwarten. Umsonst hofft man auf eine Katastrophe infolge von wirtschaftlichen Krisen. Diese Krisen haben in neuerer Zeit an Häufigkeit und Intensität nicht zu-, sondern abgenommen[2]. Es bleibt also nur

---

[1] Ebd. 172. Andere Äußerungen ähnlicher Art hat Vollmar zusammengestellt in dem Artikel „Zur Streitfrage des Staatssozialismus" in „Die Neue Zeit" 1892—1893, I. Auch Kautsky hofft auf eine sehr baldige Verwirklichung der sozialistischen Revolution. Man vgl. seine Schrift „Am Tage nach der Revolution" und seinen Artikel „Allerhand Revolutionäres" in „Die Neue Zeit", 22. Jahrg., I 588 ff.

[2] Siehe oben S. 275 ff.

noch die Hoffnung auf den General ſt reik. Wir wollen
nun nicht unterſuchen, wie es möglich ſei, daß der General=
ſtreik ohne Bürgerkrieg den Proletariern „eines ſchönen Tages",
wie Kautsky meint, die ganze politiſche Obergewalt in die
Hände ſpielen könne. Wichtiger iſt die Frage, was dann ge=
ſchehen ſolle, wenn einmal das Proletariat das Regiment hat?
Die Antwort auf dieſe Frage können wir nicht beſſer geben,
als es ein Sozialiſt ſelbſt getan hat.

In den „Sozialiſtiſchen Monatsheften"[1] ſchreibt E d m u n d
F i ſ ch e r in einer vielfach zutreffenden Polemik gegen Kautsky:
„Nehmen wir einmal an, Kautskys Generalſtreik habe das Bürger=
tum kopflos gemacht, das Proletariat habe geſiegt, Bülow ab=
gedankt, die politiſche Macht ſei in unſern Händen, und nun folgen
wir Kautsky in ſein Reich Utopien, das er uns entwirft, als ein
Übergangsſtadium. Bei Übernahme der politiſchen Macht durch das
Proletariat iſt die geſamte Produktion, von den wenigen ſtaatlichen,
kommunalen und genoſſenſchaftlichen Betrieben abgeſehen, eine rein
privatwirtſchaftliche. Soll nun die Expropriation der Kapitaliſten mit
einem Schlage enden? Es iſt klar: d e r G e d a n k e, d i e g a n z e
p r i v a t k a p i t a l i ſ t i ſ ch e P r o d u k t i o n, dieſen ungeheuern Mecha=
nismus, der aus Hunderttauſenden und Millionen von Rädern und
Rädchen beſteht, die ſich im Verlaufe von einem h a l b e n J a h r=
t a u ſ e n d ineinandergefügt haben, in wenigen Tagen oder Monaten
oder Jahren ü b e r n e h m e n und neu organiſieren zu wollen —
d e r g r e n z t n i ch t a n W a h n ſ i n n, d a s i ſ t W a h n ſ i n n!...
Jawohl, Genoſſe Kautsky, a m T a g e n a ch d e r R e v o l u t i o n
will d a s g a n z e V o l k B r o t, d. h. eine Exiſtenz, die mindeſtens
ſo gut iſt als die bisherige, und daher iſt erforderlich, daß die Pro=
duktion ſ o f o r t wieder in Gang kommt. Und wenn Kautsky auch
nur einmal die kleinſte Genoſſenſchaft — oder ſonſt einen Betrieb —
gegründet und ein Jahr lang geleitet hätte, um alle die Hunderte
von kleinen und großen Schwierigkeiten einer Neuorganiſation auf
dieſem Gebiete kennen zu lernen und zu erfahren, daß die Menſchen

---

[1] Jahrg. 1904, I 296.

keine Zahlen sind, die man geduldig auf das Papier schreiben kann, und auch keine Automaten, die man aufzieht und die dann die gewünschte Verrichtung vollziehen, sondern Wesen von Fleisch und Blut, oft physiologische und psychologische Rätsel, die die beste Spekulation und die idealsten Träume in wenigen Stunden zu nichte machen können — wenn Kautsky davon eine Ahnung hätte, würde er nicht dazu gekommen sein, von einer plötzlichen Übernahme der ganzen Produktion durch das Proletariat zu reden."

„Bisher lernten wir immer, der Sozialismus sei nur international durchzuführen. Daß aber Rußland..., Italien, Spanien, auch Österreich=Ungarn, Schweden und Norwegen usw. noch himmel= weit vom Sozialismus entfernt sind — wer will das bestreiten? Und die hochentwickelten Länder England und Amerika, die nicht einmal eine nennenswerte sozialistische Bewegung haben? Auf H o f f n u n g e n kann man sich doch nicht stützen! Wie will aber Kautsky unter solchen Umständen den Export Deutschlands von fünf Milliarden aufrecht erhalten oder dafür sofort (!) im Lande einen Ersatz finden?... Will Kautsky aber nicht sofort die ganze Produktion übernehmen — dann bleibt die privatkapitalistische Pro= duktion in ihrer jetzigen Gestalt einstweilen bestehen, und die sozia= listische Regierung m ü ß t e ... den Kapitalisten alle die Garantien geben, die nötig sind, um kapitalistische Betriebe überhaupt zu er= möglichen: dann bliebe aber alles beim alten, und wir könnten außer dem Achtstundentag wohl noch wesentliche Verbesserungen der Arbeiterschutzgesetze durchführen, sonst aber nur politische Vorteile erreichen und der Entwicklung eine freiere Bahn schaffen, damit sie sich schneller und schmerzloser vollziehe."

Es scheint mir nach dem Gesagten zweifellos und wird auch von den Revisionisten zugegeben: wofern nicht auf eine blutige Revolution spekuliert wird, ist an eine Verwirklichung des sozialistischen Endziels in einer irgendwie berechenbaren Zukunft gar nicht zu denken, und ich halte es deshalb für gewissenlos, daß den Proletariern immer ein bald zu erwarten= des Paradies vorgegaukelt wird, um ihre Unzufriedenheit mit den bestehenden gesellschaftlichen Zuständen zu schüren.

2. Eine andere wichtige Frage in Bezug auf die Vergesellschaftung aller Produktionsmittel ist die: Sollen bei der allgemeinen Expropriation die heutigen Eigentümer entschädigt werden oder nicht? Soll einfache Konfiskation
oder Ablösung stattfinden? Werden die Eigentümer nicht entschädigt, so muß man das heutige Privateigentum als ungerecht bezeichnen, und worauf wollen die Sozialisten diese
Anklage stützen, nachdem selbst viele von ihnen die Marxsche
Werttheorie als wertlos preisgegeben haben? Sollen sie entschädigt werden, und das wollen z. B. Kautsky, Jaurès[1], so
fragt sich, wie können die ungeheuern Summen zusammengebracht werden, die dazu nötig sind? Wird sich die neue
sozialistische Gesellschaft diese ungeheure Last, deren Abtragung
erst späteren Generationen zu gute kommen kann, gefallen lassen?

Kautsky meint, man könne „am Tage nach der Revolution"
die heutigen Kapitalisten durch Steuern und andere Lasten zu
Gunsten der Arbeiter so drangsalieren, daß der Privatbesitz für
sie nahezu wertlos würde und sie gern bereit wären, denselben
zu verkaufen. Aber mit welchem Recht? „Ein Teil der Fabriken,
Bergwerke usw. könnte an die in ihnen tätigen Arbeiter selbst
verkauft werden, die sie fortan genossenschaftlich betreiben.
Andere könnten an Konsumgenossenschaften, wieder andere an
Gemeinden oder an den Staat verkauft werden."[2] An die
Arbeiter? Welches Interesse können diese an dem Erwerbe
von Betrieben haben, die für ihren Besitzer nahezu wertlos
geworden sind? Und woher sollen sie die dazu erforderlichen
riesigen Summen nehmen, namentlich da nach Kautsky sofort
die Arbeitszeit auf die Hälfte verkürzt und der Arbeitslohn
verdoppelt werden soll? Da klagen uns die Sozialisten über

---

[1] In der französischen Kammer am 15. Juni 1906 s. „Vorwärts"
1906, Nr 139, 1. Beil.

[2] Am Tage nach der sozialistischen Revolution 9.

das Los der Arbeiter, die kaum das zum Unterhalt der Familie Nötige haben, und zugleich muten sie ihnen zu, Milliarden aufzubringen, um die großen Betriebe anzukaufen? Für die Gemeinden und den Staat? Aber belaufen sich nicht schon heute die Schulden der Gemeinden und Staaten auf Milliarden? Und nun soll der Staat noch die Zinsen für den Ankauf der Produktionsbetriebe auf sich nehmen und die Arbeiter bei kürzerer Arbeitszeit doppelt bezahlen!

3. Viele Sozialisten wollen beim Übergang in den Zukunftsstaat Privatbetriebe neben den öffentlichen Betrieben bestehen lassen. Nun entsteht gleich die Frage: Soll es den einzelnen Betrieben überlassen bleiben, zu produzieren, was und wie und wieviel sie wollen? Dann bleibt ja die ganze Produktionsanarchie, in der die Sozialisten die Quelle aller heutigen Übel sehen, voll und ganz bestehen. Welchen Nutzen hat dann die Verstaatlichung vieler Betriebe? Die Betriebe werden sich untereinander Konkurrenz machen und sich gegenseitig den Markt abzugewinnen suchen, wie es heute der Fall ist. Gibt aber der Staat den einzelnen Betrieben über Art und Maß ihrer Produktion und ihres Absatzes Vorschriften, so wird die Produktion in Bälde vernichtet sein, wenigstens wird eine wirksame Konkurrenz mit dem Auslande unmöglich. Mit Halbheiten ist eben nicht auszukommen. Entweder wird die ganze Produktion verstaatlicht, und dann kann allenfalls von „planmäßiger Regelung" die Rede sein, oder man überläßt die Produktion der freien Initiative der einzelnen Betriebe, und dann bleibt die heutige Anarchie bestehen.

4. Doch nehmen wir an, die Übergangsperiode liege hinter uns, und der sozialistische Staat wolle nun sämtliche Produktionsgüter in Beschlag nehmen. Jetzt taucht wieder eine neue schwierige Frage auf: Was gehört zu den Produktivgütern und was zu den Genußgütern? Begrifflich

laſſen ſich beide Güterarten leicht unterſcheiden; aber ſobald
man im einzelnen fragt, ob dieſes oder jenes Beſitzgut zu den
Produktiv= oder zu den Genußgütern gehöre, ſo iſt man in
Verlegenheit. Die allermeiſten Dinge laſſen ſich bald zu den
Produktiv=, bald zu den Genußgütern rechnen, je nach dem
Zwecke, zu dem ſie der Beſitzer gebraucht. Ein Garten iſt
gewiß ein Genußgut; er gibt dem Beſitzer ſeine Früchte, bietet
ihm die Möglichkeit, ſich in ihm zu ergehen und an den Blumen
und Bäumen zu erfreuen: aber die Früchte, die er hervor=
bringt, laſſen ſich auch verkaufen, ſei es nun in ihrer ur=
ſprünglichen Geſtalt, oder indem man ſie zuvor zu Genuß=
mitteln von höherem Werte umarbeitet. Ähnliches läßt ſich
von einem Hauſe, einem Pferde, einem Wagen, ja ſogar von
faſt jedem Hausgeräte ſagen. Nadel und Faden ſind gewiß
unmittelbare Gebrauchsgüter in der Familie; aber man kann
ſie auch verwerten, um damit ſich und andern Kleider zu
verfertigen oder auszubeſſern [1].

Sollen nun alle dieſe Gebrauchsgegenſtände Gemeineigen=
tum werden? Das hieße jeden ſelbſt in den kleinſten Dingen
von der Geſamtheit abhängig machen. Ein Familienleben mit
gegenſeitigen Dienſtleiſtungen wäre unmöglich. Man .könnte
alſo höchſtens den Ausweg wählen, daß man zwar ſolche
Gebrauchswerte, die auch zur Produktion dienen können, den
einzelnen überläßt, aber ihnen geſetzlich jede produktive Ver=
wertung unterſagt [2] und nur den Selbſtgebrauch geſtattet. Das

---

[1] Sehr nachdrücklich betont die hier berührte Schwierigkeit Leroy=
Beaulieu in ſeinem leſenswerten Buche Le collectivisme 13 ff.

[2] Paulſen (Syſtem der Ethik II [5] 407) meint zwar, nicht nur
Möbel=, Kunſt= und Schmuckgegenſtände und Bücher, ſondern auch
Wohnhäuſer und Gärten könnten Privateigentum bleiben, „und zwar
mit allen Folgen, welche das Eigentum gegenwärtig hat: mit dem
Recht, dieſe Dinge zu vererben und zu verſchenken, zu verzehren und
aufzubewahren, zu verkaufen und zu verleihen." Das iſt aber gegen

würde aber eine sehr weit gehende polizeiliche Überwachung notwendig machen und zu vielem Unterschleif Veranlassung geben. Denken wir uns beispielshalber, ein Obstgarten werde einem Familienvater unter der Bedingung überlassen, die Früchte desselben nur für den Selbstbedarf gebrauchen zu dürfen, alles übrige an die öffentlichen Vorratskammern abzuliefern. Wie viel von diesen Früchten würde wohl abgeliefert werden? Würde der Besitzer haushälterisch mit den Früchten umgehen? Würde er den Garten in gutem Stand zu halten oder gar zu verbessern suchen? Würde er nicht, was er selbst nicht benötigt, heimlich verschenken oder verkaufen?

5. Was soll ferner mit den Wertgütern geschehen, die unproduktiv sind, mit Kunstwerken, Brillanten, Perlen und andern Zier= und Schmuckgegenständen? Sollen alle Frauen ihre Schmucksachen auf den Altar des Vaterlandes legen und sich fortan nur mehr mit dem Kleid und der Schürze der Arbeiterinnen schmücken? Doch wir können ohne Sorgen sein. Die Eitelkeit und die Liebe zum Schmuck ver=

---

die ausdrückliche Behauptung des Erfurter Programms und wäre ein gewaltiger Riß in das ganze System. Dieses Zugeständnis würde es ermöglichen, daß manche durch Kauf, Erbschaft oder Schenkung Häuser, Gärten und andere Renten abwerfende Dinge erwürben und schließlich von ihren Renten leben könnten, was nicht in das sozialistische System paßt. — Ein Sozialist wird vielleicht zu Gunsten Paulsens einwenden, man könne Häuser, Gärten u. dgl. ruhig in den Privatbesitz übergehen lassen, weil in einem System, wo alle tagtäglich an der Produktion sich beteiligen und so das Nötige erwerben müssen, niemand an Renten etwas gelegen sein könne. Das ist aber unrichtig. Reichtum würde auch im Sozialistenstaat Macht und Ansehen verleihen und also gewiß nicht verachtet werden. Und welchen Antrieb zur Arbeit könnte noch ein Mann haben, der genug besitzt, um von seinen Renten zu leben? Müßte man ihn nicht zur Arbeit zwingen? Wenn der Sozialismus überhaupt Aussicht auf Verwirklichung haben soll, so darf er nicht auf halbem Wege stehen bleiben, sondern muß folgerichtig durchgeführt werden.

schwindet ja in der Zukunftsgesellschaft. Auch die Evas-
töchter werden nur noch an der Arbeit zum Gemeinwohl
Freude haben.

§ 2.
Bedarfsbestimmung.

Wir nehmen an, die Scheidung zwischen Produktiv- und
Genußgütern sei in ersprießlicher Weise geglückt, und alle
Produktionsmittel seien „vergesellschaftet" oder in den Besitz der
Gesamtheit übergegangen. Nun soll die nationale Produktion
planmäßig geordnet werden. „Umwandlung der Warenproduktion in sozialistische, für und durch die Gesellschaft
betriebene Produktion" heißt es im Erfurter Programm, ganz
in Übereinstimmung mit der Auffassung von K. Marx[1] und
Fr. Engels[2]. Eine solche Regelung läßt sich aber nur bewerkstelligen, wenn zuvor der ungefähre Bedarf der Gesamtheit feststeht. Denn dieser ist Zweck und Maß der
ganzen Produktion. Er müßte also durch tägliche oder
wöchentliche bzw. monatliche, jährliche statistische Erhebungen
festgesetzt werden.

Das Proletariat, schreibt Kautsky, kann und muß neben
der Organisierung der Produktion auch „die Regelung der
Zirkulation durch Aufhebung des Privateigentums an den Betrieben durchführen". „Es muß die Höhe der Produktion jeder
einzelnen Produktionsstätte auf Grundlage einer Berechnung der vorhandenen Produktivkräfte (Arbeiter
und Produktionsmittel) und des vorhandenen Bedarfs

---

[1] Siehe oben S. 364 ff.

[2] Nach Engels (Die Entwicklung des Sozialismus von der Utopie
zur Wissenschaft 48) wird „eine gesellschaftliche Produktion
nach vorherbestimmtem Plan" möglich, wenn einmal das
Proletariat mittels der öffentlichen Gewalt alle Produktionsmittel in
öffentliches Eigentum verwandelt haben wird. Vgl. ebb. 45.

festsetzen und dafür sorgen, daß einer jeden Arbeitsstätte nicht bloß die notwendigen Arbeiter, sondern auch die notwendigen Produktionsmittel zugeführt, und die fertigen Produkte an die Konsumenten abgesetzt werden."[1] Diese Aufgabe, meint Kautsky, sei „die schwierigste unter jenen, die dem proletarischen Regime zufallen", sie werde ihm „manche harte Nuß zu knacken aufgeben". Aber, tröstet er sich, man dürfe die Schwierigkeit nicht übertreiben. Es handle sich nur darum, die Organisation, die „heute in unbewußter Weise sich durchsetze, zu einer bewußten zu gestalten, in der die vorherige Berechnung aller maßgebenden Faktoren an Stelle der nachträglichen Korrekturen durch das Spiel von Nachfrage und Angebot tritt"[2].

Die „vorherige Berechnung aller maßgebenden Faktoren", um alle zu einem einheitlichen, planmäßigen Produktionssystem zu vereinigen, welches dem vorhandenen Bedürfnis eines großen Gemeinwesens genau entspricht: das ist eben eine die menschlichen Kräfte übersteigende Schwierigkeit.

Vielleicht ließe sich einwenden, solche Erhebungen seien überflüssig, man könne einfach die heutige Konsumtion der sozialistischen Produktion zu Grunde legen. Aber selbst angenommen, die heutige Konsumtion sei bis ins einzelne genau statistisch ermittelt, was bei weitem nicht der Fall ist, so läßt sich doch dieselbe in keiner Weise der sozialistischen Produktion zu Grunde legen, weil sie das Ergebnis der heutigen Vermögensverhältnisse und auch der heutigen Produktion ist. Sie setzt einerseits große Kapitaleinkünfte und anderseits ärmliches Arbeitseinkommen voraus; sie setzt besonders das Lohn- (Dienstboten-) Verhältnis voraus und ist innig mit der Privatproduktion verknüpft[3].

---

[1] Am Tage nach der Revolution 28.   [2] Ebd. 29.
[3] Mit Recht sagt A. Wagner (Grundlegung[3], 2. Tl, § 144, 320): Die bisherige Konsumtion ist „das Produkt der gegenwärtigen

Ebensowenig läßt sich annehmen, daß die oberste Zentralbehörde im sozialistischen Staat einfachhin den Bedarf nach
Art und Maße der Produkte durch einen Machtspruch
festsetze und danach die Produktion regle. Denkbar ist ein
solches Verfahren allerdings. Aber um davon zu schweigen,
daß dasselbe mit der demokratischen Organisation im Sinne
der Sozialisten im Widerspruch steht, wäre es die vollendetste Knechtschaft. Die Freiheit beruht vor allem darauf,
daß man selbst nach Gutdünken bestimmen kann, wie man
sein Leben in Bezug auf Kost, Kleidung, Wohnung, Unterhaltung, Bildungsmittel usw. einrichten will. Wer das nicht
mehr kann und sich alles von einer Behörde vorschreiben lassen
muß, ist ein Sklave, mag man ihn auch „freien Genossen"
nennen. Die Freiheit der Bedarfsbestimmung ist auch die
Grundlage jedes Kulturfortschrittes[1].

Wir wollen also annehmen, es sei grundsätzlich jedem frei-
gestellt, sich seinen Bedarf zu bestimmen. Wir sagen: grundsätzlich; denn praktisch wird diese Freiheit schon durch den
Mangel an reichlichem Einkommen eingeschränkt. Auch der
heutige Fabrikarbeiter ist grundsätzlich frei in der Bestellung

---

Einkommens- und Vermögensverteilung und eben des privaten Renten-
bezugs aus Boden und Kapitalien. Statistische Aufnahmen aus der
Wirklichkeit würden also nicht ausreichen."

[1] Auch Schäffle (Quintessenz 23) gesteht: „Die Freiheit der
Bedarfsbestimmung ist sicherlich die unterste Grundlage der Freiheit
überhaupt. Würden die Lebens- und Bildungsmittel etwa von außen
her und einem jeden nach einem Bedarfsschema zugemessen, so könnte
niemand nach seiner Individualität leben und sich ausbilden; es wäre
der ‚Brotkorb' der Freiheit beseitigt. Es fragt sich deshalb, ob der
Sozialismus die individuelle Freiheit der Bedarfsbestimmung aufhebt
oder nicht. Hebt er sie auf, so ist er freiheitsfeindlich, aller Indivi-
dualisation, daher aller Gesittung entgegen und ohne alle Aussicht,
mit den unvertilgbarsten Trieben des Menschen jemals fertig zu
werden."

feines Bedarfs; aber praktisch ist diese Freiheit oft gering wegen des Mangels an Einkommen. Dasselbe würde auch im Sozialistenstaat der Fall sein. Jeder hat ja kein anderes Einkommen als den Ertrag seiner Tagesarbeit. Die Sozialisten verfehlen zwar nicht, uns diesen Ertrag glänzend zu schildern und zu multiplizieren [1]. Aber an dieses Wunder der Brot= vermehrung glauben wir nicht. Doch ist dies ein Punkt, den wir weiter unten eingehend prüfen werden. Übrigens scheinen die Hauptvertreter des Sozialismus selbst Zweifel an diesem Wunder zu haben. Bebel [2] wenigstens gesteht ganz offen: „Das Schwelgen wird aufhören; die Armut und das Darben aber auch.". Wenn alle ungefähr das gleiche Einkommen haben sollen, so ist zu fürchten, daß die Portionen sehr schmal aus= fallen. An einer andern Stelle meint Bebel, die Bedarfs= bestimmung werde leicht sein, „da eigentliche Luxusartikel, die heute nur eine kleine Minorität kauft, verschwinden", und „inwiefern durch Produkte neue Bedürfnisse zu befriedigen sind, darüber entscheidet die Gesamtheit" [3].

Durch diese letzten Worte wird offen zugestanden, und zwar folgerichtig zu den sozialistischen Grundsätzen, daß jeder nur die Bedarfsgüter erhält, welche die Gesamtheit hervorzubringen für gut findet. Die Produktion hängt ja in ihrer Aus= gestaltung von den Bedarfsgütern ab. Neue Bedarfsgüter erfordern auch neue Produktionsvorrichtungen. Soll es nun jedem überlassen bleiben, Gebrauchsgegenstände zu bestellen, welche neue Einrichtungen und mithin eine Vermehrung der Gesamtarbeit erheischen? Wenn aber die Gesamtheit oder ihre

---

[1] J. Stern (Thesen über den Sozialismus 28) nennt jeden, der nicht an die Behauptung glaubt, der soziale Volksstaat gewähre allen den größten Komfort, einen „großen Philister". Nach ihm werden im Sozialistenstaat „alle alles in Hülle und Fülle nach Her= zenslust" haben.

[2] Unsere Ziele 30.   [3] Ebd. 31.

Vertreter erst entscheiden sollen, ob man den Wünschen der
Gesellschaftsglieder nachkommen wolle oder nicht, so ist tat=
sächlich die Freiheit der Bedarfsbestimmung zum guten Teil
beseitigt.

Schlimmer vielleicht als diese Freiheitsbeschränkung ist die
jeder Familie — deren Dasein im Sozialistenstaat wir in=
zwischen voraussetzen wollen — auferlegte Pflicht, alle ihre
Bedürfnisse zum voraus bei den hierfür angestellten Beamten
zur Anzeige zu bringen und einregistrieren zu lassen. Damit
man wisse, was und wieviel an Gebrauchsgütern hergestellt
werden solle, und so den Plan der Nationalproduktion ent=
werfen könne, muß feststehen, was jeder braucht oder haben
will. Mann oder Frau oder alle beide müssen also bei dem
Bedarfsbureau ihre großen und kleinen Anliegen zur Kenntnis
der Beamten bringen, um dann zur bestimmten Zeit das
Bestellte in den öffentlichen Vorratskammern gegen Arbeits=
scheine einzulösen.

Wir wollen, um den Sozialisten nichts Lächerliches an=
zudichten, annehmen, daß von den gewöhnlichsten Gebrauchs=
gegenständen immer ein gewisser Vorrat vorhanden sei, so daß
jeder ohne weiteres sie in den öffentlichen Läden gegen Arbeits=
scheine erhalten kann[1]. Aber das ließe sich doch nur bei

---

[1] J. Stern, bei dem Naivität und Keckheit im Behaupten um
die Palme streiten, meint, einer Bedarfsbestimmung bedürfe es nicht,
weil alles in Hülle und Fülle vorhanden sei. „Jedem, der sich
ausweist, sein Arbeitsquantum verrichtet zu haben, steht das un=
beschränkteste Recht auf jeden Konsum in jedweder
beliebigen Quantität zu. Er bezieht seine Kleidungsstücke
aus den öffentlichen Magazinen, speist im Hotel, was ihm beliebt,
oder wenn er es vorzieht, zu Hause in einer höchst komfortablen
Privatwohnung, die mit den öffentlichen Hotels in Verbindung steht
(Telephon, Rohrpost, und wer weiß, was sonst noch erfunden wird),
und woher er auf die bequemste Weise (durch die Rohrpost?) die
Speisen bezieht, die er wünscht, oder er läßt sie sich zu Hause bereiten

den gewöhnlichsten Gebrauchsgütern bewerkstelligen. Wenn nicht
einmal die heutige Produktion, die den Bedürfnissen zuvor-
zukommen strebt, alle Bedarfsgegenstände allezeit und überall
vorrätig zu halten vermag, so würde das in der sozialistischen
Gesellschaft noch viel weniger der Fall sein, oder sie müßte
dann doppelt und dreifach in den Fehler fallen, den ihre
Anhänger der heutigen Gesellschaft vorwerfen, nämlich aufs
Geratewohl massenhaft alle Gebrauchswerte herstellen und in den
staatlichen oder kommunalen Vorratskammern aufschichten lassen.

(von wem?) oder bereitet sie selbst" (Thesen über den Sozialismus
12—13). Einem leichtgläubigen Sozialisten mag allerdings beim
Anblick dieses Bildes das Herz im Leibe lachen. Man denke sich doch,
nach einer „minimalen" Arbeitszeit braucht er seinem Herzen nichts
mehr zu versagen. Dicht vor ihm ganze Brunnen von Sekt, Rüdesheimer, Münchner Hofbräu und Kognak, wo jeder nach Belieben, in
„Hülle und Fülle" schöpfen kann. Daneben ganze Berge von Austern,
Fasanen, Wildbret, die köstlichsten Südfrüchte. Mit Verachtung wird
man auf die Zeit zurückschauen, wo man mit Schwarzbrot und Kar-
toffeln fürlieb nehmen mußte. Hat man sich satt gegessen, so geht
man ins Theater oder ins Konzert, macht eine Spazierfahrt usw.,
bis man sich am Abend — der Erholung müde — auf das weiche
Ruhebett schlafen legt! Stern hat nur eines vergessen zu sagen:
wer denn alle diese schönen Dinge herbeischaffen und zubereiten,
wer die sozialistischen Herrschaften bedienen, ihnen die Theater-
vorstellung geben, das Pferd satteln und die komfortable Wohnung
herrichten soll. Stern ist zwar ganz trunken von den Erfindungen
der modernen Elektrotechnik. Aber glaubt er denn wirklich, die Elek-
trizität werde schließlich den Sozialisten die Speisen bereiten und
servieren, die Wohnung herrichten oder gar Theatervorstellungen geben?
Und dann: wo sollen all diese schönen Dinge in solcher Masse sich
finden und herrichten lassen, daß jeder nach „minimaler" Arbeit seinen
Wünschen freien Lauf gewähren kann? Man muß sich nur wundern,
daß Stern all diese törichten Träumereien noch mit solch überlegener
Miene zu Markte bringt. Jeden, der ihm nicht aufs Wort glaubt,
nennt er einen bornierten Philister! Das ist jedenfalls die billigste
Art der Beweisführung.

Es bleibt also dabei: jede Familie wird genötigt sein, alle ihre großen und kleinen Bedarfsgegenstände — wenn wir allenfalls von den ganz allgemeinen und alltäglichen absehen — vor den Bedarfsbeamten zu Protokoll zu geben. Man glaube nicht, das sei eine geringe Last. Heute hat es jeder in seinem Belieben, alle seine Bedürfnisse entweder durch eigene Arbeit oder durch Kauf, bei wem, wann und wo er will, daheim oder draußen zu befriedigen. So ist ihm die Möglich= keit gegeben, das Innere seines Haushaltes neugierigen Blicken zu verbergen; denn auch die Kaufleute, Handwerker, Ärzte, Apotheker sind durch ihr Interesse zur Verschwiegenheit ge= nötigt. Im Sozialistenstaat aber könnte jeder durch Einsicht in die Bedarfslisten jeder Familie in jeden Winkel, in den letzten Kochtopf hineinschauen. Denn einen eigenen, durch seine Interessen an Verschwiegenheit gebundenen Beamtenstand gibt es nicht mehr, und öffentliche Listen unterstehen der Auf= sicht und Einsicht des souveränen Volkes.

Auch den Punkt dürfen wir nicht übersehen, welche riesige Schreiberarbeiten die Bedarfsbestimmung in einem ganzen umfangreichen Gemeinwesen erheischte. Die Sozialisten berufen sich auf die heutigen Aktiengesellschaften, Produktivgenossen= schaften, Staatsbetriebe, um darzutun, wie leicht die Bedarfs= bestimmung sei. Aber sie übersehen den ungeheuern Unter= schied zwischen einer einzelnen, verhältnismäßig kleinen und auf einen einheitlichen Zweck gerichteten Genossenschaft und einem öffentlichen Gemeinwesen von mehreren Millionen An= gehöriger [1].

---

[1] Kautsky (Grundsätze und Forderungen der Sozialdemokratie 26) bezeichnet als Ziel der Sozialdemokratie „Vereinigung sämtlicher Betriebe zu einem einzigen ungeheuern Staatsbetrieb, d. h. Verwandlung des Staates in eine einzige Wirtschafts= genossenschaft". Im Schriftchen „Am Tage nach der sozialen Revolution" 27 heißt es, die wichtigste Aufgabe des proletarischen

Wieviel Arbeit kostet das jährliche Staatsbudget! Wie viele Schreibereien macht eine einzige Berufs= oder Volks= zählung nötig! Man denke nur an die Berufszählung des Deutschen Reiches im Jahre 1895. Erst nach mehrjähriger Arbeit war es dem Kaiserlichen Statistischen Amte möglich, das Material dieser Zählung vollständig geordnet und gesichtet der Öffentlichkeit zu übergeben. Die Ergebnisse der Berufszählung von 1907 sind jetzt, nach vollen drei Jahren, nur etwa zur Hälfte veröffentlicht. Und doch wie einfach liegen hier die Verhältnisse! Es brauchen nur ein paar überall gleiche Fragebogen ausgefüllt zu werden, und die Fragen beziehen sich auf wenige leicht festzustellende Verhältnisse, die von einem Gliede der Familie ohne Mühe in Erfahrung gebracht werden können.

Eine solche Berufszählung ist aber ein wahres Kinderspiel gegen eine sozialistische Bedarfsbestimmung. Bei dieser handelt es sich nicht bloß um Berufsbeschäftigung und Zahl der An= gehörigen, sondern um die tausend großen und kleinen Be= dürfnisse aller Betriebsanstalten. Im Jahre 1907 gab es 5 736 082 landwirtschaftliche und 4 059 919 gewerbliche Be= triebe im Deutschen Reich. Für alle diese unzähligen Betriebe muß festgestellt werden, was und wieviel sie zu produzieren haben, wieviel und welches Material sie benötigen, welche Maschinen, Gebäude u. dgl. hergestellt oder ausgebessert werden müssen.

Die Bedarfsbestimmung der Produktion hängt aber wieder ab von dem Bedarf der einzelnen Personen und Familien. Am 1. Dezember 1900 zählte man im Deutschen Reich 12 260 012 Haushaltungen [1]. Es muß nun bis auf den letzten

---

Regimes sei, die Krisen, die schlimmste Geißel der modernen Pro= duktion, zu beseitigen. „Das kann aber nur geschehen durch plan= mäßige Regelung der Produktion und der Zirkulation, also der Reproduktion."

[1] Statistisches Jahrbuch für das Deutsche Reich (1902) 3.

Knopf festgestellt werden, was jede Haushaltung nötig hat
an Kleidern für Sonn- und Werktag, für Sommer und
Winter, für Tag und Nacht; was sie nötig hat an Wäsche,
Toilettegegenständen, Gerätschaften, Reiseausstattung, Schreib-
materialien, Unterhaltungs- und Luxusgegenständen. Man denke
nur an die tausend Sachen und Sächelchen, deren eine gewöhnliche Bürgersfrau zu ihrer Garderobe bedarf.

Hierzu kommen die zahlreichen Nahrungsmittel, deren selbst
die einfachste Bürgersfamilie benötigt, ferner die Ausstattung
der Küche mit Brennmaterial und allen Gerätschaften, die der
Wohn- und Schlafzimmer mit allen Möbeln und Schmuckgegen-
ständen, mit Licht und Heizung, die der Vorratskammer usw.
Dazu rechne man die nötigen Reparaturen und Flickarbeiten
für Kleider, Gerätschaften, Wohnung usw. Denn es gibt im
Zukunftsstaat absolut keine Privatunternehmungen.
Wie die Produktionsmittel alle im Besitze der Gesamtheit sind,
so ist auch die gesamte Produktion, bis zur Herstellung des
Strumpfbandes, ausschließlich Sache der Gesamtheit. Von
Obrigkeits wegen muß für Nadel und Faden gesorgt werden.
Es muß also dies alles in die Bedarfsbestimmung aufgenommen
werden, welche die Grundlage des großen Produktionsplanes
bildet, und zwar nicht bloß für eine Familie, sondern für all
die Millionen von Familien, welche unsere Großstaaten um-
fassen, und für jedes einzelne Glied derselben.

Und wie verschieden sind die Bedürfnisse der Familien je
nach ihrer Beschäftigung, ihrem Aufenthaltsort, ihrer Zusammensetzung! Wir dürfen nicht vergessen, daß wir es nicht mit
Familien in primitiven Verhältnissen zu tun haben. Wir leben
in einer hochkultivierten Gesellschaft, von deren unzähligen Bedürfnissen frühere Zeiten kaum eine Ahnung hatten. Man braucht
sich nur die riesigen Warenlager in den Hauptstraßen unserer
Großstädte mit ihren Tausenden von großen und kleinen Sachen
anzusehen, um sich einen Begriff davon zu machen.

Diese Bedürfnisse sind ferner nicht konstant, sie wechseln von Monat zu Monat, von Woche zu Woche, ja von Tag zu Tag. Viele Bedürfnisse lassen sich auch gar nicht voraus= sehen, sie stellen sich plötzlich und unerwartet ein. Es würde also eine monatliche statistische Erhebung nicht ausreichen. Die= selbe müßte wöchentlich, ja täglich stattfinden, oder man müßte wenigstens zahlreiche Bureaus einrichten, bei denen alle ihre Bedarfslisten einreichen könnten.

Es muß aber nicht bloß für die einzelnen Familien und Individuen, sondern auch für die Gesamtheit als solche oder für die öffentlichen Bedürfnisse gesorgt werden. Da kommt zunächst die Sorge für den Verkehr: für Straßen und Wege, Brücken, Eisenbahnen, Kanäle, Schiffahrt, Fuhrwerke aller Art, für Postwesen, Telegraphie, Telephonverkehr usw. Für alles das hat der Vater Staat zu sorgen. Wie viele Kräfte und Transportmittel sind z. B. nötig, um nur eine größere Stadt täglich mit Milch, Gemüse, Obst, Fleisch usw. zu versehen! Privathotels gibt es keine. Es muß also von Öffentlichkeits wegen für Errichtung von Fremdenherbergen und deren Ausstattung und Bedienung gesorgt werden, wenn man das Reisen im Zukunftsstaat nicht einfach verbieten will. Auch das gesamte Bauwesen gehört zu den Aufgaben des sozialistischen Staates. Er hat alle öffentlichen und privaten Gebäude: Wohnhäuser, Schulen, Spitäler, Irrenhäuser, Ma= gazine, Theater, Museen, Rathäuser, Post=, Telegraphen= und Eisenbahngebäude zu errichten und im Stande zu halten, so= bald nötig zu reparieren oder zu erweitern. Und zwar hat er diese Gebäude nicht etwa bloß an Unternehmer zu vergeben, wie dies heute meistens geschieht; er ist der einzige Unter= nehmer, der alle Pläne zu entwerfen und zu prüfen, die nötigen Baumaterialien und Bauarbeiter zu beschaffen, den Bau selbst zu leiten und zu beaufsichtigen hat. Soll das alles in einem Staate „planmäßig" ohne riesige Vergeudung von Arbeit und

Material geschehen, so muß frühzeitig der Bedarf nach Art
und Größe in einer Zentralkommission für das ganze Gemein=
wesen bestimmt werden.

Alles, was heute die Gemeindeverwaltungen und zwar meist
durch Privatunternehmer ausführen lassen in Bezug auf Straßen=
bau, Reinlichkeit, Wasserleitung, Beleuchtung, Wasch= und
Badeanstalten, ferner das ganze Medizinal= und Veterinär=
wesen, wird der sozialistische Staat selbst in die Hände nehmen
müssen. Er muß alle Krankenwärter, Ärzte, Chirurgen,
Apotheker, Hebammen anstellen und auch dafür sorgen, daß
für alle diese Berufe genügend ausgebildete Leute vorhanden
seien. Ihm liegt auch die Sorge für das gesamte Unterrichts=
wesen, für Presse, Literatur, Kunst, Theater, Museen ob, er
muß die nötigen Kräfte und die erforderlichen Mittel dafür
besorgen. Privatunternehmungen gibt es eben keine mehr, und
deshalb muß der Staat auch in dieser Beziehung, z. B. für
die Redaktion und den Druck der nötigen Tagesblätter und
Unterhaltungslektüre sorgen.

Zu den Sorgen für die Städte, die wir bisher vor=
züglich im Auge hatten, kommen dann noch die Sorgen für
die Landwirtschaft, den Weinbau, die Gärtnerei, die Tier=
zucht, die Forstwirtschaft und Fischerei, das Berg= und
Hüttenwesen, die ganze weitverzweigte Industrie. Nach allen
diesen Richtungen müssen die Bedürfnisse genau festgestellt sein,
bevor man an eine planmäßige Regelung der Produktion
denken kann.

Endlich dürfen wir auch die öffentlichrechtlichen und privat=
rechtlichen Beziehungen zum Ausland nicht übersehen. Kein
einziger heutiger Staat genügt sich selbst. In Bezug auf un=
zählige Produkte ist er auf das Ausland angewiesen. Dafür
muß für entsprechende Ausfuhr gesorgt werden. Heute über=
nehmen diese Aufgabe des auswärtigen Handels die über das
ganze Land zerstreuten Handelshäuser. Unzählige Kaufleute

studieren die Lage des Weltmarktes, suchen persönlich oder durch ihre Agenten die versprechendsten Artikel, die besten Ankaufs= und Absatzgebiete aus. Sie übernehmen auch alle Sorgen für Ankauf, Transport und Verteilung der Waren durch das ganze Land. Alle diese Mühen und Sorgen, in die sich heute Tausende und Tausende von Firmen teilen, würden im sozialistischen Gemeinwesen auf die Schultern der Regierung gelegt. In ihren Händen laufen alle die Millionen und Millionen verschlungener Fäden der internationalen Beziehungen zusammen. Welche menschliche Weisheit könnte einer solchen Riesenaufgabe gewachsen sein! Und dann noch die Versuchung zum Unterschleif! Der auswärtige Handel des Deutschen Reiches allein repräsentiert sowohl in Bezug auf die Einfuhr als die Ausfuhr jährlich viele Milliarden. Im Jahre 1908 wurden im Spezialhandel allein aus Deutschland Waren im Werte von 6398 Millionen Mark ausgeführt. Der Wert der Einfuhr betrug 7664 Millionen Mark. Alle diese Gelder würden durch die Hände von Beamten gehen müssen, welche über die ganze Erde verteilt und nur schwer zu kontrollieren wären.

Es ließe sich freilich einwenden, im Zukunftsstaat gebe es im inneren Verkehr kein Geld mehr, also könne man ohne Bedenken dasselbe den Beamten anvertrauen, weil es für sie wertlos sei. Doch es genügt, daß das Geld im Ausland Wert besitzt und den Beamten die Möglichkeit einer rechtzeitigen Auswanderung offen bleibt. Und wie sollte ein Staat im auswärtigen Handel die Konkurrenz bestehen können, wenn der Preis des Geldes nicht von ihm, sondern vom Ausland bestimmt wäre, was ja notwendig geschehen müßte, wenn im Inland nur Arbeitsscheine Wert hätten. Diese Schwierigkeit ließe sich freilich beseitigen, wenn der Sozialismus gleichzeitig in allen Kulturstaaten durchgeführt würde! Allein eine solche allgemeine gleichzeitige Durchführung des Sozialismus ist ein Ding der Unmöglichkeit.

Wir fragen nun: Werden alle die aufgezählten Aufgaben, die der Zukunftsstaat zu lösen hat, bevor er den Produktions= plan entwerfen kann, nicht ein unermeßliches Heer von Be= amten fordern? Werden sich nicht leicht die allergrößten Fehler einschleichen, welche vielleicht für die ganze Produktion und ein ganzes Volk verhängnisvoll sind? Und nun nehme man dazu, daß diese sozialistischen Beamten durch kein Privatinteresse an die treue Verwaltung ihres Amtes gebunden sind: wird da ein statistisches Ergebnis zustande kommen, das der Pro= duktion zur sichern Grundlage dienen kann?

§ 3.
Verteilung der Arbeitskräfte.

Wir nehmen an, die Bedarfsbestimmung sei der Zentral= behörde auf Grund der von allen Gemeinden oder Provinzen eingelaufenen Bedarfslisten gelungen. Nun handelt es sich darum, die Nationalarbeit zu organisieren, d. h. die Produktion „für und durch die Gesellschaft" (Erfurter Programm), also planmäßig und einheitlich zu betreiben, oder wie Marx sich ausdrückt[1], die Arbeit „gesellschaftlich planmäßig zu verteilen". Dazu ist vor allem die Verteilung der Arbeitskräfte nötig oder wenigstens die genaue Kenntnis der Zahl, Fähig= keit und Stärke der Arbeitskräfte, über die jede Gemeinde oder jeder Bezirk zu verfügen hat. Denn man kann unmöglich allen Provinzen oder Gemeinden dasselbe Arbeitspensum auf= erlegen ohne Rücksicht auf die verfügbaren Kräfte. Es ist allerdings nicht notwendig, daß die Zentralbehörde, der „Pro= duktionsrat", selbst die Arbeit an die einzelnen verteile. Das kann sie den Gemeinden überlassen. Wohl aber ist notwendig, daß sie festsetze, was und wieviel die einzelnen Bezirke zu produzieren und zu liefern haben, und das setzt die Kenntnis

---

[1] S. oben S. 364.

der vorhandenen Arbeitskräfte voraus. Man muß also genau
wissen, was ein jeder nach seinen individuellen Kenntnissen,
Neigungen und Kräften etwa zu leisten imstande und auch ge-
willt ist. Es ist nicht möglich, das für alle in einem großen
Gemeinwesen genau und zuverlässig festzustellen. Wir wollen
jedoch annehmen, zugleich mit den Bedarfsliften seien auch
genaue statistische Angaben über die Zahl und Leistungsfähigkeit
der Arbeitskräfte aus den einzelnen Bezirken eingelaufen.

Da stehen wir aber schon wieder vor einer Schwierigkeit.
Damit den Bezirken oder Gemeinden ihr Arbeitspensum zugeteilt werden könne, genügt nicht, daß die im Augenblick der
Arbeitsverteilung vorhandenen Kräfte bekannt seien, sondern
es muß auch feststehen, daß sie wenigstens für einen bestimmten
Zeitraum, etwa für ein Jahr, an Ort und Stelle bleiben.
Es fragt sich also: soll die heutige Freizügigkeit bestehen
bleiben oder nicht? Bebel[1] scheint zur ersteren Annahme
zu neigen. Allein wie kann denn bei einer beständig
hin und her wogenden Bevölkerung von einer
planmäßigen Organisation der Arbeit die Rede
sein? Wie kann eine Gemeinde das bestimmte Maß von
Erzeugnissen liefern, wenn vielleicht schon in Bälde ein großer
Teil ihrer Arbeitskräfte in andere Gemeinden übersiedelt?
Will man also eine planmäßige Güterhervorbringung, so muß
man die Bevölkerung wenigstens zeitweilig an einen bestimmten
Wohnsitz binden, so zwar, daß während dieser Zeit die Auswanderung in eine andere Gemeinde nur mit obrigkeitlicher
Ermächtigung stattfinden darf.

Damit sind wir aber noch nicht am Ende der Schwierigkeit.
Was wird geschehen, wenn der Zeitpunkt gekommen ist, wo
die Übersiedelung aus einer Gegend in eine andere gestattet
wird? Denn wir wollen annehmen, daß man nicht gesetzlich

---

[1] Die Frau[20] 462 ff.

oder von Obrigkeits wegen jedem seinen Aufenthaltsort anweist, sondern daß man hierin jedem freie Wahl läßt. Das ist ein wesentliches Erfordernis wahrer Freiheit.

Was würde also geschehen, wenn im Zukunftsstaat volle Freiheit des Wohnortswechsels bestände? Wir fürchten, die Wander= und Vagabundierlust möchte eine Art epidemischer Krankheit werden. Heute werden wenigstens die allermeisten nicht vollständig Besitzlosen durch ihr e i g e n s t e s I n t e r e s s e für längere Zeit und auch dauernd an einen bestimmten Wohn= ort gefesselt, und selbst der Besitzlose muß sich in der Wahl seines Aufenthaltsortes nach der Aussicht auf seinen Unterhalt richten. Diese Rücksichten fallen aber im Sozialismus weg. Jeder Genosse weiß, daß er überall im weiten Vaterlande, im Norden wie im Süden, im Osten wie im Westen, gleichmäßig zu Hause ist, daß er überall allen andern gleichberechtigt ist und Anspruch auf Anstellung und Unterhalt hat. Die Bauern in der Eifel oder auf der Rauhen Alb wissen, daß sie ebenso= gut das Recht haben, am Rhein oder am Neckar zu wohnen. Warum soll der eine jahraus jahrein auf der Lüneburger Heide oder auf dem Harz wohnen und arbeiten, während der andere an den reizenden Ufern des Rheins oder der Mosel sich auf= hält? Warum soll der eine nicht ebensogut als der andere ein „Städter" werden können und dem Stadtkinde die Freuden des Landlebens in der Eifel verschaffen?

Wird man vielleicht die Rücksicht auf Kinder oder Kranke anführen, um uns begreiflich zu machen, wie trotz allem die Seßhaftigkeit im Sozialistenstaat bestehen könne? Allein die Sorge für Kinder und Kranke übernimmt ja überall der Staat, die kann also der Wanderlust kein Hemmnis bereiten. Oder wird man die H e i m a t s l i e b e der sozialistischen Genossen betonen? Wir sagen H e i m a t s l i e b e; denn die V a t e r = l a n d s l i e b e im weiteren Sinn, d. h. die Liebe zum öffent= lichen Gemeinwesen, zu dem man gehört, kann der Sozialist

überall gleichmäßig befriedigen. Sein Vaterland ist nicht die
Gemeinde oder ein bestimmter Ort, sondern höchstens der ganze
Staat. Jeder Sozialist hat ja in jeder Gemeinde des großen
Gemeinwesens dasselbe Recht, in der Geburtsgemeinde besitzt
er nicht mehr Rechte als in jeder andern. Warum soll er also
sich dauernd zu seinem Geburtsort hingezogen fühlen? Die
Grundlage der Liebe zur heimischen Erde ist das Eigentums=
recht. Bei einem besitzlosen Bettler ist die Liebe zum heimat=
lichen Boden nicht weit her, sie reicht nicht weiter als das
Versorgungs= oder Unterstützungsrecht. Erst wenn eine Familie
lange an demselben Orte gewohnt und gearbeitet hat, wenn
sie dort ihre kleine Geschichte besitzt, wenn sich zahlreiche freund=
nachbarliche und verwandtschaftliche Beziehungen gebildet, ent=
steht die Liebe zur engeren Heimat. Alles das setzt aber das
Privateigentum, und zwar durchschnittlich das Grundeigentum,
wenigstens den Besitz eines Hauses oder kleinen Anwesens,
eines eigenen „Daches" voraus. Diese Grundlagen fehlen
aber im Sozialismus, wo jeder Fußbreit Erde allen Staats=
angehörigen gleichmäßig angehört. Es befremdet uns deshalb
gar nicht, daß sozialistische Stimmen schon wiederholt die
Vaterlandsliebe als „Vorurteil", ja geradezu als „Unsinn"
bezeichnet haben[1].

---

[1] „Verflucht sei das sog. Vaterland!" heißt es beispielsweise in
einem sozialistischen Manifest. S. R. Meyer, Der Emanzipations=
kampf des vierten Standes II 116. Marx und Engels schrieben
schon im Jahre 1848 im „Manifest der kommunistischen Partei":
„Den Kommunisten ist vorgeworfen worden, sie wollten das Vater=
land, die Nationalität abschaffen. Die Arbeiter haben kein
Vaterland. Man kann ihnen nicht nehmen, was sie nicht haben."
Und wiederum: „Die moderne Unterjochung unter das Kapital hat
ihm (dem Proletarier) den nationalen Charakter abgestreift." La=
fargue nennt „Gerechtigkeit, Freiheit, Vaterland metaphysische
und ethische Dirnen, die sich ... hergeben für die akademischen Dis=
kussionen" (Neue Zeit, 22. Jahrg., I 787 A.) und 24. Jahrg., II 403:

Vielleicht könnte man noch auf folgenden Ausweg ver=
fallen, um in der Zukunftsgesellschaft die Freizügigkeit zu retten.
Man könnte sagen: gut, lasse man jeden aus der Gemeinde
oder dem Bezirke wegziehen, wann und wohin er will. Die
Gemeinden sind nur verpflichtet, über die Zahl der während
des Jahres vorhanden gewesenen Arbeitskräfte genau Buch zu
führen und am Ende des Jahres einen dieser Zahl entsprechen=
den Ertrag zu liefern.

Allein mit diesem Ausweg kann die planmäßige Pro=
duktion eines großen Gemeinwesens nicht bestehen. Der
Bedarf von Kohlen, Weizen, Roggen, Brot, Fleisch, Wein,
Bier, Milch u. dgl. ist ein ganz bestimmter. Nicht alle
Gemeinden können alle diese Produkte liefern, und die=
jenigen, welche sie zu liefern haben, müssen auch über die
genügenden und tauglichen Arbeitskräfte verfügen können.
Es ist der Gesamtheit damit nicht geholfen, daß eine
Gemeinde, die 1000 t Kohlen liefern sollte, am Ende des
Jahres erklärt: ich hatte nur so viel Arbeiter zur Ver=
fügung und konnte folglich nur 100 t Kohlen liefern. Die
Produkte müssen mindestens den Bedarf decken. Bei voller
Freizügigkeit könnte man aber im sozialistischen Staat die

Le prolétaire ne peut avoir de patrie. Il ne peut être patriote, so
sagt Griffuelhes (L'action Syndicaliste [1908] 42). — Doch
scheint sich auch hierin eine Wandlung zu vollziehen. Auf dem
Parteitage der österreichischen Sozialdemokratie in Graz am 2. Sep=
tember 1900 wies v. Vollmar den der Sozialdemokratie gemachten
Vorwurf der Vaterlandslosigkeit zurück. „In der Liebe zum eigenen
Volkstum, zum Gemeinwesen, dem man angehört, kann uns keine
Partei, keine Volksschicht übertreffen." Am 10. Dezember 1904 sagte
Bebel, er verlange die allgemeine Volksbewaffnung, damit im
Augenblick der Gefahr auch der letzte Mann die Möglichkeit habe,
für die Freiheit und Unabhängigkeit des Vaterlandes einzutreten.
Er sei trotz seines Alters bereit, für die Unabhängigkeit des Landes
die Flinte zu ergreifen.

Bürgschaft nie haben, daß die erforderlichen Produkte auch
wirklich geliefert würden.

Das führt uns auf eine andere Schwierigkeit des sozia=
listischen Systems. Dürfen im Zukunftsstaat die „Ge=
nossen" beliebig in ein anderes Land, etwa aus Deutschland
nach Frankreich, England, Nordamerika auswandern oder
nicht? Das ist eine Lebensfrage für den Sozialismus. Ohne
Zweifel werden die Sozialisten mit Ja antworten. Das
schulden sie schon dem ewigen Gerede von der Freiheit, mit der
sie die Menschheit beglücken wollen im Gegensatz zur heutigen
Sklaverei. Heute steht es doch jedem frei, sein Glück in einem
andern Himmelsstrich zu versuchen. — In der Tat würde sich
auch die Auswanderung gar nicht hindern lassen; wenigstens
stünde es den Genossen frei, zu desertieren. Man kann doch
nicht die Grenzen ringsum mit Soldaten besetzen, und die
Soldaten könnten schließlich auch die Lust an ihrem Handwerk
verlieren.

Es steht also jedem frei, nach Belieben auszuwandern.
Was wird nun geschehen?

Wenn man nicht voraussetzt, daß in allen Kultur=
staaten der Sozialismus gleichzeitig zur Herr=
schaft gelangt, so wird eine massenhafte Aus=
wanderung nach jenen Staaten Platz greifen, in
denen der Sozialismus nicht herrscht; und zwar
werden vorzugsweise die jüngeren arbeitsfähigen Männer zum
Wanderstab greifen. Daran wird der Sozialismus nichts
ändern: Die Freiheit der Selbstbestimmung und die Aussicht,
durch Fleiß und Geschick emporzukommen, hat für das mensch=
liche Herz mehr Anziehungskraft als die Ehre, Mitglied „eines
einzigen ungeheuern Staatsbetriebes" zu sein, in welchem
prinzipiell keine Ungleichheit geduldet und jeder über das
Durchschnittsmaß hinausragende Genosse mit Scheelsucht be=
obachtet wird.

Ist es nun wahrscheinlich, daß jemals in allen
Kulturländern der Sozialismus gleichzeitig durch=
geführt werde? Diese Hoffnung oder Befürchtung wird
wohl niemand ernstlich hegen. Selbst wenn alle Nationen
eines Sinnes wären, hätte der Sozialismus keine Aussicht auf
gleichzeitigen Sieg bei allen Nationen; noch viel weniger also
bei der herrschenden Abneigung und Eifersucht der Nationen
untereinander. Die Sozialisten rühmen sich zwar ihrer Inter=
nationalität; das hindert aber die französischen Sozialisten
nicht, mit Gewalt die italienischen und belgischen Arbeiter aus
Frankreich zu verjagen, und in England und Deutschland
würde bei vorhandener Gelegenheit dasselbe geschehen.

§ 4.
Verteilung der Arbeit. Berufswahl.

Fr. Engels, ein Hauptprophet des Sozialismus, nennt
den Übergang aus der Anarchie der kapitalistischen Produktion
in die „planmäßige, bewußte Organisation" der Produktion im
Kommunismus den „Sprung der Menschheit aus dem
Reiche der Notwendigkeit in das Reich der Frei=
heit" [1]. Sehen wir einmal zu, wie es mit diesem „Sprung
in das Reich der Freiheit" beschaffen sei.

Der Gemeinde oder vielmehr den vom Volke gewählten
Vorstehern derselben liegt es ob, das von der Zentralbehörde
bestimmte Arbeitspensum an die verschiedenen Arbeiter oder
Arbeiterinnen zu verteilen. Sie haben festzusetzen, wer sich dem
Landbau, der Industrie, dem Bergbau, der Verteilung der
Produkte, der Versorgung der Verkehrsmittel usw. zuwenden
soll. Es ist gleichgültig, ob die Gemeindebehörde unmittelbar

---

[1] Die Entwicklung des Sozialismus von der Utopie zur Wissen=
schaft 76. Auch K. Kautsky (Karl Marx' ökonomische Lehren,
Stuttgart 1890, 259) hat sich diese Phrase angeeignet.

felbft die Stellung bezeichne, die jeder Einzelne innerhalb eines
Probuktionszweiges einnehmen foll, oder ob fie die Verteilung
den für diefen Probuktionszweig beftimmten Genoffen überlaffen
will. Immerhin hat fie zu beftimmen, wer fich den ver=
fchiedenen Probuktionszweigen zuwenden foll [1]. Hierbei wird
felbftverftändlich wieder vorausgefetzt, daß die Probuktions=
vorftände über eine fefhafte Bevölkerung zu verfügen haben.

Oder läßt fich die Verteilung der verfchiedenartigen Ar=
beiten vielleicht anders bewerkftelligen? Nicht wenige fozialiftifche
Schwärmer wollen die Wahl der Befchäftigung dem Belieben
eines jeden anheimftellen. So früher Ch. Fourier und in
neuerer Zeit A. Bebel[2], Stern[3], Köhler[4] und Kautsky[5].

„Der Einzelne", fagt Bebel, „entfcheidet felbft, in welcher
Tätigkeit er fich befchäftigen will; die große Zahl der ver=
fchiedenften Arbeitsgebiete trägt den verfchiedenften Wünfchen
Rechnung.... Die einzelnen Arbeitszweige und Abteilungen
wählen ihre Ordner, welche die Leitung zu übernehmen haben.
Das find keine Zuchtmeifter wie die meiften heutigen Arbeits=
infpektoren, Werkführer, fondern einfache Genoffen, welche die
ihnen übertragene verwaltende Funktion an Stelle einer pro=
duzierenden ausüben." [6] Je nach Wunfch kann die fozialiftifche

<hr>

[1] Weffen man fich zu verfehen hätte, wenn einmal im Zukunfts=
ftaat das „Volk" das Regiment in Händen hätte, zeigt der Antrag
der Genoffen des Kreifes Lyck=Cletzko=Johannisburg auf dem Bres=
lauer Parteitag (1895), man folle das Halten von Ammen ftaatlich
verbieten, da fterilifierte Kuhmilch ein vollftändiger Erfatz von Ammen=
milch fei! (Protokoll 17.)

[2] Die Frau 379.

[3] Thefen über den Sozialismus 37 ff.

[4] Der fozialdemokratifche Staat, Nürnberg 1891, 61; Atlantikus
(Ein Blick in den Zukunftsftaat 96) will die Berufswahl „möglichft
freiftellen". Was foll das heißen?

[5] Am Tage nach der fozialen Revolution 20.

[6] Die Frau 379.

Gesellschaft „die eine Jahreszeit mehr sich auf ländliche, die andere mehr sich auf industrielle Produktion werfen" [1]. Nicht nur in Bezug auf gewerbliche, sondern auch auf wissenschaftliche und künstlerische Ausbildung ist jedem Gelegenheit zu passender Abwechslung gegeben [2].

Eine Gegenfrage sei uns erlaubt. Wie kann noch von einer „einheitlichen, planmäßigen Regelung der Arbeit" die Rede sein, wenn jeder tun kann, was er will? Da kommen die Sozialisten und klagen über die „Produktionsanarchie" und wollen doch schließlich diese Anarchie zum Prinzip erheben!

Oder glauben sie im Ernst, es genüge, einen Produktionsplan zu entwerfen und bekannt zu machen, und dann würden ohne weiteres die nach Tausenden, ja Millionen zählenden Genossen sich aus eigenen Stücken nach Ort, Zeit und Beschäftigungsart so verteilen, wie es der Produktionsplan fordert? Das sind unmögliche Träumereien! Überläßt man die Wahl den Einzelnen, so wird alles den leichteren, angenehmeren, ehrenvolleren Beschäftigungen zuströmen. Die Gewerbtätigkeiten sind nun einmal sehr ungleich, und auch der Sozialismus kann an dieser Ungleichheit nichts ändern. Die Tätigkeit eines „Ordners" oder Mitgliedes des Produktionsrates ist eine leichtere Sache als die eines Maschinenheizers oder Hauers in einem Bergwerk, oder eines Arbeiters in einer chemischen Fabrik in glühend heißer Temperatur und in einer mit schädlichen Stoffen geschwängerten Luft, und jedenfalls angenehmer als die widerliche Arbeit der Straßen- und Kloakenreinigung. Die Sozialisten mögen noch so viel Druckerschwärze verbrauchen, die Tatsache werden sie nicht aus der Welt schaffen, daß viele Beschäftigungen lästig, beschwerlich und gefahrvoll sind und den Menschen Überwindung kosten. Wenn man die Wahl

---

[1] Die Frau 463.   [2] Ebd. 400.

den Einzelnen überläßt, so werden sich ohne Zweifel für der=
artige Arbeiten nicht ausreichende Kräfte finden [1].

Um Ausflüchte ist Bebel nicht verlegen. Er meint, Straßen=
reinigen, Waschen und andere unangenehme Arbeiten könnten
in der sozialistischen Gesellschaft durch rein mechanische Vor=
richtungen besorgt werden, so daß sie aufhören würden, wider=
wärtig zu sein [2]. Allein wenn wir auch in dieser Beziehung
die allergrößten Zugeständnisse machen wollten: zu glauben,
alles Unangenehme werde sich durch Maschinen besorgen lassen,
ist kindlich naiv. Es wird immer sehr viele unangenehme
Arbeiten geben, die nur durch persönliche Leistung sich erledigen
lassen. Außerdem müssen die Maschinen besorgt und geleitet
werden. Oder glaubt Bebel wirklich, die Sozialisten würden
es einst in der technischen Vollkommenheit so weit bringen,
daß man die Maschinen bloß in die Schächte hineinzujagen
braucht, um sie bald mit Kohlen beladen wiederkommen zu

---

[1] Marx, der sich mit seinen Zukunftsplänen nur selten aus
dem Halbdunkel verschwommener Redensarten herauswagt, behauptet,
in der „höheren Phase“ des Kommunismus werde die Gesellschaft
auf die Fahne schreiben: „Jeder nach seinen Fähigkeiten, jedem
nach seinen Bedürfnissen!“ „Jeder nach seinen Fähigkeiten“ soll
wohl heißen, jeder werde seinen Fähigkeiten entsprechend der Ge=
samtheit dienen. Aber wer entscheidet über die Fähigkeiten eines
jeden? Soll man das Urteil über seine Befähigung und die Wahl
der Beschäftigung dem Einzelnen überlassen? Dann wird die An=
archie herrschen. Soll darüber eine Kommission oder sonst jemand
entscheiden? Dann haben wir die schlimmste Sklaverei. Aus diesem
Entweder — Oder kommt der Sozialismus nicht heraus.

[2] Merkwürdig ist, daß Bebel zur selben Zeit, wo er uns das
Verschwinden der unangenehmen Arbeiten verheißt, ausführlich schil=
dert, mit welch gewissenhafter Sorgfalt man in der sozialistischen
Gesellschaft alle Arten von Auswürfen verwerten werde! Er stellt
uns in dieser Beziehung die Chinesen als Muster vor! (Die Frau 37
398. In der neuesten Auflage hat er diese Stelle gestrichen.) Ähnlich
wie Bebel äußert sich Stern, Thesen 38.

sehen? Die bisherige Erfahrung lehrt, daß mit dem Fortschritt
des Wirtschaftslebens die widrigen Beschäftigungen eher zu= als
abnehmen. Lassen sich heute einige unangenehme Arbeiten durch
Maschinen besorgen, so sind dafür andere noch unangenehmere
aufgekommen. Man denke nur an so viele chemische Fabriken,
die zuweilen eine ganze Gegend verpesten.

Wer also nicht annehmen will, im Zukunftsstaat werde
Selbstlosigkeit, Selbstverleugnung, Liebe zur Zurücksetzung und
Beschwerde allgemein werden, dem wird nichts übrig bleiben
als zuzugeben, daß schließlich obrigkeitliches Kommando oder
der unabänderliche Beschluß der Volksmehrheit für Besetzung
der unangenehmen und niedrigen Stellen sorgen muß. Damit
ist aber die Freiheit der Berufswahl beseitigt und der Un=
zufriedenheit und Klage eine reiche Quelle geöffnet. Wir
dürfen nicht vergessen, daß „alle Klassenunterschiede abgeschafft
werden“, daß volle „Gleichberechtigung“ und „Gleichheit der
Existenzbedingungen“ herrschen soll. Ist es mit dieser Gleich=
heit verträglich, daß man durch Mehrheitsbeschluß die einen zu
niedrigeren und beschwerlicheren Arbeiten zwinge als die andern?

§ 5.
Einige unmögliche Auswege.

Die Freiheit in der Berufswahl ist ein so wesentlicher Be=
standteil der menschlichen Freiheit, daß ohne sie das Leben zur
Sklaverei wird. Begreiflich deshalb, daß die Sozialisten und
ihre Gönner sich um Mittel umgesehen haben, ihr trotz aller
planmäßigen Regelung der nationalen Arbeit ein Plätzchen im
sozialistischen System zu verschaffen.

Schäffle glaubt, durch ein „Regulierungssystem“ ließe
sich die Freiheit der Berufswahl mit der öffentlichen Organi=
sation der Arbeit vereinigen. Eigens zu diesem Zweck ein=
gesetzte Berufsämter könnten durch Herabsetzung der Besoldung
den übermäßigen Zudrang zu gewissen Berufen hemmen und

durch entsprechende Gehaltserhöhung auf solche Berufszweige ablenken, bei denen Arbeitermangel herrscht. Ebenso sagt Kautsky: „Da man die Arbeiter ja nicht militärisch ohne ihre eigene Einwilligung den einzelnen Betrieben zuweisen wird, so kann es vorkommen, daß einigen Industriezweigen zu viel Arbeiter zuströmen, während bei andern Mangel an Arbeitern herrscht. Den nötigen Ausgleich kann man dadurch herbeiführen, daß man dort, wo sich zu viel Arbeiter melden, die Löhne herabsetzt, dagegen in jenen Industriezweigen, wo es an Arbeitern mangelt, den Lohn erhöht, bis man es erreicht, daß jeder Zweig so viel Arbeiter hat, als er braucht."[1] Denselben Vorschlag macht auch der Franzose Georges Renard. Die Arbeitsstunde soll nach ihm um so höher belohnt werden, je größer der Unterschied zwischen den in einem Produktionszweig notwendigen Arbeitsstunden und den vorhandenen Arbeitskräften ist. Durch diese Tarifskala glaubt er, würden ohne Zwang die Arbeiter zu den Gewerben hingezogen, wo Arbeitermangel ist[2]. Der Vorschlag paßt jedoch nicht in

---

[1] Am Tage nach der sozialen Revolution 20. Mit diesem Ausspruch ist schwer zu vereinigen, was Kautsky zwei Seiten früher sagt: „In einer kommunistischen Gesellschaft wird die Arbeit planmäßig reguliert, werden die Arbeitskräfte den einzelnen Zweigen nach einem bestimmten Plane zugewiesen." Wie kann noch von freier Wahl die Rede sein, wenn jeder nach einem bestimmten Plane einem Produktionszweige „zugewiesen" wird? Und wenn sich zu einem Industriezweig, z. B. zum Kaminfegen, zur Besorgung der Rieselfelder, niemand meldet?

[2] So in der Schrift Le régime socialiste³ (1903). Vgl. über Renard M. Bourguin, Die sozialistischen Systeme und die wirtschaftliche Entwicklung 73 ff. Nur die seltenen Güter, die schwer oder überhaupt nicht reproduziert werden können, wie Kunstwerke, edle Weine, nimmt Renard von seiner Regel aus. Diese sollen an die Meistbietenden versteigert werden. Der Gewinn aus dem Verkauf fällt der Gesamtheit zu.

das sozialistische System; denn er setzt voraus, „Berufsämter"
könnten nach Gutdünken die Besoldung der Arbeit hinauf= oder
herabsetzen, soweit dies der Organisation der Arbeit dient.
Damit wäre aber die sozialistische „Werttheorie" über den
Haufen gestoßen; denn der Wert der Produkte hinge nicht
mehr von der nötigen Arbeitszeit ab, sondern von den äußeren
Umständen: von der größeren Nachfrage oder dem größeren
gesellschaftlichen Bedürfnis. Werden es sich sodann die Arbeiter
gutmütig gefallen lassen, daß man ihnen plötzlich den Sold
verringere, weil in einem andern Berufszweige Mangel an
Arbeitskräften eingetreten ist? Dieses Auskunftsmittel hätte
endlich zur Folge, daß die niedrigeren und unangenehmeren
Beschäftigungen, bei denen meistens am wenigsten geistige
Arbeit erforderlich ist, die bestbesoldeten wären und die Be=
soldung in dem Maße abnähme, als die Arbeit an Ansehn=
lichkeit und Geistigkeit zunimmt; denn naturgemäß wird der
Zudrang zu den höheren und angenehmeren Arbeiten immer
stärker bleiben. Ein solches Verfahren wäre nicht nur un=
billig, sondern würde auch jeden Trieb nach höherer Bildung,
nach Emporsteigen in der Gesellschaft im Keime ersticken.

Der Amerikaner E. Bellamy, der es versucht hat, in
einem Roman [1] den sozialistischen Zukunftsstaat auszumalen
und als möglich hinzustellen, will der Schwierigkeit der richtigen
Berufsverteilung durch eine Regulierung der Arbeitszeit
begegnen. Ist die Zahl der Bewerber für einen Beruf zu
groß, für einen andern zu gering, so wird die Arbeitszeit von
der „Regierung" für den ersteren verlängert und für den
letzteren verkürzt. „Tatsächlich reicht natürlich eine mäßige
Herabsetzung der Arbeitszeit oder die Gewährung anderer Vor=
züge hin, die nötigen Freiwilligen für irgend eine der Mensch=

---

[1] Ein Rückblick aus dem Jahre 2000 auf 1887; herausgegeben
von G. v. Gizycki, Leipzig, Reclam.

heit notwendige Verrichtung zu ſichern." Sollten ſich trotzdem
keine Bewerber für ſie finden, ſo braucht die Verwaltung nur
zu erklären, ſie ſei ein „beſonderes Wagnis, und diejenigen,
welche ſie übernehmen, ſeien der Dankbarkeit der Nation be=
ſonders würdig, um von Freiwilligen überlaufen zu werden (!).
Unſere jungen Leute ſind ſehr ehrgeizig und laſſen ſich eine
ſolche Gelegenheit nicht leicht entgehen." Wird der Zudrang
zu einem Gewerbe zu groß, ſo ſollen diejenigen Bewerber
ausgewählt werden, welche ſich die meiſten Kenntniſſe darin
erworben haben [1].

Dieſe Stelle iſt charakteriſtiſch für die Behandlungsweiſe
Bellamys. Wie faſt alle Sozialiſten träumt er ſich Menſchen
zuſammen, die allen Leidenſchaften und Armſeligkeiten der
heutigen Adamskinder entrückt ſind und von Eifer und Hin=
gebung für das Gemeinwohl brennen. Sind das etwa die
wirklichen Menſchen, die wir vor uns ſehen? [2] Bellamy ſelbſt

---

[1] Ebd. 54 ff.

[2] Wie es mit dem Gemeinſinn und Bruderſinn der heutigen
Sozialdemokraten ſteht, zeigt die jüngſte Geſchichte der deutſchen
Sozialdemokratie ſattſam. Der Dresdener Parteitag hat unheimliche
Schlaglichter geworfen auf die ſelbſtſüchtigen und gehäſſigen Intrigen
und Treibereien, die die Genoſſen im geheimen gegeneinander ins
Werk ſetzten. Sie nannten ſich öffentlich gegenſeitig „Schufte", „Ver=
räter", „Judaſſe", „Menſchen, von denen beſchimpft zu werden eine
Ehre iſt"; ſie warfen ſich „Gemeinheit" und „Niederträchtigkeit",
„Lügen= und Verleumdungsſyſtem" vor. Der Vorſitzende, Singer,
ſah ſich genötigt, die Anweſenden zu ermahnen, ſich nicht wie
„Schulbuben" zu benehmen. Und welche Liebenswürdigkeiten haben
ſich der „Vorwärts" und Mehring gegenſeitig an den Kopf geworfen.
Nicht umſonſt klagte die ſozialdemokratiſche „Münchener Poſt": „Zu
lange ſchon iſt es die vornehmſte Pflicht ſozialdemokratiſcher Partei=
genoſſen geweſen, ſich von Parteigenoſſen beſchimpfen zu laſſen." Ent=
weder, meinte dasſelbe Blatt, ſeien die Anſchuldigungen Mehrings
gegen den „Vorwärts" wahr, und dann zum Teufel mit den Re=
daktionen, die ſolche Vorwürfe verdient haben, zum Teufel mit dem

widerlegt diese Ansicht, indem er in grellen Farben die gemeine,
rücksichtslose Selbstsucht der heutigen Menschheit schildert. Man
muß mit den Menschen rechnen, wie sie nun ein-
mal sind und bleiben werden, und für diese ist das
Regulierungssystem Bellamys unbrauchbar. Oder glaubt
Bellamy wirklich, die in einem Berufe seit längerer Zeit Beschäftigten würden es sich ruhig gefallen lassen, daß man die
Arbeitszeit immer mehr verlängere, weil sich zu viele Bewerber melden? Wird sich eine solche für verschiedene Gewerbe
verschiedene Arbeitszeit zur Zufriedenheit aller von der Regierung festsetzen lassen? Der Zudrang zu den Gewerben ist
nicht etwas Unveränderliches, sondern ändert sich je nach der
wankelmütigen Neigung der Menschen oder nach Zeit und
Umständen. Für ein ganzes Reich immer durch Bestimmung
der Arbeitszeit die Zahl der Bewerber dem Bedürfnis ent-

gewissenlosen Parteivorstand, der ein solches Treiben geduldet — oder
Mehring müsse endlich unschädlich gemacht werden. (Vgl. Köln. Volkszeitung 1904, Nr 1083.) — Wenn die Genossen mit den Ihrigen
so verfahren, so darf es uns nicht wundern, daß sie den Gegnern
noch viel mehr Liebenswürdigkeit erweisen. Die von Mehring geleitete „Leipziger Volkszeitung" schrieb gelegentlich der Rückkehr des
Grafen Posadowsky von Wien nach Berlin über die Mehrheit des
Reichstages: „Die konservativen Wegelagerer, die Zentrumsgauner,
die nationalliberalen Jesuiten und, als der oberste Philister, Eugen
Richter, fielen wie eine Horde Krippenreiter über die ahnungslose
Minderheit her, der Hauptmann der Bande, der parlamentarische
Strolch v. Kardorff, machte den Regisseur, der Reichsgerichtsrat Spahn
illustrierte die deutsche Klassenjustiz in Permanenz durch einen nieder-
trächtigen Staatsstreich, und der beschäftigungslose Advokat und
Streber Bassermann gab zum erstenmal in seinem Leben einen juristischen Kommentar. Es ist heute überflüssig, an die schamlosen
Bubenstücke, an die infame Affenbosheit dieses parlamentarischen Ge-
sindels zu erinnern, das damals wie eine Sauherde über Geschäfts-
ordnung und Verfassung hereinbrach und niedertrampelte, was ihm
im Wege war."

sprechend regulieren, ohne schwere Mißgriffe zu tun und Un=
zufriedenheit zu wecken, ist nicht möglich. Diese Maßregel
hätte auch zur notwendigen Folge, daß man die Zahl der
in den niedrigsten und beschwerlichsten Arbeiten Beschäftigten
vervielfältigen müßte.

Nehmen wir die Sache konkret. Bergwerksarbeit ist viel
lästiger, unangenehmer und gefährlicher als etwa die Be=
schäftigung eines Kunstgärtners, eines Aufsehers, Künstlers usw.
Um genügende Bewerber zu finden, müßte man also die
Arbeitszeit für die Bergleute recht gering ansetzen. Was folgt
daraus? Daß man auch die Zahl der Bergleute bedeutend
vermehren muß, wenn man die nötigen Rohstoffe, z. B. Stein=
kohlen, zu Tage fördern will. Das von den Bergwerksarbeitern
Gesagte gilt in gleicher Weise von allen niedrigen und unan=
genehmen Arbeiten, z. B. den Verrichtungen des Straßen=
reinigens, der Stallknechte, Steinklopfer, Kaminfeger u. dgl.
Für alle diese niedrigsten Gewerbe müßte man die Zahl der
Angestellten bedeutend vermehren, um den Ausfall an Arbeits=
zeit durch die Zahl der Arbeiter zu decken. So würden also
die Arbeitskräfte den höheren Beschäftigungen entzogen, und
die ganze Gesellschaft erhielte einen beständigen Druck nach
unten. Je niedriger und unangenehmer ein Gewerbe wäre,
um so mehr Arbeitskräfte würde es beschäftigen. Hierzu
kommt noch, daß nach Bellamy alle den gleichen Anteil am
Nationalprodukt haben sollen; ein Pferdeknecht z. B. erhält
bei geringer Arbeitszeit gerade so viel als ein Künstler oder
Gelehrter oder Arzt, der vielleicht doppelt so lang arbeiten
muß! [1]

---

[1] Nach dem Berliner „Vorwärts" (1897, Nr 177) ist in den Ver=
einigten Staaten ein Versuch gemacht worden, den Bellamyschen Staat
zu verwirklichen, er ist aber wie alle ähnlichen Experimente in kür=
zester Zeit gescheitert!

Bebel glaubt einen andern Ausweg gefunden zu haben. Er hofft zwar zunächst das allermeiste von dem Gemeinsinn der Arbeiter, die sofort freiwillig in die etwa entstehenden Lücken eintreten werden, sobald die Ordner sie dahin „dirigieren". Reicht dieses Mittel nicht aus, so müssen alle der Reihe nach die unangenehmen Arbeiten übernehmen: „Da gibt es keine falsche Scham und keine widersinnige Verachtung nützlicher Arbeiten."[1] Ja noch mehr: er meint, die hohe Ausbildung in der Zukunftsgesellschaft werde es ermöglichen, daß schließlich jeder Arbeiter der Reihe nach alle Funktionen übernehmen könne. „Es ist also nicht ausgeschlossen, daß bei vorgeschrittenerer Organisation und bei höherer Durchbildung aller Glieder diese Funktionen einfachhin alternierende werden, die in gewissen Zwischenräumen nach einem bestimmten Turnus alle Beteiligten ohne Unterschied des Geschlechts übernehmen."[2] Bebel behauptet dies zunächst nur von den Funktionen innerhalb eines Produktionszweiges. Allein später gibt er dieser Behauptung eine viel weitere Ausdehnung. In der sozialistischen Gesellschaft wird man dem Abwechslungsbedürfnis die größte Rechnung tragen können, weil jeder Gelegenheit hat, sich in allen Gewerben auszubilden. „Für größere Handfertigkeiten und kunstgewerbliche Übungen bleibt Zeit in Menge. Große, mit allem Komfort, technisch aufs vollendetste eingerichtete Lehrwerkstätten erleichtern Jungen und Alten die Erlernung jeder Tätigkeit. Chemische, physikalische Laboratorien, entsprechend allen Anforderungen an den Stand dieser Wissenschaften, werden vorhanden sein und nicht minder ausreichende Lehrkräfte. Jetzt erst wird man kennen lernen, welch eine Welt von Trieben und Fähigkeiten das kapitalistische Produktionssystem unterdrückte oder in falscher Weise zur Entwicklung kommen ließ."[3]

---

[1] Die Frau 408.　　　[2] Ebd. 379.　　　[3] Ebd. 399.

Diese Ausführungen sind ganz folgerichtig, aber sie zeigen auch das Unvernünftige des Sozialismus. Also für alle un= angenehmen Beschäftigungen, für die sich nicht freiwillig Arbeiter melden, wird einfach der Reihe nach jeder Genosse sich hergeben müssen! Jeder muß, wenn die Reihe an ihn kommt, Straßen= reiniger, Kaminfeger, Stallknecht usw. werden.

Denken wir uns die Herren Bebel, Singer und Kautsky, die „ohne falsche Scham" der Reihe nach den Besen schwingen, die Kloaken reinigen und alle sonstigen unangenehmen Be= schäftigungen übernehmen müssen, für die sie keine frei= willigen Bewerber finden. Kann man in einem solchen Zwangs= system noch von Freiheit reden? Erinnert dasselbe nicht viel= mehr stark an das Zuchthaus?

Wenn Bebel der Ansicht ist, in der zukünftigen Gesellschaft werde die Erziehung und technische Ausbildung jeden zu allen Funktionen und Gewerben befähigen, so verdient das gar keine ernstliche Widerlegung. Man vergegenwärtige sich nur, was das heißen will: jeder übernimmt der Reihe nach alle gesellschaftlichen Funktionen, z. B. in einer Fabrik: Direktor, Werkführer, Maschinenheizer, Buchführer, einfacher Arbeiter oder Handlanger; dann wendet er sich einem andern Gewerbe zu, wird Redakteur, Setzer, Telegraphist, Maler, Architekt, Schau= spieler, Landwirt, Kunstgärtner, Astronom, Professor, Chemiker, Apotheker usw. Kann da etwas Gründliches herauskommen?

Wer das einfachste Handwerk gründlich lernen will, muß es von Jugend auf betreiben, ja zu seiner ausschließlichen Lebensaufgabe machen. Das lehrt die tagtägliche Erfahrung. Und nun wollen die Sozialisten aus allen alles machen! Jeder ist vollkommener Ingenieur, Architekt, Arzt, Chirurg, Physiker, Chemiker, Elektrotechniker, Bildhauer, Apotheker, Schauspieler, Maler, Philosoph, Mathematiker, Astronom, Kunstgärtner, Lehrer, Weinbauer usw. usw.! Verdienen solche Prahlhansereien ernstliche Beachtung?

So absurd die Annahme ist, es werde einst gelingen, die
Arbeiter durch allseitige Entwicklung zu allen gesellschaftlichen
Verrichtungen zu befähigen, so hat sie doch auch an Marx
einen Vertreter gefunden. Er meint, „in einer höheren Phase
der kommunistischen Gesellschaft" werde „die knechtende Unter=
jochung der Individuen unter die Teilung der Arbeit und damit
auch der Gegensatz geistiger und körperlicher Arbeit" ver=
schwinden [1]. Damit kann nicht gemeint sein, daß die körper=
lichen und geistigen Arbeiten in sich gleich würden, was doch
gar zu widersinnig wäre. Der Sinn der Behauptung ist
vielmehr, die kommunistische Entwicklung werde immer mehr
jeden Arbeiter sowohl zu allen geistigen als körperlichen Ver=
richtungen befähigen und so den Unterschied z w i s c h e n H a n d =
u n d K o p f a r b e i t e r n beseitigen. Auch im „Kapital" [2] sucht
Marx darzutun, daß die moderne Entwicklung immer mehr das
„Teilindividuum" durch das „total entwickelte Individuum" zu
ersetzen und dem Arbeiter „absolute Disponibilität", d. h. Ver=
wendbarkeit zu allen Verrichtungen zu verleihen strebe.

Wenn Marx nichts behaupten wollte, als daß es gelingen
möge, einen Arbeiter zu sehr verschiedenen, rein mechanischen
Verrichtungen zu befähigen, so wollen wir das allenfalls zu=
geben; aber behaupten, einst werde jeder auch in höheren,
vorzugsweise geistigen Kenntnissen und Fertigkeiten ein „total
entwickeltes Individuum" sein oder „absolute Disponibilität"
haben — — gehört in das Kapitel der Münchhausiaden. Marx
beruft sich zwar auf die gesellschaftlichen Entwicklungsgesetze und
ist so vorsichtig, diese allseitige Ausbildung des Individuums
erst für eine „höhere Phase der kommunistischen Gesellschaft" in
Aussicht zu stellen. Aber dieses In=die=Ferne=rücken hilft hier
nichts. Man mag sich den Menschen noch so entwickelt denken,

---

[1] Kritik des sozialdemokratischen Parteiprogramms 567.
[2] I 453.

er ist und bleibt ein sehr beschränktes Wesen, und je mehr sich der Kreis der menschlichen Fertigkeiten und Kenntnisse erweitert, um so weniger vermag ein Einzelner sich in allem auszubilden. Gerade darauf beruht das Gesetz, daß die Arbeitsteilung um so größer wird, je mehr die Gesellschaft in der Kultur voranschreitet. Es gab eine Zeit, wo einer in fast allen bekannten Wissenschaften wohl bewandert sein konnte; heute ist das eine Unmöglichkeit.

Jede Wissenschaft eröffnet mit dem Fortschritte neue Wissensgebiete und verzweigt sich immer mehr in Unter-abteilungen. Dasselbe gilt von vielen Künsten, von der Medizin, der Chirurgie usw. In der Heilkunde ist es schon heute eine Unmöglichkeit, daß ein Arzt alle Zweige seines Berufes gleich-mäßig beherrsche. Deshalb haben wir Spezialisten für Augen-, Ohren-, Hals-, Haut-, Nervenkrankheiten usw. Auch die Chirurgie verlangt eine so genaue Kenntnis der kleinsten Teile des menschlichen Organismus und so große Gewandtheit, Sicherheit und Erfahrung, daß schon heute die bedeutendsten Chirurgen sich auf Operationen an bestimmten Organen be-schränken. Es ist deshalb schon heute ganz unmöglich, daß einer in allem auch nur Mittelmäßiges leiste. Diese Unmöglichkeit wird mit dem Kulturfortschritt immer größer. Wenn die Ent-wicklung bisher in dieser Richtung vor sich ging: wie sollen wir da erwarten, im sozialistischen Zukunftsstaat werde dieselbe die gerade entgegengesetzte Richtung einschlagen? Also behaupten, man werde einst alle in allem ausbilden können, ist — man verzeihe uns den Ausdruck — eine sozialistische Windbeutelei.

Selbst Paulsen, der dem Sozialismus großes Wohlwollen entgegenbringt, wird diese Gleichmacherei im Zukunftsstaat doch gar zu arg. Er schreibt [1]:

---

[1] System der Ethik [1] 738; II [5] 437.

„Also in Zukunft wird ein und derselbe Mann heute Briefe und Pakete austragen, morgen die Bureaugeschäfte eines Postamtes führen, übermorgen als Generalpostmeister — doch wozu Titel? —, also schlechtweg die Geschäfte übernehmen, die heutzutage der Leiter des Reichspostamts in der Hand hat, Vorlagen für Weltpostkongresse vorbereiten usw., um endlich am vierten Tage zum Schalter zurück= zukehren und am fünften wieder Briefe auszutragen, diesmal aber nicht in Berlin, sondern in Stallupönen; denn es ist doch billig, daß auch die Annehmlichkeiten der Hauptstadt jedem der Reihe nach zugute kommen. Und ebenso wäre es im Eisenbahnwesen, ebenso im Berg= und Hüttenwesen oder in einer Maschinenfabrik zu halten: einen Tag über oder unter der Erde Kohlen schippen, Eisen hämmern, Billets koupieren, den andern die Feder führen, Rechnungen machen, chemische Versuche anstellen, Zeichnungen zu Maschinen machen, allgemeine Anordnungen über Umfang und Art des Betriebs erlassen usw. Und nicht anders wäre es anf einem Schiffe zu halten: der Posten des Kapitäns käme der Reihe nach an alle, ebenso der des Steuermanns, des Ma= schinenmeisters, des Kochs uff. Und nicht minder gingen natür= lich die staatlichen Funktionen in der Reihe um: jeder würde nach der Ordnung Gesetzgeber und Richter und Feldherr und Polizeihauptmann — doch ich vergesse, wo wir uns befinden: im Zukunftsstaat, wo es keine Kriege mehr geben wird und keine Diebe und keine Fälscher und keine Faulenzer und Landstreicher, wo also auch keine Richter und keine Soldaten mehr nötig sein werden und keine Gesetze und kein Staat überhaupt, im Lande Utopien, wo die Wölfe auf der Weide mit den Lämmern spielen und Gras fressen, wo der Ozean mit Limonade gefüllt ist und treue Walfische die Schiffe ziehen, wo Neid, Haß, Herrschsucht, Ehrgeiz, Trägheit, Torheit, Eitelkeit nicht mehr sein werden, wo es nur noch Weise und Gute gibt, im tausendjährigen Reich, für das ausführliche Ordnungen und Gesetze zu entwerfen denn in der Tat nicht eben notwendig scheint. Und so löst sich auch hier alles in Wohlgefallen auf. Oder verdient etwa der Gedanke, daß die ‚Ordner‘ der ge= meinschaftlichen Tätigkeit durch Wahl, ‚wie es das Bedürfnis und die Stimmung der Wählenden mit sich bringt‘, ernannt und ent=

laffen werden follen, ernst genommen zu werden? Es mag ein
jeder die Folgen sich selber ausmalen, die entstehen würden, wenn
dieses Prinzip in der ganzen Gesellschaft durchgeführt würde: die
Parteiungen, die Kämpfe, die Ränke, die Listen, die Beredsamkeit,
welche in jedem kleinsten Kreis selbst dann entstehen würden, wenn
es gar keine Verschiedenheit der materiellen Interessen und keinen
bösen Willen gäbe, aus der bloßen Verschiedenheit der Ansichten
über das Zweckmäßige, Nützliche und Mögliche."

§ 6.
Widerlegung einer Einwendung.

Wenn man den Sozialisten vorwirft, daß sie schließlich
die Einzelnen kraft obrigkeitlichen Kommandos dorthin werden
„dirigieren" müssen, wo das Gemeinwohl Arbeitskräfte erheischt,
und dadurch die Berufsfreiheit aufheben, sind sie gleich mit
dem Einwurf zur Hand, auch heute herrsche ja keine Freiheit
in der Berufswahl; die meisten seien durch die Not gezwungen,
den ersten besten Beruf zu ergreifen, der sich ihnen darbietet.
„Die Sozialdemokratie", meint Kautsky, der jetzige Haupt-
theoretiker des Sozialismus, „kann die Abhängigkeit des
Arbeiters von dem wirtschaftlichen Getriebe, in dem er ein
Rädchen bildet, nicht beseitigen, aber an Stelle der Abhängigkeit des Arbeiters von einem Kapitalisten, dessen Interessen
den seinen feindlich gegenüberstehen, setzt er seine Abhängigkeit von einer Gesellschaft, deren Mitglied er selbst ist, einer
Gesellschaft gleichberechtigter Genossen, die gleiche Interessen
haben." [1]

Wir verzeichnen mit Befriedigung das Zugeständnis Kautskys, mit dem kommunistischen „Sprung der Menschheit aus
dem Reiche der Notwendigkeit in das Reich der Freiheit" sei
es nichts. Aber wir sollen uns trösten. In der Zukunfts-

---

[1] Das Erfurter Programm 169.

gesellschaft sind wir nicht mehr abhängig von einem Individuum, sondern von einer Gesamtheit, deren Teil wir sind.
Als ob die Freiheit bloß in der Unabhängigkeit von einem
Individuum bestände! Knechtschaft ist Knechtschaft! Ob
mir mein Tun und Lassen von einem Individuum oder von
einer Gesamtheit vorgezeichnet wird, was macht das für einen
Unterschied? Was soll das Bewußtsein über mich vermögen,
ich sei das zwanzigste oder dreißigste Millionstel einer Gesamtheit, die mir befiehlt, heute Kaminfeger, morgen Stallknecht
oder Briefträger zu sein?

Was die Behauptung betrifft, auch heute sei der Arbeiter
unfrei und von der Produktion abhängig, so ist allerdings
richtig, daß auch heute keine absolute Freiheit existiert. Aber
zwischen absoluter Freiheit und allseitiger Gebundenheit ist ein
weiter Weg. Daß die meisten gar nicht frei seien in der
Berufswahl, ist unwahr. Die große Masse der Bevölkerung
hat unstreitig einen großen Spielraum in der Berufswahl.
Es gibt verhältnismäßig wenige, die nicht beim Verlassen
der Volksschulen eine ganze Reihe von Berufen vor sich offen
sehen. Eine völlig unumschränkte Freiheit wird es nie geben
und hat es nie gegeben. Sie liegt auch gar nicht im Interesse der Gesellschaft, zu deren Vorteil es eher gereicht, wenn
die Berufsstände eine gewisse Dauer und Festigkeit besitzen
und sich aus den eigenen Reihen fortwährend ergänzen. Eine
Familie, in der ein Beruf schon seit Geschlechtern überliefert
ist, hat durchschnittlich in sittlicher und technischer Beziehung
große Vorzüge vor einer andern, die in demselben Berufe ein
Neuling ist.

Daß es daneben heute auch manche Fälle gibt, wo infolge
übergroßer Armut die Berufswahl nahezu illusorisch wird,
geben wir gerne zu. Aber im Vergleich zu dem, was im
sozialistischen Zukunftsstaat geschähe, sind das seltene Ausnahmen. Außerdem läßt sich durch eine vernünftige Sozial-

reform, welche sich energisch der ärmeren Volksklassen annimmt, diesem Übelstande zum guten Teile abhelfen.

Endlich — und das ist der entscheidendste Punkt — ist der Zwang in der heutigen Gesellschaft ein bloß m o r a l i s ch e r, von der Willkür anderer unabhängiger, während er im Sozialis= mus die Gestalt eines obrigkeitlichen Kommandos annähme. Im sozialistischen Gemeinwesen müßte schließlich jedem von oben her — meinetwegen von einem gewählten Ausschuß von Sachverständigen — der Beruf anbefohlen oder aufgenötigt werden. Das läßt sich niemand gern gefallen und hätte auch notwendig zur Folge, daß alle Unzufriedenheit, alle Klagen über verfehlten, unpassenden, unbilligen Beruf sich gegen die jeweilige Regierung richten und sie für alle Mißgriffe ver= antwortlich machen, von ihr auch Abhilfe verlangen würden. Um Millionen von Menschen zu allgemeiner Zufriedenheit von oben her einen Beruf zudekretieren zu können, dazu wäre eine mehr als salomonische Weisheit von seiten der Obrigkeit und vollkommene Selbstlosigkeit von seiten der Untergebenen erforderlich.

Heute dagegen ist es das a l l e r e i g e n s t e I n t e r e s s e, das jeden nötigt, einen Beruf zu ergreifen und sich dafür auszubilden. Auf Grund dieses moralischen Zwanges vollzieht sich die Verteilung der Berufe ohne Befehl und Gesetz. Selbst die niedrigsten und abstoßendsten Beschäftigungen finden durch= schnittlich genügende Bewerber, und nach getroffener Wahl gibt sich im allgemeinen jeder zufrieden, solange er in seinem Beruf ein genügendes und sicheres Auskommen findet. Die heute in den Arbeiterkreisen vielfach herrschende Unzufriedenheit gilt nicht dem Berufe selbst, sondern der ungenügenden Entlohnung, der übermäßigen Anstrengung. Man suche ihre Lage zu bessern, und die Zufriedenheit mit ihrem Berufe wird bald wiederkehren, soweit nicht doktrinäre sozialistische Verhetzungen sie verhindern. Allerdings, wenn man den Arbeitern die

Idee beigebracht hat, daß alle Menschen die gleichen Rechte
und die gleichen Existenzbedingungen haben sollen, dann
wird es unmöglich, sie mit ihrem Stande auszusöhnen; aber
gerade an diesem Gleichheitsfanatismus muß auch der Sozialismus zu Grunde gehen, weil er etwas vollständig Unmögliches erstrebt.

§ 7.

Unmöglichkeit der staatlichen Organisation aller Arbeiten.

Ein weiterer Fehler im sozialistischen System ist die still-
schweigende Voraussetzung, alle gesellschaftlichen Dienste und
Leistungen ließen sich als Teile einem öffentlich geregelten
Arbeitssystem einfügen. Diese Voraussetzung ist irrig. Es
wird immer eine große Zahl von persönlichen Dienstleistungen
geben, die sich ihrer Natur nach nicht staatlich zentralisieren
lassen, wenn man nicht ein förmliches Kasernenregiment einführen will, so z. B. alle Dienste, welche die unmittelbare
Pflege des Leibes betreffen in Bezug auf Kost, Kleidung,
Reinlichkeit, Küchen- und Hausdienst, Wäsche, Ausbesserungs-
arbeiten u. dgl. Soll jeder seinen Rock zu einem „öffentlichen" Schneider bringen? Soll jeder sich bei staatlich angestellten Barbieren und Friseuren zur Toilette melden? Sollen
öffentliche Waschstuben und Bügelanstalten eingerichtet werden?
Denn wir dürfen nicht vergessen, daß das Dienstbotenverhältnis,
wie überhaupt das ganze Lohnsystem, vom Sozialismus grundsätzlich verurteilt wird. Und wenn nun gar in einer Familie
die Frau krank oder sonst arbeitsunfähig geworden oder gestorben ist? Oder meinen die Sozialisten, alle persönlichen
Dienstleistungen ließen sich im Zukunftsstaat durch Automaten
besorgen?

Gegen diese Einwendung hat man schon auf die heutigen
Gasthöfe und Wirtschaften hingewiesen, wo alle zu jeder Zeit

nach Wunsch bedient werden und ihrem Herzen nichts zu
versagen brauchen. Warum ließe sich nicht auch in der
sozialistischen Gesellschaft durch öffentliche Küchen- und
Speiseanstalten, durch öffentliche Wäschereien und Werkstätten in großem Stile für alle derartigen persönlichen
Bedürfnisse sorgen? Allein um von den auflösenden Wir-
kungen zu schweigen, welche solche öffentliche Mahlzeiten und
ähnliches auf das Familienleben ausüben würden: wäre das
nicht eine wahre Knechtschaft, alle in Bezug auf die Befriedigung ihrer persönlichen Bedürfnisse von öffentlichen Anstalten
abhängig zu machen? Dann halten wir es auch für sehr
unwahrscheinlich, daß derartige öffentliche Speise- und Wasch-
anstalten zur allgemeinen Zufriedenheit ausfielen. Die heutigen Anstalten dieser Art beruhen auf einem ganz andern
Prinzip. Es sind Privatunternehmungen, bei denen der
Eigentümer oder Unternehmer das größte Interesse daran
hat, seine Gäste anzulocken und nach Möglichkeit in jeder
Weise zufriedenzustellen. Denn sind diese unzufrieden mit
der Gattung und dem Preise des Gelieferten, so verliert er
seine Kunden. Er hat eben Mitbewerber, die auch ihrerseits
alles aufbieten, um Kunden anzulocken.

Die sozialistischen Speiseanstalten dagegen wären öffentliche
Einrichtungen, die von Beamten besorgt würden, ihren Bedarf
nur aus den öffentlichen Vorratskammern beziehen könnten und
keine Mitbewerber zu fürchten hätten. Würden diese vom Gemeinwesen bestellten Köche, Kellermeister, Kellner und wie sie
alle heißen, so unermüdlich beflissen sein, ihre Gäste zufriedenzustellen, wie dies in den heutigen Privatanstalten der Fall ist?
Das möchten wir sehr bezweifeln. Der „Genosse" Koch oder
Kellner steht seinen Gästen ebenbürtig gegenüber, und wenn
sie mit seinen Leistungen nicht zufrieden sind, so hat er dabei
gar nichts zu verlieren. Diese sozialistischen Anstalten würden,
fürchten wir, noch weit, weit hinter unsern Militärküchen zurück-

bleiben. Und nun denke man sich gar, daß alle Angestellten
der Reihe nach ihre Funktionen wechseln und keine ordentlich
verstehen: derselbe, der heute Koch ist, soll morgen Kellner,
übermorgen Wasserträger, einen Tag später „Waschfrau",
dann Kellermeister sein, endlich wieder für einen Tag lang
Koch werden, solange ihn überhaupt die eigene Lust oder die
öffentliche Leitung in dieser Anstalt festhält. Doch genug der
Tollheiten.

Dem Scharfsinn Schäffles ist die obige Schwierigkeit nicht
entgangen. Indessen, meint er, die Sozialisten könnten derartige
persönliche Dienstleistungen Privatunternehmern überlassen.
Doch das wäre wieder eine Bresche in die Grundsätze des Sozialismus. Dieser will das Lohnverhältnis in jeder Form beseitigen. Wenn man aber persönliche Dienstleistungen Privatunternehmern überläßt, muß man z. B. das Dienstbotenverhältnis
gestatten. Es würden ferner nicht wenige Kräfte der eigentlichen
nationalen Produktion entzogen. Denn man könnte doch von
denen, welche sich derartigen Privatunternehmungen widmeten,
nicht verlangen, sich zugleich an der öffentlichen Produktion zu
beteiligen. Auch die Gleichheit der Existenzbedingungen käme in
Gefahr, wenn man einmal Privatunternehmungen zuläßt. Es
könnte jemand durch Geschicklichkeit, günstige Umstände oder eine
Erfindung sich ein reiches Einkommen verschaffen, während ein
anderer Privatunternehmer gänzlich verarmte, wenn er nicht vor-
zöge, wieder in die Reihen der öffentlichen Arbeiter einzutreten.
An andern Stellen sagt übrigens Schäffle[1] selbst, Privatunternehmungen seien im Sozialismus ausgeschlossen, und diejenigen,
welche nicht unmittelbar produktiv tätig wären, wie Künstler,
würden öffentliche Besoldung erhalten. Man kann freilich zugeben,
daß derartige Einkommen aus persönlichen Dienstleistungen nie den
Umfang der heutigen Kapitaleinkommen erreichen würden, aber
immerhin wäre der allgemeine Grundsatz, daß es nur öffentlich
besoldete Arbeiter geben solle, durchbrochen.

---

[1] Quintessenz 3.

Dritter Artikel.

Ertragshöhe und Fortschritt im Sozialismus.

§ 1.

Sozialistische Träume.

Die Wortführer der Sozialisten versprechen ihren Anhängern goldene Berge. Wenig Arbeit und viel Genuß, das ist die wahre Quintessenz des sozialistischen Evangeliums[1]. Das beweist z. B. Bebel in seinem Buch „Die Frau", welches man mit gerechtem Spott den „grünen Bädeker in das Land Utopien" genannt hat.

Wenn wir diesem Volkstribun glauben wollen, so wird die Arbeit im Sozialismus vermöge der Abwechslung und der vorzüg= lichen mechanischen Einrichtungen fast zur Erholung, „spielend" gehen die meisten Verrichtungen vor sich[2]. Dabei wird die Arbeit infolge der einheitlichen Regelung und der weisen Benutzung der Arbeitsmittel so produktiv sein, daß zwei bis drei Stunden täglicher Arbeit ausreichen, um allen Bedürfnissen vollkommen zu genügen[3].

---

[1] Schon der sonst behutsamere Marx hat in dieser Richtung den Ton angegeben. Er läßt in der höheren Phase der kommunistischen Gesellschaft, nachdem sich das Individuum „allseitig" entwickelt hat, „alle Springquellen des genossenschaftlichen Reichtums voller fließen". Nach Kautsky (Das Erfurter Programm 163) bewirkt der Über= gang von der kapitalistischen zur sozialistischen Produktion „un= bedingt ein rasches Emporschnellen der jährlich erzeugten Produktionsmasse".

[2] Die Frau⁵⁰ 463.

[3] In den ersten Auflagen hielt Bebel 1½—2 Stunden täg= licher Arbeit für ausreichend, in den späteren Auflagen 2—3 Stunden. In der neuesten Jubiläumsauflage fügt er hinzu, wenn 2—3 Stunden nicht genügen, werde die Gesamtheit mehr Stunden festsetzen, „denn ihr Wille ist ihr Himmelreich". Aber ist denn etwa für den Einzelnen der Wille der Gesamtheit sein Himmelreich? Man sieht übrigens, daß Bebel mit dem Alter in seinen Versprechungen geiziger wird. — Wie Bebel, so hält auch Hertzka (Gesetze der sozialen Entwick=

„Befriedigung des persönlichen Egoismus und Förderung des Gemeinwohls stehen in Harmonie, sie decken sich." ¹ „Einen Unterschied zwischen Faulen und Fleißigen, Intelligenten und Dummen
gibt es nicht." ² Die ganze moralische Atmosphäre regt jeden an,
„es dem andern zuvorzutun" ³. Eine ungeahnte „Welt von Trieben
und Fähigkeiten", welche das kapitalistische Produktionssystem unterdrückte, wird entstehen ⁴. Man kennt „weder politische Verbrechen
und Vergehen mehr, noch gemeine" ⁵. Die Kasernen und sonstigen
Militärbauten, Justiz- und Verwaltungspaläste, Gefängnisse harren
einer besseren Bestimmung ⁶. Die Nationen werden sich nicht mehr
als Feinde behandeln, sondern sich „verbrüdern". Die Zeit des
„ewigen Friedens" ist gekommen. Die letzten Waffen werden in
die Antiquitätensammlungen wandern. Im Frieden werden dann
die Völker von Kultur zu Kultur emporsteigen.

Ganz besonders wird der Ackerbau das ganze Land durch
Kanalisierung, Austrocknung der Sümpfe und Moräste und die
trefflichsten Verkehrsmittel in einen großen Garten verwandeln und
das Volk aus den Städten auf das Land locken. Wie in den
Städten, so wird man auf dem Lande Museen, Theater, Konzert-
säle, Spiel- und Speisesäle, Lesezimmer, Bibliotheken, Geschäfts-

lung [1886] 60) 1½—2 Stunden für genügend; Krapotkin (La
conquête du pain, Paris 1892, 274) glaubt mit 5 Stunden Arbeitszeit in der Zukunftsgesellschaft auszukommen.
¹ Die Frau 382.   ² Ebd. 405.   ³ Ebd. 406.
⁴ Ebd. 399.
⁵ Ebd. 444. Dieser absurden Behauptung ist selbst von Sozialisten widersprochen worden. In den „Sozialistischen Monatsheften"
(1906, I 489) behauptet Edm. Fischer, es werde Verbrecher geben,
solange es Menschen gibt, „behaftet mit guten und schlechten Eigenschaften, Liebe, Haß, Eifersucht und Neid, Ehrgeiz und Egoismus",
und deshalb werde man sich auch in der Zukunftsgesellschaft durch
ein Strafrecht gegen Verbrecher schützen müssen. Ob dieser „Ketzerei"
wurde Fischer von der Mehringschen „Leipziger Volkszeitung" (1906,
Nr 173) verzopfter, spießbürgerlicher Ideen, der verbohrtesten Phi-
listerweisheit, hoffnungsloser Konfusion beschuldigt.
⁶ Ebd. 443.

lokale, Bildungsanstalten[1], Parks und Promenaden, öffentliche Bäder, Laboratorien, Spitäler usw. besitzen.

Im Sozialismus wird auch für eine harmonische Ausbildung des Menschen gesorgt werden. Es wird „Gelehrte und Künstler jeder Art in ungezählter Menge"[2] geben. Tausende glänzender Talente kommen zur Entfaltung: Musiker, Schauspieler, Künstler und Gelehrte, nicht von Profession — denn alle müssen ja an der Produktionsarbeit teilnehmen —, aber aus Begeisterung, durch Talent und Genie. „Es wird eine Ära für Künste und Wissen= schaften entstehen, wie sie die Welt nie gesehen hat, und dement= sprechend werden die Schöpfungen sein, die sie erzeugt."[3] Jedem ist auch Gelegenheit gegeben, seinen Veränderungstrieb zu befriedigen[4]. Er kann seine „Ferienreise" machen, er kann fremde Länder und Erdteile besuchen, Expeditionen und Kolonisationen aller Art, die es in Menge geben wird, sich anschließen, wenn er Entsprechendes der Gesellschaft leistet[5]. „Infolge der sorglosen Existenz werden die meisten das höchste Durchschnittsalter erreichen können."[6] Kurz: Herz, was willst du mehr? „Jetzt erst wird die Menschheit zu ihrer höchsten Entfaltung gelangen. Das ‚goldene Zeitalter‘, von dem die Menschen seit Jahrtausenden träumten, und nach dem sie sich sehnten, wird endlich kommen."[7]

Auch Kautsky hat einen kühnen Ritt in das gelobte Land des Zukunftsstaats unternommen und entwirft den Arbeitern ein herrliches Bild dieses Landes, das von Milch und Honig fließt. Der Sozialismus „wird den Menschen Sicherheit, Ruhe und Muße

---

[1] Ebd. 440.	[2] Ebd. 401.	[3] Ebd. 459.

[4] Ebd. 463.

[5] S. 335 (18. Aufl.). In den neuesten Auflagen hat Bebel die „Ferienreise" gestrichen. Ähnlich wie Bebel weidet auch J. Stern (Thesen über den Sozialismus 25 34) seine Phantasie am sozialisti= schen Zukunftsparadiese. Dieses Vergnügen ist bei lebhafter Ein= bildungskraft billig zu haben.

[6] Bebel, Die Frau 464.

[7] Ebd. 482. In der 18. Auflage hieß es (S. 349), das goldene Zeitalter ist dann gekommen. In den neuen Auflagen wird dasselbe wieder in die Zukunft gerückt.

bringen, er wird ihren Sinn über die Alltäglichkeit erheben . . ., er wird die Persönlichkeit unabhängig machen. . . . Er wird gleichzeitig einen Ausgleich zwischen Stadt und Land schaffen, den Menschen alle Schätze einer reichen Kultur zugänglich machen und ihnen die Natur zurückgeben, aus der sie Kraft und Lebensfreude schöpfen". Er rottet aus „das Elend und die Verkommenheit der einen" und „die Übersättigung der andern". Er „beseitigt Not und Übersättigung und Unnatur, und macht die Menschen lebensfroh, schönheits= freudig und genußfähig. Und dabei bringt er die Freiheit wissen= schaftlichen und künstlerischen Schaffens für alle". Ein „Übermensch" wird erstehen, der die höchsten bisherigen Typen überragt, und zwar „nicht als Ausnahme, sondern als Regel, ein Übermensch gegenüber seinen Vorfahren, aber nicht gegenüber seinen Genossen, ein er= habener Mensch, der seine Befriedigung darin sucht . . . groß zu sein unter Großen, glücklich mit den Glücklichen . . ., der sein Ge= fühl der Kraft daraus schöpft . . ., daß ihm die Vereinigung mit den Gleichstrebenden den Mut gibt, sich an die Bezwingung der höchsten Probleme zu wagen. So dürfen wir erwarten, daß ein Reich der Kraft und der Schönheit erstehen wird, das würdig ist der Ideale unserer tiefsten und edelsten Denker"[1].

§ 2.
Arbeitsamkeit und Wirtschaftlichkeit im Sozialismus.

Schade, daß vom Traum zur Wirklichkeit keine Brücke führt! Es ist kein Zweifel, daß in einem stark bevölkerten und zivilisierten Lande die Erde nur um den Preis harter, angestrengter Arbeit und großer Sparsamkeit im Verbrauch der Arbeitsmittel ihre Bewohner er= nährt. Am Antrieb hierzu fehlt es, wie der Augenschein lehrt, in der heutigen Gesellschaftsordnung nicht. Das eigene Interesse, die Notwendigkeit der Selbsterhaltung und des Empor=

---

[1] Am Tage nach der sozialen Revolution 48.

kommens zwingen die allermeisten zu rastlosem, energischem
Schaffen. Am Rennen und Jagen nach Erwerb haben wir
deshalb eher Überfluß als Mangel; ebensowenig gebricht es
an sparsamer Verwertung der Arbeitsmittel: der Rohstoffe,
Werkzeuge, Maschinen, Fabriken, Verkehrsmittel usw. Davon
hängt eben in den meisten Fällen der Erfolg einer Unter=
nehmung ab. Die Losung der Privatunternehmer ist, mit
möglichst wenig Aufwand von Arbeit, Stoff und Zeit möglichst
viel, wohlfeil und gut zu produzieren. Es werden freilich
immer dazwischen Pfuscher und Schwindler ihr Unwesen treiben,
aber auf die Dauer können sie sich doch nicht halten. Der
Schwindel wird in 99 von 100 Fällen ans Tageslicht
kommen, und wenn er zuweilen glückt, so geschieht dies meist
nicht ohne Mitschuld der leichtgläubigen und gierigen Käufer
und meistens auch der Gesetzgebung und Regierung, welche
zur Verhinderung der Schwindelunternehmungen nicht das
ihrige tun.

Wie stände es nun mit dieser ausdauernden Arbeitsamkeit
und mit der Sparsamkeit in Bezug auf die Produktionsmittel
im sozialistischen Staat?

Marx versichert: „In einer höheren Phase der kommunistischen
Entwicklung" werde „die Arbeit nicht nur Mittel zum Leben, son=
dern selbst das erste Lebensbedürfnis" sein[1], d. h. ihr
werdet sein wie die Götter.

Bebel sucht seinen Meister mit großen Verheißungen noch zu
überbieten. „Die auf voller Freiheit und Gleichheit organisierte
Arbeit, bei der einer für alle, alle für einen stehen, also die volle
Solidarität herrscht, wird eine Schaffenslust und einen Wetteifer
erzeugen, wie sie in dem heutigen Wirtschaftssystem nirgends zu
finden sind. . . . Dieser schaffensfreudige Geist wirkt aber auch auf
die Produktivität der Arbeit ein. . . . Ferner haben alle das Inter=
esse, da sie gegenseitig füreinander arbeiten, daß alle Gegenstände

---

[1] Kritik des sozialdemokratischen Parteiprogramms 567.

möglichst gut und vollkommen und mit möglichst geringem Aufwand
von Kraft und Arbeitszeit hergestellt werden, sei es um Arbeitszeit
zu sparen oder um Zeit für Erzeugung neuer Produkte zur Befriedigung höherer Ansprüche zu gewinnen." [1]

Doch das sind leere Worte. Was für ein Interesse hat
denn im Sozialismus der Arbeiter daran, sich Tag für Tag
redlich abzumühen und haushälterisch mit den Arbeitsmitteln
umzugehen? Die Frucht seines Fleißes kommt ja ihm nur
zum allergeringsten Teil zugute. Wenn wir uns eine Million
„Genossen" in einem sozialistischen Gemeinwesen denken, so
erhält jeder nur ein Millionstel von dem Ertrag seiner Arbeit.
Und wenn er träge ist, was liegt ihm daran, es geht ihm
bloß ein Millionstel von dem verloren, was er durch seinen
Fleiß herstellen würde [2].

---

[1] Die Frau 380.

[2] Eine treffliche Illustration zu dem Fleiß, der im Zukunftsstaat
voraussichtlich herrschen würde, hat die Buchdruckerei Werners, des
bekannten Wortführers der Berliner „Jungen", geliefert. Weil die
Sozialdemokraten allgemein die Akkordarbeit als Mittel zur Ausbeutung verabscheuen, stellte Werner seine Schriftsetzergehilfen mit
einem festen wöchentlichen Lohn von ca 30 Mark an. Allein die
letzteren lieferten, wie Werner in einer öffentlichen Versammlung
darlegte, manchmal nur Arbeit zu einem Werte von 1,50 Mark.
Alle Ermahnungen zur Besserung blieben fruchtlos. Als ein Kom-
pagnon Werners die Gehilfen um größere Ruhe bat, da er bei dem
fortwährenden Lärm und Streit nicht arbeiten könne, „brüllten", wie
Werner sich ausdrückte, dieselben die Marseillaise unter besonderer
Betonung des Rufes „Nieder mit der Tyrannei"! Werner sah sich
genötigt, wieder Akkordarbeit einzuführen und zwei Hauptruhestörer
zu entlassen. Das ist ein kleines Genrebild aus dem Zukunftsparadies
der Sozialdemokraten. — Noch bezeichnender sind die Resultate der
„roten Bäckerei", welche die Sozialdemokraten in Berlin gegründet hatten und in der die Genossen bald in solchen Zwiespalt
gerieten, daß sie sich gegenseitig die gröbsten Vorwürfe machten und
die Genossenschaft aufgelöst werden mußte. Siehe „Germania" 1892,

Andere Sozialisten setzen große Hoffnung auf die Er=
ziehung. Der sozialistischen Erziehung werde es gelingen,
den Kindern von den frühesten Jahren an die Arbeit zum
Bedürfnis und zur Lust zu machen.

Diesen Gedanken entwickelte u. a. Heinrich Schulz=Bremen
in einer Berliner Versammlung¹. Das proletarische Erziehungs=
ideal sei: einer für alle — alle für einen. Dieses Prinzip setze
die sozialistischen Wirtschaftsformen voraus, die verbunden sein
würden mit der Umwertung des Begriffes der Arbeit. Alle Arbeit,
ob geistig, ob körperlich, wenn sie nur notwendig sei zur Erhaltung
und Förderung der menschlichen Gesellschaft, müsse gleich gewertet
werden. Und aus einer Quelle der Mühe könne die Arbeit
zu einer kristallklaren Quelle der Freude und des
Lebensgenusses gemacht werden. Der beste Erzieher des Kindes
sei die Arbeit, seine Arbeit: das Spiel. Es komme darauf an,
den Spieltrieb des Kindes zu benutzen und es langsam in die
Arbeit und in die verschiedenen Arbeitszweige einzuführen, spielend
gleichsam, ohne aufdringlich zu sein. Je mehr sich sein Geist er=
schließe, um so höher sei es zu führen, alle Anregungen seien ge=
schickt zu benutzen.

Es ist gewiß nicht zu leugnen, daß man die Kinder von
frühe an zur Arbeitsamkeit erziehen kann und soll. Aber zu
glauben, es werde jemals gelingen, den Menschen die schweren
und lästigen Arbeiten in der Fabrik, im Bergwerk, in der
Werkstatt zur Lust, zum Lebensgenuß zu machen, so daß sie
nur aus Lust solche Arbeiten tagtäglich für das ganze Leben
übernehmen, ist doch ein gar zu kindlicher Optimismus. Hat
man denn nicht schon bisher die Kinder zur Arbeitsliebe zu
erziehen gesucht? Und mit welchem Erfolge?

Nr 154, 1. Blatt. Am 30. November 1900 mußte der Parteivorstand
von Berlin aus einschreiten, um dem ärgerlichen Streit zwischen der
Buchdruckerei der „Leipziger Volkszeitung" und ihren (sozialdemo=
kratischen) Arbeitern ein Ende zu bereiten.
¹ Siehe „Vorwärts" 1906, Nr 23, 1. Beil.
Cathrein, Der Sozialismus. 10. Aufl. 28

Auch Kautsky hat eingehend die Frage untersucht, wie sich „die Heranziehung der Arbeiter zur Arbeit" im Zukunfts=staat bewerkstelligen lasse.

Er rechnet vor allem auf die Macht der Gewohnheit, die den Arbeiter an der Produktion festhalten werde. „Das Kapital hat den modernen Arbeiter daran gewöhnt, tagaus tagein zu arbeiten, er hält es ohne Arbeit gar nicht mehr lange aus. Es gibt sogar Leute, die so sehr an die Arbeit gewöhnt sind, daß sie nicht wissen, was sie mit ihrer freien Zeit anfangen sollen, die sich unglücklich fühlen, wenn sie nicht arbeiten können." „Aber selbst=verständlich kann man sich auf diesen Antrieb allein nicht verlassen, er ist der schwächste." [1] Viel stärker ist „die Disziplin des Proletariats". Schon heute würden, meint Kautsky, die Arbeiter an der Produktion festgehalten, wenn das Interesse der Gewerkschaft es erheische. Er übersieht aber, daß es heute das allereigenste Inter=esse der Selbsterhaltung ist, welches den Arbeiter nötigt, im Kampf gegen die Arbeitgeber treu zur Gewerkschaft zu stehen. Unter der Disziplin haben wir nach Kautsky nicht die militärische Disziplin zu verstehen, sondern die demokratische, „die freiwillige Unter=werfung unter eine selbstgewählte Führung und unter den Beschluß der Majorität". Allerdings gebe es Betriebe, „die ohne bureau=kratische Organisation nicht auskommen, wie die Eisenbahnen". Die Arbeiter können „Delegierte wählen, die eine Art Parlament bilden, welches die Arbeitsordnung feststellt und die Verwaltung des bureau=kratischen Apparates überwacht" [2]. Also doch stramme Unterordnung! Übrigens seien die mannigfaltigsten Formen demokratischer Organi=sationen möglich ohne jede Schablone. Kautsky vergißt nur zu sagen, wer denn über diese verschiedenen Organisationen entscheidet.

Gewohnheit und Disziplin genügen noch nicht als Antrieb zur Arbeit. Das proletarische Regime „wird trachten müssen, die Arbeit, die heute eine Last ist, zu einer Lust zu machen, so daß es ein Vergnügen wird, zu arbeiten". „Aller=

---

[1] Am Tage nach der sozialen Revolution 15.
[2] Ebd. 16.

dings ist das nicht eine so einfache Sache", doch kann es geschehen durch Verkürzung der Arbeitszeit und durch das Streben, die Arbeits= räume gesunder und freundlicher zu gestalten und dem Arbeitsprozeß möglichst seine abstoßenden Seiten zu nehmen. Wie das zu be= werkstelligen sei, wird leider nicht gesagt, doch gesteht Kautsky, daß es nicht sehr bald gelingen werde, „die Arbeit in Fabrik und Berg= werk zu einer anziehenden zu machen". Man müsse deshalb auch die **Anziehungskraft des Lohnes** zu Hilfe nehmen.

Auf diesen letzten Punkt werden wir noch an anderer Stelle zurückkommen, aber er zeigt uns, daß die Sozialisten selbst die Notwendigkeit einsehen, den Arbeiter schließlich und letztlich **durch sein eigenes persönliches Interesse** wirksam zur Arbeit anzutreiben. Mit bloßen Redensarten von Gemeingeist, Arbeitslust, Disziplin, Gewohnheit u. dgl. kommt man nicht weit.

Nicht ohne Grund meint Carring[1], der Wegfall des Eigen= interesses im Sozialismus müsse durch eine andere Triebfeder ersetzt werden. Aber durch welche? Carring antwortet: „Das Ideal des Sozialismus, ein rein brüderliches Zusammenwirken, ist nur zu verwirklichen von Menschen mit **tadellos arbeitenden Ge= wissen.**" Wer aber glaubt, bei den materialistisch=atheistischen Sozialisten der Zukunft werde das Gewissen in wesentlich tadel= loserer Weise arbeiten, als dies heute bei den Durchschnittsproletariern der Fall ist, der ist ein unverbesserlicher Optimist.

Selbst Schäffle, der große Sympathien für den Sozialismus hegt, meint: „Es genügt bei einer Produktionsgemeinschaft von Millionen allein noch nicht, daß Produzent A weiß: mein ‚soziales Arbeitseinkommen' ist davon bedingt, daß auch die 999 999 andern ‚Kooperations'=Genossen fleißig sind wie ich. Das erweckt noch nicht die nötige Kontrolle, erstickt wenigstens nicht den Trieb der Faulheit, der Unredlichkeit, hindert nicht die Unterschlagung von

---

[1] Das Gewissen im Lichte der Geschichte sozialistischer und christ= licher Weltanschauung 96.

Arbeitszeit gegenüber dem Ganzen, vereitelt nicht schon eine ver=
schmitzte oder faktiöse Durchsetzung unrichtiger Taxationen der Einzel=
leiftungen. Der Sozialismus müßte jeden einzelnen mindeftens so
stark mit seinem Privatintereffe für die Gesamtleiftung intereffieren,
als es bei der liberalen Probuktionsweise geschieht, — er müßte jede
Einzelabteilung für außerordentliche Kollektivleiftung zu prämiieren,
für wirtschaftliche Nachläffigkeit büßen zu laffen wiffen; er müßte
ebenfalls und noch beffer befondern technischen Fortschritt materiell
auszeichnen, individuelles Verdienst ums Ganze gerecht belohnen;
auch er müßte die zahllofen Arbeitskräfte je an die Stelle ihrer
produktivften Verwendung nicht durch obrigkeitliches Kommando,
fondern durch die Macht des Individualintereffes zu dirigieren
verftehen." [1]

An dieser Macht des Privatintereffes fehlt es aber im
Sozialismus. Wollte man sich im Sinne Schäffles auf Aus=
zeichnungen und Prämiierungen einlaffen, die mächtig genug
wären, um zu jahrelangem, raftlofem Schaffen anzutreiben, so
würden bald große Ungleichheiten in den Exiftenzbedingungen
eintreten und damit Reid, Eiferfucht und Unzufriedenheit Platz
greifen. Solche Auszeichnungen paffen auch nicht zur fozia=
liftischen Werttheorie.

Wir glauben deshalb, daß der Sozialismus, anstatt mit
kurzer Arbeit Überfluß hervorzubringen, sehr bald gezwungen
wäre, die heutige Arbeitszeit noch zu verlängern, um der Not
zu steuern. Nach Engel [2] gab es im Jahre 1881 in Preußen
bei einer Gesamtbevölkerung von 26 716 701 Perfonen ein
Gesamteinkommen von 9 530 706 362 Mark. Das gibt alfo,
auf alle Einwohner gleichmäßig verteilt, pro Kopf ein Ein=
kommen von ungefähr 357 Mark [3].

---

[1] Quinteffenz des Sozialismus 31.
[2] Der Wert des Menfchen (1883).
[3] Nach einer Berechnung E. Richters (Die Irrlehren der Sozial=
bemokratie 16) wäre das Einkommen pro Perfon noch viel geringer.

Nach den eingehenden Berechnungen Soetbeers und Böhmerts betrug in Preußen das Einkommen pro Kopf[1]:

im Jahre	1876	316	Mark
„	„ 1888	329	„
„	„ 1890	342	„
„	„ 1893—1894	350	„
„	„ 1897—1898	390	„

Für Sachsen gibt Rob. Meyer auf Grund der Einkommenssteuer als Einkommen auf den Kopf der Bevölkerung an[2]:

im Jahre	1882	345,45	Mark
„	„ 1884	361,57	„
„	„ 1886	385,67	„
„	„ 1888	406,56	„

Böhmert berechnet das Einkommen auf den Kopf der Bevölkerung in Sachsen für 1879 auf 327,41 Mark, für 1892 auf 441,91 Mark und für 1896 auf 470 Mark[3].

In Großbritannien und Irland betrug das Einkommen auf den Kopf der Bevölkerung im Jahre 1886 690

Er berechnete das Gesamteinkommen aller Privaten in Preußen für das Jahr 1889—1890 auf 8424 Millionen Mark bei einer Bevölkerung von 28 704 639 Köpfen. Das gibt für alle Haushaltungen und damaligen Empfänger eines Einkommens, deren man 10 Millionen zählte, ein jährliches Einkommen von 842 Mark, oder wenn man es auf den Kopf berechnet, nicht einmal 300 Mark. Nach Pesch (Lehrbuch der Nationalökonomie II 389) kam in Preußen pro Kopf ein Einkommen im Jahre 1892 325 Mark, im Jahre 1896 324, im Jahre 1902 370 Mark.

[1] Handwörterbuch der Staatswissenschaften, Artikel: Einkommen; Böhmert, Die Verteilung des Einkommens in Preußen und Sachsen (1898) 32.

[2] Ebd.   [3] Ebd.

(nach Soetbeer[1]) und im Jahre 1895 720 Mark (nach M. G. Mulhall).

Das ist also das Durchschnittseinkommen in den heutigen blühenden Kulturstaaten, in denen so rastlos und mit einem solchen Aufwand von Energie und Fleiß gearbeitet wird. Wenn heute die Anstrengung aller Kräfte in der Produktion ein so kleines Durchschnittseinkommen erzielt, so wäre sicher zu erwarten, daß im Sozialistenstaat dieses Einkommen noch bedenklich zusammenschmelzen würde. Und nun denke man sich gar eine ganz kurze Arbeitszeit täglich!

Die Arbeitszeit soll ja für alle eine sehr geringe werden, so verheißen die Sozialisten ihren Anhängern. Nach Kautsky soll die tägliche Arbeitszeit in der Zukunftsgesellschaft sofort auf die Hälfte (fünf Stunden) reduziert werden, nach Bebel soll sie bloß zwei bis drei Stunden betragen. Sie dürfen auch mit dergleichen Verheißungen nicht sparsam sein, wenn sie bei der Arbeiterwelt Gehör finden wollen. Soll diese schließlich im Sozialistenstaat ebensoviel arbeiten wie heute, was nützt ihr dann die ganze Emanzipationsbewegung mit ihren großsprecherischen Verheißungen? Wie üppig die Unsittlichkeit emporwuchern müßte, wenn jeder Mensch nur zwei bis drei Stunden täglich zu arbeiten brauchte und sich die übrige Zeit dem Müßiggang, diesem Anfang aller Laster, ergeben könnte, mag sich jeder selbst denken.

Setzen wir also den Fall, die Arbeitszeit werde um die Hälfte verkürzt, also die Arbeitszeit der Bergleute auf vier Stunden täglich angesetzt, die Arbeitszeit der Fabrikarbeiter auf fünf Stunden, die der Post- und Eisenbahnangestellten auf sechs Stunden täglich usw. Was ist nun die Folge? Daß fortan die Zahl der Arbeiter und Angestellten

---

[1] Vgl. Handwörterbuch der Staatswissenschaften[3], Artikel: Einkommen.

in allen Betrieben, wenn nicht verdoppelt, doch sicher bedeutend vermehrt werden muß, wofern dasselbe Quantum Arbeit geleistet werden soll.

Die mittlere Belegschaft im Bergbau des Deutschen Reiches betrug im Jahre 1907: 734 000; die Gesamtmenge der Förderung 242 615 200 Tonnen. In Zukunft wird der Bedarf an Bergwerkserzeugnissen gewiß nicht geringer, sondern eher größer werden. Will man also die Arbeitszeit im Bergbau auf die Hälfte, mithin von acht auf vier Stunden reduzieren, so muß man, um dieselbe Menge zu produzieren, die Zahl der Bergleute fast verdoppeln. Anstatt 734 000 wird man also vielleicht nahezu anderthalb Millionen Bergarbeiter benötigen. Ich sage nahezu. Denn man könnte einwenden, bei kürzerer Arbeitszeit werden die Arbeiter mehr leisten. Aber wenn wir auch in dieser Beziehung die größten Zugeständnisse machen wollten, nie wird der Arbeiter in vier Stunden so viel leisten als in acht. Außerdem kann diese Einwendung nur bei direkt produktiven Arbeiten in Bergwerken, Fabriken usw. gemacht werden, aber nicht bei andern, z. B. bei den Eisenbahn- und Postbeamten u. dgl., bei denen immer die volle Zahl Arbeiter zur Stelle sein muß, unabhängig von ihrer größeren oder geringeren Leistungsfähigkeit. Im Jahre 1907 waren an den vollspurigen Eisenbahnen des Deutschen Reiches 692 000 Personen angestellt. Will man die Arbeitszeit auf die Hälfte verkürzen und doch den Betrieb im heutigen Umfang aufrecht erhalten, so wird man statt der 692 000 Personen 1 384 000 anstellen und besolden müssen. Ähnliches gilt von der Post, der Dampfschiffahrt, den Straßenbahnen, den Hütten und Fabriken, den Bauern und Feldarbeitern, den Maurern, Schriftsetzern, den Verwaltungsbehörden, dem im Unterricht beschäftigten Personal usw. Im Jahre 1907 waren 166 000 Lehrer an den Volksschulen im Deutschen Reich angestellt. Es ist gewiß nur billig, daß man im Zukunftsstaat auch ihnen

die Arbeitszeit verkürzt. Folglich wird man, wenn man nicht
die Lernzeit der Schüler auch um die Hälfte verkürzen will,
über 330 000 Lehrer anstellen und besolden müssen. Wo wird
der Sozialismus alle die nötigen Arbeitskräfte auftreiben?
Wird man überhaupt nur so viel Arbeitskräfte haben, als
zur Erzielung der notwendigsten Unterhaltsmittel erforderlich
sind?[1]

Freilich rühmen sich die Sozialisten, daß die heutigen
Müßiggänger alle im Zukunftsstaat an der Produktion
teilnehmen müssen. Damit ist aber nur zugestanden, daß die
Freiheit der Berufswahl im Kollektivismus unmöglich ist,
nicht aber bewiesen, daß das Arbeitspensum des Einzelnen
sich vermindert.

Übrigens ist die Zahl der Müßiggänger keineswegs eine so
große, als uns die Sozialisten glauben machen wollen. Die sozialistischen Agitatoren widersprechen sich in diesem Punkte. Wo sie
von der Verteilung des Eigentums reden, schrumpft unter ihrer
Feder die Zahl der Besitzenden auf das allergeringste Maß zusammen
("die oberen Zehntausend"). Da nun die Müßiggänger doch nur

---

[1] Atlantikus (Ein Blick in den Zukunftsstaat) stellt eingehende
Berechnungen darüber an, wieviel Arbeitskräfte in der Zukunftsgesellschaft erspart werden könnten, wenn man die neuesten technischen
Erfindungen in den Dienst der Gesamtheit stellte und die Produktion
und Verteilung der Produkte planmäßig leitete! Ja, wenn sich die
Menschen diese planmäßige Regelung gefallen ließen und mit demselben Fleiß arbeiteten und ebenso sparsam mit den Arbeitsmitteln
und Produkten im Dienste der Gesamtheit umgingen, wie dies heute
im Dienste des Privatinteresses der Fall ist. Es ist eben verkehrt,
bei der Schilderung des Produktionsprozesses von den Menschen, wie
sie nun einmal sind und bleiben werden, zu abstrahieren! Und
werden nicht schon heute in den meisten Betrieben die besten technischen Mittel angewandt und alles planmäßig geregelt! Wie könnte
man also die Arbeitszeit bedeutend kürzen und doch Arbeitskräfte
sparen!

unter den Besitzenden zu suchen sind, so kann nach dieser Schilderung die Zahl der Nichtstuer nur sehr gering sein. Wie stimmt es nun damit, daß dieselben Agitatoren an andern Stellen die Zahl der heutigen Müßiggänger ins Ungeheure anwachsen lassen?

Hier ließe sich zu Gunsten der Sozialisten einwenden, daß nach ihnen viele heutige Berufe überflüssig werden, so z. B. die Zwischenhändler, die Bankiers usw. Das ist bis zu einem gewissen Grade richtig. Aber man übersehe nicht, daß manche von den Arbeiten dieser Berufe auch im Sozialismus besorgt werden müssen. Außerdem schafft der Sozialismus eine große Zahl Berufe, die heute nicht vorhanden sind. Man denke nur an das über die Bedarfsbestimmung, die Organisation der Arbeit Gesagte. Eine große Zahl Beamter erheischte auch die Ausfertigung der Arbeitsscheine, der Transport und die Verteilung der Arbeitsprodukte. Überhaupt ist es bald gesagt: alles soll „planmäßig" geordnet werden, aber eine solche Organisation verlangt eine viel größere Zahl von Kräften, als man glaubt, namentlich wenn die angestellten Beamten nur eine kurze Zeit arbeiten sollen, wie es die Sozialisten verheißen.

Nicht wenige Sozialisten, und mit ihnen auch Schäffle, setzen große Hoffnungen auf die gegenseitige Überwachung und Kontrolle. Aber diese Überwachung ist in vielen Fällen unmöglich, namentlich wenn mehrere in der Trägheit gemeinschaftliche Sache machen. Wo sie aber wirksam wäre, wie etwa in geschlossenen Werkstätten, würde sie zu einem förmlichen System kleinlicher Überwachung und Auskundschaftung führen. Klassische Illustrationen zu dieser Behauptung liefern die nach dem Vorschlag L. Blancs im Jahre 1848 mit Staatsunterstützung gegründeten Nationalwerkstätten. So hatte man in einer Schneiderwerkstätte anstatt der Stückarbeit Tagesarbeit eingeführt, weil man hoffte, die gegenseitige Überwachung würde den Eifer der Genossen rege erhalten. Bald aber artete diese gegenseitige Überwachung in eine solche eifersüchtige und kleinliche Auskundschaftung aus und hatte so viele bittere gegenseitige Vorwürfe und Streitigkeiten zur Folge, daß man wieder

zur Stückarbeit zurückkehren mußte, um Eintracht und Frieden
herzustellen [1].

Ein neues Mittel, um „die Produktion rasch zu steigern",
glaubt Kautsky gefunden zu haben.

Man kann „mit einem Schlag die Produktivität der Arbeit
erhöhen" dadurch, „daß man die Gesamtproduktion auf die voll-
kommensten Betriebe konzentriert und alle übrigen weniger auf der
Höhe stehenden ganz außer Tätigkeit setzt" [2]. So machen es die
amerikanischen Trusts schon heute, und so muß es das proletarische
Regime machen. Dieses wird „die Zahl der Arbeiter in den besten
Betrieben aufs äußerste vermehren, und es kann die Produktion
dadurch steigern, daß es in einem Betrieb mehrere Schichten von
Arbeitern nacheinander arbeiten läßt" [3]. Kautsky erläutert das an
dem Beispiel der deutschen Textilindustrie. Sie umfaßt heute rund
eine Million Arbeiter; davon ist die größere Hälfte in Betrieben
mit mehr als 50 Arbeitern beschäftigt. Da nun „durchschnittlich"
die Betriebe mit weniger als 50 Arbeitern die unvollkommensten
sind, so werden sie „geschlossen und ihre Arbeiter in die Betriebe
versetzt, von denen jeder mehr als 50 Arbeiter beschäftigt. Man
könnte sie dann in zwei Schichten nacheinander arbeiten lassen.
Beträgt heute ihre Arbeitszeit zehn bis elf Stunden, so könnte man
sie für jede Schicht etwa auf acht Stunden reduzieren". Es würde
aber von da an täglich um sechs Stunden länger gearbeitet, und
die Produktion des Einzelnen trotz der Verkürzung seiner Arbeitszeit um zwei Stunden nicht vermindert. Angenommen nun, die
Produktivität der großen Betriebe sei doppelt so groß als die
der kleineren, so werden die Arbeiter nach Überführung in die
großen Betriebe doppelt so viel produzieren. Produzieren heute
die 500 000 Arbeiter der kleineren Betriebe einen Wert von einer
Milliarde Mark, so würden dieselben dann in den größeren Betrieben zwei Milliarden und die gesamte Million Arbeiter vier
Milliarden an Wert produzieren.

---

[1] Leroy-Beaulieu, Le collectivisme 354.
[2] Am Tage nach der sozialen Revolution 21.   [3] Ebd. 22.

Diese Ausführungen fordern unter mehr als einem Ge=
sichtspunkte die Kritik heraus, wie zum Teil schon ein Genosse
Kautskys, Lusnia, hervorgehoben[1]. Die Frage, mit welchem
Recht Kautsky die Arbeiter der großen Betriebe im Durch=
schnitt doppelt soviel produzieren läßt, wollen wir übergehen.
Aber wie wäre, fragt Lusnia, eine „solche Konzentration,
solche Überführung von Millionen Arbeitern in eine kleine
Zahl größter Fabriken praktisch durchführbar? Die 3000
größten (über 50 Arbeiter) Textilfabriken liegen ja in einer
viel kleineren Zahl von Ortschaften als die Gesamtzahl, 200 000
Betriebe, dieser Industrie; welch ein ungeheures und kompli=
ziertes Transport= und Wohnungssystem! Es handelt sich ja
dabei in der Textilindustrie allein um mehrere hunderttausend
Arbeiter!" — Wir fragen weiter, wo soll man die sofort
gewaltig vermehrten Produkte absetzen? In manchen Pro=
duktionszweigen könnte ja eine doppelte Konsumtion im Lande
selbst eintreten, namentlich in den Nahrungsmitteln, aber gerade
hier ist eine Konzentration, wie Lusnia mit Recht betont, nur
in sehr beschränktem Maße möglich. Was also, wenn die Pro=
dukte keinen Absatz finden? Wie will man dann den Lohn
der Arbeiter verdoppeln, wie Kautsky meint?

Worauf wir aber besonders hinweisen möchten, ist die Art
und Weise, wie nach Kautsky die Arbeiter im proletarischen
Regime behandelt werden sollen. Wenn ein Betrieb sich nicht
als genügend produktiv erweist, so wird er auf das Kommando
der Mehrheit geschlossen, die Arbeiter werden an einen vielleicht
weit entlegenen Ort befördert und dort einem Großbetrieb
„zugewiesen". Werden es sich diese gefallen lassen, so von
Amts wegen wie eine Herde Schafe von einem Ort zum andern
versetzt zu werden? Und wenn die Arbeiter nicht in den
neuen Betrieb eintreten, sondern sich einem andern zuwenden

---

[1] Neue Zeit, Jahrg. 22, I 562 ff.

wollen: wo soll man die Arbeitskräfte hernehmen, um in den
großen Betrieben zwei oder drei Schichten einführen und die
Produktion erhöhen zu können?

Interessant ist auch die Behauptung Kautskys[1], daß das
proletarische Regime trachten werde, die Industrie aufs flache
Land oder in Kleinstädte zu verlegen und die Bevölkerung
gleichmäßig über das ganze Territorium des Staates zu verteilen, um so die aus dem Großstadtleben folgende körperliche
Degradation und die bäuerlicher Isolierung entstammende
geistige Veröbung aufzuheben. Der sozialdemokratische Volksstaat wird seine Untergebenen wie eine willenlose Masse dorthin
„dirigieren", wo es ihm gut scheint.

§ 3.

Fortschritt im Sozialistenstaat.

Ist auf der heutigen Kulturstufe schon die genügende
Produktion im Sozialismus unmöglich, so noch viel mehr
ein Fortschritt der Produktion. Daß Privatwirtschaft auf
Grund des Sondereigentums den Fortschritt mächtig fördert,
ist eine Tatsache, die sich heute mit Händen greifen läßt.
Welch ein ungeheurer Fortschritt seit einem Jahrhundert! Man
denke nur an die Dampfschiffe, Eisenbahnen, Telegraphen,
Telephone, Phonographen, an die neuesten Errungenschaften
auf dem Gebiete der Elektrotechnik, der Automobile, der Luft-
schiffe, Flugmaschinen usw. Fast jeder Tag bringt uns neue,
ungeahnte Einrichtungen. Jeder ist eben durch sein aller-
eigenstes Interesse gehalten, sich andern nützlich zu machen
und seine Mitbewerber zu überflügeln. Deshalb ist jeder
darauf bedacht, bequemere, nützlichere und wohlfeilere Einrichtungen zu erfinden. Wer das Beste und Nützlichste am

---

[1] Neue Zeit, Jahrg. 22, I 596.

wohlfeilsten anbietet, läuft schließlich allen Mitbewerbern den
Vorrang ab.

Was würde aus diesem Fortschritt im Sozialismus werden?
Bebel steht zwar nicht an, mit seiner gewohnten Keckheit zu
behaupten: im Sozialistenstaat würden alle „auf Verbesserung,
Vereinfachung, Beschleunigung sinnen. Der Ehrgeiz, zu erfinden, entdecken, wird im höchsten Grade angeregt; einer
wird an Vorschlägen und Ideen den andern zu überbieten
suchen"[1]. Alle sollen beständig auf Verbesserungen und Entdeckungen sinnen? Aber selbst wenn wir zugeben wollten, die
sozialistische, für alle nahezu gleiche Bildungshöhe[2]
befähige die Arbeiter, Entdeckungen zu machen, was wir sehr
bezweifeln: wo ist denn das Interesse, das zu Entdeckungen
und Verbesserungen antreiben soll? Und selbst wenn es an
diesem Interesse nicht fehlte: wo findet der Arbeiter Mittel,
um in der Gütererzeugung Entdeckungen zu machen?

Entdeckungen und Erfindungen setzen, wenigstens auf wirtschaftlichem Gebiete, voraus, daß man selbst Produktivgüter
besitze, dieselben nach Wunsch verarbeiten, mit ihnen experimentieren könne. Sie setzen ferner voraus, daß jemand sich
gründlich in einem Fache ausbilde und aus demselben seine
Lebensaufgabe mache, daß er mithin nicht nach Belieben eines
Ordners oder eines Produktionsrates oder eines Mehrheitsbeschlusses oder nach dem „Turnus" von einem Fach in das
andere „dirigiert" und so in allem bloß ein Halbwisser werden
könne. Schäffle spricht von zünftigen „Forschern, Künstlern,
Gelehrten", die der Sozialismus anstellen könnte[3]. Aber Bebel,
der früher dasselbe behauptet hatte[4], bestreitet jetzt das Vorhandensein solcher Existenzen. Alle sollen sich an der Produktion
„physisch" beteiligen, nur die übrig bleibende freie Zeit hin-

---

[1] Die Frau 380.   [2] Ebd. 400 ff 405 456.
[3] Quintessenz 5.   [4] Unsere Ziele 32.

durch darf jeder seinen „Lieblingsstudien" obliegen [1]. Wir
möchten stark bezweifeln, daß nach den allgemeinen Produktions-
arbeiten noch viel Lust zu wissenschaftlicher und künstlerischer
Tätigkeit übrig bleibe, und noch mehr, daß die „Genossen"
diese Zeit ernsten, nachhaltigen Studien und nicht vielmehr
dem Müßiggang und Genuß widmen werden.

Doch sei es. Nehmen wir an, ein Sozialist habe eine
wichtige neue Entdeckung gemacht. Nun handelt es sich
darum, dieselbe praktisch zu verwerten. Unter Voraussetzung
des Privateigentums geht dies sehr leicht vonstatten. Hat
der Erfinder Kapital, oder gelingt es ihm, einen einzigen
Kapitalbesitzer zu gewinnen, so wird die Entdeckung bald
ihren Weg durch die Welt machen, wofern sie sich bewährt.
Anders im Sozialismus. Hier muß jeder Entdecker sich
entweder an die oberste Leitung der Produktion oder aber
direkt an das Volk wenden und die Mehrheit der Ab-
stimmenden für sich zu gewinnen suchen. Das dürfte aber
keine geringe Schwierigkeit bieten. Nur schwer sind ganze
Körperschaften für Neuerungen zu gewinnen, namentlich wenn
die Mitglieder kein Privatinteresse daran haben und zur
Übernahme neuer Arbeiten gezwungen werden. Handelt es
sich z. B. um neue Maschinen, Heizungs= oder Beleuchtungs=
apparate, Bauten, Fahrstraßen, Kanäle, Tunnels u. dgl.,
so kostet die Neuerung vorderhand eine große Vermehrung
des nationalen Arbeitspensums. Wird einmal eine Neuerung
beschlossen, so muß sie auch in der ganzen sozialistischen
Gesellschaft durchgeführt werden, damit die Arbeits= und
Existenzbedingungen aller gleich bleiben. Wird man sich
nun zu solchen Neuerungen verstehen? Wir fürchten, selbst
Einrichtungen, die schon von vornherein ganz zweifellos große
Vorteile versprächen, würden nicht eingeführt werden, um

---

[1] Die Frau 401 405.

wieviel weniger jene weit zahlreicheren, bei denen erst wieder= holte Versuche notwendig sind, um sich von ihrer Vortrefflich= keit zu überzeugen [1].

Nicht zu übersehen ist auch der Umstand, daß heute mehrere Erfindungen oder Verbesserungen derselben Art gleichzeitig praktisch eingeführt und verwertet werden können, so daß eine allseitige Erprobung möglich ist, und schließlich diejenige die Oberhand behält, die sich nicht bloß nach dem Urteil einiger Theoretiker, sondern praktisch bewährt hat. So besitzt man eine Bürgschaft, daß immer die besten und brauchbarsten Einrichtungen endlich obsiegen. Eine solche gleichzeitige Erprobung wäre aber im Zukunftsstaat nicht zu erwarten, weil dieselbe eine beträchtliche Vermehrung der Arbeit erheischt, und zwar der Arbeit, die einen nur zweifel= haften Erfolg verspricht, und von deren Nützlichkeit das Volk sich kaum würde überzeugen lassen.

---

[1] Mit Recht sagt Kleinwächter (Schönbergs Handbuch der politischen Ökonomie I 260): „Im Sozialstaat, in welchem die gesamte Güterproduktion eine gemeinsame und einheitlich geregelte wäre, müßte selbstverständlich das jährliche Arbeitspensum des Volkes von der Regierung festgesetzt und unter die Bürger verteilt werden. Wenn nun die Regierung daselbst die Herstellung irgend welcher neuen und vollkommeneren Produktionsanlagen als wünschenswert er= kennen würde und demgemäß das nationale Arbeitspensum vergrößern wollte, und wenn das Volk — weil es die Vorteile der geplanten Anlagen nicht sofort zu ermessen vermag — die Herstellung derselben als überflüssig ansehen und sich weigern würde, jene vermehrte Arbeits= last auf sich zu nehmen, so hätte die Regierung gar kein Mittel in der Hand, ihren Willen gegenüber dem der Majorität der Bevölke= rung durchzusetzen, und der Fortschritt müßte unterbleiben. Mit einem Worte: im Sozialstaat wäre ein wirtschaftlicher Fortschritt immer nur dann möglich, wenn die Majorität der Bevölkerung sich für denselben entscheiden würde, und das ist bekanntlich ein sehr lang= wieriger Weg."

§ 4.
Kunst und Wissenschaft im Sozialismus.

Wenn es zur Verwirklichung einer Sache genügte, sie kühn zu behaupten, so wäre „der Sozialismus nicht Gegner, sondern Förderer der Künste" [1], ja er würde „Gelehrte und Künstler in ungezählter Menge" hervorbringen [2]. Allein, ist schon der Fortschritt auf volkswirtschaftlichem Gebiete in der sozialistischen Gesellschaft in Fesseln geschlagen, so gilt dies noch mehr von dem Fortschritt auf dem Gebiete der Künste und Wissenschaften. Nach Bebels Ansicht sollen im Sozialismus sich alle ohne Ausnahme unmittelbar („physisch") an der Produktion beteiligen, es soll mithin keine Gelehrten und Künstler von Profession geben. Das ist folgerichtig gedacht, zeigt aber das Widersinnige des sozialistischen Systems. Denn daß unter dieser Voraussetzung von einem nennenswerten Fortschritt nicht die Rede sein kann, liegt auf der Hand.

Wer Gründliches und Großes in den Wissenschaften und Künsten leisten will, darf sie nicht bloß nebenher in den Mußestunden aus Liebhaberei betreiben, sondern muß sich ihnen von Jugend auf vollständig widmen. Nun will aber der Sozialismus in der Jugend alle Genossen möglichst in alle Produktionszweige einführen, da ja die Produktion die eigentliche oder besser die einzige öffentliche Aufgabe im Sozialistenstaat ist; er will ferner die unangenehmen Arbeiten, wenn sich keine Freiwilligen melden, der Reihe nach allen aufbürden; er will endlich alle das ganze Leben hindurch an die Produktion ketten. Wird da noch von einem höheren, wissenschaftlichen und künstlerischen Streben und Schaffen die Rede sein können? Wird neben den physischen Arbeiten noch wahre

---

[1] Stern, Thesen über den Sozialismus 34.
[2] Bebel, Die Frau 401.

Lust und Begeisterung für einen Wissenszweig übrig bleiben? In der heutigen Gesellschaftsordnung ist es das Interesse oder das Bedürfnis, das von Jugend auf zu ernster Arbeit antreibt. Davon hängt die eigene Existenz, davon das Emporkommen und die Stellung in der Gesellschaft ab. Von einem Einfluß der wissenschaftlichen und künstlerischen Leistungen auf die gesellschaftliche Stellung kann im Sozialismus keine Rede sein. Die Besoldung richtet sich nach der geleisteten Produktions= arbeit, nicht aber nach den Beschäftigungen, die jemand in den Mußestunden aus Liebhaberei treiben mag.

Es kommt heute freilich vor, daß manche auch ohne Rück= sicht auf äußere Vorteile, aus reiner Liebhaberei gründlich gewissen Studien oder Künsten obliegen. Aber das sind doch verschwindende Ausnahmen, und selbst diese erhielten meistens den ersten energischen Antrieb zu solchen Studien durch die Not oder andere äußere Interessen. Sie setzen bloß die einmal liebgewonnene Beschäftigung aus Liebhaberei fort. Im sozia= listischen Staat fehlt es aber an derartigen Antrieben in der Jugend, da er in allen Berufen jedem die gleichen Existenz= bedingungen verheißt.

Wir wollen jedoch annehmen, die Forderung Bebels, daß sich alle „physisch" an der Produktion beteiligen, werde als unsinnig von den Sozialisten fallen gelassen, man ziehe es vor, eigentliche Gelehrte, Künstler und Forscher von Profession anzustellen. Allein damit entgeht man nur der Stysla, um in die Charybdis zu geraten. Man gibt damit die soziali= stische Werttheorie auf, derzufolge der Wert aller Gebrauchs= gegenstände sich bemißt nach dem zu ihrer Herstellung erforder= lichen Arbeitsquantum. Unter dieser Arbeit kann nur mittelbar oder unmittelbar produktive Arbeit verstanden werden. Nun gibt es aber manche Wissenschaften und Künste, die für die Güterproduktion gar keinen oder wenigstens einen höchst ge= ringen Wert haben. Was nützt die Dicht= und Tonkunst

der Güterproduktion, was die Astronomie, die Philosophie, die
vergleichende Sprachwissenschaft, die Geschichtsforschung usw.?
Wenn man aber dennoch solche Arbeiten besolden will, wonach soll sich die Höhe des Soldes bemessen? Doch hierauf
werden wir gleich bei der Verteilung der Produkte zurückkommen müssen. Würde ferner die ungleiche Behandlung, die
darin liegt, daß man die einen als Gelehrte, Künstler, Forscher,
Professoren verwendet, während die andern rauhe und unangenehme Arbeiten in Bergwerken und Fabriken zu leisten
haben, nicht die „gleichen Existenzbedingungen" beseitigen und
zu Eifersucht und Klagen Veranlassung geben? Wenn die
Sozialisten heute über „unproduktive Existenzen" und „Drohnen"
zetern, was würde erst im Zukunftsstaat geschehen, wo alle
sich gleichberechtigt wissen und die Entscheidung über alle Angelegenheiten in Händen haben?

Schon früher haben wir darauf aufmerksam gemacht, daß
der Sozialismus die Freiheit der Berufswahl aufheben müßte.
Wollte man Gelehrte und Forscher und Künstler anstellen, so
wäre das erst recht der Fall. Denn entweder setzt man
voraus, die Künstler und Gelehrten seien so gestellt, daß sie
Achtung und Ehre und zeitliche Vorteile genießen — dann
werden sich alle zu diesen Stellen herandrängen; oder man
nimmt an, sie hätten nichts vor den übrigen voraus, sie
genössen nicht mehr Auszeichnung als jeder Schuster und
Schneider — dann dürfte es wohl wenige geben, die es nach
solchen Stellen gelüstete. In jedem Fall müßte die oberste
Verwaltung die Entscheidung darüber in Händen haben, wer
sich dem Gelehrten- oder Künstlerberufe zuwenden dürfe und
wer nicht.

§ 5.
Preßfreiheit u. dgl. im Sozialismus.

Eine besondere Besprechung verdient noch die Preßfreiheit im Sozialismus. Wir halten zwar eine unumschränkte

Preßfreiheit, welche alle Angriffe auf die guten Sitten, die Religion, die rechtmäßige Obrigkeit, die Ehe und das Eigentum usw. ungestraft durchgehen läßt, für verwerflich. Aber ebenso unzulässig ist heute, wo die verschiedensten Religions= gesellschaften tatsächlich nebeneinander in Geltung sind, eine staatliche Zensur, die nur das drucken läßt, was den an= gestellten Zensoren beliebt. Eine solche Zensur müßte aber der Sozialismus einführen.

Alle Arbeitsmittel sind ausschließliches Eigentum der Ge= samtheit, also sind auch die Druckereien öffentliche Anstalten. Die Gesamtheit muß das Material und das Arbeitspersonal stellen; ihr liegt es auch ob, zu entscheiden, was gedruckt werden und was in den Papierkorb wandern soll. Da hängt es also vollständig von der Mehrheit eines dafür angestellten Ausschusses oder des ganzen Volkes selbst ab, ob eine schrift= stellerische Arbeit, ob groß, ob klein, das Licht der Welt er= blicken soll oder nicht. Die Sozialisten rühmen sich zwar dessen; namentlich Bebel meint, viel „Schund" würde dann nicht gedruckt werden, der heute den Büchermarkt überschwemme. In ähnlicher Weise könnte sich auch der Zerstörer einer jungen Saat rühmen, das Unkraut werde nicht aufkommen. Aller= dings würde manches nicht gedruckt werden, darunter vielleicht auch mancher Schund, aber wahrscheinlich auch vieles, was diesen Namen nicht verdient.

Übrigens ist es nicht so zweifellos, ob nicht doch manches gedruckt würde, was dieses Namens vollständig würdig wäre. Denn es fragt sich, was man unter „Schund" zu verstehen habe. Die eine Partei sieht manchmal etwas als wertlos an, was eine andere sehr schätzbar findet und eine dritte vielleicht sogar bewundert, und umgekehrt. Oft würden wahrscheinlich die allergelehrtesten, wissenschaftlichsten Werke als Schund be= zeichnet, während leichtfertiges und seichtes Zeug zum Druck gelangte. Setzen wir den Fall, ein Bürger des Zukunfts=

staates habe sich überzeugt, die sozialistische Gesellschaftsordnung
sei nicht nur höchst ungerecht, sondern geradezu unsinnig, und
er habe seine Gedanken in einem wissenschaftlichen Werke und
in mehreren volkstümlichen Schriften niedergelegt. Oder nehmen
wir an, ein anderer habe in einer Flugschrift bewiesen, daß
im Sozialistenstaat zu viel Personenkult getrieben werde, daß
mehrere Genossen nach der Diktatur streben. Was werden
die sozialistischen Zensoren dazu sagen? Was in wissenschaft=
licher und sozialer Beziehung angedeutet wurde, gilt noch mehr
in religiösen Fragen. Im Sozialismus hätte es eine Partei
in der Gewalt, jede religiöse Ansicht, die ihr nicht behagte,
einfach nicht mehr zum Ausdruck kommen zu lassen. Oder
wird man sich auf die Freisinnigkeit und Duldsamkeit der
Volksmehrheit berufen? Aber große Massen sind meistens
viel unduldsamer als einzelne Personen; diese haben doch die
öffentliche Meinung zu scheuen, jene nicht [1].

---

[1] Wie unduldsam die „Genossen" sind, haben die heftigen De=
batten des Dresdener Parteitages über die „Mitarbeit von Sozial=
demokraten an der bürgerlichen Presse" sattsam gezeigt. Viele hatten
beantragt, den Parteigenossen jede derartige Mitarbeit strengstens zu
verbieten. Schließlich wurde der vom Parteivorstand eingebrachte
Antrag mit großer Mehrheit angenommen, wonach es den Genossen
verboten ist, an bürgerlichen Preßunternehmungen mitzuarbeiten, in
denen an der sozialdemokratischen Partei gehässige und hämische Kritik
geübt wird. — Auch die Art und Weise, wie Bernstein u. a. schon
wiederholt wegen ihrer sozialdemokratischen Ketzereien Spießruten
laufen mußten, ist charakteristisch. Bekannt ist endlich, wie Schippel
wegen seiner Agrarpolitik hart mitgenommen wurde. Hätte er nicht
rechtzeitig eingelenkt und Versicherungen seiner Rechtgläubigkeit ge=
geben, so wäre er wahrscheinlich aus der Partei „hinausgeflogen".
Im Wahlkreise Hagen wurde „Genosse" Timm wegen seiner revisio=
nistischen Ansichten abgesägt (Köln. Volkszeitung 1903, Nr 897).
Timm selbst erklärte daraufhin in der sozialdemokratischen „Freien
Presse" in Elberfeld (20. Oktober 1903): „Also unwürdig, ein Ver=
trauensamt auszuüben, bin ich, weil ich auf dem Dresdener Partei=

Ähnlich wie die Presse wäre auch die Gründung und Unternehmung aller Arten von wissenschaftlichen und Kunstanstalten — Volks-, Mittel- und Hochschulen, gewerblichen Schulen, Kliniken, Bibliotheken, Museen usw. — unter die öffentliche Leitung gestellt, so daß eine Neuerrichtung nur unter Voraussetzung eines Mehrheitsbeschlusses durchgesetzt werden könnte. Bei der Errichtung aller ähnlichen Anstalten handelt es sich zunächst für die Gesamtheit um eine Vermehrung der Nationalarbeit, die sich entweder gar nicht oder erst in weiter Zukunft produktiv rentieren wird.

Die Sklaverei würde im Sozialismus vielleicht noch weiter gehen. Alle Gebäude, und besonders die großen öffentlichen Räume, sind Eigentum der Gesamtheit, die durch die Beamten über ihre Verwendung verfügt. Es könnte also kein Gebäude zu größeren Versammlungen, zu gottesdienstlichen Zwecken, zu Vorträgen oder sonstwie benutzt werden, wenn die Mehrheit oder ihre Vertreter nicht ihre Ermächtigung dazu gäben.

Doch genug. Soviel erhellt zur Genüge aus unsern Ausführungen, daß im Sozialismus die Mehrheit es vollständig in ihrer Gewalt hätte, die Minderheit allseitig nach Belieben zu unterdrücken und zu knechten. Diese besäße keine andere Bürgschaft für ihre Freiheit als den guten Willen der Mehrheit oder allenfalls die Revolution, zu der sie dasselbe Recht hätte wie die heutigen Sozialisten.

---

tag von dem Rechte der freien Meinungsäußerung Gebrauch gemacht habe." — Wir erinnern an die plötzliche Entlassung der sechs Vorwärtsredakteure, die bloß deshalb erfolgte, weil sie revisionistischen Ansichten huldigten und nicht genug den revolutionären Charakter hervorkehrten. Auf dem Parteitag zu Nürnberg (1908) suchte man in der Budgetfrage die süddeutschen Genossen trotz ihres heftigen Widerspruchs unter das Joch der norddeutschen Parteitaktik zu beugen. — Solche Taten beweisen mehr als schöne Redensarten über Meinungsfreiheit und Toleranz.

Die Verteilung des Arbeitsproduktes.

Jetzt kommen wir zu dem Punkt im sozialistischen System, auf den seine Anhänger besonders pochen, und der ihm selbst unter den Nichtsozialisten manche Sympathien gewonnen. Ist es nicht unleugbar, so hört man klagen, daß die Produktion beständig zunimmt und trotzdem immer eine große Zahl wirklicher Armut anheimfällt? Woher diese Erscheinung? Von der ungerechten Verteilung der Produkte.

Gern geben wir zu, daß in der heutigen Güterverteilung manches der Verbesserung bedarf. Es gibt nicht wenige Kapitalbesitzer, welche die Arbeiter in ungebührlicher Weise ausbeuten; nicht wenige, die durch unredliche Spekulation fremdes Eigentum an sich zu bringen wissen. Aber was wir entschieden bestreiten, ist, daß der Sozialismus durch seine Vorschläge eine gerechtere und bessere Verteilung herbeizuführen imstande sei.

Wir wollen annehmen, der Produktionsertrag sei im Sozialistenstaat reichlich ausgefallen. Diese Voraussetzung ist nach den früheren Ausführungen mehr als zweifelhaft, aber wir wollen sie machen, um dem Sozialismus die günstigsten Bedingungen zu gewähren. Nun handelt es sich zunächst darum, zu bestimmen, wie groß der Ertrag der Gesamtarbeit sei. Bevor man verteilt, muß man genau wissen, wieviel überhaupt von dem zu Verteilenden vorhanden ist. Wollte man aufs Geratewohl oder jedem beliebig auf sein Verlangen Wein oder Milch, Geflügel oder Wildbret verabfolgen, so könnte der Vorrat vielleicht nicht für alle langen. Man müßte also für alle Produkte, wenigstens für die Naturprodukte, die sich nicht in beliebiger Quantität herbeischaffen lassen, genau den verfügbaren Vorrat festsetzen. Dies ist aber auch nur für einen einzigen Artikel eine äußerst schwierige Aufgabe, die unzählige Schreibereien mit einem Heer von Beamten nötig machen würde.

Man könnte freilich die Produkte einer jeden Gattung an ein paar Zentralstellen zusammenbringen lassen, um sie dann erst von dort aus zu verteilen. Das würde die Übersicht wesentlich erleichtern, aber auch eine riesige Verschwendung von Zeit und Arbeit zur Folge haben. Man müßte z. B. den Wein zuerst von allen Seiten an gewisse Zentralstellen schaffen und dann von dort wieder teilweise zurück an den Ort, wo er gewachsen ist. Denken wir uns nur, um die Sache an einem Beispiel zu erläutern, es solle bestimmt werden, wieviel Milch in einem Staate zur Verteilung gelangen könne, und wieviel man einem jeden davon geben könne, damit allen in gleicher Weise Genüge geschehe. Wer will das für einen ganzen Staat auch nur annähernd bestimmen, besonders da die Quantität von der Verschiedenheit der Jahreszeit, des Futters und andern Umständen und Zufälligkeiten abhängt und sich von Tag zu Tag ändern kann? Und so müßte es mit all den tausend und tausend Natur= und Kunstprodukten gehalten werden, deren ein großer Staat bedarf.

Kommt nun der Gesamtertrag vollständig zur Verteilung? Keineswegs. Von demselben wird zunächst, wie Marx selbst ausdrücklich hervorhebt, der Teil ausgeschieden, der zur Fort= setzung der Produktion, Ausbesserung der Fabriken, Maschinen, Werkzeuge, Herstellung neuer Arbeitsmittel oder Gebäude, Be= schaffung von Rohstoffen usw. nötig ist. Außerdem soll „ein Reserve= oder Assekuranzfonds gegen Mißfälle, Störungen durch Naturereignisse" angelegt werden. Endlich gehen von dem Gesamtertrag noch ab „erstens: die allgemeinen, nicht zur Produktion gehörigen Verwaltungskosten . . .; zweitens: was zur gemeinschaftlichen Befriedigung von gemeinschaftlichen Be= dürfnissen bestimmt ist, wie Schulen, Gesundheitsvorrichtungen usw. . . .; drittens: Fonds für Arbeitsunfähige, kurz, was

heute zu der sog. offiziellen Armenpflege gehört"[1]. Durch
diese Vorwegnahme will der Sozialismus alle Steuern überflüssig machen.

Erst der so zusammengeschmolzene Teil des Ertrages soll
nun unter die Genossen verteilt werden[2]. Dazu bedarf es
offenbar eines klaren, bestimmten und leicht hand-
lichen Maßstabes, und wir fragen nun, welches soll
dieser Maßstab sein? Der Sozialismus vermag keinen einzigen
brauchbaren Maßstab anzugeben. Die Sozialisten selbst sind
in diesem Punkte, wie meistens in positiven Vorschlägen,
zurückhaltend. Nach Marx findet in der ersten Phase der
kommunistischen Gesellschaft die Verteilung der Güter nach
Maßgabe der Leistung statt; in einer höheren Phase wird
die Gesellschaft auf ihre Fahne schreiben: „Jedem nach
seinen Bedürfnissen." Einige sagen, die Verteilung der
Produkte solle nach dem Prinzip der Gleichheit erfolgen;
andere wollen jedem nach dem Ertrag seiner Arbeit,
wieder andere endlich jedem nach seiner Arbeitszeit oder nach
seinem Fleiße zuteilen[3]. Wir wollen der Reihe nach die
möglichen Maßstäbe durchgehen und auf ihre Brauchbarkeit
prüfen. Es lassen sich fünf Maßstäbe denken, die allenfalls der Güterverteilung zu Grunde gelegt werden könnten:

---

[1] Marx, Zur Kritik des sozialdemokratischen Parteiprogramms
565—566.

[2] Daß es geradezu unsinnig ist, jedem Sozialisten erlauben zu
wollen, in den öffentlichen Vorratskammern sich nach Herzenslust zu
holen, was und wieviel ihm beliebt, haben wir schon oben
(S. 392 A.) gegen Stern bemerkt. Mögen sich die sozialistischen
Wortführer noch so sehr als Hexenmeister aufspielen, nie werden sie
es dahin bringen, daß die Erde alles „in Hülle und Fülle" hervor-
bringt, besonders, wenn die Arbeitszeit für alle eine „minimale" sein
soll. Es ist wahrhaft unverzeihlich, wie durch solche Vorspiegelungen
das einfache Volk betrogen wird!

[3] Vgl. Kautsky, Das Erfurter Programm 156.

1. die einfache Kopfzahl, 2. die Arbeitszeit, 3. die Leistung, 4. der Fleiß, 5. das Bedürfnis.

§ 1.
Die Kopfzahl.

Einfach die Kopfzahl als Maßstab für die Güterverteilung zu nehmen, ist unseres Wissens noch keinem Sozialisten eingefallen. Mit gutem Recht. Jedem gleich viel zukommen zu lassen, ob er fleißig oder träge, geschickt oder ungeschickt, kräftig oder schwach sei, viel oder wenig Bedürfnisse habe, wäre offenbar im höchsten Grade unbillig. Das hieße auch eine Belohnung aussetzen auf die Trägheit und Dummheit, und würde jeden Arbeitstrieb im Keim ersticken.

Die obigen Zeilen waren schon geschrieben, ehe uns der oben (S. 412) erwähnte Roman Bellamys zu Gesichte kam. Der amerikanische Zukunftsdichter läßt in seinem Sozialistenstaat die Produkte in völlig gleicher Weise an alle verteilen. Jeder erhält am Anfange des Jahres eine gleich große Anzahl von Kreditscheinen, für die er sich jederzeit den gleichwertigen Betrag an Genußgütern in den öffentlichen Vorratskammern holen kann. In jeder Gemeinde ist nämlich ein solches Warenlager (Basar), wo jeder immer alles haben kann, was er will. Der Betrag der Kreditscheine ist so reichlich, daß wahrscheinlich die meisten ihn „bei weitem nicht" ausgeben werden. Sollte das Maß in einem Ausnahmefall doch nicht reichen, so gibt man jedem schon im voraus einen Kredit auf das folgende Jahr. „Die Nation ist reich, und sie wünscht nicht, daß man sich irgend welches Gute versage."[1] Die Sparsamkeit „wird nicht mehr als eine Tugend angesehen". „Niemand sorgt mehr für den kommenden Tag, weder für sich noch für seine Kinder; denn die Nation verbürgt die Ernährung, die Erziehung und den behaglichen Unterhalt jedes Bürgers, von der Wiege bis zum Grabe."

---

[1] Ein Rückblick 72.

Welch eine Genußsucht sich bei einer solchen Ordnung entwickeln müßte, wenn die Sparsamkeit nicht einmal mehr als Tugend gilt, mag sich jeder selbst ausmalen. Was sodann die Behauptung an= geht, der sozialistische Staat sei so reich, daß jeder nicht mehr zu sparen brauche und in jeder Gemeinde immer alles vorrätig sei, so ist das eine gar zu starke Zumutung an die Leichtgläubigkeit der Leser. Wir verweisen auf das früher (S. 392 A. u. S. 427) Gesagte.

Aber wie will es Bellamy mit der Gerechtigkeit in Einklang bringen, daß man auf die Leistung, die Begabung, Erfahrung des Einzelnen bei der Verteilung keinerlei Rücksicht nehme? daß man den Dümmsten und Schwächsten und Unerfahrensten gerade so ent= lohne wie den Gescheitesten, Stärksten und Erfahrensten? Bellamy läßt seinen Dr Leete auf dieses Bedenken antworten, die Größe der Leistung habe mit der Frage der Verteilung der Produkte nichts zu tun. Denn diese Frage sei „eine Frage des Verdienstes. Verdienst ist ein moralischer Begriff, und die Größe des Arbeitsproduktes ein materieller. Es würde eine sonderbare Logik sein, welche eine moralische Frage durch einen materiellen Maßstab zu entscheiden versuchte. Der Grad der Anstrengung allein kommt beim Verdienst in Betracht.... Belohntet ihr wohl im 19. Jahrhundert ein Pferd, weil es eine schwerere Last zog als eine Ziege?"

Nun, wenn Bellamy den Menschen mit einem Pferde vergleichen will, so muß er sich konsequent bleiben und dem Menschen über= haupt j e d e s Verdienst, auch in Bezug auf die A n s t r e n g u n g, a b s p r e c h e n. Wir erkennen dem Pferde kein wahres Verdienst zu, mag es sich auch noch so angestrengt haben; wir geben ihm das notwendige Futter nicht um des Verdienstes willen, sondern da= mit wir es in Zukunft noch gebrauchen können. So muß es Bellamy auch mit seinen Zukunftsmenschen halten, wenn er sich konsequent bleiben will.

Aber das Verdienst ist doch ein moralischer Begriff, und die Größe des Arbeitsproduktes ein materieller! Wir antworten zu= nächst: Bellamy widerspricht sich. Auch die A n s t r e n g u n g des Arbeiters ist wenigstens der Hauptsache nach etwas Materielles oder Physisches, warum also gesteht er ihr ein Verdienst zu? Oder meint er vielleicht, die Anstrengung sei eine vernünftige, moralische

Betätigung, das Arbeitsprodukt oder die Leistung aber nicht? Allein wenn wir der Leistung ein Verdienst zusprechen, so verstehen wir damit nicht das Geleistete (das Produkt selbst), sondern die Leistung, insofern sie eine Nutzwerte schaffende Betätigung ist. Wir belohnen nicht die Speise, welche uns der Koch bereitet, sondern die Arbeit des Kochens, deren Nützlichkeit wir allerdings an ihrem Produkte messen.

Wenn sodann Bellamy meint, das Verdienst sei etwas Moralisches, so ist zu unterscheiden zwischen dem formellen Verdienst als solchem, insofern es ein Anrecht auf eine Belohnung bezeichnet, und dem Grund (Titel) des Verdienstes oder der verdienstlichen Handlung. Das erstere ist etwas rein Moralisches, das zweite aber nicht. Der Verdiensttitel ist immer eine einem andern nützliche Tat, und handelt es sich nicht um das sittliche Verdienst (vor Gott), sondern um das rein physisch betrachtete Verdienst vor den Menschen [1], so richtet sich dasselbe nach der Nützlichkeit der Leistung für die Nebenmenschen oder für die Gesellschaft. Vorausgesetzt wird natürlich, daß der Mensch die Handlung im Stande der Zurechnungsfähigkeit und frei setze.

§ 2.

Die Arbeitszeit

allein kann ebenfalls nicht als Maßstab für die Verteilung dienen [2].

Dieser Maßstab ist erstens ungerecht. Denn der geschicktere, geübtere, stärkere und fleißigere Arbeiter leistet in derselben Zeit mehr als derjenige, dem diese Eigenschaften fehlen. Denken wir uns zwei Schreiner, welche beide zehn Stunden an einem Tage gearbeitet haben. Der eine ist stark, erfahren,

---

[1] Vgl. unsere Moralphilosophie I⁴ 442 ff.

[2] Bebel (Die Frau 404) schreibt: „Irgend ein Zertifikat, ein bedrucktes Stück Papier, Gold oder Blech bescheinigt die geleistete Arbeitszeit und setzt den Inhaber in die Lage, diese Zeichen gegen Bedürfnisgegenstände der verschiedensten Art auszutauschen."

geschickt und fleißig, der andere träge, stumpfsinnig und un=
geschickt. Sollen sie am Abend die gleichen Arbeitsscheine und
das gleiche Anrecht auf das Gesamtprodukt erhalten? Das
wäre ungerecht und demoralisierend.

Man kann dieser Schwierigkeit nicht entgehen, indem man
statt „Arbeitszeit" einsetzt die „gesellschaftlich notwendige Ar=
beitszeit", d. h. die Arbeitszeit, die erheischt wird, „um irgend=
einen Gebrauchswert mit den vorhandenen gesellschaftlich nor=
malen Arbeitsbedingungen und dem gesellschaftlichen Durch=
schnittsgrad von Geschick und Intensität der Arbeit darzu=
stellen". Denn dieser Verteilungsmaßstab könnte nur unter
Voraussetzung der Marxschen Werttheorie als gerecht ange=
sehen werden. Besteht der Tauschwert der Gebrauchsgüter
nicht allein in der darin „kristallisierten" Arbeit, sondern vor
allem in der Verschiedenheit des Gebrauchswertes, so ist es von
vornherein ungerecht, die Verschiedenheit der Arbeits=
kräfte nicht zu berücksichtigen, sondern alle nach derselben
Schablone zu behandeln. Nehmen wir fünf Arbeiter, die neben=
einander in der Fabrik beschäftigt sind. Wie soll sich der
Anteil berechnen, der jedem am Gesamtertrag zukommt? Nach
dem „Durchschnitt der Geschicklichkeit und Intensität der Arbeit".
Aber dieser Durchschnitt ist eine Abstraktion. Tatsächlich haben
denselben wenige oder vielleicht kein einziger. Die einen haben
mehr, die andern weniger. Die Menschen sind eben sehr
ungleich. Warum will man beim Arbeiter, der größere Ge=
schicklichkeit besitzt, nur die Durchschnittsgeschicklichkeit in An=
schlag bringen und denjenigen, der weniger hat, für die
Durchschnittsgeschicklichkeit belohnen, die er nicht besitzt?

Die deutschen Sozialdemokraten haben zwar die Behauptung
aufgestellt, allgemein oder gesellschaftlich nutzbringende, oder genauer,
Tauschwerte hervorbringende Arbeit sei nur durch die Gesellschaft
möglich. Allein selbst wenn man diese Behauptung zugäbe, so
würde doch nicht folgen, daß tatsächlich alle gleich viel leisten und

gleiches Anrecht auf Besoldung haben. Doch sie ist unrichtig und nur zu dem Zwecke aufgestellt, um das Individuum mit einem Schein von Berechtigung als Glied an die öffentliche Produktion schmieden zu können. Gebrauchsgüter können freilich nur Tauschwert erlangen, wenn mehrere Menschen zusammenwohnen und die einen etwas besitzen, was den andern abgeht. Aber diese Bedingung vorausgesetzt, hängt der Tauschwert hauptsächlich vom Gebrauchs= werte ab, und um Gebrauchswerte hervorzubringen, dazu genügt persönliches Geschick. Könnte Robinson nicht mancherlei Gebrauchs= gegenstände für sich selbst verfertigen? Oder will man sich darauf berufen, daß auch die persönliche Arbeitskraft vielfach durch die Gesellschaft bedingt ist? Gut, dann muß man aber folgerichtig diese Arbeitskraft nicht mehr als Privateigentum, sondern als Eigen= tum der Gesamtheit betrachten und dieser das Recht zuerkennen, über dieselbe zu verfügen, wie es ihr beliebt, ohne für diese Ver= fügung dem Arbeiter etwas schuldig zu sein.

Der Verteilungsmaßstab der Arbeitszeit ist also ungerecht. Er ist auch praktisch unbrauchbar. Bebel macht sich hier, wie gewöhnlich, keinerlei Sorgen: „Die Arbeitszeit, die durchschnittlich nötig ist, um einen Gegenstand herzustellen, ist allein das Maß, an dem er für den gesellschaftlichen Gebrauch gemessen wird. Zehn Minuten gesellschaftlicher Arbeitszeit in einem Gegenstand sind gleich zehn Minuten gesellschaftlicher Arbeitszeit in einem andern Gegenstand, nicht mehr und nicht weniger." [1]

Sehen wir einmal zu. Wir wollen wissen, wieviel gesell= schaftliche Arbeitszeit in einem Scheffel Weizen steckt. Um dies zu erfahren, genügt nicht, daß man berechne, wieviel Zeit ein Bauer tatsächlich auf das Düngen, Pflügen, Eggen, Ernten usw. verwendet habe, und dann den Ertrag (die Zahl der Scheffel) durch die aufgewendete Stundenzahl dividiere. Der eine Bauer ist fleißig und geschickt und bestellt seinen Acker in kürzerer

---

[1] Die Frau 402.

Zeit und besser als ein anderer. Auch die Entfernung der
Äcker von der Wohnung, die Verkehrswege, die Arbeitswerk=
zeuge sind verschieden. Was aber die Hauptsache ist, der Er=
trag hängt sehr wesentlich von der Bodenbeschaffenheit, von
der Art und Menge der Dungmittel, von den Witterungs=
verhältnissen usw. ab. Derselbe Boden liefert in verschiedenen
Jahren einen verschiedenen Ertrag. Wer will da bestimmen,
wieviel gesellschaftliche Arbeitszeit in einem Scheffel Weizen
stecke? Bei derselben Arbeitszeit wird ein Acker in den frucht=
baren Ebenen am Rhein vielleicht doppelt und dreifach so gut
den Sämann belohnen als ein Acker auf dem Harz oder in
den holländischen Sandebenen. Man braucht sich nur diese
Schwierigkeiten zu vergegenwärtigen, um einzusehen, daß die
Berechnung der gesellschaftlich notwendigen Arbeitszeit auch nur
für eine einzige Ware ein Unding wäre.

Und doch ist dies nur der Anfang der Schwierigkeiten.
Das vom Weizen Gesagte gilt in gleicher Weise von allen
Getreide= und Gemüsearten, ja von allen Erzeugnissen der
Landwirtschaft (Fleisch, Butter, Käse, Eier u. ä.); es gilt
nicht weniger von dem Ertrag des Bergbaus, der Jagd, des
Fischfangs. Wer möchte für alle diese Produkte, die jährlich
und noch öfters wechseln, die nötige Arbeitszeit berechnen?
Wieviel Arbeitszeit steckt z. B. in einem Pfund Hering oder
Stockfisch oder in einem Liter Lebertran? Dabei wollen wir
ganz davon absehen, wie unrichtig es ist, bei allen Erzeug=
nissen den Tauschwert nur durch die Arbeitszeit bestimmen
zu wollen.

Die Schwierigkeit wird noch größer, wenn man annimmt,
daß es in der Zukunftsgesellschaft besoldete Richter, Ärzte,
Chirurgen, Künstler, Gelehrte usw. gebe. Schäffle schreibt:
„Diejenigen, welche dem Ganzen als Richter, Verwaltungs=
beamte, Lehrer, Künstler, Forscher gemeinnützige Dienste leisten
würden, statt Sachgüter zu erzeugen . . ., würden für ihren

Bedarf nach Verhältnis ihrer der Gesellschaft geleisteten gemein-
nützigen Arbeitszeit am Sachgüterprodukt der Nationalarbeit
beteiligt werden." [1]

Nach Verhältnis ihrer der Gesellschaft geleisteten gemein=
nützigen Arbeitszeit? Ob sich Schäffle die ganze Schwierigkeit
der Berechnung dieses Verhältnisses vergegenwärtigt hat? Wie
soll sich denn die geleistete gemeinnützige Arbeitszeit z. B. beim
Forscher und Künstler oder Gelehrten berechnen? Sollen alle
gleichmäßig behandelt werden, z. B. alle Ärzte dieselbe Be=
soldung erhalten, ob sie geschickt oder ungeschickt, erfahren oder
unerfahren? Sollen die Ärzte einen höheren Sold bekommen
als die Gelehrten oder Künstler oder Lehrer? Wiederum: soll
ein Volksschullehrer dieselbe Besoldung erhalten wie ein Pro=
fessor an einer Mittel= oder Hochschule? Alle gleich zu be=
handeln wäre ungerecht und eine Benachteiligung der Be=
gabteren und Strebsameren; eine ungleiche Besoldung würde
zu den sozialistischen Grundsätzen nicht passen und eine reiche
Quelle der Eifersucht und Klagen werden.

Man könnte auch nicht die heutige Besoldungsskala bei=
behalten. Diese würde, wie Schäffle bemerkt, vom Sozial=
demokratismus am ersten Tage umgeworfen werden, und prin=
zipiell mit Recht. Sie widerstrebt der Gleichberechtigung aller
und würde notwendig eine Aristokratie schaffen, mit welchem
Namen man dieselbe auch bezeichnen möge.

§ 3.

Die Leistung

ist ein weiterer Maßstab, nach dem allenfalls die Güterverteilung
vor sich gehen könnte, und auf den auch Bebel hinweist. „Die
höhere Leistung", meint dieser [2], „wird höher entschädigt, aber

---

[1] Quintessenz des Sozialismus 5.
[2] Unsere Ziele 30.

nur für die Leistung entschädigt." Dieses ist in der Tat der
Maßstab, zu dem sich die konsequenten Sozialisten bekennen
müssen. Ihre Hauptbeschwerde gegen die heutige Gesellschaft
ist ja das „arbeitslose" Einkommen, das so viele Müßig=
gänger empfangen, während der Arbeiter ausgebeutet oder um
einen großen Teil seines Produktes betrogen wird. Sie wollen
jedem Arbeiter seinen vollen Arbeitsertrag sichern. Folg=
lich müssen sie die Arbeitsleistung oder die geleistete Arbeit (das
Arbeitsprodukt) als Verteilungsmaßstab annehmen. Ist nun
eine Verteilung des Gesamtprodukts nach dem Maßstabe der
Leistung möglich?

Soweit man die Leistung einfach nach der gesellschaftlich
notwendigen Arbeitszeit berechnen will, haben wir diesen Maß=
stab schon als unbrauchbar erkannt. Will man sich aber nicht
mit dem Ansatz der bloßen Arbeitszeit begnügen, sondern die
Leistung nach ihrem wahren Wert berechnen, so muß man
außer der Zeit auch Geschicklichkeit, Stärke, Übung und Fleiß
in Betracht ziehen. Denn von allen diesen Elementen hängt
die Leistung ab. Ganz besonders aber müssen die verschiedenen
Arten von Beschäftigungen, in denen jemand der Gesellschaft
dient, miteinander verglichen und nach ihrem relativen Wert
abgeschätzt werden. Es ist nicht richtig, was die Sozialisten
meinen, alle Beschäftigungen hätten für die Gesellschaft den=
selben Wert und mithin dasselbe Recht auf Entschädigung.
Wer wollte im Ernst der Arbeit eines Maschinenheizers oder
Stallknechts denselben Wert beilegen wie den Tätigkeiten eines
Arztes oder eines Lehrers an einer Hochschule? Möchte sich
nun jemand Scharfsinn und Weisheit genug zutrauen, um
mit Berücksichtigung all der genannten Faktoren den relativen
Wert jeder Beschäftigung nach den Anforderungen der Ge=
rechtigkeit zu bestimmen? Wie leicht werden sich hierüber ganz
verschiedene Urteile bilden? Der eine wird diese, der andere
jene Beschäftigung für wertvoller ansehen. Hierin hängt eben

sehr viel von subjektiver Anschauung ab. Wird sich ein so ver=
wickelter, von subjektiver Meinung abhängiger Maßstab durch=
führen lassen, ohne zu beständiger Mißgunst und Zwietracht
Veranlassung zu geben?

Aus dem eben genannten Grunde ergibt sich auch die
Unzulässigkeit des von Rodbertus vorgeschlagenen Maß=
stabes der Produktenverteilung. Er will den Ertrag nach
dem normalen Werkarbeitstag verteilt wissen[1]. Man soll
zunächst den normalen Zeitarbeitstag oder Normal=
arbeitstag[2] berechnen, d. h. die Zeit, welche ein Arbeiter
mit mittlerer Kraft und Anstrengung dauernd in einem
Gewerbe täglich zu arbeiten vermag. Diese Zeit ist für
verschiedene Gewerbe verschieden. Hat man diesen Normal=
arbeitstag gefunden, so soll weiter die Leistung bestimmt
werden, „die ein mittlerer Arbeiter bei mittlerer Geschick=
lichkeit und mittlerem Fleiß während eines solchen Normal=
arbeitstages in seinem Gewerbe zu liefern imstande ist".
Diese Leistung nennt Rodbertus den normalen Werk=
arbeitstag im Unterschied zum bloßen normalen Zeit=
arbeitstag.

Der normale Werkarbeitstag (d. h. die normale Leistung)
in einem Gewerbe hat nach Rodbertus denselben Wert wie
der normale Werkarbeitstag in jedem andern Gewerbe, oder
allgemeiner ausgedrückt: Produkte von gleicher Wert=
zeit sind einander an Wert gleich. Bildet z. B. ein
Paar Schuhe den normalen Werkarbeitstag im Schusterhand=
werk und ein Tisch fünf normale Werkarbeitstage im Schreiner=
handwerk, so hat der Tisch den fünffachen Wert von dem
Paar Schuhe.

---

[1] Der Normalarbeitstag. Separatabdruck aus der „Berliner
Revue" 1871.

[2] Man sehe oben S. 64 A.

Man hat sich schon der Mühe unterzogen, für einzelne Hand=
werke die normale Leistung genau auszurechnen. Selbst für die
einfachsten Handwerke erheischt das sehr ausgedehnte und verwickelte
Rechnungen, die im besten Fall nur annähernd richtig sein können.
Denn, wie Robbertus selbst bemerkt, es genügt nicht, daß man bloß
die unmittelbar vom Schuster zur Herstellung der Schuhe auf=
gewendete Arbeit berechne, sondern man muß auch berechnen, wieviel
dabei die Werkzeuge sich abgenutzt haben; dazu ist wieder notwendig,
daß man den Wert aller Werkzeuge und Stoffe, z. B. des Leders,
Drahtes, der Ahlen, Nägel, Hämmer usw., bestimme und wie viele
Werkarbeitstage darin enthalten seien.

Dieser Robbertussche Vorschlag ruht auf der Voraussetzung,
der Wert einer Sache werde einzig und allein durch
die zu seiner Produktion aufgewendete Arbeit bestimmt.
Diese Voraussetzung ist irrig[1]. Besserer Wein, besseres Obst,
besseres Holz, besseres Korn, ein besserer Acker wird höher
bezahlt als schlechtere Güter derselben Art, und zwar un=
abhängig von der darauf verwendeten Arbeit. Warum werden
frische Lebensmittel, z. B. frisches Obst, frisches Fleisch, frisches
Brot, besser bezahlt als altes? Jedes Kind weiß es; sollten
nur Nationalökonomen, wie Robbertus, es nicht wissen?

Worauf es bei Bestimmung des Wertes einer Sache zu=
meist und an erster Stelle ankommt, ist ihre Nützlichkeit
oder Brauchbarkeit. Das gilt auch, wie wir schon ge=
zeigt haben, von der menschlichen Arbeitskraft, und man
kann deshalb nicht die tägliche normale Leistung in einem
Gewerbe derselben Leistung in einem andern Gewerbe all=
gemein gleichsetzen.

Der normale Werkarbeitstag ist ferner als Verteilungs=
maßstab unbrauchbar, weil er sich auf sehr viele Gewerbe und
Tätigkeiten gar nicht anwenden läßt. Wer will den normalen

---

[1] Man sehe oben S. 218 ff.

Werkarbeitstag oder die normale Leistung für einen Arzt, einen Professor, Lehrer, Astronomen, Geschichtsforscher, Beamten usw. berechnen? Gewiß, der Schneider oder Schuster kann das Produkt seiner Arbeit aufbewahren und es von den dazu bestellten Sachkundigen abschätzen lassen. Aber was soll der Arzt, der Forscher, der Astronom, der Beamte, der Lehrer den Sachkundigen vorlegen? Was soll der Landmann vorweisen, wenn ihm Dürre, Frost oder Hagel die Ernte ganz oder zum Teil vernichten? Was der Jäger, der Fischer, wenn sie bei ihrer Arbeit kein Glück gehabt haben?

Der normale Werkarbeitstag paßt endlich nicht in das sozialdemokratische System, weil er notwendig bedeutende gesellschaftliche Ungleichheiten im Gefolge hätte. Rodbertus gesteht selbst, der Werkarbeitstag bringe das Prinzip des Stücklohnes in den Sozialistenstaat. Erhält z. B. derjenige, welcher einen normalen Werkarbeitstag leistet, einen Lohn gleich eins, so erhält derjenige, der in derselben Zeit zwei normale Werkarbeitstage leistet, das Doppelte, derjenige, der nur einen halben zu leisten vermag, nur die Hälfte. Nun ist sehr wohl möglich, daß ein gesunder, kräftiger, geschickter Arbeiter das Zweifache oder gar Dreifache von dem zu leisten vermag, was ein anderer, minder begabter und schwächlicher zustande bringt. So würden sich bald sehr große gesellschaftliche Unterschiede bilden, besonders wenn der schwächere Arbeiter noch durch Krankheit oder einen Unglücksfall für längere Zeit an der Arbeit gehindert wäre. Denn wir wollen annehmen, daß derjenige, welcher den ganzen Tag arbeitet, ein besseres Einkommen erhält als derjenige, welcher krank und arbeitsunfähig ist. Sonst würde es an jedem Antrieb zur Arbeit fehlen und der Zudrang zu den Krankenhäusern stromartig werden. Mögen die Sozialdemokraten noch so viele schöne Redensarten über „Gemeinsinn" und Hingabe an das Gesamtwohl verschwenden: die Arbeitsscheu, die nun

einmal bei einem großen Teil der Menschheit vorhanden ist,
werden sie dadurch nicht beseitigen.

Die eben vorgebrachten Gründe sprechen auch gegen den von
Marx vorgeschlagenen Verteilungsmaßstab. Auf einer höheren Entwicklungsstufe des Kommunismus soll jedem nach seinen Bedürfnissen von dem Gesamtprodukt mitgeteilt werden. Hierauf wollen
wir weiter unten zurückkommen. Auf einer niedrigeren Stufe aber,
in der die kommunistische Gesellschaft eben erst aus der kapitalistischen
hervorgeht, soll jeder Produzent genau von der Gesellschaft zurück-
erhalten, was er ihr gibt. „Was er ihr gegeben hat, war sein
individuelles Arbeitsquantum. Zum Beispiel der gesellschaftliche
Arbeitstag besteht aus der Summe der individuellen Arbeitsstunden;
die individuelle Arbeitszeit des einzelnen Produzenten ist der von
ihm gelieferte Teil des gesellschaftlichen Arbeitstages, sein Anteil
daran. Er erhält von der Gesellschaft einen Schein, daß er so und
so viel Arbeit geliefert (nach Abzug seiner Arbeit für die gemeinschaftlichen Fonds), und zieht mit diesem Schein aus dem gesellschaftlichen Vorrat von Konsumtionsmitteln so viel heraus, als
gleich viel Arbeit kostet. Dasselbe Quantum Arbeit, das er der
Gesellschaft in einer Form gegeben hat, erhält er in einer andern
zurück."[1]

Dunkel fürwahr ist der Rede Sinn! „Er erhält einen Schein,
daß er so und so viel Arbeit geliefert." Sollte damit gemeint sein,
die bloße Arbeitszeit habe als Verteilungsmaßstab zu dienen,
so wurde die Ungerechtigkeit und Unbrauchbarkeit desselben schon
nachgewiesen. Marx gesteht selbst, daß nicht alle Arbeiter dasselbe
leisten. Will man aber, daß das Quantum oder die Masse der
verausgabten Arbeit berechnet werde, so muß auch der Fleiß, das
Geschick, die Intensität und die Kraft in Betracht gezogen
werden. Diese lassen sich aber in unzähligen Fällen gar nicht bestimmen. Wer will bei einem Arzt oder einem Krankenwärter, bei
einem Forscher oder Lehrer das Quantum der gelieferten Arbeit

---

[1] Marx, Zur Kritik des sozialdemokratischen Parteiprogramms
566.

(Intensität, Geschick, Fleiß usw.) berechnen? Wenn aber auch dieses
Quantum feststünde, welches ist das Quantum Arbeit, das in einem
Pfund Brot oder einem Liter Milch steckt? Endlich ist es, wie oben
bemerkt, ungerecht, daß man bloß die Quantität und nicht auch die
Qualität der Arbeit in Betracht ziehe. Nicht alle Arbeiten haben
für die Gesellschaft denselben Wert.

§ 4.
Der Fleiß.

Noch weniger als die Leistung kann der Fleiß allein zur
Richtschnur der Verteilung dienen. Es wäre ungerecht, bei
der Verteilung bloß den Fleiß zu berücksichtigen, weil das den
geschickten und schnellen Arbeiter dem dummen und langsamen
gleichstellen hieße. Wie könnte man ferner den Fleiß eines
jeden genau bestimmen? Bellamy[1] meint, jeder solle im
Sozialistenstaat das gleiche erhalten, wenn er die gleiche An=
strengung mache oder das Beste leiste, dessen er fähig ist. Das
ist leicht gesagt; aber wer urteilt darüber, ob jeder sein Bestes
tue? Wie soll man sich darüber eine sichere Meinung bilden

---

[1] Ein Rückblick 75 ff. Der amerikanische Romanschreiber be=
handelt in seinem Zukunftsstaat die Menschen wie Kinder. In den
drei ersten Jahren, wo die jungen Leute in die „industrielle Armee"
eintreten (vom 21. Lebensjahre an!), werden sie streng an Gehorsam
und Hingabe gewöhnt. Über ihre Leistungen wird Buch geführt, die
Tüchtigen werden belohnt, die Nachlässigen bestraft. Erst am Ende
dieser Zeit dürfen sie einen besondern Beruf wählen und müssen nun
eine Lehrzeit durchmachen, während welcher das Zeugnisbuch für einen
jeden fortgeführt wird, worin seine Fähigkeit und sein Fleiß genau
vermerkt und durch angemessene Belohnung ausgezeichnet werden. In
allen Gewerben sind die Arbeiter in drei Grade eingeteilt, in Arbeiter
ersten, zweiten und dritten Grades. Die Rangordnung wird periodisch
neu festgestellt und in den Zeitungen bekannt gemacht. Die Arbeiter
ersten Grades tragen eine goldene, die des zweiten eine silberne und
die des dritten Grades eine eiserne Medaille usw. Solche Vorschläge
passen höchstens für die Kinderstube!

können? Höchstens durch ein sehr entwickeltes gegenseitiges
Überwachungs= und Ausspähungssystem. Das wäre aber eine
unerträgliche Fessel, welche das souveräne Volk schon am
zweiten Tage mit Unwillen zerreißen würde. Doch selbst wenn
eine solche Kontrolle Dauer erlangte, wie leicht ist es, die
Aufseher zu täuschen, besonders wenn viele Arbeiter gemein=
same Sache machen! Und welche Bürgschaft böte ein vom
Volke gewählter und jeden Augenblick absetzbarer Aufseher?
Wenn endlich ein Arbeiter sich Mangel an Fleiß zu Schulden
kommen läßt, wieviel soll ihm von seiner Besoldung entzogen
werden? Wem steht das Urteil darüber zu?

§ 5.
Das Bedürfnis.

Am allerwenigsten wäre es gerecht und durchführbar, den
Arbeitsertrag nach dem Bedürfnisse eines jeden zu ver=
teilen. „Jedem nach seinen Bedürfnissen", sagt Marx. Auch
nach den unvernünftigen? Marx setzt wahrscheinlich
voraus, in der Zukunftsgesellschaft gebe es keine unvernünftigen
Bedürfnisse mehr. Etwas behutsamer sagte das Gothaer Pro=
gramm: „Jedem nach seinen vernunftgemäßen Bedürfnissen."
Welches sind die vernunftgemäßen Bedürfnisse? Nicht
alle haben dieselben Bedürfnisse. Offenbar wäre es nicht rat=
sam, einem jeden selbst das Urteil über seine Bedürfnisse zu
überlassen. Niemand ist in eigenen Dingen ein unparteiischer
Richter, und außerdem lehrt die Erfahrung, daß oft Be=
dürfnis und Bescheidenheit nicht im richtigen Verhältnis zu=
einander stehen.

Es bliebe also wohl nichts übrig, als in jeder Gemeinde
eine „Bedürfniskommission" einzusetzen, welche über die Bedürf=
nisse der Einzelnen zu entscheiden hätte, z. B. wieviel Seidel
Bier der Mann, wann die Frau ein neues Kleid benötige.
Und da diese Kommission aus lauter Solons und Aristides

besteht, welche nicht nach persönlichen Rücksichten, sondern nur
nach Recht und Gerechtigkeit urteilen und immer das Richtige
treffen, und da ferner die sozialistischen Genossen, wie Bebel
sie schildert, von Gemeinsinn erfüllt sind und mit wenigem
fürlieb nehmen, so wird sich natürlich dieses schwierige Geschäft
sehr glatt abwickeln, und auch im Sozialismus alles sich in
Frieden und Freude auflösen!

Fünfter Artikel.

Die Frage der Übervölkerung. Der Sozialismus wesentlich international.

§ 1.

Die Übervölkerungsfrage.

Mit der eben besprochenen Verteilung der Produkte hängt
auf das innigste ein anderes Problem zusammen, das für den
Sozialismus im eigentlichsten Sinne eine Existenzfrage ist:
die Übervölkerungsfrage.

Es ist leichter, Kinder zu erzeugen, als sie zu ernähren.
Wie für jedes Elternpaar, so ist diese Binsenwahrheit auch für
die gesamte Menschheit eine Quelle ernster Sorgen, und sie
würde es nicht am wenigsten für die sozialistische Zukunfts=
gesellschaft sein.

Auch wer kein Anhänger der strengen Malthusschen Lehre [1]
ist, muß zugeben, daß die Bevölkerung sich stetiger und rascher

---

[1] Nach Malthus (1766—1834) hat die menschliche Gesellschaft
die Tendenz, sich innerhalb 25 Jahren zu verdoppeln oder sich in
geometrischer Progression zu vermehren (wie 1, 2, 4, 8, 16 2c.). Die
Nahrungsmittel dagegen nehmen höchstens in arithmetischer Progression
(wie 1, 2, 3, 4, 5 2c.) zu, oder sie vermehren sich in derselben Periode
immer nur um die ursprünglich vorhandene Quantität. So würde,
wenn die Bevölkerung ungehindert zunehmen könnte, in wenigen

vermehrt als die zu ihrer Erhaltung notwendigen Lebensmittel. Selbst außerhalb der Kreise der Sozialisten wird diese Wahr-heit im wesentlichen von vielen Männern der Wissenschaft zu-gegeben. Nach G. Rümelin[1] ist es „eine unbestreitbare Wahr-heit, daß der menschliche Vermehrungsdrang ungeschwächt von Geschlecht zu Geschlecht fortwirkt und die zweite Million noch ebensoviel Kraft und Lust hat, sich zu verdoppeln, als die erste hatte, daß dagegen auf gleichem Areal die Ernteerträge, je weiter die Kultur schon fortgeschritten ist, desto kleinere Steigerungen noch von einer Periode zur andern zulassen".

Schon heute fragen sich deshalb die Volkswirtschaftslehrer besorgt, wie dieser drohenden Gefahr der Übervölkerung, d. h. der Zunahme der Bevölkerung über das Maß der vorhandenen Lebensmittel, vorzubeugen sei.

Die Sozialisten allerdings machen sich in dieser Beziehung nicht die geringste Sorge. Nach Marx und Bebel hat die Übervölkerungsfrage nur für die heutige privatkapitalistische

---

Generationen das größte Mißverhältnis zwischen der Bevölkerung und den Mitteln zu deren Unterhalt entstehen. Tatsächlich aber kann die Bevölkerung sich nie dauernd über die Zahl vermehren, für welche die Nahrungsmittel ausreichen. Die Bevölkerungszunahme wird also beständig gehemmt und auf der Höhe der vorhandenen Lebensmittel erhalten. Die Ursachen, welche die Zunahme der Bevölkerung be-ständig hemmen, sind nach Malthus teils präventiv teils repressiv. Zu den ersteren gehören Enthaltsamkeit (sittlich zulässige und unsittliche), zu den letzteren Kindertötung, Krieg, Elend und Krankheiten. Siehe Malthus, Essay on the principles of population[1] (1798). Man vgl. noch Rob. v. Mohl, Geschichte und Literatur der Staats-wissenschaften III 411. In der hier angegebenen mathematischen Formel ist die Lehre von Malthus heute ziemlich allgemein aufgegeben. Der Grundgedanke der Lehre dagegen gilt vielen als sicheres Ergebnis der Wissenschaft.

[1] Die Bevölkerungslehre in Schönbergs Handbuch der poli-tischen Ökonomie II[2] 926. Vgl. auch A. Wagner, Grundlegung[3] § 250 ff.

Gesellschaftsordnung Bedeutung, nicht für die zukünftige sozia=
listische. Und zwar aus einem doppelten Grund: einmal weil
die Verteilung der Produkte eine viel gleichmäßigere sein und
folglich für eine größere Zahl ausreichen wird; sodann aber
vorzüglich, weil in der Zukunftsgesellschaft die Produktivität
der Arbeit einen ungeahnten Aufschwung nehmen wird oder,
wie Marx sich ausdrückt, die Springquellen des Lebens reich=
licher fließen werden.

Aber hier sind die Sozialisten unseres Erachtens in einer
argen Selbsttäuschung begriffen. Wir behaupten sogar, im
Sozialismus sei die Gefahr der Übervölkerung nicht geringer,
sondern größer als in der heutigen Gesellschaftsordnung.

In der Tat, nach den Sozialisten sieht die Gesellschaft
jedes Kind als einen ihr „willkommenen Zuwachs" (Bebel)
an, für dessen Unterhalt nach Kräften zu sorgen sie sich ver=
pflichtet hält. Außerdem herrscht die freieste Liebeswahl. Männer
und Frauen dürfen sich miteinander verbinden, wann und
wo und solange es ihnen beliebt. Um den Unterhalt der
Kinder brauchen sie sich keine Sorge zu machen. Der Vater
Staat nimmt sie alle in seine Arme, für alle hat er Brot
und Kleider genug. Wir werden gleich bei Besprechung der
Familie im Sozialismus alle diese Behauptungen aus sozia=
listischen Schriften erhärten.

Was wird nun die Wirkung einer solchen Ordnung oder
besser Unordnung sein, in der bei freiester Liebeswahl den
Eltern die Last der Kindererziehung genommen ist, und folglich
der zügellosesten Befriedigung der stärksten Triebe nichts mehr
im Wege steht? Das kann sich jeder leicht denken. Wir
glauben, für den sozialistischen Staat müßte Malthus seiner
Progression noch ein rascheres Tempo zugrunde legen; nicht
in 25 Jahren, sondern viel rascher würde sich die Bevölkerung
verdoppeln. Heute wirken viele Ursachen dem Anwachsen der
Bevölkerung entgegen. Schon die Furcht, die Kinder nicht

ernähren zu können, hält viele von der Ehe zurück oder treibt
sie an, die Ehe erst sehr spät einzugehen. Hierzu kommt
dann noch die Scheu vor der Last und Plage vieler Kinder,
das Verlangen, die Kinder auf gleicher sozialer Stufe zu erhalten u. dgl.

Allerdings würde sich auch in der sozialistischen Gesellschaft
die Frau gegen die Beschwerden der Mutterschaft wehren,
aber sie wird trotz des sozialistischen Programms unter der
Herrschaft des Mannes bleiben. Die eben genannten Hemmnisse fallen im Sozialismus fort. Die Sprößlinge machen
den Eltern keine Sorgen, als willkommenen Zuwachs nimmt
sie die Gesellschaft an. Nichts hindert mehr den schrankenlosen Geschlechtsverkehr. Und da soll die Gefahr der Übervölkerung kleiner sein als in der heutigen Gesellschaft?

Aber die Produktivität der Arbeit wird ja ganz ungeheuer
zunehmen in der Zukunftsgesellschaft, es wird also auch immer
Brot genug für alle vorhanden sein. Bloß in der Einbildungs-
kraft der sozialistischen Propheten; in der Wirklichkeit würde
der Ertrag noch viel geringer sein als heute, wie wir schon
gezeigt haben (S. 427 ff).

Mit jedem Kind, sagen die Sozialisten, wird ja auch ein
neuer Arbeiter geboren. Allerdings, aber auch ein neuer Esser.
Daß mit der Zahl der Neugeborenen das Bedürfnis von
Nahrungsmitteln wächst, ist absolut gewiß. Auch im Sozialistenstaat werden zwanzig Genossen doppelt so viel gebrauchen
als zehn. Ist es nun gleich gewiß, daß im selben Maße
wie die Bevölkerung auch die nötigen Lebensmittel zunehmen?
Keineswegs. Das Gegenteil dürfte eher gewiß sein. Wenn
ein Land heute zehnmal stärker bevölkert ist als vor zwei- oder
dreihundert Jahren, liefert deshalb der Boden den zehnfachen
Ertrag? Das wird wohl niemand behaupten. Je bevölkerter
und kultivierter ein Land ist, um so schwieriger und komplizier-
ter wird die Versorgung aller mit dem genügenden Unterhalt.

Solange nun ein Staat von Ländern umgeben ist, die schwach bevölkert und in industrieller Beziehung minder ent= wickelt sind, kann ein Staat durch Einfuhr von Naturprodukten und Ausfuhr von Industrieerzeugnissen sich die nötigen Existenz= mittel beschaffen. Das wird aber immer schwieriger, je mehr die Länder, nach denen die Ausfuhr stattfindet, an Bevölkerung und industrieller Entwicklung zunehmen. Dies gilt selbst für den Staat mit Privateigentum und Privatwirtschaften; für das sozialistische Gemeinwesen aber inmitten nichtsozialistischer Staaten wäre das die reinste Unmöglichkeit, wie wir gleich zeigen werden.

§ 2.
Der Sozialismus ist, wenn überhaupt, nur international durchführbar.

Schon aus dem oben bei Besprechung der Verteilung der Arbeitskräfte (S. 405 ff) Gesagten läßt sich ersehen, daß eine sozialistische Organisation sich höchstens dann durchführen ließe, wenn sie international, d. h. wenigstens in allen großen Industriestaaten gleichzeitig durchgeführt würde, also nicht nur in Europa, sondern auch in Amerika, Australien usw. Das geben auch viele Sozialisten ausdrücklich zu. So schreibt Edm. Fischer: „Bisher lehrten wir immer, der Sozialis= mus sei nur international durchführbar"[1]. Um zu erkennen, wie vollkommen begründet diese Annahme ist, braucht man nur die Frage aufzuwerfen, wie ein stark bevölkerter sozia= listischer Staat den genügenden Unterhalt für alle seine großen und kleinen Pflegebefohlenen aufbringen könne.

Unsere großen Staaten vermögen nur einen geringen Teil ihres Bedarfs im Inland zu produzieren. Nur durch großartige Einfuhr kann der Bedarf völlig gedeckt werden.

---

[1] Sozialistische Monatshefte (1904) I 297.

Der Wert dieser Einfuhr beläuft sich heute in allen größeren
Staaten auf mehrere Milliarden Mark. Dieser Einfuhr muß
selbstverständlich eine mindestens ebenso große Ausfuhr entsprechen, und dazu bedarf es eines großen und sichern Absatz-
gebietes. Die Kulturstaaten sind also in ausgedehntem Maße
auf den internationalen Handel angewiesen. Nun behaupten
wir, ein sozialistisch organisierter Staat kann
sich mitten unter oder neben nichtsozialistischen
gar nicht halten; er kann die Konkurrenz mit letzteren
nicht bestehen.

Zum Beweise für unsere Behauptung können wir uns auf
das eigene Zeugnis der Sozialisten berufen. Wir haben oben
(S. 432 A.) auf die von Sozialisten an verschiedenen Orten
gegründeten Genossenschaften (Buchdruckereien, Bäckereien u. dgl.)
hingewiesen. So oft man nun den Sozialisten entgegenhält,
daß in diesen Genossenschaften die Löhne nicht höher, die
Arbeitseinrichtungen nicht besser, die Arbeitsstunden nicht geringer seien als in andern Privatunternehmungen: antworten
sie immer und mit Recht, eine sozialistische Einrichtung mitten
unter privatkapitalistischen sei eine Unmöglichkeit. Der Bankrott
dieser sozialistischen Organisationen beweist allerdings, daß die
gerühmte Brüderlichkeit, die rege Schaffenslust und der opfer-
willige Gemeinsinn, von dem uns die Prediger der Umsturzbewegung so viel zu erzählen wissen, eitel Gerede sind. Aber
er kann nicht als Beweis dienen, daß der Sozialismus rein
ökonomisch undurchführbar sei, weil hier die Voraussetzungen
fehlen, von welchen die sozialistische Organisation notwendig
ausgehen muß.

Der Grund, warum eine sozialistische Organisation unter
nichtsozialistischen nicht bestehen kann, ist, weil die sozialistische
vor allem das Wohl der Arbeiter fördern will. Sie verlangt möglichst hohen Lohn für den Arbeiter, möglichst
kurze Arbeitszeit, möglichst bequeme und gesunde Arbeits-

einrichtung usw. Wird nun ein Gemeinwesen, das nach solchen Gesichtspunkten eingerichtet ist, die Waren ebenso wohlfeil und schnell und in ebensolcher Menge auf den Markt liefern können als ein anderes, das nach ganz andern Gesichtspunkten eingerichtet ist, das möglichst wohlfeil und massenhaft zu produzieren sucht? Gewiß nicht. Es wird die Konkurrenz nicht aushalten. Entweder muß es die hohen Löhne herabsetzen, die Arbeitszeit verlängern oder Bankrott machen.

Was hier von dem Verhältnis kleiner Unternehmungen und Genossenschaften untereinander gesagt ist, gilt in ganz gleicher Weise von dem Verhältnis mehrerer Staaten. Ein sozialistisches Gemeinwesen wird die Konkurrenz mit nichtsozialistischen Staaten auf dem Weltmarkt auch nicht einen Tag bestehen können, und zwar noch viel weniger als eine kleine sozialistische Genossenschaft. Denn mit der Größe der sozialistischen Organisation nimmt auch deren Schwerfälligkeit und Langsamkeit zu.

Hierzu kommen noch andere Schwierigkeiten. Ein sozialistischer Staat unter nichtsozialistischen müßte z. B. für alle Produkte eine doppelte, von ganz verschiedenen Grundsätzen ausgehende Wertbestimmung treffen. Im Innern des Landes würden die Produkte nach der in ihnen enthaltenen gesellschaftlich notwendigen Arbeit tariert und verteilt; im internationalen Handel dagegen müßten sich die Preise nach Angebot und Nachfrage regeln; er müßte ferner für den internationalen Handel Geld, und zwar auch Papiergeld besitzen, endlich große Warendepots für die Ein- und Ausfuhr. Würden die riesigen Quanten von öffentlichen Geldern und Waren aller Art nicht auch zu großartigem Unterschleif Veranlassung geben?

Wenn nun gar ein sozialistisches Gemeinwesen mit andern nichtsozialistischen Staaten in einen Krieg verwickelt würde, müßte die Gesamtproduktion in kürzester Frist in volle Unordnung, ja ins Stocken geraten und die Gesamtheit der größten

Not anheimfallen. Schon der Umstand, daß Hunderttausende
der besten Kräfte plötzlich der Gesamtproduktion entzogen
würden, müßte äußerst störend in den Gesamtbetrieb eingreifen
und die angestellten Berechnungen in Unordnung bringen.
Und wenn nun gar der Feind ins Land rückte und die Ver-
bindungen mit den Zentralstellen unterbräche, was dann?
Wie könnte dann noch die planmäßige Regelung bestehen
bleiben? Heute sind die schädlichen Einwirkungen solcher Kriege
viel geringer wegen der größeren Dezentralisation und der
größeren Unabhängigkeit der Privatwirtschaften untereinander.
Und setzen wir den Fall, es komme zu einem Angriffskriege,
nach welchen Grundsätzen soll die Aushebung der Soldaten
stattfinden, um der vollen Gleichberechtigung aller nicht zu nahe
zu treten? Freilich sagt Bebel: Kriege kommen dann gar nicht
mehr vor; wir sind in der Zeit des ewigen Friedens. Wir
denken aber: ob ein Krieg vorkomme oder nicht, hängt nicht
bloß vom sozialistischen Staat, sondern auch von den ihn um-
gebenden Völkern ab. Werden sich die Sozialisten alle Zurück-
setzungen, Beschimpfungen, Ungerechtigkeiten von seiten der andern
Nationen gutmütig gefallen lassen?

Das sind nur einige von den Schwierigkeiten, denen ein
sozialistisches Gemeinwesen unter nichtsozialistischen ausgesetzt
wäre. Wir hegen deshalb keinen Zweifel: ließe sich der Sozialismus überhaupt verwirklichen, so könnte das nur geschehen,
wenn er gleichzeitig wenigstens in allen wichtigeren Kulturländern durchgeführt würde. An eine solche internationale
Durchführung des Sozialismus ist aber ganz und gar nicht
zu denken. Von andern Ursachen ganz abgesehen, steht dem
schon die nationale Abneigung und Eifersucht im Wege, die
in unserem Jahrhundert nicht nur nicht abgenommen, sondern
stetig zugenommen hat. Der sog. nationale Chauvinismus
war nie größer als heute. Und dann denke man erst an
die kolossalen Schwierigkeiten einer einheitlichen Regelung der

Produktion und Verteilung in einem so ungeheuren Gebiet, wie es die heutigen Kulturstaaten einnehmen, deren Kreis sich beständig erweitert!

Sechster Artikel.

Die Familie in der sozialistischen Gesellschaft.

Die Familie ist ohne Zweifel ein unentbehrlicher Grund=pfeiler jedes geordneten Staatswesens. Zerstört der Sozia=lismus die Familie, so muß er als ein Feind der Ordnung und Freiheit, der Zivilisation und des Christentums angesehen werden.

§ 1.

Die Ehe.

Wir behaupten nicht, daß der Sozialismus an das gesetz=liche Verbot oder die gewaltsame Auflösung der Familie denke. Kautsky tut sehr entrüstet über dergleichen der Sozial=demokratie gemachte Vorwürfe. „Nur die gröbste Fälschung kann ihr diese Absicht unterschieben, und nur ein Narr kann sich einbilden, daß eine Familie durch Dekrete geschaffen oder beseitigt werden könne." [1] Es ist bei den sozialdemokratischen Schriftstellern nachgerade Mode geworden, sich über Ein=wendungen zu ereifern, an die niemand denkt. Wir behaupten bloß, die Auflösung der Familie sei die naturnotwendige Konsequenz der sozialdemokratischen Grundsätze und Forde=rungen. Der Beweis für diese Behauptung ist leicht zu er=bringen.

Wer das Eheband auflöst, zerstört die Familie. Denn die Ehe ist die Wurzel und Grundlage der ganzen Familie. Nun aber löst der Sozialismus mit seiner Gleichheitstheorie

---

[1] Das Erfurter Programm in seinem grundsätzlichen Teil er=läutert 146.

die Ehe auf und würdigt sie zu einem auf reiner Laune beruhenden Liebesverhältnis herab.

Wir können uns dafür auf die ausdrücklichen Zeugnisse der
Sozialisten berufen. Schon Marx hat darauf hingewiesen,
daß die moderne große Industrie mit der entscheidenden Rolle,
die sie den Weibern, jungen Personen und Kindern beiderlei
Geschlechts in gesellschaftlich organisierten Produktionsprozessen
jenseits der Sphäre des Hauswesens zuweist, die
neue ökonomische Grundlage für eine „höhere Form der
Familie und des Verhältnisses beider Geschlechter"
schaffe. Es sei albern, fügte er hinzu, die christlich germanische
Form oder irgendeine andere Form der Familie für absolut
zu halten [1].

Wie haben wir uns diese „höhere Form" des Verhältnisses beider Geschlechter zu denken? Das sollen uns die
Sozialdemokraten selbst sagen.

Das Erfurter Programm verlangt: „Abschaffung aller
Gesetze, welche die Frau in öffentlichrechtlicher und privatrechtlicher Beziehung dem Manne unterordnen." Damit ist wenigstens die Einheit der Familie, die notwendig ein Haupt erfordert, zerstört. Wer soll entscheiden, wenn Mann und Frau
in Bezug auf den Aufenthaltsort u. dgl. nicht miteinander
übereinstimmen?

Hören wir noch einige Wortführer der Sozialisten:

Engels meint, in der Zukunftsgesellschaft werde zwar die
Monogamie bleiben, wegfallen aber werde die Unauflöslichkeit
der Ehe. „Ist nur die auf Liebe gegründete Ehe sittlich, so auch nur die, worin die Liebe fortdauert. Die
Dauer des Anfalls der individuellen Geschlechtsliebe ist aber nach
den Individuen sehr verschieden, namentlich bei den Männern, und
ein positives Aufhören der Zuneigung oder ihre Verdrängung durch

---

[1] Das Kapital I 455.

eine neue leidenschaftliche Liebe macht die Scheidung für beide Teile wie für die Gesellschaft zur Wohltat. Nur wird man den Leuten ersparen, durch den nutzlosen Schmutz eines Scheidungsprozesses zu waten." [1] Sobald also der „Anfall der individuellen Geschlechts= liebe" aufhört oder eine Leidenschaft zu einer andern Person ent= brennt, können sich die Ehegatten trennen, und zwar ohne daß es eines Ehescheidungsprozesses bedarf.

„In der Liebeswahl", schreibt Bebel über die Stellung der Frau in der sozialistischen Zukunft, „ist sie gleich dem Manne frei und ungehindert. Sie freit oder läßt sich freien und schließt den Bund aus keiner andern Rücksicht als auf ihre Neigung. Dieser Bund ist ein Privatvertrag ohne Dazwischenkunft irgend eines Funktionärs, wie die Ehe bis ins Mittelalter ein Privatvertrag war [2]. . . . Der Mensch soll unter Voraussetzung, daß die Be= friedigung seiner Triebe keinem andern Schaden oder Nachteil zu= fügt, über sich selbst befinden. Die Befriedigung des Ge= schlechtstriebes ist ebenso jedes Einzelnen persönliche Sache wie die Befriedigung jedes andern Naturtriebes. Niemand hat darüber andern Rechenschaft abzulegen, und kein Un=

---

[1] Der Ursprung der Familie, des Privateigentums usw. 72.

[2] Das ist ein Irrtum. Die Kirche hat die Ehe nie als reine Privatsache angesehen, um welche sie sich nicht zu kümmern hätte. Die Ehe ist nach katholischer Lehre ein von Christus eingesetztes und der Verwaltung der Kirche anvertrautes Sakrament. Deshalb hat die Kirche von jeher die Ehegesetzgebung gehandhabt und namentlich Ehehindernisse aufgestellt. Außerdem erklärte sie jede Ehe, die nicht vor der Kirche (in facie ecclesiae) eingegangen wurde, für un= erlaubt (illicitum). Wenn sie trotzdem bis zum Konzil von Trient die heimlich eingegangene Ehe als gültig (validum) anerkannte — wofern kein sonstiges Ehehindernis vorlag —, so tat sie dies nur, um größere Übel zu verhindern. Die Eheleute waren auch dann für ewig gebunden. Was hat aber diese Einrichtung mit dem regellosen Geschlechtsverkehr im Sinne Bebels gemein, der jeder öffentlichen Gewalt das Recht abspricht, sich in die Ehesachen zu mischen, und den Eheleuten erlaubt, auseinanderzulaufen, sobald es ihnen beliebt?

berufener hat sich einzumischen. . . . Einsicht, Bildung, Unabhängig=
keit werden jeden davor bewahren, Handlungen zu begehen, die zu
seinem Nachteil gereichen. . . . Stellt sich zwischen zwei Menschen,
die einen Bund geschlossen, Unverträglichkeit, Enttäuschung, Ab=
neigung heraus, so gebietet die Moral (!), die unnatürlich und
darum unsittlich gewordene Beziehung zu lösen."[1]

„Mehr als je", sagt Kautsky, „verlangen heute die Menschen
nach der Möglichkeit, ihre Persönlichkeit frei zu entwickeln und i h r e
V e r h ä l t n i s s e z u a n d e r n M e n s c h e n um so f r e i e r z u b e=
s t i m m e n, j e z a r t e r und i n d i v i d u e l l e r d i e s e V e r h ä l t=
n i s s e s i n d, a l s o v o r a l l e m i h r e e h e l i c h e n Verhältnisse,
aber auch ihre Verhältnisse als Künstler und Denker zur Außen=
welt."[2] „K o m m u n i s m u s i n d e r m a t e r i e l l e n P r o d u k t i o n,
A n a r c h i s m u s i n d e r g e i s t i g e n: das ist der Typus einer
sozialistischen Produktionsweise, wie sie aus der Herrschaft des
Proletariats . . . entwickelt wird."[3] Nur das Unterrichtswesen soll
von diesem Gesetze ausgenommen und völlig dem Staat überliefert
werden.

Recht bezeichnend für die sozialistische Auffassung der Ehe ist
ein geradezu infamer Artikel, den die „Neue Zeit" vor einigen
Jahren aus der Feder einer gewissen O d a O l b e r g brachte[4].
Die herrschende geschlechtliche Moral, wird da ausgeführt, hat sich
überlebt. Man darf den Frauen, die gesund sind, das „Recht auf
Mutterschaft" nicht streitig machen, gleichviel ob sie einen Trau=
schein haben oder nicht. Der Artikelschreiberin kommt es un=
begreiflich vor, daß unsere Zeit es noch nicht dahin gebracht, das
„Anathem von dem Weibe zu nehmen, das außer der Ehe
Mutter wird". Nur der Geschlechtsegoismus des Mannes zieht
die Trennungslinie zwischen anständigen und unanständigen Frauen.
„Darum tue ein jeder das Seine und erleichtere es den tapfern
Frauen (!), die den Mut haben, dem Gekläff der vielzuvielen zum
Troße, ihre ewigen Rechte vom Himmel herunterzuholen und sich

---

[1] B e b e l, Die Frau 475 ff.
[2] Am Tage nach der sozialen Revolution 43.	[3] Ebd. 45.
[4] Vgl. 22. Jahrg., II 812 ff.

offen zu ihnen zu bekennen." Eine höhere Einschätzung der Mutterschaft erhofft die Schreiberin von dem Sinken der Geburtenzahl. „Wenn erst die . . . Erwägungen, die für die Aufhebung der Bestrafung des Abortus sprechen, vom Strafrecht anerkannt sein werden, so wird auch der außerehelichen Mutterschaft, mit dem Merkmal der freien Entschließung, eine neue Würde verliehen werden." „Durch die Freistellung des Abortus wird man der Anerkennung der außerehelichen Mutterschaft wesentlich den Weg ebnen."[1]

Hier wird ganz unverblümt die „freie Liebe gepredigt". Was bleibt von der Ehe, wenn die Gatten jeder Laune und plötzlichen Abneigung folgend auseinanderlaufen und ein neues Liebesverhältnis anknüpfen können? Wir wollen uns jedoch mit derartigen Zeugnissen nicht begnügen, sondern dartun, daß der Sozialismus seiner Natur nach die Familie, diesen Grundstein der gesellschaftlichen Ordnung, zerstören muß.

Schon der atheistisch-materialistische Standpunkt der Sozialdemokraten ist mit der Einheit und Unauflöslichkeit der Ehe unvereinbar. Wenn der Mensch kein höheres Ziel hat

---

[1] Ähnlich schreibt Henriette Fürth in „Sozialistische Monatshefte" 1908 (III 1613): Die heutige Ehe taugt nicht. „Die wirkliche Sittlichkeit fordert darum den Kampf gegen die kirchlich und staatlich sanktionierte lebenslängliche Zwangsehe." Sie will zwar nicht jede gesetzliche Ordnung der Geschlechtsbeziehungen verwerfen, diese brauchen wir, aber nicht „als lebenslängliche Galeerensklaverei, sondern als Zügel, den wir uns anlegen, den wir aber, wenn es sein muß, auch selbst entfernen können." Außerdem ist diese Gesetzgebung nur für noch innerlich Unfreie. Es gibt aber Menschen, die diese Zügel nicht mehr brauchen. „Wir grüßen sie als die wirklichen Pfadfinder einer freien Sittlichkeit." Also das Ziel ist völlige geschlechtliche Freiheit, die „ethische Ehe", die keine andere Fessel kennt als die eigene Verantwortlichkeit. — Viele ähnliche Äußerungen über die sozialistische Zukunftsehe haben wir zusammengestellt in unsern Artikeln „Die sozialdemokratische Familie der Zukunft" (Stimmen aus Maria-Laach LXXII [1907] 263 ff 381 ff).

als möglichst viel irdischen Genuß, wie will man ihn unter
das schwere Joch der Einheit und Unauflöslichkeit der Ehe
beugen? Soll er für sein Leben mit einem Ehegatten zu=
sammengebunden sein, den er nicht mehr leiden mag, der mit
Krankheiten behaftet ist, sich des Ehebruchs oder anderer Ver=
brechen schuldig gemacht hat? Wenn sogar viele Verteidiger
der bestehenden Gesellschaftsordnung die Forderung der Un=
auflöslichkeit des Ehebandes für zahlreiche Fälle als zu hart
bezeichnen: wie will man dann die Sozialisten, denen es um
möglichst viel Genuß zu tun ist, an dieses Gesetz binden?
Mit epikureischer Lebensauffassung ist die Unauflöslichkeit der
Ehe unvereinbar.

Die Grundlage, auf der zumeist die Unauflöslichkeit der
Ehe und dadurch der ganzen Familie beruht, ist die Aufgabe
der Kindererziehung. Gerade deshalb hauptsächlich ist
die lebenslängliche Dauer der Ehe notwendig, weil sie durch=
schnittlich zur gebührenden Kindererziehung erfordert wird[1].
Wer diese der Familie entreißt und zur Staatsangelegenheit
macht, der zerstört die Hauptgrundlage der Familie.

Nun aber überliefert der Sozialismus Erziehung und
Unterricht vollständig dem Gemeinwesen. Schon das „Kom=
munistische Manifest" forderte „öffentliche und unentgeltliche
Erziehung aller Kinder". Das Gothaer Programm verlangte
„allgemeine und gleiche Volkserziehung durch
den Staat". In etwas dunklerer Form kehrt dieselbe
Forderung im Erfurter Programm wieder: „Obliga=
torischer Besuch der öffentlichen Volksschulen. Unentgelt=
lichkeit des Unterrichts, der Lehrmittel und der Ver=
pflegung in den öffentlichen Volksschulen sowie in den
höheren Bildungsanstalten für diejenigen Schüler und Schüle=
rinnen, die kraft ihrer Fähigkeiten zur weiteren Ausbildung

---

[1] Vgl. unsere Moralphilosophie II⁴ 403 ff.

geeignet erachtet werden." Hören wir hierüber die Haupt=
apostel des Sozialismus.

Fr. Engels sagt von der Zukunftsgesellschaft: „Die Pflege
und Erziehung der Kinder wird öffentliche Angelegen=
heit; die Gesellschaft sorgt für alle Kinder gleichmäßig, seien sie
eheliche oder uneheliche. Damit fällt die Sorge wegen der ‚Folgen‘,
die heute das wesentlichste gesellschaftliche ... Moment bildet, das
die rücksichtslose Hingabe eines Mädchens an den geliebten Mann
hindert." [1]

Bebel schreibt: „Eine der Hauptaufgaben der neuen Ge=
sellschaft muß sein, die Nachkommenschaft entsprechend zu er=
ziehen. Jedes Kind, das geboren wird, ist ein der Gesellschaft
willkommener Zuwachs, sie erblickt darin die Möglichkeit ihres
Fortbestandes, ihre eigene Fortentwicklung; sie empfindet also auch
die Verpflichtung, für das neue Lebewesen nach Kräften einzutreten.
Der erste Gegenstand ihrer Sorge ist die Gebärende, die Mutter.
Bequeme Wohnung, angenehme Umgebung, Einrichtungen aller
Art, wie sie diesem Stadium der Mutterschaft entsprechen, auf=
merksame Pflege für sie und das Kind sind die erste Bedingung.
Die Mutterbrust dem Kinde zu erhalten, solange als möglich und
notwendig erscheint, ist selbstverständlich [2]. ...

„Sobald das Kind größer geworden ist, harren seiner die
Altersgenossen zu gemeinsamem Spiel unter gemeinsamer Obhut.
Alles, was nach dem Stande der Einsicht und des Bedürfnisses für
seine geistige und körperliche Entwicklung geleistet werden kann, ist
vorhanden. ... Den Spielsälen und Kindergärten folgt die spielende
Einführung in die Anfänge des Wissens und die verschiedenen ge=
werblichen Tätigkeiten. Es folgt angemessene geistige und körper=
liche Arbeit, verbunden mit gymnastischen Übungen und freier Be=
wegung auf dem Spiel= und Turnplatz, auf der Eisbahn, im
Schwimmbad. Übungsmärsche, Ringkämpfe und Exerzitien für beide
Geschlechter folgen und ergänzen sich. Es soll ein gesundes, ab=

---

[1] Der Ursprung der Familie, des Privateigentums usw. 64—65.
[2] Bebel, Die Frau 449.

gehärtetes, körperlich und geistig normal entwickeltes Geschlecht heran=
gebildet werden. Die Einführung in die verschiedenen praktischen
Tätigkeiten, die Gartenkultur, den Ackerbau, das Fabrikwesen, die
Technik des Produktionsprozesses, erfolgt Schritt vor Schritt. Darüber
wird die geistige Ausbildung in den verschiedenen Wissensgebieten
nicht vernachlässigt [1]. . . .

„Dem hohen Kulturzustand der Gesellschaft entsprechend ist
die Ausstattung der Lehrräume, der Erziehungseinrichtungen und
Bildungsmittel beschaffen. Bildungs= und Lehrmittel,
Kleidung und Unterhalt stellt die Gesellschaft, kein
Zögling wird gegen den andern benachteiligt." [2]

„Die Erziehung muß ferner für beide Geschlechter gleich
und gemeinsam sein. Die Trennung rechtfertigt sich nur in
den Fällen, wo die Verschiedenheit des Geschlechtes sie zur absoluten
Notwendigkeit macht. . . . Das sozialistische Erziehungssystem wird
noch Höheres leisten. Gehörig geregelt und geordnet und unter
ausreichende Kontrolle gestellt, währt es bis zu dem Alter, in dem
die Gesellschaft ihre Jugend für mündig erklärt. Nunmehr sind
beide Geschlechter im vollsten Maße befähigt, allen Rechten und
Pflichten in jeder Richtung zu genügen. Jetzt hat die Gesellschaft
die Sicherheit, nur tüchtige, nach allen Seiten hin entwickelte Glieder
erzogen zu haben." [3]

Das ist einer von den Sommernachtsträumen, an denen
das Bebelsche Buch so reich ist. Wie tief unsittlich derselbe
ist, braucht kaum hervorgehoben zu werden. Folgerichtig ist
übrigens diese ganze Beschlagnahme der Erziehung durch den
Staat. Wenn der Sozialismus Ernst machen will

---

[1] Bebel, Die Frau 450—451.
[2] Ebd. 451.
[3] Ebd. 455—456. Ganz ähnliche Forderungen stellen Douai
(in seinem Buche „Kindergarten und Volksschule" [1876] 53),
Wally Zepler (Sozialistische Monatshefte 1906, II 583) u. a. auf.
Vgl. hierüber „Die sozialdemokratische Familie der Zukunft" (Stimmen
aus Maria=Laach a. a. O. 381 ff).

mit der Gleichheit der Existenzbedingungen für
alle, dann muß er vor allem die erste und all-
gemeinste Quelle der gesellschaftlichen Ungleichheit, nämlich die ungleiche Erziehung und
Heranbildung, beseitigen; das kann nur dadurch
geschehen, daß er die Erziehung zur öffentlichen Angelegenheit macht. Das würde natürlich die Mütter nicht hindern,
ihre Kinder selbst zu stillen und die ersten Jahre zu hegen;
aber Mütter und Kinder ständen in der Pflege der Gesamtheit. Es gibt ja keine Dienstboten, und Ärzte, Chirurgen, Hebammen usw. stehen im öffentlichen Dienste. Wer
arbeiten kann, muß sich an der öffentlichen Produktion
beteiligen; die Pflege der Arbeitsunfähigen aber liegt der
Gesamtheit ob: also ist auch die Sorge für die Wöchne-
rinnen und ihre Kinder Sache der Gesamtheit. Wollte man
die Sorge für die Kinder den Eltern überlassen, so könnte
es geschehen, daß ein kinderloses Ehepaar, welches nie an
der Arbeit verhindert ist, ein weit größeres Einkommen
hätte als ein anderes, dem die Sorge für fünf, sechs oder
mehr Kinder obliegt und das infolge davon oft an der
Arbeit verhindert wird. Und wenn nun gar der Vater
oder die Mutter erkrankte, so könnte es geschehen, daß eine
Familie in eigentliches Elend geriete, während eine andere in
Überfluß lebte. Wie sollte endlich eine Mutter ohne Hilfe
von Dienstboten imstande sein, eine Schar von sechs, sieben
und mehr Kindern zu ernähren und zu erziehen? Wenn
man also die Erziehung den Eltern selbst überlassen wollte,
so müßte es jedenfalls Pflicht der Gesamtheit sein, ihnen
je nach der Zahl der Kinder einen Zuschuß aus den
öffentlichen Einkünften zukommen zu lassen und auch in
Krankheitsfällen für die Kinder Sorge zu tragen. Kurz,
die Ernährungslast müßte vom Staat den Eltern abgenommen werden.

Vielleicht um ängstliche Seelen zu beruhigen, behauptet
Bebel, die Eltern behielten die Erziehung ihrer Kinder in
Händen. „Die Erziehungsausschüsse, die bestehen, sind aus
den Eltern — Männern und Frauen — und aus den Erziehern
zusammengesetzt. Glaubt man, daß diese wider ihre Gefühle
und Interessen handeln?"[1] Als ob damit nicht tatsächlich
den Eltern das Erziehungsrecht entzogen wäre! Es sind ja
nicht Vater und Mutter, die allein über ihre Kinder verfügen, die Erziehung soll vielmehr nach Bebel in die Hände
aller Eltern und Erzieher gelegt werden, die als ein Ganzes
nach Mehrheit bestimmen, was zu geschehen hat. Außerdem
vergesse man nicht, daß über diesem Erziehungsausschuß die
Gesamtheit steht, die für die Verpflegung aufzukommen hat
und deshalb gewiß die Leitung der Erziehung nicht aus ihren
Händen gibt.

Es kann also kein Zweifel daran bestehen: sowohl die
Ernährung als die übrige Erziehung der Kinder wäre in der
sozialistischen Gesellschaft eine öffentliche Angelegenheit und
würde von der Gesamtheit geleitet und überwacht. Damit
fällt die Hauptaufgabe weg, um derentwillen man die Ehe
als unauflöslich ansehen muß. Zur bloßen Kindererzeugung
ist ein lebenslängliches Zusammenleben und Zusammenwirken
nicht nötig. Übrigens selbst wenn man die Unauflöslichkeit
der Ehe erzwingen wollte, im Sozialismus hätte dennoch die
Familie einen tödlichen Schlag erhalten. Was die Eltern
innig zusammenkettet, ist nicht bloß das Dasein der Kinder,
sondern vor allem das Bewußtsein, daß von ihren gemeinsamen
Arbeiten und Mühen das Wohl und Wehe ihrer Nachkommen
abhängt. Die Eltern müssen für Auskommen und Heranbildung
der Kinder sorgen: von ihrer Sorge zumeist hängt das Leben,
der Stand, die gesellschaftliche Stellung und Ehre und auch

---

[1] Die Frau 452.

das ewige Wohl ihrer Kinder ab. Dieses Bewußtsein treibt sie zu rastlosem Schaffen an. Was sie durch ihre Mühe zusammengebracht, kommt ihren Sprößlingen zugute, in denen sie sozusagen fortleben, und welche sie als die geborenen Erben der Früchte ihrer Anstrengungen zurücklassen.

Das Bewußtsein hinwiederum, den Eltern nicht bloß das Leben, sondern auch die Erhaltung und Erziehung und das Fortkommen in der Gesellschaft, kurz alles zu verdanken, kettet die Kinder in innigerer Liebe an ihre Eltern. Sie wissen, daß ihr Schicksal mit dem der Eltern unzertrennlich verknüpft ist, deshalb herrscht auch Gemeinsamkeit der Freuden und Leiden. Das alles fiele im Sozialismus weg, der die ganze Gesellschaft in eine einzige Familie umgestalten will. Was würde auch aus der elterlichen Autorität werden, wenn die Kinder wüßten, daß der Staat für ihre Erhaltung sorgt oder jedenfalls für sie den Eltern das Kostgeld bezahlt? Würde ein solches System nicht auch das Eingehen leichtsinniger Ehen mächtig befördern und ebenso die Auflösung derselben, da ja der Sozialismus die Ehe als reine Privatsache betrachtet?

§ 2.
Erziehung und Unterricht.

Werfen wir noch einen Blick auf Erziehung und Unterricht im Sozialismus. Wie aus den oben (S. 417 u. 485) mitgeteilten Stellen hervorgeht, verspricht Bebel die wunderbarsten Erfolge im Erziehungsfach. Nun denke man sich aber die Kinder von ihren Eltern getrennt in großer Anzahl beisammen, zunächst in geräumigen Spielsälen oder Kindergärten, dann in Volksschulen, wo sie „spielend" in die Wissenszweige eingeführt werden. Wird wohl eine solche Massen- oder Engros-Erziehung eine befriedigende werden?

Wir würden dies vielleicht für möglich halten, wenn es sich bloß um eine militärische Dressur für künftige Soldaten handelte. Aber eine solche Erziehung verallgemeinern, ist ein Widersinn [1].

Man kann sich auch nicht auf die heutigen Erziehungsanstalten berufen, wo die Kinder nicht bloß Unterricht, sondern auch Kost und Erziehung wie in der Familie erhalten. Denn um davon zu schweigen, daß die Kinder meistens erst in einem Alter von zehn oder mehr Jahren derartigen Anstalten übergeben werden und zudem immer nur einen kleinen Bruchteil der Jugend bilden, während der Sozialismus alle Kinder ohne Ausnahme in öffentliche Pflege und Erziehung nehmen will: so liegt der Hauptgrund der Verschiedenheit darin, daß die heutigen Erziehungsanstalten die Familie voraussetzen und von ihr gestützt werden. Die Lehrer sind die Stellvertreter der Eltern und werden von dem Ansehen derselben getragen. Wenn endlich ein Zögling unverbesserlich ist, so wird er zur eigenen und der Eltern Schande vor die Türe gesetzt. Das alles fiele im Sozialismus weg. Und nun nehme man dazu noch, daß die sozialistische Jugend ohne jede Religion aufwachsen, daß beide Geschlechter nicht getrennt sein sollen: was wird da aus dieser Jugend werden? Es wird wohl nichts übrig bleiben, als mit Knute und Rute die Jugend an Zucht und Ordnung zu gewöhnen. Und was vermag rein äußerer Zwang?

Noch sind wir aber nicht am Ende der Schwierigkeiten des sozialistischen Erziehungswesens. Unmöglich können alle Kinder

---

[1] Besonders an der öffentlichen, gemeinsamen Erziehung ist Cabets Ikarien zu Grunde gegangen. Die in den Ideen der Gleichheit und des Kommunismus erzogene, jeder Religion entfremdete Jugend war unbotmäßig, anmaßend, neuerungssüchtig, so daß es bald zu einem unerträglichen Zwiespalt zwischen der älteren und der jüngeren Generation kam. Vgl. oben S. 27 f.

in allem unterrichtet und herangebildet werden. Bebel be=
hauptet freilich wiederholt das Gegenteil, aber das ist eine
bare Unmöglichkeit. Wir wollen zwar annehmen, bis zu
einem gewissen Grade sei die Erziehung und der Unterricht
für alle gleich. Aber über diese Grenze hinaus müßte not=
wendig eine Scheidung stattfinden. Nicht alle haben Talent
zu höheren Studien und noch weniger zu allen höheren
Studien. Nicht alle haben Anlagen zu allen Künsten und
Handwerken. Will man sich also nicht mit einem ganz
niedrigen und ungenügenden Maß von Ausbildung be=
gnügen und die Oberflächlichkeit und Halbwisserei ver=
allgemeinern, so müßte bald, etwa vom dreizehnten oder
vierzehnten Jahre an, eine Scheidung der Kinder stattfinden,
und müßten die einen diesem, die andern jenem Fach zu=
geteilt werden. Wer soll nun die Entscheidung treffen?
Die Entscheidung den Kindern selbst oder ihren Eltern
oder aber einem Machtspruch eines Ausschusses oder der
Volksmehrheit anheimgeben, wäre untunlich. Die Eltern
würden selbstverständlich ihre Kinder meistens für die höchste
Ausbildung bestimmen, da sie selbst die Kosten und Mühen
davon nicht zu tragen haben. Von den Kindern dagegen
würden bald die meisten, und unter ihnen vielleicht die
fähigsten, an den erworbenen Kenntnissen genug haben. Die
Entscheidung einem Ausschuß übertragen, würde leicht zu un=
gerechter Übervorteilung oder zu Klagen der Eltern führen,
deren Kinder zurückgesetzt wurden.

Man müßte also das Aufsteigen zu höheren Fächern von
Prüfungen abhängig machen, und in diesem Sinne ist
wohl das Erfurter Programm zu verstehen, wenn es von
den Schülern redet, „die kraft ihrer Fähigkeiten zur weiteren
Ausbildung geeignet erachtet werden". Aber auch dieser
Ausweg hat seine großen Schwierigkeiten. Entweder nimmt
man an, daß mit den höheren Graden der Ausbildung

namhafte Vorteile für das Einkommen und die gesellschaft=
liche Stellung verbunden sind oder nicht. Bringt das
Aufsteigen gar keinen Vorteil für das spätere Leben, so
werden sich wohl die wenigsten darum bemühen. Ent=
scheidet es dagegen über die spätere Stellung in der Ge=
sellschaft, so haben wir damit schon eine Verschiedenheit
von Ständen, und mit der Gleichheit der Existenzbedingungen
ist es vorbei. Wenn man ferner einmal die gesellschaft=
liche Stellung nicht bloß von der geleisteten Arbeit ab=
hängig macht, wie es nach dem folgerichtigen Sozialismus
sein sollte, sondern auch von andern Rücksichten: warum will
man dann bloß das Talent berücksichtigen? Verdienen nicht
auch Tugend, Fleiß, Geburt von Eltern, die sich um das
Gemeinwesen verdient gemacht haben, Beachtung? Ist es
endlich nicht hart, ja ungerecht, die ganze Lebensstellung eines
Menschen von einer Schulprüfung in seiner Jugend abhängig
zu machen?

Ähnlich wie das Aufsteigen zu höherer Bildung müßte auch
die Entscheidung darüber, in welchem von den verschiedenen
Handwerken, Künsten oder Gewerben jemand ausgebildet werden
solle, von Prüfungen abhängig gemacht werden; denn auch
hierin ist eine gleiche Ausbildung aller in allem ein Unding.
Würden zu viele Kandidaten für einen Erwerbszweig die
Prüfung bestehen, so müßten sie von oben her andern Ge=
werben zugewiesen werden. So müßte schon für die Jugend
die Gesamtheit die endgültige Entscheidung über die Ausbildung
und die Berufswahl ihrer Angehörigen in die Hand nehmen.
Sozialismus und Freiheit sind eben unverträglich miteinander.
An diesem inneren Widerspruch: Freiheit mit „allseitig plan=
mäßiger Regelung" der Nationalarbeit vereinigen zu wollen,
muß der Sozialismus scheitern.

Wir könnten jetzt noch darauf hinweisen, daß der So=
zialismus auch den Familienhaushalt naturnotwendig

beseitigen muß[1]. Doch das Gesagte mag hier genügen,
um die Stellung des Sozialismus zur Familie zu charakterisieren.

Siebter Artikel.

Widerlegung einiger Einwände.

§ 1.

Der Kommunismus der religiösen Orden.

Zu Gunsten des Sozialismus hat man sich schon auf die
r e l i g i ö s e n O r d e n in der katholischen Kirche berufen, in
denen ja der vollste Kommunismus herrscht. Warum ließe
sich eine ähnliche Einrichtung nicht verallgemeinern? Allein
zwischen den katholischen Orden und dem Sozialismus besteht
eine unermeßliche Kluft. Der Sozialismus will a l l g e m e i n
und a u s n a h m s l o s, und zwar zu i r d i s c h e n Z w e c k e n
etwas durchführen, was seiner Natur nach eine große Los=
schälung vom Irdischen und eifriges Streben nach Vollkommen=
heit voraussetzt, mithin in der gegenwärtigen Ordnung die
Sache nur weniger sein kann, und zwar nur solcher, die nach
ewigen Gütern streben. Gewiß, wo Männer sich zusammen=
finden, die allem Irdischen entsagen und sich ausschließlich
dem Dienste Gottes und des Nächsten widmen wollen, da
kann eine Art Gemeineigentum herrschen, ohne daß Zwietracht
und Streit entsteht; da wird sogar eine solche Ordnung sehr
förderlich sein, weil sie die einzelnen der Sorge für die
irdischen Bedürfnisse enthebt. Aber wie die Menschen nun
einmal sind, vermögen nur wenige sich zur Höhe dieser Ent=
sagung und dieses Strebens nach Vollkommenheit zu erheben.

---

[1] Wir haben das eingehend dargelegt in den schon erwähnten
Artikeln: „Die sozialdemokratische Familie der Zukunft" (Stimmen
aus Maria=Laach LXXII 387 ff).

Es ist deshalb ein unmögliches und unvernünftiges Beginnen, die Menschen allgemein um irdischer Interessen willen zum Verzicht auf das Privateigentum zwingen und in die Zwangsjacke einer staatlich organisierten Gütererzeugung stecken zu wollen.

Die Sozialisten rühmen sich zwar, sie verlangten nicht den Verzicht auf das Eigentum, sie wollten dasselbe bloß mit der Gerechtigkeit in Einklang bringen. Aber das sind schöne Worte ohne Inhalt. Wer das Eigentum an allen Produktionsgütern beseitigt, hebt das Privateigentum seiner Substanz nach auf. Das Eigentum an bloßen Genußmitteln kann seiner Natur nach nur sehr beschränkt sein und genügt nicht, um dem Menschen die Freiheit seiner Bewegung zu sichern. Dem Menschen das Eigentum an Arbeitsmitteln nehmen, heißt ihn als Rad in das große Triebwerk der staatlichen Gütererzeugung einreihen. Davon glauben wir jeden überzeugt zu haben, der unsern bisherigen Erörterungen aufmerksam gefolgt ist.

Auch aus dem Grunde noch ist der Hinweis auf die Ordensgenossenschaften völlig unzutreffend, weil diese auf der Ehelosigkeit beruhen. Eine völlige Armut ist bei der tatsächlichen Beschaffenheit der menschlichen Natur mit dem Familienleben unvereinbar.

§ 2.
Die modernen großen Fabrikbetriebe.

Bestechender auf den ersten Blick ist die Einwendung, welche die Sozialisten zu Gunsten ihres Systems den h e u t i g e n z e n t r a l i s t i s c h o r g a n i s i e r t e n F a b r i k b e t r i e b e n entnehmen. Ist es nicht eine häufige Erscheinung in der heutigen Gesellschaftsordnung, daß acht oder zehn und mehr tausend Arbeiter in einem einzigen Produktionsgeschäft angestellt sind und der ganze Betrieb sich in der schönsten Ordnung vollzieht?

Und doch gehören weder die Rohstoffe noch die Werkzeuge den Arbeitern, ja meist nicht einmal den Leitern des ganzen Betriebs.

Dieser Einwurf übersieht nichts als gerade den Haupt- unterschied zwischen einem Privatbetrieb und der sozialistischen Organisation. Die heutige Ordnung in Fabriken und an- dern Betrieben ruht auf dem strengsten moralischen Zwang. Der Fabrikherr in Person oder durch seinen Ver- treter steht den Arbeitern als Eigentümer und Herr gegen- über und kann ihnen mit nahezu unbeschränkter Gewalt seinen Willen vorschreiben. Der Arbeiter braucht dem Fabrikherrn seine Arbeit nicht anzubieten, aber wenn er bei ihm Arbeit und Unterhalt finden will, so muß er sich der von oben vorgeschriebenen Ordnung unterwerfen. Die geringste Un- botmäßigkeit bringt ihn vielleicht vor die Türe. Also Zwang beherrscht die heutige Produktion, wenn auch ein Zwang, den jeder aus Not selbst übernimmt. Im Sozialistenstaat dagegen steht nicht ein Eigentümer den Ar- beitern, sondern ein gleichberechtigter Genosse den andern gegenüber. Jeder kann sich selbst ebensogut als Eigentümer ansehen wie die übrigen; außerdem kann man ihm nicht die Türe weisen, sondern muß ihm Arbeit geben, weil jede Privat- gütererzeugung ausgeschlossen ist.

Weil man sich zu Gunsten des Sozialismus auf die Kruppsche Gußstahlfabrik in Essen berufen hat, so wollen wir uns gerade an diesem Beispiel den Unterschied zwischen der heutigen und der sozialistischen Ordnung klar zu machen suchen. Daß heute in der genannten Fabrik mit ihren Dependenzen die Verteilung der ver- schiedenen Verrichtungen, die Anordnung der Produktion, die ganze Reglementation, die Entlohnung der Arbeiter in vollster Ordnung und zur relativen Zufriedenheit aller vor sich geht, lehrt der Augen- schein. Es herrscht eben die vollste Unterordnung unter den Willen der Direktoren, die die Stelle des Eigentümers vertreten und mit nahezu monarchischer Gewalt die Anstalt leiten.

Was würde aber geschehen, wenn man die Anstalt sozialistisch umbildete? Vor allem bliebe sie nicht mehr Privateigentum einer Familie, sondern würde Gemeineigentum der ca 70 000 Angestellten, die darin beschäftigt sind und die nun das g l e i ch e R e ch t an der Anstalt hätten. Die oberste Leitung ruhte jetzt nicht mehr in der Hand der Direktoren, die dauernd ihren Posten einnehmen und alles einheitlich und planmäßig regeln, sondern bei der Gesamtheit der „Genossen", mag dieselbe nun direkt selbst über die Angelegenheit entscheiden oder die Leitung durch Wahl einem für ein oder zwei Jahre ernannten Direktorium anvertrauen. Nun beginnt die Schwierigkeit der A r b e i t s v e r t e i l u n g. Alle wissen, daß sie d a s s e l b e R e ch t auf die Anstalt haben, Klassenunterschiede bestehen nicht. Wer soll nun für die niedrigeren, wer für die höheren Arbeiten bestimmt werden? Auch wenn wir uns nur auf die Kruppsche Anstalt beschränken, so gibt es doch einen sehr großen Unterschied zwischen den verschiedenen Verrichtungen. Die einen sind angenehmer als die andern, die einen erfordern mehr Geschick als die andern, die einen sind ehrenvoller als die andern. Warum soll ein Arbeiter niedrigere Arbeiten verrichten als ein anderer, da er doch das g l e i ch e R e ch t a u f d i e F a b r i k hat wie die andern? Es kehren hier all die Schwierigkeiten wieder, welche wir oben bei Besprechung der Organisation der Arbeit und der Berufswahl erwähnt haben. Nun kommt erst noch die Schwierigkeit der V e r t e i l u n g des Gesamtproduktes. Nach welchem Maßstab soll dieselbe vor sich gehen? Nach der Kopfzahl? Nach der bloßen Zeit? Nach dem Bedürfnis? Wir haben gesehen, daß praktisch eine solche Verteilung zur Zufriedenheit aller eine Unmöglichkeit wäre. Und wenn einer träge ist, wenn er sich betrinkt, was soll mit ihm geschehen? Oder wenn er sich krank meldet? Man kann ihn nicht auf die Straße werfen. Wer heute in der Fabrik der Firma Krupp nicht zufrieden ist, dem steht es offen, anderwärts Arbeit zu suchen. Wenn er aber darin bleiben will, muß er sich unbedingt an die von oben erlassenen Vorschriften halten. Läßt er sich habituelle Trägheit zu Schulden kommen, gibt er durch schlechtes Betragen Anlaß zu Klagen, so wird ihm gekündigt, und er mag dann sehen, wie er fortkommt. Es herrscht also durchgreifender Zwang, stramme

Unterordnung. Von alledem kann im sozialistischen System keine Rede sein. Die Genossen sind gleich und frei. Werden da nicht bald Zank und Streit, Parteiungen, Intriguen aller Art die Ordnung und Eintracht zerstören? Und was soll den Arbeiter antreiben, recht fleißig zu sein, sparsam mit den Werkzeugen und Rohstoffen umzugehen?

Hierzu kommt noch, daß es außerhalb der Anstalt weder Kaufleute noch Handwerker noch Gasthäuser gibt. Alles muß aus den gemeinsamen Magazinen und Speiseanstalten bezogen werden; aller Unterricht, alle Krankenpflege, selbst die Totenbestattung wird von der Anstalt besorgt, und zwar so, wie es der Mehrheit gefällt. Die Gerichtsverhandlungen über Streitigkeiten, Verbrechen werden von der Anstalt selbst erledigt, ebenso die Gesetzgebung, und eine höhere Instanz gibt es nicht. Auch nur die Zeitungen und Bücher werden gedruckt, welche der Mehrheit aller Genossen oder des hierzu bestellten Rates gefallen.

Damit sind wir aber noch nicht zu Ende mit unsern Schwierig= keiten. In der Kruppschen Fabrik mit ihren ca 70 000 Angestellten liegen doch die Verhältnisse noch ziemlich einfach, die sich von einem gewandten und erfahrenen Geschäftsmann überschauen lassen, be= sonders wenn er viele Jahre dasselbe Amt bekleidet. Außerdem sind die Beschäftigungen noch in etwa gleichartig, und die meisten arbeiten an demselben Ort. Will aber der Sozialismus die Produktions= anarchie beseitigen — und dieses Vorhabens rühmt er sich ja —, dann muß er wenigstens im Umfang unserer heutigen Großstaaten verwirklicht werden. Die Führer der Sozialisten denken sogar — und ganz mit Recht — an eine internationale Organisation. Denn auch unter den Nationen kann sich ein anarchistischer Konkurrenzkampf geltend machen, der einzelne unter ihnen zu Grunde zu richten ver= mag. Es muß also eine passende Verteilung der Arbeitskräfte auf das ganze Land stattfinden. Denn unmöglich kann man jedem er= lauben, beliebig im Lande herumzuziehen oder sich den angenehmsten Aufenthaltsort aufzusuchen. Die rauhen, unwirtlichen oder sumpfigen Gegenden müssen auch ihre Arbeiterbevölkerung haben.

Man braucht nur diese Folgerungen, die sich ganz not= wendig aus der Vergesellschaftung aller Produktionsmittel und der

planmäßigen Regelung sowohl der Produktion als der Verteilung
des Gesamtproduktes ergeben, im einzelnen durchzudenken, um die
sichere Überzeugung zu gewinnen, daß ein solches System sich nicht
verwirklichen ließe ohne förmliche und allseitige Sklaverei, eine
Sklaverei, welche auf die Dauer unerträglich, ja auf demokratischer
Grundlage völlig unmöglich wäre.

Ebensowenig als die privaten Produktionsunternehmungen
beweisen die heutigen großen Staatsbetriebe, wie Eisen=
bahnen, Posten und Telegraphen, staatliche Bergwerke und
Forste u. dgl., etwas zu Gunsten des Sozialismus. Denn in
diesen öffentlichen Betrieben steht der Staat oder sein Vertreter
wie ein Eigentümer und Herr den Beamten und Arbeitern
gegenüber. Sie stehen also den Sonderbetrieben sehr nahe
und nehmen teil an ihrem Zwang. Jeder Beamte und Ar=
beiter muß mit der Stelle fürlieb nehmen, die ihm zugewiesen
wird, sonst fehlt ihm der Unterhalt. Ebenso kann er nach er=
folgter Anstellung entlassen oder in seinem Gehalt beeinträchtigt
werden, wenn er den Vorgesetzten Anlaß zur Klage gibt.
Selbst das „laute Räsonieren" genügt zuweilen, um einen
Beamten brotlos zu machen. Also auch im heutigen Staats=
betrieb herrscht Zwang und vollzieht sich alles auf Grund
„kategorischer Imperative".

Anders im Zukunftsstaat, wo jeder ein Stück Souverän
ist und von der Gesamtheit angestellt und unterhalten werden
muß; wo ferner die endgültige Entscheidung über Regelung
der Arbeit, Verteilung der Güter, Anstellung der Aufsichts=
beamten Sache des Volkes ist.

§ 3.
Das moderne Militärwesen.

Auch aus der Einrichtung und Leitung der heutigen un=
geheuern Heere hat man auf die Möglichkeit einer sozia=
listischen Gesellschaftsordnung geschlossen. Indessen scheint es

doch zu einleuchtend, daß die stramme militärische Organisation
mit ihrem Strafkodex, in dem z. B. in Deutschland gegen
30 Fälle verzeichnet stehen, wo Todesstrafe in Anwendung
kommt, sich nicht auf ein ganzes Volk und auf alle seine
öffentlichen Verhältnisse anwenden läßt. In der Armee wird
allen von oben herab die gleiche Nahrung und Kleidung,
die Kaserne, die Art und Dauer der Beschäftigung, der Aufenthaltsort usw. zukommandiert. Jedenfalls sollen uns
die Sozialisten mit ihren schönen Reden von Freiheit und
Gleichheit verschonen, wenn sie derart die Gesellschaft in eine
große Kaserne verwandeln wollen. Es herrscht ferner beim
Militär gar kein Kommunismus: das Heer ernährt sich nicht
selbst, sondern wird von andern ernährt. Auch die Verteilung
des Einkommens ist so ungleich, daß von Kommunismus in
dieser Beziehung keine Rede sein kann.

Was würde übrigens aus einem Heere werden, wenn die
Soldaten selbst den Oberbefehl in Händen hätten, sich ihre
Offiziere und Generale selbst wählen und auch gelegentlich
wieder absetzen und richten könnten? Die heutigen Heere
haben die strengste Unterordnung und Zucht zur Voraussetzung, ein demokratisch eingerichtetes Heer wäre ein Unding.
Und nehme man dazu, daß der Sozialismus nicht bloß die
militärischen Tätigkeiten, sondern das ganze öffentliche Leben
in Bezug auf Gütererzeugung, Verkehr, Erziehung, Unterricht,
Presse, Künste und Wissenschaften einheitlich regeln will: so
ist die gänzliche Aussichtslosigkeit des Sozialismus wohl mehr
als einleuchtend.

§ 4.
Die Aktiengesellschaften.

Eine besondere Erwähnung verdienen noch die Aktiengesellschaften, die deshalb einen Schluß zu Gunsten des
Sozialismus zu gestatten scheinen, weil in ihnen das Kapital

nicht selten fast ganz losgelöst vom Eigentümer große Gewinne erzielt. Besonders ausgedehnte Unternehmungen in Handel Industrie, Bergbau, Herstellung von Eisenbahnen u. dgl. gelingen den Aktiengesellschaften vortrefflich, obwohl die An= gestellten derselben kein persönliches Interesse daran zu haben scheinen.

Doch der Mangel eines persönlichen Interesses ist nur ein scheinbarer. Für die untergeordneten Angestellten der Aktien= gesellschaften gilt ganz dasselbe, was oben von den privaten Produktionsunternehmungen und den Staatsbetrieben aus= geführt wurde. Die untergeordneten Beamten stehen den Direktoren wie Privateigentümern gegenüber. Was aber die Direktoren der Aktiengesellschaften selbst betrifft, so haben diese meistens ein sehr großes Interesse an dem Gelingen der Unternehmung. In weitaus den meisten Fällen gehören sie zu den Aktionären oder erhalten wenigstens im Falle des Gelingens einen beträchtlichen Gewinnanteil. Auch die unter= geordneten Leiter sind bei großen Aktiengesellschaften nicht selten am Gewinne beteiligt. Da nun außerdem die Leiter fast un= umschränkte Gewalt über die von ihnen angestellten Aufseher und Arbeiter haben, so läßt sich sehr wohl begreifen, wie eine Aktiengesellschaft trotz der scheinbaren Loslösung des Kapitals vom Eigentümer Erfolge erzielen kann.

Um die Entbehrlichkeit der Kapitalisten auf einer höheren Stufe der Produktion zu beweisen, beruft sich Engels auf die Aktiengesellschaften[1]. Ihm entgegnet Sombart mit Recht: „Die Aktiengesellschaft schaltet keineswegs die Unternehmer= funktion aus, sie überträgt sie nur auf bezahlte Organe, die wieder in rein kapitalistischem Sinn tätig sind: die Jagd um den Absatz, die Erspähung der günstigen Konjunktur, Speku= lation und Kalkulation, alles bleibt dasselbe. Ebenso bleibt

---

[1] Dührings Umwälzung 265.

die Abhängigkeit vom Markt, von dem Absatz und Preis=
schwankungen unverändert, also auch die Ungewißheit des wirt=
schaftlichen Erfolges."[1]

Übrigens ist bekannt, daß die Aktiengesellschaften in Bezug
auf Wirtschaftlichkeit (Ersparung an Rohstoffen, Werkzeugen usw.)
hinter Privatunternehmungen zurückstehen, weshalb sich auch
Aktiengesellschaften mit geringem Kapital in den seltensten Fällen
bewähren. Bei großen Aktiengesellschaften werden diese Nachteile
durch anderweitige Vorteile aufgewogen[2].

Was sodann einen wesentlichen Unterschied zwischen einer
Aktiengesellschaft und der sozialistischen Organisation ausmacht,
ist der Umstand, daß in den Aktiengesellschaften die Direktoren
nur selten gewechselt werden. Die Ständigkeit der Leiter ist
eine notwendige Vorbedingung für das Gelingen weit aus=
schauender Unternehmungen. Wenn die Leitung häufig wechselt,
fehlt es an der erforderlichen Einheitlichkeit, Planmäßigkeit,
weil nur in seltenen Fällen die Ansichten der Leiter miteinander
übereinstimmen werden. Welche Bürgschaften hätte man aber
für diese erforderliche Stetigkeit der Leitung im Sozialismus,
wo die „Ordner" vom Volke gewählt und abgesetzt werden,
und wo schon die grundsätzliche Gleichstellung aller keine Be=
ständigkeit in der Besetzung der einflußreichsten Ämter zuläßt?
Würde da nicht das ewige Experimentieren und Umgestalten
das nationale Produktionsgetriebe beständig stören und ins
Stocken bringen? Will man aber den Leitern keine Gewalt in
die Hände geben und ihre Entschließung von der Zustimmung
der Volksmehrheit abhängig machen, so werden sie nicht im=
stande sein, ihr Amt in wirksamer Weise auszuüben.

---

[1] Sozialismus und soziale Bewegung 91.

[2] Hierüber weitere Ausführungen bei Leroy-Beaulieu, Le
collectivisme 348 ff.

Schlußbetrachtung.

Bebel schreibt am Ende seines Buches „Die Frau"[1]: „Der Sozialismus ist die auf allen Gebieten mensch-licher Tätigkeit angewandte Wissenschaft", und auf dem Parteitag zu Halle erklärte Liebknecht pathetisch: „Unsere Partei ist eine Partei der Wissenschaft."[2] Das ist die bei Sozialdemokraten übliche prahlerische Sprache, die offen der Wahrheit widerspricht. Wir vertrauen, jeder Unbefangene, der uns von Anfang bis zu Ende folgte, habe die Überzeugung gewonnen, daß der Sozialismus auch in seiner vernünftigsten Formulierung unwahr und undurchführbar ist. Er ruht auf ganz unhaltbaren religiösen und volkswirtschaftlichen Grundlagen; er würde die Kultur, die uns das Christentum gebracht, zerstören und uns in die Zeiten roher Barbarei zurückschleudern. Sehr richtig sagt Papst Leo XIII.[3]: „Aus alledem ergibt sich klar die Verwerflichkeit der sozialistischen Grundlehre, wonach der Staat allen Privatbesitz einzuziehen und zu Gemeineigentum zu machen hätte. Eine solche Lehre gereicht den arbeitenden Klassen, zu deren Nutzen sie doch erfunden sein will, lediglich zu schwerem Schaden; sie widerstreitet den natürlichen Rechten eines jeden Menschen, sie verzerrt den Beruf des Staates und macht eine friedliche Entwicklung des Gesellschaftslebens unmöglich." Übrigens ist eine dauernde Herrschaft des Sozialismus nicht zu fürchten, weil er mit den untilg-barsten Trieben und Neigungen der menschlichen Natur in schreiendem Widerspruche steht.

---

[1] S. 508.
[2] Protokoll der Verhandlungen des sozialdemokratischen Parteitags zu Halle (1890) 177.
[3] Rundschreiben über die Arbeiterfrage.

I.

Ist der Sozialismus, wie bewiesen, eine Utopie, eine unsinnige Träumerei, dann folgt, daß die großen Massen, die jetzt gläubig zu den sozialistischen Propheten aufschauen und von ihnen ihr Heil erwarten, betrogene Toren und die glänzenden Verheißungen, mit denen die Volkstribunen Anhänger zu werben suchen, im besten Fall die Frucht der Unwissenheit und Verblendung sind. Wir sagen „im besten Fall", weil wir nicht untersuchen wollen, ob und wie weit dem Treiben der Agitatoren, die von der sozialistischen Bewegung leben, selbstsüchtige Motive zu Grunde liegen.

Wir müssen hier aber gleich hinzufügen: **Selbst wenn der Sozialismus sich durchführen ließe, die großen Massen der kleinen Leute, die heute von den Sozialisten umschmeichelt werden, hätten von ihnen gar nichts zu erwarten.** Wieso? Das ist sehr einfach. Selbständige Handwerker, selbständige Bauern, selbständige Krämer und andere dergleichen selbständige Gewerbetreibende gäbe es überhaupt im Zukunftsstaat keine mehr. Im Sozialismus gäbe es überhaupt nur gleichberechtigte Mitglieder eines einzigen ungeheuern Staatsbetriebes, in dem von Selbständigkeit in Bezug auf das Erwerbsleben keine Rede sein kann. Es ist gut, dies den Handwerkern und Bauern recht oft klar zu machen.

Wenn die sozialistischen Agitatoren auf das Land kämen und dem Bauer offen sagten: Höre, du mußt dein Gut an die Gesamtheit abtreten, du sollst fortan nicht mehr Recht an demselben behalten als jeder andere im weiten Vaterland; dafür darfst du an dem allgemeinen Glück teilnehmen, das wir herbeischaffen wollen: wir glauben, der Bauer würde den Volksbeglückern bald den Rücken kehren und ihnen sagen: daraus wird nichts. Er hängt zu zäh an seiner Scholle.

Deshalb hüten sich die Sendlinge der Umsturzpartei, mit ihren Plänen offen hervorzutreten. Um so mehr ist es Pflicht aller, denen die Erhaltung der bestehenden Gesellschaft am Herzen liegt, darüber die Bauern aufzuklären. Und das von den Bauern Gesagte gilt auch von den Handwerkern.

In der Tat, daß die Handwerker und Bauern nichts von den Sozialdemokraten zu hoffen haben, ist so wahr, daß die **Zerstörung des Handwerker- und Bauernstandes eine notwendige Vorbedingung des Sozialismus ist.** Wenn es gelänge, dem Handwerker- und Bauernstande wieder aufzuhelfen, so wäre es um den Sozialismus geschehen. Wer unsere Ausführungen über die materialistische Geschichtsauffassung (S. 55 u. 249 ff) und über das von den Sozialisten erhoffte Hineinwachsen der heutigen Gesellschaft in die Zukunftsgesellschaft gelesen hat, dem ist das selbstverständlich. Durch die Auflösung der Mittelstände soll die Proletarisierung der Gesellschaft und die Konzentration der Produktionsmittel in wenigen Händen sich bis zu einem Grade steigern, wo der Zustand unerträglich wird und die „Expropriateurs expropriiert" werden. Das steht auch klar im Erfurter Programm (s. oben S. 74).

Es darf uns daher nicht wundernehmen, daß die Sozialisten dem Handwerker- und Bauernstand in allen Tonarten das Grablied singen. „Das Handwerk ist unrettbar dem Untergang geweiht, wenn auch sein Todeskampf noch einige Zeit dauern wird." So schrieb der „Vorwärts" [1]. Hierin ist auch der Grund zu suchen, warum die sozialistischen Blätter der Innungsbewegung so feindselig gegenüberstehen und die sozialistischen Abgeordneten gegen alle Anträge gestimmt haben, die eine Hebung des Handwerks bezweckten. Zu Erfurt sagte Bebel: „Das einzige Heil für sie (die Kleinbürger) wie für

---

[1] 1891, Nr 42; 1894, Nr 134.

den Arbeiter liegt in der sozialistischen Produktion."[1] Auf
dem Parteitag zu Breslau (1895) kam es zu hitzigen Wort=
gefechten über das sog. Agrarprogramm, das man zum Zweck
des Bauernfangs aufgestellt hatte. Dasselbe wurde schließlich
mit großer Mehrheit verworfen. „Denn", heißt es in der
Begründung, „dieses Programm stellt der Bauernschaft die
Hebung ihrer Lage, also die Stärkung des Privateigentums
in Aussicht."

Überhaupt gehört es zum System der „unentwegten" So=
zialdemokraten, eine Hebung der unteren Volksklassen nicht zu
begünstigen oder wenigstens nur insoweit, als sie dazu dient,
die Arbeiter kampffähiger gegen die heutige Gesellschaft
zu machen. Auf dem Internationalen Arbeiterkongreß zu
Brüssel (im Jahre 1891) erklärte Bebel, er wolle vor allem
betonen, daß „die Hauptaufgabe der Sozialdemokratie nicht
die Erringung eines Arbeiterschutzgesetzes sei,
sondern in erster Linie sei es ihre Aufgabe, die Arbeiter auf=
zuklären über das Wesen und den Charakter der heutigen Ge=
sellschaft, um dieselbe so rasch als möglich ver=
schwinden zu lassen. Die Arbeiter müßten das Wesen
der Gesellschaft kennen lernen, damit, wenn deren letztes
Stündlein schlägt, die Arbeiter die neue Gesellschaft errichten
können." Die Sozialdemokratie, fügte er hinzu, „müsse Klar=
heit in die Parteien bringen, die Finger in die Wunden
der Gesellschaft legen, damit sie für alle sichtbar und
unleugbar werden"[2].

Unter dem Vorwande, es handle sich um Palliativmittel,
werden die meisten Maßregeln zugunsten der unteren Volks=

---

[1] Protokoll des sozialdemokratischen Parteitags zu Erfurt 169.
[2] Vgl. Verhandlungen und Beschlüsse des Internationalen Arbeiter=
kongresses zu Brüssel (16.—22. August 1891) 11 u. 12. Berlin 1893,
Verlag der Expedition des „Vorwärts".

schichten bekämpft. Dabei bedienen sich die Sozialisten einer
Taktik, die nur dazu geeignet ist, den Arbeitern Sand in die
Augen zu streuen. Es ist die sog. „Alles oder Nichtspolitik",
die selbst Vollmar „die Politik der Kinder" nannte.
Sobald Gesetze zugunsten der Arbeiter beantragt werden,
übertrumpfen sie diese Vorschläge durch Anträge, welche
völlig unmöglich und nach Lage der Verhältnisse absolut
nicht durchführbar sind. Werden diese Forderungen ab=
gelehnt, so stimmen sie gegen alle andern Anträge und
erheben dann ein gewaltiges Geschrei darüber, daß man
keinen ernstlichen Willen habe, die Lage der Arbeiter zu ver=
bessern. Diese Komödie haben sie im Reichstage wiederholt
gespielt. Deshalb konnte am 3. Februar 1893 der Ab=
geordnete K. Bachem den Sozialdemokraten im Reichstage
vorwerfen: „Wir haben in den letzten zehn Jahren er=
heblich viel erreicht im Interesse der deutschen Arbeiter,
Schritt für Schritt, aber immer unter dem Wider=
stande der sozialdemokratischen Fraktion. Sie
hat gegen die Krankenversicherungsvorlage gestimmt, sie
hat gegen die Unfallversicherungsvorlage gestimmt, sie hat
gegen die Alters= und Invaliditätsversicherung gestimmt,
und sie hat endlich auch gegen die Arbeiterschutzgesetz=
gebung gestimmt, die wir im vorigen Jahre zustande gebracht
haben. Meine Herren! Wenn alle Parteien so
gehandelt hätten wie die sozialdemokratische
Partei, hätten wir heute weder Kranken=
versicherung noch Unfallversicherung noch
Alters= und Invaliditätsversicherung noch auch
diejenigen Beschränkungen der Arbeitszeit, die=
jenigen Schutzmaßregeln im Interesse der Fa=
milie, welche unsere Arbeiterschutznovelle gebracht
oder angebahnt hat. Das möge der deutsche Arbeiter
sich klar machen!"

Außer gegen die genannten Gesetze zugunsten der Arbeiter stimmten die Sozialdemokraten auch gegen die Einführung der Gewerbegerichte (1890), gegen den Handwerkerschutz (1897), gegen die Zölle auf Luxusgenußmittel und andere Luxus= gegenstände (1902), gegen die Novelle zum Krankenkassen= gesetz (1903). Heiterkeit erregte es, als die Umsturzmänner gegen die Champagnersteuer (1902) stimmten. Selbst gegen das neue deutsche Bürgerliche Gesetzbuch stimmten sie geschlossen, obwohl dasselbe manche Verbesserungen gegen früher enthält, z. B. für die Frauen, die Dienstboten usw. Hätten es alle gemacht wie die Sozialdemokraten, so würde z. B. das Ge= sinde jene Verbesserungen nicht erlangt haben, die ihm durch die Einführungsbestimmungen zum Bürgerlichen Gesetzbuch zu teil geworden sind: die Aufhebung des Züchtigungsrechtes, die Ausdehnung der Krankenversicherung, die Einrichtung des Wohn= und Schlafraumes usw.

Es muß gewiß Erstaunen erregen, daß man solche Vor= würfe gegen Männer erheben kann, welche sich so laut als die wahren Volksbeglücker aufspielen. Aber bei näherer Be= trachtung schwindet das Befremden. Sobald es einem Stand wohl ergeht und er etwas zu verlieren hat, hört er auf, sozialdemokratisch zu sein und wird bis zu einem gewissen Grade konservativ. Einer der tiefsten Gründe für das Um= sichgreifen der Sozialdemokratie ist die heute im Kreise der Arbeiter weitverbreitete Ansicht, innerhalb der bestehenden Ge= sellschaftsordnung sei eine befriedigende und dauernde Ver= besserung ihrer Lage unmöglich. Die Sozialdemokraten würden sich also selbst den Ast absägen, auf dem sie sitzen, wenn sie etwas zu Maßregeln beitragen wollten, welche die unteren Klassen mit ihrer Lage aussöhnen könnten. Die Unzufrieden= heit zu schüren, die unteren Klassen aufzuhetzen, muß ihre erste und oberste Aufgabe sein. Daher ihre ewigen Nörgeleien gegen die heutige Gesellschaftsordnung. Jedes Verbrechen,

jedes Unglück und Mißgeschick wird der heutigen Gesell=
schaftsordnung aufs Konto geschrieben und zum Schimpfen
gegen die heutige „verlotterte, bankrotte kapitalistische Gesell=
schaft" benützt.

Seit vielen Jahren haben wir sehr aufmerksam die sozia=
listische Literatur verfolgt. Wir haben nicht nur fleißig sozia=
listische Tagesblätter gelesen — den „Vorwärts" täglich —,
sondern auch eine wirkliche Unzahl von größeren und kleineren
sozialistischen Werken und Flugschriften durchstudiert. Aber
in all diesen Schriften erinnern wir uns nicht, auch nur
ein einziges Mal eine Aufmunterung des Arbeiters
zur Arbeitsamkeit, Sparsamkeit, Geduld, Verträglichkeit mit
den Mitmenschen u. dgl. gelesen zu haben. Im Gegenteil, die
sozialistischen Agitatoren verwünschen die „verfluchte Genüg=
samkeit und Bedürfnislosigkeit". Nur der Haß gegen Gott,
gegen das Christentum, gegen die Pfaffen und gegen alle Be=
sitzenden wird in allen Tonarten tagtäglich gepredigt [1]. Welche

---

[1] Zur Illustration der maßlos verhetzenden und nicht selten
pöbelhaften Sprache der Sozialdemokraten seien hier einige Stellen
mitgeteilt aus dem Aufruf „An die Sozialdemokratie Preußens", den
die sozialdemokratische Fraktion des preußischen Abgeordnetenhauses
und der geschäftsführende Ausschuß der preußischen Landeskommission
am 20. Oktober 1908 im „Vorwärts" (Nr 246) veröffentlichte. Der
Regierung und den nichtsozialdemokratischen Parteien werden die ge=
meinsten, selbstsüchtigsten Motive unterschoben. „Nach wie vor erhebt
die Reaktion keck ihr Haupt, jeden Augenblick bereit, das
preußische Volk noch mehr zu entrechten und zu kne=
beln, die Jugend mit Hilfe der in den Dienst agra=
rischer und kapitalistischer Interessen gestellten
Volksschule zu verdummen, die Arbeiterklasse aus=
zuplündern. Aber so leicht wie bisher werden die Mächte
der Reaktion und der Finsternis ihr frevelhaftes
Spiel nicht mehr treiben können. ... Die Sozialdemokratie ist in
die feindliche Festung eingedrungen. Die Rednertribüne des Drei=
klassenparlaments, bisher nur allzuoft mißbraucht zu Be=

Frucht hat wohl die Gesellschaft von dieser Saat zu erwarten? Der Haß und Ingrimm, der sich auf diese Weise in den ver= führten und verhetzten Massen ansammelt, wird sich, fürchten wir, wie ein schlagendes Wetter über der Gesellschaft entladen. Und vielleicht wird es dann den neuen Dantons und Robes= pierres ergehen wie ihren Vorgängern in der großen fran= zösischen Revolution. Die Revolution verschlingt ihre eigenen Kinder.

II.

Soll man angesichts des stetigen Anwachsens der Umsturz= partei die Hände müßig in den Schoß legen oder sich damit begnügen, verzagend die Hände zu ringen? Keineswegs. Wir haben keinen Grund zu verzweifeln. Gott hat die Nationen heilbar gemacht. Noch ist begründete Hoffnung, die drohende

---

schimpfungen und Verleumbungen der Arbeiterklasse, wird zur Anklagestätte gegen die Regierung und die herrschenden Parteien werden. Nicht mehr wird man es wagen dürfen, die Rechte des Volkes mit Füßen zu treten und den Hungernden Steine statt Brot zu reichen. Vorbei sind die Zeiten, in denen die Lobredner der heutigen wirtschaftlichen und politischen Zu= stände die Öffentlichkeit belügen und über die wirklichen Verhält= nisse wegtäuschen konnten. Die Sozialdemokraten werden . . . den Schleier lüften, auf daß selbst der Zurückgebliebenste erkennt, wie angefault und siech der Körper ist, der sich unter dem gold= schimmernden Flitter birgt. . . . Die Volksschule . . . ist ein Tumutel= platz der Junker und Pfaffen geworden, die in dem ver= werflichen Bestreben, die Arbeiter zu gefügigen Aus= beutungsobjekten zu machen, förmlich wetteifern. Statt die Arbeiter teilnehmen zu lassen an den Errungenschaften der Kultur, läßt man sie auf Erden darben und vertröstet sie auf ein besseres Jenseits. Die Justiz wird zur Klassen= justiz. . . . Tendenzurteile sind an der Tagesordnung; rücksichtslos wird der Grundsatz des zweierlei Rechts ge= predigt" usw.

Gefahr abzuwenden, wenn man Ernst macht mit der sozialen
Reform und besonders mit der Neubelebung des christ=
lichen Geistes.

1. Die soziale Reform.

Nicht wenige Gegner der
Sozialdemokratie rechnen auf tiefgehende Spaltungen und Zer=
würfnisse im feindlichen Lager: zwischen Intransigenten und
Revisionisten, zwischen Gewerkschaftlern und Revolutionären,
und erhoffen daraus eine baldige Schwächung der Partei.
Für eine absehbare Zukunft ist daran nicht zu denken. Trotz
aller Uneinigkeit unter sich sind die Sozialisten einig im Kampfe
gegen die bestehende Gesellschaftsordnung. Helfen kann nur
eine gründliche soziale Reform. Die sozialistischen Agitatoren
suchen den Arbeitern die Meinung beizubringen, die christ=
lichen Parteien wollten alle gesellschaftlichen Zustände so er=
halten wissen, wie sie tatsächlich bestehen, und die Arbeiter
einzig auf das Jenseits vertrösten. Nichts falscher als das.
Nein, auch wir Christen verlangen eine entschiedene soziale
Reform. Wir gleichen zwar nicht den Sozialdemokraten, die
an allen, auch den bestgemeinten sozialen Verbesserungen um
jeden Preis nörgeln; wir erkennen vielmehr mit Dank an, daß
schon manches zur Hebung der arbeitenden Klasse geschehen
ist; aber wir fordern noch mehr. Zugleich hüten wir uns
aber vor dem sozialdemokratischen Treiben, den Arbeitern Un=
mögliches und Unerreichbares vorzuspiegeln, bloß um ihre Un=
zufriedenheit und Begehrlichkeit zu wecken.

Durch die soziale Reform soll auch dem geringsten
Arbeiter ein menschenwürdiges Familienleben gewährleistet sein.
Dazu ist nicht bloß ein ausreichender Lohn erforderlich, son=
dern auch, daß man auf sein Leben und seine Gesundheit die
genügende Rücksicht nehme und ihn nicht übermäßig mit Arbeit
belaste. Er muß nicht nur gerecht, sondern auch achtungs=
und liebevoll behandelt werden. Endlich muß er die Über=
zeugung haben, daß er im Falle eines Unglücks oder einer

Krankheit nicht hilflos auf die Straße geworfen wird. Und
weil zu diesen Reformen die persönliche Initiative und die
bloße Privattätigkeit heute auch nicht entfernt mehr ausreichen,
so verlangen wir von der öffentlichen Gewalt die
nötigen gesetzgeberischen Maßregeln. Die Sozial=
reform sollte es mit der Zeit so weit bringen, daß auch der
letzte Arbeiter, der es an Fleiß und Sparsamkeit nicht fehlen
läßt, die gegründete Hoffnung hegen kann, allmählich in der
gesellschaftlichen Rangordnung zu einer höheren Stufe empor=
zusteigen.

Man hat uns eingewendet, wir hätten zu wenig den
„berechtigten Kern“ des Sozialismus anerkannt. Indessen,
sieht man auf das, was dem Sozialismus eigentümlich
ist im Gegensatz zu andern Parteien, so hat der Sozialismus
genau gesprochen keinen berechtigten Kern. Will man ihm
einen solchen zugeben, so ist es höchstens sein Gegensatz gegen
den extremen Individualismus der liberalen Schule.

Man muß zwei Seiten am Menschen unterscheiden. Er ist
erstens ein selbständiges, mit freier Selbstbestimmung begabtes
Individuum; er ist zweitens ein gesellschaftliches
Wesen, das in der Gesellschaft wurzelt und zum Leben in ihr
bestimmt ist. Der Liberalismus — wenigstens der ältere —
betrachtete den Menschen nur in der ersteren Rücksicht. Er
sah nur auf das selbständige Individuum und vernachlässigte
fast gänzlich die Rücksicht auf die Gesellschaft. Das war der
Standpunkt, von dem aus man die Gesellschaft atomisierte und
das allgemeine Gewährenlassen als den Gipfel der Weisheit
proklamierte. Hiergegen war eine Reaktion berechtigt, und
sofern man den Sozialismus nur als einen energischen Protest
gegen den extremen Individualismus ansieht, ist er ohne
Zweifel im Recht. Allein er übertreibt nun auch seinerseits,
indem er nur die gesellschaftliche Seite berücksichtigt und das
Anrecht des Individuums auf freie, selbständige Bewegung

außer acht läßt. Er beraubt das Individuum jeder Freiheit, um
es zum Sklaven der Gesamtheit, zum Rade im großen Triebwerk
der gesellschaftlichen Produktion zu machen. Auch das ist verkehrt.
Die Wahrheit liegt auch hier in der Mitte. Beide, so=
wohl die individuelle als die soziale Seite des Menschen, müssen
berücksichtigt und miteinander in Einklang gebracht werden.
Das ist die unverrückbare Grundlage, von der jede
vernünftige Sozialreform auszugehen hat. Die
Anbahnung und Beförderung korporativer Organisationen ist
wohl das beste und sicherste Mittel, um die berechtigten An=
sprüche des Individuums mit denen der Gesellschaft in Ein=
klang zu bringen und die schroffen Gegensätze zur Harmonie
zurückzuführen.

2. Das Wichtigste an der sozialen Reform und ihre un=
erläßliche Grundlage ist die Neubelebung des christ=
lichen Geistes. Fr. Alb. Lange, der Geschichtschreiber
des Materialismus, gesteht: „Ideen und Opfer können unsere
Kultur noch retten und den Weg durch die verwüstende Re=
volution in einen Weg segensreicher Reformen verwandeln."
Woher soll dieser Geist des Opfers kommen? Die gesetzgeberi=
schen Maßregeln können das äußere Gefüge für eine Neu=
ordnung schaffen, der innere belebende Geist muß vom Christen=
tum kommen. Nur auf dem Boden des Christentums kann
eine Aussöhnung der schroffen sozialen Gegensätze stattfinden.

Täusche man sich doch nicht, auch die beste und wohl=
meinendste Gesetzgebung wird eine religionslose, verhetzte,
arbeitsscheue und begehrliche Arbeitermasse nie und nimmer
befriedigen. Und woher kann dem Arbeiter der Geist der
Genügsamkeit und Arbeitsamkeit zufließen? Nur aus dem
nie versiegenden Born des vollen und lebendigen Christentums.
Wie kann man vom Arbeiter verlangen, daß er im Geiste der
Genügsamkeit und Geduld die nun einmal unvermeidlichen
Mühen und Beschwerden seines harten Standes ertrage, wenn

man ihm die Überzeugung beibringt, jede Furcht oder Hoffnung auf eine ewige Vergeltung sei törichter Wahn, mit diesem Leben sei alles zu Ende?

Diese Neubelebung des christlichen Geistes darf sich aber nicht auf die unteren Volksschichten beschränken, sondern muß auch die höheren, tonangebenden Kreise ergreifen. Klingt es nicht wie bitterer Hohn, wenn unsere „Gebildeten" vom Arbeiter christliche Ergebung und Geduld verlangen, während sie selbst die Gebote des Christentums mit Füßen treten, ja offen den krassesten Unglauben zur Schau tragen? Ist es nicht ein Hohn, wenn sie den Arbeitern Genügsamkeit und Entsagung predigen, während sie selbst dem unsinnigsten Luxus und allen Ausschweifungen huldigen? Die Besitzenden müssen die christliche Reform vor allem an sich selbst beginnen. Sie müssen zur Überzeugung kommen, daß sie gegenüber den Arbeitern nicht bloß Rechte, sondern auch Pflichten haben, Pflichten der Gerechtigkeit und Pflichten der Liebe. Sie sollen sich bewußt sein, daß der Arbeiter kein bloßes Ausbeutungsobjekt, sondern ein vernünftiger Mensch, ihr Bruder in Christus ist, der vor Gott gerade soviel gilt als der Reichste und Mächtigste dieser Erde. Nur wenn so das Band derselben christlichen Gesinnung, gegenseitiger Achtung und Liebe Arme und Reiche, Hohe und Niedere umschlingt, läßt sich eine dauernde Aussöhnung der sozialen Gegensätze erhoffen.

Möchten wenigstens die positiv gläubigen Christen — Protestanten und Katholiken — sich zum gemeinsamen Kampf gegen den Umsturz zusammenschließen. Mit Protestanten, die auf dem Boden des apostolischen Glaubensbekenntnisses stehen, wäre uns Katholiken ein Zusammenwirken gegen den drohenden Umsturz sehr wohl möglich, wenn es nicht leider eine mächtige Partei im Deutschen Reiche gäbe, die ihre Hauptaufgabe darin erblickt, unter dem Deckmantel des Evangeliums die Konfessionen gegeneinander zu hetzen.

Und weil die Kirche die von Gott gesetzte Hüterin und Pflegerin der christlichen Religion ist und sie ihre Aufgabe nur lösen kann, wenn sie ungehindert alle ihre Kräfte zu entfalten vermag: so verlangen wir volle Freiheit für sie und ihre Organe. Ganz besonders verlangen wir, daß man ihr den gebührenden Einfluß auf die Schulen voll und ganz einräume. Wahrhaft unbegreiflich ist die beschränkte Kirchturmspolitik mancher unserer Staatsmänner. Die Gesellschaft wankt in ihren tiefsten Grundlagen, und da glauben unsere Weisen am Staatsruder eine rettende Tat begangen zu haben, wenn sie sich mit dem Bewußtsein zur Ruhe legen können, daß keine Nonne „unbefugt" einen Kranken getröstet und gepflegt, kein Kaplan „unbefugt" die Kinder in der Religion unterrichtet u. dgl. — kurz, wenn sie recht viele josephinische Zöpfe geflochten, während zur selben Zeit jeder unbehindert in der Presse und vom Katheder herunter das Christentum angreifen und untergraben darf. Wir fürchten, es werden ihnen die Augen erst aufgehen, wenn es zu spät ist, wenn der ganze soziale Bau über ihren Häuptern zusammenstürzt und sie unter seinen Trümmern begräbt.

Personen= und Sachregister.